What is VAK?

YOU CAN APPROACH the topic of learning styles with a simple and powerful system—one that focuses on just three ways of perceiving through your senses:

- Seeing, or *visual learning*
- Hearing, or *auditory learning*
- Movement, or *kinesthetic learning*

To recall this system, remember the letters VAK, which stand for **v**isual, **a**uditory, and **k**inesthetic. The theory is that each of us prefers to learn through one of these sense channels. To reflect on your VAK preferences, answer the following questions. Circle the answer that best describes how you would respond. This is not a formal inventory—just a way to prompt some self-discovery.

When you have problems spelling a word, you prefer to

1. Look it up in the dictionary.
2. Say the word out loud several times before you write it down.
3. Write out the word with several different spellings and then choose one.

You enjoy courses the most when you get to

1. View slides, videos, and readings with plenty of charts, tables, and illustrations.
2. Ask questions, engage in small-group discussions, and listen to guest speakers.
3. Take field trips, participate in lab sessions, or apply the course content while working as a volunteer or intern.

When giving someone directions on how to drive to a destination, you prefer to

1. Pull out a piece of paper and sketch a map.
2. Give verbal instructions.
3. Say, "I'm driving to a place near there, so just follow me."

When planning an extended vacation to a new destination, you prefer to

1. Read colorful, illustrated brochures or articles about that place.
2. Talk directly to someone who's been there.
3. Spend time at that destination on a work-related trip before vacationing there.

You've made a commitment to learn to play the guitar. The first thing you do is

1. Go to a library or music store and find an instruction book with plenty of diagrams and chord charts.
2. Listen closely to some recorded guitar solos and see whether you can sing along with them.
3. Buy a guitar, pluck the strings, and ask someone to show you a few chords.

You've saved up enough money to lease a car. When choosing from among several new models, the most important factor in your decision is

1. The car's appearance.
2. The information you get by talking to people who own the cars you're considering.
3. The overall impression you get by taking each car on a test drive.

You've just bought a new computer system. When setting up the system, the first thing you do is

1. Skim through the printed instructions that come with the equipment.
2. Call up someone with a similar system and ask her for directions.
3. Assemble the components as best as you can, see if everything works, and consult the instructions only as a last resort.

You get a scholarship to study abroad next semester in a Spanish-speaking country. To learn as much Spanish as you can before you depart, you

1. Buy a video-based language course on DVD.
2. Download audio podcasts that guarantee basic fluency in just 30 days.
3. Sign up for a short immersion course in which you speak only Spanish.

Name _____ Date _____

Now take a few minutes to reflect on the meaning of your responses. The number of each answer corresponds to a learning style preference.

1 = visual   2 = auditory   3 = kinesthetic

	Visual	Auditory	Kinesthetic
My totals			

My dominant Learning Style(s): _____

_____

Do you see a pattern in your own answers? A pattern indicates that you prefer learning through one sense channel over the others. Or you might find that your preferences are fairly balanced.

Whether you have a defined preference or not, you can increase your options for success by learning through *all* your sense channels. For example, you can enhance visual learning by leaving room in your class notes to add your own charts, diagrams, tables, and other visuals later. You can also key your handwritten notes into a computer file and use software that allows you to add colorful fonts and illustrations.

To enhance auditory learning, reinforce your memory of key ideas by talking about them. When studying, stop often to summarize key points and add examples in your own words. After doing this several times, dictate your summaries into a voice recorder and transfer the files to an iPod or similar device. Listen to these files while walking to class or standing in line at the store.

For kinesthetic learning, you've got plenty of options as well. Look for ways to translate course content into three-dimensional models that you can build. While studying grammar, for example, create a model of a sentence using different colors of clay to represent different parts of speech. Whenever possible, supplement lectures with real-world audio and video input and experiences, field trips to Spanish-speaking neighborhoods, and other opportunities for hands-on activity. Also recite key concepts from your courses while you walk or exercise.

These are just a few examples. In your path to mastery of learning styles, you can create many more of your own.

nexos

4e

SHERI SPAINE LONG

MARIA CARREIRA
California State University at Long Beach

SYLVIA MADRIGAL VELASCO

KRISTIN SWANSON

CENGAGE
Learning·

Australia · Brazil · Japan · Korea · Mexico · Singapore · Spain · United Kingdom · United States

Nexos, **Fourth Edition**
Sheri Spaine Long, María Carreira, Sylvia Madrigal Velasco, & Kristin Swanson

Product Director: Beth Kramer

Product Team Manager:
 Heather Bradley Cole

Product Manager: Mark Overstreet

Product Development Manager: Katie Wade

Senior Content Developer: Kristen Keating

Associate Content Developer: Julie Allen

Media Producers: Carolyn Nichols, Elyssa Healy, Amanda Sullivan

Marketing Director: Michelle Williams

Senior Content Project Manager:
 Aileen Mason

Art Director: Brenda Carmichael

Manufacturing Planner: Betsy Donaghey

IP Analysts: Jessica Elias and Christina Ciaramella

IP Project Manager: Farah Fard

Production Service: Lumina Datamatics

Compositor: Lumina Datamatics

Cover and Text Designer: Brenda Carmichael

Cover Image: Sylvain Sonnet/Photographer's Choice/Getty Images

For product information and technology assistance, contact us at
Cengage Learning Customer & Sales Support, 1-888-915-3276
For permission to use material from this text or product, submit all requests online at **www.cengage.com/permissions**. Further permissions questions can be emailed to **permissionrequest@cengage.com**.

Library of Congress Control Number: 2015946923

Student Edition:

ISBN-13: 978-1-305-40431-1

ISBN-10: 1-305-40431-9

Instructor's Annotated Edition

ISBN-13: 978-1-305-58666-6

ISBN-10: 1-305-58666-2

Loose-leaf Edition:

ISBN-13: 978-1-305-66215-5

ISBN-10: 1-305-66215-6

Cengage Learning
20 Channel Center Street
Boston, MA 02210
USA

Cengage Learning is a leading provider of customized learning solutions with employees residing in nearly 40 different countries and sales in more than 125 countries around the world. Find your local representative at **www.cengage.com**.

Cengage Learning products are represented in Canada by Nelson Education, Ltd.

To learn more about Cengage Learning Solutions, visit **www.cengage.com**.

To find online supplements and other instructional support, please visit **www.cengagebrain.com**.

Printed in United States of America
Print Number: 01   Print Year: 2015

¡Bienvenidos! Welcome to the **Nexos** introductory Spanish program. Spanish is one of the most useful languages you can learn; it is spoken by nearly 500 million people across the globe, including over 54 million Hispanics in the United States alone—one out of every six Americans. It is the second most spoken language in the world after Mandarin Chinese. As you undertake your study of the Spanish language with **Nexos**, keep in mind the following:

- We strive to present the Spanish-speaking world in all its diversity, with particular attention to indigenous and African-Hispanic populations, as well as European and Latin American immigrant populations. We include a chapter on Spanish-speaking communities around the world, in such places as Morocco, Equatorial Guinea, and the Philippines, as a reminder that not all Spanish-speaking countries are located in Europe or the Americas.

- We guide you to make cross-cultural comparisons between the cultures you learn about and your own. Too often, the emphasis has been on the differences among cultures, when what may be surprising is the number of things we have in common with Spanish speakers around the world.

- We encourage you to look at your own community and to meet and interact with the Spanish speakers you encounter in both local and global communities. Spanish is all around you—just keep your eyes and ears open for it!

- **Nexos** is designed to enrich your language-learning experience—while you are learning another language, you are also gathering information about the people who speak it and the countries where it is spoken. At first, you may think that you are unable to read or understand much Spanish, but in **Nexos**, the focus is on getting the main ideas, and the tasks expected of you are limited to what you have already learned or what you can safely deduce from context. You will be surprised to see that you can comprehend more than you think you can!

- **Nexos** features a variety of resources to help you achieve your language-learning goals more easily. In-text media icons at relevant points throughout the print book tell you exactly which component to use for additional practice or support. Or, work right from the eBook for direct access to all of the program's resources, including audio recordings of key vocabulary and grammar terms, instant activity feedback, and online chat functionality.

- Learning a language is easier if you relax and have fun. Keeping this in mind, we've included humorous and contemporary content with the goal of making language learning enjoyable and interesting.

We hope you enjoy your introduction to the Spanish language and its many peoples and cultures. Learning a language sets you on a course of lifelong learning. It is one of the most valuable and exciting things you can do to prepare yourself to be a global citizen of the twenty-first century.

—The Authors

Student Components

Student Text

Your **Student Text** contains all the information and activities you need for in-class use. It is divided into fourteen chapters that contain vocabulary presentations and activities, grammar presentations and activities, video-related practice, cultural information, reading selections, and writing practice. There are also valuable reference sections at the back of the book, including Spanish–English and English–Spanish glossaries and verb charts.

Student Activities Manual (SAM): Workbook / Lab Manual / Video Manual

The **Student Activities Manual (SAM)** includes out-of-class practice of the material presented in the Student Text. It is divided into a Workbook **(Cuaderno de práctica)**, which focuses on written vocabulary and grammar practice, reading, and writing; a Lab Manual **(Manual de laboratorio)**, which focuses on pronunciation and listening comprehension; and a Video Manual **(Manual de video),** which offers extra practice of the storyline and **Voces del mundo hispano** segments.

iLrn™ Language Learning Center

The iLrn Language Learning Center is all-in-one online learning environment, including an audio- and video-enhanced interactive eBook, eSAM, assignable textbook activities, companion videos, assignable voice-recorded activities, an online workbook and lab manual with audio, self-tests that generate a personalized study plan for better exam preparation, and media sharing and commenting capability through Share It!, as well as interactive grammar activities tailored to students with visual, auditory, and kinesthetic learning preferences.

Media Site

You will find the text and SAM audio and video on the **Nexos** **Media Site**, accessible at **www.cengage.com.**

Acknowledgments

Reviewers and Contributors

We would like to acknowledge the helpful suggestions and useful ideas of our reviewers, whose commentary was invaluable to us in shaping the fourth edition of **Nexos**.

Fourth Edition Reviewers

Dean Aida, *Virginia Commonwealth University*

Rosalinda Alemany, *University of Louisiana – Lafayette*

Javier Aliegro, *Elgin Community College*

Bárbara Ávila-Shah, *SUNY Buffalo – North Campus*

Andrew Barnette, *Westmoreland County Community College*

Rosalina Beard, *Harrisburg Area Community College*

Susana Blanco-Iglesias, *Macalester College*

Krista Bruenjes, *Indiana Wesleyan University*

Elizabeth Buckley, *Eastern Nazarene College*

Ronald Burgess, *Gettysburg College*

Leah Cáceres-Lutzow, *Fox Valley Technical College*

Beth Calderon, *Meridian Community College*

Wendy Caldwell, *Francis Marion University*

Daniel Castaneda, *Kent State University – Stark Campus*

Luciana Castro, *Skyline College*

Esther Castro, *San Diego State University*

Ana Caula, *Slippery Rock University of Pennsylvania*

Krista Chambless, *University of Alabama – Birmingham*

Heather Colburn, *Northwestern University*

Cecilia Colombi, *University of Colorado – Davis*

David Counselman, *Ohio Wesleyan University*

María Pilar Damron, *Northwest Vista College*

Alan Davis, *Jefferson State Junior College*

Martha Davis, *Northern Virginia Community College*

María de la Fuente, *George Washington University*

Juan De Urda Anguita, *State University of New York – Fredonia*

Elizabeth Deifell, *The University of Iowa*

Michael Dillon, *Morehouse College*

Alice Edwards, *Mercyhurst University*

Christine Esperson, *Cape Cod Community College*

Marla Estes, *University of North Texas*

Rachel Finney, *Richard Bland College*

Amparo Font, *Soka University*

Helen Freear-Papio, *College of the Holy Cross*

James Fulcher, *Central Carolina Technical College*

Delia Galvan, *Cleveland State University*

Paula Gamertsfelder, *Terra Community College*

Jennifer Gansler, *Marygrove College*

Ileana Gantt, *Butte College*

Victoria García-Serrano, *University of Pennsylvania*

Barbara Godinez-Martinez, *Tarleton State University*

Gloria González-Zenteno, *Middlebury College*

Margarita Groeger, *Massachusetts Institute of Technology*

Melissa Groenewold, *University of Louisville*

Agnieszka Gutthy, *Southeastern Louisiana University*

Sergio Guzman, *College of Southern Nevada*

Nancy Hall, *Wellesley College*

Anna-Lisa Halling, *University of Southern Indiana*

Robert Harland, *Mississippi State University*

Luis Hermosilla, *Kent State University*

Juan Carlos Hernández-Cuevas, *Claflin University*

Ann Hills, *University of La Verne*

Yolanda Hively, *Harrisburg Area Community College*

Patricia Horner, *Stanly Community College*

Martine Howard, *Camden County College*

Matthew Jordan, *Kent State University – East Liverpool*

Carlo Juliano, *Jones County Junior College*

Deborra Kaaikiola Strohbusch, *University of Wisconsin*

Leslie Kaiura, *University of Alabama – Huntsville*

Laura Kinsey, *Hinds Community College*

Asela Laguna-Diaz, *Rutgers University*

Roberta Lavine, *University of Maryland – College Park*

Diane Lee, *Hinds Community College*

Laura Levi Altstaedter, *East Carolina University*

Tasha Lewis, *Loyola University – Maryland*

Juan Liebana, *Hobart and William Smith Colleges*

Jared List, *Doane College*

Fabiola Marolda, *St. Xavier University*

José Martínez, *Stonehill College*

Francia Martínez-Valencia, *University of Michigan – Dearborn*

Donna McAvene, *Eastern Shore Community College*
Ramon Menocal, *University of the District of Columbia*
Linda Moran, *Freed-Hardeman College*
Susan Mraz, *University of Massachusetts – Boston*
Kathy O'Connor, *Tidewater Community College*
Jesse Oliver, *Bluffton College*
Lucia Ortiz, *Regis College*
Paqui Paredes, *Western Washington University*
Beatriz Pariente-Beltran, *Carleton College*
Maria Luisa Parra, *Harvard University*
Mike Pate, *Western Oklahoma State College*
Lynn Pearson, *Bowling Green State University*
Sue Pechter, *Northwestern University*
Marisa Pereyra, *Immaculata College*
Gina Ponce de Leon, *Fresno Pacific University*
Lucia Robelo, *Oregon State University*
Deborah Rosenberg, *Northwestern University*
Fernando Rubio, *University of Utah*
Amie Russell, *Mississippi State University*
Ivelisse Santiago-Stommes, *Creighton University*
Ursula Sayers-Ward, *University of Alabama – Tuscaloosa*
Kanishka Sen, *Ohio Northern University*
Sara Smith, *Colorado Mountain College*
Silvia Sobral, *Brown University*
Margaret Stanton, *Sweet Briar College*
Linda Stilling, *Notre Dame of Maryland University*
Elaine Sykes, *Coppin State University*
Maria Tajes, *William Patterson University*
Kwawisi Tekpetey, *Central State University*
Nell Tiller, *Blue Ridge Community Technical College*
Esther Tillet, *Miami Dade College*
Andrea Topash-Rios, *University of Notre Dame*
Sharon Van Houte, *Lorain County Community College*
Yamil Velazquez, *Sandhills Community College*
Lynn Walford, *Louisiana State University – Shreveport*
Valerie Watts, *Asheville-Buncombe Technical Community College*
Elizabeth Willingham, *Calhoun Community College*
Dennis Willingham, *Calhoun Community College*
Stacy Wilson, *Western Nebraska Community College*
Helga Winkler, *Moorpark College*
Catherine Wiskes, *University of South Carolina*
Wendy Woodrich, *Lewis-Clark State College*
Maria Zaldivar, *Kent State University*

Supplements Advisory Board
Silvia Arroyo, *Mississippi State University*
Tanya Chroman, *California Polytechnic State University, San Luis Obispo*
Conxita Domenech, *University of Wyoming*
Dorian Dorado, *Louisiana State University, Baton Rouge*
Luis Hermosilla, *Kent State University*
Carmen Jany, *California State University, San Bernadino*
Norma Rivera-Hernandez, *Millersville University*
Sandra Watts, *University of North Carolina, Charlotte*
Lee Wilberschied, *Cleveland State University*

Writers
Finally, *special thanks go to the following writers:*

Meghan Allen, *Babson College –Information Gap Activities*
Lori Mesrobian, *University of Southern California – Lesson Plans and Syllabi*
Lori Mele, Grammar rejoinders – *Boston College*

We would also like to thank the World Languages Group at Cengage Learning for their ongoing support of this project and for guiding us along the long and sometimes difficult path to its completion! Many thanks especially to Beth Kramer and Heather Bradley Cole for their professional guidance and outstanding support. We would also like to thank Maribel García, our development editor, for her enthusiastic support and dedication to the project, her unflagging energy, patience, and enthusiasm, and her unerring eye for language and detail; Kristen Keating and Julie Allen for their creative and focused work on the supplements that support **Nexos,** and their dedication to the quality of the media package. Thanks also to Aileen Mason, our content project manager, for her meticulous care and cheerful and good-humored tenacity in keeping the production side of things moving efficiently, and to Jenna Vittorioso for her excellent project management work. We would like to extend our appreciation to Michelle Williams, Marketing Director, for her outstanding creative vision and hard work on campus. We would like to acknowledge our copyeditor, our proofreaders, our art director, Brenda Carmichael, for her inspired design work, our illustrators, JHS Illustration Studio and Fian Arroyo, and the many other design, art, and production staff and freelancers who contributed to the creation of this program.

¡Mil gracias a todos!
To my inspirational students, who helped shape **Nexos**, and to *mi querida familia*, John, Morgan, and John, who have accompanied me on my life's magical journey as a Hispanist. *Gracias por el apoyo infinito.*

—S. S. L.

A mis padres, Marta Morán Arco y Domingo Carreira Pérez, mis primeros maestros en la vida. A mi marido, Bartlett Mel, mi coaprendiz en la vida. A nuestros hijos, Gabriel, Francisco, Margot y Carmen, nuestros nuevos maestros en la vida. Y a todos los maestros, habidos y por haber.

—M. C.

I would like to thank my parents, Dulce and Óscar Madrigal, for bequeathing to me their language, their culture, their heritage, their passion for life, and their *orgullo* in *México, lindo y querido*. I would also like to thank Gail Smith for all her support and kindness.

—S. M. V.

A special thanks to Mac Prichard and to Shirley and Bill Swanson for their constant support and encouragement, both personal and professional.

—K. S.

capítulo preliminar
¡Bienvenidos a la clase de español! 2

- the alphabet
- people
- the textbook

- numbers 0–100
- objects in the classroom
- classroom commands

	TEMAS	COMUNICACIÓN	VOCABULARIO ÚTIL
1 ¿Cómo te llamas? 6 	La identidad personal Introducción a los países de habla española	■ exchange addresses, phone numbers, and e-mail addresses ■ introduce yourself and others, greet, and say goodbye ■ make a phone call ■ tell your and others' ages ■ address friends informally and acquaintances politely ■ write a personal letter	1. Greetings 8 2. Exchanging personal information (phone numbers and addresses) 10 3. Introductions and saying goodbye 13
2 ¿Qué te gusta hacer? 44 	Gustos y preferencias Hispanos en Estados Unidos	■ express likes and dislikes ■ compare yourself to other people and describe personality traits ■ ask and answer questions ■ talk about leisure-time activities ■ indicate nationality	1. Activities 46 2. Physical traits 50 3. Personality traits 52
3 ¿Qué clases vas a tomar? 86 	¡Vivir es aprender! Cuba, Puerto Rico y la República Dominicana	■ talk about courses and schedules and tell time ■ talk about present activities and future plans ■ talk about possessions ■ ask and answer questions	1. Fields of study and days of the week 88–89 2. Telling time and times of day 92–93 3. Talking about dates 94

Scope and Sequence

	TEMAS	COMUNICACIÓN	VOCABULARIO ÚTIL
7 ¿Qué pasatiempos prefieres? 242	Tiempo personal Costa Rica y Panamá	■ talk about sports and leisure activities ■ talk about seasons and the weather ■ say how you feel using **tener** expressions ■ describe your recent leisure activities ■ suggest activities and plans to friends	1. Sports and leisure activities, seasons 244–245 2. **Tener** expressions 248 3. Weather 250
8 ¿Cómo defines tu estilo? 282	Estilo personal Ecuador y Perú	■ talk about clothing and fashion ■ shop for various articles of clothing ■ discuss prices ■ describe recent purchases and shopping trips ■ talk about buying items and doing favors for friends ■ make comparisons	1. Articles of clothing, fabrics, accessories 284–285 2. Clothes shopping 288 3. Means of payment, numbers over 100 290
9 ¿Qué te apetece? 322	Comunidades locales Bolivia y Paraguay	■ talk about food and cooking ■ shop for food ■ order in a restaurant ■ talk about what you used to eat and cook ■ say what you do for others	1. Restaurants and menus 324–325 2. Recipes and food preparation 328 3. Setting the table 330

	TEMAS	COMUNICACIÓN	VOCABULARIO ÚTIL
13 **¿Cúal es tu trabajo ideal?** 476 	La vida profesional Chile	■ talk about current events ■ interview for a job and talk about your skills and experience ■ talk about things you have done and had done in the past ■ express doubt, emotion, uncertainty, and opinions about recent events and actions	1. Current events 478–479 2. Applying for a job 480–481 3. Business 482
14 **¿Te gustaría explorar el mundo?** 510 	Comunidad global Andorra, Belice, Filipinas, Guinea Ecuatorial y Marruecos	■ talk about travel and make travel plans ■ talk about nature and geography ■ hypothesize and speculate ■ express doubt, emotion, and reactions about past events	1. Travel, the airport, on the airplane 512–513 2. In the hotel 516 3. Geography 518

Reference Materials

GRAMÁTICA ÚTIL	CULTURA	SKILLS
1. Talking about what has occurred: The present perfect tense 486 2. Talking about events that took place prior to other events: The past perfect tense 490 3. Expressing doubt, emotion, and will: The present perfect subjunctive 493	**Opener** Comparative facts about Chile 477 **¡Fíjate!** Using web translators 483 **Voces de la comunidad** 485 *Voces del mundo hispano* video Sebastián Edwards, economist, writer, novelist **¡Explora y exprésate!** 496 ■ facts about Chile ■ the heroic rescue of Chilean miners	**A ver ▪ Estrategia** Watching for transitions and listening for words that signal a change in the conversation 484 **A leer ▪ Estrategia** Analyzing word endings 498 **Lectura** "Canción de pescadoras", "La cuna", Gabriela Mistral 499 **A escribir ▪ Estrategia** Writing—Writing from charts and diagrams 502 **Composición** A cover letter or e-mail 503 **¡Vívelo!** Translating from English to Spanish and using online translation services 504 **Repaso y preparación** 508
1. Expressing doubt, emotion, volition, and nonexistence in the past: The imperfect subjunctive 522 2. Saying what might happen or could occur: The conditional 525 3. Expressing the likelihood that an event will occur: **Si** clauses with the subjunctive and the indicative 528	**Opener** Comparative facts about Andorra, Belize, the Philippines, Equatorial Guinea, and Morocco 511 **¡Fíjate!** Languages of the Spanish-speaking world 515 **Voces de la comunidad** 521 *Voces del mundo hispano* video Donato Ndongo-Bidyogo, Equatorial Guinean author **¡Explora y exprésate!** 532 ■ facts about Andorra, Belize, the Philippines, Equatorial Guinea, and Morocco	**A ver ▪ Estrategia** Integrating your viewing strategies 520 **A leer ▪ Estrategia** Understanding an author's point of view 536 **Lectura** an excerpt from "El reencuentro," Juan Balboa Boneke 537 **A escribir ▪ Estrategia** Revising—Editing your work 540 **Composición** An editing checklist 541 **¡Vívelo!** Imagining hypothetical situations and creating a video or short story based on one of them 542 **Repaso y preparación** 545

P ¡Bienvenidos a la clase de español!

The purpose of these pages is to introduce you to some of the "nuts and bolts" of Spanish you'll need right away. Familiarize yourself with these words and expressions and do the activities described. Don't worry about memorizing it all—you'll have many more opportunities to work with these words as you progress through *Nexos*.

21ST CENTURY SKILLS

Technology Literacy: Find out how to type the letter **ñ** on your keyboard.

The Spanish alphabet has 27 characters—the same 26 characters as the English alphabet, plus the extra letter **ñ**. When using a Spanish dictionary to look up words that begin with **ch** and **ll**, note that they do not have a separate listing, but are instead listed alphabetically under the letters **c** and **l**.

The names of the letters vary across the Spanish-speaking world and there are many regional variations. The variants missing on this alphabet are not incorrect.

In 2010, the **Real Academia de la Lengua Española** updated the Spanish names of some letters. **Ve** and **doble ve** are now **uve** and **doble uve**, and **i griega** has been shortened to **ye**, but the adoption of these names is not universal among Spanish speakers. In addition, **ch** and **ll** have not been considered independent letters since 1994.

Go to the **Pronunciación** section of the preliminary chapter in the *Student Activities Manual* and practice the sounds of the alphabet.

El alfabeto

a	*a*	**A**rgentina
b	*be*	**B**olivia
c	*ce*	**C**osta Rica
d	*de*	**D**inamarca
e	*e*	**E**cuador
f	*efe*	**F**ilipinas
g	*ge*	**G**uatemala
h	*hache*	**H**onduras
i	*i*	**I**nglaterra
j	*jota*	**J**alisco
k	*ka*	**K**enia
l	*ele*	**L**os Ángeles
m	*eme*	**M**arruecos
n	*ene*	**N**icaragua
ñ	*eñe*	Espa**ñ**a
o	*o*	**O**taval**o**
p	*pe*	**P**araguay
q	*cu*	**Q**uito
r	*erre/ere*	Pe**r**ú
s	*ese*	**S**antiago
t	*te*	**T**oledo
u	*u*	C**u**ba
v	*uve*	**V**enezuela
w	*doble uve*	Ku**w**ait
x	*equis*	Mé**x**ico
y	*ye*	**Y**ucatán
z	*zeta*	**Z**acatecas

Los números de 1 a 100

0	*cero*	**20**	*veinte*	**40**	*cuarenta*
1	*uno*	21	*veintiuno*	41	*cuarenta y uno*
2	*dos*	22	*veintidós*	42	*cuarenta y dos*
3	*tres*	23	*veintitrés*	43	*cuarenta y tres*
4	*cuatro*	24	*veinticuatro*	44	*cuarenta y cuatro*
5	*cinco*	25	*veinticinco*	45	*cuarenta y cinco*
6	*seis*	26	*veintiséis*	46	*cuarenta y seis*
7	*siete*	27	*veintisiete*	47	*cuarenta y siete*
8	*ocho*	28	*veintiocho*	48	*cuarenta y ocho*
9	*nueve*	29	*veintinueve*	49	*cuarenta y nueve*
10	*diez*	**30**	*treinta*	**50**	*cincuenta*
11	*once*	31	*treinta y uno*	51	*cincuenta y uno*
12	*doce*	32	*treinta y dos*	52	*cincuenta y dos*
13	*trece*	33	*treinta y tres*	53	*cincuenta y tres*
14	*catorce*	34	*treinta y cuatro*	54	*cincuenta y cuatro*
15	*quince*	35	*treinta y cinco*	55	*cincuenta y cinco*
16	*dieciséis*	36	*treinta y seis*	56	*cincuenta y seis*
17	*diecisiete*	37	*treinta y siete*	57	*cincuenta y siete*
18	*dieciocho*	38	*treinta y ocho*	58	*cincuenta y ocho*
19	*diecinueve*	39	*treinta y nueve*	59	*cincuenta y nueve*

60	*sesenta*
70	*setenta*
80	*ochenta*
90	*noventa*
100	*cien*

Memorize the numbers 1–15.

Notice the pattern for the numbers from 16 to 29: **diez** + **seis** = **dieciséis**; **veinte** + **uno** = **veintiuno**. Notice that 11–15 do not follow that pattern.

Notice the word **quinceañera** comes from **quince** and **año** *(year)*.

Notice the pattern for the numbers over 30: **treinta** + **uno** = **treinta y uno**; **cuarenta** + **dos** = **cuarenta y dos**; **cincuenta** + **tres** = **cincuenta y tres**; etc.

Do not confuse sixty and seventy. Notice that **sesenta** is formed from **seiS**, with an **s**, and **setenta** is formed from **sieTe**, with a **t**.

With a partner, practice counting in Spanish by taking turns (Student 1: **uno**; Student 2: **dos**, etc.). Or, practice a sequence; for example, multiples of three (Student 1: **tres, seis, nueve**; Student 2: **doce, quince, dieciocho**, etc.).

With a partner, name ten people you know. Take turns identifying them first by age and gender and then by their relationship to you: **Marcos Martínez—20 años, hombre, amigo**.

Las personas *People*

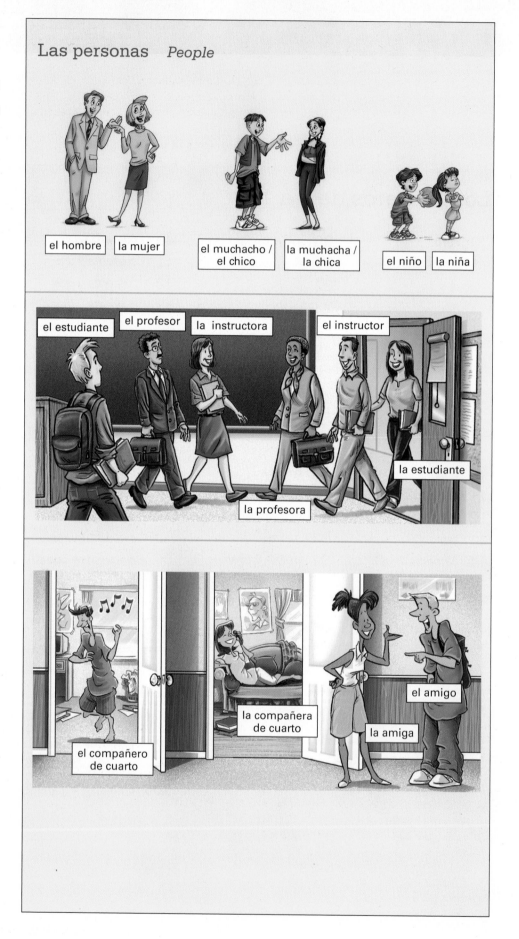

el hombre | la mujer

el muchacho / el chico | la muchacha / la chica

el niño | la niña

el estudiante | el profesor | la instructora | el instructor

la estudiante

la profesora

el compañero de cuarto

la compañera de cuarto

la amiga

el amigo

En el salón de clase *In the classroom*

En el libro de texto *In the textbook*
la actividad *activity*
el capítulo *chapter*
el dibujo *drawing*
la foto *photo*
la lección *lesson*
la página *page*

La pregunta *The question*
¿Cómo se dice...? *How do you say . . . ?*
¿Qué significa...? *What does . . . mean?*

La respuesta *The answer*
Se dice... *It's said . . .*
Significa... *It means . . .*

Cognates are words that either look alike or sound similar in both Spanish and English (e.g., **filosofía**: *philosophy*; **geografía**: *geography*).

With a partner, take turns pointing out objects shown in the illustration that you can see in your classroom.

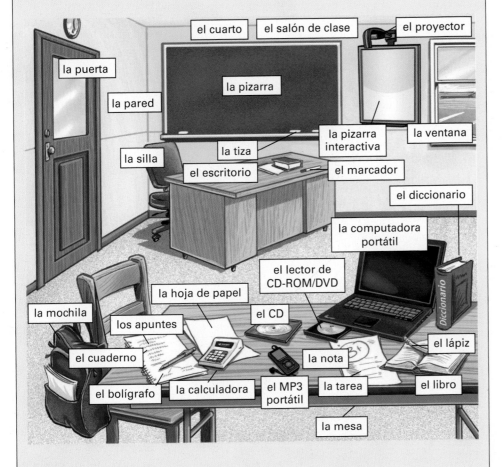

el cuarto · el salón de clase · el proyector · la puerta · la pizarra · la pared · la pizarra interactiva · la ventana · la silla · la tiza · el escritorio · el marcador · el diccionario · la computadora portátil · el lector de CD-ROM/DVD · la hoja de papel · el CD · la mochila · los apuntes · el lápiz · el cuaderno · la nota · el libro · el bolígrafo · la calculadora · el MP3 portátil · la tarea · la mesa · Diccionario

Mandatos comunes *Classroom commands*
Abran el libro / el libro electrónico. *Open your books / e-books.*
Adivina. / Adivinen. *Guess.*
Cierren el libro / el libro electrónico. *Close your books / e-books.*
Contesta. / Contesten. *Answer.*
Entreguen la tarea. *Turn in your homework.*
Mándenme la tarea por e-mail. *E-mail me your homework.*
Escriban en el cuaderno / la computadora. *Write in your notebooks / computers.*
Escuchen el audio. *Listen to the audio.*
Estudien las páginas... a... *Study pages . . . to . . .*
Hagan la tarea para mañana. *Do the homework for tomorrow.*
Lean el Capítulo 1. *Read Chapter 1.*
Repitan. *Repeat.*

Your instructor will practice the most common classroom commands with the entire class and before you know it, you will know them by heart! Do not worry about memorizing them.

LA IDENTIDAD PERSONAL

As individuals we value our uniqueness while drawing strength from the similarities and experiences we share with others.

How do you define yourself, both as an individual and as a member of different groups?

1 **2** **3**

Un viaje por el mundo hispanohablante

¿Qué sabes? *(What do you know?)*

1. Match the names of these famous locations in the Spanish-speaking world with their photos.
   a. la Pirámide del Sol, Teotihuacán, México
   b. las Cataratas de Iguazú, Puerto Iguazú, Argentina
   c. la Catedral de la Sagrada Familia, Barcelona, España

2. There are 21 official Spanish-speaking countries in the world, not including the United States. Can you place them in the correct areas of the world? Use the information below to make a list of the six areas. Then list the countries that you think belong in each one. Save your work to check in the **¡Explora y exprésate!** section on page 33.

Áreas: África, el Caribe, Centroamérica, Europa, Norteamérica, Sudamérica

Países: Argentina, Bolivia, Chile, Colombia, Costa Rica, Cuba, Ecuador, El Salvador, España, Guatemala, Guinea Ecuatorial, Honduras, México, Nicaragua, Panamá, Paraguay, Perú, Puerto Rico, República Dominicana, Uruguay, Venezuela

Lo que sé y lo que quiero aprender Complete the chart in **Appendix A**. Write some facts you *already know* about Spanish and the Spanish-speaking world in the **Lo que sé** column. Then add some things you *want to learn* about in the **Lo que quiero aprender** column. Save the chart to use again in the **¡Explora y exprésate!** section on page 33.

COMMUNICATION

By the end of this chapter you will be able to

- exchange addresses, phone numbers, and e-mail addresses
- introduce yourself and others, greet, and say goodbye
- make a phone call
- tell your and others' ages
- address friends informally and acquaintances politely
- write a personal email

CULTURES

By the end of this chapter you will have explored

- Spanish around the world
- a brief history of the Spanish language
- some statistics about Spanish speakers
- a few comparisons between Spanish and English
- Spanish in the professional world
- Spanish-language telephone conventions

¡Imagínate!

▶ VOCABULARIO ÚTIL 1

Javier: ¡Hola!

Anilú: Hola, Beto. **¿Cómo te va?**

Javier: **Bastante bien**, pero…
¿Beto? Yo no soy Beto.

Spanish has formal and informal means of address: singular formal *(s. form.)*, singular familiar *(s. fam.)*, and plural *(pl.)* for more than one person, formal or informal. You will learn more about how to address people on pages 23–24.

Para saludar *How to greet*

Hola. *Hello.*
¿Qué tal? *How are things going?*
¿Cómo estás (tú)? *How are you? (s. fam.)*
¿Cómo está (usted)? *How are you? (s. form.)*
¿Cómo están (ustedes)? *How are you? (pl.)*
¿Cómo te va? *How's it going with you? (s. fam.)*
¿Cómo le va? *How's it going with you? (s. form.)*
¿Cómo les va? *How's it going with you? (pl.)*
¿Qué hay de nuevo? *What's new?*
Buenos días. *Good morning.*
Buenas tardes. *Good afternoon.*
Buenas noches. *Good night. Good evening.*

Para responder *How to respond*

Bien, gracias. *Fine, thank you.*
Bastante bien. *Quite well.*
(No) Muy bien. *(Not) Very well.*
Regular. *So-so.*
¡Terrible! / ¡Fatal! *Terrible! / Awful!*
No mucho. *Not much.*
Nada. *Nothing.*
¿Y tú? *And you? (s. fam.)*
¿Y usted? *And you? (s. form.)*

ACTIVIDADES

1 ⟳ **Conversaciones** With a classmate, take turns greeting each other and responding. Choose an appropriate response from those provided.

1. Hola, ¿cómo te va?
   a. Buenos días.
   b. Muy bien, gracias.
   c. ¿Y tú?

2. Buenas tardes. ¿Qué hay de nuevo?
   a. No mucho.
   b. Bastante bien.
   c. Terrible.

3. Buenas noches. ¿Cómo le va?
   a. Nada.
   b. ¿Y usted?
   c. Fatal.

4. Buenos días. ¿Cómo están?
   a. Regular.
   b. Buenas noches.
   c. No mucho.

5. Hola, ¿cómo está?
   a. ¿Cómo te va?
   b. Bien, gracias, ¿y usted?
   c. Nada.

6. Buenas tardes.
   a. Terrible.
   b. Buenas tardes. ¿Qué hay de nuevo?
   c. No muy bien. ¿Y tú?

2 ⟳ **Saludos** Exchange greetings with a classmate. Follow the cues.

1. **Greeting:** It is morning, and you want to know how your classmate is doing.

   Response: You had a terrible night and don't feel well.

2. **Greeting:** It is evening, and you run into two classmates; you want to know if anything new has come up.

   Response: Not much has happened since you last saw your friend.

3. **Greeting:** You run into a professor in the afternoon; you want to know how things are going.

   Response: You're doing quite well and want to know how your student is doing.

3 ⟳ **¿Qué tal?** Have a conversation with one of your friends when you first see him or her that day.

MODELO **Tú:** *¡Hola, Adriana! ¿Cómo te va?*
        Compañero(a): *Bien, gracias, Rosa. Y tú, ¿cómo estás?*
        Tú: *Regular.*

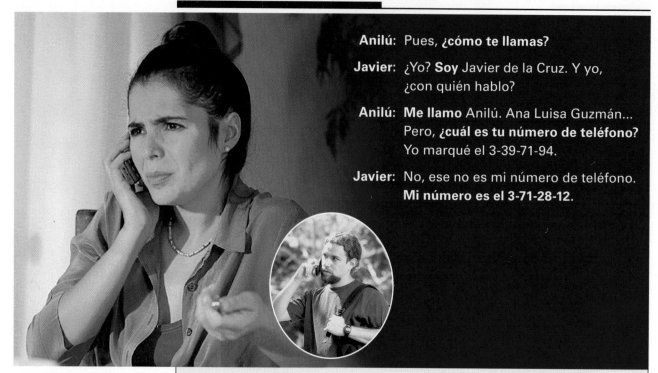

Anilú: Pues, ¿cómo te llamas?

Javier: ¿Yo? **Soy** Javier de la Cruz. Y yo, ¿con quién hablo?

Anilú: **Me llamo** Anilú. Ana Luisa Guzmán... Pero, ¿**cuál es tu número de teléfono**? Yo marqué el 3-39-71-94.

Javier: No, ese no es mi número de teléfono. **Mi número es el 3-71-28-12.**

Para pedir y dar información personal *Exchanging personal information*

¿Cómo te llamas? *What's your name? (s. fam.)*
¿Cómo se llama? *What's your name? (s. form.)*

Me llamo... *My name is . . .*
(Yo) soy... *I am . . .*

¿Cuál es tu número de teléfono? *What's your phone number? (s. fam.)*
¿Cuál es su número de teléfono? *What's your phone number? (s. form.)*

Mi número de teléfono es el 3-71-28-12. *My phone number is 371-2812.*
Es el 3-71-28-12. *It's 371-2812.*

¿Dónde vives? *Where do you live? (s. fam.)*
¿Dónde vive? *Where do you live? (s. form.)*

Vivo en... *I live in / at / on . . .*
  la avenida... *avenue*
  la calle... *street*
  el barrio... / la colonia... *neighborhood*

¿Cuál es tu dirección? *What's your address? (s. fam.)*
¿Cuál es su dirección? *What's your address? (s. form.)*
Mi dirección es... *My address is . . .*

¿Cuál es tu dirección electrónica? *What's your e-mail address? (s. fam.)*
¿Cuál es su dirección electrónica? *What's your e-mail address? (s. form.)*
Aquí tienes mi dirección electrónica. *Here's my e-mail address. (s. fam.)*
Aquí tiene mi dirección electrónica. *Here's my e-mail address. (s. form.)*

Spanish speakers often ask **¿Cuál es tu / su e-mail?**, using the English term rather than **dirección electrónica**.

In an e-mail address in Spanish, @ is pronounced **arroba** and **.com** is pronounced **punto com**.

ACTIVIDADES

4 **Respuestas** Pick from the second column the correct response to the questions in the first column.

1. ¿Dónde vives?
2. ¿Cuál es su dirección electrónica?
3. ¿Cómo se llama?
4. ¿Cuál es tu número de teléfono?

a. Yo soy Rita Rivera.
b. Es el 4-87-26-91.
c. Es Irene29@yahoo.com.mx.
d. En la colonia Villanueva.

5 **En la reunión** You are at the first meeting of the International Hispanic Student Association at your college. You have been elected secretary and must record in Spanish the name, address, and phone number of every member. With a male and female classmate playing the parts of the members, ask for the information you need. Without looking at the book, listen to their responses and type or write out their personal information. Then ask your partners for their real personal information and record that. **¡OJO!** All items follow the pattern of the model.

MODELO *Jorge Salinas, avenida B 23, 2-91-66-45*
Tú: *¿Cómo te llamas?*
Compañero(a): *Me llamo Jorge Salinas.*
Tú: *¿Dónde vives?*
Compañero(a): *Vivo en la avenida B, veintitrés.*
Tú: *¿Cuál es tu número de teléfono?*
Compañero(a): *Es el dos, noventa y uno, sesenta y seis, cuarenta y cinco.*

1. Amanda Villarreal, calle Montemayor 10, 8-13-02-55
2. Diego Ruiz, Colonia del Valle, calle Iturbide 89, 7-94-71-30
3. Irma Santiago, avenida Flores Verdes 12, 9-52-35-27
4. Baldemar Huerta, calle Otero 39, 7-62-81-03
5. Ingrid Lehmann, avenida Aguas Blancas 62, 4-56-72-93

6 **¡Mucho gusto!** With a classmate, role-play a cell phone conversation in which one of you has reached the wrong number. You are curious about the person you have accidentally reached. Try to get as much information from each other as possible.

MODELO —*Hola, ¿Marcos?*
—*No, yo no soy Marcos.*
—*Bueno, ¿cómo se llama usted?*
—*...*

Notice that in the **MODELO**, all digits of the telephone number are given in pairs after the initial digit. This is common in many countries, but Spanish speakers in the United States might not use this convention.

Notice that unlike in English, the street name precedes the number in addresses in Spanish: **calle Iturbide 12** vs. *12 Iturbide Street*.

¡FÍJATE!

Los celulares

Cellular phone technology has revolutionized telecommunications throughout the entire world. Cell phones are as popular in Latin America and Spain as they are in the United States. With the advent of the smartphone, cell phones are now routinely used for e-mail, photos, video, text messaging, games, applications, face-to-face phone conversations, GPS directions, and almost anything else you can do online.

© princessdlaf/iStock

Although customs for speaking on the phone vary from one Spanish-speaking country to another, here are some useful phrases to get you started.

In Spain, a cell phone is called **un móvil**. Can you guess what it means?

Remember that most Spanish speakers give their phone number by using pairs after the first digit. For example: **Mi número es el dos, treinta y seis, diez, dieciocho.**

Familiar Conversation

—¡Hola!	Hello?
—Hola. ¿Qué estás haciendo?	Hi. What are you doing?
—Nada, ¿y tú?	Nothing, and you?
—¿Quieres hacer algo?	Do you want to do something?
—Claro. ¿Nos vemos donde siempre?	Sure. See you at the usual place?
—Está bien. Hasta luego.	OK. See you later.
—Chau.	Bye.

Formal Conversation

—¡Hola! / ¿Aló?	Hello?
—Hola. ¿Puedo hablar con...?	Hi. May I speak with . . . ?
—Sí, aquí está.	Yes, he/she is here.
—Lo siento. No está.	Sorry. He/She is not here.
—Por favor, dígale que llamó (nombre). Mi número es el...	Please tell him/her that (name) called. My number is . . .
—Muy bien.	OK.
—Muchas gracias.	Thank you very much.
—De nada. Adiós.	You're welcome. Goodbye.
—Adiós.	Goodbye.

PRÁCTICA With a partner, role-play two different phone calls, using the expressions provided. In the first call, you dial a friend's cell phone and speak to him or her. In the second call, you dial a friend's home number and speak to his grandmother. In the second case, the person you are trying to reach is not in and you need to leave a message. Don't forget to use the correct level of address (familiar or formal).

Anilú: Beto, **quiero presentarte a** Javier de la Cruz.

Beto: **Mucho gusto**, Javier.

Javier: **Encantado**, Beto.

Beto: Aquí está tu celular.

Javier: Gracias, Beto. Y aquí está tu celular.

Beto: **Bueno, ¡tengo que irme! Muchas gracias**, Javier.

Y gracias a ti también, Anilú.

Anilú: Pues, Javier, **mucho gusto en conocerte.**

Javier: **El gusto es mío.**

Anilú: Pues, entonces, **¡nos vemos!**

Javier: ¡Hasta luego! Chau.

Para presentar a alguien *Introducing someone*

Soy... *I am . . .*
Me llamo... / Mi nombre es... *My name is . . .*
Quiero presentarte a... *I'd like to introduce you to . . . (s. fam.)*
Quiero presentarle a... *I'd like to introduce you to . . . (s. form.)*
Quiero presentarles a... *I'd like to introduce you to . . . (pl.)*

Para responder *How to respond*

Mucho gusto. *My pleasure.*
Mucho gusto en conocerte. *A pleasure to meet you (s. fam.).*
Encantado(a). *Delighted to meet you.*
Igualmente. *Likewise.*
El gusto es mío. *The pleasure is mine.*
Un placer. *My pleasure.*

Para despedirse *Saying goodbye*

Adiós. *Goodbye.*
Hasta luego. *See you later.*
Hasta mañana. *See you tomorrow.*
Hasta pronto. *See you soon.*
Nos vemos. *See you later.*
Chau. *Bye.*
Bueno, tengo que irme. *Well / OK, I have to go.*

The word **chau** comes from the Italian word *ciao*, which means both hello and goodbye. In Spanish, it is only used to say goodbye. The spelling has been changed to reflect Spanish pronunciation.

ACTIVIDADES

7 **¿Cómo respondes?** Choose the best response to each statement.

1. Me llamo Rubén.
   a. Adiós.　　　**b.** Un placer.　　　**c.** Hasta mañana.
2. Quiero presentarte a Cristina.
   a. Igualmente.　**b.** Bueno, tengo que irme.　**c.** Mucho gusto.
3. Mucho gusto en conocerte.
   a. Chau.　　　**b.** Igualmente.　　**c.** Mi nombre es Santiago.
4. Bueno, tengo que irme.
   a. Hasta luego.　**b.** Encantado(a).　　**c.** El gusto es mío.

8 **Quiero presentarte a...** Introductions are a normal part of everyday life. Work in groups to study the drawing and create four short conversations in which one person introduces another person to a third party. In each conversation, pick one of the characters in the group and play that role. The labels show the four groups.

MODELO　(Grupo 3) **Estudiante #1:** *Hola, Alicia. Te presento a Miguel.*
　　　　Estudiante #2: *Mucho gusto, Alicia.*
　　　　Estudiante #3: *Igualmente, Miguel.*

9 Fiesta You're at a party and you meet someone you really like who speaks only Spanish. Write out the conversation you might have with that person. Include the following:

greeting
response
introduction
exchange of phone numbers and e-mail addresses
exchange of addresses
goodbyes

10 Un e-mail Write an e-mail to your Spanish instructor introducing yourself. In it, give your name, address, e-mail address, phone number, and any other information you think your Spanish instructor should know about you. Send it!

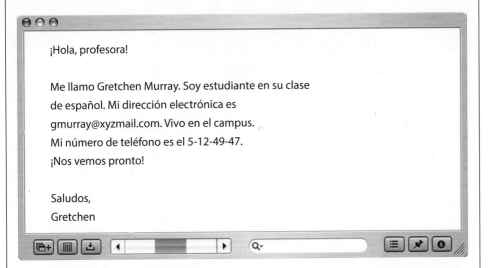

¡Hola, profesora!

Me llamo Gretchen Murray. Soy estudiante en su clase
de español. Mi dirección electrónica es
gmurray@xyzmail.com. Vivo en el campus.
Mi número de teléfono es el 5-12-49-47.
¡Nos vemos pronto!

Saludos,
Gretchen

Formal opening: **Estimado(a) profesor(a):**

Informal opening: **¡Hola, profesor(a)!**

11 ¡Mucho gusto en conocerte! You are at a party with a group of four or five classmates. Greet each other, introduce yourselves, present at least one other member of the group to the others, and then carry on as lively a conversation as you can, exchanging as much personal information as you normally would. Find a natural way to end the conversation and then say goodbye to each other.

© Juan Silva/Getty Images

A ver

ESTRATEGIA

Viewing a segment several times

When you first hear authentic Spanish, it may sound very fast. Stay calm! Remember that you don't have to understand everything and that, with video, you have the opportunity to replay. The first time you view the segment, listen for the general idea. The second time, listen for details.

You may not understand every word in the activities throughout the chapter, but focus on getting the main idea. You'll be surprised at how much you do understand!

These words are to help you understand the video only. You will not be tested on them.

Antes de ver 1 How many of the characters in this video segment do you already know? Go back to pages 8, 10, and 13 and identify the people you see in the photos there.

Antes de ver 2 Review some of the key words and phrases used in the video.

Ha sido un placer. *It's been a pleasure.*
Marqué... *I dialed . . .*
¡Tengo prisa! *I'm in a hurry!*
Voy a marcar... *I'm going to dial . . .*

Antes de ver 3 In the video segment you are about to watch, one of the characters you have already encountered comments on the video action from the future. (This person is a professor who is showing a video to students at the University of Costa Rica.) Before you watch the video segment, read items 1–4. Then, as you watch, listen for this information.

1. ¿Cómo se llama la persona que habla desde *(from)* el futuro?
2. Las personas que hablan por celular, ¿cómo se llaman?
3. Las personas al final, ¿cómo se llaman?
4. _____ tiene *(has)* el celular de _____.

▶ **Ver** Now watch the video segment as many times as necessary to answer the questions in **Antes de ver 3**.

Después de ver Are the following statements about the video segment true **(cierto)** or false **(falso)**? Correct the false statements.

1. Javier tiene el celular de Anilú.
2. Anilú es una amiga de Javier.
3. Beto es un amigo de Anilú.
4. El número del teléfono celular que tiene Javier es el 3-39-71-94.
5. El número de teléfono de Beto es el 3-39-71-94.
6. Anilú le presenta Javier a Beto.

Voces de la comunidad

▶ Voces del mundo hispano

In this video segment, people from around the Spanish-speaking world introduce themselves. First read the statements below. Then watch the video as many times as needed to say whether each statement is true **(cierto)** or false **(falso)**.

1. Ela y Sandra son de Puerto Rico.
2. Aura y Dayramir son de Honduras.
3. Claudio tiene 42 años *(is 42 years old)*.
4. David tiene 19 años.
5. Ricardo es estudiante universitario.
6. Patricia y Constanza son profesoras de español.

🔊 Voces de Estados Unidos

Spanish speakers in North America

In 1787, Thomas Jefferson had this advice for his nephew, Peter Carr:

❝ Apply yourself to the study of the Spanish language with all of the assiduity you can. It and the English covering nearly the whole of America, they should be well known to every inhabitant who means to look beyond the limits of his farm. ❞

Today, the U.S. is the fourth-largest Spanish-speaking country in the world. The 54 million Hispanics (or Latinos) who make their home in this country represent the fastest-growing segment of the U.S. population, comprising nearly 17% of the total population. For its part, Canada is also home to a thriving community of over 480,000 Hispanics.

U.S. Hispanics are enjoying a period of unprecedented prosperity. Their estimated buying power of $1.5 trillion a year more than doubles the combined buying power of all other Spanish-speaking countries in the world. Through Spanish-language websites, publications, and advertising aimed at the lucrative Hispanic market, U.S. companies are continually striving to better understand, entice, and serve Latino consumers.

The **Voces de la comunidad** section of **Chapters 2–14** of *Nexos* features an outstanding North American Hispanic from these and other areas, people whose contributions have direct relevance to the theme of the chapter.

¿Y tú? **What are your reasons for studying Spanish? Do you want to use it for personal or professional reasons?**

¡Prepárate!

GRAMÁTICA ÚTIL 1

Identifying people and objects: Nouns and articles

Cómo usarlo

Nouns identify people, places, and things: **señora Velasco, calle**, and **teléfono** are all nouns. *Articles* supply additional information about the noun.

1. *Definite* articles refer to a specific person, place, or thing.

> **La** avenida Central es **la** calle
> más importante de **la** universidad.
> *(You already know which avenue
> and university you are talking about.)*

> *Central Avenue is **the** most
> important street in **the** university.*

2. *Indefinite* articles refer to a noun without identifying a specific person, place, or thing.

> **Un** amigo es **una** persona que te gusta.
> *(You are making a generalization,
> true of any friend.)*

> *A friend is **a** person you like.*

Cómo formarlo

> **Lo básico**
>
> - Number indicates whether a word is singular or plural: **la calle** *(sing.)*, **las calles** *(pl.)*, **un escritorio** *(sing.)*, **unos escritorios** *(pl.)*.
> - Gender indicates whether a word is masculine or feminine: **una avenida** *(fem.)*, **el teléfono** *(masc.)*.

3. Noun gender and number

- *Gender:* Often you can tell the gender of a Spanish noun by looking at its ending. Here are some general guidelines.

Masculine	Feminine
1. Nouns ending in **-o: el amigo, el muchacho**	Exception to rule #1: **la mano** *(hand)*
Exceptions to rule #2: words ending in **-ma: el sistema, el problema, el tema, el programa**; also **el día, el mapa**	2. Nouns ending in **-a: la compañera de cuarto, una chica**
	3. Nouns ending in **-ción, -sión, -xión, -dad, -tad**, and **-umbre** are feminine: **la información, la extensión, la conexión, una universidad, la libertad, una costumbre** *(custom)*.

Nouns referring to people often reflect gender by changing a final **o** to an **a (chico / chica, amigo / amiga)** or adding an **a** to a final consonant

The idea of gender for non-person nouns and for articles does not exist in English, although it is a feature of Spanish and other languages. When learning new Spanish words, memorize the article with the noun to help remember gender.

When nouns ending in **-ión** become plural, they lose the accent on the **o**: **la corporación**, but **las corporaciones**.

(profesor / profesora). For nouns ending in **-e** or **-ista** that refer to people, the article or context indicates gender **(el estudiante / la estudiante, el guitarrista / la guitarrista)**. There are also words that end en **-a** in both the masculine and feminine form, such as **atleta**, and in these cases the gender is determined by the article or context as well. **(Juan/Juanita es atleta.)**

■ *Number:* Spanish nouns form their plurals in several ways.

Singular	Plural
Ends in vowel: **calle**	Add **s: calles**
Ends in consonant: **universidad**	Add **es: universidades**
Ends in **-z: lápiz**	Change **z** to **c** and add **es: lápices**

Décima Feria
de las Mascotas

sábado, 11 de mayo, 10:00 a 14:00, Plaza Central

¡Ven a ver y a llevarte algunos de los perros, gatos, pájaros, lagartos y serpientes más raros del mundo!

Photo: © Ameng Wu/iStockphoto.com (Boa); © Eric Isselee/iStockphoto.com (Dog and Cat); © Ameng Wu/iStockphoto.com (Chameleon)

How many plural nouns can you identify in this poster for a pet fair? Can you find the two definite articles?

4. Definite and indefinite articles

- Here are the Spanish definite articles, which correspond to the English article *the*.

	Singular	Plural
Masculine	**el amigo** *the friend (male)*	**los amigos** *the friends (male or mixed group)*
Feminine	**la amiga** *the friend (female)*	**las amigas** *the friends (female)*

- Here are the Spanish indefinite articles, which correspond to the English articles *a, an,* and *some*.

	Singular	Plural
Masculine	**un amigo** *a friend (male)*	**unos amigos** *some friends (male or mixed group)*
Feminine	**una amiga** *a friend (female)*	**unas amigas** *some friends (female)*

- Remember that you use masculine articles with masculine nouns and feminine articles with feminine nouns. When a noun is in the plural, the corresponding plural article (masculine or feminine) is used: **el hombre, los hombres.**

- When referring to a person's *profession*, the article is omitted: **Liana es profesora y Ricardo es dentista.** NOT: **Liana es una profesora.**

- However, when you use a *title* to refer to someone, the article is used: **Es el profesor Gómez.** When you address that person directly, using their title, the article is not used: **Buenos días, profesor Gómez.**

The following titles are typically used with the article when referring to a person, and without the article when addressing that person directly.

señor (Sr.)	*Mr.*	**señorita (Srta.)**	*Miss / Ms.*
señora (Sra.)	*Mrs. / Ms.*	**profesor / profesora**	*professor*

> When the noun is modified, the article is used: **Liana es una profesora excelente.**

ACTIVIDADES

1 🔊 **¿Femenino o masculino?** Listen to the speaker name a series of items and people. First write whether the noun mentioned is masculine **(M)** or feminine **(F)**, or both **(M/F)**. Next write the singular form of the noun with its correct definite article. Lastly, write the plural noun with its correct definite article.

MODELO **You hear:** libro
You write: *M*
el libro
los libros

2 🔄 **¿Definido o indefinido?** Work with a partner. Take turns guessing from context whether it makes more sense to use the definite article, the indefinite article, or no article in each of the following pairs of sentences. Then say which article to use if one is required. If no article is required, mark X.

MODELO Es _____ salón de clase de español.
Es *el* salón de clase de español.

1. Es _____ calle en mi colonia.
Es _____ calle central de mi colonia.

2. Es _____ estudiante *(fem.)* más *(most)* inteligente de mi clase.
Es _____ estudiante.

3. Es _____ avenida más importante de mi colonia.
Es _____ avenida en mi colonia.

4. Es _____ universidad en mi estado *(state)*.
Es _____ universidad más importante de mi estado.

3 🔄 **Presentaciones** With a partner, take turns to complete the following introductions with the correct definite or indefinite articles where needed. If no article is needed, mark with an X.

1. —Señora Oliveros, quiero presentarle a _____ señorita Martínez.
—Un placer. ¿Dónde vive usted?
—Vivo en _____ calle Colón, en _____ colonia Robles.

2. —Oye, Ricardo, quiero presentarte a mi amiga Rebeca. Ella es _____ dentista.
—¡Mucho gusto, Rebeca! Yo soy _____ profesor de matemáticas.
—¿De veras? Yo tengo *(I have)* _____ amigo que es profesor también.

3. —Buenas tardes. Yo soy _____ señor Bustelo.
—Señor Bustelo, ¿cuál es su número de teléfono?
—Es _____ 8-21-98-32.

4. —¡Hola!
—Buenos días. ¿Puedo hablar con _____ señor Lezama?
—Lo siento. No está.
—Por favor, dígale que llamó _____ señora Barlovento. Tenemos *(We have)* clase de administración mañana y necesito darle *(I need to give him)* _____ apuntes.

4 🔄 **Más presentaciones** In pairs, take turns to introduce yourself to your partner. Exchange information about where you live, phone numbers, and e-mail addresses. Then prepare to introduce your classmate to the entire class.

MODELO **Tú:** *Hola, ¿qué tal? Me llamo... Y tú, ¿cómo te llamas?*
Compañero(a): *Hola, me llamo... ¿Dónde vives?*

¿**Tú** eres Javier?

Estar, which you have already used in the expression ¿**Cómo estás?**, also means *to be*. You will learn other ways to use **estar** in **Chapter 4**.

Identifying and describing: Subject pronouns and the present indicative of the verb **ser**

Cómo usarlo

The Spanish verb **ser** can be used to identify people and objects, to describe them, to make introductions, and to say when something will take place. It is one of two Spanish verbs that are the equivalents of the English verb *to be*.

Mi teléfono **es** el 2-39-71-49.	*My telephone number **is** 2-39-71-49.*
Yo **soy** Mariela y ella **es** Elena.	*I **am** Mariela and this **is** Elena.*
La fiesta **es** el miércoles.	*The party **is** on Wednesday.*

Cómo formarlo

Lo básico

- *Pronouns* are words used to replace nouns. (Some English pronouns are *it, she, you, him,* etc.)
- Verbs change form to reflect *number* and *person. Number* refers to singular versus plural. *Person* refers to different subjects.
- A verb's tense indicates the time frame in which an event takes place (for example, *talk, talked, will talk*).The present indicative tense refers to present-time events or conditions (*I talk, I am talking*).

1. Subject pronouns

- Subject pronouns are pronouns that are used as the subject of a sentence. Here are the subject pronouns in Spanish.

	Singular		Plural	
yo	*I*	**nosotros / nosotras**	*we*
tú	*you (fam.)*	**vosotros / vosotras**	*you (fam.)*
usted (Ud.)	*you (form.)*	**ustedes (Uds.)**	*you (fam., form.)*
él, ella	*he, she*	**ellos, ellas**	*they*

Yo soy Manuel. ¡Mucho gusto!

■ The **vosotros / vosotras** forms are primarily used in Spain. They allow speakers to address more than one person informally. In most other places, Spanish speakers use **ustedes** to address several people, regardless of the formality of the relationship. The **vosotros** forms of verbs are provided in *Nexos* so that you can recognize them, but they are not included for practice in activities.

2. Formal vs. familiar

English has a single word—*you*—to address people directly, regardless of how well you know them. As you have already seen, Spanish has two basic forms of address: the **tú** form and the **usted** form.

■ **Tú** is used to address a family member, a close friend, a child, or a pet.

■ **Usted** (often abbreviated as **Ud.**) is a more formal means of address used with older people, strangers, acquaintances, and sometimes with colleagues.

■ Remember that the **ustedes** form is normally used to address more than one person in both *informal* and *formal* contexts (except in Spain, where **vosotros / vosotras** is used in informal contexts).

Levels of formality vary throughout the Spanish-speaking world, so it's important when traveling to listen to how **tú** and **usted** are used and to follow the local practice.

In some countries, you will hear **vos** forms (Argentina and parts of Uruguay, Chile, and Central America). This is a variation of **tú** that is used only in these regions.

To show respect, you sometimes hear the titles **don** and **doña** used with people you address as **usted**. **Don** and **doña** are used with the person's first name: **don Roberto, doña Carmen**.

3. The present tense of the verb **ser**

The present indicative forms of the verb **ser** are as follows. Note the subject pronouns associated with each form.

ser *(to be)*	
Singular	
yo soy	*I am*
tú eres	*you (s. fam.) are*
usted es	*you (s. form.) are*
él es	*he is*
ella es	*she is*
Plural	
nosotros / nosotras somos	*we are*
vosotros / vosotras sois	*you (pl. fam.) are*
ustedes son	*you (pl. form. or pl. fam.) are*
ellos son	*they (masc. or mixed) are*
ellas son	*they (fem.) are*

In Spanish, it is not always necessary to use the subject pronoun with the verb, as long as the subject is understood. For example, it's less common to say **Yo soy Rafael**, because **Soy Rafael** is clear enough on its own.

The subject pronouns only substitute for animate subjects. So, in **El libro es bueno**, it is not possible to replace **el libro** with **él**. There are only two options with this sentence: (1) to include the subject: **El libro es bueno**, or (2) to leave out the subject, as in **Es bueno**.

ACTIVIDADES

5 **Descripciones** Match each of the following descriptions with the correct group of individuals.

_____ 1. two teens
_____ 2. one professor
_____ 3. two roommates
_____ 4. two professors
_____ 5. A mom and two children
_____ 6. two little girls

    a. Son compañeras de cuarto.
    b. Es profesor de periodismo *(journalism)*.
    c. Somos profesores en la universidad.
    d. Son estudiantes.
    e. Son amigas.
    f. Es una familia.

6 **Manuel** Manuel writes an e-mail to a new Facebook friend describing himself and his two best friends. Complete his e-mail with the correct forms of **ser**.

    ¡Hola! Yo (1) _____ Manuel Ybarra. (2) _____ estudiante de la Universidad Nacional Autónoma de México, que (3) _____ una de las universidades más importantes de las Américas. ¡La población estudiantil (4) _____ de más de 270.000 estudiantes!

    Tengo dos amigos íntimos. Mi amiga Susana (5) _____ una persona muy sincera. Ella y yo (6) _____ inseparables. Mi amigo Hernán (7) _____ muy cómico. Hernán y yo (8) _____ compañeros de cuarto. Susana y Hernán (9) _____ buenos amigos también. Y tú, ¿cómo (10) _____?

7 **¿Quiénes son?** Use **ser** to say who the following people are. (In items 1-3 you need to supply the name of the person in addition to the correct form of **ser**. In items 5-8 you need to write a complete sentence.)

1. [Nombre] _____ mi compañero(a) de clase.
2. [Nombre] _____ el profesor (la profesora) de español.
3. [Nombre] _____ el instructor (la instructora) de la clase de español.
4. Nosotros _____ estudiantes de español.
5. Tú…
6. Usted…
7. Ustedes…
8. Ellos…

8 **Le presento a…** In groups of three or four, act out an introduction in front of the class. Decide beforehand the ages and the social standing of the people you are role-playing as well as how informal or formal the situation is. The class must guess whether the introduction is formal or informal. Follow the model.

MODELO (formal)
    —*Buenos días, profesora García.*
    —*Buenos días, Susana.*
    —*Profesora García, le presento a mi amigo Paul.*
    —*Encantada, Paul.*

GRAMÁTICA ÚTIL 3

Expressing quantity: **Hay** + *nouns*

Cómo usarlo

1. Hay is the Spanish equivalent of *there is* or *there are* in English.

Hay una reunión en la cafetería.	***There is** a meeting in the cafeteria.*
Hay tres estudiantes en la clase.	***There are** three students in the class.*
Hay unos libros en la mesa.	***There are** some books on the table.*
Hay una fiesta el viernes.	***There is** a party on Friday.*

2. Hay is used with both singular and plural nouns, and in both affirmative and negative contexts.

Hay un bolígrafo, pero no **hay** lápices en la mesa.

3. Hay can be used with numbers or with indefinite articles (**un, una, unos, unas**), but it is never used with definite articles (**el, la, los, las**).

¡**Hay** tres profesores en la clase, pero solo **hay** una estudiante!	*There are three professors in the class, but **there is** only one student!*

4. With a plural noun or in negative contexts, typically no article is used with **hay** unless you are providing extra information.

Hay papeles en la mesa.	***There are papers** on the table.*
No hay libros en el escritorio.	***There aren't (any) books** on the desk.*
Hay muchas computadoras en la clase.	***There are many computers** in the class.*

BUT:

Hay unas personas interesantes en la clase.	***There are some interesting people** in the class.*

Cómo formarlo

Hay is an *invariable verb form* because it never changes to reflect number or person. That is why **hay** can be used with both singular and plural nouns.

Aquí **hay** un problema.

Hay siete estudiantes en la clase.

ACTIVIDADES

9 **¿Sí o no?** Look at the form and then answer the questions using **hay** or **no hay**. Follow the model.

> Nombre: *Alicia Monteverde Salinas*
> Dirección: *1742 NE Cleary Street , Portland, OR 97208*
> Número de teléfono:
>   casa: _____ celular: *971-555-2951* oficina: *503-555-8820*
> Contacto personal: _____
> Dirección electrónica: *Alims@netista.org*
> Referencia: _____

MODELOS ¿Hay... un nombre?
  Sí, hay un nombre.
  ¿Hay... un número de teléfono de la casa?
  No, no hay número de teléfono.

¿Hay...

1. ... una dirección?
2. ... un número de teléfono de la oficina?
3. ... un número de celular?
4. ... un contacto personal?
5. ... una dirección electrónica?
6. ... una referencia?

10 **Hay...** Say how many of the following things are in the places mentioned.

MODELO ventana (5): salón de clase
  Hay cinco ventanas en el salón de clase.

1. computadora (15): laboratorio
2. policía (2): calle
3. libro (5): escritorio
4. profesor (3): reunión
5. estudiante (40): cafetería
6. persona (20): fiesta
7. verbo (35): pizarra
8. celular (1): mochila

11 **¿Cuántos (How many) hay?** In groups of four or five, find out how many of the following objects there are in your group.

MODELO *Hay tres teléfonos celulares en el grupo.*

1. teléfonos celulares
2. cuadernos
3. dólares
4. computadoras portátiles
5. mochilas
6. ¿...?

12 **¿Hay o no hay...?** With a classmate, take turns asking and answering whether the items indicated are in the classroom.

Objetos posibles: una computadora, un escritorio, un libro, un mapa, una mesa, una mochila, una pizarra digital interactiva, una ventana, ¿...?

MODELO **Tú:** *¿Hay una silla en el salón de clase?*
  Compañero(a): *Hay treinta sillas en el salón de clase.*

SONRISAS

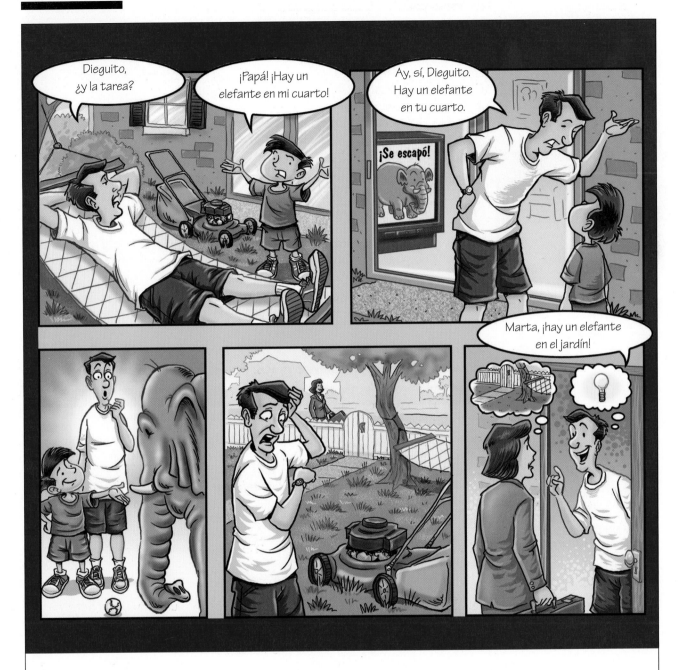

COMPRENSIÓN

Answer the following questions about the cartoon.

1. Según *(According to)* Dieguito, ¿qué hay en su cuarto?
2. En realidad, ¿qué hay en el cuarto de Dieguito?
3. Según el papá de Dieguito, ¿qué hay en el jardín *(garden)*?
4. En realidad, ¿hay un elefante en el jardín?

Expressing possession, obligation, and age:
Tener, tener que, tener + años

Cómo usarlo

1. The verb **tener** means *to have*. It is used in Spanish to express possession and to give someone's age. You can also use it with **que** and another verb to say what you have to do: **Tengo que irme.** *(I have to go.)*

Tengo dos teléfonos en casa.	I *have* two telephones in my house.
Elena **tiene** veinte años. ¿Cuántos años **tienen** Sergio y Dulce?	Elena *is* twenty years old. How old *are* Sergio and Dulce?
Tengo que irme porque **tengo** clase.	I *have to* go because I *have* class.

2. When **tener** is used to express possession, the article is usually omitted, unless number is emphasized or you are referring to a specific object.

3. Note that where Spanish uses **tener... años** to express age, the English equivalent is *to be . . . years old.*

Cómo formarlo

1. Here are the forms of the verb **tener** in the present indicative tense.

tener *(to have)*			
yo	**tengo**	nosotros / nosotras	**tenemos**
tú	**tienes**	vosotros / vosotras	**tenéis**
Ud. / él / ella	**tiene**	Uds., ellos, ellas	**tienen**

2. Ask **¿Cuántos años tienes?** to find out someone's age. Ask **¿Cuándo es tu cumpleaños?** to find out someone's birthday. He or she can respond with **Mi cumpleaños es el [número] de [mes].**

Los meses del año *(Months of the year)*

enero	julio
febrero	agosto
marzo	septiembre
abril	octubre
mayo	noviembre
junio	diciembre

3. When giving dates in Spanish, the day of the month comes first: **el quince de abril** = *April 15th*. When writing the date with numbers, the day always comes before the month: 15/4/16 = **el quince de abril de 2016.**

Tienes el celular de mi amigo Beto.

Remember, it's better to use the verb without a subject pronoun unless the subject is unclear or you want to emphasize it.

In Spanish the word for birthday is **cumpleaños**, which literally means "completes (**cumple**) years (**años**)." Many Spanish speakers celebrate their saint's day (**el día de su santo**), which is the birthday of the saint whose name is the same as or similar to their own. For example: **El 19 de marzo es el día de San José.**

ACTIVIDADES

13 **¿Qué tienen?** Say what each person *has* or *has to do*.

MODELO   *Yo* <u>*tengo*</u> *un cuaderno en el escritorio.*

1. Yo _____ un celular en la mochila.
2. Nosotros _____ que leer el libro.
3. Ellos _____ unos apuntes en el cuaderno.
4. Tú _____ dos libros en la mochila.
5. El profesor _____ cinco lápices en el escritorio.
6. Ustedes _____ que escuchar el audio.

14 **¿Cuántos años tienen?** In groups, take turns to tell the birthdays and ages of the following people.

MODELO   Arturo (28/3; 25 años)
El cumpleaños de Arturo es el veintiocho de marzo.
Tiene veinticinco años.

1. Martín (12/4; 21 años)
2. Sandra y Susana (14/7; 24 años)
3. mamá (16/6; 45 años)
4. papá (22/2; 47 años)
5. Gustavo (7/9; 17 años)
6. Irma y Daniel (19/1; 19 años)

The number **veintiuno** shortens to **veintiún** when it's used with a noun: **veintiún años**.

15 **La fiesta** Listen to the conversation between Marta and Juan. They are talking about the birthdays and ages of various friends. Write down the age and the birthday of each person.

	Edad	Cumpleaños
1. Miguel		
2. Arturo		
3. Enrique		
4. Isabel		

16 **Yo tengo...** With a classmate, take turns asking and telling which of the following objects you have and don't have with you today. Follow the model.

MODELO   **Tú:** *¿Tienes un libro?*
Compañero(a): *Sí. Tengo tres libros.*

Objetos posibles: bolígrafo, celular, computadora portátil, cuaderno, diccionario, lápiz, marcador, mochila, ¿...?

¡Explora y exprésate!

El español: ¡una lengua global!

Información general ▶

- Spanish is the official language of 21 countries.
- With almost 500 million native and second-language speakers internationally, Spanish is one of the most widely spoken languages in the world.
- Spanish ranks second worldwide for number of native speakers, with 405 million. (Chinese is first, with 1.2 billion native speakers, and English is a close third, with 360 million speakers.)
- Spanish is spoken by over 50 million people in the United States and by approximately 900,000 people in Canada. It is one of the most widely studied and fastest-growing languages in both countries.

Top 5 languages on the Internet	Internet users by language	Internet users as percentage of total
English	800,625,314	28.6%
Chinese	649,375,491	23.2%
Spanish	222,406,379	7.9%
Arabic	135,610,819	4.8%
Portuguese	121,779,703	4.3%

Adapted from Top Ten Languages Used in the Web chart at http://www.internetworldstats.com/stats7.htm, Copyright © 2014, Miniwatts Marketing Group. All rights reserved worldwide.

A tener en cuenta

- Spanish originated on the Iberian Peninsula as a descendant of Latin.
- King Alfonso X tried to standardize the language for official use in the 13th century in the Castile region of Spain.
- By 1492, when Christopher Columbus headed for the Western Hemisphere, Spanish had already become the spoken and written language that we would recognize today.
- Spanish was brought to the New World by explorers who colonized the new territories under the Spanish flag for the Spanish Empire. At its peak, **el Imperio español** was one of the largest empires in world history.
- Today, there are far more Spanish speakers in Latin America than there are in Spain.

© Prisma Archivo/Alamy

■ El Imperio español

Idioma

- Spanish is referred to as either **español** or **castellano**.
- Like all languages, Spanish exhibits some regional variations, limited mainly to vocabulary and pronunciation. In spite of these variations, Spanish speakers from all over the world communicate without difficulty.
- Spanish and English share many cognates, due to the fact that many of their words have Latin as one linguistic root in common.

Remember that cognates are words that either look alike or sound similar in both Spanish and English.

| family | *familia* | computer | *computadora* |

Profesiones

- Here are just a few of the professions where Spanish is in high demand in the United States:

law	investment banking
medicine	sales and marketing
tourism	government
social sciences	human resources
education	interactive media
translation and interpretation	

© Marty Lederhandler/AP Images

EN RESUMEN

La información general

1. In how many countries is Spanish the official language?
2. In what place does Spanish rank in terms of numbers of native speakers?
3. Where did Spanish originate?
4. Who tried to standardize Spanish in the 13th century?
5. What do English and Spanish have in common?

Los países de habla hispana ⟳ Did you place the countries in the correct areas? With a partner, check your list from **¿Qué sabes?** on page 7 against the list below to see how many you got right.

África	Guinea Ecuatorial
El Caribe	Cuba, Puerto Rico*, República Dominicana
Centroamérica	Costa Rica, El Salvador, Guatemala, Honduras, Nicaragua, Panamá
Europa	España
Norteamérica	Canadá, Estados Unidos**, México
Sudamérica	Argentina, Bolivia, Chile, Colombia, Ecuador, Paraguay, Perú, Uruguay, Venezuela

* Es un Estado Libre Asociado *(Commonwealth)*, no un país independiente.
** Se habla español, pero el español no es la lengua oficial.

Los beneficios de hablar español ⟳ With a partner, discuss your reasons for studying Spanish. What professional or personal benefits do you expect to get out of your study of this language? Do a search for key words such as "medical careers in Spanish", "legal Spanish" or "What can I do with a Spanish major/minor?" to find out why knowing Spanish will be useful to you in your career.

¿Quieres saber más?

Return to the chart that you started at the beginning of the chapter. Add all the information that you already know in the column **Lo que aprendí**. Then look at the column labeled **Lo que quiero aprender**. Are there some things that you still don't know? Pick one or two of these, or choose from the topics listed below, to investigate further online. You can also find more key words for different topics at **www.cengagebrain.com**. Be prepared to share this information with the class.

Palabras clave: Historia: la Península Ibérica, la influencia árabe, el Nuevo Mundo, Cristóbal Colón. Profesiones: derecho, medicina, finanzas, tecnología, turismo, traducción. Hispanos célebres: Alfonso X de Castilla y León, los Reyes Católicos.

A leer

Antes de leer

ESTRATEGIA

Identifying cognates to aid comprehension

You have already learned a number of *cognates*—words that look similar in both Spanish and English but are pronounced differently. Some cognates you have already learned are **regular, terrible,** and **teléfono.** Cognates help you get a general idea of content, even if you don't know a lot of words and grammar.

¡OJO! *False cognates* are words that look similar in English and Spanish but mean different things. For example, here **dirección** means *address,* not *direction,* in English. If a word that looks like a cognate doesn't make sense, you may need to look it up in a dictionary to discover its true meaning.

1 Look at the headline and the four sections of the following article. See if you can get the main idea of the article by relying on cognates and words you already know.

1. Put a check mark by the words that you already know in the title and the four bulleted sections.
2. Underline the cognates that appear in these sections. Can you guess their general meaning, based on context and where they appear in the sentence?

2 Now read the article, concentrating on the cognates and words you already know. Then answer the following questions, based on what you have read.

1. Según *(According to)* el artículo, las personas que tienen una dirección electrónica con su nombre son…
   - **a.** misteriosas
   - **b.** honestas
   - **c.** emocionales
   - **d.** introvertidas
2. Las personas que son lógicas y poco emocionales tienen una dirección electrónica…
   - **a.** con números
   - **b.** con su nombre
   - **c.** de fantasía
   - **d.** descriptiva
3. Las personas que se describen *(describe themselves)* con su dirección electrónica son…
   - **a.** un poco inocentes
   - **b.** aventureras
   - **c.** agresivas
   - **d.** introvertidas
4. ¿Cuál es el nombre de fantasía que usan en el artículo?
5. En tu opinión, ¿es correcta o falsa la información sobre tu personalidad?

¡Tu dirección electrónica revela tu personalidad!

¿Es simbólica la dirección electrónica que usas? Muchas personas creen[1] que no, pero en realidad, los "nombres de computadora" que usamos revelan información importante sobre nuestras características más secretas. ¿Revela todo[2] tu dirección electrónica? ¡Vamos a ver!

Escoge[3] el tipo de dirección electrónica más parecida *(similar)* a la tuya[4].

Nombre
ejemplo: lucidíaz@woohoo.net
En este caso, la dirección electrónica puede[5] representar a una persona directa y honesta. Prefiere la realidad y es práctica y realista. No le interesa el misterio o la fantasía. Estas personas son muy aptas para los negocios[6] a causa de su estilo directo.

Números
ejemplo: 1078892@compluservicio.com
Las personas con números en las direcciones electrónicas no tienen mucho interés en las cortesías diarias o las interacciones sociales. ¡Prefieren el mundo[7] súper racional de los números y las matemáticas puras! Otra explicación es que prefieren ser anónimos —¡quieren[8] mantener su misterio con un nombre que revela muy poco[9]!

Autodescripción
ejemplo: románticoloco29@universidad.edu
Las personas que se describen con la dirección electrónica necesitan comprensión y cariño[10]. Pueden ser amables, afectuosas y un poco ingenuas o inocentes. Pero, ¡cuidado[11]! ¡Estos nombres pueden ser totalmente falsos!

Los nombres que indican que una persona es honesta o responsable pueden distorsionar la realidad completamente…

Fantasía
ejemplo: frodo4ever@ciberífico.net
Por lo general, estas personas consideran el ciberespacio como una oportunidad para la reinvención personal. Prefieren identificarse como un personaje imaginario para participar en lo que es, para ellos, ¡un drama cibernético! Pueden ser aventureras, emocionales y extrovertidas. Estos nombres también pueden atraer a las personas introvertidas que tienen la fantasía de presentarse con una identidad diferente a la de su realidad diaria.

[1]*believe* [2]*everything* [3]*Choose* [4]*yours* [5]*can* [6]*business* [7]*world* [8]*they want to* [9]*very little* [10]*affection* [11]*careful*

Después de leer

3 With a partner, try to invent as many names in each of the last two categories (**autodescripción** and **fantasía**) as you can. Use cognates from the reading when possible and be as creative as you can!

4 Now take the list of e-mail names you created in **Activity 3** and add your own e-mail name to the list. (Or, if your e-mail name is simply your name or number, create a name that you would like to use.) Then, with your partner from **Activity 3**, form a group with two other pairs. Share your lists and see if you can guess each other's e-mail addresses.

All of the reading passages in *Nexos* include translations of key (but not all) unknown words. Try to get the gist of the passage before you look for the definitions. Saving them as a last resort allows you to read the passage more quickly and to concentrate on getting the main idea.

A escribir

Antes de escribir

As you use *Nexos*, you will learn to write by using a process that moves from prewriting (identifying ideas and organizing them) through writing (creating a rough draft) and ends with revising (editing and commenting on writing). In each **A escribir** section, you will learn strategies that help you improve your techniques in each of the three phases of the writing process.

ESTRATEGIA

Prewriting—Identifying your target audience

Before you write, consider who will read your work. Your intended reader's identity is the crucial element that helps you establish the format, tone, and content of your written piece. Imagine you are writing two descriptions of the same event. How would your description vary if you were writing it for a close friend or for someone you have never met? Remembering your audience is the first step toward creating an effective written piece.

1 You are going to write an e-mail to your new Spanish-speaking roommate whom you have not yet met. With a partner, create a list of the information you should include in your message and identify its tone.

2 Taking your list of information from **Activity 1**, study the following partial model and see if you have included everything you need.

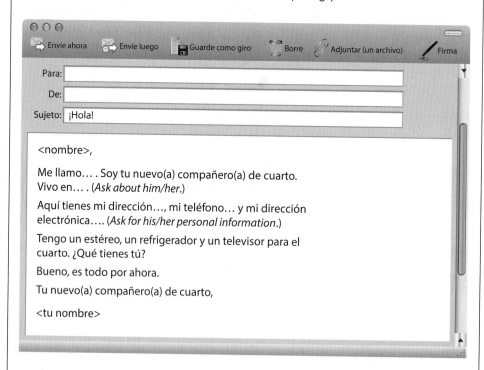

| Envíe ahora | Envíe luego | Guarde como giro | Borre | Adjuntar (un archivo) | Firma |

Para:

De:

Sujeto: ¡Hola!

<nombre>,

Me llamo… . Soy tu nuevo(a) compañero(a) de cuarto.
Vivo en… . (*Ask about him/her.*)

Aquí tienes mi dirección…, mi teléfono… y mi dirección electrónica…. (*Ask for his/her personal information.*)

Tengo un estéreo, un refrigerador y un televisor para el cuarto. ¿Qué tienes tú?

Bueno, es todo por ahora.

Tu nuevo(a) compañero(a) de cuarto,

Composición

3 Using the model in item 2, write a rough draft of your e-mail. Try to write freely without worrying too much about mistakes or misspellings. You will have an opportunity to revise your work later. Here are some additional words and phrases.

una cafetera	*coffee maker*
Es todo por ahora.	*That's all for now.*
un altoparlante	*speaker*
una impresora	*printer*
una lámpara	*lamp*
un microondas	*microwave oven*
para el cuarto	*for the room*
un refrigerador	*refrigerator*

© Sean Locke Photography/Shutterstock.com

Después de escribir

4  Exchange your rough draft with a partner. Read each other's work and comment on its content and structure. For example, put a check mark next to places where you would like more information. Put a star by the sentence you like best. Put a question mark where the meaning is not clear. Underline any places where you are not certain the spelling and grammar are correct.

5 Now go back over your e-mail and revise it. Incorporate your partner's comments. Use the following checklist to check your final copy. Did you…

- make sure you included all the necessary information?
- match the tone of your writing to your audience?
- follow the model provided in **Activity 2**?
- check to make sure you used the correct forms of **ser** and **tener**?
- watch to make sure articles and nouns agree?
- look for misspellings?

21ST CENTURY SKILLS
Collaboration:
Working with your partner will help your writing as you learn collaborative skills in the language classroom.

¡Vívelo!

You are going to create a fictitious person to introduce to a classmate. Your goal is to create someone who is memorable and will stand out, in either a good way or a bad way. At the end of the activity, the class will vote for which personality is best in a variety of categories.

Antes de clase

Before you come to class, write down all the information you will need to introduce your imaginary person to a classmate. Give him or her a creative name and complete the following chart with personal details. (You can choose from the cognates supplied below to add details about his or her profession and personality.) Make a drawing or find a public domain photo that you can use to present your imaginary person.

¿Cómo se llama?	
¿Cuántos años tiene?	
¿Cuál es su profesión?	
¿Cuál es su dirección electrónica?	
¿Cómo es? *(What is he/she like?)*	

Profesiones posibles: arqueólogo(a), arquitecto(a), artista, astronauta, atleta, bloguero(a), científico(a), dentista, detective, estudiante, florista, fotógrafo(a), médico(a), músico, poeta, político(a), presidente(a) (de ¿?), psiquiatra, reportero(a), veterinario(a), profesor(a), pintor(a), chef, compositor(a).

Características personales posibles: activo(a), agresivo(a), ambicioso(a), arrogante, convencional, creativo(a), cruel, delicado(a), desorganizado(a), egoísta, excéntrico(a), famoso(a), fascinante, generoso(a), honesto(a), idealista, intolerante, inteligente, modesto(a), optimista, paciente, pesimista, popular, rebelde, responsable, sarcástico(a), serio(a), sociable, solitario(a), tímido(a).

You can also look up other professions and/or characteristics to include as long as they are cognates that are close enough to English for other students to understand.

You will learn more about adjective agreement in **Chapter 2**. For now, use **-o** endings for men and **-a** endings for women. All the other professions and personality adjectives listed here do not change to reflect gender.

tímido

optimista

Durante la clase

Paso 1 Work in pairs. Introduce the person you created to your partner. Give your partner the photo or drawing of that person and follow the model.

MODELO Quiero presentarte a Flora Guerrero. Ella tiene veinticuatro años. Es cantante *(singer)* y poeta. Su dirección electrónica es soyyo@floralalocaroquera.com. Es egoísta, famosa, creativa y cruel.

Paso 2 Now take notes as your partner introduces you to the imaginary person he or she created. You will need these notes in **Fuera de clase**, along with the photo or drawing your partner gave you.

<small>© Evgeniya Porechenskaya/Shutterstock.com</small>

Fuera de clase

Write an introduction (similar to the **Modelo** in **Durante la clase, Paso 1** above) to the person your partner created, including the photo or drawing of that person.

¡Compártelo!

Paso 1 Post the image and introduction you wrote in **Fuera de clase** to the *Nexos* online forum.

Paso 2 Read the other introductions and vote for the imaginary character you think best fits each of the following categories. To indicate your vote, use the boldfaced words and symbols shown below for each category to comment on the description of each person you vote for.

1. Person you would most want on a road trip: **¡Automóvil!**
2. Person you'd least want as president of the U.S.: **¡Presidente!**
3. Person you would least want to be related to: **¡Familia!**
4. Person you would most want to be in a parallel universe: **¡Universo paralelo!**

Vocabulario

Para saludar   *How to greet*

Hola. *Hello.*

¿Qué tal? *How are things going?*

¿Cómo estás (tú)? *How are you? (s. fam.)*

¿Cómo está (usted)? *How are you? (s. form.)*

¿Cómo están (ustedes)? *How are you? (pl.)*

¿Cómo te va? *How's it going with you? (s. fam.)*

¿Cómo le va? *How's it going with you? (s. form.)*

¿Cómo les va? *How's it going with you? (pl.)*

¿Qué hay de nuevo? *What's new?*

Buenos días. *Good morning.*

Buenas tardes. *Good afternoon.*

Buenas noches. *Good night. Good evening.*

Para responder   *How to respond*

Bien, gracias. *Fine, thank you.*

Bastante bien. *Quite well.*

(No) Muy bien. *(Not) Very well.*

Regular. *So-so.*

¡Terrible! / ¡Fatal! *Terrible! / Awful!*

No mucho. *Not much.*

Nada. *Nothing.*

¿Y tú? *And you? (s. fam.)*

¿Y usted? *And you? (s. form.)*

Para pedir y dar información personal   *Exchanging personal information*

¿Cómo te llamas? *What's your name? (s. fam.)*

¿Cómo se llama? *What's your name? (s. form.)*

Me llamo... *My name is . . .*

(Yo) soy... *I am . . .*

¿Cuál es tu número de teléfono? *What's your phone number? (s. fam.)*

¿Cuál es su número de teléfono? *What's your phone number? (s. form.)*

Mi número de teléfono es el 3-71-28-12. *My phone number is 371-2812.*

Es el 3-71-28-12. *It's 371-2812.*

¿Dónde vives? *Where do you live? (s. fam.)*

¿Dónde vive? *Where do you live? (s. form.)*

Vivo en... *I live at . . .*

la avenida... *avenue . . .*

la calle... *street . . .*

el barrio... / la colonia... *neighborhood . . .*

¿Cuál es tu dirección? *What's your address? (s. fam.)*

¿Cuál es su dirección? *What's your address? (s. form.)*

Mi dirección es... *My address is . . .*

¿Cuál es tu dirección electrónica? *What's your e-mail address? (s. fam.)*

¿Cuál es su dirección electrónica? *What's your e-mail address? (s. form.)*

Aquí tienes mi dirección electrónica. *Here's my e-mail address. (s. fam.)*

Aquí tiene mi dirección electrónica. *Here's my e-mail address. (s. form.)*

arroba @

punto com *.com*

Para presentar a alguien   *Introducing someone*

Soy... *I am . . .*

Me llamo... / Mi nombre es... *My name is . . .*

Quiero presentarte a... *I'd like to introduce you to . . . (s. fam.)*

Quiero presentarle a... *I'd like to introduce you to . . . (s. form.)*

Quiero presentarles a... *I'd like to introduce you to . . . (pl.)*

Para responder   *How to respond*

Mucho gusto. *My pleasure.*

Mucho gusto en conocerte. *A pleasure to meet you. (s. fam.)*

Encantado(a). *Delighted to meet you.*

Igualmente. *Likewise.*

El gusto es mío. *The pleasure is mine.*

Un placer. *My pleasure.*

Para despedirse *Saying goodbye*

Adiós. *Goodbye.*
Hasta luego. *See you later.*
Hasta mañana. *See you tomorrow.*
Hasta pronto. *See you soon.*

Nos vemos. *See you later.*
Chau. *Bye.*
Bueno, tengo que irme. *Well / OK, I have to go.*

Para hablar por teléfono *Talking on the telephone*

Familiar
—**¡Hola!** *Hello?*
—**Hola. ¿Qué estás haciendo?** *Hi. What are you doing?*
—**Nada, ¿y tú?** *Nothing, and you?*
—**¿Quieres hacer algo?** *Do you want to do something?*
—**Claro. ¿Nos vemos donde siempre?** *Sure. See you at the usual place?*
—**Está bien. Hasta luego.** *OK. See you later.*
—**Chau.** *Bye.*

Formal
—**¡Hola! / ¿Aló?** *Hello?*
—**Hola. ¿Puedo hablar con...?** *Hi, may I speak with . . . ?*
—**Sí. Aquí está.** *Yes. Here he/she is.*
—**Lo siento. No está.** *Sorry. He's/she's not here.*
—**Por favor, dígale que llamó (nombre).** *Please tell him/her that (name) called.*
Mi número es el... *My number is . . .*
—**Muy bien.** *OK.*
—**Muchas gracias.** *Thank you very much.*
—**De nada. Adiós.** *You're welcome. Goodbye.*
—**Adiós.** *Goodbye.*

¿Cuándo es tu cumpleaños? *When is your birthday?*

enero *January*
febrero *February*
marzo *March*
abril *April*
mayo *May*
junio *June*

julio *July*
agosto *August*
septiembre *September*
octubre *October*
noviembre *November*
diciembre *December*

Palabras útiles *Useful words*

Títulos *Titles*
don *title of respect used with male first name*
doña *title of respect used with female first name*
señor / Sr. *Mr.*
señora / Sra. *Mrs., Ms.*
señorita / Srta. *Miss, Ms.*

Los artículos definidos *Definite articles*
el, la, los, las *the*

Los artículos indefinidos *Indefinite articles*
un, una *a / an*
unos, unas *some*

Los pronombres personales *Personal pronouns*
yo *I*
tú *you (fam.)*
usted (Ud.) *you (form.)*

él *he*
ella *she*
nosotros / nosotras *we*
vosotros / vosotras *you (fam. pl.)*
ustedes (Uds.) *you (fam. or form. pl.)*
ellos / ellas *they*

Los verbos *Verbs*
estar *to be*
hay *there is, there are*
ser *to be*
tener *to have*
tener... años *to be . . . years old*
tener que *to have to (+ verb infinitive)*

Expresiones *Expressions*
Tengo prisa. *I'm in a hurry.*

Repaso del Capítulo 1

Nouns and articles (p. 18)

1 For each blank, decide whether an article is needed. If it is, write the correct definite or indefinite article. If no article is needed, write X.

¡Demos la bienvenida a (1) _____ doctora Silvina Madrones! Ella es (2) _____ profesora de estadística y tiene un doctorado de (3) _____ Universidad Autónoma de México. Además *(Besides)* de ser (4) _____ profesora, es (5) _____ escritora y (6) _____ autora de (7) _____ libros de texto muy populares. ¡Ella es (8) _____ persona con muchos intereses diversos!

Subject pronouns and the present indicative of the verb **ser** (p. 22)

2 For sentences 1-3, write in the missing subject pronouns. For sentences 4-6, write in the missing forms of the verb **ser** in the present indicative.

1. _____ eres dentista.

2. _____ somos profesores.

3. _____ soy veterinario.

4. Ella _____ taxista.

5. Uds. _____ arquitectos.

6. Nosotras _____ actrices.

Hay + *nouns* (p. 25)

3 Say whether the drawing shows the following items. If you see more than one item, say how many there are.

1. ¿una chica?

2. ¿un hombre?

3. ¿una mujer?

4. ¿un niño?

5. ¿una computadora?

6. ¿una mochila?

7. ¿una serpiente?

8. ¿un elefante?

Complete these activities to check your understanding of the new grammar points in **Chapter 1** before you move on to **Chapter 2**.

The answers to the activities in this section can be found in **Appendix B**.

Remember to leave out the indefinite article with **no hay: Hay una silla, pero no hay escritorio.**

Tener, tener que, tener + años (p. 28)

4 Complete each sentence with the correct present indicative form of **tener**.

1. Marcos, ¿_____ un bolígrafo?
2. Profesor Martín, ¿_____ la tarea?
3. Yo _____ tu dirección.
4. Nosotras _____ muchos amigos.
5. Ellos no _____ el libro.
6. Tú _____ las fotos.

5 Write forms of **tener que** to tell what the following people have to do.

1. Yo _____ presentarte a mis amigos.
2. ¡Ellos _____ conocerte!
3. Nosotros _____ entregar la tarea.
4. Él _____ contestar la pregunta.
5. Tú _____ escuchar el audio.
6. Ustedes _____ leer el capítulo.

6 Say how old each person is, based on the year he or she was born.

1. tú (1957)
2. ellos (2005)
3. usted (1962)
4. ella (1975)
5. yo (1992)
6. nosotros (1990)
7. ustedes (1983)
8. tú y yo (1995)

© KidStock/Getty Images

¿Cuántos años tiene?

Preparación para el Capítulo 2

To prepare for **Chapter 2**, reread **Chapter 1: Gramática útil 1.**

Starting in **Chapter 2**, the **Preparación** section provides review and practice of grammar topics presented in *previous* chapters. The objective of this section is to help you remember previously learned structures that will be useful when you learn new grammar topics in the next chapter. Because this is the first chapter, however, there is no previous grammar to review.

GUSTOS Y PREFERENCIAS

We express aspects of our personalities through our likes and dislikes. In this chapter, we explore the relationship between personalities and preferences.

How do you think that the activities you like and dislike define who you are?

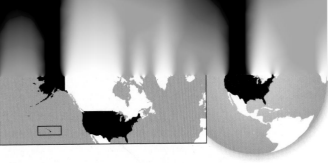

Un viaje por las áreas hispanohablantes de Estados Unidos

Estos diez estados *(states)* tienen las poblaciones más grandes *(biggest)* de hispanohablantes de Estados Unidos. ¿Puedes *(Can you)* identificar los cinco estados con más hispanohablantes?

Orden	Estado	
	Arizona	Illinois
	California	Nueva Jersey
	Colorado	Nuevo México
	Florida	Nueva York
	Georgia	Texas

¿Qué sabes? Di si las siguientes oraciones son **C (ciertas)** o **F (falsas)**.

1. No hay ningún *(none)* estado del Medio Oeste *(Midwest)* en la tabla.
2. La mayoría *(Most)* de los estados con muchos hispanohablantes están en el Sur *(South)*, el Suroeste *(Southwest)* o el Oeste.
3. Los nombres de algunos *(some)* de los estados son de origen español.

> **Lo que sé y lo que quiero aprender** Completa la tabla del **Apéndice A**. Escribe algunos datos que **ya sabes** sobre el español y los hispanohablantes de Estados Unidos en la columna **Lo que sé** *(What I already know)*. Después, añade *(add)* algunos temas que **quieres aprender** a la columna **Lo que quiero aprender** *(What I want to learn)*. Guarda *(Save)* la tabla para usarla otra vez en la sección **¡Explora y exprésate!** en la página 73.

COMMUNICATION

By the end of this chapter you will be able to

- express likes and dislikes
- compare yourself to other people and describe personality traits
- ask and answer questions
- talk about leisure-time activities
- indicate nationality

CULTURES

By the end of this chapter you will have explored

- world nationalities
- bilingual culture in the U.S. and Canada
- some statistics about Hispanics in the U.S.
- Hispanic groups in the U.S.: a brief overview of their history and culture
- some famous U.S. Hispanics talking about themselves and their heritage

¡Imagínate!

▶ VOCABULARIO ÚTIL 1

Beto: Autora14, **¿qué te gusta hacer** los domingos?

Dulce: Los domingos generalmente **estudio** en la biblioteca.

Anilú: ¡Qué aburrida!

Beto: ¡Estudias!

Anilú: Dile que **bailas** y **cantas** y **escuchas** música.

Beto: ¿No te gusta hacer otras cosas?

Dulce: Pues sí. A veces, mis amigos y yo **tomamos un refresco** en el Jazz Café o **alquilamos un video.**

Las actividades *Activities*

A ti, ¿qué te gusta hacer los fines de semana (los viernes, los sábados y los domingos)?

What do you like to do on the weekends (Fridays, Saturdays, and Sundays)?

A mí me gusta...

I like . . .

A mí me gusta...

- alquilar videos / películas
- estudiar en la biblioteca / en casa
- conversar
- escuchar música
- cocinar
- bailar
- caminar
- cantar

A mi amiga le gusta...   *My friend likes . . .*

A mi amiga le gusta...

- practicar deportes
- pintar
- navegar por Internet
- patinar
- mirar televisión
- hablar por teléfono
- levantar pesas

A mis amigos les gusta...   *My friends like . . .*

A mis amigos les gusta...

- tocar un instrumento
- el piano
- la trompeta
- visitar a amigos
- la guitarra
- el violín
- sacar fotos
- tomar el sol
- tomar un refresco
- trabajar

ACTIVIDADES

1 **Los verbos** What Spanish verbs do you associate with the following? Choose from the list. (Some items can have more than one answer.)

1. _____ los murales
2. _____ la música
3. _____ los deportes
4. _____ una presentación oral
5. _____ un instrumento musical
6. _____ la familia

a. preparar
b. pintar
c. tocar
d. visitar
e. escuchar
f. practicar
g. conversar
h. estudiar
i. mirar

2 **Le gusta...** Your friends like to participate in certain activities. Say what they like to do, based on the information provided.

MODELOS Ernestina: murales
Le gusta pintar.
Leo: orquesta de música clásica
Le gusta tocar un instrumento musical.

1. Neti: ballet
2. Antonio: himnos y ópera
3. Javier: paella y enchiladas
4. Clara: cámara

5. Ernesto: estéreo
6. Beti: programas de comedia, noticias
7. Susana: celular
8. Luis: páginas web

3 **Mis actividades favoritas**

1. Make a list of five activities you like to do.

MODELO *Me gusta patinar en el parque.*

2. Now ask three other students what their favorite activities are and record their responses.

MODELO **Tú:** *¿Qué te gusta hacer?*
Compañero(a): *Me gusta caminar.*
You write: *A Heather le gusta caminar.*

3. Compare responses to see who, if anyone, has similar favorite activities, and share this list with the class.

MODELO *A Marta y a Juan les gusta sacar fotos.*

4. Make a list of the most frequent activities mentioned by your classmates. Write a short paragraph about what students like to do and what activities they don't like to do.

"Spanglish": la mezcla de dos idiomas

When two cultures are in close proximity, eventually their languages will influence each other. Because native speakers of Spanish and native speakers of English have lived side by side for hundreds of years in the United States, a new hybrid form of the two languages has begun to spring up in conversation on the street, in poetry and fiction, and even in the articles of academic linguistic journals.

Strict language purists, including parents who want their children to be fluent and literate in both languages, and traditionally-minded people who view the mixing of languages as a degradation of the original languages, do not approve of the casual use of Spanglish among the newer generations of Latino Americans. Ilan Stavans, a Mexican native, award-winning essayist, and the Lewis-Sebring professor in Latin American and Latino Culture at Amherst College, illustrates this point in his book *Spanglish: The Making of a New American Language*:

Asked by a reporter in 1985 for his opinion on el espanglés, …Octavio Paz, the Mexican author of *The Labyrinth of Solitude* (1950) and a recipient of the Nobel Prize for Literature, is said to have responded with a paradox: "ni es bueno ni es malo, sino abominable"—it is neither good nor bad but abominable. This wasn't an exceptional view: Paz was one of scores of intellectuals with a distaste for the bastard jargon, which, in his eyes, didn't have gravitas.

Spanglish is not easy to master. It takes a profound understanding of the nuances of both English and Spanish in order to syncopate the linguistic components of each and produce a comprehensible and communicative statement. Bilingual puns, bilingual wordplay, and bilingual sentence fusion can be found in the works of many Latino American writers such as Francisco Alarcón, Julia Álvarez, Sandra Cisneros, Cristina García, Tato Laviera, and Junot Díaz.

Even Stavans admits, "Over the years my admiration for Spanglish has grown exponentially . . .," and he continues:

And, atención, Spanglish isn't only a phenomenon that takes place en los Unaited Esteits: in some shape or form, with English as a merciless global force, it is spoken—and broken: no es solamente hablado sino quebrado—all across the Hispanic world, from Buenos Aires to Bogotá, from Barcelona to Santo Domingo.
Beware: Se habla el espanglés everywhere these days!

PRÁCTICA

1. How do you feel about the mixing of two languages? Here you have some other occurrences: Chinglish, Portuñol, Franglais. Can you guess what the languages involved are in each case?
2. Do you know any bilingual speakers? Do you know of any books that use the fusion of Spanish and English in some form? Do some research in your community or on the web and try to find two or three examples of a bilingual statement that amuses you.

21ST CENTURY **SKILLS**

Social & Cross-Cultural Skills:
An awareness of varieties of Spanish and Spanish-English mix (and different attitudes toward Spanglish) will help you navigate the complex cross-cultural situations in which you hear Spanglish.

Sergio: ¿Con quién hablas?

Beto: No sé. Es una estudiante de la Universidad. Su nombre electrónico es Autora14.

Sergio: Dile que tienes un amigo muy **guapo**.

Características físicas *Physical traits*

Tiene el pelo castaño.

alto

baja

Es pelirroja.

viejo

joven

pelo negro

pelo rubio

perro muy, muy pequeño

perro delgado

Es linda.

Es guapo.

perro gordo y feo

> ∧
>
> Notice that you say **Tiene el pelo negro / rubio / castaño**, etc., but when someone is a redhead, you say **Es pelirrojo(a)**. You can also say **Es rubio(a)** to indicate that someone is a blond(e). **Es moreno(a)** may indicate that someone is either a brunette or has dark skin.

ACTIVIDADES

4 **Sergio, Beto, Anilú y Dulce** Complete the following descriptions of the video characters.

1. Sergio…
    a. es rubio.   **b.** es muy, muy pequeño.   **c.** es guapo.

2. Anilú…
    a. es pelirroja.   **b.** tiene el pelo castaño.   **c.** es gorda.

3. Beto…
    a. es viejo.   **b.** es gordo.   **c.** es delgado.

4. Dulce…
    a. tiene el pelo negro.   **b.** tiene el pelo rubio.   **c.** es baja.

5 **Descripciones** Describe the people in the illustrations below. Use as many physical descriptions as you can.

1. Eduardo

2. el señor Bernal

3. Sofía

4. Roque

6 ¿**Cómo soy yo?** Work in pairs. First, describe yourself in a paragraph for your Internet blog. You can also include activities that you like to do. Then, take turns to read your description to each other.

MODELO   *Soy alta y tengo el pelo negro. Me gusta tomar el sol y escuchar música.*

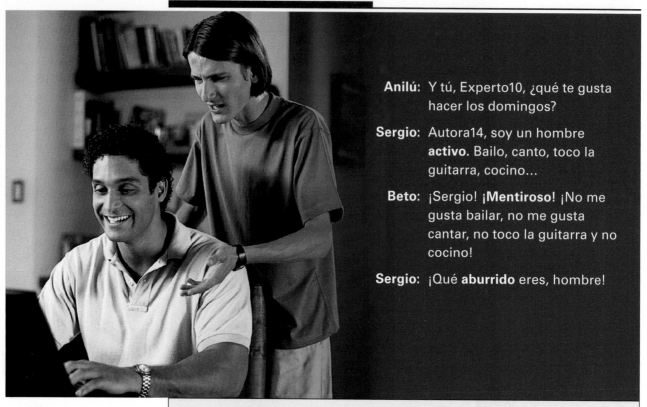

Anilú: Y tú, Experto10, ¿qué te gusta hacer los domingos?

Sergio: Autora14, soy un hombre **activo.** Bailo, canto, toco la guitarra, cocino...

Beto: ¡Sergio! ¡**Mentiroso!** ¡No me gusta bailar, no me gusta cantar, no toco la guitarra y no cocino!

Sergio: ¡Qué **aburrido** eres, hombre!

Características de la personalidad *Personality traits*

aburrido(a)	**divertido(a); interesante**	*boring / fun, entertaining; interesting*
activo(a)	**perezoso(a)**	*active / lazy*
antipático(a)	**simpático(a)**	*unpleasant / nice, pleasant*
extrovertido(a)	**introvertido(a); tímido(a)**	*extroverted / introverted; timid, shy*
generoso(a)	**egoísta**	*generous / selfish, egotistic*
impaciente	**paciente**	*impatient / patient*
impulsivo(a)	**cuidadoso(a)**	*impulsive / cautious*
inteligente	**tonto(a)**	*intelligent / silly, stupid*
mentiroso(a)	**sincero(a)**	*liar / sincere*
responsable	**irresponsable**	*responsible / irresponsible*
serio(a)	**cómico(a)**	*serious / funny*
trabajador(a)	**perezoso(a)**	*hard-working / lazy*

ACTIVIDADES

7 🔁 **Diferentes** You and a partner have differing opinions of the same person. Your partner will say that this imaginary person is a certain way, and you will counter by saying they are just the opposite. Take turns describing several imaginary people this way. Follow the model.

MODELO **Tú:** *Arturo es activo.*
Compañero(a): *¡No! Arturo es perezoso.*
Compañero(a): *Carmela es impulsiva.*
Tú: *¡No! Carmela es cuidadosa.*

8 **¿Cómo son?** Benjamín describes himself and several of his friends and relatives. Which adjective best describes each person?

1. No me gusta mirar televisión. Prefiero practicar deportes o levantar pesas.
   - **a.** serio
   - **b.** activo
   - **c.** impulsivo
2. A mi amiga Marta le gusta ayudar *(to help)* a sus amigos.
   - **a.** antipática
   - **b.** mentirosa
   - **c.** generosa
3. Mi profesora enseña muy bien. Explica la lección y repite todas las instrucciones.
   - **a.** paciente
   - **b.** impaciente
   - **c.** interesante
4. Mi amigo Joaquín tiene mucha imaginación. Le gusta inventar historias falsas.
   - **a.** tímido
   - **b.** tonto
   - **c.** mentiroso
5. Mi amigo Alberto habla y habla y habla… ¡pero no es muy interesante!
   - **a.** aburrido
   - **b.** serio
   - **c.** divertido
6. Mi amiga Linda tiene muchas ideas buenas sobre qué hacer los fines de semana. Además es una persona muy cómica.
   - **a.** inteligente
   - **b.** tonta
   - **c.** divertida

9 **La clase de psicología** What personality traits does it take to succeed in various professions? Choose characteristics on the right that you think best fit the professions on the left. Follow the model.

MODELO *Los políticos tienen que ser honestos,…*

Profesiones	Características	
los políticos	sistemáticos	serios
los artistas	deshonestos	estudiosos
los criminales	honestos	sinceros
los actores	inteligentes	pacientes
los científicos	creativos	talentosos
los doctores	simpáticos	impulsivos
los policías	extrovertidos	egoístas
los estudiantes	trabajadores	mentirosos
	curiosos	cuidadosos
	temperamentales	¿…?
	responsables	

10 **Mis amigos** In pairs, take turns to describe two people from your family, friends or contacts to your partner. Provide both physical and personality traits in your descriptions.

MODELO *Es una persona alta y delgada. Tiene el pelo castaño. También (Also) es una persona cómica y divertida…*

Notice that you use the **-a** form of all the adjectives in this activity because the adjectives modify the feminine noun **persona**. You will learn more about adjective endings later in this chapter.

A ver

ESTRATEGIA

Using questions as an advance organizer

One way to prepare yourself to watch a video segment is to familiarize yourself with the questions you will answer after viewing. Look at the questions in **Después de ver 1**. Before you watch the video, use these questions to create a short list of the information you need to find. Example: **el nombre electrónico de Beto, el nombre electrónico de Dulce, el nombre del amigo de Beto**, etc.

Antes de ver Review these key words and phrases used in the video.

apagar *to turn off*
Dile que... *Tell him/her that . . .*
No sé. *I don't know.*

▶ **Ver** Now watch the video segment as many times as needed to find the information in your list.

Después de ver 1 Answer (in Spanish) the following questions about the video.

1. ¿Cuál es el nombre electrónico de Beto? ¿Y el de Dulce?
2. ¿Cómo se llama el amigo de Beto? ¿Y la amiga de Dulce?
3. ¿Cuáles son las actividades preferidas de Dulce?
4. Según *(According to)* Sergio, ¿cuáles son las actividades preferidas de Experto10?

Después de ver 2 Now say whether the following statements about the video segment are true **(cierto)** or false **(falso)**.

1. Según Anilú, Dulce es una persona muy aburrida.
2. Sergio es una persona muy sincera.
3. Dulce generalmente estudia en casa los domingos.
4. A Beto le gusta bailar, cantar y tocar la guitarra.
5. Según Anilú, un hombre que cocina, canta y baila es el hombre ideal.
6. Sergio apaga la computadora porque Anilú quiere *(wants)* su número de teléfono.

Voces de la comunidad

▶ Voces del mundo hispano

In this video segment, the speakers say where their families are from and talk about their personalities and pastimes. First read the statements below. Then watch the video as many times as needed to say whether each statement is true **(cierto)** or false **(falso)**.

1. La mamá de Nicole es de Guatemala.
2. El papá de Liana es de la República Dominicana.
3. Según Inés, ella es activa, extrovertida y feliz *(happy)*
4. Según los amigos y familiares de Inés, ella es alegre, cuidadosa y tímida.
5. A Constanza le gusta caminar.
6. A Jessica y a Ana les gusta leer.

◀) Voces de Estados Unidos

Courtesy of Isabel Valdés

Isabel Valdés, ejecutiva y autora

❝ Hispanics are becoming more and more entrenched in American society. Their participation is reflected in the growing number of Hispanic associations, libraries, research centers, and businesses throughout the United States. Furthermore, Hispanics are increasingly active in government at the federal, state, county, and city levels. They have also made significant contributions to American art, theater, literature, film, music, and sports. ❞

Isabel Valdés es responsable de muchas campañas publicitarias en español en Estados Unidos y Latinoamérica. Entre sus clientes hay firmas tales como PepsiCo y Frito-Lay. Esta chilena-estadounidense es autora de cuatro libros sobre el mercado *(market)* hispano en Estados Unidos. Es además la directora de IVC, una empresa *(business)* consultora que ofrece servicios estratégicos a compañías para llegar *(to reach)* a consumidores multiculturales en EEUU y los mercados globales. Valdés dedica mucho tiempo al trabajo voluntario para ayudar a *(help)* varias organizaciones, entre ellas *The National Council of La Raza* y *The Latino Community Foundation*.

¿Y tú? **What are your interests? Do you identify yourself as part of a market segment? If so, which one(s)?**

¡Prepárate!

GRAMÁTICA ÚTIL 1

Bailo, canto, toco la guitarra, **cocino…**

The use of the present tense to talk about future plans is more common in some regions of the Spanish-speaking world than others.

Describing what you do or are doing: The present indicative of regular **-ar** verbs

Cómo usarlo

In English we use a variety of structures to express different present-tense concepts. In Spanish many of these are communicated with the same grammatical form. The present indicative tense in Spanish can be used . . .

- to describe routine actions:

  ¡Estudias mucho!   *You study a lot!*

- to say what you are doing now:

  Estudias matemáticas hoy.   *You are studying mathematics today.*

- to ask questions about present events:

  ¿Estudias con Enrique todas las semanas?   *Do you study with Enrique every week?*

- to indicate plans in the immediate future:

  Estudias con Enrique el viernes, ¿no?   *You're going to study with Enrique on Friday, right?*

Notice how the same form in Spanish, **estudias**, can be translated four different ways in English.

Cómo formarlo

Lo básico

- An *infinitive* is a verb before it has been conjugated to reflect person and tense. **Bailar** *(To dance)* is an infinitive.
- A *verb stem* is what is left after you remove the **-ar, -er,** or **-ir** ending from the infinitive. **Bail-** is the verb stem of **bailar**.
- A conjugated verb is a verb whose endings reflect person *(I, you, he / she, we, you, they)* and tense *(present, past, future, etc.)*. **Bailas** *(You dance)* is a conjugated verb (person: *you familiar singular;* tense: *present*).

1. Spanish infinitives end in **-ar, -er,** or **-ir**. For now, you will learn to form the present indicative tense of verbs ending in **-ar**. To form the present indicative tense of a regular **-ar** verb, simply remove the **-ar** and add the following endings.

bailar *(to dance)*			
yo	bail**o**	nosotros / nosotras	bail**amos**
tú	bail**as**	vosotros / vosotras	bail**áis**
Ud., él, ella	bail**a**	Uds., ellos, ellas	bail**an**

2. Remember, as you learned in **Chapter 1**, you do not need to use the subject pronouns (**yo, tú, él, ella**, etc.) unless the meaning is not clear from the context of the sentence, or you wish to clarify, add emphasis, or make a contrast.

Camino en el parque todos los días.　*I walk in the park every day.*
But:
Yo camino en el parque, pero Lidia　*I walk in the park, but Lidia*
　camina en el gimnasio.　　*walks in the gymnasium.*

3. You may use certain conjugated present-tense verbs with infinitives. However, do not use two conjugated verbs together unless they are separated by a comma or the words **y** *(and)*, **pero** *(but)*, or **o** *(or)*.

Necesitamos trabajar el viernes.　***We have to work*** *on Friday.*
Los sábados, **trabajo, practico**　*On Saturdays **I work, play***
　deportes y **visito** a amigos.　*sports, and **visit** friends.*
Los domingos, **dejo de trabajar**.　*On Sundays **I stop working**.*
　¡**Bailo, canto** o **escucho** música!　***I dance, sing**, or **listen** to music!*

> Notice that in this usage, Spanish infinitives are often translated into English as *-ing* forms: *I stop working.*

4. To say what you don't do or aren't planning to do, use **no** before the conjugated verb.

¡**No estudio** los fines de semana!　***I don't study*** *on the weekends!*

5. Add question marks to turn a present-tense sentence into a *yes/no* question.

¿**No estudias** los fines de semana?　***Don't you study*** *on the weekends?*
¿**Tienes que estudiar** este fin　***Do you have to study*** *this*
　de semana?　*weekend?*

6. Other regular **-ar** verbs:

apagar	*to turn off*
acabar de *(+ infinitive)*	*to have just done something*
buscar	*to look for*
cenar	*to eat dinner*
comprar	*to buy*
dejar de *(+ infinitive)*	*to leave; to stop (doing something)*
descansar	*to rest*
llamar	*to call*
llegar	*to arrive*
necesitar *(+ infinitive)*	*to need (to do something)*
pasar	*to pass (by); to happen*
preparar	*to prepare*
regresar	*to return*
usar	*to use*
viajar	*to travel*

> The expression **acabar de** can be used with any infinitive to say what activity you and others have just completed: **Acabo de llegar.** *(I just arrived.)* **Acabamos de cenar.** *(We just ate dinner.)*

ACTIVIDADES

1 **Beto** Beto describes his day in an e-mail to a friend. Complete his description with the correct form of the verb in parentheses.

A las siete de la mañana, (1. caminar) _____ a la universidad. (2. Llegar) _____ a las siete y media. Si tengo tiempo, (3. estudiar) _____ un poco antes de las clases.

A veces (4. necesitar) _____ comprar unos libros. (5. Comprar) _____ los libros en la librería. Generalmente (6. cenar) _____ en la cafetería. Después (7. pasar) _____ por un café y (8. tomar) _____ un café o un té. (9. Regresar) _____ a la residencia estudiantil a las siete de la noche. (10. Hablar) _____ con mis amigos por teléfono o (11. navegar) _____ por Internet.

2 **Anilú y Sergio** Anilú and Sergio do different things. Say what each of them does. Use **pero** *(but)* to contrast what they do. Follow the model.

MODELO   Anilú: cenar en un restaurante; Sergio: cocinar en casa
               Anilú cena en un restaurante, pero Sergio cocina en casa.

1. Anilú: bailar; Sergio: levantar pesas
2. Anilú: trabajar; Sergio: descansar
3. Anilú: tomar un refresco; Sergio: tomar café
4. Anilú: estudiar; Sergio: navegar por Internet
5. Anilú: alquilar un video; Sergio: mirar televisión
6. Anilú: escuchar música rap; Sergio: tocar la guitarra

3 🔁 **Tú** Interview a partner about his or her activities.

MODELO   estudiar en la biblioteca
               Tú: *¿Estudias en la biblioteca?*
               Compañero(a): *Sí, estudio en la biblioteca.*

1. caminar mucho
2. tocar un instrumento musical
3. visitar mucho a tu familia

4. trabajar mucho
5. cenar en la cafetería
6. necesitar una computadora nueva

4 🔁 **Ellos y nosotros** Work in pairs to compare the activities of you and your friends **(nosotros),** and someone else's friends **(ellos)**.

MODELO   estudiar
               Nosotros estudiamos en la biblioteca. Ellos estudian en casa.

1. estudiar
2. cenar
3. trabajar
4. visitar a la familia

5. necesitar
6. llegar a la universidad
7. navegar por Internet
8. ¿...?

5  **Los fines de semana** What do you generally do on the weekends? First make a chart like the one below and fill in the **Yo** column. Then, compare your list with those of two classmates. Then write a paragraph comparing your typical weekend to theirs. (**¡OJO! por la mañana / tarde / noche** = *in the morning / afternoon / night*)

¿Cuándo?	Yo	Amigo(a) 1	Amigo(a) 2
viernes por la noche:	Descanso en casa.		
sábado por la mañana:			
sábado por la tarde:			
sábado por la noche:			
domingo por la mañana:			
domingo por la tarde:			
domingo por la noche:			

MODELO   *Los viernes por la noche generalmente descanso en casa.*
              Mi amigo Eduardo generalmente…

6 ¿Quién? You work at a dating service and you have to decide who to introduce to whom. You have some descriptions in writing and some on audio. First read the profiles. Then listen to the audio descriptions. For each description you hear, write the person's name next to the profile below that is most compatible with that person.

Descripciones en audio: Andrés, Marta, Jorge, Ángela, Rudy, Sara
Perfiles: Andrés, Marta, Jorge, Ángela, Rudy, Sara

Rosa: Me gusta escuchar música de todo tipo. ¡Soy muy divertida!
Sugerencia para Rosa: ⎯⎯⎯⎯

Isidro: Levanto pesas tres veces por semana. Soy muy atlético.
Sugerencia para Isidro: ⎯⎯⎯⎯

Roberta: Me gusta mirar películas. No practico deportes.
Sugerencia para Roberta: ⎯⎯⎯⎯

Carmen: Uso Internet mucho en mis estudios. Soy introvertida.
Sugerencia para Carmen: ⎯⎯⎯⎯

José Luis: Estudio mucho. Soy un poco serio.
Sugerencia para José Luis: ⎯⎯⎯⎯

Antonio: Todos los días hablo por teléfono con mis amigos. Mis amigos son muy divertidos.
Sugerencia para Antonio: ⎯⎯⎯⎯

Now use the information above to find the best match for you and your classmates, based on the information you provided in **Activity 5**.

MODELO   *Antonio es la persona más compatible con* (with) *Katie.*

Saying what you and others like to do: Gustar + *infinitive*

Cómo usarlo

The Spanish verb **gustar** can be used with an infinitive to say what you and your friends like to do. Note that **gustar**, although often translated as *to like*, is really more similar to the English *to please*. **Gustar** is always used with pronouns that indicate *who is pleased* by the activity mentioned.

—**Me gusta bailar** salsa.

I like to dance salsa.
  (*Dancing* salsa **pleases me.**)

—¿**Te gusta bailar** también?

Do you like to dance, too?
  (*Does dancing please you*, too?)

—No, pero a **Luis le gusta** mucho.

No, but **Luis likes it** a lot.
  (No, but **it pleases Luis** a lot.)

Cómo formarlo

Un hombre que cocina...
y también ¡**le gusta
bailar** y **cantar!**

> **Lo básico**
>
> The pronouns used with **gustar** are indirect object pronouns. They show the person who is being pleased or who likes something. You will learn more about them in **Chapter 8**.

1. When **gustar** is used with one or more infinitives, it is always used in its third-person singular form **gusta**. Sentences with **gusta** + *infinitive* can take the form of statements or questions without a change in word order.

   —**Nos gusta cocinar** y **cenar** en restaurantes.

   We like to cook and **to eat dinner** in restaurants.

   —¿**Te gusta cocinar** también?

   Do you like to cook also?

2. **Gusta** + *infinitive* is used with the following pronouns.

gusta + *infinitive*	
Me gusta cantar. *I like to sing.*	**Nos** gusta cantar. *We like to sing.*
Te gusta cantar. *You like to sing.*	**Os** gusta cantar. *You (fam. pl.) like to sing.*
Le gusta cantar. *You (form.) / He / She like(s) to sing.*	**Les** gusta cantar. *You (pl.) / They like to sing.*

¡OJO! Do not confuse **me, te, le, nos, os,** and **les** with the subject pronouns **yo, tú, él, ella, usted, nosotros, vosotros, ellos, ellas,** and **ustedes** that you have already learned.

3. When you use **gusta**, you can also use **a** + *person* to emphasize or clarify *who* it is who likes the activity mentioned. Clarification is particularly important with **le** and **les,** because they can refer to several people.

   Le gusta navegar por Internet.

   He/She likes to browse the Internet. *(Who does?)*

   A Beto / A él le gusta navegar por Internet.

   Beto / He likes to browse the Internet.

   A ellos les gusta cantar.

   They like to sing.

   A nosotros nos gusta conversar.

   We like to talk.

   A Sergio y a Anilú les gusta bailar.

   Sergio and Anilú like to dance.

4. If you want to emphasize or clarify what you or a close friend likes, use **a mí** (with **me gusta**) and **a ti** (with **te gusta**).

A mí me gusta alquilar películas, pero **a ti te gusta** mirar televisión.

I like to rent movies, but *you like* to watch television.

Notice that **mí** has an accent, but **ti** does not.

5. To create negative sentences with **gusta** + *infinitive*, place **no** before the *pronoun* + **gusta**.

No nos gusta trabajar.
A Roberto **no le gusta cocinar.**

We don't like to work.
Roberto *doesn't like to cook.*

6. To express agreement with someone's opinion, use **también**. If you want to disagree, use **no** or **tampoco**. If you want to ask a friend if he or she likes an activity you've already mentioned, ask **¿Y a ti?**

—¿Te gusta cocinar?
—**A mí, no.** No me gusta. Me gusta comer en restaurantes. **¿Y a ti?**
—**A mí también.** Pero no me gusta comer en restaurantes elegantes.
—**¡A mí tampoco!**

Do you like to cook?
No, not me. *I don't like it. I like to eat in restaurants.* **And you?**
Me too. *But I don't like to eat in fancy restaurants.*
Me neither!

© Konstantin Sutyagin/Shutterstock.com

A mí me gusta sacar fotos.

ACTIVIDADES

7 **Atleta23** Can you tell what the following people like to do, based on their online names? Pick their preferred activities from the column to the right.

MODELO Cantante29
A Cantante29 le gusta cantar.

1. Pianista18
2. Atleta23
3. Artista12
4. Estudiante31
5. Fotógrafo11
6. Cocinero13
7. Bailarina39

estudiar
cocinar
cantar
tocar el piano
sacar fotos
bailar
practicar deportes
pintar

8 **En el parque** With a partner, describe what everyone in the illustration likes to do.

9 🔊 **Les gusta** Susana and Alberto like to participate in certain activities together, but prefer to do other things alone. First listen to what they say and decide who likes to do the activity mentioned. After you listen, use the verbs indicated to create a sentence saying who likes to do what. Follow the models.

MODELOS   *(A Susana y a Alberto) Les gusta bailar.*

	Susana	Alberto	Susana y Alberto
bailar			x

(A Susana) Le gusta caminar en el parque.

	Susana	Alberto	Susana y Alberto
caminar en el parque	x		

	Susana	Alberto	Susana y Alberto
1. hablar por teléfono			x

2. cocinar comida mexicana

3. sacar fotos

4. navegar por Internet

5. tocar la guitarra

10 **El estudiante hispanohablante** A new Spanish-speaking student is arriving at your dorm today. You want to let him know what activities you and your friends like to do so he can think about which activities he'd like to do with you. Write a note to post on your door that tells him what you and your friends typically like to do and where, so that when he arrives, he can decide what he wants to do with you.

1. First fill out the following chart to help you organize the information. Here are some possible locations: **el parque, el gimnasio, el restaurante, la cafetería, la residencia estudiantil, la biblioteca, la discoteca, el café, la oficina**.

Me gusta...	Nos gusta...	¿Dónde?

Use these expressions in your note:

Estimado(a) *Dear*

Bienvenido(a) a... *Welcome to . . .*

Te invitamos a... *We invite you to . . .*

¡Hasta pronto! *See you soon!*

2. Once you complete the chart, use the information to write a note to welcome the new student, telling what you and your friends like to do and where, so that he can make plans to join you or not.

Describing yourself and others: Adjective agreement

Cómo usarlo

> Find at least three adjectives in this advertisement from a Spanish magazine. What nouns do they modify?

As you learned in **Chapter 1,** Spanish nouns must agree with definite and indefinite articles in both gender and number. This agreement is also necessary when using Spanish adjectives. Their endings change to reflect the number and gender of the nouns they modify.

Anilú es **delgada**.	*Anilú is **thin**.*
Sergio y Beto son **inteligentes**.	*Sergio and Beto are **intelligent**.*
Sergio es un hombre **alto**.	*Sergio is a **tall** man.*
Dulce y Anilú son mujeres **jóvenes**.	*Dulce and Anilú are **young** women.*

Notice that in these cases the adjectives go *after* the noun, rather than before, as in English.

Cómo formarlo

Lo básico

- A *descriptive adjective* is a word that describes a noun. It answers the question *What is . . . like?*
- To *modify* is to limit or qualify the meaning of another word. A descriptive adjective *modifies* a noun by specifying characteristics that apply to that noun: **un estudiante** vs. **un estudiante inteligente**.

1. **Gender**: If an adjective is used to modify a masculine noun, the adjective must have a masculine ending. If it is used to modify a feminine noun, it must have a feminine ending.

- The masculine ending for adjectives ending in **-o** is the **o** form.
- The feminine ending for adjectives ending in **-o** is the **a** form.
- Adjectives ending in **-e** or most consonants don't change to reflect gender.
- Adjectives ending in **-or** add **a** to the ending for the feminine form.

Un profesor	Una profesora
simpátic**o**	simpátic**a**
interesant**e**	interesant**e**
trabajad**or**	trabajad**ora**

2. **Number**: If an adjective is used to modify a plural noun or more than one noun, it must be used in its plural form.

- To create the plural of an adjective ending in a vowel, add **s**.
- To create the plural of an adjective ending in a consonant, add **es**.
- To create the plural of an adjective ending in **-or**, add **es** to the masculine form and **as** to the feminine form.
- To create the plural of an adjective ending in **-z**, change the **z** to **c** and add **es**.

El profesor	Los profesores	Las profesoras
simpátic**o**	simpátic**os**	simpátic**as**
interesant**e**	interesant**es**	interesant**es**
trabajad**or**	trabajad**ores**	trabajad**oras**
feli**z**	feli**ces**	feli**ces**

3. As with articles and subject pronouns, adjectives that apply to mixed groups of males and females use the masculine form.

4. Most descriptive adjectives are used *after* the noun, rather than before.

5. If you want to use more than one adjective, you can use **y** *(and)* or **o** *(or)*.

> El estudiante es simpático **y** trabajador.
>
> ¿Es el profesor alto **o** bajo?
>
> Mis amigos son activos, generosos **y** cómicos.
>
> ¿Son ellas extrovertidas **o** introvertidas?

- If **y** appears before a word that begins with an **i**, it changes to **e**.

> La instructora es divertida **e** interesante.

- If **o** appears before a word that begins with an **o**, it changes to **u**.

> Hay siete **u** ocho estudiantes buenos en la clase.

Numbers do not change to match the number or gender of the nouns they describe, except for numbers that end in **–uno(-a)** such as **"una camisa"** and **"veintiuna libras."** They go *before* the noun, rather than after.

Note that Spanish does not use a serial comma, as English does optionally. In the following English sentence, the comma after *generous* can be kept or omitted: *My friends are active, generous, and funny.* In Spanish, you do not use a comma after **generosos**: **Mis amigos son activos, generosos y cómicos.**

6. Adjectives of nationality follow slightly different rules. These adjectives add **-a / -as** feminine endings for nationalities whose names end in **-l, -s,** and **-n**. See the nationalities in the following group for examples. Adjectives of nationality are always used after the noun.

Nacionalidades		
África		
ecuatoguineano(a) Guinea Ecuatorial	**nigeriano(a)** Nigeria	
egipcio(a) Egipto	**sudafricano(a)** Sudáfrica	
marroquí Marruecos		
Asia		
chino(a) China	**indio(a)** India	**vietnamita** Vietnam
coreano(a) Corea	**japonés, japonesa** Japón	
Australia		
australiano(a) Australia		
Centroamérica y el Caribe		
costarricense Costa Rica	**guatemalteco(a)** Guatemala	**panameño(a)** Panamá
cubano(a) Cuba	**hondureño(a)** Honduras	**puertorriqueño(a)** Puerto Rico
dominicano(a) República Dominicana	**nicaragüense** Nicaragua	**salvadoreño(a)** El Salvador
Europa		
alemán, alemana Alemania	**francés, francesa** Francia	**italiano(a)** Italia
español, española España	**inglés, inglesa** Inglaterra	**portugués, portuguesa** Portugal
Norteamérica		
canadiense Canadá	**estadounidense** Estados Unidos	**mexicano(a)** México
Sudamérica		
argentino(a) Argentina	**colombiano(a)** Colombia	**peruano(a)** Perú
boliviano(a) Bolivia	**ecuatoriano(a)** Ecuador	**uruguayo(a)** Uruguay
chileno(a) Chile	**paraguayo(a)** Paraguay	**venezolano(a)** Venezuela

∧

Estados Unidos is often abbreviated as **EEUU** or **EE.UU.** in Spanish. Some native speakers do not use the article **los** with **EEUU: en Estados Unidos** or **en EEUU.**

Notice the umlaut on the **ü** in **nicaragüense.** It is called a **diéresis** in Spanish. The **diéresis** is placed on the **u** in the syllables **gue** and **gui** to indicate that the **u** needs to be pronounced. Compare: **bilingüe, pingüino** and **guerra, Guillermo.**

7. Several adjectives in Spanish may be used *before* or *after* the noun they modify. Three common adjectives of this type are **bueno** *(good),* **malo** *(bad),* and **grande** *(big, large).* When **bueno** and **malo** are used before a singular masculine noun, they have special shortened forms **(buen, mal).** Whenever **grande** is used before any singular masculine or feminine noun, its shortened form **gran** is used. Note that **grande** has different meanings when used *before* the noun *(great, famous)* and *after* the noun *(big, large).*

un estudiante **bueno**	BUT:	un **buen** estudiante
una estudiante **buena**		una **buena** estudiante
un día **malo**	BUT:	un **mal** día
una semana **mala**		una **mala** semana
un hotel **grande**	BUT:	un **gran** hotel
una universidad **grande**	BUT:	una **gran** universidad

ACTIVIDADES

11 **El profesor y la profesora** Say whether the description refers to **la profesora, el profesor**, or if it could refer to both of them.

MODELO Es trabajadora.
la profesora

1. Es serio.
2. Es activo.
3. Es extrovertida.
4. Es responsable.
5. Es inteligente.

6. Es cuidadosa.
7. Es paciente.
8. Es interesante.
9. Es sincera.
10. Es generoso.

12 **Marcos y María** Marcos and María are two of your best friends. They are not at all similar. Describe what they are like. Follow the model.

MODELO Marcos es divertido.
María no es divertida. Es aburrida.

1. Marcos es paciente.
2. María es responsable.
3. Marcos es extrovertido.
4. María es perezosa.

5. Marcos es sincero.
6. María es antipática.
7. Marcos es rubio.
8. María es delgada.

13 **También** In pairs, your partner tells you that a person you both know has a certain personality or physical trait. Say that two of your friends are just like that person.

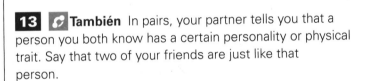

Rocío

MODELO **Compañero(a):** *Rocío es alta.*
Tú: *Tomás y Marcelo también son altos.*

1. Gerardo

2. Ángela

3. Miguel

4. Carmela

5. Pablo

6. Jimena

14 🔁 **Las nacionalidades** With your partner, take turns asking the nationalities of the following people. Then mention another person of the same nationality.

MODELO   Daniel Radcliffe (Inglaterra)
Tú: *¿De qué nacionalidad es Daniel Radcliffe?*
Compañero(a): *Es inglés.*
Tú: *¿De veras? Emily Blunt es inglesa también.*

1. Penélope Cruz y Rafael Nadal (España)
2. Zoe Saldana (República Dominicana)
3. Sonia Sotomayor (Puerto Rico)
4. Audrey Tautou (Francia)
5. Diego Luna y Gael García Bernal (México)
6. Gabriel García Márquez y Sofía Vergara (Colombia)
7. Rigoberta Menchú Tum (Guatemala)
8. Venus y Serena Williams (Estados Unidos)
9. Fidel Castro (Cuba)

¿De veras? is a common expression in Spanish that functions like *really, for real* in conversational situations.

15 🔀 **Personas famosas** In groups of four or five, each person takes a turn describing a famous person. The rest of the group tries to guess who is being described.

Palabras útiles: actor (actriz), atleta, cantante, músico(a), político(a), escritor(a), periodista, chef, diseñador(a)

MODELO   **Tú:** *Es cantante. Es estadounidense. Es joven, delgada y rubia. Le gusta mucho la moda* (fashion) *y es famosa por sus canciones sobre sus exnovios* (ex boyfriends)*. ¿Quién es?*
Grupo: *Es Taylor Swift.*

16 🔁 **Tus cualidades** You and your partner are appearing in a play and the director wants you to write a short bio for the theater program. First, make a list of the personal and physical qualities you want to include in your bio. Then, make a list of all of your favorite and least favorite activities. (If you want to use adjectives and activities you haven't learned yet, look for them in a Spanish-English dictionary.) Exchange your lists with your partner and suggest changes you think would be helpful.

17 🔀 **Tu descripción** Now, using the information you listed in **Activity 16**, write your description. Make sure you write at least five complete sentences, using the third person, since that is how these descriptions normally appear in theater programs. Then, in groups of three or four, exchange your descriptions and see if you can guess whose ad is whose. If possible, as a follow-up, post your description on the class website under a false name and see if others can guess who it is.

MODELOS   *Shannon Silvestre es una actriz buena... También es... Le gusta...*
Shaun Perales es un actor cómico... No le gusta..., pero sí le gusta...

SONRISAS

COMPRENSIÓN

Answer the following questions about the cartoon.

1. Según el gato *(cat)*, ¿cómo es él?
2. Según el perro, ¿cómo es él?
3. En realidad, ¿cómo es el gato? ¿Y el perro?
4. ¿Tienen consecuencias serias las mentiras del gato? En tu opinión, ¿son sinceras o mentirosas las personas cuando se comunican por Internet?

¡Explora y exprésate!

© Andresr/Shutterstock.com

Doble identidad: Los latinos en EEUU y Canadá ▶

When expressing numbers with numerals, Spanish uses a period where English uses a comma (480.000 rather than 480,000). It also uses a comma instead of a period to express decimals (6,5 rather than 6.5).

Los cinco grupos de latinos de mayor número en Estados Unidos son los mexicoamericanos (o chicanos), los puertorriqueños, los cubanoamericanos, los dominicanos y los salvadoreños. Cada grupo tiene una historia larga y distinta. Sin embargo, lo que tienen en común estos grupos es ser de dos culturas y hablar dos idiomas. El censo de 2010 indica que hay más de 53 millones de latinos en Estados Unidos.

En Canadá, viven 480.000 hispanos de varios países. La población va creciendo *(is increasing)*, aumentando un 6% cada año.

Latinos en Estados Unidos*	
mexicanos	34.586.088
puertorriqueños	5.138.109
cubanos	2.013.155
salvadoreños	1.974.870
dominicanos	1.757.961
guatemaltecos	1.303.379
colombianos	1.055.751
hondureños	779.358
españoles	759.781
ecuatorianos	683.364
peruanos	636.694

* U.S. Census Bureau, 2013 American Community Survey

Los cinco estados con las poblaciones hispanas más concentradas*	
California	14.358.000
Texas	9.794.000
Florida	4.354.000
Nueva York	3.497.000
Illinois	2.078.000

*http://pewhispanic.org/

Los mexicoamericanos o chicanos

A tener en cuenta

- After the Mexican American War in 1848, Mexico ceded California, Texas, and parts of New Mexico, Arizona, Utah, Nevada, Colorado, Kansas, and Wyoming to the U.S. The majority of Mexicans in these areas elected to stay and were granted citizenship.
- The Chicano movement was born in the 1960s as Mexican Americans attempted to regain a sense of pride in their Mexican heritage and culture.
- The integration of Mexican culture can be seen in vibrant areas such as the Riverwalk in San Antonio, Texas, the Pilsen and La Villita communities in Chicago, and the Mission District in San Francisco.

© Justin Sullivan/AP Images

Los grandes muralistas chicanos

Diego Rivera, José Orozco y David Siqueiros eran *(were)* grandes muralistas mexicanos que usaban sus murales para expresar su visión política y reclamar sus orígenes indígenas. El arte del mural como expresión cultural ha sido adoptado *(has been adopted)* por los chicanos en EEUU.

The term "chicano" was adopted by Americans of Mexican descent during the American civil rights movement to distinguish themselves from Mexicans native to Mexico. There are many theories about its origin, none of which can be proven. The term was used by Mexican American activists who wanted to claim a unique ethnic and political identity.

Los puertorriqueños

A tener en cuenta

- In 1898, after the Spanish-American War, Spain ceded Puerto Rico to the U.S. Nine years later, President Woodrow Wilson signed the Jones Act, which granted American citizenship to all Puerto Ricans.
- Many Puerto Ricans settled in New York City or in other parts of New York State, but younger Puerto Ricans have moved to Texas, Florida, Pennsylvania, New Jersey, Massachusetts, and other states.
- El Museo del Barrio, La Marqueta, and el Desfile Puertorriqueño de Nueva York are all testimony to the bicultural life of the "Nuyoricans," also known as "nuyorquinos" or "nuevarriqueños."

Los *poetry slams*

Miguel Algarín, profesor de Rutgers, empezó *(began)* *The Nuyorican Poets Café* en su apartamento del East Village en 1973. Hoy día el Café es una organización sin fines de lucro *(non-profit agency)* que se ha transformado en un foro de poesía, música, hip hop, video, artes visuales, comedia y teatro. Los *Poetry Slams* son eventos muy populares en el Café.

© Philip Scalia/Alamy

© RosaIreneBetancourt 2 / Alamy

Los cubanoamericanos

A tener en cuenta

- All of Florida and Louisiana were provinces of Cuba prior to the Louisiana Purchase and the Adams-Onís Treaty of 1819.
- The largest community of Cuban Americans in the United States is in Miami-Dade County in Florida.
- La Pequeña Habana in Miami is the cultural center of Cuban American life.

La música

El Buena Vista Social Club era un club en La Habana donde se juntaban los músicos en los años 40. La ilustre historia musical de Cuba sigue hoy día en Estados Unidos con los cantantes Jon Secada, Albita, Gloria Estefan y el saxofonista Paquito D'Rivera, todos ganadores del premio Grammy.

Los dominicanos y los centroamericanos

A tener en cuenta

- New York City has had a Dominican population since the 1930s. They largely settled in Quisqueya Heights, an area of Washington Heights in Manhattan. Nowadays, Dominicans also reside in New Jersey, Massachusetts, and Miami.
- In the 1980s and 90s, Dominican immigration to the United States was at its height.
- In the 1980s, political conflicts in Guatemala, El Salvador, and Nicaragua led to a big wave of immigration to the U.S. Many Central Americans made their homes in cities like Los Angeles, Houston, Washington, D.C., New York, and Miami.

La literatura revolucionaria

El conflicto produce literatura. La tarea del escritor es captar la verdad *(truth)* de la vida diaria. En países que pasan por una revolución, es urgente describir las condiciones del ser humano por escrito *(in writing)*. Testimonio de la necesidad de escribir en tiempos de conflicto es la importante literatura centroamericana de escritores como Gioconda Belli, Rigoberta Menchú Tum, Claribel Alegría, Ernesto Cardenal y Roque Dalton.

© Carlos Firmino /Getty Images

EN RESUMEN

La información general Say which Hispanic group each statement describes.

1. Los **nuyoricans** son personas de este grupo que viven *(live)* en Nueva York.
2. Este grupo en Estados Unidos adopta esta forma de arte como expresión cultural.
3. Los conflictos en los países de origen de este grupo produce una literatura revolucionaria.
4. **Chicano** es otro nombre para una persona de este grupo.
5. Una sección de Miami es el centro cultural de este grupo.
6. La inmigración de este grupo a Estados Unidos ocurre principalmente en las décadas de 1980 y 1990.

¿Quieres saber más?

Return to the chart that you started at the beginning of the chapter. Add all the information that you already know in the column **Lo que aprendí**. Then, look at the column labeled **Lo que quiero aprender**. Are there some things that you still don't know? Pick one or two of these, or from the topics listed below, to further investigate online.

Palabras clave: mexicoamericanos the Mexican American War, Treaty of Guadalupe Hidalgo, 5 de mayo; **puertorriqueños** Treaty of Paris, Jones Act, Luis Muñoz Rivera; **cubanoamericanos** calle Ocho, Ybor City, Louisiana Purchase, Adams-Onís Treaty; **dominicanos y centroamericanos** *El Norte*, Rafael Trujillo, Anastasio Somoza, Sandinistas, Civil War in El Salvador

🌐 To learn more about Spanish-speaking communities in the U.S., watch the cultural footage online.

© Felix Sanchez/Getty Images

A leer

Antes de leer

For more on using a bilingual dictionary, see the **A escribir** section on page 78.

21ST CENTURY SKILLS
Productivity & Accountability:
Using a dictionary will help you learn how to expand your Spanish vocabulary on your own.

ESTRATEGIA

Looking up Spanish words in a bilingual dictionary

When reading in Spanish, try to understand the general meaning of what you read and don't spend time looking up every unknown word. But if there are key words you can't understand, using a dictionary can save you time.

Try to look up only one or two words from each page of text. Focus on words that you cannot guess from the context and that you must understand to get the reading's general meaning. When you do look up the word, don't settle on the first definition! Look at the different English translations provided. Which one seems to best fit with the overall content of the reading?

When looking up verbs, remember that you must look up the infinitive form (**-ar, -er,** or **-ir**) and not the conjugated form. (**Ser** instead of **soy, hablar** instead of **hablas,** etc.) When you look up adjectives, look up the masculine form (**bueno** instead of **buena,** etc.).

1 ⟳ When celebrities are interviewed, they often describe themselves and talk about their backgrounds. The point of the interview is to share personal information with the viewer and reader.

1. Look at the quotes of the seven U.S. Hispanics featured on pages 75–76. Read the translated words at the bottom of each page, then skim the quotes themselves. What words don't you know that you might need in order to get the main idea? Make a list of five to ten words.
2. Can you guess from context any of the words you identified? For example, Albert Pujols is listed as a **pelotero** and in his photo he is wearing a uniform. Based on that information, can you guess what a **pelotero** is?
3. Of the remaining words, how many do you really need to know in order to understand the basic idea of what the person is saying? With a partner, create a list that contains only the words you think are necessary to get the main idea.

2 ⟳ Now that you have narrowed down your list of unknown but key words, work with a partner to look them up in the dictionary. Be sure to read all the English definitions. Which one(s) fit(s) best in the context of the article?

Albert Pujols
pelotero de ascendencia dominicana

"Yo quiero que la gente me recuerde[1], no solo como Albert Pujols el buen pelotero, sino por la persona que yo soy, bien humilde[2] y que trata de ayudar[3] a los que lo necesitan".

Isabel Toledo
diseñadora de ropa de ascendencia cubana

"Ser latina es ser quien soy, no cómo me defino... Es una cultura enamorada de la moda".

Carlos Santana
músico de ascendencia mexicana

"Soy un músico serio, como Paco de Lucía. Serio, pero divertido. Nunca invertí[9] energía en ser rico o famoso".

Zoe Saldana
actriz de ascendencia puertorriqueña y dominicana

"Como latina, pienso que[4] tenemos que sentirnos[5] muy orgullosos de nuestra herencia. Tendemos[6] a buscar raíces[7] europeas y a rechazar las indígenas y las africanas, y eso es un asco, una vergüenza[8]. El latino es una composición de todos".

[1] **Yo...:** *I want people to remember me* [2] *humble*
[3] **trata...:** *that tries to help* [4] **pienso...:** *I think that* [5] *to feel*
[6] *We tend to* [7] *roots* [8] **un...:** *it's disgusting and a shame*
[9] **Nunca...:** *I never invested*

© Helga Esteb/Shutterstock.com

Eva Longoria
actriz de ascendencia mexicana
"Somos mexicanos de quinta[10] generación
en Texas y estoy[11] orgullosa de ser latina
y de representar a los latinos en todas
partes…".

© s_bukley / Shutterstock.com

Wilmer Valderrama
actor de ascendencia venezolana
"Yo soy muy agradecido por mis raíces
latinas… A mí me da mucha dicha[12] y un
orgullo muy grande cuando la gente latina
admira cualquier[13] trabajo que he hecho[14]".

César Millán
**entrenador de perros ("el encantador de
perros"), de ascendencia mexicana**
"Solo soy un tipo instintivo que vive en el momento".

[10] *fifth* [11] *I am* [12] **me...:** *it gives me a
lot of happiness* [13] *whatever* [14] **he...:** *I
have done*

© Douglas Kirkland/Corbis

Después de leer

3 🔁 Now work with a partner to match the descriptions on the right with each person on the left.

_____ 1. Albert Pujols
_____ 2. Zoe Saldana
_____ 3. Isabel Toledo
_____ 4. Carlos Santana
_____ 5. César Millán
_____ 6. Eva Longoria
_____ 7. Wilmer Valderrama

a. Es muy agradecido por su herencia latina.
b. Vive en el presente, no en el futuro.
c. Es de origen mexicano y está muy orgullosa de su herencia.
d. Habla de ser una composición de culturas.
e. Es una persona muy humilde.
f. Es serio, pero divertido.
g. Es de una cultura enamorada de la moda.

4 🔁 With a partner, take turns interviewing each other and writing down your responses. Answer the following questions based on your own personality or that of a famous celebrity.

1. ¿Cuál es tu ascendencia? (Soy de ascendencia…)
2. ¿Cómo eres? (Soy…)
3. ¿Qué te gusta hacer? (Me gusta…)
4. Now, choose a famous Spanish speaker and do a search for him or her online. Find enough information to answer the three questions above about that person—**¡en español, por favor!** Be prepared to share your information with the class.

Paulina Rubio, México

© s_bukley / Shutterstock.com

Rafael Nadal, España

© David Silpa/UPI /Landov

A escribir

Antes de escribir

1 You are going to write a short description of a sculpture by Fernando Botero, the well-known Colombian painter and sculptor.

Look at the photo of the sculpture on page 79. What words might you need to describe it? Here are some to get you started, but look up any new words you might require in a bilingual dictionary. **¡OJO!** Remember to cross-check the words you choose in order to get the one that best fits what you are trying to say.

Palabras útiles: escultura *(sculpture)*, **estatua** *(statue)*, **montado a caballo** *(on horseback)*, **sombrero** *(hat)*

La escultura *Hombre montado a caballo* de Fernando Botero

Composición

2 Write three to five sentences that describe the sculpture, using the list of words you generated in **Activity 1**. Try to write freely without worrying too much about mistakes and misspellings.

Después de escribir

3 Now go back over your review and revise it. Use the following checklist to guide you. Did you…

- include all the necessary information?
- check to make sure that the adjectives and nouns agree in gender and number?
- make sure that the verbs agree with their subjects?
- look for misspellings?

¡Vívelo!

You are going to research a famous person who is known for a specific activity. Then, in class, you and your group members will compete against your classmates to guess the identities of different people described.

Antes de clase

Paso 1 Choose a famous person who is well known for one of the following activities. Make sure the activity you choose is also one you enjoy doing or watching.

Actividades: bailar, cantar, cocinar, patinar, pintar, practicar béisbol / básquetbol / fútbol *(soccer)* / fútbol americano / tenis / volibol, tocar la guitarra / el piano / la batería *(drums)*

Paso 2 Research basic information about the person you chose. Complete the following bio and find and print out a photo of him or her. Bring it to class along with the bio.

Nombre: _____

Actividad: _____

Es hombre *(man)* / mujer *(woman)*.

Nacionalidad: _____

Tiene _____ años.

Características físicas: _____

Características de la personalidad: _____

También le gustan estas actividades: _____

Otros detalles: _____

Look up other words that you need for your description, but use cognates so that your classmates will be able to guess them easily.

Durante la clase ⁂

Paso 1 Form groups of 3–4 students. You will work as a team to guess the identity of the people your classmates researched.

Paso 2 All students take turns reading their bios to the class as a whole. Each group competes against the others to guess the person's identity. Try to outwit your classmates by guessing as quickly as possible. If no one guesses correctly, you can provide a clue by showing a photo of the person.

MODELO   *Es hombre. Toca la guitarra. Es estadounidense. Tiene unos 40 años. Tiene el pelo negro. Es delgado. No es guapo, pero no es feo. Es inteligente y divertido. Es un poco egoísta y muy excéntrico. También le gusta tocar la batería y cantar. Ahora toca solo* (alone) *y no con una banda.*

© Barry Brecheisen/Invision/AP Images

Paso 3 Once all the bios have been read and guessed, the group with the most correct guesses wins.

Paso 4 Now find other students who chose the same (or a similar) activity to the one you chose. Make plans to meet outside of class.

Fuera de clase ⚙

In your group of students with similar interests, do something related to the activity or activities you like. It could be attending a concert, cooking together, playing a sport, creating an art project, etc. Take photos documenting your activity.

¡Compártelo! ⚙

Post the photos you and your group took on the *Nexos* online forum. Each person should write a caption describing what the group is doing and what activities you all enjoy.

MODELO   *Aquí jugamos volibol.*
Nos gusta jugar volibol.
¡También nos gusta bailar!

© oliveromg/ Shutterstock.com

© YSK1 / Shutterstock.com

Vocabulario

Para expresar preferencias *Expressing preferences*

¿Qué te gusta hacer? *What do you like to do?*
A mí me gusta... *I like . . .*
A ti te gusta... *You like . . .*
A... le gusta... *You / He / She like(s) . . .*
A... les gusta... *You (pl.) /They like . . .*
¿Y a ti? *And you?*

alquilar videos / películas *to rent videos / movies*
bailar *to dance*
caminar *to walk*
cantar *to sing*
cocinar *to cook*
escuchar música *to listen to music*
estudiar en la biblioteca / en casa *to study at the library / at home*
hablar por teléfono *to talk on the phone*
levantar pesas *to lift weights*

mirar televisión *to watch television*
navegar por Internet *to browse the Internet*
patinar *to skate*
pintar *to paint*
practicar deportes *to play sports*
sacar fotos *to take photos*
tocar un instrumento musical *to play a musical instrument*
    la guitarra *the guitar*
    el piano *the piano*
    la trompeta *the trumpet*
    el violín *the violin*
tomar un refresco *to have a soft drink*
tomar el sol *to sunbathe*
trabajar *to work*
visitar a amigos *to visit friends*

Para describir *Describing*

¿Cómo es? *What is he/she/it like?*

muy *very*

Características de la personalidad *Personality traits*

aburrido(a) *boring*
activo(a) *active*
antipático(a) *unpleasant*
bueno(a) *good*
cómico(a) *funny*
cuidadoso(a) *cautious*
divertido(a) *fun, entertaining*
egoísta *selfish, egotistic*
extrovertido(a) *extroverted*
generoso(a) *generous*
impaciente *impatient*
impulsivo(a) *impulsive*
inteligente *intelligent*
interesante *interesting*

introvertido(a) *introverted*
irresponsable *irresponsible*
malo(a) *bad*
mentiroso(a) *dishonest, lying*
paciente *patient*
perezoso(a) *lazy*
responsable *responsible*
serio(a) *serious*
simpático(a) *nice, pleasant*
sincero(a) *sincere*
tímido(a) *timid, shy*
tonto(a) *silly, stupid*
trabajador(a) *hard-working*

Características físicas *Physical traits*

alto(a) *tall*
bajo(a) *short*
delgado(a) *thin*
feo(a) *ugly*
gordo(a) *fat*
grande *big, great*
guapo(a) *handsome, attractive*

joven *young*
lindo(a) *pretty*
pequeño(a) *small*
viejo(a) *old*

Es pelirrojo(a) / rubio(a). *He/She is redheaded / blond(e).*
Tiene el pelo negro / castaño / rubio. *He/She has black / brown / blond(e) hair.*

Nacionalidades *Nationalities*

alemán (alemana) *German*
argentino(a) *Argentinian*
australiano(a) *Australian*
boliviano(a) *Bolivian*
canadiense *Canadian*
chileno(a) *Chilean*
chino(a) *Chinese*
colombiano(a) *Colombian*
coreano(a) *Korean*
costarricense *Costa Rican*
cubano(a) *Cuban*
dominicano(a) *Dominican*
ecuatoguineano(a) *Equatorial Guinean*
ecuatoriano(a) *Ecuadoran*
egipcio(a) *Egyptian*
español(a) *Spanish*
estadounidense *U.S. citizen*
francés (francesa) *French*
guatemalteco(a) *Guatemalan*

hondureño(a) *Honduran*
indio(a) *Indian*
inglés (inglesa) *English*
italiano(a) *Italian*
japonés (japonesa) *Japanese*
marroquí *Moroccan*
mexicano(a) *Mexican*
nicaragüense *Nicaraguan*
nigeriano(a) *Nigerian*
panameño(a) *Panamanian*
paraguayo(a) *Paraguayan*
peruano(a) *Peruvian*
portugués (portuguesa) *Portuguese*
puertorriqueño(a) *Puerto Rican*
salvadoreño(a) *Salvadoran*
sudafricano(a) *South African*
uruguayo(a) *Uruguayan*
venezolano(a) *Venezuelan*
vietnamita *Vietnamese*

Los verbos *Verbs*

acabar de *(+ inf.) to have just done something*
apagar *to turn off*
buscar *to look for*
cenar *to eat dinner*
comprar *to buy*
dejar *to leave*
dejar de *(+ inf.) to stop (doing something)*
descansar *to rest*

llamar *to call*
llegar *to arrive*
necesitar *to need*
pasar *to pass (by)*
preparar *to prepare*
regresar *to return*
usar *to use*
viajar *to travel*

Otras palabras *Other words*

los fines de semana *weekends*
los viernes *Fridays*
los sábados *Saturdays*
los domingos *Sundays*
el gato *cat*

el perro *dog*
pero *but*
también *also*
tampoco *neither*

Repaso del Capítulo 2

Complete these activities to check your understanding of the new grammar points in **Chapter 2** before you move on to **Chapter 3**.

The answers to the activities in this section can be found in **Appendix B**.

The present indicative of regular **-ar** verbs (p. 56)

1 Look at the illustrations and say what the people indicated are doing.

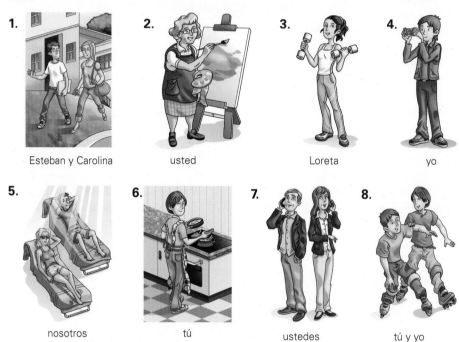

1. Esteban y Carolina **2.** usted **3.** Loreta **4.** yo

5. nosotros **6.** tú **7.** ustedes **8.** tú y yo

Gustar + *infinitive* (p. 60)

2 Read the description of each person. Then say what activity he or she likes to do, choosing from the list. Follow the model.

Actividades: estudiar, mirar televisión, pintar, practicar deportes, visitar a amigos, trabajar

MODELO Ellos son muy trabajadores.
A ellos les gusta trabajar.

1. Yo soy muy serio.
2. Tú eres muy perezosa.
3. Usted es muy extrovertido.
4. Nosotras somos muy artísticas.
5. Ustedes son muy activos.

Adjective agreement (p. 64)

3 Use forms of **ser** to describe each person using the cues provided.

1. Gretchen y Rolf / Alemania / sincero
2. Brigitte / Francia / divertido
3. nosotras / España / simpático
4. yo (femenino) / Estados Unidos / generoso
5. usted (femenino) / Japón / interesante
6. tú (masculino) / Italia / activo

Preparación para el Capítulo 3

Complete these activities to review some previously learned grammatical structures that will be helpful when you learn the new grammar in **Chapter 3**.

Be sure to reread **Chapter 2: Gramática útil 1** and **2** before moving on to the **Chapter 3** grammar sections.

The answers to the activities in this section can be found in **Appendix B**.

Nouns and articles (p. 18)

4 Complete the description with the definite and indefinite articles that are missing. Make sure the articles agree with the nouns they modify.

A mí me gustan (1) _____ clases que tengo hoy. (2) _____ profesor de historia es muy inteligente y (3) _____ profesora de español es muy interesante. Tengo (4)_____ amigos en (5) _____ clase de ingeniería y por eso es muy divertida. Solamente tengo (6) _____ clase por la tarde. Pero no es (7) _____ día normal. Normalmente tengo clases por (8) _____ mañana y también por (9) _____ tarde. ¡Pero por lo menos, no tengo clases por (10) _____ noches!

Subject pronouns and the present indicative of the verb **ser** (p. 22)

5 Match the illustrations on the left with the sentences on the right. Then write in the missing forms of the verb **ser**.

1. _____

2. _____

3. _____

4. _____

5. _____

6. _____

7. _____

a. Ella _____ muy tímida.

b. Nosotros _____ muy perezosos.

c. Yo _____ muy extrovertida.

d. Usted _____ muy impaciente.

e. Tú _____ generoso.

f. Él _____ activo.

g. Ustedes _____ inteligentes.

¡VIVIR ES APRENDER!

Los estudiantes asisten a clases donde estudian muchas materias. Pero en un sentido más amplio *(broader sense)*, todos somos estudiantes. Aprendemos algo nuevo todos los días de nuestros *(our)* amigos y familiares y de las experiencias que vivimos.

Para ti, ¿cuál es la mejor manera *(the best way)* de aprender?

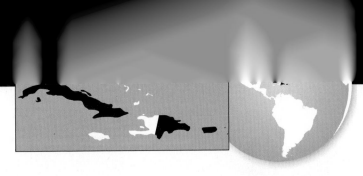

Un viaje por Cuba, Puerto Rico y la República Dominicana

Estos tres países están situados en el mar Caribe. La República Dominicana comparte *(shares)* la isla La Española con Haití. Estos países, de clima tropical, también tienen montañas.

País / Área	Tamaño y fronteras (Size and Borders)	Sitios (Places) de interés
Cuba 110.860 km²	un poco más pequeño que Pensilvania	las cavernas de Bellamar, la Vieja Habana, la península de Guanahacabibes
Puerto Rico 8.950 km²	casi tres veces *(almost three times)* el área de Rhode Island	Vieques, El Morro, el Viejo San Juan
La República Dominicana 48.380 km²	más de dos veces el área de Nuevo Hampshire; frontera con Haití	Pico Duarte, la sierra *(mountains)* de Samaná, la Universidad Autónoma de Santo Domingo

¿Qué sabes? Di si las siguientes oraciones son ciertas (**C**) o falsas (**F**).

1. Estos tres países están en el mar Caribe.
2. La República Dominicana tiene casi dos veces el tamaño de Puerto Rico.
3. No hay una zona vieja en Cuba.

Lo que sé y lo que quiero aprender Completa la tabla del **Apéndice A**. Escribe algunos datos que **ya sabes** sobre estos países en la columna **Lo que sé**. Después, añade algunos temas que **quieres aprender** a la columna **Lo que quiero aprender**. Guarda la tabla para usarla otra vez en **¡Explora y exprésate!** en la página 115.

COMMUNICATION

By the end of this chapter you will be able to

- talk about courses and schedules and tell time
- talk about present activities and future plans
- talk about possessions
- ask and answer questions

CULTURES

By the end of this chapter you will have explored

- facts about Puerto Rico, Cuba, and the Dominican Republic
- **Cuba:** the campaign for literacy
- **Puerto Rico:** the bilingual education of the **boricuas**
- **La República Dominicana:** the oldest university in the New World
- the 24-hour clock
- three unusual schools in the Caribbean

87

¡Imagínate!

▶ VOCABULARIO ÚTIL 1

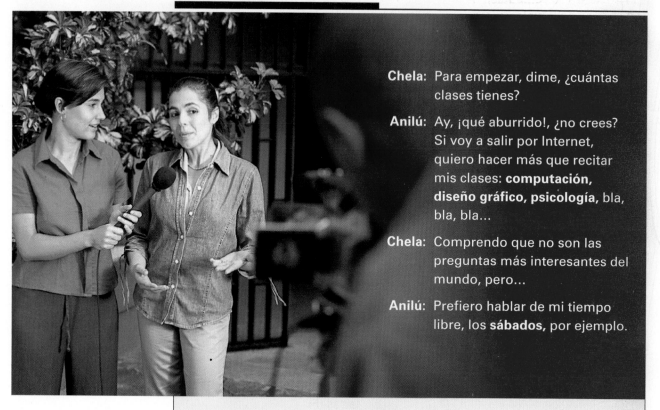

Chela: Para empezar, dime, ¿cuántas clases tienes?

Anilú: Ay, ¡qué aburrido!, ¿no crees? Si voy a salir por Internet, quiero hacer más que recitar mis clases: **computación, diseño gráfico, psicología,** bla, bla, bla...

Chela: Comprendo que no son las preguntas más interesantes del mundo, pero...

Anilú: Prefiero hablar de mi tiempo libre, los **sábados,** por ejemplo.

Notice that many of the courses of study are cognates of their English equivalents. Be sure to notice the difference in spelling, accentuation, and pronunciation, for example: **geografía:** *geography*.

Campos de estudio *Fields of study*

Los cursos básicos *Basic courses*
la (doble) especialidad *(double) major*
la arquitectura *architecture*
las ciencias políticas *political science*
la economía *economics*
la educación *education*
la geografía *geography*
la historia *history*
la ingeniería *engineering*
la psicología *psychology*

Las humanidades *Humanities*
la filosofía *philosophy*
la literatura *literature*

Las lenguas / Los idiomas *Languages*
el alemán *German*
el chino *Chinese*
el español *Spanish*
el francés *French*
el inglés *English*
el japonés *Japanese*

Las matemáticas *Mathematics*
el cálculo *calculus*
la computación / la informática *computer science*
la estadística *statistics*

Las ciencias *Sciences*
la biología *biology*
la física *physics*
la medicina *medicine*
la química *chemistry*
la salud *health*

Los negocios *Business*
la administración de empresas *business administration*
la contabilidad *accounting*
el mercadeo *marketing*

La comunicación pública *Public communications*
el periodismo *journalism*
la publicidad *advertising*

Las artes *The arts*
el arte *art*
el baile *dance*
el diseño gráfico *graphic design*
la música *music*
la pintura *painting*

Lugares en la universidad

¿Dónde tienes la clase de...?	*Where does your . . . class meet?*
En el centro de computación.	*In the computer center.*
el centro de comunicaciones	*the media center*
el gimnasio	*the gymnasium*
la cafetería	*the cafeteria*
la librería	*the bookstore*
la residencia estudiantil	*the dorm*

Los días de la semana

lunes	martes	miércoles	jueves	viernes	sábado	domingo
8	9	10	11	12	13	14

To say that something happens on the same day every week, use the plural article with the day of the week: **Los sábados visito a mi madre.** Notice that there is no preposition **en** *(on)* in these cases.

To say that something happens **on** a certain day, use the singular article with the day of the week: **La fiesta va a ser el sábado.**

Notice: (1) The week begins on Monday in most Spanish-speaking countries. (2) The days of the week are not capitalized in Spanish as they are in English. (3) On many Spanish calendars, the days of the week are abbreviated: **L M M J V S D** or **Lu, Ma, Mi, Ju, Vi, Sa, Do.** In Spain it is more common to use **L M X J V S D.**

ACTIVIDADES

1 **Las carreras** Say what course you would take if you were interested in a certain career.

MODELO   journalist
el periodismo

1. psychologist
2. accountant
3. software programmer
4. architect
5. graphic designer
6. teacher

2 **Las clases de Mariana** With a partner, say on which days Mariana has each of her classes, based on her class schedule.

MODELO   economía
Mariana tiene economía los lunes, los miércoles y los viernes.

1. psicología
2. literatura
3. francés
4. contabilidad
5. pintura
6. música

	lunes	martes	miércoles	jueves	viernes
8:00	economía		economía		economía
10:00	psicología	literatura	psicología	literatura	
11:30	francés	francés	francés	francés	francés
3:00		contabilidad		contabilidad	
4:00	pintura		música	pintura	música

3 **Mis clases** Create a chart with your class schedule. Include days, times, and locations. Then, with a partner, ask each other questions about each day of the week. Be sure to save your schedule for later activities.

MODELO **Tú:** *¿Qué clases tienes los lunes?*
Compañero(a): *Los lunes tengo psicología, arte y computación.*

4 **¿Dónde?** Ask your partner where he/she does certain activities.

MODELO levantar pesas
Tú: *¿Dónde levantas pesas?*
Compañero(a): *En el gimnasio.*

1. visitar a tus amigos
2. navegar por Internet
3. escuchar los audios de la clase de español
4. practicar deportes
5. comprar libros
6. vivir
7. tener clase de baile
8. estudiar

5 **Entrevista** Work in pairs to record an interview. One of you is like Chela in the video and the other is the interviewee. Use as much language as you can from previous chapters. Make a list of questions and answers beforehand. Then record the interview and upload it for the class to view or summarize the interview in class. You can use the following questions or make up your own.

Preguntas:

Buenos días, ¿qué tal?

¿Cómo te llamas?

¿De dónde eres?

¿Cuántos años tienes?

¿Qué te gusta hacer los domingos?

¿Qué estudias?

¿Cuántas clases tienes?

¿Dónde tienes la clase de...?

¿Cuál es tu clase preferida?

¿Qué día de la semana te gusta más?

6 **Mi blog** Write a blog post about the interview you did in **Activity 5**. What were some of the interesting things you learned about your partner?

MODELO *Mi compañero estudia psicología, pero su clase preferida es la clase de baile.*

Chela: ¿Qué haces los sábados?

Anilú: **Por la mañana**, corro por el parque. **A las dos de la tarde**, tengo clase de danza afrocaribeña.

Chela: ¿Y **por la noche**?

Anilú: Por la noche escucho música con mis amigos o vamos al cine o a un restaurante.

Camarógrafo: Uy, ¿**qué hora es**? ¡Tengo que irme!

Chela: Pero, ¿adónde vas? ¡Necesito otra entrevista!

Camarógrafo: ¡Tengo clase **a las once**!

Chela: **Son las once menos cuarto.** Espera un minuto, por favor.

Para pedir y dar la hora *Asking for and giving the time*

¿Qué hora es? *What time is it?*

Es la una.

Son las dos.

Son las cinco y cuarto.
Son las cinco y quince.

Son las cinco y media.

Son las cinco y diez.

Son las cinco menos cuarto.
Faltan quince para las cinco.

—¿**Tienes tiempo** para tomar un café? ***Do you have time*** *for a coffee?*

—Sí, **es temprano**. / —¡Ay, no, **ya es muy tarde**. *Yes, **it's early**. / Oh no, **it's already very late**!*

Compare the following two questions and responses.

¿Qué hora es?
(What time is it?)

Es la una.
(It's one o'clock.)

¿A qué hora es la clase de español? *([At] What time is Spanish class?)*

Es a la una.
(It's at one o'clock.)

When you ask the time, you use **¿qué?** and when asking what time something takes place, you use **¿a qué?**

De la mañana is used for the morning hours between midnight and noon. De la tarde is used for daylight hours after noon. De la noche is used only for nighttime hours. These hours vary from country to country, given that in some countries it gets dark earlier or stays light later.

Compare the use of de and por in the following sentences.

La clase es a las diez de la mañana.

En general estudio por la mañana.

Note that you use de la mañana / tarde / noche to give a specific time of day. You use por la mañana / tarde / noche to give a more general time frame.

Mira **el reloj** para **decir la hora.**   *Look at **the clock** to **tell the time.***

Son las ocho de la mañana.
It's eight in the morning.

Son las tres de la tarde.
It's three in the afternoon.

Son las nueve de la noche.
It's nine in the evening.

Es mediodía.	*It's noon.*
Es medianoche.	*It's midnight.*
Es tarde.	*It's late.*
Es temprano.	*It's early.*

ACTIVIDADES

7 ⟳ **¿Qué hora es?** Ask your partner what time it is. Take turns asking the time.

MODELO   1:00 P.M.
Tú: *¿Qué hora es?*
Compañero(a): *Es la una de la tarde.*

1. 3:15 P.M.
2. 2:45 P.M.
3. 10:30 A.M.
4. 12:00 noon
5. 6:55 A.M.
6. 9:25 P.M.

8 ⟳ **Mi horario** Get out the agenda page that you completed for **Activity 3**. Ask your partner about his/her class schedule. You name a day and a time, and your partner tells you what class he/she has at that time. Talk about all five days of the week.

MODELO   **Tú:** *Es lunes y son las diez de la mañana.*
Compañero(a): *Tengo clase de cálculo.*

9 ⟳ **Tu horario** Exchange your agenda page with your partner. Your partner names a day and a time, and you tell him/her where he/she is at that time. Take turns with each other's schedules.

MODELO   **Compañero(a):** *Es viernes y son las dos de la tarde. ¿Dónde estoy?*
Tú: *Estás en la clase de danza afrocaribeña.*

¡FÍJATE!

El reloj de veinticuatro horas

The 24-hour clock is used globally, and in all Spanish-speaking countries, for schedules and official times. The system is based on counting the hours of the day from zero through twenty-four. The first twelve hours of the day (from midnight until noon) are represented by the numbers 0–12. Any time after noon is represented by that time +12. The **h** after the time stands for **horas**.

For example:
1:00 P.M. = 1:00 + 12 = 13:00h
2:30 P.M. = 2:30 + 12 = 14:30h
5:45 P.M. = 5:45 + 12 = 17:45h

To go from a 24-hour clock time to a 12-hour clock time, you must subtract 12 hours from the 24-hour clock time.

For example:
13:00h − 12 = 1:00 P.M.
14:30h − 12 = 2:30 P.M.
17:45h − 12 = 5:45 P.M.

The 24-hour clock is almost always used in written form. In conversation, Spanish speakers use the 12-hour format, adding **de la mañana** (morning, A.M.), **de la tarde** (afternoon, P.M.), and **de la noche** (evening, P.M.) for clarification.

PRÁCTICA 1 Look at the schedules below. Convert the times on the 24-hour clock to the 12-hour clock. Follow the model.

MODELO 21:20h = *9:20 P.M.*

1. 23:20h =
2. 14:45h =
3. 18:30h =
4. 16:25h =
5. 15:10h =
6. 19:15h =

PRÁCTICA 2 With a partner, look at the schedules that you used in **Activity 3**. Convert the times on your schedules to hours on the 24-hour clock. Follow the model.

MODELO **Tú:** *Mi* (My) *clase de matemáticas es a las 3:00 de la tarde.*
Compañero(a): *Tu* (Your) *clase de matemáticas es a las 15:00 horas.*

Chela: ¿Así que te gustan más los fines de semana que los días de **entresemana**?

Anilú: Pues sí, por supuesto. Los fines de semana son mucho más divertidos. Ay, **es tarde**. Yo también tengo clase a las once.

Chela: Gracias por la entrevista. ...

Anilú: Oye, ¿cuándo sale la entrevista en la red?

Chela: **Mañana.**

Para hablar de la fecha *Talking about the date*

¿Qué día es hoy? *What day is today?*
Hoy es martes treinta. *Today is Tuesday the 30th.*

¿A qué fecha estamos? *What is today's date?*
Es el treinta de octubre. *It's October 30th / the 30th of October.*
Es el primero de noviembre. *It's November 1st / the first of November.*

¿Cuándo es el Día de la(s) Madre(s)? *When is Mother's Day?*
Es el doce de mayo. *It's May 12th.*

el día *day*
la semana *week*
el fin de semana *weekend*
el mes *month*
el año *year*
todos los días *every day*
entresemana *during the week / on weekdays*

ayer *yesterday*
hoy *today*
mañana *tomorrow*

ACTIVIDADES

10 **¿Qué es?** Say what each of the following time periods are.

MODELO febrero
el mes

1. enero
2. sábado y domingo
3. 2012

4. el 7 de septiembre
5. 7 de noviembre a 14 de noviembre
6. hoy

11 🔁 **Las fechas** Form pairs and look at a current yearly calendar. Your instructor will give each team five minutes to answer the following questions. Write out your answers in Spanish. There are some words that you might not know. Try to guess at their meaning, but don't let it hold you up!

1. ¿Qué día de la semana es Navidad (25 de diciembre) este año?
2. ¿Qué día de la semana es el Día de la Independencia (4 de julio) este año?
3. ¿Qué día de la semana es el Día de los Enamorados (14 de febrero) este año?
4. ¿A qué fecha estamos? ¿Cuándo es el próximo *(next)* examen de español?
5. ¿Cuándo son las próximas vacaciones? ¿Qué día regresan los estudiantes de las próximas vacaciones?

12 **Fechas importantes** Write out in Spanish ten to fifteen dates that are important for you. Then copy them into your calendar. The following are some examples of the dates you might include.

los cumpleaños de los miembros de mi familia
los cumpleaños de mis amigos
el Día de las Madres
el Día del Padre
las fechas de las vacaciones
el aniversario de…
las fechas de mis exámenes finales

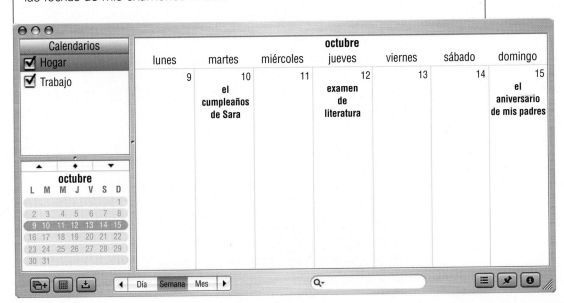

A ver

ESTRATEGIA

Using body language to aid in comprehension

When you observe the body language of the person speaking, you can get clues to a person's meaning by watching facial expressions, gestures, hand movements, and so on. For example, if you ask someone a question and the person shrugs and walks away, the meaning is clear, even if no words were uttered!

To help you understand the video segment, read the items in **Después de ver 1** *before* you view the video.

Antes de ver Review these key words used in the video.

la entrevista *the interview*
transmitir *to broadcast*
la red *the Internet*

▶ **Ver** Now watch the video segment for **Chapter 3** without sound. Pay special attention to the characters' body language.

Después de ver 1 Say whether statements 1–4 are true **(cierto)** or false **(falso)**, based on your observation of the characters' body language. Then watch again with sound and complete statements 5–9.

1. Muchos estudiantes prefieren no participar en la entrevista con Chela.
2. Chela indica algo *(something)* al camarógrafo.
3. El estudiante con la cámara no tiene prisa *(is not in a hurry)*.
4. Anilú observa a Javier (el estudiante que aparece al final del segmento) con mucho interés.
5. El estudiante con la cámara y Anilú opinan que el tema del programa de Chela es _____.
6. Anilú tiene clases de computación, diseño gráfico y _____.
7. Los _____, Anilú corre en el parque.
8. Los sábados por la noche, Anilú escucha música con amigos o va *(goes)* al _____ o a un restaurante.
9. El estudiante con la cámara tiene clase a las _____.

Después de ver 2 With a partner, dramatize one of the following situations.

- You are the reporter and you need the interviewee's number to follow up later. Ask for her phone number.
- You are the interviewee and you need a cameraman for another project. Ask for his phone number.
- You are the interviewee and you don't like the reporter's attitude. Try to evade the reporter's questions.

Voces de la comunidad

▶ Voces del mundo hispano

In this video segment, the speakers talk about their studies and pastimes. First read the statements below. Then watch the video as many times as needed to say whether each statement is true (**cierto**) or false (**falso**).

1. Sandra estudia administración de empresas.
2. Jessica estudia química.
3. A Javier le gusta ver *(to see)* películas.
4. A Dayramir le gusta bailar salsa con sus amigos.
5. Durante los fines de semana, Ela va al parque.
6. Durante los fines de semana, Inés visita a su familia.

◀)) Voces de Estados Unidos

**Sonia Sotomayor, jueza,
Corte Suprema de Estados Unidos**

❝ Creo que si las caras de los jueces *(judges' faces)* no reflejan la población a la que sirven, la gente va a tener menos confianza en el sistema de justicia. Es importante que todos los grupos de Estados Unidos estén representados en la función más importante de la sociedad ❞ .

Sonia Sotomayor, la primera persona de ascendencia hispana en la Corte Suprema de Estados Unidos, es la personificación del sueño *(dream)* americano. Nacida *(Born)* en el Bronx, de padres puertorriqueños, la jueza es conocida por su inteligencia, capacidad de trabajo y respeto por sus raíces *(her roots)*. Dos tragedias en su niñez forman su carácter: la muerte *(death)* de su padre a los nueve años y la diabetes juvenil. Con la ayuda *(help)* de su madre, Sotomayor triunfa sobre estas adversidades. Asiste a Princeton y después a la Escuela de Derecho de Yale. Sin embargo, la jueza nunca olvida *(never forgets)* sus raíces. Sus experiencias como empleada en una dulcería *(candy store)* y una tienda de ropa *(clothing store)* y como camarera *(waitress)* le dan una especial sensibilidad hacia las necesidades de la clase trabajadora *(working class)*.

¿Y tú? — **Are you interested in working in the public sector? Why or why not?**

¡Prepárate!

GRAMÁTICA ÚTIL 1

¿**Cuántas** entrevistas
tenemos que hacer?

Notice that **dónde** and **adónde** are
both translated the same way into
English.

Asking questions: Interrogative words

Cómo usarlo

You have already seen, learned, and used a number of interrogative words
to ask questions. **¿Cómo te llamas?**, **¿Cuál es tu dirección electrónica?**,
¿Dónde vives?, and **¿Qué tal?** are all questions that begin with interrogatives:
cómo, cuál, dónde, qué.

As in English, we use interrogatives in Spanish to ask for specific information.
Here are the Spanish interrogatives.

¿Qué?	*What? Which?*	**¿Cuánto(a)?**	*How much?*
¿Cuál(es)?	*What? Which one(s)?*	**¿Cuántos(as)?**	*How many?*
¿Dónde?	*Where?*	**¿A qué hora?**	*(At) What time?*
¿Adónde?	*To where?*	**¿De dónde?**	*From where?*
¿De quién(es)?	*Whose?*	**¿De qué?**	*About what? Of what?*
¿Por qué?	*Why?*	**¿Cuándo?**	*When?*
¿Quién(es)?	*Who?*	**¿Cómo?**	*How?*

1. **¿Qué?** and **¿Cuál?** may appear interchangeable at first sight, but they are
   used in very specific ways.

   ¿Qué? is . . .

   ■ used to ask for a definition: **¿Qué es el reloj de veinticuatro horas?**

   ■ used to ask for an explanation or further information: **¿Qué estudias este
   semestre?**

   ■ generally used when the next word is a noun: **¿Qué libros te gustan
   más? ¿Qué clase tienes a las ocho?**

   ¿Cuál? is . . .

   ■ used to express a choice between specified items: **¿Cuál de los libros
   prefieres?**

   ■ used when the next word is a form of **ser** but the question is *not* asking
   for a definition: **¿Cuál es tu número de teléfono? ¿Cuáles son tus
   clases favoritas?**

2. **¿Dónde?** is used to ask where something is.

   ¿Dónde está la biblioteca?   ***Where*** *is the library?*

3. **¿Adónde?** is used to ask where someone is going.

   ¿Adónde vas ahora?   ***Where*** *are you going now?*

4. **¿De quién es?** and **¿De quiénes son?** are used to ask about possession. You answer using **de**.

—¿**De quién** es la computadora?   *Whose computer is this?*
—**Es de** Miguel.   *It's Miguel's.*
—¿**De quiénes** son los libros?   *Whose books are these?*
—**Son de** Anita y Manuel.   *They're Anita's and Manuel's.*

5. Questions using **¿Por qué?** can be answered using **porque** *(because)*.

—¿**Por qué** tienes que trabajar?   *Why do you have to work?*
—¡**Porque** necesito el dinero!   *Because I need the money!*

Cómo formarlo

1. Interrogatives are always preceded by an inverted question mark (**¿**). The question requires a regular question mark (**?**) at the end.

2. Notice that in a typical question the subject *follows* the verb.

¿Dónde **estudia Marcos**?   *Where does **Marcos study**?*
¿Qué instrumento **tocan ustedes**?   *What instrument **do you play**?*

3. **¿Quién?** and **¿Cuál?** change to reflect number.

¿**Quién** es el hombre alto? / ¿**Quiénes** son los hombres altos?
¿**Cuál** de los libros tienes? / ¿**Cuáles** son tus idiomas favoritos?

4. **¿Cuánto?** changes to reflect both number and gender.

¿**Cuánto** dinero tienes?   *How much money do you have?*
¿**Cuánta** comida compramos?   *How much food should we buy?*
¿**Cuántos** años tienes?   *How many years old are you? / How old are you?*

¿**Cuántas** personas hay?   *How many people are there?*

5. When you want to ask *how much* in a general way, use **¿Cuánto?**

¿Cuánto es?   **¿Cuánto necesitamos?**

6. Note that interrogatives always require an accent.

7. You have already learned how to form simple *yes/no* questions by adding **no** to a sentence.

¿**No escribes** e-mails hoy?   ***Aren't you writing** any e-mails today?*

8. You can also form simple *yes/no* questions by adding a tag question, such as **¿verdad?** *(Isn't that right?)* or **¿no?** to the end of a statement.

Cantas en el coro con Ana, **¿no?**   *You sing in the chorus with Ana, **right?***
Enrique baila salsa muy bien, **¿verdad?**   *Enrique dances salsa very well, **right?***

Note that you use **¿Quién?** for one person or **¿Quiénes?** for more than one person.

Note that the interrogative is two separate words with an accent on **qué**. **Porque** is one single word with no accent.

When a Spanish speaker adds **¿verdad?** or **¿no?** to a question, he or she is expecting an affirmative answer.

ACTIVIDADES

1 🔊 **Las preguntas** What question would you have to ask to produce the response shown? You will hear three questions. Choose the correct one.

_____ **1.** La clase de informática es a las once de la mañana.

_____ **2.** Tengo que ir al centro de computación para la clase de informática.

_____ **3.** La computadora portátil es de mi compañero de cuarto.

_____ **4.** Hay que comprar tres libros para la clase de informática.

_____ **5.** Porque me gustan mucho las computadoras y quiero aprender a programarlas.

_____ **6.** La señora Delgado es la profesora de informática.

2 **En la cafetería** You overhear a conversation between two students in the cafeteria. Fill in the correct form of the question words to complete their conversation.

—¿(1) _____ clases tienes este semestre?
—Tengo arte, literatura, cálculo, química y economía.

—¿(2) _____ son tus clases favoritas?
—Arte y literatura.

—¿(3) _____ son tus autores favoritos?
—Gabriel García Márquez, Mario Vargas Llosa, Julia Álvarez e Isabel Allende.

—¿(4) _____ es tu profesor de literatura?
—El señor Banderas.

—¿(5) _____ libros necesitas para la clase de literatura?
—Diez, más o menos, pero son libros que puedo sacar de la biblioteca.

—¿A (6) _____ hora tienes la clase de literatura?
—A las diez de la mañana.

—¿(7) _____ vas ahora?
—Al centro de computación.

—¿(8) _____ vas allí?
—Porque necesito usar una computadora para hacer mi tarea.
—¿No tienes computadora portátil?
—No, pero a veces uso una computadora prestada _(borrowed)_.

—¿(9) _____ es?
—Es de mi compañero de cuarto. Mira, ¡no más! ¡Haces demasiadas _(You ask too many)_ preguntas!

Gabriel García Márquez was a Colombian novelist who won the Nobel Prize for Literature (1982). He is best known for his novel _Cien años de soledad / One Hundred Years of Solitude_ (1967). Mario Vargas Llosa, originally from Peru, is one of Latin America's leading novelists and essayists—among his novels is _La fiesta del chivo / The Feast of the Goat_ (2000), set in the Dominican Republic. Born in Chile, Isabel Allende is an award-winning Latin American novelist who is known for her novel _La casa de los espíritus / The House of the Spirits_ (1982). Raised in the Dominican Republic and the U.S., Julia Álvarez is a successful Latin American writer who wrote _How the García Girls Lost Their Accents_ (1992).

3  **Más preguntas** For each activity indicated, take turns asking and answering questions with a partner.

MODELO   bailar (cuándo)
    Estudiante #1: ¿Cuándo bailas?
    Estudiante #2: Bailo los viernes.

1. estudiar (qué)
2. visitar a amigos (cuándo)
3. hablar con la profesora (por qué)
4. caminar (adónde)
5. tener años (cuánto)
6. tomar un refresco con amigos (dónde)

4 **¡Qué curiosidad!** In groups of three or four, take turns coming up with as many questions as you can for each activity listed. (Take turns writing down the questions or keep your own list.) Then compare your group's questions with another group to see who has the most questions for each activity.

1. cocinar
2. sacar fotos
3. estudiar
4. escuchar música
5. comprar muchos libros
6. tomar clases

5 **Encuesta 1** In the chapter activities labeled **"Encuesta"** you will gather information from your fellow students in order to write a description of life at your college or university in the **A escribir** section at the end of the chapter.

1. In groups of three or four, first prepare a questionnaire by creating two questions for each category, using the cues provided or coming up with your own.

   El horario: clases por día (a day) / semana (a week), lugar preferido para estudiar

   El trabajo: lugar de trabajo, horas de trabajo

   La computadora: tiempo que pasas online, sitios interesantes en Internet

   La universidad: clases difíciles y fáciles, las horas por semana que estudias, profesores buenos y malos

2. Now work with another group and ask its members to answer your questionnaire. Be sure to answer their questions as well. Keep track of your results. You will need them later in the chapter.

Por la mañana,
corro en el parque.

Talking about daily activities:
The present indicative of regular **-er** and **-ir** verbs

Cómo usarlo

In **Chapter 2**, you learned how to use the present indicative of regular **-ar** verbs to talk about daily activities. The present indicative of **-er** and **-ir** verbs are used in the same contexts.

Remember:

1. The present indicative, depending on how it is used, can correspond to the following English usages: *I read* (in general), *I am reading, I am going to read, I do read,* and, if used as a question, *Do you read?*

2. You can often omit the subject pronoun when the subject is clear from the verb ending used or from the context of the sentence.

   Leo en la biblioteca todos los días.   *I read* in the library every day.
   Lees en la residencia estudiantil, ¿no?   *You read* in the dorm, right?

3. You may use an infinitive after certain conjugated verbs.

   ¿Tienes que imprimir esto?   *Do you have to print* this?
   ¿Debes leer este libro?   *Do you need to read* this book?
   ¡Dejo de leer después de medianoche!   *I stop reading* after midnight!

4. However, do not use two verbs conjugated in the present tense together unless they are separated by a comma or the words **y** *(and)* or **o** *(or).*

   Leo, estudio y **escribo**   *I read, study*, and *write*
   composiciones en la biblioteca.   *compositions in the library.*

5. Remember that you can negate sentences in the present indicative tense to say what you don't do or aren't planning to do by placing the word **no** before the conjugated verb.

   No comemos en la   *We're not eating* in the
   cafetería hoy.   *cafeteria today.*
   No leo todos los días.   *I don't read* every day.

Cómo formarlo

To form the present indicative tense of **-er** and **-ir** verbs, simply remove the **-er** or **-ir** and add the following endings.

comer *(to eat)*			
yo	**como**	nosotros / nosotras	**comemos**
tú	**comes**	vosotros / vosotras	**coméis**
Ud. / él / ella	**come**	Uds. / ellos / ellas	**comen**

vivir *(to live)*		
yo **vivo**	nosotros / nosotras	**vivimos**
tú **vives**	vosotros / vosotras	**vivís**
Ud. / él / ella **vive**	Uds. / ellos / ellas	**viven**

Notice that the present indicative endings for **-er** and **-ir** verbs are identical except for the **nosotros** and **vosotros** forms.

Here are some commonly used **-er** and **-ir** verbs.

-er verbs			
aprender a (+ *infinitive*)	*to learn to (do something)*	**creer (en)**	*to believe (in)*
beber	*to drink*	**deber** (+ *infinitive*)	*should, ought (to do something)*
comer	*to eat*	**leer**	*to read*
comprender	*to understand*	**vender**	*to sell*
correr	*to run*		

-ir verbs			
abrir	*to open*	**escribir**	*to write*
asistir a	*to attend*	**imprimir**	*to print*
compartir	*to share*	**recibir**	*to receive*
describir	*to describe*	**transmitir**	*to broadcast*
descubrir	*to discover*	**vivir**	*to live*

ACTIVIDADES

6 **¿Qué hacen?** Based on the information provided, what do the people indicated do? Choose verbs from the list. Follow the models.

MODELOS Carlos ya no necesita esa cámara digital.
Vende la cámara.
Tú y yo necesitamos hacer ejercicio.
Corremos en el parque.

Verbos posibles: aprender / asistir / comer / compartir / correr / vender

1. ¡Olivia tiene la clase de biología a las tres y ya son las tres y cinco! _____ a la universidad.
2. A Susana no le gusta esa bicicleta. _____ la bicicleta.
3. Raúl y Enrique tienen que viajar a Puerto Rico en dos meses. _____ español.
4. Elena y yo no comprendemos las lecturas del libro. _____ a una clase particular *(tutorial)*.
5. No me gustan los restaurantes de aquí. _____ en la cafetería todos los días.
6. Susana vive con una compañera de cuarto. _____ el apartamento con ella.

7 **La vida estudiantil** Say what the people indicated are doing today on campus. The numbers indicate how many actions are going on for each person.

1. Juan Carlos e Isabel (1)
2. Marcos (2)
3. Cecilia y Marta (2)
4. Radio WBRU (1)
5. Y tú, ¿qué haces *(what are you doing)*?

8 ⟳ **¿Y tú?** With a partner, take turns asking and answering the following questions.

1. ¿A qué hora asistes a tu primera clase del día?
2. ¿Vives en un apartamento o en una residencia?
3. ¿A qué hora comes la cena *(dinner)*?
4. ¿Recibes muchos mensajes de texto de tu familia?
5. ¿Escribes muchos informes?
6. ¿Dónde lees los libros para tus clases?

9 **¿Qué hacemos?** Using an element from each of the three columns, create eight sentences describing what you and people you know do on and around campus.

MODELO *Yo asisto a clases los lunes, los miércoles y los jueves.*

A	B	C
yo	aprender a hablar	café por la mañana
tú	español	en el centro de comunicaciones
compañero(s)	asistir a	clases *(número)* días de la semana
de cuarto	beber	mensajes de texto todos los días
profesor(es)	comprender	en el estadio
estudiante(s)	correr	la importancia de Internet
amigo(s)	creer (en)	clases los *(día de la semana)*
	escribir	novelas latinoamericanas en
	leer	el parque
	recibir	poemas para la clase de literatura
		las lecturas del libro
		¿...?

10  **Encuesta 2** Use the interrogatives you learned earlier in the chapter along with the cues provided. Once your group has completed the questionnaire, ask the questions to members of another group. Remember to save their responses for use later in the chapter.

MODELO (correr en el parque)
        Estudiante # 1: ¿Cuándo corres en el parque?
        Estudiante # 2: Corro en el parque los lunes y los sábados.
        Estudiante # 3: No corro en el parque.

1. leer libros / en una semana
2. compartir cuarto / con compañero(a) de cuarto
3. asistir a clase / todos los días
4. comer en la cafetería / días en una semana
5. vender / libros de texto

11 **La vida universitaria** Write a message to a friend describing your university life. Mention the following things or anything else you might want to talk about. Save your work for use later in the chapter.

- cuántas clases tienes y los días que asistes a clase
- dónde y cuándo comes
- dónde vives
- qué libros lees
- qué actividades te gustan (correr, levantar pesas, mirar televisión, navegar por Internet, leer, escribir, etc.)

Talking about possessions:
Simple possessive adjectives

Tus horas son nuestras horas

Abierto 24 horas al día para acomodar los horarios
más exigentes... y a los atletas más dedicados

GIMNASIO EL NOCTÁMBULO

www.elnoctambulo.com

1590 Condado Ave., Condado 907 PR

∧

What two possessive adjectives do you see in this ad for a gym?

Cómo usarlo

1. You already have learned to express possession using **de** + a noun or name.

Es la computadora portátil **de la profesora**.	*It's **the professor's** laptop computer.*

2. You can also use possessive adjectives to describe your possessions, other people's possessions, or items that are associated with you. You are already familiar with some possessive adjectives from the phrases **¿Cuál es <u>tu</u> dirección?** and **Aquí tienes <u>mi</u> número de teléfono**.

—¿Cuándo es **tu** clase de historia?	*When is **your** history class?*
— A las dos. Y **mi** clase de español es a las tres.	*At two. And **my** Spanish class is at three.*

3. When you use **su** (which can mean *your, his, her, its,* or *their*), the context will usually clarify who is meant. If not, you can follow up with **de** + name.

Es **su** libro. Es **de la profesora**. | It's **her** book. It's **the professor's**.

Cómo formarlo

Lo básico

Possessive adjectives modify nouns in order to express possession. In other words, they tell who owns the item.

1. Here are the simple possessive adjectives in Spanish.

mi	my	nuestro / nuestra	our
mis		nuestros / nuestras	
tu	your (fam.)	vuestro / vuestra	your (fam. pl.)
tus		vuestros / vuestras	
su	your (form.), his, her, its	su	your (pl.), their
sus		sus	

2. Notice that…

- all possessive adjectives change to reflect number: **mi clase, mis clases; nuestro compañero de cuarto, nuestros compañeros de cuarto.**
- **mi, tu**, and **su** do not change to reflect gender, but **nuestro** and **vuestro** do: **nuestro libro, vuestras clases**, but **mi libro, mi clase.**
- unlike other adjectives, which often go after the noun they modify, simple possessive adjectives always go before the noun: **su profesora, nuestras amigas.**

The subject pronoun **tú** *(you)* has an accent on it to differentiate it from the possessive adjective **tu** *(your)*.

Tú trabajas los lunes, ¿verdad?

Tu libro está en mi casa.

ACTIVIDADES

12 **¿De quién es?** Say to whom the following things belong.

MODELO computadora portátil, diccionario (yo)
Es mi computadora portátil. Es mi diccionario.

1. apuntes, tarea, CD, silla (yo)
2. bolígrafos, lápiz, celular, examen (María)
3. calculadoras, cuadernos, dibujo, mochilas (nosotros)
4. diccionario, notas, escritorio, DVD (tú)
5. libros, tiza, cuarto, papeles (la profesora Roldán)
6. computadora, fotos, salón de clase, apuntes (ustedes)

13 **¿Qué tienen?** Look at the pictures and state what each person has.

MODELO *Marta tiene su guitarra.*

Marta

1.

Martín

2.

Felipe y Eusebio

3.

Sarita y Estela

4.

tú y yo

5.

tú

6.

ustedes

14 **Conversaciones** You just met someone from Cuba. Write a message to him or her asking for more information. Use the following ideas for your message or make up your own questions.

- dirección
- número de teléfono
- cumpleaños
- clases

- amigos / compañeros de cuarto
- actividades favoritas
- ¿...?

15 ⚥ **Nuestros amigos** Make two charts like the one below—one each for two of your friends. Put your name at the bottom of each chart. In groups of four, give one chart to each person. The person whose chart it is has to start the conversation. Then each of the others must say something about the friend using a possessive adjective. Notice whom you're addressing!

Mi amigo(a) se llama _____ ¿Cómo es?

¿nacionalidad?	¿características físicas?	¿características de personalidad?	¿nacionalidad de sus papás?
_____	_____	_____	_____

MODELO

Estudiante #1: *Mi amigo es puertorriqueño.*
Estudiante #2: *Tu amigo puertorriqueño es alto.* (talking to Estudiante #1)
Estudiante #3: *Su amigo puertorriqueño es responsable.* (talking to others)
Estudiante #4: *Su amigo se llama Carlos y sus padres son puertorriqueños también.* (talking to others)

SONRISAS

COMPRENSIÓN

In your opinion, how would you describe the characters in the cartoon?

1. El hombre, en tu opinión, ¿es generoso y romántico, o manipulador? ¿Por qué?
2. Y la mujer, ¿es inocente y romántica, o manipuladora? ¿Por qué?
3. ¿Crees que los contratos prenupciales son una buena o una mala idea?

Indicating destination and future plans: The verb **ir**

Cómo usarlo

You can use the Spanish verb **ir** to say where you and others are going. You can also use it to say what you and others are going to do in the near future.

Vamos a la biblioteca mañana.	**We're going** to the library tomorrow.
Vamos a estudiar.	**We're going to study.**

Cómo formarlo

Lo básico

An *irregular verb* is one that does not follow the normal rules, such as **tener**, which you learned in **Chapter 1**.

A *preposition* links nouns, pronouns, or noun phrases to the rest of the sentence. Prepositions can express location, time sequence, purpose, or direction. *In, under, after, for,* and *to* are all English prepositions.

Quiero hacerle una entrevista para un programa que **vamos a transmitir** en la página web de la universidad.

1. Here is the verb **ir** in the present indicative tense. **Ir**, like the verbs **ser** and **tener** that you have already learned, is an irregular verb.

ir *(to go)*			
yo	**voy**	nosotros / nosotras	**vamos**
tú	**vas**	vosotros / vosotras	**vais**
Ud. / él / ella	**va**	Uds. / ellos / ellas	**van**

2. Use the preposition **a** with the verb **ir** to say where you are going.

Voy a la cafetería.	**I'm going to** the cafeteria.

3. When you want to use the verb **ir** to say what you are going to do, use this formula: **ir** + **a** + *infinitive*.

Vamos a comer a las cinco hoy. Después, **vamos a ir** al concierto.	**We're going to eat** at 5:00 today. Afterward, **we're going to go** to the concert.

You have already used similar expressions: **necesitar** + infinitive *(to need to do something)*, **tener que** + infinitive *(to have to do something)*, and **dejar de** + infinitive *(to stop doing something)*.

Note that when an article is part of a complete name, it doesn't shorten to **al** or **del: Soy de El Salvador.**

4. When you use **a** together with **el**, it contracts to **al**. The same holds true for **de** + **el: del**.

$$a + el = al \qquad de + el = del$$

Voy **a la** biblioteca y luego **al** gimnasio. Después, **al** mediodía, voy a trabajar en la biblioteca **del** centro de comunicaciones.

ACTIVIDADES

16 **Vamos a...** Say what the people indicated plan to do and where they are going to do it.

MODELO   yo (estudiar: biblioteca)
Voy a estudiar. Voy a la biblioteca.

1. Pedro y Rafael (levantar pesas: gimnasio)
2. mi compañero de cuarto y yo (correr: parque)
3. Fabiola (escuchar los audios de español: centro de comunicaciones)
4. Tomás, Andrea y yo (tomar un refresco: cafetería)
5. tú (comprar libros: librería)
6. Lourdes (descansar: residencia estudiantil)
7. tú (leer libros: biblioteca)
8. David y Patricia (comer: restaurante caribeño)

17 🔊 **¡Pobre Miguel!** Listen as Miguel describes his schedule to his best friend Cristina. As you listen, write down where he goes on each day of the week. Then use **ir** + **a** to create seven complete sentences that describe his schedule.

MODELO   **You hear:** El lunes tengo clase de música.
You write: *El lunes va a la clase de música.*

1. los lunes:
2. los martes:
3. los miércoles:
4. los jueves:
5. los viernes:
6. los sábados:
7. los domingos:

18 🔁 **Encuesta 3** You need to get more information about student life for the description you will be writing later in this chapter. Find out as much as you can about your partner's leisure activities. Ask questions such as the following and take notes. Then, as a class, tally the information you collected.

El tiempo libre

1. ¿Adónde vas los viernes y los sábados por la noche? ¿Con quién vas?
2. ¿Adónde vas entresemana cuando no estudias? ¿Con quién vas?
3. ¿...?

Vocabulario útil: ir a... un club, una discoteca, una fiesta *(party)*, un restaurante, un centro comercial *(mall)*, un partido *(game)* de fútbol americano / de básquetbol, etc.

If you want to review leisure activities, go back to **Chapter 2**.

¡Explora y exprésate!

Cuba

▶ **Información general**

Nombre oficial: República de Cuba

Población: 11.167.325

Capital: La Habana (f. 1515) (2.106.146 hab.)

Otras ciudades importantes: Santiago (506.037 hab.), Camagüey (323.309 hab.)

Moneda: peso cubano

Idiomas: español (oficial)

Consulta el mapa de Cuba en el **Apéndice D**.

Notice that **f.** is the abbreviation for **fundado(a)**, which means *founded*. La Habana, the capital city of Cuba, was founded in 1515.

Notice that **hab.** is the abbreviation for **habitantes**, which means *inhabitants*.

A tener en cuenta

- La población de la isla es una mezcla *(mixture)* de indígenas taínos, inmigrantes europeos y descendientes de esclavos *(slaves)* africanos, circunstancia que produce una cultura única. También hay una población significativa de ascendencia china, resultado de la inmigración china a Norteamérica y al Caribe durante el siglo XIX.
- Raúl Castro (hermano de Fidel) es el actual presidente de Cuba.

La educación para todos

Cuba se distingue por tener uno de los mejores sistemas de educación del mundo. Desde la revolución cubana en 1959, el sistema de educación ha sido *(has been)* prioridad del gobierno cubano, empezando con la Campaña Nacional de Alfabetización en Cuba en 1960. El objetivo de la campaña fue *(was)* eliminar el analfabetismo *(illiteracy)* y llevar maestros *(to bring teachers)* y escuelas *(schools)* a todas las regiones del país.

Puerto Rico

Información general

Nombre oficial: Estado Libre Asociado de Puerto Rico *(Commonwealth of Puerto Rico)*

Población: 3.725.789

Capital: San Juan (f. 1521) (381.931 hab.)

Otras ciudades importantes: Ponce (132.502 hab.), Caguas (82.243 hab.)

Moneda: dólar estadounidense

Idiomas: español, inglés (oficiales)

A tener en cuenta

- Los puertorriqueños también son conocidos como *(are also known as)* "boricuas", ya que antes de la llegada de los europeos en 1493 la isla se llamaba *(was called)* Borinquen.

- Los puertorriqueños son ciudadanos *(citizens)* estadounidenses, pero no votan en las elecciones de Estados Unidos.

Consulta el mapa de Puerto Rico en el **Apéndice D**.

La educación bilingüe

La educación en Puerto Rico está garantizada constitucionalmente y es gratuita hasta el nivel secundario *(secondary level)*. El español es el idioma de instrucción, pero los estudiantes toman clases de inglés en todos los grados. Los estudios universitarios son iguales al sistema estadounidense: el bachillerato *(bachelor's degree)*, la maestría *(master's degree)* y finalmente el doctorado *(Ph.D)*. Ser boricua es ser bilingüe.

La República Dominicana

Consulta el mapa de la República Dominicana en el **Apéndice D**.

▶ Información general

Nombre oficial: La República Dominicana

Población: 9.445.281

Capital: Santo Domingo (f. 1492) (2.374.370 hab.)

Otras ciudades importantes: Santiago de los Caballeros (963,422 hab.), La Romana (245.433 hab.)

Moneda: peso dominicano

Idiomas: español

A tener en cuenta

- La isla que comparten la República Dominicana y Haití se llama La Española. Estuvo bajo *(It was under)* control español hasta 1697, cuando la parte oeste *(western)* pasó a ser territorio francés.
- Santo Domingo es la primera ciudad del Nuevo Mundo *(New World)*. En esta ciudad capital, se construyeron *(were built)* la primera catedral, el primer hospital y la primera universidad del Nuevo Mundo.

La universidad más antigua del Nuevo Mundo

La Universidad Santo Tomás de Aquino, ahora conocida como la Universidad Autónoma de Santo Domingo, es considerada *(is considered)* la universidad más antigua del Nuevo Mundo. Fundada en 1538 —unos cien años antes que Harvard en 1636 y Yale en 1701— empezó *(it began)* con cuatro facultades: Medicina, Derecho *(Law)*, Teología y Artes. ¡Cómo han cambiado los tiempos! *(How times have changed!)* Hoy día la universidad ofrece más especialidades, entre ellas: ingeniería, arquitectura, economía e informática, por supuesto.

EN RESUMEN

La información general Answer these questions in English.

1. Look at the map on page 87. What is the Spanish name of the area in which these three countries are located?
2. Which of the three countries is closest to the United States?
3. Which two countries are islands and which one shares an island with another country?
4. Why are Puerto Ricans called **boricuas**?
5. Which island citizens are also American citizens?
6. Which country boasts the first city in the New World?

El tema de la educación

1. What was the objective of Cuba's "Campaña Nacional de Alfabetización"?
2. Why are **boricuas** bilingual?
3. What were the first four academic departments established in the oldest university of the New World?

¿Quieres saber más?

On the chart that you started at the beginning of the chapter, add what you already know under **Lo que aprendí**. For the **Lo que quiero aprender** column, pick one or two of the things you would still like to learn, or one or two of the key words below to investigate online. Be prepared to share this information with the class.

Palabras clave: Cuba la Revolución Cubana, José Martí, Celia Cruz; **Puerto Rico** Estado Libre Asociado de Puerto Rico, Rosario Ferré, Tito Puente; **República Dominicana** Juan Pablo Duarte, las hermanas Mirabal, Sammy Sosa

To learn more about Cuba, Puerto Rico, and the Dominican Republic, watch the cultural footage in the Media Library.

© Diego Cervo/Shutterstock.com

A leer

Antes de leer

ESTRATEGIA

Using visuals to aid in comprehension

When visuals accompany a text, looking at them first can help you determine the subject. When you approach a reading, look first at the visuals and any captions that accompany them to see if they help you understand the content.

1 Look at the following article about three different schools **(escuelas)** in the Caribbean. Focus on the photos, captions, and headlines, then match the general information on the right with the photos on the left.

1. _____ Foto A
2. _____ Foto B
3. _____ Foto C

a. Aquí los estudiantes estudian técnicas para filmar programas de televisión y cine.
b. Los estudiantes de esta escuela toman clases de música.
c. Esta escuela ofrece cursos de bellas artes, ilustración, diseño gráfico y diseño digital.

2 The following are some unknown words and phrases you will encounter in the reading passages. Although not all the words are cognates, they are somewhat similar to their English counterparts. See if you can match them up.

1. _____ sin pagar nada
2. _____ se han graduado
3. _____ está afiliada a
4. _____ se admiten
5. _____ construyó
6. _____ villa
7. _____ fue inaugurado
8. _____ se ofrecen
9. _____ edición
10. _____ han recibido

a. *was inaugurated*
b. *village*
c. *without paying anything*
d. *editing*
e. *are admitted*
f. *constructed*
g. *have received*
h. *is affiliated with*
i. *have graduated*
j. *are offered*

3 Now, using the information you gained from looking at the visuals, read the article, and focus on getting the main idea. Don't forget to use cognates and active vocabulary to help you understand the content. Try not to worry about unknown words and just focus on getting the main information.

LECTURA

Tres escuelas interesantes del Caribe

A. El saxofonista puertorriqueño David Sánchez, uno de los graduados famosos de "La Libre"

La Escuela Libre[1] de Música Ernesto Ramos Antonini

En Puerto Rico muchos estudiantes de música toman sus cursos sin pagar nada, gracias a cinco escuelas públicas de educación musical. Establecidas a finales de los años 40 por un político local, estas escuelas han graduado a miles[2] de estudiantes. Entre los estudiantes famosos están el saxofonista de jazz David Sánchez y el cantante salsero Gilberto Santa Rosa.

La escuela más grande es la de San Juan, que está afiliada al prestigioso Berklee College of Music en Boston. Los cursos incluyen música clásica, rock, jazz, contemporánea y tradicional, y el currículum prepara a los estudiantes para estudiar cursos más avanzados en el Conservatorio de Música de Puerto Rico. En la escuela de San Juan solo se admiten 100 estudiantes al año, aunque reciben más de 600 solicitudes[3], así que los estudiantes de la escuela están entre los más talentosos de la isla.

La Escuela de Diseño Altos de Chavón

Esta escuela data de los años 70, cuando la República Dominicana construyó un centro cultural en la pequeña villa de Altos de Chavón. La Escuela de Diseño, que forma parte

del centro, fue inaugurada por Frank Sinatra en 1982 y está afiliada al famoso Parsons The New School for Design en la ciudad[4] de Nueva York.

Los 110 estudiantes de La Escuela de Diseño estudian materias como bellas artes e ilustración, diseño gráfico, diseño de modas[5], diseño digital y diseño de interiores. Más de 1.000 estudiantes dominicanos y de otras nacionalidades se han graduado de la escuela. Los graduados de la escuela pueden transferirse directamente a Parsons en Nueva York o París.

B. Unas estudiantes de arte de La Escuela de Diseño

La Escuela Internacional de Cine y Televisión

En la Escuela Internacional de Cine y Televisión (EICTV) de San Antonio de los Baños, Cuba, se ofrecen cursos de formación audiovisual para

estudiantes de todo el mundo[6]. La EICTV fue[7] inaugurada en 1986 y fue presidida por el famoso escritor colombiano Gabriel García Márquez hasta 2014. Los profesores, además de ser instructores, son cineastas profesionales que dirigen[8] películas y documentales a nivel mundial[9].

Los estudiantes de la EICTV estudian siete especialidades en el curso regular: guión[10], producción, dirección, fotografía, sonido[11], edición y documentales. También se presentan unos veinte talleres[12] especializados cada año. Más de 1.500 estudiantes de unos treinta países se han graduado de la EICTV desde su inauguración y los graduados de la escuela han recibido más de 100 premios[13] en varios festivales nacionales e internacionales.

C. Un estudiante de la Escuela Internacional de Cine y Televisión

---

[1] Free [2] thousands [3] **aunque...** although they receive [4] city [5] fashion [6] world [7] was
[8] they direct [9] **a...** worldwide [10] script [11] sound [12] workshops [13] prizes

Después de leer

4 Answer the following questions about the readings to see how well you understood them.

1. ¿Quiénes son dos graduados famosos de la Escuela Libre de la Música?
2. ¿A qué institución estadounidense está afiliada la Escuela Libre de Música?
3. ¿Cuáles son tres tipos de música que los estudiantes estudian en la Escuela Libre?
4. ¿A qué institución estadounidense está afiliada la Escuela de Diseño Altos de Chavón?
5. ¿Cuáles son cuatro materias que se ofrecen en la Escuela de Diseño?
6. ¿Cuántos graduados de la Escuela de Diseño hay?
7. ¿Qué autor estuvo *(was)* relacionado con la EICTV?
8. ¿Cuáles son cuatro campos de estudio que se ofrecen en la EICTV?

5 With a partner, answer the following questions about the reading and about your own interests.

1. ¿Cuál de las tres escuelas les interesa *(interests you)* más?
2. ¿Cuál de los campos de estudio de esa escuela les interesa más?
3. ¿Conocen *(Are you familiar with)* escuelas similares en Estados Unidos? ¿Cómo se llaman?

Una escuela especializada de Estados Unidos es RISD, the Rhode Island School of Design, en Providence, Rhode Island.

© Andre Jenny / Alamy

A escribir

Antes de escribir

1 Retrieve the information from the three **Encuesta** activities (**Activity 5** on page 101, **Activity 10** on page 105, and **Activity 18** on page 111). With a partner, study the results and brainstorm ideas to describe the life of a typical student at your university.

2 Look at the following partial diary entry and organize your information into a similar format. Try to use only words you've already learned.

> viernes, 10 de octubre
>
> ¡Tengo muchas actividades hoy! A las ocho, tengo clase de química. Luego, voy a ir al café para estudiar para el examen de historia a las diez...
> Por la tarde, tengo que...
> Por la noche, voy a...

ESTRATEGIA

Prewriting— Brainstorming ideas

When you are planning to write and need ideas, try brainstorming. You can do this verbally with a partner, writing down your ideas, or on your own, writing freely and without restriction. The key thing is to write ideas as they occur, without evaluating them. Then take the list of ideas and decide which work best.

⋀

It is important to try to brainstorm in Spanish. This will get you to start "thinking" in Spanish, which in turn will lead to increased comfort and ease with the language.

Composición

3 Using the previous model, work with your partner on a rough draft of your diary entry. For now, just write freely without worrying about mistakes. Here are some additional words and phrases that may be useful as you write.

primero	first	**finalmente**	finally
luego	later	**mucho que hacer**	a lot to do
entonces	then	**un día (muy) ocupado**	a (very) busy day
después	after	**con**	with

Después de escribir

4 Now, with your partner, go back over your diary entry and revise it.

Did you...

- make sure you included all the necessary information?
- check to make sure the verbs are conjugated correctly?
- make sure articles, nouns, and adjectives agree?
- use possessive adjectives correctly?
- look for misspellings?

¡Vívelo!

You are going to work with a group of classmates to create a treasure hunt for another group of students. The clues you write for the hunt will be based on your weekly activities and will lead the other group to different places on the university campus until they find the "treasure" you have hidden for them!

Antes de clase

Before you come to class, prepare a list of five Spanish sentences that describe something you do on campus each day, Monday through Friday. Each should mention a different campus location. Follow the models.

MODELOS   *Los lunes, nado en la piscina del gimnasio a las tres de la tarde.*
Los martes, voy a la clase de biología en Brown Auditorium a las ocho y media de la mañana.
Los miércoles…
etc.

Durante la clase

Paso 1 In a group of five students, work together to analyze your lists of sentences. Choose a total of five sentences from all your lists, one for each student, that refer to different places. Use these combinations of times, places and activities to create five clues for your hunt, following the model below. Put each clue on a separate piece of paper and number them 1–5. At the end of the class, you will give the first clue to another group, who will use it to begin their treasure hunt when it is time.

MODELO   Pista *(Clue)* 1: *Brynn va allí a las tres de la tarde todos los lunes.*

Paso 2 Now, with your group from **Paso 1**, find another group of five students to work with. Each student should interview a student in the other group about his or her activities and take detailed notes. You will need the information from these notes in order to solve the other group's clues and find their hidden treasure. Follow the model.

MODELO   —*Brynn, ¿qué haces los lunes?*
—*Los lunes nado en la piscina del gimnasio a las tres.*
—*¿Y qué haces los martes?*
—*Los martes voy…*

Escribe tus notas en la tabla:

Nombre:			
Día	Actividad	Hora	Lugar
lunes			
martes			
miércoles			
jueves			
viernes			

Paso 3 Now use the list of sentences you prepared at home to answer questions from a student in the other group. Once everyone has finished, give the other group the first clue you wrote in **Paso 1**.

Paso 4 With your original group, decide what your treasure will be. Choose a student or students to go and hide the clues in the places you decided upon and to put the treasure in the place where the final clue leads. Your teacher will announce when the treasure hunts will begin. This will give you time to hide your clues and treasure.

Fuera de clase

After your group has set up your treasure hunt for the other group, use the clue they gave you to begin the hunt they created for you. Use your notes with the information you gathered about the other students' schedules and activities to answer the first clue and go where it tells you. Once you are there, you will find a clue to the next location, and so on. Don't stop until you find the hidden treasure!

¡Compártelo! ◀

Once you have found the other group's treasure, take a photo of your group with the treasure and post it on Share It! Be sure to include comments and ask questions about it!

Get a cell number from someone in the other group in case you need to ask additional questions while on the hunt… Remember only to use Spanish!

Photo credits (left to right)
© John de la Bastide/Shutterstock.com
© bagwold/Shutterstock.com
© SM Web/Fotolia
© Svetlana Larina/Shutterstock.com

© FlamingPumpkin/Getty Images

Vocabulario

Campos de estudio   *Fields of study*

Los cursos básicos *Basic courses*
la (doble) especialidad *(double) major*
la arquitectura *architecture*
las ciencias políticas *political science*
la economía *economics*
la educación *education*
la geografía *geography*
la historia *history*
la ingeniería *engineering*
la psicología *psychology*

Las humanidades *Humanities*
la filosofía *philosophy*
la literatura *literature*

Las lenguas / Los idiomas *Languages*
el alemán *German*
el chino *Chinese*
el español *Spanish*
el francés *French*
el inglés *English*
el japonés *Japanese*

Las matemáticas *Mathematics*
el cálculo *calculus*
la computación *computer science*

la estadística *statistics*
la informática *computer science*

Las ciencias *Sciences*
la biología *biology*
la física *physics*
la medicina *medicine*
la química *chemistry*
la salud *health*

Los negocios *Business*
la administración de empresas
     business administration
la contabilidad *accounting*
el mercadeo *marketing*

La comunicación pública *Public communications*
el periodismo *journalism*
la publicidad *advertising*

Las artes *The arts*
el arte *art*
el baile *dance*
el diseño gráfico *graphic design*
la música *music*
la pintura *painting*

Lugares en la universidad   *Places in the university*

¿Dónde tienes la clase de...?
     Where does your . . . class meet?
En el centro de computación.
     In the computer center.
el centro de comunicaciones *the media center*
el gimnasio *the gymnasium*

la cafetería *the cafeteria*
la librería *the bookstore*
la residencia estudiantil *the dorm*

Los días de la semana   *The days of the week*

lunes *Monday*	**miércoles** *Wednesday*	**viernes** *Friday*	**domingo** *Sunday*
martes *Tuesday*	**jueves** *Thursday*	**sábado** *Saturday*	

Para pedir y dar la hora   *Asking for and giving the time*

Mira el reloj para decir la hora.
     Look at the clock to tell the time.
¿Qué hora es? *What time is it?*
Es la una. *It's one o'clock.*
Son las dos. *It's two o'clock.*
Son las... y cuarto. *It's . . . fifteen.*
Son las... y media. *It's . . . thirty.*
Son las... menos cuarto. *It's a quarter to . . .*

Faltan quince para las... *It's a quarter to . . .*
tarde *late*
temprano *early*
¿A qué hora es la clase de español?
     (At) What time is Spanish class?
Es a la / a las... *It's at . . .*

Mañana, tarde o noche *Morning, afternoon, or night*

de la mañana *in the morning* (with precise time)
de la tarde *in the afternoon* (with precise time)
de la noche *in the evening* (with precise time)
Es mediodía. *It's noon.*

Es medianoche. *It's midnight.*
por la mañana *during the morning*
por la tarde *during the afternoon*
por la noche *during the evening*

Para hablar de la fecha *Talking about the date*

¿Qué día es hoy? *What day is today?*
Hoy es martes treinta. *Today is Tuesday the 30th.*
¿A qué fecha estamos? *What is today's date?*
Es el treinta de octubre.
  It's October 30th / the 30th of October.
Es el primero de noviembre.
  It's November 1st / the first of November.
¿Cuándo es el Día de la(s) Madre(s)?
  When is Mother's Day?
Es el doce de mayo. *It's May 12th.*
el día *day*

la semana *week*
el fin de semana *weekend*
el mes *month*
el año *year*
todos los días *every day*
entresemana *during the week / on weekdays*
ayer *yesterday*
hoy *today*
mañana *tomorrow*

Para hacer preguntas *Asking questions*

¿Cómo? *How?*
¿Cuál(es)? *What? Which one(s)?*
¿Cuándo? *When?*
¿Cuánto(a)? *How much?*
¿Cuántos(as)? *How many?*
¿De quién es? *Whose is this?*

¿De quiénes son? *Whose are these?*
¿Dónde? *Where?*
¿Por qué? *Why?*
¿Qué? *What? Which?*
¿Quién(es)? *Who?*

Verbos

abrir *to open*
aprender a *to learn*
asistir a *to attend*
beber *to drink*
comer *to eat*
compartir *to share*
comprender *to understand*
correr *to run*
creer (en) *to believe (in)*
deber *should, ought*
dejar de *to stop (doing something)*

describir *to describe*
descubrir *to discover*
escribir *to write*
imprimir *to print*
ir *to go*
ir a *to be going to (do something)*
leer *to read*
recibir *to receive*
transmitir *to broadcast*
vender *to sell*
vivir *to live*

Adjetivos posesivos

mi(s) *my*
tu(s) *your (fam.)*
su(s) *your (sing. form., pl.) his, her, their*

nuestro(a) / nuestros(as) *our*
vuestro(a) / vuestros(as) *your (pl. fam.)*

Contracciones

al (a + el) *to the*
del (de + el) *from the, of the*

Otras palabras

porque *because*
escuela *school*

Repaso y preparación

Complete these activities to check your understanding of the new grammar points in **Chapter 3** before you move on to **Chapter 4**.

The answers to the activities in this section can be found in **Appendix B**.

Repaso del Capítulo 3

Interrogative words (p. 98)

1 Complete each sentence in the chat with an interrogative word (**cuál, cuándo, cuántas, por qué, qué, quién**), capitalizing as needed.

Finita7:	Marcos, (1) ¿_____ estudias?
Marcosis:	Historia. (2) ¿_____?
Finita7:	¡Necesito tu ayuda! ¡Por favor!
Marcosis:	(3) ¿_____ es tu problema?
Finita7:	¡Tengo que escribir un informe!
Marcosis:	¿(4) _____ tienes que entregar la tarea?
Finita7:	¡Mañana!
Marcosis:	(5) ¿_____ páginas?
Finita7:	¡Cinco!
Marcosis:	(6) ¿_____ es el profesor?
Finita7:	¡Martínez!
Marcosis:	¡Noooooooooo! Este problema no tiene solución...
Finita7:	:-O

The present indicative of regular -er and -ir verbs (p. 102)

2 Complete each sentence with the present-tense form of the verb indicated.

1. Marta _____ (escribir) la tarea para la clase de ciencias políticas.
2. Tú y yo _____ (deber) ir a la biblioteca.
3. Yo _____ (comer) pizza mientras estudio.
4. Ustedes _____ (vivir) en la Residencia Central, ¿verdad?
5. La profesora de literatura _____ (leer) muchas novelas.

Simple possessive adjectives (p. 106)

3 Complete each sentence with a possessive adjective that matches the subject of the sentence.

1. (Yo) No comprendo a _____ padres.
2. ¿(Tú) Tienes _____ notas?
3. (Nosotras) Escribimos _____ tarea.
4. Ella lee _____ papeles.
5. Ellos abren _____ libros.
6. Aquí (tú) tienes _____ celular.

The verb ir (p. 110)

4 Complete the sentences with the present-indicative forms of **ir**.

1. Si yo _____ a la biblioteca, ¿qué _____ a hacer ustedes?
2. Mi amiga _____ a correr, pero nosotros _____ al gimnasio.
3. Tú _____ a la librería, ¿verdad?

Preparación para el Capítulo 4

Complete these activities to review some previously learned grammatical structures that will be helpful when you learn the new grammar in **Chapter 4**.

Be sure to reread **Chapter 3: Gramática útil 2** before moving on to the new **Chapter 4** grammar sections.

The answers to the activities in this section can be found in **Appendix B**.

Gustar + *infinitive* (p. 60)

5 Use the cues to create complete sentences. Follow the model.

MODELO (a Marta) / gustar correr
A Marta le gusta correr.

1. (a mí) / gustar leer
2. (a nosotros) / gustar comer
3. (a ustedes) / gustar bailar
4. (a ti) / gustar cocinar
5. (a él) / gustar patinar
6. (a mí) / gustar cantar

The present indicative of regular **-ar** verbs (p. 56)

6 Complete the description with present indicative forms.

Tengo dos compañeros de cuarto. Roque es muy serio y (1) _____ (estudiar) mucho. También (2) _____ (cocinar) la cena. ¡Es un chef fantástico! El otro, Raúl, (3) _____ (tocar) la guitarra y (4) _____ (cantar). A veces, él y Roque (5) _____ (levantar) pesas y (6) _____ (practicar) deportes, como el tenis y el fútbol. Nosotros (7) _____ (mirar) televisión y (8) _____ (alquilar) videos por las noches. ¿Y yo? Pues, yo (9) _____ (trabajar) mucho y a veces (10.) _____ (visitar) a mis amigos. ¡Yo no (11) _____ (pasar) mucho tiempo allí!

Present indicative of **ser** (p. 22), Adjective agreement (p. 64)

7 Use an adjective from the list to write a sentence with **ser** about each person.

MODELO *Neli es muy trabajadora.*

Adjetivos: activo(a), divertido(a), egoísta, generoso(a), impaciente, perezoso(a), tímido(a), trabajador(a)

Neli

1.
Rogelio y Mauricio

2.
tú

3.
nosotros

4.
yo

5.
Sandra

6.
Néstor y Nicolás

© maxriesgo/Shutterstock.com

CONEXIONES VIRTUALES Y PERSONALES

Las nuevas tecnologías tienen un impacto tremendo en las áreas de las comunicaciones, los negocios y las relaciones personales, entre otras. ¡Nuestro mundo está cambiando *(is changing)* todos los días!

¿Cuáles son tus aparatos electrónicos favoritos y para qué los usas?

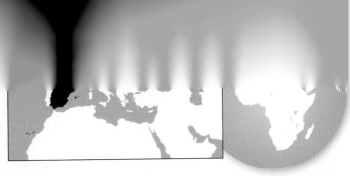

Un viaje por España

España es el único país europeo donde el español es la lengua oficial. Este país forma la Península Ibérica con Portugal y tiene costas en el Atlántico, el mar Mediterráneo y el mar Cantábrico. También tiene grandes extensiones montañosas, entre ellas los Pirineos y Sierra Nevada.

País / Área	Tamaño y fronteras	Sitios de interés
España 499.542 km²	un poco más de dos veces el área de Oregón; fronteras con Portugal, Francia y Andorra, y Marruecos (Ceuta y Melilla)	la Alhambra, el Museo del Prado, el Museo Guggenheim, las islas Canarias, las islas Baleares

¿Qué sabes? Di si las siguientes oraciones son ciertas **(C)** o falsas **(F)**.

1. España está situada completamente en Europa.
2. Varios grupos de islas también forman parte de España.
3. Hay museos importantes en España.
4. España es más pequeña que Oregón.

Lo que sé y lo que quiero aprender Completa la tabla del **Apéndice A**. Escribe algunos datos que **ya sabes** sobre España en la columna **Lo que sé**. Después, añade algunos temas que **quieres aprender** a la columna **Lo que quiero aprender**. Guarda la tabla para usarla otra vez en la sección **¡Explora y exprésate!** en la página 157.

COMMUNICATION

By the end of this chapter you will be able to

- talk about computers and technology
- identify colors
- talk about likes and dislikes
- describe people, emotions, and conditions
- talk about current activities
- say how something is done

CULTURES

By the end of this chapter you will have explored

- the Spanish empire
- the great artists and writers of Spain
- the Arabic influence on Spanish architecture
- Buika, a Spanish singer who blends many musical styles
- young people's attitudes toward technology
- borrowed words on the Internet

¡Imagínate!

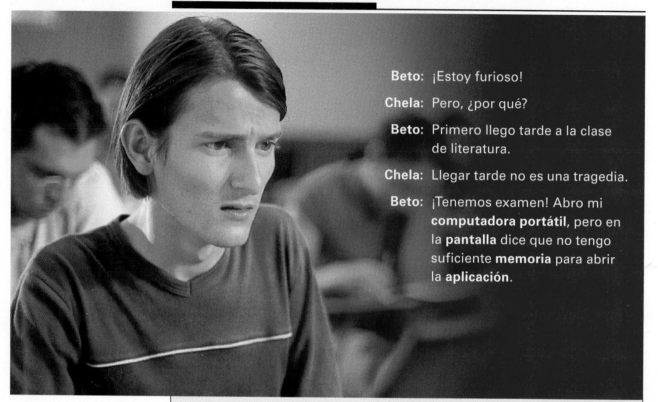

Beto: ¡Estoy furioso!

Chela: Pero, ¿por qué?

Beto: Primero llego tarde a la clase de literatura.

Chela: Llegar tarde no es una tragedia.

Beto: ¡Tenemos examen! Abro mi **computadora portátil**, pero en la **pantalla** dice que no tengo suficiente **memoria** para abrir la **aplicación**.

Notice: In Spain, **la computadora** is called **el ordenador**. **El computador** is also used, mostly in Latin America. Another term for **hacer clic** is **pulsar**.

To describe the hard drive of your computer or its processor, use:

- **un disco duro con capacidad de 500 GB (gigabytes) o 10 TB (terabytes)**
- **un procesador a 2.4 o 2.53 GHz (gigahercios)**

La tecnología *El hardware*

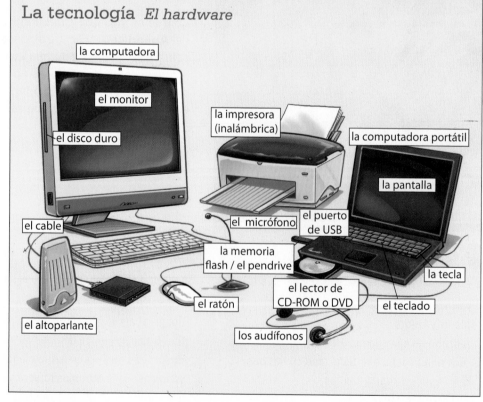

la computadora
el monitor
el disco duro
la impresora (inalámbrica)
la computadora portátil
la pantalla
el cable
el micrófono
el puerto de USB
la memoria flash / el pendrive
el ratón
el lector de CD-ROM o DVD
la tecla
el teclado
el altoparlante
los audífonos

La tecnología *Technology*

El software *Software*
la aplicación *application*
el archivo *file*
el archivo PDF *PDF file*
el ícono del programa *program icon*
el juego interactivo *interactive game*
el programa antivirus *antivirus program*
el programa de procesamiento de textos *word processing program*

Funciones de la computadora *Computer functions*
archivar *to file*
bajar / descargar *to download*
conectar *to connect*
enviar *to send*
funcionar *to function*
grabar *to record*
guardar *to save*
hacer clic / doble clic *to click / double-click*
instalar *to install*
subir / cargar *to upload*

PDF stands for **el formato de documento portátil** and is pronounced **pe-de-efe**.

When a color is used as an adjective, it comes after the noun it modifies.

- If it ends in **-o**, it changes to match the gender and number of that noun: **la silla negra, los cuadernos rojos**.
- If the color ends in **-e**, add an **s** to form the plural: **las pizarras verdes**.
- If the color ends in a consonant, add **es** to the plural: **los libros azules**.
- **Marrón** in the plural changes to **marrones**, with no accent. Can you figure out why, for pronunciation reasons, it loses the accent?
- Note that **rosa** and **café** change to reflect number, but not gender.
- If you want to say that a color is dark, use **fuerte** or **oscuro**. For example, **amarillo fuerte** or **amarillo oscuro**. If you want to say that a color is light, use **claro**. For example, **azul claro**.

Los colores

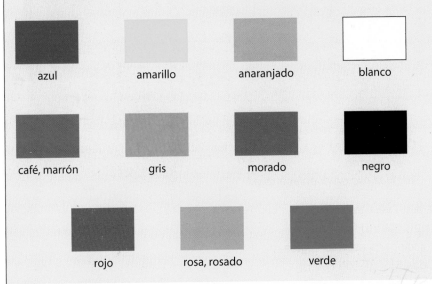

azul · amarillo · anaranjado · blanco

café, marrón · gris · morado · negro

rojo · rosa, rosado · verde

ACTIVIDADES

1 **La computadora** Un amigo necesita hacer *(needs to do)* ciertas cosas en la computadora. ¿Qué va a necesitar para hacer lo que quiere? Escoge de la segunda columna.

1. _____ Necesito imprimir el correo electrónico.
2. _____ Necesito ver un video de YouTube.
3. _____ Necesito conectar el monitor.
4. _____ Necesito escuchar música mientras trabajo.
5. _____ Necesito escribir un documento.
6. _____ Necesito archivar un documento.
7. _____ Necesito grabar un mensaje para enviar a mis amigos.
8. _____ Necesito quitar *(remove)* un virus.

a. los audífonos
b. la pantalla
c. el teclado
d. el disco duro
e. la impresora
f. el cable
g. el micrófono
h. el programa antivirus

Starting in this chapter, many of the activity direction lines will be presented in Spanish. Here are a few words that will help you understand Spanish direction lines: **di** *(say)*, **haz** *(do)*, **escoge** *(choose)*, **luego** *(then, later)*, **siguiente** *(following)*, **oración** *(sentence)*, **párrafo** *(paragraph)*.

In some countries, the Internet is referred to as **la Internet**, in others as **el Internet**, and in others still, it is referred to simply as **Internet**, with no article to indicate gender.

2 ⟳ **El sitio web** Tu compañero(a) quiere buscar información sobre ciertos temas en el servicio ¡VIVA! Latino. Tú le dices *(You tell him/her)* en qué enlace debe hacer clic. Luego, él/ella te dirige a los íconos que corresponden a tus intereses.

MODELO   el Museo del Prado en Madrid

> **Compañero(a):** *Necesito más información sobre el Museo del Prado en Madrid.*
> **Tú:** *Haz clic en el enlace rojo.*

1. una dieta vegetariana
2. mi actor (actriz) favorito(a)
3. un diccionario español-inglés
4. la Copa Mundial de Fútbol
5. un programa de procesamiento de textos
6. la Universidad Complutense de Madrid
7. el periódico *El País* de Madrid
8. ¿…?

3 **Mi computadora** ¿Puedes diseñar una computadora? Inventa y describe una computadora con todos los componentes y menciona el color de cada uno si es apropiado.

If you want to describe the colors of your mousepad, you can say **almohadilla de ratón**, or simply **mousepad**.

MODELO   *El monitor de mi computadora es azul y blanco. No tiene cables. El ratón es amarillo. Los altoparlantes son muy grandes…*

¡FÍJATE!

El lenguaje de Internet

The Internet is a source of entirely new words in English, a development that has created language issues for translators and Internet users alike. Online word forums in which people from different countries discuss how to translate Internet terms into their own languages are useful in dealing with these issues. In many cases, the universal Internet terms have simply stayed in English. Here are some examples of words that have commonly (or frequently) used Spanish translations, and others that do not yet (and may never!) have translations.

Blog: This is an abbreviated form of Web-log, and is usually referred to simply as *blog*, losing the *We* of Web. In Spanish, it is common to simply say **blog**, but it can also be defined as: **un diario personal en un sitio web que contiene reflexiones, comentarios, fotos, videos o enlaces**.

Forum: Foro is the common Spanish translation. If you are referring to an announcement board, you would say **un tablón de anuncios**. A message board is **un tablón de mensajes**.

Podcast: Un podcast is a radio broadcast that is Portable On Demand. If you want to use only Spanish words, you could say **una emisora radial en Internet**. **Los podcasts** are downloaded to **un teléfono inteligente** or **un smartphone**, where the user can listen to them at leisure.

Video conferencing: Chat with your friends via Internet using **un sistema de videoconferencia**, like Skype or Facetime.

Wifi: Most Spanish speakers simply say **wifi**, with a wide variation in pronunciation from country to country. To be technically correct, you could refer to it as **la red inalámbrica**. (**Alambre** means *wire,* which is why **inalámbrica** means *wireless.*) Although you would be understood with this mouthful of a phrase, you would probably be considered rather geeky. Stick with **wifi** for now.

Text messaging: Everyone texts these days. In Spanish this would be **enviar un mensaje de texto**.

Instant messaging: If you instant message someone, this is referred to as **enviar un mensaje instantáneo**.

Sound files: Music downloads are **archivos de sonido** or **MP3** that can be transferred directly to **los MP3 portátiles** or **los smartphones**.

Las redes sociales: Social networking sites like Facebook and Twitter have become the preferred mode of communication for many people throughout the world.

Without a doubt, the Internet will continue to create new functions and new words as its uses multiply. Don't panic! You can find a site online that will help you find just the Spanish expression you are looking for!

PRÁCTICA 🔁 Escribe en inglés una lista de términos de Internet que no sabes decir en español. Con un(a) compañero(a), busca en Internet las traducciones y las pronunciaciones, o simplemente verifica si el término se usa en inglés.

Beto: Entonces, empiezo a salir del salón de clases. No sé en dónde, pero entre el salón y la biblioteca, pierdo mi asistente electrónico.

Chela: Ya me voy. Estoy muy **aburrida** con tu cuento trágico.

Note that Beto uses an **asistente electrónico** *(PDA)*. Today, most students use their smartphones to organize their schedules.

Las emociones *Emotions*

aburrido(a) *bored*
cansado(a) *tired*
contento(a) *happy*
enfermo(a) *sick*
enojado(a) *angry*
furioso(a) *furious*
nervioso(a) *nervous*
ocupado(a) *busy*
preocupado(a) *worried*
seguro(a) *sure*
triste *sad*

Aparatos electrónicos *Electronic devices*

la cámara digital *digital camera*
la cámara web *webcam*
el GPS *GPS*
el lector digital *e-reader*
el libro electrónico *e-book*
el MP3 portátil *portable MP3 player*
el reproductor / grabador de discos compactos *CD player / burner*
el reproductor / grabador de DVD *DVD player / burner*
la tableta *tablet*
el teléfono inteligente / smartphone *smartphone*
el televisor de alta definición *High-Definition television*
la videocámara *videocamera*

Products like the iPad ®, the iPhone®, Android™, the Blackberry®, Bluetooth®, etc., can all be referred to in English when speaking in Spanish. For example, **¿Tienes un iPhone? ¿De qué color es tu iPad?**

ACTIVIDADES

4 **Las emociones** ¿Cómo crees que están estas personas? Consulta la lista de emociones de la página 132 para describirlas.

MODELO   Amelia tiene un examen esta mañana y no tiene tiempo para estudiar. *Está preocupada.*

1. A Raúl le gusta navegar por Internet y jugar videojuegos. Hay una tormenta *(thunderstorm)* y por eso no hay electricidad en su casa. No tiene nada *(nothing)* que hacer.
2. Blanca acaba de comprar una computadora portátil pero cuando llega a casa, no funciona.
3. Julio tiene que escribir una composición de diez páginas para su clase de historia de mañana y todavía no ha empezado *(hasn't begun)*.
4. Mañana Luis tiene que ir al trabajo por tres horas, estudiar para un examen y hacer una investigación en Internet para la clase de filosofía.
5. Sabrina trabaja diez horas en la biblioteca, va a su clase de ejercicio aeróbico y camina a casa del gimnasio.
6. Marcos y Marina toman un refresco, escuchan música y conversan en un café en la Plaza Mayor.

5 **¿Eres un(a) "tecnogeek" o un(a) "tecnófobo(a)"?** With a partner, come up with a list of items related to technology. Then, in groups of four or five, ask each person in the group about each item. Based on your findings, decide who is the most technologically advanced and who is the most technologically inexperienced in the group. Use a point system of 1–5 to rate how tech-savvy someone is (1 = the least advanced and 5 = the most engaged). Report your findings to the class.

Sample items

teléfono inteligente
computadora portátil
tableta
perfil *(profile)* en Facebook

lector digital
tomar clases virtuales en línea
   (take classes online)
bajar videos de YouTube

MODELO   —¿Bajas videos de YouTube?
   —Nunca bajo videos de YouTube.

6 **El Corte Inglés** El Corte Inglés es el almacén *(department store)* más grande de España. Con un(a) compañero(a), busca el sitio web de El Corte Inglés. Entren en el Departamento de Electrónica y contesten las siguientes preguntas.

1. ¿Cuáles son las subcategorías en el Departamento de Electrónica?
2. Entren en la subcategoría DVD & Blu-Ray. Nombren tres productos que hay allí y sus precios en euros (€).
3. Quieren comprarle un regalo *(gift)* a un amigo a quien le gusta la música. Busquen un regalo apropiado. ¿Qué es? ¿Cuánto cuesta?
4. Quieren comprarle un regalo a una amiga a quien le gusta grabar videos, pero no tienen mucho dinero *(money)*. Busquen la videocámara con el precio más bajo *(lowest price)*.
5. ¿Qué producto electrónico quieres comprar? ¿Cuánto cuesta?

Beto: ¿Tú? ¿Tú eres Autora14?

Dulce: Sí, yo soy Autora14. ¿Por qué preguntas?

Beto: No, no, nada. ¿Te gustan los grupos de conversación?

Dulce: No, en realidad, no. Prefiero el **correo electrónico.**

Beto asks Dulce about **grupos de conversación** (chat rooms). Have you ever used chat rooms? Do you use them now?

You are learning two words for e-mail: **correo electrónico** and **e-mail**. **Correo electrónico** refers more to the whole system of e-mail or a group of e-mails, while **el e-mail** refers to a specific e-mail message.

To say you are going to post something on your Facebook page, you can say:

Voy a publicar un post en mi página de Facebook.

Voy a publicar mi estado (status).

Voy a publicar mis noticias (news).

Voy a publicar algo en la biografía (timeline) **de mi amigo Javier.**

Voy a subir / bajar fotos / videos a mi página de Instagram.

Funciones de Internet *Internet functions*

acceder *to access*

el blog *blog*

el buscador *search engine*

el buzón electrónico *electronic mailbox*

chatear *to chat online*

el ciberespacio *cyberspace*

la conexión *connection*

hacer una conexión *to get online*

cortar la conexión *to get offline, to disconnect*

la contraseña *password*

el correo electrónico / el e-mail *e-mail*

en línea *online*

el enlace *link*

el foro *forum*

el grupo de noticias *news group*

la página web *web page*

la red (mundial) *World Wide Web*

la red social *social networking site*

el sitio web *website*

el (la) usuario(a) *user*

el wifi *wifi, wireless connection*

7 ¡**Gran sorteo!** Completa el cuestionario para el concurso *(contest)* de la revista *DIGITAL en Español*. Compara tus respuestas con las respuestas de diez compañeros de clase. Haz una gráfica como la de la página 136 que muestre *(shows)* los resultados de tu cuestionario. Llena los espacios en blanco *(Fill in the blanks)* con el número de estudiantes que marcaron *(marked)* esa respuesta.

Digital en Español

¡GRAN SORTEO!

Participe en el sorteo de *Digital en Español* y gánate una impresora multifunción que puede colocarse perfectamente sobre cualquier escritorio. Además, resulta fácil de usar y funciona como impresora, escáner, copiadora y fax. Este modelo puede ser conectado fácilmente a tu computadora con conexiones inalámbricas Bluetooth 2.0 o Wifi.

1. ¿Usas computadora portátil o una de escritorio?
_____ portátil
_____ de escritorio
_____ ninguna de las dos

2. ¿Tienes teléfono inteligente o celular sin capacidades de computadora?
_____ inteligente
_____ celular

3. ¿Tienes tableta?
_____ sí
_____ no

4. ¿Cuál de tus aparatos electrónicos usas con más frecuencia?
_____ teléfono inteligente
_____ teléfono celular
_____ tableta
_____ computadora portátil
_____ otro aparato

5. ¿Para qué usas tu teléfono con más frecuencia?
_____ para hablar por teléfono
_____ para enviar mensajes de texto
_____ para navegar por Internet
_____ para publicar en redes sociales como Facebook y Twitter
_____ otro

6. ¿Para qué usas Internet principalmente? Indica solo tres usos.
_____ compras
_____ servicios de banco
_____ investigaciones
_____ correo electrónico
_____ redes sociales
_____ para mantener mi sitio web
_____ para publicar un blog
_____ para ver videos de YouTube
_____ otro

7. ¿Cuántas veces al día publicas algo en Facebook?
_____ 0
_____ 1–3
_____ 4–6
_____ más de 7

8. ¿Cuál es tu modo preferido de comunicación con tus amigos?
_____ hablar por teléfono
_____ enviar mensajes de texto
_____ enviar e-mails
_____ publicar en Facebook
_____ tuitear *(to tweet)*
_____ persona a persona
_____ otro

Photo: Courtesy of Canon España; Text: © Cengage Learning 2015

1. _____ portátil
   _____ de escritorio
   _____ ninguna de las dos

5. _____ para hablar por teléfono
   _____ para enviar mensajes de texto
   _____ para navegar por Internet
   _____ para publicar en las redes
          sociales como Facebook y Twitter
   _____ otro

2. _____ inteligente
   _____ celular

6. _____ compras
   _____ servicios de banco
   _____ investigaciones
   _____ correo electrónico
   _____ redes sociales
   _____ para mantener mi sitio web
   _____ para publicar un blog
   _____ para ver videos de YouTube
   _____ otro

3. _____ sí
   _____ no

7. _____ 0
   _____ 1–3
   _____ 4–6
   _____ más de 7

4. _____ teléfono inteligente
   _____ teléfono celular
   _____ tableta
   _____ computadora
          portátil
   _____ otro aparato

8. _____ hablar por teléfono
   _____ enviar mensajes de texto
   _____ enviar e-mails
   _____ publicar en Facebook
   _____ tuitear (to tweet)
   _____ persona a persona
   _____ otro

8 🔁 **¿Cómo usas Internet?** ¿Qué más quieres saber sobre (do you want to know about) los hábitos de tus compañeros en Internet? Escribe cinco preguntas más como las del cuestionario en la **Actividad 7.** Luego, hazle las preguntas a un(a) compañero(a) de clase y que él/ella te haga (have him/her ask you) sus preguntas.

MODELOS   *¿Te gustan las redes sociales? ¿Cuántas horas al día pasas en las redes sociales?*
          ¿Tienes un blog? ¿Cuántas veces por semana escribes en tu blog?

9 **Mi blog** Escribe una entrada de blog para describir cómo usas Internet. Ponle todos los detalles que puedas (that you can). Usa las ideas de la **Actividad 8**, de la lista o inventa otras.

Opciones:

- ¿Qué te gusta hacer en Internet?
- ¿Usas el teléfono inteligente para pagar en las tiendas?
- ¿Cuáles son tus aparatos electrónicos preferidos?
- ¿Qué clase de videos te gusta bajar o subir?
- ¿Usas la computadora para alquilar películas?
- ¿Cuál es tu modo de comunicación preferido?

10 **La red social** Escribe un perfil en español para tu página de una red social. Además de la información básica, escribe un párrafo sobre tu personalidad. Explica un poco tu relación con la tecnología. ¿Eres "tecnófobo(a)" o "tecnogeek"?

11 🔁 **¿Qué estás pensando?** Ten una conversación con un(a) compañero(a) sobre un post que piensas publicar en la página de tu red social. El post describe cómo vas a usar la tecnología hoy.

MODELO **Tú:** *Voy a compartir unas fotos en mi red social.*
Compañero(a): *¡Qué divertido! ¿Vas a subir tus* selfies*?*

12 👥 **Los cursos virtuales** Hoy en día es posible tomar cursos virtuales por Internet. Hay muchas universidades de habla española que ofrecen una gran variedad de cursos a distancia.

En grupos de cuatro, escojan *(choose)* un país de la lista de abajo y busquen sitios web de universidades de ese país que ofrecen cursos virtuales.

Países: España, México, Argentina

1. ¿Qué cursos virtuales ofrece la universidad?
2. ¿En el sitio web es posible hacer una visita virtual? ¿Hay información sobre los profesores de los cursos? ¿Y sobre los otros estudiantes?
3. Después de obtener toda la información sobre este sitio web, compárenla con la información de los otros grupos.

Like so many other technology terms that originate in English, such as those in the **¡Fíjate!** section on page 131, selfie is a word that does not yet have a Spanish equivalent. As with the other words of its kind, it is converted into Spanish with the addition of the masculine article and Spanish (not English) pronunciation: **el selfie.**

© enigmatico/Shutterstock.com

A ver

ESTRATEGIA

Watching without sound

Sometimes it helps to watch a segment first without the sound, especially when it contains a lot of action. As you watch, focus on the characters' actions and interactions. What do you think is happening? Once you have gotten some ideas, watch the segment a second time with the sound turned on.

Antes de ver Lee la lista de eventos que ocurren en este episodio.

_____ Beto descubre que su computadora no tiene suficiente memoria.
_____ Dulce tiene el asistente electrónico de Beto.
_____ Beto está furioso porque tiene que escribir el examen con bolígrafo y papel.
_____ Beto llega tarde a clase.
_____ Beto ve una hoja de papel con el e-mail de Autora14.
_____ Beto deja su asistente electrónico en el salón de clase.

▶ **Ver** Mira el episodio para el **Capítulo 4** sin sonido *(sound)*.

Después de ver 1 Ahora vuelve a *(go back to)* **Antes de ver** y usa números para poner *(to put)* la lista en el orden correcto.

Después de ver 2 Mira el episodio otra vez —ahora con sonido— y completa las oraciones siguientes.

1. Beto llega tarde a la clase de _____.
2. Según Chela, ella está muy _____ con la historia trágica de Beto.
3. El nombre de usuario de _____ es Autora14.
4. Dulce prefiere el _____ a los grupos de conversación.

Después de ver 3 En tu opinión, ¿de qué hablan Dulce y Beto mientras salen juntos al final del episodio? Basándote en lo que ya sabes de sus personalidades, escribe una conversación breve entre ellos mientras se conocen *(they get to know each other)* un poco mejor.

Voces de la comunidad

▶ Voces del mundo hispano

En el video de este capítulo, Juan Pedro, Patricia y Sergio hablan de los aparatos tecnológicos y sus hábitos con relación a Internet. Lee las siguientes oraciones. Después mira el video una o más veces para decir si las oraciones son ciertas **(C)** o falsas **(F)**.

1. Juan Pedro y Patricia tienen una cámara digital.
2. Sergio tiene un reproductor de MP3.
3. A Juan Pedro le gusta mucho su reproductor de discos compactos.
4. A Patricia le gusta usar su ordenador (computadora) para chatear.
5. Patricia solo usa Internet durante los días de entresemana.
6. A Sergio no le gusta usar e-mail ni *(nor)* Skype.

🔊 Voces de Estados Unidos

Courtesy of AT&T

Thaddeus Arroyo, CEO

    " Mi padre emigró a los Estados Unidos y mi madre es mexicoamericana, y ambos me inculcaron un gran respeto por la educación, el trabajo duro y el 'arte de lo posible'. Mi mayor crecimiento ha venido de tomar riesgos, de estar en situaciones incómodas y de darme tiempo para mi desarrollo personal". *"My father emigrated to the United States and my mother is Mexican-American, and both instilled in me a great respect for education, hard work and the 'art of the possible'. My greatest growth has come from taking risks, from being in uncomfortable situations and from taking time for my personal development.* "

En sus épocas de estudiante, a Thaddeus Arroyo siempre le gustó resolver problemas, y las matemáticas y la lógica se convirtieron en sus materias favoritas. Actualmente, Arroyo está al frente de la compañía mexicana de servicios móviles Iusacell y es Director Ejecutivo de AT&T México, LLC. Ha sido *(was)* Presidente de Desarrollo Tecnológico y Director de Información *(Chief Information Officer)* de AT&T. Arroyo es conocido por aprovechar la tecnología para impulsar las empresas y ha sido reconocido *(he has been recognized)* por varias publicaciones por su liderazgo *(leadership)* y creatividad para planear e implementar tecnología. Hijo de padre español y madre mexicoamericana, Arroyo explica su éxito profesional de la siguiente manera:

¿Y tú? En tu opinión, ¿qué tipo de educación y características personales son necesarios para ser un líder en el campo de la tecnología de la información?

¡Prepárate!

GRAMÁTICA ÚTIL 1

Expressing likes and dislikes:
Gustar with nouns and other verbs like gustar

Cómo usarlo

As you learned in **Chapter 2**, you can use **gustar** with an infinitive to say what activities you and other people like to do.

Me gusta estudiar en la biblioteca, pero **a Vicente le gusta estudiar** en la cafetería.

I like to study in the library, but Vicente likes to study in the cafeteria.

You can also use **gustar** with nouns, to say what thing or things you (and others) like or dislike. In this case, you use **gusta** with a single noun and **gustan** with plural nouns or a series of nouns.

—¿**Te gusta** esta **computadora**?
—Sí, ¡pero **me gustan** más estas **computadoras** portátiles!

Do you like this computer? Yes, but I like these laptops more!

When you make negative sentences with **gusta** and **gustan**, you use **no** before the pronoun + **gusta / gustan**.

Nos gustan los programas de diseño gráfico, pero **no nos gustan** los programas de arte.

We like the graphic design programs, but we don't like the art programs.

Cómo formarlo

> **Lo básico**
>
> ■ In Spanish, an *indirect object pronoun* is used with **gustar** to say who likes something. Because **gustar** literally means *to please*, the indirect object answers the question: *Pleases whom?*
> ■ A *prepositional pronoun* is a pronoun that is used after a preposition, such as **a** or **de**.

1. As you have already learned, you must use forms of **gustar** with the correct indirect object pronoun.

Me gusta	el foro.	Nos gusta	el foro.
Me gustan	los foros.	Nos gustan	los foros.
Te gusta	el foro.	Os gusta	el foro.
Te gustan	los foros.	Os gustan	los foros.
Le gusta	el foro.	Les gusta	el foro.
Le gustan	los foros.	Les gustan	los foros.

¿**Te gustan** los grupos de conversación?

Remember that when you use **gustar** + infinitive you only use **gusta**: A ellos les gusta comer en la cafetería. A mí me gusta tomar café y comer en la cafetería.

You will learn more about Spanish indirect object pronouns in **Chapter 8**.

2. As you have learned, if you want to *emphasize* or *clarify* who likes what, you can use **a** + name or noun, or **a** + prepositional pronoun. Note that when **a** + prepositional pronoun is used, there is often no direct translation in English. Notice that except for **mí** and **ti**, the prepositional pronouns are the same as the subject pronouns you already know.

Prepositional pronoun	Indirect object pronoun	Form of *gustar* + noun
A mí	**me**	gustan los videojuegos.
A ti	**te**	gustan los videojuegos.
A Ud. / a él / a ella	**le**	gustan los videojuegos.
A nosotros / a nosotras	**nos**	gustan los videojuegos.
A vosotros / a vosotras	**os**	gustan los videojuegos.
A Uds. / a ellos / a ellas	**les**	gustan los videojuegos.

Notice that while **mí** takes an accent, **ti** does not.

A mí me gustan los MP3 portátiles pero **a Elena** no le gustan.

*I like MP3 players, but **Elena** doesn't like them.*

A ella le gustan los teléfonos inteligentes para escuchar música.

***She** likes smartphones to listen to music.*

3. A number of other Spanish verbs are used like **gustar**. These verbs are usually just used in two forms, as is **gustar**.

—**Me interesan** mucho estos celulares.

*I'm very **interested** in these cell phones.*

—¿No **te molesta** la mala recepción aquí?

*Doesn't the bad reception here **bother you**?*

Other verbs like *gustar*	
encantar *to like a lot*	¡**Me encanta** la tecnología!
fascinar *to fascinate*	A Ana **le fascinan** esos sitios web.
importar *to be important to someone; to mind*	**Nos importa** tener acceso a Internet. ¿**Te importa** si usamos la computadora?
interesar *to interest, to be interesting*	A ellos **les interesan** las redes sociales.
molestar *to bother*	**Nos molestan** las computadoras lentas *(slow)*.

In Spanish-speaking cultures, courtesy is of utmost importance. It is very common to use phrases like **¿Le importa?** or **¿Le molesta?** to ask someone a question. **¿Le importa si uso la computadora?** would be more likely heard than **Voy a usar la computadora** or **¿Puedo usar la computadora?** It's also common to use **por favor** when asking a question and **gracias** upon receiving the answer. Other common expressions of courtesy are:

¡Perdón! / ¡Disculpe! / ¡Lo siento! *Pardon me! / Excuse me! / I'm sorry!*

No hay de qué. / No se preocupe. *No problem. / Not to worry.*

Con permiso… *Excuse me … / With your permission …*

Cómo no. *Of course. / Certainly.*

¡**Les encanta** la nueva computadora!

ACTIVIDADES

1 **¿Te gusta?** Di si te gustan o no las siguientes cosas.

MODELO (Me gustan / No me gustan) las computadoras portátiles.
Me gustan las computadoras portátiles.

1. (Me gustan / No me gustan) los juegos interactivos de tenis.
2. (Me gusta / No me gusta) el sitio web de YouTube.
3. (Me gustan / No me gustan) las clases virtuales.
4. (Me gustan / No me gustan) los aparatos electrónicos.
5. (Me gusta / No me gusta) el nuevo disco de Enrique Iglesias.
6. (Me gustan / No me gustan) los sitios web y foros sobre España.

2 **Los gustos** Di si le gustan o no las siguientes cosas a las personas indicadas.

MODELO los teléfonos inteligentes / Mario (no)
A Mario no le gustan los teléfonos inteligentes.

1. las computadoras portátiles / tú (sí)
2. las cámaras digitales / Sara y Laura (sí)
3. los juegos interactivos / usted (no)
4. las redes sociales / nosotros (sí)
5. los foros sobre autos / ustedes (no)
6. los podcasts / tú (no)
7. los grupos de noticias / yo (¿…?)
8. las tabletas / yo (¿…?)

3 **¿Qué les gusta o gustan?** Mira los dibujos y di qué les gusta (o gustan) a las personas indicadas. Sigue el modelo y usa **gusta** o **gustan** según la(s) cosa(s) o la actividad indicadas.

MODELO Martina / navegar en Internet
A Martina le gusta navegar en Internet.

1.

Roque / las
computadores
portátiles

2.

ustedes /
jugar juegos
interactivos

3.

nosotros / las
tabletas

4.

tú / tu
videocámara

5.

yo / mi teléfono
inteligente

6.

los niños / ver
los videos en la
computadora

4  **¿Y ustedes?** Pregúntales a varios compañeros sobre sus gustos.

MODELO Facebook (Twitter, Yelp, Snapchat, ...)
Tú: *¿Les gusta Facebook?*
Compañeros(as): —*Sí, me gusta Facebook, pero no me gusta Twitter.*
—*No, no me gusta Facebook para nada.*

1. el grupo de noticias de profesores de español (de artistas chilenos, de actores de teatro, ¿...?)
2. la página web de Yahoo! en español (de *People en español*, de *Newsweek* o *CNN en español*, ¿...?)
3. el foro de estudiantes de español (de profesores de español, de estudiantes de francés, ¿...?)
4. los juegos interactivos (de mesa, videojuegos, ¿...?)
5. las computadoras portátiles (PC, Mac, ¿...?)
6. el programa de arte (de diseño gráfico, de contabilidad, ¿...?)

5 **¿Te interesa?** Pregúntale a un(a) compañero(a) qué opina *(thinks)* sobre varios aspectos de la tecnología.

MODELO interesar: los blogs de personas desconocidas *(strangers)*
Tú: *¿Te interesan los blogs de personas desconocidas?*
Compañero(a): *No, no me interesan los blogs de personas desconocidas.*

1. molestar: recibir mucho correo electrónico
2. interesar: grupos de noticias
3. gustar: enviar mensajes de texto
4. molestar: buscadores muy lentos *(slow)*
5. interesar: sitios web comerciales
6. gustar: chatear con personas en otros países
7. importar: recibir e-mails de personas desconocidas

6 **Encuesta** Haz una encuesta con por lo menos siete de tus compañeros de clase. Pregúntales si les gustan las cosas y actividades indicadas. Después, con la clase entera, comparen los resultados para ver cuáles son los gustos y preferencias de todos los estudiantes.

¿Te gusta(n)...

_____ los videojuegos o los juegos tradicionales?

_____ los textos digitales o los libros?

_____ las clases en la universidad o las clases virtuales?

_____ estudiar en la biblioteca o estudiar en un café?

_____ escuchar música cuando estudias o estudiar sin música?

_____ ver películas en la computadora o ver películas en el televisor?

7 **La tecnología** Pregúntales a seis compañeros qué les gusta de la tecnología y qué les molesta. Escribe un resumen sobre los resultados.

MODELO *¿Qué tres cosas te gustan de la tecnología? ¿Qué tres cosas te molestan?*

Estoy muy **aburrida** con tu cuento trágico.

Describing yourself and others and expressing conditions and locations: The verb **estar** and the uses of **ser** and **estar**

Cómo usarlo

You already know that the verb **ser** is translated as *to be* in English. You have already used the verb **estar**, which is also translated as *to be*, in expressions such as **¿Cómo estás?** While both these Spanish verbs mean *to be*, they are used in different ways.

1. Use **estar**...

■ to express location of people, places, or objects.

La profesora Suárez **está** en la biblioteca.	*Professor Suárez is in the library.*
Los libros **están** en la mesa.	*The books are on the table.*

■ to talk about a physical condition.

—¿Cómo **está** usted?	*How are you?*
—**Estoy** muy bien, gracias.	*I'm well, thank you.*
—Yo **estoy** un poco cansada.	*I'm a little tired.*

■ to talk about emotional conditions.

El señor Albrega **está** un poco nervioso hoy.	*Mr. Albrega is a little nervous today.*
Estoy muy ocupada esta semana.	*I'm very busy this week.*

2. Use **ser**...

■ to identify yourself and others.

Soy Ana y ella **es** mi hermana Luisa.	*I'm Ana and she is my sister Luisa.*

■ to indicate profession.

Pablo Picasso **es** un artista famoso.	*Pablo Picasso is a famous artist.*

■ to describe personality traits and physical features.

Somos altos y delgados.	*We are tall and thin.*
Somos buenos estudiantes.	*We are good students.*

■ to give time and date.

Es la una. Hoy **es** miércoles.	*It is one o'clock. Today is Wednesday.*

■ to indicate nationality and origin.

—**Eres** española, ¿no?	*You are Spanish, right?*
—Sí, **soy** de España.	*Yes, I am from Spain.*

■ to express possession with **de**.

Este celular **es de Anita**.	*This is Anita's cell phone.*

■ to give the location of an event.

La fiesta **es** en la residencia estudiantil.	*The party is in the dorm.*

Notice that expressing the location of people, places, and things (other than events) requires the use of **estar**. **Ser** is used only to indicate *where an event will take place*.

Cómo formarlo

1. Here are the forms of the verb **estar** in the present indicative tense.

estar *(to be)*			
yo	**estoy**	nosotros / nosotras	**estamos**
tú	**estás**	vosotros / vosotras	**estáis**
Ud. / él / ella	**está**	Uds. / ellos / ellas	**están**

2. In the **¡Imagínate!** section you learned some adjectives that are commonly used with **estar** to describe physical and emotional conditions.

aburrido(a)	nervioso(a)
cansado(a)	ocupado(a)
contento(a)	preocupado(a)
enfermo(a)	seguro(a)
enojado(a)	triste
furioso(a)	

Don't forget that when you use adjectives with **estar**, as with any other verb, they need to agree with the person or thing they are describing in both gender and number.

Los estudiantes están preocupados por Miguel.

***The students are worried** about Miguel.*

Elena está nerviosa a causa del examen.

***Elena is nervous** because of the exam.*

ACTIVIDADES

8 **¿Dónde están?** Las siguientes personas participan en actividades en diferentes lugares de la universidad. ¿Dónde están?

MODELO   Ricardo y Juana estudian. (Está / <u>Están</u>) en la biblioteca.

1. Javier toma un refresco. (Está / Estás) en la cafetería.
2. Mi compañero(a) de cuarto y yo descansamos. (Estoy / Estamos) en la residencia estudiantil.
3. Paula y Pedro navegan por Internet. (Estamos / Están) en el centro de computación.
4. La profesora Martínez lee una novela. (Estás / Está) en el parque.
5. Usted escribe en la pizarra. (Está / Están) en el salón de clase.
6. Nosotros escuchamos el audio de la clase de español. (Estoy / Estamos) en el centro de comunicaciones.
7. Teresa levanta pesas. (Está / Están) en el gimnasio.
8. Tú compras un libro para la clase de filosofía. (Estás / Está) en la librería.
9. Tomo un café. (Estoy / Está) en el café.
10. Escuchan a la profesora. (Estás / Están) en el salón de clase.

9 **¿Cómo están?** Tú y varias personas están en las siguientes situaciones. Usa **estar** + adjetivo para describir cómo están. Usa los adjetivos de la lista.

Adjetivos: aburrido(a), cansado(a), contento(a), enfermo(a), enojado(a), nervioso(a), ocupado(a), preocupado(a), triste

MODELO   Sales bien *(You did well)* en el examen de francés, tomas el sol por la tarde, cenas con tu mejor amigo(a) y alquilas un video que te gusta mucho.
Estoy contento(a).

1. Tienes una entrevista con el director de la universidad para un trabajo que necesitas.
2. Carlos tiene una infección y tiene que ir al hospital.
3. Marta y Mario no tienen nada *(nothing)* que hacer *(to do)*. No hay nada interesante en la tele y su computadora no funciona.
4. Compras una nueva computadora. Llegas a casa y cuando tratas de usarla, no funciona. La tienda de computadoras no abre hasta el lunes.
5. Tú y tu familia tienen mucho que hacer. Entre los estudios, el trabajo, los deportes, la familia y los amigos, no hay suficiente tiempo en el día para hacerlo todo.
6. Elena practica deportes por la mañana, trabaja en la biblioteca por la tarde y estudia por la noche. Cuando llega a casa, descansa.
7. La tarea de matemáticas es muy difícil y Martín no comprende las instrucciones. Es muy tarde para llamar a un amigo. Tiene que entregar la tarea muy temprano por la mañana.
8. El abuelo *(grandfather)* de Pedro y Delia está muy enfermo. Pedro y Delia lo visitan en el hospital.

10 **Yo soy...** Completa las oraciones con la forma correcta de **ser** o **estar**.

MODELO   Yo _____ estudiante. _____ en clase.
Yo *soy* estudiante. *Estoy* en clase.

1. El señor Ortega _____ muy ocupado.
   _____ en la oficina.
2. Nosotros _____ divertidos.
   _____ contentos ahora.
3. Rogelio _____ profesor.
   _____ alto y delgado.
4. Alejandro y yo _____ de Barcelona.
   _____ aquí en Estados Unidos por un año.
5. Pedro y Arturo _____ enfermos.
   _____ en el hospital.
6. Esta computadora _____ de Lucía.
   Lucía _____ una estudiante muy trabajadora.

11 🔁 **¿Ser o estar?** Trabaja con un(a) compañero(a) de clase para completar las oraciones. Lean las oraciones y juntos decidan si se debe usar **ser** o **estar**. Escriban la forma correcta del verbo. Luego, escriban por qué se usa **ser** o **estar**.

MODELO   *Soy* María Hernández Catina.
          razón *(reason): identidad*

Razones: característica física, característica de personalidad, estado físico, estado transitorio, fecha, hora, identidad, lugar de un evento, nacionalidad, posesión, posición *(location)*, profesión

1. ¿Cómo _____ usted, profesor Taboada? razón:
2. Yo _____ un poco cansado hoy. razón:
3. Isabel _____ de España. razón:
4. ¿Dónde _____ la biblioteca? razón:
5. Mi padre _____ profesor de lenguas. razón:
6. Hoy _____ miércoles, el 22 de octubre. razón:
7. Nati _____ alta, delgada y tiene el pelo castaño. razón:
8. Esta semana Leonardo _____ muy ocupado. razón:
9. Este libro, ¿_____ de la profesora? razón:
10. ¿Dónde _____ la clase de filosofía? razón:

12 🔁 **¡Pobre Mónica!** Trabaja con un(a) compañero(a) de clase. Miren el dibujo y juntos escriban una descripción de Mónica y de la situación en general. Traten de usar **ser** o **estar** en cada oración y de escribir por lo menos cinco oraciones.

MODELO   *Mónica está en su apartamento.*

In Spanish-speaking countries, **martes 13**, or Tuesday the 13th, rather than Friday the 13th, is considered an unlucky day.

SONRISAS

COMPRENSIÓN

En tu opinión, ¿cuáles de los siguientes adjetivos describen al hombre rubio?
¿Y al hombre moreno?

- ¿Quién está...?
  aburrido / cansado / contento / enfermo / furioso / nervioso /
  ocupado / preocupado / seguro / triste

- ¿Quién es...?
  activo / antipático / cómico / cuidadoso / divertido / egoísta /
  extrovertido / impaciente / introvertido / perezoso / serio /
  simpático / tonto

GRAMÁTICA ÚTIL 3

Talking about everyday events:
Stem-changing verbs in the present indicative

¡Pobre Beto! **Siento** tu frustración.

Cómo usarlo

In **Chapters 1** and **2** you learned the present indicative forms of regular **-ar,**
-er, and **-ir** verbs in Spanish. There are other Spanish verbs that use the same
endings as regular **-ar, -er,** and **-ir** verbs in this tense, but they also have
a small change in their stem. (Remember that the stem is the part of the
infinitive that is left after you remove the **-ar / -er / -ir** ending.)

—¿Qué **piensas** de esta impresora?   *What **do you think** of this printer?*
—Me gusta, pero **prefiero** esta.   *I like it, but I **prefer** this one.*
—¿De verdad? Bueno, ¿por qué no le   *Really? Well, why don't **you ask***
  pides el precio al dependiente?   *the sales clerk the price?*

Cómo formarlo

1. There are three categories of stem-changing verbs in the present indicative.

	o → ue: encontrar *(to find)*	e → ie: preferir *(to prefer)*	e → i: pedir *(to ask for)*
yo	encuentro	prefiero	pido
tú	encuentras	prefieres	pides
Ud. / él / ella	encuentra	prefiere	pide
nosotros / nosotras	encontramos	preferimos	pedimos
vosotros / vosotras	encontráis	preferís	pedís
Uds. / ellos / ellas	encuentran	prefieren	piden

2. Note that the stem changes in all forms except the **nosotros / nosotras**
and **vosotros / vosotras** forms.

3. Remember, all the endings for the present indicative are the same for these
verbs as for the other regular verbs you've learned: **-o, -as, -a, -amos, -áis,**
-an for **-ar** verbs; **-o, -es, -e, -emos / -imos, -éis / -ís, -en** for **-er** and **-ir**
verbs. The only thing that is different here is the change in the stem.

4. Here are some commonly used Spanish verbs that experience a stem change in the present indicative tense.

e → ie

cerrar	*to close*
comenzar (a)	*to begin (to)*
empezar (a)	*to begin (to)*
entender	*to understand*
pensar de	*to think (of), to have an opinion about*
pensar en	*to think about, to consider*
perder	*to lose*
preferir	*to prefer*
querer	*to want, to love*
sentir	*to feel*

o → ue

contar	*to tell, to relate; to count*
dormir	*to sleep*
encontrar	*to find*
jugar*	*to play*
poder	*to be able to*
sonar	*to ring, to go off (phone, alarm clock, etc.)*
soñar (con)	*to dream (about)*
volver	*to return*

e → i

pedir	*to ask for something*
repetir	*to repeat*
servir	*to serve*

*__Jugar__ is the only **u → ue** stem-changing verb in Spanish. It's grouped with the **o → ue** verbs because its change is most similar to those.

ACTIVIDADES

13 **En la clase de computación** Estás en la clase de computación. Escoge la forma correcta del verbo entre paréntesis para describir lo que hacen todos.

1. Yo (pido / pide) el número de teléfono del nuevo estudiante.
2. La profesora (repite / repiten) las instrucciones de la actividad.
3. Nosotros (sirvo / servimos) refrescos después de la clase.
4. Él (prefiere / prefieren) usar los mensajes de texto para comunicarse con su familia.
5. Tú (encontramos / encuentras) la clase muy difícil.
6. Ellos (piden / pedimos) la dirección electrónica de la universidad.
7. Nosotras (preferimos / prefieren) ir a un café con wifi después de clase.
8. Yo (encuentras / encuentro) la clase muy divertida.

14 🔁 **¿Entiendes?** Tienes que presentar el nuevo sistema de software a un grupo diverso de asistentes administrativos. Les preguntas si entienden cómo tienen que hacer ciertas cosas con los nuevos programas. Tu compañero(a) te contesta.

MODELO   ¿_____ (ustedes) cómo tienen que instalar el programa antivirus? (sí)
Tú: ¿_Entienden_ cómo tienen que instalar el programa antivirus?
Compañero(a): _Sí, entendemos cómo tenemos que instalar el programa antivirus._

1. ¿_____ (ustedes) cómo tienen que abrir la aplicación? (no)
2. ¿_____ (usted) cómo tiene que archivar los documentos en el disco duro? (sí)
3. ¿_____ (tú) cómo funciona el buscador? (no)
4. ¿_____ (ellos) las instrucciones para conectar a Internet? (sí)
5. ¿_____ (ustedes) cómo se entra en los foros? (no)
6. ¿_____ (tú) cómo tienes que pedir apoyo técnico _(tech support)_? (sí)

15 🔊 **¿A qué hora vuelves?** Un amigo te pregunta cuándo vuelven a casa tú, tus amigos y varios miembros de tu familia. Escucha la pregunta y escribe la respuesta correcta en una oración completa. Estudia el modelo.

MODELO   **Ves:** 10:30 A.M.
Escuchas: ¿A qué hora vuelves de la clase de computación?
Escribes: _Vuelvo de la clase de computación a las diez y media de la mañana._

1. 4:00 P.M.   **4.** 8:00 P.M.
2. 1:00 A.M.   **5.** 7:00 P.M.
3. 3:15 P.M.   **6.** 11:30 A.M.

16 **En la clase de español** Todos los estudiantes en la clase de español están en medio de alguna actividad. Di lo que hace cada persona.

MODELO   Olga (no entender las instrucciones)
Olga no entiende las instrucciones.

1. Joaquín (cerrar el texto digital)
2. Iris (perder su libro)
3. Paulo (dormir en su escritorio)
4. Lisa (empezar a hacer la tarea)
5. Arturo (pensar en las vacaciones)
6. Andrés y Marta (jugar en la computadora)
7. Roberto y Humberto (querer ir al gimnasio)
8. Ingrid (preferir hacer la tarea en la computadora)
9. Francisco (no poder abrir la aplicación)
10. la profesora (volver a repetir la tarea)
11. yo (pedir la tarea)
12. yo (repetir la pregunta)

Volver a + infinitive means _to go back and do something_, or _to do it over._

17 🔁 **Trucos para "tecnófobos"** Con un(a) compañero(a), miren el anuncio de un programa de televisión sobre trucos para personas que no saben mucho de tecnología. Después, contesten las preguntas.

¿Eres tecnófobo?

¡En este show puedes aprender 50 cosas fáciles para ayudarte con todos tus aparatos!

¿Quieres saber más?
Pues ¡a ver! Canal 22, 19:30

cosas: *things*

1. ¿Cuántas cosas fáciles pueden hacer con estos trucos *(tricks)*?
2. ¿Prefieren aprender a usar estos *(these)* trucos o piensan que son una pérdida *(waste)* de tiempo?
3. ¿Pueden usar otras funciones de sus celulares? ¿Cuáles?
4. ¿Tienen todos estos aparatos? ¿Quieren comprar otros aparatos electrónicos? ¿Por qué sí o no?

18 🔁 **¿Quieres ir?** Pregúntale a tu compañero(a) si quiere hacer una actividad contigo. Él/Ella te dice que prefiere hacer otra cosa.

Actividades: ir a tomar un refresco, ver un video, estudiar en la biblioteca, mirar televisión, navegar por Internet, tomar el sol, visitar a amigos, bailar, ¿…?

MODELO **Tú:** *¿Quieres ver un video?*
Compañero(a): *No, prefiero jugar un juego interactivo.*

19 👥 **La vida universitaria** ¿Es la vida del estudiante muy difícil hoy en día? Con tres compañeros de clase, contesten las siguientes preguntas sinceramente. Basándose en las respuestas de sus compañeros, decidan juntos si la vida universitaria produce mucho estrés para el estudiante. Presenten su conclusión a la clase.

1. ¿Sientes mucho estrés? ¿Por qué?
2. ¿A qué hora vuelves a la residencia estudiantil de la universidad?
3. ¿A qué hora duermes? ¿Dónde duermes? ¿Cuántas horas duermes por noche? ¿Duermes lo suficiente?
4. ¿Juegas videojuegos? ¿juegos interactivos? ¿juegos en la red? ¿Cuánto tiempo pasas a diario jugando estos juegos?
5. ¿Pierdes tus llaves *(keys)* con frecuencia? ¿tus gafas *(glasses)*? ¿tu dinero *(money)*? ¿tu tarea? ¿tus libros? ¿tus cuadernos? ¿tu mochila?
6. ¿Piensas mucho en el futuro? ¿Puedes imaginar tu futuro?

20 👥 **Los hábitos del universitario** Haz un gráfico como el de abajo. Usa las frases indicadas para crear preguntas. (Si quieres, puedes escribir tus propias preguntas). Luego, hazles las preguntas a diez compañeros de clase. Según sus respuestas, apunta el número de estudiantes en la columna apropiada. Luego, escribe un párrafo para explicar tus resultados.

Frases para las preguntas	Número de estudiantes
dormir más de seis horas por noche:	6
no dormir más de seis horas por noche:	4
preferir hablar por teléfono para comunicarse:	
preferir escribir e-mails para comunicarse:	
preferir enviar un mensaje de texto para comunicarse:	
jugar un deporte:	
jugar videojuegos:	
sentir mucho estrés:	
no sentir mucho estrés:	
pensar en su futuro todos los días:	
no pensar en su futuro todos los días:	
encontrar la vida universitaria difícil:	
encontrar la vida universitaria fácil:	
¿...?	

MODELOS *Seis estudiantes duermen más de seis horas por noche.*
Cuatro estudiantes no duermen más de seis horas por noche.

21 **Mi blog** Escribe un perfil personal para tu blog en Internet. Describe tus características físicas, tu personalidad, tus clases preferidas, tus hábitos en la universidad, tus emociones y lo que te gusta, molesta, interesa, etc. Añade *(Add)* todos los detalles que puedas a tu perfil.

GRAMÁTICA ÚTIL 4

Describing how something is done: Adverbs

Personalidades famosas

"Para mí innovar es una filosofía de vida. Procuro innovar en cada momento profesional y personal y así no caer nunca en la rutina. Que cada día sea diferente. La idea original de mi empresa fue precisamente gracias a ese espíritu innovador que me caracteriza".

Carla Royo-Villanova
Fundadora de Carla Bulgaria Roses Beauty

《 Anterior 》 《 Siguiente 》

> The magazine *Muy interesante* runs an annual contest to award prizes to top Spanish innovators in a variety of fields. This is a profile of one of them. Can you find the **-mente** adverb and guess its meaning in English?

Cómo usarlo

When you want to say how an activity is carried out (slowly, thoroughly, generally, etc.), you use an adverb.

Generalmente, prefiero usar una contraseña secreta.

Escribo más **rápido / rápidamente** en computadora que con bolígrafo.

Este programa es **muy** lento.

Generally, I prefer to use a secret password.

*I write more **rapidly** on the computer than I do with a pen.*

*This program is **very** slow.*

Cómo formarlo

Lo básico

An adverb is a word that modifies a verb, an adjective, or another adverb. (Sometimes adjectives can also be used as adverbs—for example, *fast*). *Generally, rapidly,* and *very* are all adverbs. You can identify an adverb by asking the question, *"How?"*

1. To form an adverb from a Spanish adjective, it is often possible to add the ending **-mente** to the adjective: **fácil → fácilmente**. If the adjective ends in an **-o**, change it to **-a** before adding **-mente: rápido → rápidamente**.

2. Here are some frequently used Spanish adjectives that can be turned into **-mente** adverbs.

fácil *(easy)*	→ **fácilmente**
difícil *(difficult)*	→ **difícilmente**
lento *(slow)*	→ **lentamente**
rápido *(fast)*	→ **rápidamente**

Lento and **rápido** can also be used with **muy** for the same effect: **Esta computadora se conecta a Internet muy rápido / muy lento / rápidamente / lentamente.**

3. The following **-mente** adverbs are also useful to talk about your routine and what you normally do.

frecuentemente	→ *frequently*	**normalmente**	→ *normally*
generalmente	→ *generally*		

4. Here are some other common Spanish adverbs.

bastante	*somewhat, rather*	Este sistema es **bastante** lento.
bien	*well*	Tu computadora funciona **bien**.
demasiado	*too much*	Navego **demasiado** por Internet.
mal	*badly*	¡Mi cámara web funciona muy **mal**!
mucho	*a lot*	Me gustan **mucho** los juegos interactivos.
muy	*very*	Guardo archivos **muy** frecuentemente.
poco	*little*	Chateo **poco** por Internet.

Remember, adverbs can be used to modify other adverbs, so it's perfectly acceptable to use **muy** with **frecuentemente** or **mal**, for example.

ACTIVIDADES

22 🔊 **¿Cómo?** Escucha a Miriam mientras le describe su vida a una amiga. Completa sus oraciones. Escoge el adjetivo más lógico del grupo y conviértelo en un adverbio añadiendo el sufijo **-mente**.

Adjetivos: constante, cuidadoso, directo, fácil, frecuente, general, inmediato, lento, normal, paciente, rápido, tranquilo

1. Puedes instalar el programa antivirus _____.
2. Yo chateo por Facebook _____.
3. Hay algunos sitios web que funcionan _____.
4. _____, navego por Internet dos o tres horas por día.
5. Con este módem interno, puedo hacer una conexión _____.
6. Instalo los programas de software en mi computadora _____.
7. Tengo tarea _____.
8. Los domingos prefiero pasar el día _____.

23 👥 **¿Cómo te sientes?** Averigua *(Find out)* cómo se sienten tus compañeros de clase en ciertas situaciones. Hazles las siguientes preguntas a varios compañeros y apunta sus respuestas. Luego, comparte los resultados de tu encuesta con la clase.

MODELO   **Tú:** *¿Cómo te sientes cuando hablas...?*
           Compañero(a): *Me siento bien.*

¿Cómo te sientes cuando...
1. vas a tener un examen?
2. tu computadora no funciona bien?
3. recibes la cuenta *(bill)* de tu teléfono celular?
4. la batería de tu teléfono no funciona?
5. pierdes los archivos de tu tarea?
6. ¿...?

Respuestas posibles
bien	bastante nervioso(a) (triste, preocupado(a), etc.)
mal	demasiado nervioso(a) (cansado(a), furioso(a), etc.)
muy bien	no me afecta
muy mal	¿...?

¡Explora y exprésate!

España

© Rob Wilson/Shutterstock.com

▶ **Información general**

Nombre oficial: Reino de España

Población: 46.464.053

Capital: Madrid (f. siglo X) (3.165.235 hab.)

Otras ciudades importantes: Barcelona (1.602.386 hab.), Valencia (786.424 hab.), Sevilla (696.676 hab.), Toledo (83.334 hab.)

Moneda: euro

Idiomas: castellano, catalán, vasco, gallego

Consulta el mapa de España en el **Apéndice D**.

Spain is often seen as one big culture when, in fact, it is the amalgamation of former kingdoms and separate regions. Many of these are autonomous states and have separate languages and/or dialects and distinct cultural customs. Spanish is referred to as **castellano** in areas where there is an additional native language. Typically these are bilingual zones.

A tener en cuenta

- El Imperio español fue *(was)* el primer imperio global y uno de los más grandes en toda la historia mundial. En su apogeo *(peak)*, España tenía territorios en todos los continentes menos en la Antártida.

- España ha producido muchos artistas ilustres. En literatura, se distingue Miguel de Cervantes, escritor de *El ingenioso hidalgo Don Quijote de la Mancha*, que se considera la primera novela moderna. En las artes, los grandes maestros de la pintura española están Diego Velázquez y Francisco de Goya. En el siglo *(century)* XX, Pablo Picasso, Joan Miró y Salvador Dalí están entre los innovadores más importantes del arte moderno.

- Los musulmanes vivieron en la península desde 711 hasta 1492. La arquitectura árabe de ese período está presente en todo el sur de España, en particular en Granada, Córdoba y Sevilla.

Buika, artista universal

© Paul White/AP Images

Concha Buika, conocida profesionalmente como Buika, es una cantante española, hija de ecuatoguineanos, y una gran estudiosa de todos los estilos musicales del mundo. Boleros, flamenco, jazz, funk, soul y los ritmos africanos, todos forman parte de su obra musical. Además, le fascinan los ritmos electrónicos y dice que para ella sus "joyas" *(jewels)* son los aparatos electrónicos que utiliza para hacer música. Gracias a sus ritmos globales y su uso de la tecnología, Buika es una artista universal que rompe *(breaks)* todas las barreras.

EN RESUMEN

La información general

1. ¿Qué país fue *(was)* el primer imperio global?
2. ¿En qué continentes tenía *(had)* territorios España?
3. ¿Quién es el autor de la primera novela moderna?
4. ¿Quiénes son los grandes maestros de la pintura española?
5. ¿Quiénes son los artistas españoles que se consideran innovadores del arte moderno?
6. ¿Qué tres ciudades españolas tienen arquitectura árabe?

El tema de la música electrónica

1. ¿De dónde son los padres de Buika?
2. ¿Qué estilos musicales incorpora Buika en su obra musical?
3. ¿A qué considera Buika sus "joyas"?
4. ¿Qué hace de Buika una artista universal?

¿Quieres saber más?

En la tabla que empezaste al principio del capítulo, añade toda la información que ya sabes en la columna **Lo que aprendí**. Escoge uno o dos de los temas sobre los que escribiste en la columna **Lo que quiero aprender**, o uno o dos de los que figuran a continuación. Prepárate para compartir la información con la clase.

Palabras clave: el Imperio español; la Guerra Civil española; la influencia musulmana; Pedro Almodóvar; Penélope Cruz; Rafael Nadal

🌐 Para aprender más sobre España, mira el video cultural en línea.

© maxriesgo/Shutterstock.com

A leer

Antes de leer

1 Mira el artículo en la página 159. ¿Cuántas de las siguientes claves *(clues)* de formato puedes identificar en el artículo? Basándote en esas claves, ¿de qué trata el artículo?

- título de artículo
- subtítulo
- texto introductorio

- texto destacado (*sidebar*)
- cita (*quotation*)

- foto
- ilustración
- gráfico

2 Ahora lee el artículo en la página 159 y busca las ideas principales. (El título, "Un arma de doble filo", tiene el mismo significado que la expresión *a double-edged sword* en inglés).

Después de leer

3 Di si las siguientes oraciones son **ciertas (C)** o **falsas (F)**.

1. La mayoría *(majority)* de los jóvenes latinoamericanos piensa que la tecnología móvil es importante para el entretenimiento.
2. Una minoría *(minority)* de los jóvenes estadounidenses piensa que la tecnología móvil es importante para la educación y las investigaciones académicas.
3. Para los jóvenes de Europa Occidental, el impacto más significativo de la tecnología móvil se produce en la vida social.
4. La mayoría de los adolescentes de todas las regiones se preocupa *(worry)* por su privacidad en línea.
5. Un adolescente español tiene el doble de riesgo de ser adicto a Internet que un adolescente alemán.

4 Contesta las preguntas con un(a) compañero(a).

1. ¿Quiénes han realizado *(carried out)* los dos estudios?
2. ¿Cuáles son las tres regiones representadas en la encuesta de Telefónica?
3. ¿Cuáles son los países que se incluyen en el estudio de la Unión Europea y Protégeles?
4. Haz la encuesta del primer estudio. ¿Son tus respuestas semejantes *(similar)* a las de los otros jóvenes?
5. En tu opinión, ¿puede ser la adicción a Internet un problema grave para los jóvenes? ¿Por qué? ¿Tienes un(a) amigo(a) o un familiar adicto(a) a Internet?

   En tu opinión, ¿es posible pasar demasiado tiempo en línea sin ser adicto(a)? ¿Tienes un límite personal para el tiempo que pasas en Internet? ¿Por qué?

Una arma de doble filo

Las actitudes de los jóvenes hacia la tecnología

Dos estudios recientes se enfocan en varios aspectos del uso de la tecnología entre los jóvenes. Telefónica es una compañía multinacional española de telecomunicaciones y tecnología móvil. Está basada en España, con operaciones en Europa, Asia, Norteamérica y Latinoamérica. Para entender mejor a sus futuros clientes, ha realizado la encuesta *Global Millenium Survey* sobre las actitudes[1] de la generación del milenio hacia la tecnología. En la siguiente tabla se muestran las respuestas de más de 6.700 jóvenes de entre 18 y 30 años de Estados Unidos, Europa Occidental y Latinoamérica.

La tecnología personal móvil afecta a estas áreas de mi vida:			
	Europa Occidental[2]	*Latinoamérica*	*Estados Unidos*
el entretenimiento[3]	49%*	64%	58%
la vida social	45%	56%	51%
el acceso a noticias	49%	59%	47%
la educación y las investigaciones académicas	31%	62%	46%

*Los porcentajes indican una respuesta positiva.

Lo que más me importa de Internet es…			
la privacidad.	34%	34%	28%
la calidad y velocidad[4] de mi conexión.	24%	29%	24%
poder acceder al contenido[5] que quiero.	23%	20%	31%
que los gobiernos no controlen ni censuren[6] Internet.	19%	17%	18%

Estoy en control de mis datos personales.			
	65%	82%	84%

Otro estudio, financiado por la Unión Europea con la colaboración de la asociación española Protégeles, señala que[7], entre los siete países que se incluyen en la encuesta, los adolescentes de España tienen más riesgo[8] de ser adictos a Internet.

Porcentaje de adolescentes en riesgo de adicción a Internet

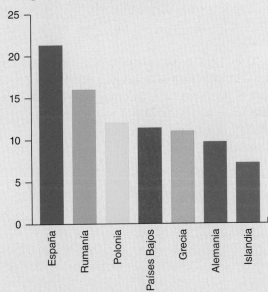

Según los autores del estudio, la adicción a Internet "conduce potencialmente al aislamiento[9] y al descuido[10] de las relaciones sociales, de las actividades académicas, de las actividades recreativas, de la salud y de la higiene personal".

Fuente: Artemis Tsitsika et al., "Investigación sobre conductas adictivas a Internet entre los adolescentes europeos" (EU NET ADB Consortium), centrointernetsegura.es.

[1]**ha…:** *carried out a study about the attitudes* [2] *Western* [3] *entertainment* [4]**calidad…:** *quality and speed* [5]*content* [6]**gobiernos…:** *governments don't control or censure* [7]**señala que…:** *points out that* [8]**tienen…:** *are at greater risk* [9]**conduce…:** *potentially leads to isolation* [10]*neglect*

Fuentes: Telefónica Global Millennial Survey, 2014, survey.Telefonica.com; Europa Press, "España, líder europeo en adicción adolescente a Internet," ElMundo.es; Artemis Tsitsika et al., "Investigación sobre conductas adictivas a Internet entre los adolescentes europeos" (EU NET ADB Consortium), centrointernetsegura.es.

A escribir

Antes de escribir

ESTRATEGIA

Prewriting—Narrowing your topic

After you choose a topic for a piece of writing, but before you begin the writing process, you need to narrow your topic to fit the scope of your written piece. For example, in this section, you will write a note to a friend who is interested in technology. Since most notes are short, you don't want to choose a huge topic to cover.

One way to narrow a topic is to ask yourself questions about it. For example, if your general topic is "electronic devices," ask, "What kind of device?" You might answer, "A tablet." The next question might be, "Why do you want a tablet?" The answer might be, "Because I like to be able to take it with me." You could then ask, "Where do you want to use your tablet?" with the answer, "At the coffee shop down the corner with free wifi." Once you have progressed through a series of narrowing questions like this, you have narrowed your topic from "electronic devices" to "ways having a tablet can help you save money."

1 Piensa en dos o tres temas generales que puedes usar para escribir a un(a) amigo(a) que es muy aficionado(a) *(a big fan)* a la tecnología. Un ejemplo de un tema general puede ser **las computadoras**, **Internet**, etc.

2 Ahora, elige *(choose)* uno de los temas en los que has pensado *(thought)* en la **Actividad 1** y practica la técnica de la **Estrategia** para hacer el tema más específico.

3 Lee el mensaje modelo que hay a continuación, donde Magali habla de sus clases y tarea relacionadas con la tecnología y también de sus planes para el fin de semana. ¿Contiene su mensaje palabras o frases que puedes usar en tu composición? Si hay, apúntalas. Si necesitas otras palabras que no sabes *(you don't know)*, búscalas en un diccionario bilingüe antes de empezar a escribir.

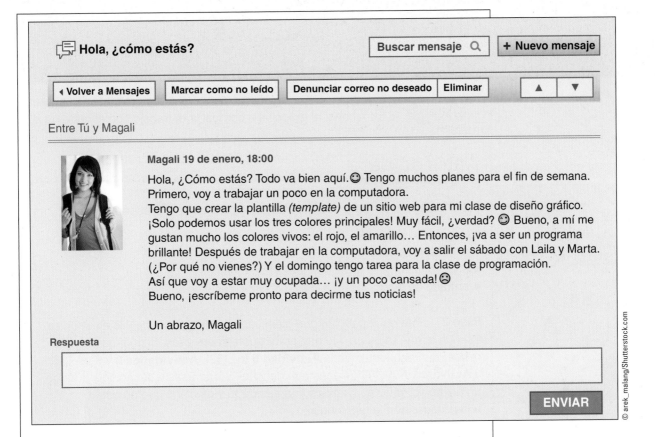

Hola, ¿cómo estás?

Buscar mensaje 🔍   **+ Nuevo mensaje**

◀ **Volver a Mensajes**   **Marcar como no leído**   **Denunciar correo no deseado**   **Eliminar**   ▲ ▼

Entre Tú y Magali

Magali 19 de enero, 18:00

Hola, ¿Cómo estás? Todo va bien aquí.☺ Tengo muchos planes para el fin de semana.
Primero, voy a trabajar un poco en la computadora.
Tengo que crear la plantilla *(template)* de un sitio web para mi clase de diseño gráfico.
¡Solo podemos usar los tres colores principales! Muy fácil, ¿verdad? ☺ Bueno, a mí me
gustan mucho los colores vivos: el rojo, el amarillo… Entonces, ¡va a ser un programa
brillante! Después de trabajar en la computadora, voy a salir el sábado con Laila y Marta.
(¿Por qué no vienes?) Y el domingo tengo tarea para la clase de programación.
Así que voy a estar muy ocupada… ¡y un poco cansada! ☹
Bueno, ¡escríbeme pronto para decirme tus noticias!

Un abrazo, Magali

Respuesta

ENVIAR

Composición

4   Ahora, escribe un borrador *(rough draft)* de tu mensaje. Incluye
información sobre el tema que desarrollaste *(that you developed)* en las
Actividades 1 y **2**. También debes incluir un poco de información personal
para tu amigo(a), como en el mensaje modelo. Trata de escribir rápidamente,
sin preocuparte *(without worrying)* demasiado por los errores.

Después de escribir

5   Mira tu borrador otra vez. Usa la siguiente lista para revisarlo *(to revise it)*.

- ¿Tiene tu mensaje toda la información necesaria? ¿Está bien organizado?
- ¿Corresponden los sujetos de las oraciones a los verbos?
- ¿Corresponden las formas de los artículos, los sustantivos y los adjetivos?
- ¿Usas correctamente **ser** y **estar**, los verbos con cambio en la raíz *(stem)* y
  los verbos como **gustar**?
- ¿Hay errores de puntuación o de ortografía *(spelling)*?

¡Vívelo!

Vas a trabajar con un grupo de compañeros para crear una presentación sobre la tecnología. Al terminarla, el grupo va a compartir el trabajo con el resto de la clase.

Antes de clase

Paso 1 Elige el formato que más te gusta para crear la presentación.

- video
- canción o podcast
- ensayo *(essay)* de fotos con leyendas *(captions)*
- entrada de blog

Paso 2 Anota en español lo que piensas sobre la tecnología y la electrónica. Escribe lo que te gusta y lo que no te gusta sobre ellas. Si quieres, puedes revisar tus respuestas en la **Actividad 5** (p. 133), **Actividades 8** y **9** (p. 136) y **Actividad 7** (p. 143). Tienes que describir cómo usas la tecnología durante un día típico. ¿Hay actividades y tareas de tu vida diaria que no están relacionadas con la tecnología?

Durante la clase ⚙

Paso 1 Formen grupos de 3 o 4 estudiantes con compañeros que eligieron *(that chose)* el mismo formato para la presentación. **(Antes de clase, Paso 1)**

Paso 2 Compartan sus notas sobre la tecnología: lo que les gusta y lo que no les gusta, y cómo afecta a su vida diaria.

MODELOS   *Me gusta correr y usar la aplicación Runtastic.*
No me gusta recibir mensajes de texto de mi mamá.
Uso mucho la tecnología para hablar con mis amigos.
Me gusta sacar fotos con mi teléfono inteligente, pero no uso la tecnología para dibujar.

© Maridav/Shutterstock.com

Paso 3 En grupo, hablen de sus ideas y opiniones, y preparen un plan para el tema de su presentación. Decidan el tono: simpático, serio, informativo, sensacionalista, etc. Trabajen en grupo para crear el guion *(the script)* o planear el contenido *(content)*.

Fuera de clase ⚙

¡Sean creativos! Trabajen juntos para crear la presentación, ya sea un video, un MP3 u otro tipo de archivo de audio, un ensayo fotográfico o una entrada de blog. Prepárenla en un formato que sea fácil de compartir electrónicamente con el resto de sus compañeros.

¡Compártelo! ◁

Pongan su presentación en el foro en línea de *Nexos*. Luego, vean las presentaciones de los otros grupos y escriban un comentario sobre cada una.

Vocabulario

La tecnología   *Technology*

El hardware   *Hardware*

La computadora   *Computer*
el altoparlante   *speaker*
el cable   *cable*
el disco duro   *hard drive*
la impresora (inalámbrica)   *(wireless) printer*
la memoria flash / el pendrive   *flash drive*
el micrófono   *microphone*
el monitor   *monitor*
el ratón   *mouse*

La computadora portátil   *Laptop computer*
los audífonos   *earphones*
el lector de CD-ROM o DVD   *CD-ROM / DVD drive*
la pantalla   *screen*
el puerto de USB   *USB port*
la tecla   *key*
el teclado   *keyboard*

El software   *Software*
la aplicación   *application*
el archivo   *file*
el archivo PDF   *PDF file*
el ícono del programa   *program icon*
el juego interactivo   *interactive game*
el programa antivirus   *antivirus program*
el programa de procesamiento de textos   *word processing program*

Funciones de la computadora   *Computer functions*
archivar   *to file*
bajar / descargar   *to download*
conectar   *to connect*
enviar   *to send*
funcionar   *to function*
grabar   *to record*
guardar   *to save*
hacer clic / doble clic   *to click / double-click*
instalar   *to install*
subir / cargar   *to upload*

Los colores   *Colors*

amarillo(a)   *yellow*
anaranjado(a)   *orange*
azul   *blue*
blanco(a)   *white*
café / marrón   *brown*
gris   *gray*

morado(a)   *purple*
negro(a)   *black*
rojo(a)   *red*
rosa / rosado(a)   *pink*
verde   *green*

Las emociones   *Emotions*

aburrido(a)   *bored*
cansado(a)   *tired*
contento(a)   *happy*
enfermo(a)   *sick*
enojado(a)   *angry*
furioso(a)   *furious*

nervioso(a)   *nervous*
ocupado(a)   *busy*
preocupado(a)   *worried*
seguro(a)   *sure*
triste   *sad*

Aparatos electrónicos   *Electronic devices*

la cámara digital   *digital camera*
la cámara web   *webcam*
el GPS   *GPS*
el lector digital   *e-reader*
el libro electrónico   *e-book*
el MP3 portátil   *portable MP3 player*
el reproductor / grabador de discos compactos   *CD player / burner*

el reproductor / grabador de DVD   *DVD player / burner*
la tableta   *tablet*
el teléfono inteligente / smartphone   *smartphone*
el televisor de alta definición   *High-Definition television*
la videocámara   *videocamera*

Funciones de Internet *Internet functions*

acceder *to access*
el blog *blog*
el buzón electrónico *electronic mailbox*
el buscador *search engine*
chatear *to chat online*
el ciberespacio *cyberspace*
la conexión *connection*
hacer una conexión *to get online*
cortar la conexión *to get offline, to disconnect*
la contraseña *password*
el correo electrónico / e-mail *e-mail*

en línea *online*
el enlace *link*
el foro *forum*
el grupo de noticias *news group*
la página web *web page*
la red (mundial) *World Wide Web*
la red social *social networking site*
el sitio web *website*
el (la) usuario(a) *user*
el wifi *wifi, wireless connection*

Verbos como *gustar* *Verbs like* gustar

encantar *to like a lot*
fascinar *to fascinate*
importar *to be important to someone; to mind*

interesar *to interest, to be interesting*
molestar *to bother*

Otros verbos* *Other verbs*

cerrar (ie) *to close*
comenzar (ie) *to begin*
contar (ue) *to tell, to relate; to count*
dormir (ue) *to sleep*
empezar (ie) *to begin*
encontrar (ue) *to find*
entender (ie) *to understand*
jugar (ue) *to play*
pedir (i) *to ask for something*
pensar (ie) de *to think, to have an opinion about*
pensar (ie) en *to think about, to consider*

perder (ie) *to lose*
poder (ue) *to be able to*
preferir (ie) *to prefer*
querer (ie) *to want; to love*
repetir (i) *to repeat*
sentir (ie) *to feel*
servir (i) *to serve*
sonar (ue) *to ring, to go off (phone, alarm clock, etc.)*
soñar (ue) con *to dream (about)*
volver (ue) *to return*

Adjetivos *Adjectives*

difícil *difficult*
fácil *easy*

lento *slow*
rápido *fast*

Adverbios *Adverbs*

difícilmente *with difficulty*
fácilmente *easily*
frecuentemente *frequently*
generalmente *generally*
lentamente *slowly*
normalmente *normally*
rápidamente *rapidly*

bastante *somewhat, rather*
bien *well*
demasiado *too much*
mal *badly*
mucho *a lot*
muy *very*
poco *little*

* Starting here, stem-changing verbs will be indicated in vocabulary lists with the stem change in parentheses.

Repaso y preparación

Repaso del Capítulo 4

Complete these activities to check your understanding of the new grammar points in Chapter 4 before you move on to **Chapter 5**.

The answers to the activities in this section can be found in **Appendix B**.

Gustar with nouns and other verbs like gustar (p. 140)

1 Completa las oraciones con un pronombre de objeto indirecto y escoge la forma correcta del verbo indicado.

1. A ellos _____ (gusta / gustan) los blogs.
2. A mí _____ (encanta / encantan) mi teléfono inteligente.
3. A él _____ (molesta / molestan) perder acceso a Internet.
4. A nosotros _____ (interesa / interesan) los foros sobre tecnología.
5. A ti no _____ (importa / importan) cambiar tu contraseña.
6. A usted _____ (gusta / gustan) el nuevo programa antivirus.

The verb estar and the uses of ser and estar (p. 144)

2 Completa las oraciones con una forma de **ser** o **estar**.

1. Oye, Marcos, ¿_____ enojado?
2. Nosotros _____ en la biblioteca.
3. Yo _____ estudiante.
4. Ellos _____ altos y rubios.
5. ¡Tengo examen! _____ muy nervioso.
6. Ella no puede dormir. _____ cansada.
7. Hoy _____ miércoles.
8. El celular _____ de Marisa.
9. Mi computadora _____ en mi mochila.
10. Mis amigos _____ españoles.
11. La fiesta _____ en el café.
12. Los altoparlantes _____ en la mesa.

Stem-changing verbs in the present indicative (p. 149)

3 Haz oraciones completas con los sujetos y verbos indicados.

MODELO   yo / soñar con una computadora nueva
Yo sueño con una computadora nueva.

1. tú / dormir mucho
2. yo / cerrar la computadora portátil
3. ella / entender las instrucciones
4. nosotras / jugar el juego interactivo
5. usted / repetir la contraseña
6. ellos / querer un monitor nuevo
7. yo / poder instalar el programa
8. nosotros / preferir ir a un café con wifi

Adverbs (p. 154)

4 Escoge un adjetivo de la lista, cámbialo a un adverbio con **-mente** y úsalo para completar una de las siguientes oraciones.

Adjetivos: fácil, general, lento, rápido

1. No me gusta escribir. Escribo muy _____.
2. ¡Esta computadora es fantástica! Funciona muy _____.
3. _____ me gusta navegar en Internet, pero no me gusta este sitio web.
4. Ella aprende a usar nuevos programas muy _____. No son difíciles para ella.

Preparación para el Capítulo 5

The present indicative of regular -ar, -er, and -ir verbs (pp. 56 and 102)

5 Completa las oraciones del anuncio (*advertisement*) con la forma correcta del verbo indicado.

Complete these activities to check your understanding of the new grammar points in **Chapter 4** before you move on to **Chapter 5**.

Be sure to reread **Chapter 4: Gramática útil 2** and **3** before moving on to the new **Chapter 5** grammar sections.

The answers to the activities in this section can be found in **Appendix B**.

¡Superrápido, superligero!
Y esta semana, ¡una superoferta!

© Nata-Lia/Shutterstock.com

La Incre-Libre 2020
_____ (deber) ser tu
nueva computadora si tú...

- _____ (enviar) o_____ (recibir) archivos grandes por e-mail,
- _____ (grabar) muchos videos o _____ (instalar) programas de software que requieren mucha memoria,
- _____ (llevar) tu computadora portátil siempre contigo y _____ (trabajar) con ella en muchos sitios,... esta es la computadora para ti.

Nuestros clientes _____ **(hablar) de su satisfacción con la Incre-Libre:**

"¡Esta computadora _____ (funcionar) muy rápidamente! Yo _____ (bajar) y _____ (subir) archivos a mi sitio web todos los días sin problema."
–Pilar Torres García, diseñadora de sitios web

"¡La Incre-Libre no _____ (pesar—*to weigh*) nada! Voy a un café, _____ (sacar) la computadora de mi mochila, _____ (acceder) a Internet y _____ (leer) las noticias del mundo. No importa dónde estoy."
–Javier Salazar Rojas, profesor

"Los altoparlantes son increíbles. Cuando mi hermanos y yo _____ (usar) la computadora para mirar videos, ellos siempre _____ (comentar) la calidad del audio."
–Marcos Villarreal Barrios, estudiante

¡Esta semana, nosotros _____ (ofrecer) el Incre-Libre por solo 1.200 euros!
Es nuestra computadora portátil más popular: _____ (vender) casi 100 de ellas cada semana.
¡Si quieres una, _____ (deber) actuar AHORA! Nuestros expertos en computación personal están listos para atenderte.

5 ¿Qué tal la familia?

© Zia Soleil/Getty Images

RELACIONES FAMILIARES

En el mundo hispanohablante, las relaciones familiares son un aspecto muy importante de la identidad personal.

¿Es tu familia una parte importante de tu vida diaria? ¿Cuánto tiempo pasas con los miembros de tu familia en una semana? ¿Y en un mes?

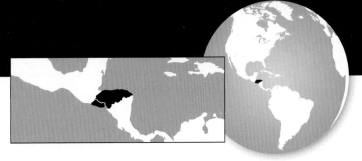

Un viaje por El Salvador y Honduras

Estos países centroamericanos comparten frontera y la costa pacífica. Honduras también tiene costa atlántica. Los dos tienen un clima tropical.

País / Área	Tamaño y fronteras	Sitios de interés
El Salvador 20.720 km²	un poco más pequeño que Massachusetts; fronteras con Guatemala y Honduras	el bosque lluvioso (rain forest) del Parque Nacional Montecristo; los volcanes de Izalco, Santa Ana y San Vicente; las ruinas mayas de Joya de Cerén; las playas (beaches) del Pacífico
Honduras 111.890 km²	un poco más grande que Tennessee; fronteras con El Salvador, Guatemala y Nicaragua	las ruinas mayas de Copán, las Islas de la Bahía, la arquitectura colonial de Tegucigalpa y San Pedro Sula, el bosque tropical de la región de la Mosquitia

¿Qué sabes? Di si las siguientes oraciones son ciertas **(C)** o falsas **(F)**.

1. Estos dos países tienen más o menos el mismo (same) tamaño.
2. Hay ruinas mayas en Honduras, pero no en El Salvador.
3. El Salvador tiene muchos volcanes.
4. Hay ejemplos de arquitectura colonial en Honduras.

Lo que sé y lo que quiero aprender Completa la tabla del **Apéndice A**. Escribe algunos datos que **ya sabes** sobre estos países en la columna **Lo que sé**. Después, añade algunos temas que **quieres aprender** a la columna **Lo que quiero aprender**. Guarda la tabla para usarla otra vez en la sección **¡Explora y exprésate!** en la página 195.

COMMUNICATION

By the end of this chapter you will be able to

- talk about and describe your family
- talk about professions
- describe daily routines
- indicate ongoing actions

CULTURES

By the end of this chapter you will have explored

- facts about Honduras and El Salvador
- a unique course of study in Honduras
- a financial cooperative in El Salvador
- careers where knowledge of Spanish is helpful
- the Afro-Hispanic **garífuna** culture of Honduras

¡Imagínate!

▶ VOCABULARIO ÚTIL 1

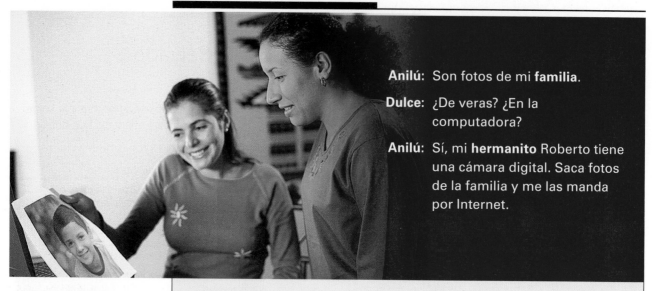

Anilú: Son fotos de mi **familia**.

Dulce: ¿De veras? ¿En la computadora?

Anilú: Sí, mi **hermanito** Roberto tiene una cámara digital. Saca fotos de la familia y me las manda por Internet.

La familia nuclear *The nuclear family*

la madre (mamá) *mother (mom)*
el padre (papá) *father (dad)*
los padres *parents*
la esposa *wife*
el esposo *husband*
la hija *daughter*
el hijo *son*
la hermana (mayor) *(older) sister*
el hermano (menor) *(younger) brother*
la tía *aunt*

el tío *uncle*
la prima *female cousin*
el primo *male cousin*
la sobrina *niece*
el sobrino *nephew*
la abuela *grandmother*
el abuelo *grandfather*
la nieta *granddaughter*
el nieto *grandson*

La familia política *In-laws*

la suegra *mother-in-law*
el suegro *father-in-law*
la nuera *daughter-in-law*
el yerno *son-in-law*
la cuñada *sister-in-law*
el cuñado *brother-in-law*

la madrastra *stepmother*
el padrastro *stepfather*
la hermanastra *stepsister*
el hermanastro *stepbrother*
la media hermana *half-sister*
el medio hermano *half-brother*

ACTIVIDADES

1 **Los parientes** Completa las oraciones con la respuesta correcta para describir las relaciones entre los parientes de Anilú. Usa el árbol genealógico *(family tree)* de Anilú para identificar las relaciones.

1. Rodrigo es —— de Adela.
   - **a.** el esposo
   - **b.** el suegro
   - **c.** el tío
2. Tomás y Rafael son ——.
   - **a.** hermanas
   - **b.** primos
   - **c.** hermanos
3. Sonia es —— de Anilú.
   - **a.** la tía
   - **b.** la prima
   - **c.** la hermanastra
4. Roberto es —— de Rosa.
   - **a.** el sobrino
   - **b.** el nieto
   - **c.** el yerno
5. Gloria es —— de Rodrigo y Adela.
   - **a.** la suegra
   - **b.** la hija
   - **c.** la nieta
6. Adela es —— de Amelia.
   - **a.** la madrastra
   - **b.** la cuñada
   - **c.** la suegra

Arturo Villa González   **y**   Beatriz Vega Chapa de Villa   Rodrigo Guzmán Corona   **y**   Adela Flores Romero de Guzmán

Carlos   Irene   Amelia   Pedro   Hernán   Rosa

Tomás   Rafael   Gloria   Anilú   Roberto   Alberto   Sonia

Notice that two surnames are given for Anilú's grandparents. In some Spanish-speaking countries, the first surname is the father's, and the second one is the mother's. Anilú's full name is Anilú Guzmán Villa.

The masculine plural **hermanos** can mean both *brothers* (all males) and *brothers and sisters / siblings* (both males and females). In some communities, you may see **amig@s** instead of **amigos** y **amigas**. Using @ is a way to promote non-gender specific language.

2 **La familia de Anilú** Con un(a) compañero(a) de clase, háganse preguntas sobre el árbol genealógico *(family tree)* de Anilú de la **Actividad 1**. Túrnense nombrando la persona y diciendo cuál es su relación con Anilú.

MODELO   **Compañero(a):** *¿Quién es Beatriz Vega Chapa?*
         Tú: *Es la abuela de Anilú.*

3 **El árbol genealógico** Dibuja tu árbol genealógico. Empieza con tus abuelos y sigue con el resto de tu familia. Luego, en grupos de tres, intercambien sus árboles y háganse preguntas sobre sus familias.

MODELO   **Tú:** *¿Tom es tu hermano?*
         Compañero(a): *Sí, es mi hermano menor. Tiene quince años y es muy divertido.*
         Tú: *¿Quién es Elisa?*
         Compañero(a): *Es mi sobrina. Es la hija de mi hermana mayor.*

To refer to a couple, use **la pareja: Es una pareja muy elegante.** Also, you can say: **¿Quién es la pareja de Juan?** Or: **Su pareja es doctor.**

Remember that **los padres** is the correct term for parents. **Parientes** refers to family members in general.

In some countries, the **-astro(a)** ending might be viewed as pejorative, and speakers might refer to **la esposa de mi padre** instead of **mi madrastra**. Be conscious of these nuances.

4 **Mi familia** Escribe un párrafo corto sobre los miembros de tu familia nuclear. Di quién es cada uno(a), cómo se llama y cuántos años tiene. Incluye algunas características físicas y también de personalidad. Luego, lee tus descripciones a otros dos compañeros(as) y contesta sus preguntas.

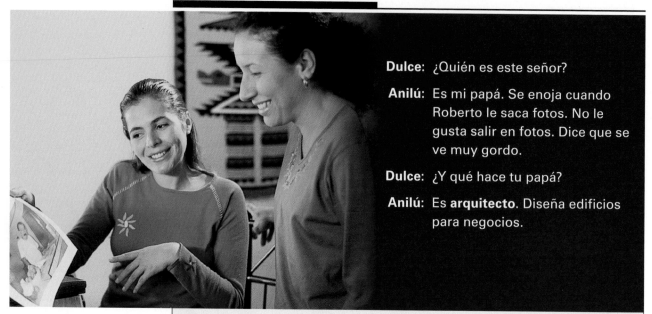

Dulce: ¿Quién es este señor?

Anilú: Es mi papá. Se enoja cuando Roberto le saca fotos. No le gusta salir en fotos. Dice que se ve muy gordo.

Dulce: ¿Y qué hace tu papá?

Anilú: Es **arquitecto**. Diseña edificios para negocios.

Las profesiones y las carreras *Professions and careers*

When describing someone's profession, don't use an article as we would in English: **Es abogada** translates as *She is a lawyer*.

El policía means a single policeman. **La policía** can mean a single policewoman or the entire police force. You have to extract the correct meaning from the context. Other professions whose meaning depends on the context and the article are: **el químico / la química, el físico / la física, el músico / la música, el matemático / la matemática, el guardia / la guardia.**

La mujer policía is also used for a single policewoman.

la abogada
el periodista
la médica
la artista

el bombero
la carpintera
la policía
el plomero
el arquitecto

Más profesiones *More professions*

el actor / la actriz *actor / actress*
el (la) asistente *assistant*
el (la) camarero(a) *waiter / waitress*
el (la) cocinero(a) *cook, chef*
el (la) contador(a) *accountant*
el (la) dentista *dentist*
el (la) dependiente *salesclerk*
el (la) director(a) de medios sociales
  director of social media
el (la) diseñador(a) gráfico(a) *graphic
  designer*
el (la) dueño(a) de... *owner of . . .*
el (la) enfermero(a) *nurse*

el (la) gerente de... *manager of . . .*
el hombre / la mujer de negocios
  businessman / businesswoman
el (la) ingeniero(a) *engineer*
el (la) maestro(a) *teacher*
el (la) mecánico(a) *mechanic*
el (la) peluquero(a) *barber /
  hairdresser*
el (la) programador(a) *programmer*
el (la) secretario(a) *secretary*
el (la) trabajador(a) *worker*
el (la) veterinario(a) *veterinarian*

ACTIVIDADES

5 **¿Qué hace?** Escoge la profesión más lógica para cada persona.

1. Alejandro trabaja en un hospital. Es…
2. Catalina trabaja en el teatro. Es…
3. Pedro trabaja en un restaurante. Es…
4. El señor Cortez trabaja en una escuela
   primaria *(primary school)*. Es…
5. Amelia trabaja en el centro de
   computación. Es…
6. Irene trabaja en un hospital para
   animales. Es…

a. cocinero(a)
b. veterinario(a)
c. enfermero(a)
d. actor / actriz
e. maestro(a)
f. programador(a)

6 🔁 **Quiere ser...** Tú y tu compañero(a) hablan de varios amigos. Tú le dices a tu compañero(a) qué es lo que estudia una persona y tu compañero(a) te dice qué quiere ser esa persona.

MODELO medicina
  Tú: *Marcos estudia medicina.*
  Compañero(a): *Quiere ser médico.*

1. contabilidad
2. administración de empresas
3. ingeniería
4. informática
5. diseño gráfico
6. arte
7. pedagogía
8. periodismo

7 **Presentaciones** Estás en la fiesta de un amigo. Él te presenta a varios miembros de su familia. Lee sus presentaciones. Luego, para cada persona, indica cuál es su relación con tu amigo y su profesión.

MODELO Quiero presentarte a Antonio. Él es el hijo de mi tía Rosa. Antonio trabaja en el Hospital Garibaldi. Ayuda a las personas enfermas.

Nombre: *Antonio*   Relación: *primo*   Profesión: *enfermero / médico*

1. Te presento a Miranda. Miranda es la hija de mi tío Ricardo. Miranda enseña francés en el Colegio Del Valle.

    Nombre: Miranda   Relación: _____   Profesión: _____

2. Mira, te presento a Olga. Olga trabaja para el periódico *El Universal.* Olga es la esposa de mi hermano.

    Nombre: Olga   Relación: _____   Profesión: _____

3. Quiero presentarte a César. César es el hijo de mi hermano. César trabaja en una pizzería después del colegio.

    Nombre: César   Relación: _____   Profesión: _____

4. Este es Raúl. Raúl es el hermano de mi padre. Él diseña casas y edificios.

    Nombre: Raúl   Relación: _____   Profesión: _____

5. Te presento al señor Domínguez, el padre de mi esposa. Él escribe software para una compañía multinacional.

    Nombre: señor Domínguez   Relación: _____   Profesión: _____

8 **¿Qué quieres ser?** En grupos de tres, hablen sobre sus planes para el futuro.

MODELO **Tú:** *¿Qué profesión te interesa?*
Compañero(a): *¿A mí? Yo quiero ser director de medios sociales.*
Tú: *¿Dónde quieres trabajar?*
Compañero(a): *Quiero trabajar aquí, en Los Ángeles.*

9 **El español y las profesiones** En Estados Unidos hay muchas oportunidades profesionales para personas que hablan español. Estas carreras son algunos ejemplos que lo necesitan.

- abogado(a)
- académico(a)
- enfermero(a)
- intérprete
- médico(a)

- periodista
- policía
- profesor(a) o maestro(a) de español
- secretario(a) bilingüe
- trabajador(a) social

Con un(a) compañero(a) de clase, contesta las siguientes preguntas.

1. ¿Te interesa alguna de estas carreras? ¿Por qué? ¿Crees que hablar español es importante para tu futuro?
2. En Europa los estudiantes de primaria aprenden inglés y muchas veces otro idioma además de su lengua nativa. ¿Crees que es buena idea? ¿Por qué? ¿Crees que los estadounidenses deben aprender otro idioma además del inglés? ¿Por qué?

¡FÍJATE!

Las profesiones y el mundo

Gracias a la tecnología, el mundo va cambiando *(is changing)* muy rápido. Hoy día hay muchas profesiones nuevas que no existían en el pasado. Antes, muchas profesiones eran locales, es decir, se limitaban a lo que se podía hacer dentro de *(were limited to what could be done within)* la comunidad: policía, bombero(a), dentista, doctor(a), profesor(a). Ahora es posible elegir una profesión con impacto global. ¿En qué campos existen profesiones con proyección internacional?

© Bianda Ahmad Hisham / Shutterstock.com

With some professions, there is a lot of confusion about how to specify gender, especially for traditionally male professions like **piloto, bombero, ingeniero, general, mecánico, plomero**. The ambiguity is also due to the number of options for specifying gender. Some professions change the ending, like **el actor** and **la actriz; el maestro** and **la maestra; el alcalde** *(mayor)* and **la alcaldesa**. Other professions simply change the article, with no change to the noun, like **el gerente** and **la gerente, el dentista** and **la dentista**. Sometimes, the word **mujer** or **señora** is used to specify the gender: **la mujer policía**.

Asistencia sanitaria internacional	*International health care*
Banca internacional	*International banking*
Consultoría de negocios	*Consulting*
Derecho internacional	*International law*
Ingeniería multinacional	*International engineering*
Mercadotecnia internacional	*International marketing*
Política exterior	*Foreign policy*
Programas de conservación ambiental	*Environmental programs*
Servicios financieros	*Financial services*
Tecnología ambiental	*"Green" technology*
Telecomunicaciones	*Telecommunications*

PRÁCTICA Busca en Internet tres profesiones con proyección internacional que te interesan. ¿De qué campo son? ¿Qué puedes hacer en tus estudios para empezar a prepararte para cada profesión?

© Javier Larrea/age fotostock

Anilú: Mamá, ¿está Roberto por allí? Necesito hablar con él.

Mamá: No puede venir al teléfono. Se está bañando.

Anilú: ¿Está bañándose? ¿A esta hora?

Mamá: Acaba de regresar de su partido de fútbol. ¡Ay! ¡No hay ni **toallas** ni **jabón** en el baño! Me tengo que ir. Tengo que llevarle a tu hermano una toalla, el jabón y el **champú**...

En el baño *In the bathroom*

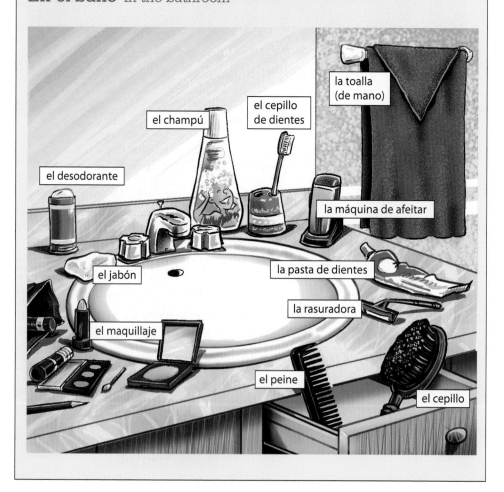

la toalla (de mano)

el cepillo de dientes

el champú

el desodorante

la máquina de afeitar

el jabón

la pasta de dientes

la rasuradora

el maquillaje

el peine

el cepillo

ACTIVIDADES

10 **¿Qué necesitan comprar?** Según la situación, ¿qué necesita comprar cada persona?

MODELO *Él necesita comprar champú.*

1.    **2.**    **3.**

4.    **5.**    **6.**

11 🔁 **El HiperMercado** Imagina que tú y tu hermano(a) ven un anuncio de HiperMercado en el periódico. Tú le dices qué quieres comprar y él/ella te dice cuánto dinero necesitas para comprar ese artículo.

(**¡OJO!** *Dollars* = **dólares** y *cents* = **centavos**.)

MODELO **Tú:** *Quiero comprar un cepillo y un peine.*
      Hermano(a): *Necesitas tres dólares y setenta y nueve centavos para comprar el cepillo y el peine.*

HiperMercado
¡Todo para la familia!
¡Los mejores precios de la ciudad!

Cepillo y peine "La Bella":   ~~$4,39~~ **$3,79**

Jabón antibacterial "Sanitario":   ~~$1,49~~ **$1,19**

Champú "Largo y limpio":   ~~$3,39~~ **$2,79**

Máquina de afeitar "El Varonil":   ~~$24,99~~ **$19,99**

Cepillo de dientes y pasta de dientes "Brillante":   ~~$4,75~~ **$3,75**

Paquete de seis rasuradoras "Para ella":   ~~$3,97~~ **$3,47**

Desodorante "Frescura":   ~~$2,69~~ **$1,99**

Paquete de dos toallas de mano "Elegantes":   ~~$4,99~~ **$3,99**

Unlike grocery stores, which focus mostly on food items, **hipermercados** in urban areas of many Spanish-speaking countries are similar to supermarkets, but tend to sell an even wider range of household products.

A ver

Listening for the main idea

A good way to organize your viewing of an authentic video is to focus on getting the main idea of the segment (or of each of its parts). Don't try to understand every word; just try to get the gist of each scene. Later, with the help of the textbook activities, some of the other details of the segment will emerge.

In the video, you hear Anilú refer to her **hermanito** Roberto. In Spanish, dimunitives such as this are common. You form the diminutive by adding **-ito** or **-ita** to a noun: **hermano** → **hermanito**. (Other diminutives are formed by adding **-cito / -cita: coche** → **cochecito**.)

A diminutive is used 1) to indicate that something or someone is small, or younger (**una casita** is a small house; **una hermanita** is a younger sister) 2) to express love or fondness. For example, Anilú's mother uses the term ¡**Hasta lueguito!** to indicate a very short amount of time.

To express affection, Spanish speakers also use nicknames. In the video, **Anilú** is a nickname for Ana Luisa, **Beto** for Roberto, and **Chela** for Graciela.

Antes de ver Conecta las fotos con los diálogos.

a   b   c

_____ **1.** Dulce: ¿Qué hace tu papá?
           Anilú: Es arquitecto. Diseña edificios para negocios.

_____ **2.** Mamá: Bueno, pero siempre hay que hacer tiempo para llamar a tu mamá.
           Anilú: Sí, mamá, está bien. Perdóname.

_____ **3.** Anilú: Mira, ven a ver.
           Dulce: ¿Qué es?

▶ **Ver** Ahora mira el video del **Capítulo 5**. Trata de entender la idea principal de cada escena.

Después de ver Conecta las escenas con las ideas principales.

1. _____ **Escena 1:** Anilú está mirando *(is looking at)* la computadora.

2. _____ **Escena 2:** Anilú habla con su mamá.

3. _____ **Escena 3:** Anilú y Dulce miran una foto en la impresora.

4. _____ **Escena 4:** Roberto llama a Anilú.

5. _____ **Escena 5:** Anilú mira la foto de la fiesta de cumpleaños del abuelo.

a. La mamá de Anilú dice que ella nunca la llama.

b. A Anilú no le gusta la foto pero Roberto cree que es muy cómica.

c. Roberto quiere saber *(to know)* si a Anilú le gustan las fotos.

d. Anilú dice *(says)* que tiene unas fotos digitales.

e. Ven una foto del papá de Anilú.

Voces de la comunidad

▶ Voces del mundo hispano

En el video de este capítulo, Mirna, José y Aura hablan de las profesiones y de sus familias. Lee las siguientes oraciones. Después mira el video una o más veces para decir si las oraciones son ciertas (**C**) o falsas (**F**).

1. Mirna estudia para ser diseñadora gráfica.
2. José ya es paralegal y estudia para ser abogado.
3. Una de las hermanas de Mirna trabaja en administración de empresas.
4. Aura tiene un hermano y dos hermanas.
5. Una hermana de Aura es contadora.
6. José tiene a seis miembros de su familia en Estados Unidos.

◀ Voces de Estados Unidos

© Gloria Rodríguez

Gloria G. Rodríguez, fundadora de AVANCE

❝ Essentially, to be Hispanic is to value children . . . Rarely are children as welcomed and visible with adults as in the Latino culture. Indeed, los hijos son la riqueza de los padres, son nuestro gran tesoro. ❞

La doctora Gloria G. Rodríguez es la fundadora de AVANCE y fue su presidenta desde 1973 hasta 2006. AVANCE es una organización nacional que ayuda a familias latinas pobres con niños pequeños. En su libro, *Raising Nuestros Niños: Bringing Up Latino Children in a Bicultural World*, Rodríguez explica la filosofía de Avance así:

Los padres tienen la esperanza y el deseo, hope and desire, that their children succeed, and that they feel un gran orgullo, a great sense of pride, when they do. Esta esperanza y orgullo de los padres, this hope and pride, become tremendous driving forces for Latino parents (page 3).

Esta mexicoamericana de orígenes muy pobres es ganadora de muchos premios y reconocimientos por su labor con familias hispanas.

21ST CENTURY SKILLS
Cross-cultural skills: Hispanic families emphasize interdependence. Ask yourself: **¿Qué papel juega la familia para el estudiante en el momento de buscar empleo o decidir dónde estudiar?**

¿Y tú? **¿Es importante tu familia en tu vida estudiantil? ¿Qué papel juega la familia en la educación de los niños y jóvenes?**

¡Prepárate!

GRAMÁTICA ÚTIL 1

Describing daily activities: Irregular-**yo** verbs in the present indicative, **saber** vs. **conocer**, and the personal **a**

Cómo usarlo

1. You have already learned the present indicative tense of many verbs. These include regular **-ar, -er,** and **-ir** verbs (**hablar, comer, vivir,** etc.), some irregular verbs (**ser, tener, ir**), and some stem-changing verbs (**pensar, poder, dormir,** etc.).

2. Now you will learn some verbs that are regular in all forms of the present indicative except the **yo** form. Like other verbs in the present indicative tense, these verbs can be used to say what you routinely do, what you are doing at the moment, or what you plan to do in the future.

Todos los días **salgo** para la universidad a las ocho.	*Every day **I leave** for the university at 8:00.*
Ahora mismo, **pongo** mis libros en la mochila y **digo** "hasta luego" a mi compañera de cuarto.	*Right now, **I put / I'm putting** my books in my backpack and **I say / I'm saying**, "See you later" to my roommate.*
Esta noche, **traigo** mis libros a casa otra vez y **hago** la tarea.	*Tonight, **I bring / I'll bring** my books home again and **I do / I'll do** my homework.*

Cómo formarlo
Irregular-yo verbs

Many irregular-**yo** verbs in the present indicative fall into several recognizable categories. Others have to be learned individually.

1. **-go** endings:

hacer	*to make; to do*	**hago**, haces, hace, hacemos, hacéis, hacen
poner	*to put*	**pongo**, pones, pone, ponemos, ponéis, ponen
salir	*to leave, to go out (with)*	**salgo**, sales, sale, salimos, salís, salen
traer	*to bring*	**traigo**, traes, trae, traemos, traéis, traen

2. **-zco** endings:

conducir	*to drive; to conduct*	**conduzco**, conduces, conduce, conducimos, conducís, conducen
conocer	*to know a person; to be familiar with*	**conozco**, conoces, conoce, conocemos, conocéis, conocen
traducir	*to translate*	**traduzco**, traduces, traduce, traducimos, traducís, traducen

Conducir is used more frequently in Spain to talk about driving. In most of Latin America, the verbs **manejar** and **guiar** (both regular -ar verbs) are used.

3. Other irregular-**yo** verbs:

dar	*to give*	**doy**, das, da, damos, dais, dan
oír	*to hear*	**oigo**, oyes, oye, oímos, oís, oyen
saber	*to know a fact;* *to know how to*	**sé**, sabes, sabe, sabemos, sabéis, saben
ver	*to see*	**veo**, ves, ve, vemos, veis, ven

4. Two irregular-**yo** verbs (**-go** verbs) with a stem change:

decir	*to say, to tell*	**digo**, dices, dice, decimos, decís, dicen
venir	*to come, to attend*	**vengo**, vienes, viene, venimos, venís, vienen

5. Remember that most of these verbs are irregular only in the **yo** form. Otherwise, they follow the rules for regular **-ar, -er,** and **-ir** verbs that you have already learned. **Oír** uses the regular endings but includes a spelling change: the addition of **y** to all forms except the **yo** form. **Decir** and **venir** also have a stem change in addition to the irregular-**yo** form, but they still use **-ir** present-tense endings.

Saber vs. conocer

Saber and **conocer** both mean *to know*. It's important to know when to use each one.

■ Use **saber** to say that you know a fact or information, or that you know how to do something.

> Eduardo **sabe** hablar alemán, jugar tenis y bailar flamenco. Además **sabe** dónde están todos los restaurantes buenos de la ciudad.

> *Eduardo **knows how** to speak German, play tennis, and dance flamenco. He also **knows** where all the good restaurants in the city are.*

■ Use **conocer** to say that you know a person or are familiar with a thing.

> —¿**Conocen** a Sandra?
> —No, pero **conocemos** a su hermana.

> *Do you **know** Sandra?*
> *No, but we **know** her sister.*

> —¿**Conoces** bien Tegucigalpa?
> —Sí, pero no **conozco** las otras ciudades de Honduras.

> *Do you **know** Tegucigalpa well?*
> *Yes, but I don't **know** the other cities in Honduras.*

The personal a

When you use **conocer** to say that you know a person, notice that you use the preposition **a** before the noun referring to the person. This preposition is known as the personal **a** in Spanish and it must be used whenever a person, but not an inanimate object, receives the action of any verb (not just **conocer**): **Conozco a Juan. / Conozco ese libro.** It has no equivalent in English.

> Conocemos **a** Nina y **a** Roberto.
> ¿Ves **a** tus amigos frecuentemente?

> *We know Nina and Roberto.*
> *Do you see your friends frequently?*

Note that **oír** requires a **y** in the **tú, él / ella / usted,** and **ellos / ellas / ustedes** forms.

Algún día vas a tener hijos y entonces vas a **saber** cómo es.

One way to remember the difference between **saber** and **conocer** is that **saber** is usually followed by either a verb or a phrase, while **conocer** is often followed by a noun and is never followed by an infinitive.

The personal **a** can also be used with pets: **Adoro a mi perro.**

21ST CENTURY SKILLS
Skills Map The personal **a** is likely to challenge your linguistic **flexibility & adaptability**. Being open-minded to different language structures is part of the language learning experience.

In **Chapter 3** you learned that **a** + **el** = **al**. The personal **a** is no exception: **Veo al profesor.**

ACTIVIDADES

1 **¿Sí o no?** Lee las oraciones y decide si requieren la **a** personal o no. Añade la **a** personal si es necesaria o marca con una X si no es necesaria.

MODELO   Conozco bien __X__ Buenos Aires.

1. Veo _____ mis hermanos todos los días.
2. Hago mi tarea con _____ ellos.
3. Les digo la verdad *(truth)* _____ ellos también.
4. Oigo _____ sus comentarios sobre la universidad.
5. Conozco _____ muchos de sus amigos.
6. Conduzco el auto cuando visito _____ mi familia.

2 **La mamá de Anilú** La mamá de Anilú le describe un día normal a una amiga. Usa el punto de vista *(viewpoint)* de ella para describir su día.

MODELO   salir del trabajo a las cinco
         Salgo del trabajo a las cinco.

  1. generalmente, traer trabajo a casa
  2. cuando llego a casa, venir muy cansada
  3. hacer la cena *(dinner)* a las siete
  4. poner la mesa *(set the table)* antes de hacer la cena
  5. cuando la cena está preparada, decir "todo está listo"
  6. conocer a mis hijos muy bien
  7. saber que tengo que llamarlos varias veces
  8. por fin, oír a los niños apagar la tele
  9. ver un poco de mi programa favorito
 10. dar las gracias por otro día más o menos normal

3 ⟳ **¿Sabes...?** Con un(a) compañero(a), forma preguntas con las siguientes frases. Túrnense para hacerse las preguntas y contestarlas. Luego, háganse nuevas preguntas usando los verbos de las frases.

MODELO   conducir para llegar a la universidad
         Tú: *¿Conduces para llegar a la universidad?*
         Compañero(a): *No, no conduzco para llegar a la universidad.*
         Tú: *¿Conduces todos los días?*
         Compañero(a): *No, conduzco tres días a la semana.*

  1. conocer al (a la) presidente(a) de la universidad
  2. dar tu contraseña a tus amigos
  3. decir siempre la verdad
  4. hacer la tarea puntualmente
  5. saber escribir programas para los teléfonos inteligentes
  6. salir frecuentemente con amigos
  7. traducir poemas del inglés al español
  8. traer la computadora portátil a la clase
  9. venir cansado(a) o aburrido(a) de las clases
 10. ver televisión por la mañana, la tarde o la noche

4  **¿Saber o conocer?** Con un(a) compañero(a), túrnense para hacer las siguientes preguntas. La persona que hace las preguntas tiene que decidir entre los verbos **saber** o **conocer**.

MODELO ¿(Saber / Conocer / Conocer a) hablar español?
        Tú: *¿Sabes hablar español?*
        Compañero(a): *Sí, sé hablar español.*

1. ¿(Saber / Conocer / Conocer a) el (la) compañero(a) de cuarto de…?
2. ¿(Saber / Conocer / Conocer a) Nueva York, París o Buenos Aires?
3. ¿(Saber / Conocer / Conocer a) tocar el violín?
4. ¿(Saber / Conocer / Conocer a) Honduras?
5. ¿(Saber / Conocer / Conocer a) preparar comida hondureña o salvadoreña?

5 **Sé y conozco** Escribe cinco cosas que **sabes** hacer. Luego escribe el nombre de cinco personas o lugares que **conoces**. Intercambia tu lista con un(a) compañero(a). Tu compañero(a) tiene que informarle a la clase lo que tú **sabes** y **conoces**, y tú tienes que hacer lo mismo con la lista de tu compañero(a).

MODELO **Tu lista:** *Sé jugar tenis.*
        Conozco a muchas personas que juegan tenis.
        Tu compañero(a): *Javier sabe jugar tenis.*
        Conoce a muchas personas que juegan tenis.

6 **Cuestionario** Primero, contesta el siguiente cuestionario. Luego, en grupos de tres, háganse las preguntas. Si quieren, pueden añadir otras. Todos los miembros del grupo deben contestar todas las preguntas.

1. **Tu horario**
   ¿Cuándo haces ejercicio?
   ¿Cuándo haces la tarea?

2. **Tu vida social**
   ¿Sales por la noche? ¿Adónde vas?
   ¿Con quién sales los fines de semana?

3. **Tu medio de transporte preferido**
   ¿Tienes coche? ¿Conduces a la universidad?
   ¿Conduces todos los días o usas otro medio de transporte?

4. **Tu tiempo libre**
   ¿Sabes jugar algún deporte? ¿Cuál?
   ¿Sabes tocar un instrumento? ¿Cuál?

5. **Tus viajes**
   ¿Conoces algún país de Latinoamérica? ¿Cuál(es)?
   ¿Conoces África o Asia?

GRAMÁTICA ÚTIL 2

Describing daily activities: Reflexive verbs

Hotel Calidad Ejecutiva
www.calidadejecutiva.com 1-800-444-4444
7800 Avenida Norte, San Salvador 2901-8720

Ya es hora de
despertarse
a una nueva
clase de hotel
de negocios.

© Anton Prado Photo/Shutterstock.com

> **This ad for a business hotel in El Salvador uses a reflexive verb. What is it and what does it mean?**

Cómo usarlo

1. So far, you have learned to use Spanish verbs to say what actions people are doing or to describe people and things.

Elena **habla** por teléfono.   *Elena **talks** on the phone.*
Tu hermano **está** cansado.   *Your brother **is** tired.*

2. Spanish has another category of verbs, called *reflexive* verbs, where the action of the verb *reflects back* on the person who is doing the action. When you use reflexive verbs in Spanish, they are often translated in English as *with* or *to myself, yourself, himself, herself, ourselves, yourselves, themselves.*

Lidia **se maquilla**.   *Lidia **puts makeup on (herself)**.*
Antes de ir a clase, yo **me ducho,**   *Before going to class, **I shower,***
    me visto y **me peino**.   ***get dressed**, and **comb my hair**.*

3. Notice how a reflexive verb is always used with a reflexive pronoun. These pronouns always match the subject of the sentence. The action of the verb *reflects back* on the person when the pronoun is used.

Yo me acuesto a las once.   ***I go to bed (put myself to bed)** at eleven.*

Tú te despiertas a las diez los   ***You wake up (wake yourself up)***
    fines de semana.   *at ten on the weekends.*
Nosotros nos bañamos antes de   ***We bathe (ourselves) before** we*
    salir de casa.   *leave the house.*
Ellos se afeitan todos los días.   ***They shave (themselves)** every day.*

> The reflexive pronoun and verb must always match the subject of the sentence: **Nosotros nos bañamos, Ellos se afeitan, Mateo se lava,** etc.

4. Most reflexive verbs can also be used without the reflexive pronoun to express non-reflexive actions, that is, actions that are performed on someone other than oneself.

Mateo **se baña** todos los días.   *Mateo **bathes** every day.*
Mateo **baña** a su perro.   *Mateo **bathes (washes)** his dog.*

5. Reflexive pronouns can also be used to indicate *reciprocal actions*.

Leo y Ali **se cortan** el pelo.   *Leo and Ali **cut each other's** hair.*

Cómo formarlo

Lo básico

- A *reflexive verb* is one in which the action described reflects back on the subject.
- A *reflexive pronoun* is a pronoun that refers back to the subject of the sentence. English reflexive pronouns are *myself, herself, ourselves,* etc.

1. You conjugate reflexive verbs the same way you would any other verb. The only difference is that you must always include the reflexive pronoun.

2. Here is the reflexive verb **lavarse** conjugated in the present indicative tense.

lavarse *(to wash oneself)*			
yo	<u>me</u> **lav<u>o</u>**	nosotros, nosotras	<u>nos</u> **lav<u>amos</u>**
tú	<u>te</u> **lav<u>as</u>**	vosotros, vosotras	<u>os</u> **lav<u>áis</u>**
Ud. / él / ella	<u>se</u> **lav<u>a</u>**	Uds. / ellos / ellas	<u>se</u> **lav<u>an</u>**

3. The only difference in the way that reflexive and non-reflexive verbs are conjugated is the addition of the reflexive pronoun to the verb form. Verbs that are irregular or stem-changing when used non-reflexively have the same irregularities or stem changes when used with a reflexive pronoun.

Me despierto a las seis y media. *I wake (myself) up at 6:30.*
Despierto a mi esposo a las siete. *I wake my husband up at 7:00.*

4. When you use a reflexive verb in its infinitive form, the reflexive pronoun may attach at the end of the infinitive (most commonly) or go at the beginning of the entire verb phrase.

Voy a acostarme a las once.	OR: **Me voy a acostar** a las once.
Debo acostarme a las once.	OR: **Me debo acostar** a las once.
Tengo que acostarme a las once.	OR: **Me tengo que acostar** a las once.

Notice that with **gustar** (and similar verbs), the reflexive pronoun *must* be attached at the end of the infinitive: **Me gusta acostar<u>me</u> a las once**.

Remember that when you use a reflexive verb as an infinitive, you still need to change the pronoun to match the subject of the sentence: **Voy a acostar<u>me</u> a las once, pero tú vas a acostar<u>te</u> a medianoche.**

5. Here are some common reflexive verbs, many of which refer to daily routines. Many reflexive verbs have a stem change, which is indicated in parenthesis.

acostarse (ue) *to go to bed*	**levantarse** *to get up*
afeitarse *to shave oneself*	**maquillarse** *to put on makeup*
bañarse *to take a bath*	**peinarse** *to brush / comb one's hair*
cepillarse el pelo *to brush one's hair*	**ponerse (la ropa)** *to put on (clothing)*
cepillarse los dientes *to brush one's teeth*	**prepararse** *to get ready*
despertarse (ie) *to wake up*	**quitarse (la ropa)** *to take off (clothing)*
ducharse *to take a shower*	**secarse el pelo** *to dry one's hair*
lavarse *to wash oneself*	**sentarse (ie)** *to sit down*
lavarse el pelo *to wash one's hair*	**vestirse (i)** *to get dressed*
lavarse los dientes *to brush one's teeth*	

6. Some Spanish verbs are used with reflexive pronouns to emphasize a change in state or emotion. Spanish has many more verbs that are used this way than English does. Note that some of these verbs (**casarse, comprometerse,** etc.) are usually used to express reciprocal actions, due to the nature of their meaning.

casarse *to get married*	**irse** *to leave, to go away*
comprometerse *to get engaged*	**pelearse** *to have a fight*
despedirse (i) *to say goodbye*	**preocuparse** *to worry*
divertirse (ie) *to have fun*	**quejarse** *to complain*
divorciarse *to get divorced*	**reírse (i)** *to laugh*
dormirse (ue) *to fall asleep*	**relajarse** *to relax*
enamorarse *to fall in love*	**reunirse** *to meet, to get together*
enfermarse *to get sick*	**separarse** *to separate*

7. Here are some common words and phrases to use with these verbs.

a veces *sometimes*	**siempre** *always*
antes *before*	**todas las semanas** *every week*
después *after*	**todos los días** *every day*
luego *later*	**... veces al día /** *... times a day /*
nunca *never*	**por semana** *per week*

ACTIVIDADES

7 🔊 **Necesito...** Para vernos y sentirnos bien, todos tenemos que hacer ciertas cosas antes o después de participar en ciertas actividades. Escucha las descripciones y escoge el dibujo que le corresponde a cada una.

MODELO **Escuchas:** Necesito peinarme antes de fotografiarme.
Ves el dibujo a la derecha:
Escribes: la letra correspondiente

1. _____ 2. _____ 3. _____

4. _____ 5. _____ 6. _____

8 🔄 **De visita** Estás de visita en la casa de tu compañero(a) y quieres saber más de la rutina diaria de él/ella y de su familia. Hazle las preguntas de la lista y, si quieres, también inventa otras.

MODELO **Tú lees:** ¿A qué hora (acostarse) tus padres?
Tú preguntas: *¿A qué hora se acuestan tus padres?*
Compañero(a): *Mis padres se acuestan a las diez o las once de la noche.*

1. ¿Tú (lavarse) el pelo todos los días?
2. ¿Cuántas veces por semana (afeitarse) tu hermano?
3. ¿(Despertarse) tarde o temprano tu madre?
4. ¿(Ducharse) por la mañana o por la noche tu hermano?
5. ¿(Maquillarse) tu hermana antes de salir para la universidad?
6. ¿A qué hora (acostarse) tu compañero(a) de cuarto?
7. ¿A qué hora (levantarse) tu padre?
8. ¿Tú (peinarse) antes de salir de casa?
9. ¿Cuántas veces por día (lavarse) los dientes tú y tus hermanos?

9 **La telenovela** Miguel y Marta son los protagonistas de una telenovela famosa. Tú eres el (la) guionista *(script writer)* y tienes que describir el desarrollo de su relación. Sigue el modelo.

MODELO divertirse en la fiesta de unos amigos
Miguel y Marta se divierten en la fiesta de unos amigos.

1. enamorarse después de un mes
2. comprometerse después de un año
3. casarse en la casa de los padres de Marta
4. pelearse frecuentemente
5. quejarse mucho con sus amigos
6. separarse por seis meses
7. divorciarse después de dos años de matrimonio
8. irse a diferentes regiones del país

10 🔄 **Preguntas personales** Tú y tu compañero(a) quieren saber más sobre sus respectivas vidas. Háganse las siguientes preguntas. Luego, inventen cinco preguntas más con los verbos de la rutina diaria o los otros verbos reflexivos de las páginas 185–186.

1. ¿A qué hora te acuestas durante la semana? ¿Y los fines de semana?
2. ¿A qué hora te levantas durante la semana? ¿Y los fines de semana?
3. ¿Te preocupas mucho por tus estudios?
4. ¿Cuántas veces por semana te reúnes con tus amigos?
5.–9. ¿…?

Describing actions in progress:
The present progressive tense

Cómo usarlo

1. The present progressive tense is used in Spanish to describe actions that are in progress at the moment of speaking. It is equivalent to the *is / are + -ing* structure in English.

En este momento **estamos llamando** a los abuelos.	*Right now,* **we are calling** *the (our) grandparents.*
Están comiendo ahora.	**They are eating** *right now.*

¿Estás viendo las fotos?

2. Note that the present progressive tense is used *much* more frequently in English than it is in Spanish. Whereas in English it is used to describe future plans, in Spanish the present indicative or the **ir + a +** infinitive structure is used instead.

Salimos con la familia este viernes.	**We are going out** *with the family this Friday.*
Vamos a salir con la familia este viernes.	**We are going to go out** *with the family this Friday.*

3. Use the present progressive in Spanish only to describe actions in which people are engaged at the moment. Do not use it to describe routine ongoing activities (use the present indicative), to describe generalized action (use the infinitive), or to describe future actions.

Right now:

No puedo hablar. **Estamos estudiando.**	*I can't talk.* **We're studying** *(right now).*

BUT:

- *Routine:*

Estudio español, biología, historia e informática.	**I am studying / I study** *Spanish, biology, history, and computer science.*

- *Generalized action:*

Estudiar es importante.	**Studying** *is important.*

- *Future:*

Estudio con Mario el lunes.	**I will study** *with Mario on Monday.*

Cómo formarlo

Lo básico

A *present participle* is the verb form that expresses a continuing or ongoing action. In English, present participles end in *-ing: laughing, reading.*

1. Form the present progressive tense by using the present indicative forms of the verb **estar** (which you learned in **Chapter 4**) and the present participle.

> **estoy / estás / está / estamos / estáis / están** + present participle

2. Here's how to form the present participle of regular **-ar, -er,** and **-ir** verbs.

-ar verbs	-er / -ir verbs
Remove the **-ar** from the infinitive and add **-ando**.	Remove the **-er** / **-ir** from the infinitive and add **-iendo**.
caminar → **caminando**	ver → **viendo**
	escribir → **escribiendo**

Estamos caminando por la calle.	*We're walking* down the street.
Estoy viendo la televisión.	*I'm watching* television.
Chali **está escribiendo** su trabajo.	*Chali is writing* her paper.

3. A few present participles are irregular: for example, **leer (leyendo), oír (oyendo).**

4. All **-ir** stem-changing verbs show a stem change in their present participle as well.

e → i			
despedirse	**despidiéndose**	reírse	**riéndose**
divertirse	**divirtiéndose**	repetir	**repitiendo**
pedir	**pidiendo**	servir	**sirviendo**
o → u			
dormir	**durmiendo**	morir	**muriendo**

5. As you may have noticed in the list above, to form the present participle of reflexive verbs, you may attach the reflexive pronoun to the end of the present participle or place it before the entire verb phrase, the same as when you use reflexive verbs in the infinitive. Note that when the pronoun is attached, the new present participle form requires an accent to maintain the correct pronunciation.

Lina **está levantándose** ahora mismo. / Lina **se está levantando** ahora mismo.	*Lina is getting up* right now.
Estoy divirtiéndome mucho. / **Me estoy divirtiendo** mucho.	*I'm having* a lot of *fun*.

ACTIVIDADES

11 🔊 **Preparaciones** La familia González va a una boda *(wedding)* y todos están preparándose. Escucha la conversación telefónica de un miembro de la familia y escoge la oración que dice qué está haciendo cada persona mencionada.

MODELO ___X___ La prima está peinándose. / _____ La prima está riéndose.

1. _____ El padre está vistiéndose. / _____ El padre está afeitándose.

2. _____ La madre está duchándose. / _____ La madre está bañándose.

3. _____ El hermano está lavándose los dientes. / _____ El hermano está lavándose las manos.

4. _____ La hermana está secándose el pelo. / _____ La hermana está sentándose.

5. _____ Los abuelos están vistiéndose. / _____ Los abuelos están bañándose.

6. _____ Las tías están cepillándose el pelo. / _____ Las tías están maquillándose.

12 🔄 **¿Qué están haciendo?** Pregúntale a un(a) compañero(a) qué está haciendo la persona del dibujo. Menciona la profesión de la persona también.

MODELO el camarero (servir la comida)
Tú: *¿Qué está haciendo el camarero?*
Compañero(a): *Está sirviendo la comida.*

1. la profesora (escribir en la pizarra)

2. la médica (hablar por teléfono)

3. la directora de medios sociales (usar Facebook)

4. el cocinero (preparar la cena)

5. la asistente (enviar un mensaje de texto)

6. la actriz (descansar)

13 🔄 **¡Imagínense!** Trabaja con un(a) compañero(a) de clase. Juntos hagan una lista de diez personas famosas. Luego, digan, en su opinión, qué están haciendo en este momento. Escriban por lo menos dos oraciones para cada persona. ¡Sean creativos!

MODELO ¿Qué está haciendo Shakira?
Ella está bailando y cantando.

14 👥 **¡Chismosos!** Ahora, intercambien sus oraciones de la **Actividad 13** con las de otra pareja. Juntos escriban una columna de chismes *(gossip)* para una revista semanal. Traten de escribir de una manera interesante y descriptiva. Pueden incluir dibujos o fotos de las personas, si quieren.

SONRISAS

Expresión 🔁 Con un(a) compañero(a) de clase, imagina cómo es el día del (de la) presidente de una compañía internacional o, si lo prefieres, elige *(choose)* otra profesión. ¿Cómo es su rutina diaria? Hagan un horario de un día típico.

MODELO *Son las ocho de la mañana. Está preparándose para una reunión.*

¡Explora y exprésate!

Honduras

Consulta el mapa de Honduras en el **Apéndice D**.

© Robert English/Shutterstock.com
© Christian Wilkinson/Shutterstock.com

▶ **Información general**

Nombre oficial: República de Honduras

Población: 8.098.000

Capital: Tegucigalpa (f. 1762) (1.332.000 hab.)

Otras ciudades importantes: San Pedro Sula (875.000 hab.), El Progreso (300.000 hab.)

Moneda: lempira

Idiomas: español (oficial), idiomas amerindios

A tener en cuenta

- Honduras tiene una gran historia de pueblos indígenas, entre ellos los lencas, los garífunas, los miskitos, los chortis, los pech, los tolupanes, los tawahkas y los mayas.

- Cristóbal Colón llega a las costas de Honduras en 1502, en su cuarto y último viaje al Nuevo Mundo. La conquista española de Honduras empieza dos décadas después, bajo las órdenes de Hernán Cortés, y termina en 1537, con la muerte *(death)* de Lempira, guerrero héroe de origen maya-lenca.

- Copán, un centro gubernamental y ceremonial de la antigua civilización maya, se encuentra a orillas *(is located on the shores)* del río Copán, cerca de la frontera con Guatemala. Es considerado uno de los sitios arqueológicos más importantes del Período Clásico.

- Honduras basa su economía en la agricultura, especialmente en las plantaciones de banana, cuya comercialización empezó *(began)* en 1889 con la fundación de Standard Fruit Company.

© Alvaro Calero/iStock

El Salvador

Información general

Nombre oficial: República de El Salvador

Población: 6.340.000

Capital: San Salvador (f. 1524) (1.860.000 hab.)

Otras ciudades importantes: San Miguel (247.000 hab.), Santa Ana (264.000 hab.)

Moneda: dólar estadounidense

Idiomas: español (oficial), náhuatl, otras lenguas amerindias

Consulta el mapa de El Salvador en el **Apéndice D**.

A tener en cuenta

- El Salvador es el país más pequeño de Centroamérica, pero el más denso en población.

- Durante la época precolombina, El Salvador fue habitado por los pipiles y los lencas.

- Joya de Cerén es un sitio precolombino de El Salvador, declarado Patrimonio de la Humanidad por la UNESCO. Es un pueblo *(town)* entero sepultado en el siglo VII por una erupción volcánica. Como una Pompeya americana, Joya de Cerén es de un inestimable valor arqueológico e histórico.

- Entre 1980 y 1990, El Salvador vivió en guerra civil. Durante esos años, muchos salvadoreños emigraron a Estados Unidos.

© Luis Galdamez/Reuters /Landov

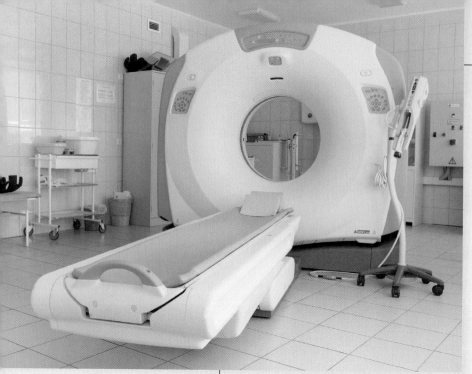

La mecatrónica

En la Universidad Tecnológica Centroamericana (Unitec) de Honduras, puedes hacer la licenciatura en Mecatrónica, una carrera que combina la mecánica, la electrónica y la informática. ¿Qué aprendes si estudias mecatrónica? Aprendes a diseñar y construir productos mecatrónicos, como instrumentos médicos, cámaras fotográficas, chips que automatizan las máquinas, aparatos biomédicos y productos innovadores en varios campos como la bioingeniería. ¿Tienes aptitud para la mecatrónica?

COMEDICA, una cooperativa médica

Hace cuatro décadas *(four decades ago)*, once médicos salvadoreños deciden hacer algo revolucionario para pagar su educación. Con 100 colones de cada uno, abren una cooperativa para obtener crédito y ahorrar *(save)*. Hoy día, COMEDICA cuenta con $27.12 millones. Entre sus clientes hay médicos, odontólogos, psicólogos, químicos, farmacéuticos y enfermeros. Muchos médicos han adquirido *(have gotten)* sus casas, sus vehículos, equipos para sus clínicas y también han pagado sus estudios de posgrado con la ayuda de COMEDICA. Los once médicos ilustran el dicho "¡Sí se puede!".

EN RESUMEN

La información general Di a qué país o países se refiere cada oración.

1. Un sitio arqueológico muy importante se encuentra en este país.
2. Las plantaciones de banana son una parte importante de la economía de este país.
3. Es el país más pequeño de Centroamérica.
4. Lempira es un gran héroe de este país.
5. El pueblo indígena de los lencas habita este país.
6. Este país pasó por *(underwent)* una guerra civil que duró *(lasted)* diez años.

El tema de las profesiones

1. ¿Qué áreas de estudio combina la mecatrónica?
2. ¿Qué productos aprendes a diseñar y construir si estudias la mecatrónica?
3. ¿Quién creó *(created)* la cooperativa COMEDICA?
4. ¿Qué dicho ilustra las acciones de los once médicos salvadoreños?

¿Quieres saber más?

Revisa y completa la tabla que empezaste al principio del capítulo. Escoge uno o dos de los temas sobre los que escribiste en la columna **Lo que quiero aprender**, o uno o dos de los que figuran a continuación. Prepárate para compartir la información con la clase.

Palabras clave: Honduras los mayas, Lempira, los garífunas, los miskitos, José Antonio Velásquez; **El Salvador** Tazumal, Acuerdos de Paz de Chapultepec, Óscar Arnulfo Romero, Claribel Alegría

🌐 Para aprender más sobre El Salvador, mira los videos culturales en la mediateca *(Media Library)*.

© Zia Soleil/Getty Images

A leer

Antes de leer

1 Mira la información sobre la cultura garífuna y completa las oraciones a continuación.

Los garífunas son de ascendencia africana, arahuaca, e indio-caribe. Sus antepasados, exiliados de la isla de San Vicente en 1797, viajaron *(they traveled)* a la costa Atlántica de Belice y Honduras y a las islas de Barlovento de Nicaragua. Viven allí y en otras regiones cercanas *(close)* con la mayor parte de su cultura intacta, incluso su música y arte tradicionales.

© Roijoy/iStock

1. La cultura garífuna tiene aproximadamente (150 / 220 / 250) años.
2. Los garífunas son de origen (africano / español / inglés).
3. Los garífunas todavía tienen su propio(a) (país / cultura / presidente).

2 Con un(a) compañero(a), conecta las frases de la lectura de la izquierda con sus equivalentes en inglés de la derecha. Usen los cognados en negrilla *(boldface)* como guía.

1. _____ a las **culturas** que los rodeaban
2. _____ querían que los dejaran en **paz**
3. _____ están **separados** por fronteras **nacionales**
4. _____ se mantienen… **unidos**
5. _____ los **antecesores** han legado
6. _____ han permanecido fieles a su **pasado**

a. the **ancestors** have left to them
b. they maintain themselves **united**
c. they are **separated** by **national** borders
d. have remained faithful to their **past**
e. to the **cultures** that surrounded them
f. they wanted to be left in **peace**

3 Ahora lee rápidamente el siguiente artículo sobre la cultura garífuna de Centroamérica. Presta atención en particular a las frases en negrilla. Estas son importantes para entender la sección. Después de cada sección, vas a tener la oportunidad de ver si entiendes bien las ideas principales.

La cultura garífuna

Durante siglos[1] los garífunas, que constituyen un **grupo étnico disperso a lo largo de las costas de cinco países, se han mantenido apartados**[2] de los demás pueblos[3]. Desde el principio, sus antepasados **no buscaron**[4] **conquistar ni asimilarse a las culturas** que los rodeaban. Solo querían que los dejaran en paz.

Aunque están separados por fronteras nacionales, los garífunas se mantienen no obstante unidos en su determinación por preservar su cultura, rica en influencias africanas y americanas.

¿Cierto o falso?

1. Los garífunas querían (wanted to) asimilarse a otras culturas.
2. La cultura garífuna es rica en influencias europeas.

Las comunidades garífunas **conservan celosamente**[5] **su arte, su música, sus artesanías y sus creencias religiosas**, que en conjunto[6] constituyen una forma de vida muy particular. Los antecesores han legado a los garífunas su **música característica, que incorpora canciones y ritmos africanos y americanos**, y un **expresivo lenguaje** que contiene elementos arahuacos y caribes —los idiomas originales de los indios caribes— y yorubas, una lengua proveniente de África Occidental. Los garífunas **han permanecido fieles a su pasado**.

¿Cierto o falso?

3. Mantener las tradiciones del arte, de la música y de las creencias religiosas es muy importante para los garífunas.
4. La música garífuna tiene elementos africanos y europeos.
5. La lengua garífuna tiene elementos de lenguas caribes y de una lengua africana.

A través de[7] los siglos, los garífunas sin duda han mantenido el fuego[8] de su vida cultural. En la actualidad, **la libre práctica de sus antiguas tradiciones asegura el conocimiento de su singular historia** y contribuye a acrecentar[9] la riqueza cultural de los países que los albergan[10], compartiendo las sagradas creencias y las ricas expresiones artísticas de sus orgullosos[11] antepasados.

¿Cierto o falso?

6. En realidad, los garífunas no pueden conservar sus tradiciones antiguas.
7. Los garífunas hacen contribuciones culturales a los países donde viven.

Check yourself: 1. F 2. F 3. C 4. F 5. C 6. F 7. C

© Esteban Felix/AP Images

[1] centuries [2] **se...:** they kept themselves separate [3] grupos étnicos [4] **no...:** did not seek to [5] jealously [6] **en...:** como un grupo [7] **A...:** Across, Throughout [8] fire [9] to strengthen, increase [10] **los...:** shelter them [11] proud

Excerpt from "Los fuertes lazos ancestrales," from Américas, Vol. 43, No. 1, 1991. Reprinted from Américas magazine, the official publication of the Organization of American States (OAS), published bimonthly in identical English and Spanish editions. Used with permission.

Después de leer

4 🔄 Ahora que entiendes las ideas principales de las secciones del artículo, trabaja con un(a) compañero(a) de clase. Lean los párrafos otra vez y luego contesten las siguientes preguntas.

1. ¿Dónde viven los garífunas?
2. ¿Cómo es la lengua garífuna?
3. ¿Cómo es la música garífuna?

5 🔄 Lee rápidamente la siguiente información sobre los garífunas en Estados Unidos y, con un(a) compañero(a), contesta las preguntas a continuación.

Poster: © B Christopher / Alamy

En Estados Unidos también hay comunidades garífunas. Una de las más grandes y activas está en la ciudad de Nueva York y es la población más grande de garífunas fuera de Centroamérica. La organización Garifuna Coalition USA, Inc. promueve la cultura garífuna de Nueva York y sirve como centro de información sobre sus eventos, noticias y celebraciones.

Todos los años la coalición organiza el Mes de la Herencia Garífuna y entrega premios *(awards)* a las personas que han promovido *(have promoted)* la cultura garífuna y sus intereses en Estados Unidos.

1. ¿Dónde hay una población grande de garífunas en Estados Unidos?
2. ¿Qué hace la coalición?
3. ¿Qué organiza todos los años la coalición?

6 👥 En grupos de tres o cuatro estudiantes, identifiquen uno o dos grupos culturales de Estados Unidos o de otros países que mantienen sus tradiciones y costumbres diferentes de las de sus países de residencia. En su opinión, ¿es la preservación de tradiciones y costumbres una consecuencia del aislamiento? ¿Cuáles son los beneficios de mantenerse aislados? ¿Y las desventajas *(disadvantages)*?

A escribir

Antes de escribir

ESTRATEGIA

Writing—Creating a topic sentence

On page 197, you looked for the main idea, which is usually expressed by the topic sentence. A good paragraph contains a topic sentence and supporting details. When you write, focus on the information you want to convey and write a topic sentence for each paragraph that summarizes its key idea.

1 Con un(a) compañero(a) de clase, mira el artículo en la página 197. Analicen cada párrafo para identificar la oración que mejor presente la idea principal del párrafo. Esta es la **oración temática** *(topic sentence).*

MODELO **Párrafo 1:** *Durante siglos los garífunas, que constituyen un grupo étnico disperso a lo largo de las costas de cinco países, se han mantenido apartados de los demás pueblos.*

2 Vas a escribir las oraciones temáticas de una composición de tres párrafos sobre tu futura profesión. Piensa en los tres párrafos que vas a crear y escribe una oración temática para cada uno.

MODELO **Tema:** *Las profesiones*
Aspecto específico del tema: *Mi profesión del futuro*
Párrafo 1: (Description of the profession)
Oración temática: *Me interesa el diseño gráfico.*
Párrafo 2: (Reason you want to have this profession)
Oración temática: *Me gusta dibujar y trabajar en la computadora.*
Párrafo 3: (What you need to do to prepare yourself for this profession)
Oración temática: *Para prepararme, necesito tomar una combinación de cursos de diseño gráfico, de arte y de computación.*

For extra help narrowing your topic, refer to the **A escribir** section in **Chapter 4**.

Composición

3 Ahora, usa las tres oraciones temáticas que escribiste en la **Actividad 2** para escribir una composición de tres párrafos sobre tu futura profesión.

Después de escribir

4 Mira tu borrador otra vez. Usa la siguiente lista para revisarlo.

- ¿Tienen tus oraciones temáticas toda la información necesaria?
- ¿Corresponden los sujetos de las oraciones a los verbos correctos?
- ¿Corresponden las formas de los artículos, los sustantivos y los adjetivos?
- ¿Usas correctamente los verbos reflexivos y los verbos irregulares?
- ¿Hay errores de puntuación o de ortografía?

¡Vívelo!

Vas a buscar información sobre una profesión y luego vas a participar en una feria de empleo *(job fair)* con tus compañeros de clase.

Antes de clase

Paso 1 Vas a hacer una investigación sobre una de estas profesiones o, si prefieres, otra de tu propia elección. Escoge una y busca información: ¿Es una profesión que va a tener gran demanda en el futuro? ¿Ganan *(Do they earn)* mucho o poco dinero *(money)* las personas que tienen esa profesión? Si ya sabes o si encuentras otra información interesante, apúntala *(write it down)* para usarla en la feria.

- contador(a)
- veterinario(a)
- diseñador(a) gráfico(a)
- ingeniero(a)
- programador(a)
- enfermero(a)

Paso 2 Si conoces a alguien que trabaja en esta profesión, hazle unas preguntas sobre sus experiencias. ¿Le gusta su trabajo? ¿Está satisfecho(a) con su profesión? ¿Qué hace durante un día típico? ¿Conoce a muchas personas interesantes? ¿Qué actividades profesionales sabe hacer?

Durante la clase

Paso 1 Formen grupos según la profesión que escogieron *(you chose)*. Trabajen juntos para comparar los datos y la información que tienen. Luego, preparen una presentación corta sobre esa profesión para compartir con la clase entera.

MODELO *Hay mucha demanda de contadores. Los expertos dicen que la demanda va a crecer* (grow) *un trece por ciento cada año.*
Los contadores solamente (only) *necesitan un título de licenciatura* (bachelor's degree) *para trabajar, pero pueden obtener otros títulos para ganar más dinero.*
Mi tía es contadora y le gusta su profesión. Gana mucho dinero, pero dice que el trabajo es un poco aburrido. No tiene la oportunidad de conocer a muchas personas durante el día, pero sabe trabajar con números y preparar informes (reports).

Paso 2 Todos los grupos van a participar en una feria de empleo con la clase entera. Primero, cada grupo hace su presentación sobre la profesión que escogieron. Luego, los miembros del grupo contestan las preguntas de sus compañeros sobre esa profesión.

Paso 3 Con la clase entera, hagan una encuesta sobre las profesiones más populares de la feria de empleo. Luego, hagan otra encuesta sobre las profesiones más populares que no aparecen en la lista de **Antes de clase**. ¿Cuáles son las cinco profesiones más populares entre tus compañeros?

Fuera de clase ⚛

Trabaja con los miembros de tu grupo para hacer una descripción de un día imaginario en la vida de una persona que tiene el trabajo sobre el que investigaron *(you researched)*. Puede ser una descripción escrita *(written)* o audiovisual. Sean creativos y traten de incluir tantos *(as many)* detalles interesantes como puedan.

MODELO   *Rebeca es veterinaria. Ella trabaja en un pequeño grupo de veterinarios. Todos los días se levanta a las siete de la mañana. No se ducha por la mañana porque después de pasar todo el día con muchos animales, ¡prefiere ducharse por la noche! Un día, Rebeca llega a la oficina a las ocho de la mañana. Cuando llega, hay un perro que tiene un problema en sus dientes…*

© Halfpoint/ Shutterstock.com

¡Compártelo! ⬑

Pongan su descripción (texto, audio o video) en el foro en línea de *Nexos*. Luego, busquen las descripciones de los otros grupos y coméntenlas.

© Didecs/ Shutterstock.com

Vocabulario

La familia   *The family*

La familia nuclear   *The nuclear family*
la madre (mamá) *mother (mom)*
el padre (papá) *father (dad)*
los padres *parents*
la esposa *wife*
el esposo *husband*
la hija *daughter*
el hijo *son*
la hermana (mayor) *(older) sister*
el hermano (menor) *(younger) brother*
la tía *aunt*
el tío *uncle*
la prima *female cousin*
el primo *male cousin*
la sobrina *niece*
el sobrino *nephew*
la abuela *grandmother*

el abuelo *grandfather*
la nieta *granddaughter*
el nieto *grandson*

La familia política   *In-laws*
la suegra *mother-in-law*
el suegro *father-in-law*
la nuera *daughter-in-law*
el yerno *son-in-law*
la cuñada *sister-in-law*
el cuñado *brother-in-law*

Otros parientes   *Other relatives*
la madrastra *stepmother*
el padrastro *stepfather*
la hermanastra *stepsister*
el hermanastro *stepbrother*
la media hermana *half-sister*
el medio hermano *half-brother*

Las profesiones y carreras   *Professions and careers*

el (la) abogado(a) *lawyer*
el (la) asistente *assistant*
el actor / la actriz *actor / actress*
el (la) arquitecto(a) *architect*
el (la) artista *artist*
el (la) bombero(a) *firefighter*
el (la) camarero(a) *waiter / waitress*
el (la) carpintero(a) *carpenter*
el (la) cocinero(a) *cook, chef*
el (la) contador(a) *accountant*
el (la) dentista *dentist*
el (la) dependiente *salesclerk*
el (la) director(a) de medios sociales
    director of social media
el (la) diseñador(a) gráfico(a) *graphic designer*
el (la) dueño(a) de... *owner of . . .*

el (la) enfermero(a) *nurse*
el (la) gerente de... *manager of . . .*
el hombre / la mujer de negocios *businessman / businesswoman*
el (la) ingeniero(a) *engineer*
el (la) maestro(a) *teacher*
el (la) mecánico(a) *mechanic*
el (la) médico(a) *doctor*
el (la) peluquero(a) *barber / hairdresser*
el (la) periodista *journalist*
el (la) plomero(a) *plumber*
el (la) policía *policeman / policewoman*
el (la) programador(a) *programmer*
el (la) secretario(a) *secretary*
el (la) trabajador(a) *worker*
el (la) veterinario(a) *veterinarian*

En el baño   *In the bathroom*

el cepillo *hairbrush*
el cepillo de dientes *toothbrush*
el champú *shampoo*
el desodorante *deodorant*
el jabón *soap*
el maquillaje *makeup, cosmetics*

la máquina de afeitar *electric razor*
la pasta de dientes *toothpaste*
el peine *comb*
la rasuradora *razor*
la toalla *towel*
la toalla de mano *hand towel*

Verbos con la forma *yo* irregular   *Irregular-yo verbs*

conducir (-zc) *to drive; to conduct*
conocer (-zc) *to know a person; to be familiar with*
dar (doy) *to give*
decir (-g) (i) *to say, to tell*
hacer (-g) *to make; to do*
oír (oigo) *to hear*

poner (-g) *to put*
saber (sé) *to know a fact; to know how to*
salir (-g) *to leave; to go out (with)*
traducir (-zc) *to translate*
traer (-go) *to bring*
venir (-g) (ie) *to come*
ver (veo) *to see*

Verbos reflexivos   *Reflexive verbs*

Acciones físicas *Physical actions*
acostarse (ue) *to go to bed*
afeitarse *to shave oneself*
bañarse *to take a bath*
cepillarse el pelo *to brush one's hair*
cepillarse los dientes *to brush one's teeth*
despertarse (ie) *to wake up*
dormirse (ue) *to fall asleep*
ducharse *to take a shower*
lavarse *to wash oneself*
lavarse el pelo *to wash one's hair*
lavarse los dientes *to brush one's teeth*
levantarse *to get up*
maquillarse *to put on makeup*
peinarse *to brush / comb one's hair*
ponerse (la ropa) *to put on (clothing)*
prepararse *to get ready*
quitarse (la ropa) *to take off (clothing)*
secarse el pelo *to dry one's hair*
sentarse (ie) *to sit down*
vestirse (i) *to get dressed*

Estados / Emociones *States / Emotions*
casarse *to get married*
comprometerse *to get engaged*
despedirse (i) *to say goodbye*
divertirse (ie) *to have fun*
divorciarse *to get divorced*
enamorarse *to fall in love*
enfermarse *to get sick*
irse *to leave, to go away*
pelearse *to have a fight*
preocuparse *to worry*
quejarse *to complain*
reírse (i) *to laugh*
relajarse *to relax*
reunirse *to meet, to get together*
separarse *to get separated*

Otros verbos   *Other verbs*

bañar *to bathe, to wash; to give someone a bath*
despertar (ie) *to wake someone up*
lavar *to wash*
levantar *to raise, to lift*

manejar *to drive*
quitar *to take off*
secar *to dry something*
vestir (i) *to dress someone*

Otras palabras y expresiones   *Other words and expressions*

a veces *sometimes*
antes *before*
después *after*
luego *later*
nunca *never*

siempre *always*
todas las semanas *every week*
... veces al día / por semana
   . . . times a day / per week

Repaso del Capítulo 5

Complete these activities to check your understanding of the new grammar points in **Chapter 5** before you move on to **Chapter 6**.

The answers to the activities in this section can be found in **Appendix B**.

Irregular-**yo** verbs (p. 180)

1 Completa la encuesta con las formas correctas de los verbos indicados. Después indica si las oraciones son ciertas (**Sí**) o falsas (**No**) para ti.

Yo...	Sí	No
1. _____ (saber) hablar francés.		
2. _____ (conocer) a una persona famosa.		
3. _____ (conducir) todos los días.		

Yo...	Sí	No
4. _____ (hacer) mi tarea todos los días.		
5. _____ (salir) todas las noches.		
6. _____ (ver) a mi familia todas las semanas.		

Saber vs. **conocer** (p. 181)

2 Mira cada lugar, idea, persona o actividad y di si la persona indicada a la izquierda **sabe** o **conoce** cada una. Escribe oraciones completas y no olvides usar la **a** personal cuando sea necesario.

1. tú / Buenos Aires
2. ellos / jugar golf
3. yo / todas las respuestas
4. usted / mis primos
5. nosotras / el chef
6. ella / cocinar bien

Reflexive verbs (p. 184)

3 Completa las oraciones con las formas correctas de los verbos indicados.

1. Martina _____ (maquillarse) todos los días.
2. Normalmente yo _____ (acostarse) muy tarde.
3. Ustedes _____ (reunirse) todos los miércoles.
4. ¿Tú _____ (levantarse) temprano o tarde?
5. Nosotros nunca _____ (enfermarse).
6. Ellos _____ (pelearse) casi todos los días.

The present progressive tense (p. 188)

4 Escribe una oración para decir qué está haciendo cada persona en este momento. Usa las actividades de la lista solamente una vez y sigue el modelo.

MODELO   Tú eres actriz.
          Estás maquillándote.

Actividades: escribir un artículo, hablar con un paciente, maquillarse, pintar, preparar la comida, servir la comida, trabajar en la computadora

1. Ella es médica.
2. Yo soy periodista.
3. Ellos son cocineros.
4. Nosotros somos artistas.
5. Usted es camarera.
6. Él es secretario.

Preparación para el Capítulo 6

Complete these activities to review some previously learned grammatical structures that will be helpful when you learn the new grammar in **Chapter 6**.

Be sure to reread **Chapter 5: Gramática útil 1** before moving on to the new **Chapter 6** grammar sections.

The answers to the activities in this section can be found in **Appendix B**.

Adjective agreement (p. 64)

5 **Tu amigo habla de su familia.** Completa sus comentarios con las formas correctas de los adjetivos indicados.

Tengo una familia (1) _____ (grande). Todas las personas son muy

(2) _____ (extrovertido). Mis hermanas son bastante (3) _____

(simpático) pero mi hermanito es un poco (4) _____ (tonto). Mis primos

normalmente están (5) _____ (contento) pero hoy están muy

(6) _____ (nervioso). Mis abuelos son (7) _____ (viejo) y muy

(8) _____ (divertido). Me gusta mucho mi familia y estoy (9) _____

(triste) porque no puedo ver a mis familiares más frecuentemente.

The present indicative of regular **-ar** verbs (p. 56), regular **-er** and **-ir** verbs (p. 102), and stem-changing verbs (p. 149)

6 Escribe oraciones completas con las formas correctas de los verbos indicados.

1. mi tío / lavar su auto todas las semanas
2. mis abuelos / no dormir mucho
3. mis primas / preferir estudiar en la residencia estudiantil
4. mi hermano y yo / correr en el parque los sábados
5. tú / manejar todos los días
6. mi madre / vestir a mi hermanita por las mañanas
7. yo / mirar una película
8. mi madre y yo / vivir en un apartamento grande

The verb **estar** (p. 144)

7 Di dónde están las personas indicadas.

MODELO   yo / café
         Yo estoy en el café.

1. la mujer de negocios / oficina
2. tú y yo / salón de clase
3. el doctor Méndez / hospital
4. los programadores / centro de computación
5. la policía / parque
6. yo / biblioteca
7. los cocineros / restaurante
8. tú / gimnasio

© Yuri/iStock

COMUNIDADES LOCALES

Los barrios y comunidades tienen identidades propias que influyen en la vida diaria de sus residentes.

¿Crees que los vecinos *(neighbors)*, los barrios y los centros comerciales de nuestras comunidades son tan importantes hoy día como en el pasado? ¿Por qué?

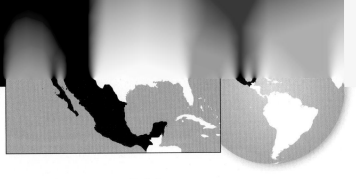

Un viaje por México

México es el segundo país más grande de habla española y el que tiene el mayor número de hispanohablantes del mundo. Su nombre oficial es Estados Unidos Mexicanos.

País / Área	Tamaño y fronteras	Sitios de interés
México 1.923.040 km²	casi tres veces el área de Texas; fronteras con Estados Unidos, Guatemala y Belice	la arquitectura precolombina (las pirámides aztecas, las ruinas mayas), el parque Barrancas del Cobre, el volcán Popocatépetl, el parque nacional Lagunas de Montebello, la sierra Tarahumara

¿Qué sabes? Di si las siguientes oraciones son ciertas **(C)** o falsas **(F)**.

1. México es mucho más grande que Texas.
2. Hay ruinas de al menos dos civilizaciones en México.
3. México es un país sin *(without)* mucha diversidad geográfica.
4. México tiene la segunda población de hispanohablantes más grande del mundo.

Lo que sé y lo que quiero aprender Completa la tabla del **Apéndice A**. Escribe algunos datos que **ya sabes** sobre México en la columna **Lo que sé**. Después, añade algunos temas que **quieres aprender** a la columna **Lo que quiero aprender**. Guarda la tabla para usarla otra vez en la sección **¡Explora y exprésate!** en la página 231.

COMMUNICATION

By the end of this chapter you will be able to

- talk about places in town and the university
- talk about means of transportation and food shopping
- talk about locations and give directions
- make polite requests and commands
- agree and disagree
- refer to locations of objects

CULTURES

By the end of this chapter you will have explored

- ancient civilizations and indigenous populations of Mexico
- the Spanish conquest and the Mexican Revolution
- linguistic diversity in the Spanish-speaking world
- **el tianguis,** a special kind of open-air market
- Mexico City teens and where they go for fun

¡Imagínate!

Sergio: Oye, ¿adónde vas con tanta prisa?

Javier: Primero tengo que ir al gimnasio y después al **centro estudiantil**.

Sergio: Pero, ¿por qué la prisa, hombre?

Javier: Después del centro estudiantil, tengo que ir al **banco** a sacar dinero y después al **súper** para comprar la comida para la cena.

En la universidad *At the university*

las canchas de tenis

la piscina

la pista de atletismo

la cancha / el campo de fútbol

el centro estudiantil

el auditorio

el estadio

el dormitorio / la residencia estudiantil

el edificio

En la ciudad o en el pueblo *In the city or in the town*

el aeropuerto *airport*
el almacén *department store*
el apartamento *apartment*
el banco *bank*
el barrio *neighborhood*
el cajero automático *automated teller machine (ATM)*
la casa *house*
el centro comercial *mall*
el cine *cinema*
el cuarto *room*
**la estación de trenes /
autobuses** *train/bus station*
el estacionamiento *parking lot*
la farmacia *pharmacy*
el hospital *hospital*
la iglesia *church*
la joyería *jewelry store*
el mercado... *market*
... al aire libre *open air-market; farmer's market*

el museo *museum*
la oficina *office*
la oficina de correos *post office*
la papelería *stationery store*
el parque *park*
la pizzería *pizzeria*
la plaza *plaza*
el restaurante *restaurant*
el supermercado *supermarket*
el teatro *theater*
la tienda... *store*
... de equipo deportivo *sporting goods store*
... de juegos electrónicos *electronic games store*
... de ropa *clothing store*
el (la) vecino(a) *neighbor*

The names of many places in the city are cognates. With a partner, take turns reading each other as many of the cognates as you can while the other guesses the English translation.

Other places of worship besides **la iglesia** are: **la mezquita** *(mosque)*, **la sinagoga, el templo**.

ACTIVIDADES

1 **¿Dónde está Javier?** Javier necesita varias cosas. ¿Dónde está él? Escoge entre los lugares de la tercera columna.

1.

2.

a. la joyería
b. el cajero automático
c. el supermercado
d. la farmacia
e. la oficina de correos
f. la tienda de ropa

3.

4.

5.

6.

2 **En la ciudad** Usa el vocabulario de la página 209 para indicar adónde debe ir cada persona, según lo que quiere hacer o comprar. ¡No te preocupes si no entiendes todas las palabras!

MODELO Voy a visitar a Mariana y para llegar a su casa tengo que tomar el autobús.
estación de autobuses

1. —Es hora de comer. Tengo muchas ganas de comer pizza.
2. —Tengo que estudiar las pinturas de Picasso para mi clase de arte.
3. —No puedo hacer las compras todavía. Primero necesito ir a sacar dinero.
4. —El doctor dice que necesito esta medicina para controlar mi alergia.
5. —No quiero cocinar. Quiero salir a comer.
6. —Necesito comprar muchas cosas y después de hacer las compras, podemos ir al cine.

3 **¿Adónde van?** Habla con varios compañeros. ¿Adónde van después de clase? ¿Qué van a hacer en ese sitio? También diles adónde vas tú y por qué vas allí.

MODELO **Tú:** *¿Adónde vas después de clase?*
Compañero(a): *Voy al dormitorio.*
Tú: *¿Qué vas a hacer allí?*
Compañero(a): *Estoy cansado(a). Voy a descansar.*

Opciones: cenar, cocinar, correr, dormir, estudiar, hacer la tarea, jugar (al) tenis / fútbol, levantar pesas, mirar televisión, nadar, trabajar

In some varieties of Spanish, to indicate playing a sport, **jugar** is used with the preposition **a: jugar al tenis, jugar al fútbol**. Usage of **a** with **jugar** varies from region to region.

21ST CENTURY SKILLS
Flexibility & Adaptability: As you learn about all of the different varieties of Spanish, you will need to adapt to different dialects. Keep an open mind and know that your ear and eye will adjust to these differences **poco a poco**. Eventually it will be fun to hear native speakers and guess where they are from!

¡FÍJATE!

La diversidad lingüística en el mundo de habla hispana

Todas las lenguas exhiben variaciones geográficas. El español de México no es exactamente igual al español de Puerto Rico ni al español de España. Estas variantes regionales de una lengua se llaman **dialectos**.

En general, el léxico o vocabulario es lo que más varía de una zona dialectal a otra en el mundo hispano. Por ejemplo, algunas de las palabras referentes a los medios de transporte exhiben variación dialectal: **carro, máquina, auto, automóvil** y **coche** se usan en diferentes zonas del mundo hispano. De la misma manera, **autobús, bus, guagua, colectivo, camión, ómnibus** y **micro** son diferentes maneras de referirse a *bus*.

La fonología o pronunciación del español también varía de una zona dialectal a otra. Por ejemplo, en algunos lugares del mundo hispano, la letra **s** se puede pronunciar con aspiración, como el sonido inicial de la palabra *hand*. En los dialectos que aspiran, la palabra **español** se pronuncia frecuentemente como [ehpañol].

Es importante recordar que las diferencias entre los dialectos del español son relativamente pocas. Por esta razón, dos hablantes del español de zonas dialectales muy distantes generalmente pueden comunicarse con facilidad.

PRÁCTICA ¿Puedes dar unos ejemplos de variación léxica dentro de EEUU o entre los países de habla inglesa del mundo?

▶ VOCABULARIO ÚTIL 2

Sergio: ¿Vas **en bicicleta**?

Javier: No, voy **a pie**. Mi bici se desinfló. Bueno, adiós, ¡me tengo que ir!

Medios de transporte *Means of transportation*

a pie *on foot, walking*
en autobús *by bus*
en bicicleta *on bicycle*
en carro / coche / automóvil *by car*

en metro *on the subway*
en tren *by train*
en / por avión *by plane*

In Mexico, **carro** is more commonly used than **coche**, and **camión** is more common for *bus* than **autobús**.

ACTIVIDADES

4 **Para llegar…** Quieres ir de un sitio a otro. ¿Cuál es la forma más lógica de llegar?

1. Estoy en el dormitorio y quiero ir a la biblioteca. Voy…
   a. en avión. **b.** a pie. **c.** en tren.
2. Estoy en Los Ángeles y quiero ir a Nueva York. Voy…
   a. en bicicleta. **b.** a pie. **c.** en avión.
3. Estoy en casa y quiero ir al parque que está a dos millas de mi casa. Quiero hacer ejercicio. Voy…
   a. en bicicleta. **b.** en tren. **c.** en autobús.
4. Estoy en la calle 16 y quiero llegar a la calle 112. Voy…
   a. en metro. **b.** en avión. **c.** a pie.
5. Estoy en la universidad y quiero visitar a mis padres. Tengo muchas cosas que llevar y quiero hacer muchas paradas *(make many stops)* en el camino. Voy…
   a. en bicicleta. **b.** a pie. **c.** en carro.

5 🔁 **¿Vas a pie?** Tu compañero(a) tiene que ir a varios sitios. Pregúntale cómo piensa llegar a esos sitios. Inventa destinos lógicos para cada forma de transporte.

MODELO **Tú:** *¿Cómo piensas ir a la fiesta de Carmen?*
Compañero(a): *Voy a ir en autobús.*

1.   **2.**   **3.**   **4.**   **5.**   **6.**

Dulce: Pero, mujer, ¿adónde vas con tanta prisa?

Chela: Quiero ir al gimnasio antes de **hacer las compras** en el supermercado.

Dulce: Pero si no es tarde, son solo las tres.

Chela: Ya sé, pero si me da tiempo, quiero ir a la **carnicería** para comprar unos **bistecs**.

In Spanish-speaking countries, the ending **-ía** indicates a store that specializes in a certain product. It is clear what the store specializes in because the name of the store contains the product. Notice the names of stores that end in **-ía** in **Vocabulario útil 1**. Note that the **í** always carries an accent. Can you name any other specialty stores that end this way?

Hacer las compras... *Shopping . . .*

En la carnicería *At the butcher shop*

CARNICERÍA

la salchicha

el jamón

el pavo | el bistec | la chuleta de puerco | el pollo

En el supermercado *At the supermarket*

La comida *Food*

el queso

el pan

los huevos

los vegetales

la leche

las papitas fritas

los refrescos

las frutas

el yogur

ACTIVIDADES

6 👥 **En el barrio** Hoy en día, las tiendas especializadas como las carnicerías y las panaderías no son tan comunes como en el pasado. En las ciudades grandes es más típico ir a un supermercado grande para comprar todos los comestibles en un solo sitio. El movimiento "verde", bajo el lema "Piensa globalmente, actúa localmente" ha generado mercados al aire libre donde uno puede comprar productos locales y orgánicos. Los mercados al aire libre y las tiendas especializadas no pueden competir con los precios de los supermercados más grandes, pero sí ofrecen la oportunidad de hablar con los vecinos y los vendedores en un ambiente agradable e íntimo. Formen grupos de cuatro. Túrnense para hacerse estas preguntas y presenten sus respuestas a la clase.

1. ¿Dónde prefieres hacer las compras, en un supermercado, en pequeñas tiendas especializadas o en mercados al aire libre? ¿Por qué?
2. ¿Cuál es el mejor lugar cerca de la universidad para comprar pan? ¿carne? ¿fruta? ¿vegetales?
3. ¿Comes carne? ¿Cuántas veces a la semana comes carne? ¿Dónde?
4. ¿Comes mucha fruta y vegetales? ¿Dónde compras la fruta y los vegetales?
5. ¿Qué te importa más cuando haces las compras, el precio de los productos, su calidad *(quality)*, si son orgánicos o productos locales, la comodidad de comprar todo en un mismo lugar o la amabilidad *(friendliness)* de las personas que trabajan en la tienda?
6. ¿Crees que la idea de ir de compras a varias tiendas especializadas es más común en Estados Unidos o en Europa y otros países? ¿Y la idea de los mercados al aire libre? ¿Y la de los productos locales y orgánicos?

7 👥 **Las compras** Formen grupos de cuatro. Cada persona en el grupo debe preparar una lista de las compras que tiene que hacer. Intercambien *(Exchange)* las listas entre los miembros del grupo. Túrnense para describir lo que cada persona quiere comprar. Después preparen recomendaciones para cada persona sobre dónde ir de compras.

MODELO   *Mark necesita comprar unas salchichas y unos vegetales. Debe ir a la carnicería para comprar las salchichas y al mercado al aire libre para comprar los vegetales.*

8 👥 **El día de hoy** Formen grupos de tres. Cada persona debe preparar una descripción de sus hábitos de consumidor. Intercambien las descripciones y túrnense para leerlas en voz alta. El grupo tiene que adivinar a quién se refiere cada descripción.

MODELO   **Descripción:** *Nunca voy al supermercado porque prefiero comer en restaurantes de comida rápida* (fast food). *Cuando invito a amigos a comer en casa, voy a una pizzería y compro todo lo que necesito.*
Grupo: *¡Es Julio!*

A ver

ESTRATEGIA

Watching facial expressions

As you learned in **Chapter 3**, watching body language aids comprehension. The same is true of watching facial expressions: a smile, a frown, a raised eyebrow, or a laugh. These gestures can give you a better understanding of what the character means.

Antes de ver Estudia las palabras y frases que se usan en el video.

prisa	*hurry*
suerte	*luck*
sueños	*dreams*
Siga derecho...	*Continue straight . . .*
esquina	*corner*
Doble a la derecha...	*Turn to the right . . .*
cuadras	*blocks*

▶ **Ver** Mira el video sin sonido *(without sound)* y pon atención en las expresiones faciales.

Después de ver 1 Ahora, mira el video de nuevo con el sonido puesto *(sound on)* y di si las expresiones faciales de estas personas contribuyen al sentido de lo que dicen (**sí** o **no**).

1. **Javier:** Primero tengo que ir al gimnasio y después al centro estudiantil.
2. **Sergio:** Dicen que el supermercado es el lugar ideal para conocer a la mujer ideal.
3. **Dulce:** ¿A la carnicería? ¿Viene alguna persona especial a cenar?
4. **Chela:** Gracias. Nos vemos luego.
5. **Javier:** Siga derecho hasta aquella esquina.
6. **Sergio:** Algún día, mi amigo, algún día.

Después de ver 2 Mira el video una vez más y pon las actividades de Javier y Chela en el orden correcto.

Javier: _____ ir al banco, _____ ir al gimnasio, _____ ir al centro estudiantil, _____ ir al supermercado

Chela: _____ ir al gimnasio, _____ ir a la carnicería, _____ ir al supermercado

Voces de la comunidad

▶ Voces del mundo hispano

En el video de este capítulo, Verónica, Ricardo y Paola hablan de sus barrios, los medios de transporte y los lugares adonde van frecuentemente. Lee las siguientes oraciones. Después mira el video una o más veces para decir si las oraciones son ciertas **(C)** o falsas **(F)**.

1. Hay muchos restaurantes y supermercados en el barrio de Ricardo.
2. Hay un mercado al aire libre en el barrio de Paola.
3. Verónica frecuentemente usa auto y tren para transportarse.
4. A Ricardo le gusta usar su patineta *(skateboard)* para ir a todas partes.
5. Cuando Verónica usa transporte público es para ir al trabajo.
6. Paola va al centro de la Ciudad de México para comer, caminar y ver películas.

🔊 Voces de Estados Unidos

Enrique Acevedo, periodista

❝ . . . yo lo que siempre he sido es observador, siempre me ha gustado estar en una esquina, observar las cosas que están pasando y tomar nota que estar en medio del relajo, eso sí, siempre he tenido esa necesidad por informar. . . ❞

Enrique Acevedo, presentador del Noticiero Univisión Edición Nocturna, es uno de los periodistas bilingües con más futuro del panorama televisivo estadounidense. Nacido en Ciudad de México en 1978, tiene una formación académica bicultural pues estudió Relaciones Internacionales en El Tec de Monterrey, Campus Monterrey y un Máster de Periodismo en Columbia University en Nueva York.

Ha trabajado en NBC Telemundo como corresponsal y presentador en inglés y en español y en Televisa, donde ha colaborado en los programas informativos *Los Reporteros* y *La Otra Agenda*, como parte de la unidad de investigaciones especiales. A lo largo de su carrera, se ha destacado por sus coberturas de temas internacionales, como el terremoto y tsunami de Japón, la epidemia del SIDA en África, la crisis humanitaria en Haití y, en 2012 entrevistó al presidente Barak Obama durante la Cumbre *(Summit)* de las Américas de Cartagena, Colombia.

Acevedo ha obtenido el Premio Nacional de Periodismo por el Club de Periodistas de México en dos ocasiones y el Premio Nacional José Pagés Llergo, por sus reportajes para Noticieros Televisa.

¿Y tú? ¿Cómo prefieres informarte de lo que está pasando en el mundo? ¿Leyendo el periódico? ¿Viendo la televisión? ¿Escuchando la radio? ¿Por qué prefieres hacerlo así?

¡Prepárate!

GRAMÁTICA ÚTIL 1

En la última cuadra, **frente al** banco, va a ver el centro comercial.

Usage of **enfrente de**, **delante de**, and **frente a** varies from country to country. However, they are more or less equivalent to each other. Some of these prepositions can be used without the **de** as adverbs. For example, **El museo está cerca.** Remember that when **de** and **a** follow a preposition of location, they combine with **el** to form **del** and **al: frente al hotel, dentro del refrigerador.**

Indicating location: Prepositions of location

Cómo usarlo

Use prepositions of location to say where something is positioned in relation to other objects, or where it is located in general.

El restaurante está **frente a** la iglesia.

The restaurant is **facing** the church.

El café está **dentro del** almacén.

The café is **inside** the department store.

Cómo formarlo

1. Commonly used prepositions of location include the following.

al lado de	next to, on the side of	La farmacia está **al lado del** hospital.
entre	between	La farmacia está **entre el** hospital y la oficina de correos.
delante de	in front of	La joyería está **delante del** hotel.
enfrente de	in front of, opposite	La joyería está **enfrente del** hotel.
frente a	in front of, facing, opposite	La joyería está **frente al** hotel.
detrás de	behind	El hotel está **detrás de** la joyería.
debajo de	below, underneath	Los libros están **debajo de** la mesa.
encima de	on top of, on	El cuaderno está **encima de** los libros.
sobre	on, above	La comida está **sobre** la mesa.
dentro de	inside of	El libro está **dentro de** la mochila.
fuera de	outside of	El pan está **fuera del** refrigerador.
lejos de	far from	El súper está **lejos de** la universidad.
cerca de	close to	La panadería está **cerca del** hotel.

2. Since these prepositions provide information about *location*, they are frequently used with the verb **estar**, which, as you learned in **Chapter 4**, is used to say where something is located.

El Zócalo (también conocido como la Plaza de la Constitución) está **enfrente de** la Catedral Metropolitana de la Ciudad de México.

ACTIVIDADES

1 🔁 **¿Dónde está...?** Di dónde están las siguientes cosas. Usa estas preposiciones: **al lado de, debajo de, enfrente de, encima de.** También debes escribir el artículo definido del segundo objeto, según el modelo.

MODELO   La impresora está _al lado del_ escritorio.

1. Los apuntes están _____ computadora portátil.
2. Los cuadernos están _____ impresora.
3. El diccionario de español está _____ escritorio.
4. El MP3 portátil está _____ computadora portátil.
5. La cámera digital está _____ mesa.
6. La mochila está _____ escritorio.

2 👥 **Treviño** En grupos de tres, estudien el mapa de Treviño. Luego, túrnense para describir dónde están situados por lo menos diez edificios o sitios. Usen las preposiciones de la página 216.

MODELO   *La cancha de tenis está detrás del teatro.*

3 👥 **Nuestro salón de clase** En grupos de tres, describan dónde están varios objetos en su salón de clase. Usen las preposiciones de la página 216.

MODELO   *El reloj está al lado de la ventana.*

4 👥 **Nuestra universidad** Ahora, trabajen en grupos de tres a cinco compañeros para dibujar un mapa de su universidad. Incluyan por lo menos seis edificios principales. Luego, túrnense para describir la posición de cada uno de los edificios. El resto del grupo tiene que adivinar qué edificio se describe.

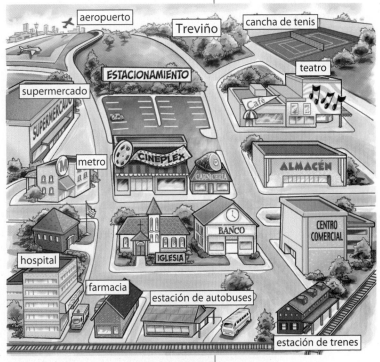

Telling others what to do:
Commands with **usted** and **ustedes**

Cómo usarlo

1. You have already been seeing command forms in direction lines. In Spanish, there are two sets of singular command forms, since there are two ways to address people directly (**tú** and **usted**). The informal commands, which you will learn in **Chapter 7**, are used with people you would address as **tú**. In this chapter you will learn formal commands as well as plural commands with **ustedes**.

2. Command forms are not used as frequently in Spanish as they are in English. For example, in **Chapter 4** you learned that courteous, softening expressions are often used instead of commands: **¿Le importa si uso la computadora?** instead of **Déjeme** *(Let me)* **usar la computadora.**

3. However, one situation in which command forms are almost always used is in giving instructions to someone, such as directions to a specific location.

Siga derecho hasta la esquina. Allí **doble** a la izquierda.

Camine tres cuadras hasta llegar a la farmacia. Allí **doble** a la derecha y **cruce** la calle. La carnicería está al lado del banco.

Continue straight ahead until the corner. *Turn* left there.

Walk three blocks until you arrive at the pharmacy. There, *turn* right and *cross* the street. The butcher shop is next to the bank.

There are three **usted** command forms in this postcard advertising a tour of historic Mexican theaters. What are they?

V

¡Póngase en escena!

Participe en nuestro tour de los teatros históricos de México, donde las estrellas verdaderas tienen más de 100 años.

Palacio de Bellas Artes, México D.F.　　Teatro Calderón, Zacatecas　　Teatro Juárez, Guanajuato　　Teatro Degollado, Guadalajara

¡Presente esta postal para recibir un descuento de 20%!

EL CONSEJO PARA LA PRESERVACIÓN DE LOS MONUMENTOS NACIONALES

Cómo formarlo

Lo básico

A *command* form, also known as an *imperative* form, is used to issue a direct order to someone you are addressing: **Vaya a la esquina y doble a la derecha.** (**Go** to the corner and **turn** right.)

1. The chart below shows the singular formal (**usted**) and plural (**ustedes**) command forms of the verb **seguir** *(to go, to follow)*.

	Singular	Plural
affirmative	siga	sigan
negative	no siga	no sigan

2. Here are the rules for forming the **usted** and **ustedes** command forms of most verbs. These are true for the affirmative and negative commands.

   - Take the **yo** form of the verb in the present indicative. Remove the **o** and add **e** for **-ar** verbs or **a** for **-er / -ir** verbs, to create the **usted** command.

     poner: → pongo → pong- + a → **ponga**

   - Add an **n** to the **usted** command form to create the **ustedes** command.

     ponga → **pongan**

> By using the **yo** form of the present indicative, you have already incorporated any irregularities in the verb. Now they automatically carry over into the command form.

infinitive	yo form minus the -o ending	plus e / en for -ar verbs OR a / an for -er / -ir verbs	usted / ustedes command forms
hablar	habl-	+ e / en	**hable / hablen**
pensar	piens-	+ e / en	**piense / piensen**
tener	teng-	+ a / an	**tenga / tengan**
decir	dig-	+ a / an	**diga / digan**
escribir	escrib-	+ a / an	**escriba / escriban**
servir	sirv-	+ a / an	**sirva / sirvan**

3. A few command forms require spelling changes to maintain the original pronunciation of the verb.

   - verbs ending in **-car,** change the **c → qu:**

     buscar: → busco → busque / busquen

   - verbs ending in **-zar,** change the **z → c:**

     empezar: → empiezo → empiece / empiecen

   - verbs ending in **-gar,** change the **g → gu:**

     pagar: → pago → pague / paguen

Note that you add a written accent to the stressed syllable of the affirmative command form to retain the original pronunciation.

One commonly used command in Spanish is **¡Vamos!** *(Let's go!),* which the speaker uses to refer to several people, including himself or herself. Because it includes the speaker in the action, it is used instead of an **ustedes** command form.

4. A few verbs have irregular **usted** and **ustedes** command forms: **dar (dé / den), estar (esté / estén), ir (vaya / vayan), saber (sepa / sepan),** and **ser (sea / sean).**

5. For the command forms of reflexive verbs, attach the reflexive pronoun to the *end* of *affirmative* **usted / ustedes** commands and place it *before negative* **usted / ustedes** commands.

Prepárese para una sorpresa.	***Prepare yourself*** for a surprise.
No se ponga nervioso.	***Don't get*** nervous.

6. Here are words and phrases for giving directions.

¿Me puede decir cómo llegar a...?	*Can you tell me how to get to. . .?*
¿Me puede decir dónde queda...?	*Can you tell me where . . . is located?*
Cómo no. Vaya...	*Of course. Go . . .*
...a la avenida...	*. . . to the avenue . . .*
...a la calle...	*. . . to the street . . .*
...a la derecha.	*. . . to the right.*
...a la esquina.	*. . . to the corner.*
...a la izquierda.	*. . . to the left.*
...(dos) cuadras.	*. . . (two) blocks.*
...(todo) derecho.	*. . . (straight) ahead.*

bajar (baje)	*to get down from, to get off of (a bus, etc.)*
caminar (camine)	*to walk*
cruzar (cruce)	*to cross*
doblar (doble)	*to turn*
seguir (i) (siga)	*to continue*
subir (suba)	*to go up, to get on*

7. You may soften commands by adding **por favor** or by using these phrases.

Me gustaría / Quisiera (+ infinitive)...	***I'd like*** *(+ infinitive) . . .*
Por favor, **¿(me) puede** (+ infinitive)?	*Please,* ***can you*** *(+ infinitive)* ***(me)?***
¿Pudiera / Podría usted (+ infinitive)?	***Could you*** *(+ infinitive)?*

—**Me gustaría** comer bien. **¿Pudiera** recomendarme un restaurante?
—Cómo no. El Farol del Mar es buenísimo.
—¿**Me puede** decir si está lejos?
—Está muy cerca. ¿**Quisiera** saber cómo llegar?
—Sí. ¡Muchas gracias! Y también **me gustaría** tener la dirección.

ACTIVIDADES

5 **¿Cómo llego...?** Indica el mandato correcto para completar cada oracón.

1. _____ (seguir) usted todo derecho hasta la plaza de la iglesia.
2. _____ (doblar) ustedes aquí en la calle Federal.
3. _____ (subir) ustedes esta calle todo derecho hasta la esquina con Quinteros.
4. _____ (cruzar) usted aquí y _____ (caminar) dos cuadras.
5. No _____ (ir) ustedes hasta el parque.
6. No _____ (preocuparse) si no llegan inmediatamente. Está un poco lejos.

6 **Los anuncios** El campo de la publicidad hace uso frecuente de los mandatos formales para tratar de convencer al público de que compre o use un determinado producto. Completa los anuncios con mandatos, usando la forma de **usted** de los verbos entre paréntesis.

1. (abrir, poner, tener)

BANCO MUNDIAL $

____ una cuenta en Banco Mundial.

____ su dinero en nuestras manos.

____ confianza en nuestros profesionales.

2. (venir, cocinar, comprar)

SUPERMERCADO CENTRAL

____ al Supermercado Central para hacer las compras.

____ con los productos más frescos y más naturales de la ciudad.

____ las comidas favoritas de sus hijos.

3. (esperar, llamar, servir)

PIZZERÍA ITALIA

No ____ .

____ al 555-6677 para ordenar su pizza.

____ la pizza más deliciosa en su propia casa en menos de treinta minutos.

4. (trabajar, venir, descubrir)

RESTAURANTE EL INTI

Esta noche, no ____ en la cocina.

____ al Restaurante El Inti para disfrutar de nuestro ambiente relajante y nuestro excelente servicio.

____ nuestra riquísima cocina peruana.

5. (levantar, hacer, recibir)

GIMNASIO LA SALUD

____ pesas en un ambiente agradable.

____ ejercicio todos los días para mantenerse en forma.

____ un relajante masaje después de su sesión de ejercicios.

6. (usar, navegar, visitar, tomar)

CAFÉ CAFÉ

¡____nuestro wifi gratis!

____ por Internet.

____ con amigos.

____ un café.

21ST CENTURY SKILLS

Information Literacy:
Café culture is both local and global. Ordering **café** in a Spanish-speaking country can now be as complicted as it is at your favorite coffee shop. Local coffee shops will have dozens of ways to refer to coffee orders— **café solo, café largo, corto, cortado, mitad, semilargo, americano**, etc. Don't be intimidated by information overload. Order and you'll find out about the variations.

7 **¡Niños!** Los padres también usan con frecuencia los mandatos al hablar con sus hijos. La señora Díaz tiene que salir esta noche. ¿Qué les dice a sus hijos? Indica sus mandatos con la forma de **ustedes**.

MODELO venir directamente a casa después de la escuela
Vengan directamente a casa después de la escuela.

1. empezar la tarea al llegar a casa
2. apagar la computadora después de terminar la tarea
3. ser pacientes con la niñera *(babysitter)*
4. no abrir la puerta
5. no jugar fútbol dentro de la casa
6. no salir de la casa
7. no ir a visitar a sus amigos
8. no comer papitas fritas antes de cenar
9. acostarse a las diez
10. cepillarse los dientes antes de acostarse
11. dormir bien
12. estar tranquilos

8 **¡Compre, compre, compre!** Ahora, con un(a) compañero(a), escribe un anuncio comercial para la televisión. Usen el mandato formal con **usted** para convencer a su público. Presenten el anuncio a la clase.

9 **¿Cómo llego?** Tu compañero(a) es turista y te pregunta cómo llegar a varios sitios. Dile cómo llegar y qué medio de transporte debe usar. Luego, haz tú el papel *(role)* del (de la) turista; tu compañero(a) te va a dar instrucciones. Pueden usar el mapa de la página 217 y añadir sitios que no están, o pueden indicar cómo llegar a sitios en su comunidad.

1. el supermercado
2. el centro comercial
3. el metro
4. la estación de trenes
5. la estación de autobuses
6. la cancha de tenis
7. la oficina de correos
8. el banco

10 **La oficina de correos** Escucha la conversación entre un señor y una señorita. La primera vez que escuches la conversación, apunta la información que vas a necesitar. Luego, escribe las instrucciones que le da la señorita al señor para llegar a la oficina de correos. Usa los siguientes verbos en tus oraciones.

1. caminar
2. doblar
3. seguir
4. cruzar
5. doblar
6. caminar

SONRISAS

Expresión 👥 En grupos de tres o cuatro personas, piensen en las órdenes que les gustaría dar a los profesores de la universidad. Luego, escriban una lista con sus ideas.

MODELO   *No den tarea para los fines de semana.*

¿Viene **alguna** persona
especial a cenar?

Affirming and negating: Affirmative and negative expressions

Cómo usarlo

1. There are a number of words and expressions that are used to express affirmatives and negatives in Spanish. Notice that a double negative form is often used in Spanish, where as it is hardly ever used in English.

No conozco a **nadie** aquí.	*I don't know anyone here.*
¿Conoces **a alguien** aquí?	*Do you know anyone here?*
No quiero ni este libro **ni** ese.	*I don't want this book or that one.*

2. Remember to use the personal **a** that you learned in **Chapter 5** when you refer to people: **No conozco <u>a</u> nadie aquí.**

Cómo formarlo

1. Here are some frequently used affirmative and negative words in Spanish. You have already learned some of these, such as **también, siempre**, and **nunca**.

alguien	*someone*	**nadie**	*no one, nobody*
algo	*something*	**nada**	*nothing*
algún / alguno (a, os, as)	*some, any*	**ningún / ninguno(a)**	*none, no, not any*
siempre	*always*	**nunca / jamás**	*never*
también	*also*	**tampoco**	*neither, not either*
o… o…	*either / or*	**ni… ni…**	*neither / nor*

2. Most of these words do not change, regardless of the number or gender of the words they modify. However, the words **alguno** and **ninguno** can also be used as *adjectives*. In this case, they must change to agree with the nouns they modify. Additionally, when they are used before a masculine noun they shorten to **algún** and **ningún**.

—¿Tienes **algún** libro de informática?	*Do you have a (any) book on computer science?*
—No, no tengo **ningún** libro sobre ese tema. Pero tenemos **algunos** libros muy interesantes sobre las redes sociales.	*No, I don't have a (any) book on that subject. But we do have some very interesting books about social networks.*
—No, gracias, ya tengo **algunas** revistas. ¿No tienes **ninguna** sugerencia sobre otros libros?	*No, thanks, I already have some magazines. You don't have any suggestions for other books?*

3. **Alguno** and **ninguno** can also be used as *pronouns* to replace a noun already referred to. In this case, they match the number and gender of that noun.

—¿Quieres estos **libros**?	*Do you want these **books**?*
—No, gracias, ya tengo **algunos**.	*No, thanks, I already have **some**.*
—¿No quieres una **revista**?	*Don't you want a **magazine**?*
—No, no necesito **ninguna**.	*No, I don't need **any (one)**.*

The plural forms of **ninguno** and **ninguna**—**ningunos** and **ningunas**—are not frequently used.

4. Notice how in Spanish, unlike English, even when more than one negative expression is used in a sentence, the meaning remains negative.

Nunca hay **nadie** aquí.	*There's **never anyone** here.*
No está **ni** Leo **ni** Ana **tampoco**.	***Neither** Leo **nor** Ana is here **either**.*

Notice that when a negative word precedes the verb, the word **no** is not used: **Nadie viene.** When the negative word comes after the verb, however, you must use **no** directly before the verb: **No viene nadie.**

ACTIVIDADES

11 **¿Qué pasa?** Escoge la palabra o palabras correctas para completar cada oración.

1. ¡Me encanta el café! (Nunca / Siempre) tomo una taza *(cup)* por la mañana.
2. No tengo (algo / nada) para comer. Voy a ir a mi restaurante favorito.
3. A mis amigos les gusta ese almacén y a mí (también / tampoco).
4. (Alguien / Nadie) hace las compras en ese mercado. Los precios son muy altos.
5. Yo no como carne y mis amigos (también / tampoco).
6. Necesito vegetales. ¿Tienes (algunos / ningunos)?

12 🔄 **¡Yo también!** Un(a) amigo(a) está en tu casa y tú le explicas algunas cosas sobre los hábitos de tu familia. Él (Ella) dice que su familia es igual. Con un(a) compañero(a), improvisa esta situación. El (La) amigo(a) siempre usa **también** o **tampoco** en su respuesta.

MODELO   **Tú:** *Mis tíos nunca cenan antes de las ocho de la noche.*
Compañero(a): *Mis tíos tampoco.*

1. Mis primos siempre se levantan temprano.
2. Mi abuelo nunca se viste informalmente.
3. Mi abuela siempre se viste elegantemente.
4. A mis padres les encanta salir a comer.
5. Mi hermana es fanática de la música rap.
6. A mis hermanos no les gusta levantarse temprano.
7. Yo siempre me baño y me visto elegantemente si voy a una fiesta.

Ahora describe los hábitos verdaderos de tu familia. Tu compañero(a) te dice si su familia es igual o no.

13 🔊 **El visitante** Un visitante pasa el fin de semana en tu casa. Te hace preguntas sobre tu barrio. Contesta negativamente sus preguntas

MODELO **Escuchas:** ¿Hay alguna estación de trenes en el barrio?
Escribes: *No, no hay ninguna estación de trenes en el barrio.*

14 🔁 **Encuesta** En parejas, túrnense para hacer y contestar las siguientes preguntas. Contesten primero en afirmativo y luego en negativo. Usen las palabras entre paréntesis en sus respuestas.

MODELO ¿Comes en la cafetería de la universidad? (siempre / nunca)
Sí, siempre como en la cafetería de la universidad.
No, nunca como en la cafetería de la universidad.

1. ¿Algunos de los estudiantes van a la biblioteca? (algunos / nadie)
2. ¿Te gusta comer algo antes de clase? (algo / nada)
3. ¿Hay algún cajero automático en la universidad? (algunos / ningún)
4. ¿Vas en metro a la universidad? (siempre / nunca)
5. ¿Hay alguna tienda de video cerca de la universidad? (algunas / ninguna)
6. ¿Estudias antes de clase o después de clase? (o... o... / ni... ni...)

15 🔁 **El fin de semana** Vas a pasar el fin de semana en casa de tu compañero(a). Le haces varias preguntas para determinar cómo vas a pasar esos días. Escoge *(Choose)* ideas de la lista o inventa otras. Luego, cambia de papel *(role)* con tu compañero(a). Usa las palabras afirmativas y negativas que acabas de aprender en tus preguntas y tus respuestas.

Ideas posibles: divertido en la tele, comer en el refrigerador, libro de cocina mexicana, escritora mexicana preferida, revista de música popular, juego interactivo, disco compacto de Paulina Rubio, ¿...?

MODELO **Tú:** *¿Hay algo divertido en la tele?*
Compañero(a): *No, no hay nada divertido en la tele.*

16 🔀 **Aquí...** En grupos de tres o cuatro, hagan una lista de las preferencias de los estudiantes de su universidad. Usen palabras y expresiones de las tres columnas. Luego, trabajen juntos para escribir un resumen de sus opiniones.

MODELO *Todo el mundo siempre come en el restaurante La Jarra.*

A	B	C
todo el mundo	nunca	comer en...
algunas personas	siempre	comprar algo / nada en...
nadie	jamás	ir a...
		¿...?

GRAMÁTICA ÚTIL 4

Indicating relative position of objects: Demonstrative adjectives and pronouns

Cómo usarlo

Demonstrative adjectives and pronouns indicate *relative distance* from the speaker. **Este** is something very close to the speaker, **ese** is something *a little farther away*, and **aquel** is something at a distance *(over there)*.

1. Demonstrative adjectives:

   Esta casa es bonita. También me gusta **esa** casa, pero **aquella** casa es fea.

   This *house is pretty. I also like* ***that*** *house but* ***that*** *house* ***(over there)*** *is ugly.*

2. Demonstrative pronouns:

   De los autos me gusta **este**, pero **ese** también es bueno. **Aquel** no me gusta.

   Of the cars I like ***this one****, but* ***that one*** *is also good. I don't like* ***that one (over there).***

Derecho hasta **aquella** esquina…

In everyday speech **ese** and **aquel** are often used interchangeably.

Cómo formarlo

> **Lo básico**
>
> A demonstrative adjective modifies a noun. A demonstrative pronoun is used instead of a noun.

The only spelling difference between demonstrative adjectives and pronouns is that the pronouns are sometimes written with an accent.

1. Demonstrative adjectives and pronouns change to reflect gender and number. Demonstrative *adjectives* reflect the gender and number of the nouns they *modify*. Demonstrative *pronouns* reflect the gender and number of the nouns they *replace*.

	Demonstrative adjectives and pronouns
this; these *(close)*	este, esta; estos, estas
that; those *(farther)*	ese, esa; esos, esas
that; those *(at a distance)*	aquel, aquella; aquellos, aquellas

2. Use these words with demonstrative adjectives and pronouns: **aquí** (*here*, often used with **este**), **allí** (*there*, often used with **ese**), and **allá** (*over there*, often used with **aquel**).

3. **Esto** and **eso** are neutral pronouns that refer to a concept or something that has already been said: <u>**Eso** es lo que dijo la profesora.</u> Todo <u>esto</u> es **muy interesante.**

Esto and **eso** do not change their forms; they are invariable forms.

ACTIVIDADES

17 **¡Ayuda, por favor!** Completa las siguientes conversaciones con el pronombre o adjetivo demostrativo apropiado.

1. TÚ: Hola, ¿pudiera usted decirme cómo llegar a las canchas de tenis?

HOMBRE: Cómo no. Siga usted (esta / aquella) calle aquí hasta (esta / esa) esquina allí, la esquina con la avenida Quintana. Crúcela y luego vaya todo derecho hasta llegar a un parque muy grande. Las canchas de tenis están en (aquel / este) parque.

2. TÚ: Buenos días. Por favor, ¿pudiera usted decirme cómo ir al aeropuerto?

MUJER: Claro. Usted debe tomar (ese / aquel) autobús allí en la calle Francisco. A ver, tengo la ruta aquí en (aquella / esta) guía.

TÚ: Muy bien. Entonces, ¿(ese / este) autobús es el que necesito tomar?

MUJER: Sí. (Este / Ese) autobús lo lleva directamente al aeropuerto.

3. TÚ: Perdón. ¿Me puede usted recomendar un buen restaurante?

HOMBRE: Seguro. (Este / Aquel) que está aquí cerca es bastante bueno. Pero hay otro allí, mire, al otro lado de la calle, La Criolla. (Ese / Este) sirve comida muy rica. Creo que (ese, aquel), La Criolla, es mi favorito.

4. TÚ: Hola, busco la sección de literatura latinoamericana.

MUJER: Muy bien. (Esos / Estos) libros aquí son de autores cubanos. Allí, en la próxima sección, (esos / estos) libros son de autores mexicanos. Y allá, (estos / aquellos) libros son de otros autores latinamericanos.

TÚ: ¿Y (esos / estos) libros aquí en la mesa?

MUJER: ¿(Estos / Aquellos) aquí? (Estos / Esos) libros son de autores españoles.

18 **¿Qué pasa aquí?** Completa las oraciones con el adjetivo o pronombre demostrativo correcto.

1. En el cine: ¿Podría ver _____ horario de películas, allí?

2. En el dormitorio: ¿Me puedes pasar _____ libro, allá?

3. En el mercado: No me gustan esos bistecs. Prefiero _____ aquí.

4. En la pizzería: No quiero una pizza con salchicha. Me gusta más _____ allí con vegetales.

5. En la papelería: Necesito un cuaderno grande. Ese cuaderno es bueno pero _____ que está allá es aún mejor.

6. En casa: ¿Dónde pongo _____ silla que tengo aquí: al lado del sofá o al lado de la mesa?

7. En la estación de trenes: ¡_____ es terrible! ¡Nuestro tren llega muy tarde!

19 🔄 **En el mercado** Con un(a) compañero(a) de clase, mira el dibujo de un mercado en México. ¿Qué quieren comprar para la cena? Escojan tres platos para preparar y hablen de las cosas que necesitan, usando los adjetivos y pronombres demostrativos correctos.

MODELO **Tú:** *¿Qué quieres comprar? ¿Compramos ese queso?*
Compañero(a): *Sí, y también estas salchichas. ¿Qué más?*
Tú: *Aquellos huevos, ¿no crees?*

20 🔄 **¿Adónde vamos?** Trabaja con un(a) compañero(a) de clase para hacer una lista de cinco de los siguientes lugares de su comunidad u otros que prefieran. Incluyan sitios que estén muy cerca de la universidad, un poco lejos y muy lejos.

restaurantes   museos   tiendas de música
cafés   tiendas de ropa   pizzerías

Ahora, hablen de los sitios de su lista, usando adjetivos y pronombres demostrativos.

MODELO **Tú:** *¿Quieres ir al restaurante El Churrasco? Sirven comida argentina.*
Compañero(a): *No, no me gusta ese restaurante. ¿Por qué no vamos a este, Chimichangas? Sirven comida mexicana.*

¡Explora y exprésate!

México

© shipfactory/Shutterstock.com

▶ Información general

Nombre oficial: Estados Unidos Mexicanos

Población: 122.300.000

Capital: México, D.F. (f. 1521) (8.851.000 hab.)

Otras ciudades importantes: Guadalajara (1.495.000 hab.), Monterrey (1.136.000 hab.), Puebla (1.560.000 hab.)

Moneda: peso

Idiomas: español (oficial), náhuatl, maya, zapoteco, mixteco, otomi, totonaca (se hablan aproximadamente 68 idiomas con muchas variaciones)

Consulta el mapa de México en el **Apéndice D**.

A tener en cuenta

- Hay tres grandes civilizaciones en la historia de México: los olmecas, la primera civilización mesoamericana; los mayas, conocidos por sus avances en las matemáticas, la astronomía, la escritura jeroglífica y también por sus grandes templos y pirámides; y los mexicas (o aztecas), el pueblo que forma la capital de su imperio en Tenochtitlán, ahora la Ciudad de México.

- La conquista española de México se refiere a la conquista de los mexicas por Hernán Cortés en México-Tenochtitlán en 1521. México gana la independencia de España en 1810.

- La Revolución mexicana se considera el conflicto político y social más importante del siglo XX en México.

- México tiene una gran diversidad de grupos indígenas: los nahuas, los mayas, los zapotecos, los mixtecos, los otomíes, los totonacas y los tzotziles, entre muchos otros.

El mercado del pueblo, el tianguis

En Estados Unidos, los *"farmers' markets"* son populares en las ciudades desde hace poco *(recently)*. Pero en México, los tianguis existen desde la época prehispánica. La palabra **tianguis** viene del náhuatl *tianquiztli*, que quiere decir **mercado**. Son mercados al aire libre que se instalan en todas

© Kathrin Ziegler/Getty Images

partes de la ciudad para vender frutas y verduras orgánicas, pan, maíz, frijoles, aves *(birds)*, peces *(fish)*, carne, hierbas medicinales, especias *(spices)*, artesanía y mucho más. Hacer las compras en un tianguis es mucho más divertido que hacerlas en los supermercados: hay de todo, y es común escuchar la música de grupos tradicionales. Aunque se hayan adaptado *(they have adapted)* a los tiempos modernos, los tianguis siguen siendo *(continue being)* el mercado preferido de la gente del pueblo.

EN RESUMEN

La información general

1. ¿Cuáles son tres grandes civilizaciones antiguas de México?
2. ¿Qué gran civilización antigua forma su capital en lo que hoy es la Ciudad de México?
3. ¿En qué año y qué ciudad se realiza *(occurs)* la conquista española?
4. ¿En qué año gana México la independencia de España?
5. ¿Qué conflicto en México se considera el más importante del siglo XX?
6. ¿Cuáles son tres pueblos indígenas de México de hoy?

El tema de la comunidad

1. ¿Qué son los tianguis?
2. ¿Desde cuando existen los tianguis en México?
3. ¿De qué lengua indígena viene la palabra **tianguis**?
4. ¿En qué se diferencian los tianguis de los supermercados?

¿Quieres saber más?

Revisa y completa la tabla que empezaste al principio del capítulo. Escoge uno o dos de los temas sobre los que escribiste en la columna **Lo que quiero aprender**, o uno o dos de los que figuran a continuación. Prepárate para compartir la información con la clase.

Palabras clave: Mesoamérica, la conquista española, Emiliano Zapata, Pancho Villa, la Revolución mexicana de 1910, Octavio Paz, Diego Rivera, Frida Kahlo, Gael García Bernal

⊕ Para aprender más sobre México, mira el video cultural en la mediateca *(Media Library)*.

A leer

Antes de leer

ESTRATEGIA

Working with unknown grammatical structures

When you read texts written for native Spanish speakers, you will frequently come across grammatical structures you haven't learned yet. Seeing grammatical endings you don't recognize can be intimidating, but if you focus just on the meaning of the infinitive of the verb, you can usually get its general meaning. Often you can guess the tense (present, past, future, etc.) by looking at the rest of the sentence. If you don't let unknown grammatical structures hold you back, you'll make a great leap forward in understanding authentic Spanish.

It's not necessary to understand all the unknown words in the article to do the activities on page 234.

1 Aquí hay algunas estructuras gramaticales de la lectura que no conoces. Mira el significado general del verbo para conectar las palabras en español con las palabras en inglés.

1. _____ es necesario que **conozca**
2. _____ **podrá** descifrar
3. _____ **esté** todo el día **conectado** al monitor
4. _____ que **se encuentre** ahí
5. _____ **acuda** la gente más "nice"
6. _____ **estar vestido** perfectamente
7. _____ el restaurante que **ofrezca**

a. *you will be able to decipher*
b. *that may be found there*
c. *it's necessary that you know*
d. *the restaurant that offers*
e. *to be dressed perfectly*
f. *he is glued to the screen all day*
g. *the nicest people gather*

2 Ahora, mira las frases de la **Actividad 1**. ¿Cuáles son las formas gramaticales que no sabes? Con un(a) compañero(a), anota las siete formas gramaticales de la lista. ¿Son del tiempo presente o futuro? Luego hagan una lista de esos tiempos y formas.

3 Vas a leer un artículo sobre los jóvenes de la Ciudad de México y adónde van para divertirse. Mientras lees, trata de entender los verbos sin pensar demasiado en las estructuras gramaticales que no conoces. Céntrate en las ideas principales del artículo.

Los jóvenes mexicanos se divierten

Alejandro Esquivel

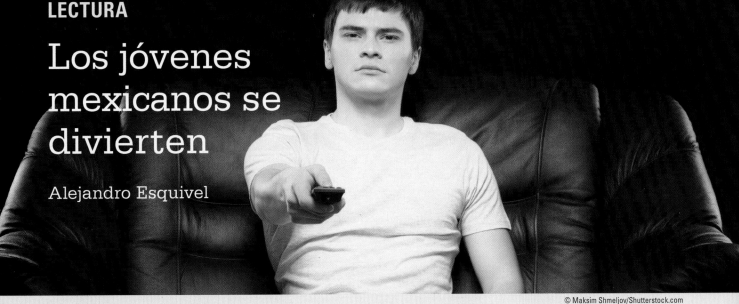

© Maksim Shmeljov/Shutterstock.com

¿Usted sabe cómo se divierten los "teens"? Las maneras de entretenerse en estos tiempos de revolución electrónica, videojuegos… y antros son tan heterogéneas como la población que ocupa[1] solamente el Distrito Federal… Es necesario que conozca ciertos perfiles de los jóvenes contemporáneos para entender más su manera de ir por la vida. Es así como podrá descifrar algunos de los códigos[2] de la juventud para saber adónde van y qué hacen…

El telemaníaco

Una de las formas de entretenimiento más "ancestrales" es el observar televisión por más de cuatro horas seguidas[3]. A esta joven especie[4] no le interesa ni en lo más mínimo la vida social, pues prefiere observar un maratón entero de *Los Simpson* a tomar un buen café con sus cuates[5]… Algunos padres prefieren que su "hijito" esté todo el día conectado al monitor, argumentando que es preferible que se encuentre ahí a estar vagabundeando en las calles.

El "peace & love"

En cuanto a este tipo de jóvenes, les preocupa más lo natural, el amor y la fraternidad entre razas. A diferencia del telemaníaco, este trata de[6] pasar el menor tiempo posible frente a un televisor. Dentro de sus principales maneras de divertirse está el acudir[7] todos los domingos a la plaza de Coyoacán, para buscar algún libro y observar los espectáculos culturales que semana a semana ahí se presentan.

El fresa[8]

Este "teen modelo" gusta de asistir a lugares a los cuales acuda la gente más "nice" de la ciudad. Otra forma de diversión son las cenas y los cafés que regularmente se realizan[9] en restaurantes y cafeterías ubicadas[10] en la zona de Bosques de las Lomas y Santa Fe. Al fresa le late[11] bastante asistir a "antros[12]" donde la música comercial sea el hit.

El "raver"

Los ravers son los encargados de llenar[13] los festivales de música electrónica o "raves", ya que estos solo son posibles gracias a la asistencia de más de tres mil personas… La música que se toca es la electrónica y durante los raves se baila sin parar[14] por más de nueve horas continuas y solo bebiendo agua embotellada. El raver también acude a antros donde solamente se toque electrónica.

El "fashion"

Otro espécimen fácil de identificar, ya que su preocupación más grande es estar vestido perfectamente. Entre sus grandes pasatiempos está leer revistas de moda[15], pero a la hora de salir trata siempre de asistir al lugar que acaban de inaugurar o al lugar más "fashion". También prefiere las cenas en compañía de sus amigos en el restaurante que ofrezca lo último[16] en cocina.

¿Eres telemaníaco(a)… … fresa… u otro tipo?

© Ken Kaminesky/Getty Images

---

[1] vive en [2] codes [3] continuas [4] *species* [5] amigos [6] **trata…:** *tries to* [7] *ir* [8] *affluent youth* [9] **se…:** *take place* [10] *located* [11] **le…:** le gusta

[12] *bars or clubs, the "in" places* [13] **encargados…:** *in charge of filling* [14] **sin…:** *without stopping* [15] **revistas…:** *fashion magazines* [16] **lo…:** *the latest*

Adapted from Alejandro Esquivel, "Los Jovenes se divierten," *El Universal*, 12 March 2002. Used with permission.

Después de leer

4 🔁 Con un(a) compañero(a), escribe el nombre del grupo de jóvenes que va a cada lugar indicado. En algunos casos, más de un grupo va a ese lugar.

Lugar	Grupo
1. antros	
2. raves	
3. la plaza de Coyoacán	
4. festivales de música electrónica	
5. la zona de Bosques de las Lomas	
6. casa	
7. los lugares más "fashion"	
8. restaurantes	
9. cafés	

5 🔁 En el **Capítulo 4** hay una nota sobre los préstamos del inglés al español. Este artículo tiene muchos ejemplos de este tipo de palabras. Trabaja con un(a) compañero(a) de clase. ¿Pueden encontrar seis préstamos del inglés al español?

6 ⚙ Trabaja en un grupo de tres o cuatro estudiantes. ¿Pueden identificar cinco "tipos" de jóvenes estadounidenses? Hagan una lista de los grupos, algunas de sus características y adónde van para divertirse. Luego, compartan su lista con la clase.

© diane39/iStock

A escribir

Antes de escribir

ESTRATEGIA

Writing—Adding supporting detail

In **Chapter 5** you wrote topic sentences for paragraphs. Once you have a topic sentence, you have the main idea of your paragraph. But the topic sentence is not enough. You need to include supporting detail—additional information or examples that give your paragraph life and help make it more interesting. If you think of it in terms of a photo, supporting detail is similar to the other items in the photo that are not its focal point—what else can you see and understand from the background?

1 Vas a escribir un párrafo sobre un sitio importante para ti y lo que haces allí. ¿Cuáles son algunos sitios y actividades que puedes describir? Haz una lista con tus ideas.

2 Usa tu lista de la **Actividad 1** y escoge un sitio para describir. Tu oración temática debe identificar el sitio. Después tienes que añadir unos detalles *(details)* para dar interés a tu descripción. Sigue el modelo a continuación para escribir tu oración temática y unos detalles sobre el sitio.

MODELO **Oración temática:** *Para mí, el centro de mi comunidad es el café donde tomo café todos los días.*

Detalles: *el café es bueno, la música es interesante, los empleados son muy amables, tengo wifi, veo a muchas personas y vecinos allí, hablo con todos, conozco a gente nueva, me siento, me relajo, trabajo en la computadora...*

Composición

3 Usa la oración temática y los detalles de la **Actividad 2** para describir, en un párrafo breve, cómo es el sitio y qué haces allí. Si es posible, incluye una foto o un dibujo del sitio que describes.

Después de escribir

4 Mira tu borrador otra vez. Usa la siguiente lista para revisarlo.

- ¿Tiene toda la información necesaria?
- ¿Los detalles se relacionan bien con la oración temática?
- ¿Corresponden los sustantivos y adjetivos?
- ¿Corresponden las formas de los verbos y los sustantivos?
- ¿Hay errores de puntuación o de ortografía?

¡Vívelo!

Vas a crear un nuevo negocio *(business)* para el centro de tu ciudad o pueblo. Luego, vas a trabajar con un grupo de compañeros para elaborar un anuncio para ese negocio.

Antes de clase

Paso 1 Haz una lista de los diez lugares de tu ciudad o pueblo adonde vas con más frecuencia. (Si quieres, puedes consultar tus respuestas a la **Actividad 8** de la página 213 y a la **Actividad 20** de la página 229).

Paso 2 Ahora, mira tu lista y trata de pensar en cinco negocios o servicios que hacen falta *(are missing)* en esos lugares. ¿Qué más te gustaría *(would you like)* tener allí? Haz una lista con tus ideas.

MODELOS   *una lavandería* (laundromat) *con Netflix*
un centro comercial con una cancha de tenis

Durante la clase

Paso 1 Formen grupos de tres o cuatro estudiantes. Primero, comparen sus listas de lugares populares del centro. Luego, comparen sus ideas para nuevos negocios o servicios.

Paso 2 Hablen de sus ideas y pónganse de acuerdo sobre *(agree upon)* una idea para un nuevo negocio para el centro comercial de su pueblo o ciudad. Ese negocio debe ofrecer algunos de los servicios que ustedes creen que hacen falta en su comunidad. Sean creativos: puede ser un cajero automático que también dispensa pizza, un banco donde es posible jugar juegos electrónicos mientras esperas, etc.

Paso 3 Denle un nombre creativo a su negocio y preséntenlo a la clase. La clase va a votar por las tres ideas más populares.

MODELO   *Nuestro negocio se llama* Con Calma. *Es un café que sirve diferentes tipos de té de hierbas para calmar los nervios de los estudiantes durante la época de los exámenes. También ofrece servicios de acupuntura y masaje, y tiene sitios para los estudiantes que quieren tomar una siesta después de estudiar toda la noche...*

Fuera de clase

Trabaja con los miembros de tu grupo para hacer un anuncio para uno de los tres negocios escogidos *(chosen)* por la clase. Puede ser un anuncio escrito o un anuncio de radio, televisión o Internet. El anuncio debe incluir los beneficios de ir a ese negocio, su dirección, el número de teléfono y un lema *(slogan)* interesante y divertido para atraer a los estudiantes universitarios.

¡Compártelo!

Pongan su anuncio en el foro en línea de *Nexos*. Luego, busquen los anuncios de los otros grupos y coméntenlos. Al final, voten por su anuncio favorito.

Vocabulario

En la universidad   *At the university*

el apartamento *apartment*	**el dormitorio / la residencia estudiantil** *dormitory*
el auditorio *auditorium*	**el edificio** *building*
la cancha / el campo de fútbol *soccer field*	**el estadio** *stadium*
la cancha de tenis *tennis court*	**la oficina** *office*
el centro estudiantil *student center*	**la piscina** *swimming pool*
el cuarto *room*	**la pista de atletismo** *athletics track*

En la ciudad o en el pueblo   *In the city or in the town*

el aeropuerto *airport*	**el mercado...** *market*
el almacén *store*	**... al aire libre** *open-air market; farmer's market*
el banco *bank*	**el museo** *museum*
el barrio *neighborhood*	**la oficina de correos** *post office*
el cajero automático *automated teller machine (ATM)*	**la papelería** *stationery store*
la casa *house*	**el parque** *park*
el centro comercial *mall*	**la pizzería** *pizzeria*
el cine *cinema*	**la plaza** *plaza*
la estación de trenes / autobuses *train / bus station*	**el restaurante** *restaurant*
el estacionamiento *parking lot*	**el supermercado** *supermarket*
la farmacia *pharmacy*	**el teatro** *theater*
el hospital *hospital*	**la tienda...** *store*
la iglesia *church*	**... de equipo deportivo** *sporting goods store*
la joyería *jewelry store*	**... de juegos electrónicos** *electronic games store*
	... de ropa *clothing store*
	el (la) vecino(a) *neighbor*

Hacer las compras...   *Shopping . . .*

En la carnicería *At the butcher shop*	**las frutas** *fruits*
el bistec *steak*	**los huevos** *eggs*
la chuleta de puerco *pork chop*	**la leche** *milk*
el jamón *ham*	**el pan** *bread*
el pavo *turkey*	**las papitas fritas** *potato chips*
el pollo *chicken*	**el queso** *cheese*
la salchicha *sausage*	**los refrescos** *soft drinks*
	los vegetales *vegetables*
En el supermercado *At the supermarket*	**el yogur** *yogurt*
la comida *food*	

Medios de transporte   *Means of transportation*

a pie *on foot, walking*	**en metro** *on the subway*
en autobús *by bus*	**en tren** *by train*
en bicicleta *on bicycle*	**en / por avión** *by plane*
en carro / coche / automóvil *by car*	

Para decir cómo llegar *Giving directions*

¿Me puede decir cómo llegar a...? *Can you tell me how to get to . . .?*

¿Me puede decir dónde queda...? *Can you tell me where . . . is located?*

Cómo no. Vaya... *Of course. Go . . .*

... a la avenida... *. . . to the avenue . . .*

... a la calle... *. . . to the street . . .*

... a la derecha *. . . to the right*

... a la esquina *. . . to the corner*

... a la izquierda *. . . to the left*

... (dos) cuadras *. . . (two) blocks*

... (todo) derecho *. . . (straight) ahead*

bajar *to get down from, to get off of (a bus, etc.)*

cruzar *to cross*

doblar *to turn*

seguir (i) *to continue*

subir *to go up, to get on*

Expresiones de cortesía *Expressions of courtesy*

Me gustaría (+ infinitive)... *I'd like (+ infinitive) . . .*

¿Por favor, me puede decir...? *Please, can you tell me . . .?*

¿Pudiera / Podría usted (+ infinitive)...? *Could you (+ infinitive) . . .?*

Quisiera (+ infinitive)... *I'd like (+ infinitive) . . .*

Expresiones afirmativas y negativas *Affirmative and negative expressions*

algo *something*

alguien *someone*

algún, alguno(a, os, as) *some, any*

jamás *never*

nada *nothing*

nadie *no one, nobody*

ni... ni... *neither / nor*

ningún, ninguno(a) *none, no, not any*

nunca *never*

o... o... *either / or*

siempre *always*

también *also*

tampoco *neither, not either*

Preposiciones *Prepositions*

al lado de *next to, on the side of*

cerca de *close to*

debajo de *below, underneath*

delante de *in front of*

dentro de *inside of*

detrás de *behind*

encima de *on top of, on*

enfrente de *in front of, opposite*

entre *between*

frente a *in front of, facing, opposite*

fuera de *outside of*

lejos de *far from*

sobre *on, above*

Adjetivos demostrativos *Demonstrative adjectives*

aquel, aquella; aquellos, aquellas *that; those (over there)*

ese, esa; esos, esas *that; those*

este, esta; estos, estas *this; these*

Pronombres demostrativos *Demonstrative pronouns*

aquel, aquella; aquellos, aquellas *that one; those (over there)*

ese, esa; esos, esas *that one; those*

eso *that*

este, esta; estos, estas *this one; these*

esto *this*

Otras palabras y expresiones *Other words and expressions*

allá *over there*

allí *there*

aquí *here*

Repaso del Capítulo 6

Complete these activities to check your understanding of the new grammar points in **Chapter 6** before you move on to **Chapter 7**.

The answers to the activities in this section can be found in **Appendix B**.

Prepositions of location (p. 216)

1 Di dónde está el perro, según las ilustraciones.

Preposiciones: debajo de, delante de, dentro de, detrás de, entre, lejos de, sobre

MODELO *El perro está sobre el auto.*

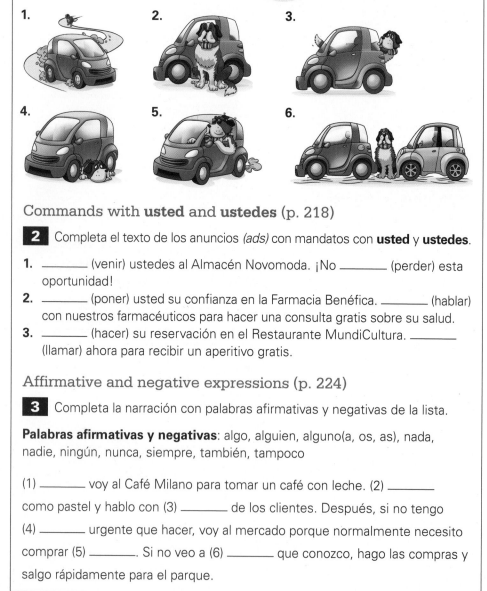

Commands with **usted** and **ustedes** (p. 218)

2 Completa el texto de los anuncios *(ads)* con mandatos con **usted** y **ustedes**.

1. _____ (venir) ustedes al Almacén Novomoda. ¡No _____ (perder) esta oportunidad!
2. _____ (poner) usted su confianza en la Farmacia Benéfica. _____ (hablar) con nuestros farmacéuticos para hacer una consulta gratis sobre su salud.
3. _____ (hacer) su reservación en el Restaurante MundiCultura. _____ (llamar) ahora para recibir un aperitivo gratis.

Affirmative and negative expressions (p. 224)

3 Completa la narración con palabras afirmativas y negativas de la lista.

Palabras afirmativas y negativas: algo, alguien, alguno(a, os, as), nada, nadie, ningún, nunca, siempre, también, tampoco

(1) _____ voy al Café Milano para tomar un café con leche. (2) _____ como pastel y hablo con (3) _____ de los clientes. Después, si no tengo (4) _____ urgente que hacer, voy al mercado porque normalmente necesito comprar (5) _____. Si no veo a (6) _____ que conozco, hago las compras y salgo rápidamente para el parque.

Demonstrative adjectives and pronouns (p. 227)

4 Usa adjetivos y pronombres demostrativos para completar las oraciones.

1. No quiero _____ huevos que están aquí. Prefiero _____ de allí.
2. No quiero _____ leche que está allá. Prefiero _____ de aquí.
3. No quiero _____ vegetales que están allí. Prefiero _____ de allá.
4. No quiero _____ pizza que está aquí. Prefiero _____ de allí.
5. No quiero _____ frutas que están allá. Prefiero _____ de aquí.
6. No quiero _____ yogur que está aquí. Prefiero _____ de allá.

Preparación para el Capítulo 7

Irregular-**yo** verbs in the present indicative (p. 180)

5 Tu amiga habla de su rutina diaria. Completa sus comentarios con las formas de **yo** correctas de los verbos indicados.

Siempre (1) _____ (salir) temprano de casa y (2) _____ (traer) el almuerzo *(lunch)* conmigo. (3) _____ (poner) todo en mi mochila y (4) _____ (conducir) hasta la universidad. Allí (5) _____ (ver) a algunos de mis amigos y hablamos un rato. Como (6) _____ (conocer) a mucha gente, a veces paso media hora hablando. (7) _____ (oír) sus noticias y también (8) _____ (hacer) planes con algunos de ellos para reunirnos después de las clases. Luego, ¡a trabajar! Si (9) _____ (decir) la verdad, (10) ¡_____ (saber) que debo estudiar más y hablar menos!

Reflexive verbs (p. 184)

6 Completa las oraciones con las formas correctas de los verbos reflexivos. Presta atención al tiempo verbal que requiere cada una.

1. Tú _____ (prepararse: *present indicative*) para ir al cine.
2. Yo _____ (acostarse: *present indicative*) tarde después de ir al teatro.
3. Nosotros _____ (preocuparse: *present indicative*) porque el tren llega tarde.
4. Mis amigos _____ (divertirse: *present progressive*) en el parque.
5. Sé que a ustedes no les gusta ir al museo, ¡pero no _____ (quejarse: *command*) tanto, por favor!
6. _____ (sentarse: *command*) usted aquí y _____ (relajarse: *command*) un poco.

Complete these activities to review some previously learned grammatical structures that will be helpful when you learn the new grammar in **Chapter 7**.

Be sure to reread **Chapter 6: Gramática útil 2** before moving on to the new **Chapter 7** grammar sections.

The answers to the activities in this section can be found in **Appendix B**.

© Silvrshootr/iStock

TIEMPO PERSONAL

A muchas personas les gusta estar siempre
ocupadas y trabajando. Para otras, el tiempo
(free time) es muy importante.

**¿Trabajas para vivir o vives para trabajar? ¿Qué
es más importante para ti, disfrutar del tiempo
libre o conseguir tus objetivos profesionales?**

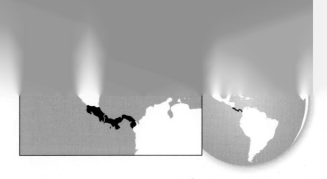

Un viaje por Costa Rica y Panamá

Costa Rica y Panamá comparten frontera y tienen costas en el mar Caribe y en el océano Pacífico. Costa Rica tiene una geografía más variada que Panamá.

País / Área	Tamaño y fronteras	Sitios de interés
Costa Rica 50.660 km²	un poco más pequeño que Virginia Occidental; fronteras con Nicaragua y Panamá	sistema grande de parques nacionales, el Teatro Nacional en San José, las plantaciones de café, algunos de los mejores sitios del mundo para navegar en rápidos
Panamá 75.990 km²	un poco más pequeño que Carolina del Sur; fronteras con Costa Rica y Colombia	el canal de Panamá; las islas de Kuna Yala (antes San Blas) con los kuna, una población indígena; el Parque Nacional de Darién; algunas de las mejores playas centroamericanas para el surfing

¿Qué sabes? Di si las siguientes oraciones son ciertas (**C**) o falsas (**F**).

1. Costa Rica es un país más pequeño que Virginia Occidental y Carolina del Sur.
2. Panamá es un lugar ideal para navegar en rápidos y hacer surfing.
3. Costa Rica y Panamá son países vecinos porque comparten una frontera.
4. El café es un producto importante para Costa Rica.

Lo que sé y lo que quiero aprender Completa la tabla del **Apéndice A**. Escribe algunos datos que **ya sabes** sobre estos países en la columna **Lo que sé**. Después, añade algunos temas que **quieres aprender** a la columna **Lo que quiero aprender**. Guarda la tabla para usarla otra vez en la sección **¡Explora y exprésate!** en la página 268.

COMMUNICATION

By the end of this chapter you will be able to

- talk about sports and leisure activities
- talk about seasons and the weather
- say how you feel using **tener** expressions
- describe your recent leisure activities
- suggest activities and plans to friends

CULTURES

By the end of this chapter you will have explored

- facts about Costa Rica and Panama
- a special boat race from the Atlantic to the Pacific
- why Costa Rica is a paradise for ecotourism
- white-water rafting in Costa Rica
- Fahrenheit and Celsius temperatures; seasons and the equator

243

¡Imagínate!

▶ VOCABULARIO ÚTIL 1

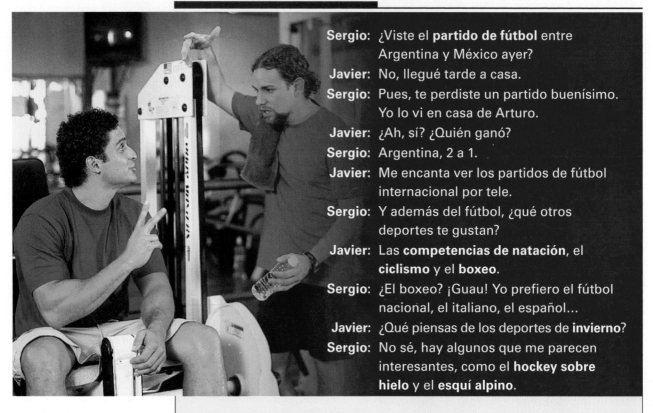

Sergio: ¿Viste el **partido de fútbol** entre Argentina y México ayer?

Javier: No, llegué tarde a casa.

Sergio: Pues, te perdiste un partido buenísimo. Yo lo vi en casa de Arturo.

Javier: ¿Ah, sí? ¿Quién ganó?

Sergio: Argentina, 2 a 1.

Javier: Me encanta ver los partidos de fútbol internacional por tele.

Sergio: Y además del fútbol, ¿qué otros deportes te gustan?

Javier: Las **competencias de natación**, el **ciclismo** y el **boxeo**.

Sergio: ¿El boxeo? ¡Guau! Yo prefiero el fútbol nacional, el italiano, el español...

Javier: ¿Qué piensas de los deportes de **invierno**?

Sergio: No sé, hay algunos que me parecen interesantes, como el **hockey sobre hielo** y el **esquí alpino**.

Remember, as you learned in **Chapter 6, jugar** is used with the preposition **a** in a number of Spanish-speaking countries: **jugar al tenis, jugar al fútbol.** Usage of **a** varies from region to region.

In South America, **correr olas**, literally, *to run waves*, is used for *surfing*.

Actividades deportivas *Sport activities*

entrenarse *to train*
esquiar *to ski*
jugar (al) tenis / (al) béisbol / etc.
   to play tennis / baseball / etc.
levantar pesas *to lift weights*
nadar *to swim*

navegar en rápidos *to go white-water rafting*
patinar sobre hielo *to ice skate*
practicar / hacer alpinismo *to (mountain) climb, hike*
practicar / hacer surfing *to surf*

Los deportes *Sports*

el boxeo *boxing*
el esquí acuático *water skiing*
el esquí alpino *downhill skiing*
el golf *golf*

el hockey sobre hielo *ice hockey*
la natación *swimming*
el snowboarding *snowboarding*

Más palabras sobre los deportes *More sports words*

la competencia *competition*
el equipo *team*
ganar *to win*
el lago *lake*
el partido *game, match*
el peligro *danger*

peligroso(a) *dangerous*
la pelota *ball*
la piscina *pool*
el río *river*
seguro(a) *safe*
la tabla de snowboard *snowboard*

Otros deportes *Other sports*

el béisbol

el tenis

el fútbol

el hockey sobre hierba

el volibol

el fútbol americano

el básquetbol

el ciclismo

Sports vocabulary in Spanish contains a lot of words that come from English, for example, **jonrón, gol, béisbol, bate, derbi,** and **fútbol.** It is important to remember that the spelling, pronunciation, and grammatical use of these borrowed words follow the rules of Spanish. All the vowels and consonants of *homerun* are adapted to create **jonrón**; it is pronounced with the rolling **r (la erre),** and its plural is **jonrones.**

remar

pescar

montar a caballo

montar en bicicleta

hacer ejercicio

patinar en línea

There are pastimes other than sports that you might be interested in: **el póker en línea** *(online poker)*, **jugar a las cartas** *(to play cards)*, **los juegos de mesa** *(board games)*, **el bridge** *(bridge)*, **el ajedrez** *(chess)*, **las damas** *(checkers)*, **el billar americano** *(pool)*, **el billar inglés** *(snooker)*, **el solitario** *(solitaire)*, **el dominó** *(dominoes)*, and **los juegos interactivos** *(interactive games)*. If there are other games that you would like to know how to say in Spanish, go to an online word reference forum or a dictionary app and find out their Spanish equivalent.

21ST CENTURY SKILLS

Media Literacy:
Think about games you know of or play (e.g., *Angry Birds, Stupid Zombies, Empire,* etc.) and list them, then sort them into categories (**fantasía, misterio, acción…**). Ask yourself: **¿Son positivos o negativos para la sociedad / para los individuos? ¿Los juegos son para niños o adultos?** Draw conclusions (and defend them) to practice your **Critical Thinking** skills.

Las estaciones *Seasons*

el verano

julio

el invierno

la primavera

abril

el otoño

ACTIVIDADES

1 **En las montañas** Mira la siguiente tabla. Luego, indica qué deportes se pueden practicar en cada lugar. En algunos casos, puede haber varias posibilidades. Limita tus respuestas a un máximo de tres actividades o deportes por cada lugar.

el parque	el océano	el lago
el béisbol		

la cancha	las montañas	el gimnasio

la piscina	el río	

2 🔁 **Atletas famosos** Con un(a) compañero(a) de clase, haz una lista de atletas y otros jugadores famosos. Luego, digan con qué deporte o juego se asocia a cada persona.

MODELOS Megan Rapinoe
Megan Rapinoe juega fútbol.
Bode Merrill
Bode Merrill practica el snowboarding.

3  **¡Peligro!** Con un(a) compañero(a), di qué deportes crees que son peligrosos y cuáles no lo son. Hagan una lista. Luego, intercambien su lista con la de otra pareja. ¿Tienen las mismas opiniones?

4 **El deporte o juego preferido** En grupos de tres o cuatro estudiantes, hagan una lista de sus tres actividades o deportes preferidos. Luego hagan una lista de los tres deportes o actividades que menos les gustan. Cada grupo tiene que compartir sus resultados con la clase.

MODELOS   *En nuestro grupo, el fútbol, el snowboarding y el surfing son los deportes preferidos.*
En nuestro grupo, el golf, la natación y el béisbol son los deportes que menos nos gustan.

5 **Las estaciones** ¿Sabes que los hemisferios norte y sur están en estaciones opuestas durante todo el año? Durante el verano en el hemisferio norte, es invierno en el hemisferio sur. Con un(a) compañero(a) de clase, mira la tabla e indica la estación que corresponde a cada país y mes.

País / mes	Estación
1. Argentina, julio	*invierno*
2. España, febrero	
3. México, octubre	
4. Uruguay, septiembre	
5. Paraguay, diciembre	
6. Cuba, octubre	
7. Panamá, agosto	
8. Bolivia, octubre	

6 **En el otoño...** Trabaja con un(a) compañero(a) de clase. Digan qué deportes y actividades les gusta hacer en cada estación.

MODELO   *En la primavera, ~~nos~~ me gusta nadar.*

1. en la primavera
2. en el verano
3. en el otoño
4. en el invierno

Javier: Hola, Beto. Qué milagro verte por aquí.

Beto: Ya sé. ¡Odio el gimnasio! No **tengo ganas** de hacer ejercicio en estas malditas máquinas.

Sergio: ¡Pobre Beto!... ¿Les **tienes miedo** a las "maquinitas"?

Beto: No, ¡no seas ridículo!

Expresiones con *tener* Tener *expressions*

tener cuidado *to be careful*
tener ganas de *to feel like (doing)*
tener miedo (de, a) *to be afraid (of)*
tener razón *to be right, correct*
tener vergüenza *to be embarrassed*

ACTIVIDADES

7 **¡Tengo sueño!** Indica cómo te sientes en las siguientes situaciones. En algunos casos hay más de una respuesta posible.

MODELO Ya son las diez y tu clase de cálculo empieza a las 9:40.
Tengo prisa.

1. Tienes un examen muy difícil.
2. Es verano y no tienes aire acondicionado.
3. Tienes una raqueta de tenis nueva.
4. Ya son las ocho de la noche y todavía no has cenado *(haven't eaten dinner)*.
5. Acabas de jugar básquetbol por tres horas.
6. Ves una película de terror.
7. Son las tres de la mañana y acabas de estudiar.
8. Es invierno y no llevas chaqueta.
9. Sabes las respuestas correctas a todas las preguntas.

8 **¿Qué tienes?** Usa la siguiente lista. Pasea por la clase y busca a un estudiante que tenga una de las emociones o estados físicos que se describen en la lista y escribe su nombre al lado. Luego escribe un resumen de tu encuesta. (¡Es posible que no encuentres nombres para todas las categorías!)

MODELO *Kelly y Sandra siempre tienen calor. Y Jessie...*

	Nombre
Siempre tiene calor:	
Tiene miedo de las serpientes:	
Tiene ganas de viajar a Nepal:	
Tiene vergüenza cuando habla enfrente de mucha gente:	
Nunca tiene sueño:	
Siempre tiene razón:	
Nunca tiene prisa:	
Tiene ganas de hacer surfing:	

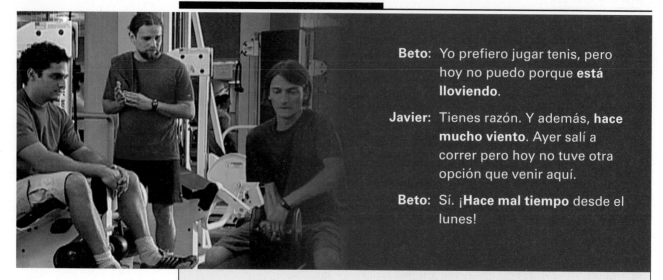

Beto: Yo prefiero jugar tenis, pero hoy no puedo porque **está lloviendo.**

Javier: Tienes razón. Y además, **hace mucho viento.** Ayer salí a correr pero hoy no tuve otra opción que venir aquí.

Beto: Sí. ¡**Hace mal tiempo** desde el lunes!

Note that **grados Celsius** and **centígrados** both refer to measurements on the Celsius scale. **Centígrados** is an older term that has been replaced by **Celsius**. Also notice that whether the plural form of **Celsius** is used varies from country to country.

To convert between Fahrenheit and Celsius:

Grados C → Grados F: (°C × 1,8) + 32 = °F
Ejemplo: (30 °C × 1,8) + 32 = 86 °F
Grados F → Grados C: (°F − 32) ÷ 1,8 = °C
Ejemplo: (86 °F − 32) ÷ 1,8 = 30 °C

El tiempo *Weather*

¿Qué tiempo hace? *What's the weather like?*
Hace buen tiempo. *It's nice weather.*
Hace mal tiempo. *It's bad weather.*
Hace fresco. *It's cool.*
Hace sol. *It's sunny.*

La temperatura *Temperature*

grados Celsius / centígrados *degrees Celsius*
grados Fahrenheit *degrees Fahrenheit*
La temperatura está a 20 grados Celsius / centígrados. *It's 20 degrees Celsius.*
La temperatura está a 70 grados Fahrenheit. *It's 70 degrees Fahrenheit.*

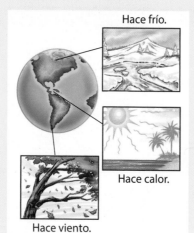

Hace frío.
Hace calor.
Hace viento.

Está nevando. Nieva.
Está nublado.
Está lloviendo. Llueve.

ACTIVIDADES

9 **El tiempo** Di qué tiempo hace por lo general durante las estaciones o meses indicados.

1. el mes de marzo en tu ciudad
2. el mes de agosto en tu ciudad
3. el mes de enero en tu ciudad
4. el mes de octubre en tu ciudad

5. en invierno en Buenos Aires
6. en invierno en Seattle
7. en verano en Miami
8. en invierno en Chicago

10 🔄 **Prefiero...** Trabaja con un(a) compañero(a) de clase. Identifiquen por lo menos dos actividades que les gusta hacer y dos que no les gusta hacer cuando hace el tiempo indicado. Luego, escriban oraciones completas para hacer un resumen de sus preferencias.

1. cuando hace calor
2. cuando hace frío
3. cuando hace mucho viento
4. cuando nieva
5. cuando llueve

¡FÍJATE!

¿Qué tiempo hace?

Cuando hablas del tiempo y de la temperatura en español, hay varias cosas importantes que debes saber. Primero, como viste en la **Actividad 5**, los países al norte y al sur del ecuador están en estaciones opuestas. Es decir, cuando en el norte estamos en invierno, los países del sur están en verano. Cuando es otoño en EEUU, allá es primavera.

Segundo, EEUU y los países de habla española usan dos sistemas diferentes para medir *(to measure)* la temperatura. Aquí usamos el sistema Fahrenheit, mientras que en Latinoamérica y España usan el sistema Celsius.

Finalmente, México, los países del Caribe y varios países de Centroamérica y Sudamérica tienen temporadas de lluvias y temporadas secas *(dry)*. Aunque esto es más común en los países que están más cerca del ecuador, también puede ocurrir cuando las corrientes del océano crean condiciones especiales, como en la costa noroeste de EEUU y en la costa sur de Perú.

PRÁCTICA 🔄 En parejas, miren las siguientes tablas y contesten las preguntas sobre el tiempo en las dos ciudades. (**tormenta** = *thunderstorm*, **chaparrón** = *cloudburst, downpour*)

1. ¿Cuál es la temperatura máxima en San José? ¿Y la temperatura mínima?
2. ¿Crees que se dan estas temperaturas en grados Celsius o Fahrenheit?
3. ¿Qué tiempo hace en San José el martes 28 de agosto? ¿Qué tiempo va a hacer el miércoles? ¿Y el sábado?
4. ¿Cuál es la temperatura máxima en la Ciudad de Panamá? ¿Y la temperatura mínima?
5. ¿Hace más calor en la Ciudad de Panamá o en San José?
6. ¿Cuál es el pronóstico para el jueves, el viernes y el sábado en la Ciudad de Panamá?
7. ¿Cuándo es la temporada de lluvias en cada país?

A ver

ESTRATEGIA

Listening for details

You have learned to listen for the main idea of a video segment. Knowing in advance what to listen for will help you find key information. **Antes de ver 2** will help you focus on this specific information.

Antes de ver 1 Mira las fotos y el texto en las páginas 244, 248 y 250 del **Vocabulario útil**. Luego, completa las siguientes oraciones sobre las personas de las fotos.

1. Javier y Sergio hablan de (los cursos / los deportes).
2. Sergio prefiere (el fútbol nacional / el hockey sobre hielo) al boxeo.
3. Según Beto, él no les tiene (sueño / miedo) a las máquinas del gimnasio.
4. Además, Beto no tiene (ganas / vergüenza) de hacer ejercicio en el gimnasio.
5. Beto no puede jugar tenis porque está (lloviendo / nevando).
6. Hoy también hace mucho (frío / viento).

Antes de ver 2 Ahora mira la siguiente tabla y fíjate en la información que necesitas del video para completarla.

	A Javier	A Sergio	A Beto	A Dulce
le gusta…				
no le gusta…				

▶ **Ver** Mira el video del **Capítulo 7** y completa la tabla en **Antes de ver 2**. Si el video no tiene la información necesaria, pon una X.

Después de ver 1 Escribe oraciones completas para indicar qué le gusta hacer a cada persona que se menciona en **Antes de ver 2**.

MODELO *A Dulce le gusta jugar tenis, pero no le gusta…*

Después de ver 2 🔁 Con un(a) compañero(a) de clase, contesta las siguientes preguntas sobre el video.

1. ¿De qué hablan Javier y Sergio al principio de la escena?
2. ¿Va Beto al gimnasio con frecuencia?
3. ¿Qué dice Sergio sobre la condición física de Beto?
4. ¿Por qué empieza Beto a hacer ejercicio con mucho entusiasmo?
5. ¿Qué le dice Beto a Dulce sobre su rutina diaria? ¿Es cierto o falso?
6. ¿Qué hace Dulce cuando hace ejercicio?

Voces de la comunidad

▶ Voces del mundo hispano

En el video de este capítulo, Essdras, Nicole y Andrés hablan de sus pasatiempos y las estaciones del año. Lee las siguientes oraciones. Después mira el video una o más veces para decir si las oraciones son ciertas **(C)** o falsas **(F)**.

1. A Essdras le gusta el invierno porque todo es muy oscuro.
2. Nicole prefiere el otoño porque le gusta el cambio de las hojas *(leaves)*.
3. A Andrés no le gusta la estación lluviosa porque es difícil salir afuera.
4. A Essdras le gusta hacer yoga y levantar pesas.
5. Nicole prefiere bailar y acampar.
6. Andrés no practica ningún deporte.

🔊 Voces de Estados Unidos

© Cameron Spencer/Getty Images

Brenda Villa, waterpolista

❝ Los medios de comunicación hispanos deben poner de su parte *(do their part)* para dar publicidad a los atletas hispanos en deportes no tradicionales. Así los padres pueden conocer todas las opciones que hay para sus hijos ❞ .

Brenda Villa es la mejor waterpolista femenina de la década 2000–2009, según la Federación Internacional de Natación. Nacida *(Born)* en East L.A. de padres mexicanos, Villa aprendió a jugar polo a los seis años con sus dos hermanos. Después, en Bell Gardens High School, jugó para el equipo masculino porque la escuela no tenía equipo femenino. Villa es graduada de Stanford, donde se especializó en ciencias políticas. En 2011, participó en la fundación de Project 2020, una organización sin fines de lucro que promueve la práctica de deportes acuáticos entre los jóvenes del área de San Francisco. Esta gran atleta tiene la distinción de ser la primera latina en el equipo de waterpolo de los EEUU. Entre sus honores se incluyen varias medallas olímpicas y de campeonatos mundiales y también el Trofeo Peter J. Cutino del National Collegiate Athletic Association (NCAA), el más prestigioso honor a nivel *(level)* individual en el waterpolo universitario estadounidense.

The forms **aprendió, jugó, se especializó,** and **participó** are all past-tense forms. You'll learn more about them on page 254.

¿Y tú? | **En tu opinión, ¿cuáles son algunos deportes que no reciben la atención o el interés público que merecen *(they deserve)*? ¿Crees que los medios de comunicación deben hacer un esfuerzo para promocionarlos?**

¡Prepárate!

GRAMÁTICA ÚTIL 1

Talking about what you did:
The preterite tense of regular verbs

Cómo usarlo

¿Quién **ganó**?

Spanish uses another past tense called the *imperfect* to talk about past actions that were routine or ongoing. You will learn more about this tense in **Chapter 9**.

> **Lo básico**
>
> A *verb tense* is a form of a verb that indicates the time of an action: the past, present, or future. You have already been using the present indicative (**Estudio en la biblioteca.**) and the present progressive (**Estoy hablando por teléfono.**) tenses.

When you want to talk in Spanish about actions that occurred and were completed in the past, you use the *preterite tense*. The preterite is used to describe

- actions that began and ended in the past;
- conditions or states that existed completely within the past.

Me desperté, leí el periódico y **salí** para el gimnasio.

I woke up, I read the newspaper, and *I left* for the gym.

Fui secretario bilingüe por dos años.

I was a bilingual secretary for two years.

Estuve muy cansada ayer.

I was very tired yesterday.

Cómo formarlo

1. To form the preterite tense of regular **-ar, -er,** and **-ir** verbs, you remove that ending from the infinitive and add the following endings to the verb stem.

	-ar verb: **bailar**		-er and -ir verbs: **comer / escribir**		
yo	-é	bailé	-í	comí	escribí
tú	-aste	bailaste	-iste	comiste	escribiste
Ud. / él / ella	-ó	bailó	-ió	comió	escribió
nosotros / nosotras	-amos	bailamos	-imos	comimos	escribimos
vosotros / vosotras	-asteis	bailasteis	-isteis	comisteis	escribisteis
Uds. / ellos / ellas	-aron	bailaron	-ieron	comieron	escribieron

Note that reflexive verbs use the same endings: (**lavarse**) **me lavé, te lavaste, se lavó, nos lavamos, se lavaron**; (**reunirse**) **me reuní, te reuniste, se reunió, nos reunimos, se reunieron**.

2. Notice that the preterite forms of **-er** and **-ir** verbs are the same.

3. Notice that only the **yo** and **Ud. / él / ella** forms are accented.

4. The **nosotros** forms of the preterite and the present indicative of **-ar** and **-ir** verbs are the same. You can tell which is being used by context.

Bailamos todos los fines de semana.   *(present)*
Bailamos salsa con Mario ayer.   *(past)*

5. All stem-changing verbs that end in **-ar** or **-er** are regular in the preterite.

Me desperté a las ocho cuando **sonó** el teléfono.	***I woke up*** at 8:00 when the telephone ***rang***.
Volví temprano de mis vacaciones porque **perdí** mi pasaporte.	***I returned early*** from my vacation because ***I lost*** my passport.

Stem-changing verbs that end in -ir also have stem changes in the preterite. You will learn these forms in **Chapter 8**.

6. Many of the verbs you have already learned are regular in the preterite tense. A few have some minor changes.

■ Verbs that end in **-car, -gar,** and **-zar** have a spelling change in the **yo** form to maintain the correct pronunciation.

-car:	c → qu	sacar: **saqué**, sacaste, sacó, sacamos, sacasteis, sacaron
-gar:	g → gu	llegar: **llegué**, llegaste, llegó, llegamos, llegasteis, llegaron
-zar:	z → c	cruzar: **crucé**, cruzaste, cruzó, cruzamos, cruzasteis, cruzaron

■ Verbs that end in **-eer**, as well as the verb **oír**, change **i** to **y** in the two third-person forms. Note the accent on the **-íste, -ímos,** and **-ísteis** endings.

leer:	leí, leíste, leyó, leímos, leísteis, leyeron
creer:	creí, creíste, creyó, creímos, creísteis, creyeron
oír:	oí, oíste, oyó, oímos, oísteis, oyeron

7. You have already learned the word **ayer**. Here are some other useful time expressions to use with the preterite tense: **anoche** *(last night)*, **anteayer** *(the day before yesterday)*, **la semana pasada** *(last week)*, **el mes pasado** *(last month)*, **el año pasado** *(last year)*.

ACTIVIDADES

1 🔊 **¿Presente o pasado?** Escucha las oraciones e indica si las actividades que se describen ocurren en el presente o el pasado.

	Presente	Pasado
1. Javier y Lidia / esquiar	———	———
2. Susana / entrenarse	———	———
3. yo / navegar en rápidos	———	———
4. mi padre / pescar	———	———
5. tú / remar	———	———
6. tú / jugar golf	———	———
7. yo / patinar sobre hielo	———	———
8. yo / nadar	———	———

2 **El calendario de Rosario** Usa el siguiente calendario para decir qué hizo *(did)* Rosario la semana pasada.

lunes 17	martes 18	miércoles 19	jueves 20	viernes 21	sábado 22	domingo 23
A.M.: estudiar con Lalo	A.M.: trabajar en la biblioteca	A.M.: almorzar con Neti	A.M.: leer en la biblioteca	A.M.: correr dos millas	A.M.: desayunar con Sergio	A.M.: ¡descansar!
P.M.: jugar tenis con Fernando	P.M.: salir con Lalo	P.M.: sacar la basura	P.M.: escribir el ensayo para la clase de literatura	P.M.: ¡bailar en la discoteca!	P.M.: entrenarse en el gimnasio	P.M.: comer con Lalo

MODELO   *El lunes por la mañana Rosario estudió con Lalo.*
O: *El lunes por la mañana Rosario y Lalo estudiaron.*

3 **Ayer** Di qué hicieron *(did)* las siguientes personas ayer.

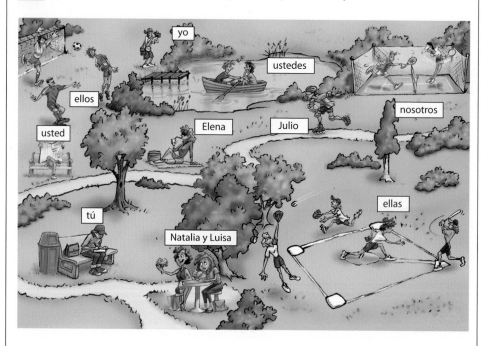

4 ↻ **La semana pasada** Ahora, usa el horario de la **Actividad 2** como modelo y complétalo con tu propia información sobre la semana pasada. Luego, trabaja con un(a) compañero(a) de clase para hablar de sus actividades de la semana pasada.

MODELO   **Tú:** *¿Qué hiciste* (What did you do) *el lunes por la mañana?*
Compañero(a): *Jugué golf. ¿Y tú? ¿Qué hiciste el miércoles por la tarde?*

GRAMÁTICA ÚTIL 2

Talking about what you did: The preterite tense of some common irregular verbs

Cómo usarlo

As you learned in **Gramática útil 1**, the preterite is a Spanish past-tense form that is used to talk about actions that occurred and were completed in the past. It describes actions that began and ended in the past and refers to things that happened and are over with, whether they happened just once or over time.

Fuimos al restaurante.
Hicimos deporte todo el día.
¡Estuvimos bien cansados!

We went to the restaurant.
We played sports all day.
We were really tired!

¿**Viste** el partido de fútbol entre Argentina y México ayer?

Cómo formarlo

1. Here are the irregular preterite forms of some frequently used verbs.

	estar	hacer	ir	ser
yo	estuve	hice	fui	fui
tú	estuviste	hiciste	fuiste	fuiste
Ud. / él / ella	estuvo	hizo	fue	fue
nosotros / nosotras	estuvimos	hicimos	fuimos	fuimos
vosotros / vosotras	estuvisteis	hicisteis	fuisteis	fuisteis
Uds. / ellos / ellas	estuvieron	hicieron	fueron	fueron

	der	ver	decir	traer
yo	di	vi	dije	traje
tú	diste	viste	dijiste	trajiste
Ud. / él / ella	dio	vio	dijo	trajo
nosotros / nosotras	dimos	vimos	dijimos	trajimos
vosotros / vosotras	disteis	visteis	dijisteis	trajisteis
Uds. / ellos / ellas	dieron	vieron	dijeron	trajeron

Ver is irregular only because it does not carry accents in the **yo** and **Ud. / él / ella** forms. **Dar** is irregular because it uses the regular **-er / -ir** endings rather than the **-ar** endings.

2. Verbs that end in **-cir** follow the same pattern as **traer** and **decir**.

> **conducir:** conduje, condujiste, condujo, condujimos, condujisteis, condujeron
>
> **producir:** produje, produjiste, produjo, produjimos, produjisteis, produjeron
>
> **traducir:** traduje, tradujiste, tradujo, tradujimos, tradujisteis, tradujeron

3. Notice that although these irregular verbs do for the most part use the regular endings, they have internal changes to the stem that must be memorized.

4. Notice that none of these verbs requires accents in the preterite.

5. Notice that **ser** and **ir** have the same forms in the preterite. But because the verbs have such different meanings, it is usually fairly easy to tell which one is being used.

Fuimos estudiantes durante esos años.
Todos **fuimos** a una fiesta muy divertida.

We were students during those years.
We all went to a really fun party.

ACTIVIDADES

5 **¿Qué hicieron?** Haz oraciones completas para decir qué pasó la semana pasada.

MODELO **ir**
ellos / al parque a jugar tenis
Ellos fueron al parque a jugar tenis.

estar

1. tú y yo / en las montañas para hacer alpinismo
2. Mónica y Sara / en el gimnasio todos los días
3. usted / en la costa para hacer surfing

ir

4. ustedes / al gimnasio a entrenarse
5. yo / a la biblioteca a estudiar
6. Jorge / al parque a jugar básquetbol

ver

7. yo / una película muy buena
8. nosotros / a Mónica y a Sara en el gimnasio
9. tú / una serpiente en el parque

traer

10. Luis / su pelota de béisbol a mi casa para jugar
11. ellos / su equipo (equipment) para jugar hockey sobre hierba
12. tú / tus pesas para entrenarte

6 **¿Quién fue?** Con un(a) compañero(a) de clase, di quiénes fueron las personas indicadas. (En algunos casos, hay más de una respuesta posible).

MODELO Abraham Lincoln
Tú: *¿Quién fue Abraham Lincoln?*
Compañero(a): *Fue presidente de Estados Unidos.*

Respuestas posibles: presidente(a), futbolista, novelista, actor / actriz, cantante, científico(a), político(a), revolucionario(a)

1. Monsieur y Madame Curie
2. Albert Einstein
3. Marilyn Monroe y Robin Williams
4. Bill Clinton y George W. Bush
5. Virginia Woolf
6. Che Guevara
7. Michael Jackson
8. Diego Maradona

7 🔁 **Las vacaciones** Averigua qué hizo tu compañero(a) de clase durante sus vacaciones del año pasado. Pregúntale si hizo las siguientes actividades y cuántas veces las hizo.

MODELO ir al cine *(¿cuántas veces?)*
        Tú: *¿Cuántas veces fuiste al cine durante tus vacaciones?*
        Compañero(a): *Fui una vez a la semana, más o menos.*

1. hacer viajes *(trips)* (¿cuántos?)
2. conducir lejos (¿cuántas millas?)
3. ir a la playa (¿cuántas veces?)
4. ver un partido de fútbol americano (¿cuántas veces?)
5. hacer ejercicio (¿cuántas veces?)

Luego, tu compañero(a) te hace las mismas preguntas. Juntos, determinen la siguiente información.

1. ¿Quién hizo más viajes?
2. ¿Quién condujo más kilómetros?
3. ¿Quién fue más a la playa?
4. ¿Quién vio más partidos de fútbol americano?
5. ¿Quién hizo más ejercicio?

8 🔊 **La reunión** Escucha mientras Cecilia describe qué pasó la semana pasada en la reunión de exalumnos de su colegio. Primero, completa la tabla con la información necesaria. Luego, escribe oraciones completas según el modelo.

Persona	¿Qué dijo?
yo (Cecilia)	
tú (Rosa Carmen)	
José María	
Marcos	*Es periodista.*
Laura y Sebastián	
Leticia	
Pilar y Antonio	

MODELO **Lees:** Marcos
        Escuchas: Es periodista.
        Escribes: *Marcos dijo que es periodista.*

1. yo
2. tú
3. José María
4. Laura y Sebastián
5. Leticia
6. Pilar y Antonio

Pues, te perdiste un partido buenísimo. Yo **lo** vi en casa de Arturo.

Referring to something already mentioned: Direct object pronouns

Cómo usarlo

Lo básico

A *direct object* is a noun or noun phrase that receives the action of a verb: I buy *a book*. We invite *our friends*. *Direct object pronouns* are pronouns that replace direct object nouns or phrases: I buy *it*. We invite *them*. Often you can identify the direct object of the sentence by asking *what?* or *whom?:* We buy *what?* (*a book / it*) / We invite *whom?* (*our friends / them*).

You use direct object pronouns in both Spanish and English to avoid repetition and to refer to things or people that have already been mentioned. Look at the following passage in Spanish and notice how much repetition there is.

> **Quiero hablar con María. Llamo a María por teléfono e invito a María a visitar a mis padres. Visito a mis padres casi todos los fines de semana.**

Now read the passage after it's been rewritten using direct object pronouns to replace some of the occasions when the nouns **María** and **padres** were used previously. (The direct object pronouns appear underlined.)

> **Quiero hablar con María. La llamo por teléfono y la invito a visitar a mis padres. Los visito casi todos los fines de semana.**

Cómo formarlo

1. Here are the direct object pronouns in Spanish.

Singular		Plural	
me	*me*	nos	*us*
te	*you (fam.)*	os	*you (fam.)*
lo	*you (form. masc.), him, it*	los	*you (form. masc.), them, it*
la	*you (form. fem.), she, it*	las	*you (form. fem.), them, it*

2. The third-person direct object pronouns in Spanish must agree in gender and number with the noun they replace.

Compramos **el libro**.	→	**Lo** compramos.
Compramos **la raqueta**.	→	**La** compramos.
Compramos **los libros**.	→	**Los** compramos.
Compramos **las raquetas**.	→	**Las** compramos.

3. Pay particular attention to the **lo / la** and **los / las** forms, because they can have a variety of meanings. For example, **Lo llamo** can mean *I call **you*** (formal, male) or *I call **him**. **La llamo** can mean *I call **you*** (formal, female) or *I call **her**. Look at the possible meanings for the **los** and **las** forms.

Los llamo. → *I call **them**. (at least two men, or a man and a woman)*
*I call **you**. (formal, at least two people, at least one male)*

Las llamo. → *I call **them**. (at least two women)*
*I call **you**. (formal, at least two women)*

4. Direct object pronouns always come *before* a *conjugated verb* used by itself.

Me llamas el viernes, ¿no?   *You'll call **me** on Friday, right?*
Te invito a la fiesta.   *I'm inviting **you** to the party.*

5. When a direct object pronoun is used with an *infinitive* or with the *present progressive*, it may come *before* the conjugated verb or it may be *attached* to the infinitive or to the present participle.

Te voy a llamar.   OR: Voy a llamar**te**.
Te estoy llamando.   OR: Estoy llamándo**te**.

> Notice that when the direct object pronoun attaches to the present participle, you must add an accent to the next-to-last syllable of the present participle to maintain the correct pronunciation: **llamándote**. Other examples include: **viéndome, hablándonos, invitándolo**.

6. When a direct object pronoun is used with a *command form*, it *attaches to the end of the affirmative command* but *comes before the negative command* form.

Hágalo ahora, por favor.   BUT: **No lo haga** ahora, por favor.

7. When you use direct object pronouns with *reflexive pronouns*, the *reflexive pronouns come before the direct object pronouns.*

Me estoy lavando **la cara** con jabón.   *I am washing **my face** with soap.*
Me **la** estoy lavando con jabón.   *I am washing **it** with soap.*

Estoy lavándome **la cara** con jabón.   *I am washing **my face** with soap.*
Estoy lavándome**la** con jabón.   *I am washing **it** with soap.*

> Again, notice that when the direct object pronoun attaches to the command form, you must add an accent to the next-to-last syllable of command forms of two or more syllables in order to maintain the correct pronunciation: **hágalo**.

ACTIVIDADES

9 **El domingo por la tarde** Tu familia tuvo una reunión en casa el domingo por la tarde y todos(as) hicieron algo para ayudar. Escribe lo que hicieron usando los pronombres de objeto directo correctos. Sigue el modelo.

MODELO   Mi mamá y yo compramos <u>la comida</u>.
La compramos.

1. Mi hermana y yo limpiamos (cleaned) <u>la casa</u>.
_____ limpiamos.
2. Mi papá invitó a <u>los primos</u>.
_____ invitó.
3. Yo compré <u>los refrescos</u>.
_____ compré.

4. Mi hermano trajo <u>la música</u>.
_____ trajo.
5. Mis tíos prepararon <u>la ensalada</u>.
_____ prepararon.
6. Mi tía hizo <u>las tortillas</u>.
_____ hizo.

10 **El día horrible** Lee sobre el día horrible de Manuel. Sustituye las palabras **en negrilla** *(boldface)* con pronombres de objeto directo, según el modelo.

MODELO   Compré **los libros**.
    Los compré.

Un día horrible

¡Ayer estuve muy ocupado! Empezaron las clases y tuve que comprar los libros. Compré **los libros** en la librería de la universidad. Pero no encontré el libro para mi clase de cálculo. Tuve que ir a otra librería. Busqué **la librería**, pero, como no me dieron buenas indicaciones para llegar, ¡no encontré **la librería** hasta después de dos horas! Por fin, vi el libro de clase y compré **el libro**.

Después fui al supermercado para comprar algunos comestibles, pero no pude comprar **los comestibles** porque no encontré mi tarjeta de crédito *(credit card)*. Volví a la librería para buscar mi tarjeta, pero no encontré **la tarjeta** allí.

Decidí ir a la residencia estudiantil para descansar un poco y hacer un poco de trabajo. Vi a mi compañero de cuarto en la entrada. Saludé a **mi compañero de cuarto**. Él me dijo que me envió un mensaje. Envió **el mensaje** para decirme que la computadora no funciona bien. Examiné **la computadora**, pero no pude *(I couldn't)* reparar **la computadora**. Tenemos que llevar **la computadora** al centro de computación para hacerle reparaciones. ¡Otra cosa que tengo que hacer!

11 **Pobre Manuel** Contesta las preguntas sobre el día horrible de Manuel **(Actividad 10)**. Usa pronombres de objeto directo en tus respuestas.

MODELO   ¿Encontró Manuel el libro en la librería de la universidad?
    No, no lo encontró.

1. ¿Encontró Manuel la otra librería?
2. ¿Compró los comestibles?
3. ¿Encontró su tarjeta de crédito?
4. ¿Vio a su compañero de cuarto en la residencia estudiantil?
5. Cuando por fin llegó a la residencia estudiantil, ¿pudo hacer su trabajo?
6. ¿Usó la computadora de su cuarto?
7. ¿Tuvo que llevar la computadora al centro de computación?
8. ¿Tuvo un día tranquilo?

12 **Natalia** El padre de Natalia y Nico es muy exigente *(demanding)*. Les hace muchas preguntas. Haz el papel de Natalia y contesta las preguntas de su padre.

MODELOS   **Padre:** ¿Limpiaron el baño? (sí)
Natalia: *Sí, lo limpiamos.*
Padre: ¿Limpiaste tu cuarto? (no)
Natalia: *No, pero estoy limpiándolo ahora mismo.*

1. ¿Hiciste la tarea? (sí)
2. ¿Prepararon el almuerzo? (no)
3. ¿Hicieron los planes para la fiesta? (no)
4. ¿Leíste la nota de tu mamá? (sí)
5. ¿Viste la lista de productos que debes comprar en el supermercado? (sí)
6. ¿Llamaste a tu abuela? (sí)

13 🔁 **¿Lo leíste?** Trabaja con un(a) compañero(a) de clase. Háganse preguntas y contéstenlas usando pronombres de objeto directo. Sigan el modelo.

MODELO   leer / el nuevo libro de James Patterson
Compañero(a): *¿Leíste el nuevo libro de James Patterson?*
Tú: *Sí, lo leí.* O: *No, no lo leí.*

1. ver / la nueva película de Pedro Almodóvar
2. leer / el nuevo libro de Gillian Flynn
3. ver / los partidos de básquetbol de la WNBA
4. traer / computadora portátil a clase
5. entender / la tarea de la clase de español
6. comprar / las pelotas de tenis
7. descargar / la nueva canción de Calle 13
8. ver / el nuevo episodio de *Modern Family*
9. ¿...?

14 🔺 **¿Lo tienes?** En grupos de tres, túrnense para hacer y contestar preguntas sobre sus actividades recientes. Cuando hagan las preguntas, usen **cuándo** o **dónde** con las palabras indicadas. Cuando contesten, usen un pronombre de objeto directo.

MODELOS   comprar tu mochila
Tú: *¿Dónde compraste tu mochila?*
Compañero(a): *La compré en la librería de la universidad.*

hacer la tarea para la clase de español
Compañero(a): *¿Cuándo hiciste la tarea para la clase de español?*
Tú: *¡No la hice!*

1. comprar tu computadora
2. hacer la tarea para la clase de ¿...?
3. mirar tus programas favoritos
4. escuchar tu canción favorita
5. llamar a tus padres
6. comer una hamburguesa
7. leer el libro para la clase de ¿...?
8. tomar el café hoy
9. ver a tus amigos
10. lavar la ropa

Expresión En grupos de tres o cuatro estudiantes, hagan una lista de las reglas *(rules)* de cortesía para el teléfono y el correo electrónico. ¿Qué se debe y qué no se debe hacer?

MODELOS   Cuando llamas por teléfono…
No debes llamar muy temprano por la mañana.
Cuando escribes correos electrónicos…
Debes escribir mensajes cortos.

GRAMÁTICA ÚTIL 4

Telling friends what to do: **Tú** command forms

¡No lo intentes en casa!

Haz los saltos y trucos más chéveres – habla con nuestros bicilocos profesionales para elegir la mejor bicicleta BMX para ti.

Calle Eloy Alfaro 27
Casco Antiguo
Ciudad de Panamá
507-516-9997
www.ciclocura.com

CICLOLOCURA

Photo: (left to right) © Rihardzz/Dreamstime; © Peter Spirer/Dreamstime; Text: © Cengage Learning 2015

What are the three tú command forms used in this ad for a bike shop in Panamá? Which one is a negative form?

Cómo usarlo

1. You have already learned the formal and plural (**usted** and **ustedes**) command forms in **Chapter 6**. Now you will learn the informal command form that you use with people you address as **tú**. (You see these forms in activity direction lines.)

Habla con Claudia.	***Talk*** to Claudia.
Pero **no hables** con Leo.	But ***don't talk*** to Leo.

2. Remember that when you are addressing more than one person informally you use **ustedes** forms, just as you do when you address more than one person formally.

3. You typically use informal commands to address friends, small children, or animals. If those commands still sound too abrupt, you can use these other expressions as a way of avoiding a direct command completely.

¿Me puedes decir / Me dices...?	***Can you tell me . . . ?***
¿Puedes + *infinitive*...?	***Can you*** + infinitive . . . ?
¿Quieres / Quisieras + *infinitive*...?	***Would you like to*** + infinitive . . . ?
¿Te importa...?	***Would/Does it matter to you . . . ?***
¿Te molesta...?	***Would/Does it bother you . . . ?***

The **vosotros** command forms, which are the plural informal command forms used in Spain, are not provided in this textbook because **ustedes** forms are used more universally.

Cómo formarlo

1. Unlike the **usted** and **ustedes** forms that you learned in **Chapter 6, tú** commands have one form for affirmative commands and one form for negative commands.

2. To form the affirmative **tú** command form, simply use the **usted / él / ella** present-indicative form of the verb.

Affirmative **tú** command forms		
-ar verb	**-er** verb	**-ir** verb
tomar → **toma**	beber → **bebe**	escribir → **escribe**

3. To form the negative **tú** command form, take the affirmative **tú** command, and replace the final vowel with **es** for **-ar** verbs and with **as** for **-er / -ir** verbs.

Negative **tú** command forms			
	-ar verb **hablar**	**-er** verb **beber**	**-ir** verb **escribir**
affirmative **tú** command	habla	bebe	escribe
negative **tú** command	no **hables**	no **bebas**	no **escribas**

Notice that the negative **tú** commands are the same as the **usted** command forms, but with an **s** added. **Usted** command: **hable;** negative **tú** command: **no hables.**

4. These **tú** command forms are irregular and must be memorized.

Irregular **tú** commands		
	Affirmative	Negative
decir	di	no digas
hacer	haz	no hagas
ir	ve	no vayas
poner	pon	no pongas
salir	sal	no salgas
ser	sé	no seas
tener	ten	no tengas
venir	ven	no vengas

Notice that the **tú** command for **ser (sé)** is the same as the first person of **saber (sé)**. Context will clarify which is meant: **¡Sé bueno!** vs. **Sé que Manuel es bueno.** The same is true for the command forms of **ir (ve)** and **ver (ve): Ve a clase.** vs. **Ve ese programa.**

5. As with **usted** command forms, *reflexive pronouns* and *direct object pronouns* attach to affirmative **tú** commands and come before negative **tú** commands. Note that you need to add an accent to the next-to-last syllable of the command form when attaching pronouns.

¡Despiértate, ya es tarde!	***Wake up**, it's late!*
¡No te acuestes ahora!	***Don't go to bed** now!*
Llámame.	***Call me.***
No me llames después de las once.	***Don't call me** after 11:00.*

ACTIVIDADES

15 El campamento Tu hermanito va a ir a un campamento de verano. Dale cuatro consejos usando la forma afirmativa y luego cuatro consejos usando la forma negativa.

MODELOS (Acostarse temprano)
Acuéstate temprano.
No (nadar) solo.
No nades solo.

Afirmativo
1. (Usar) tu casco *(helmet)*.
2. (Jugar) con los otros niños.
3. (Ducharse) después de nadar.
4. (Tener) cuidado al nadar.

Negativo
5. No (correr) en la calle.
6. No (caminar) por la noche.
7. No (hacer) deportes peligrosos.
8. No (salir) solo por la noche.

16 ¡Primo! Vas a quedarte en la casa de tu primo. Le haces preguntas sobre la casa y tus quehaceres. Escribe sus respuestas según el modelo.

MODELO ¿Apago las luces antes de acostarme?
Sí, apágalas, por favor.

1. ¿Cierro la puerta del garaje por la noche?
2. ¿Abro las ventanas si hace calor?
3. ¿Pongo los comestibles en el refrigerador?
4. ¿Contesto el teléfono cuando no estás en casa?
5. ¿Apago la computadora antes de acostarme?
6. ¿Saco la basura los lunes por la noche?

Ahora, contesta las preguntas de arriba con un mandato informal negativo.

17 Los consejos Da un consejo (afirmativo o negativo) para cada situación.

MODELO Juan quiere desarrollar sus músculos.
Levanta pesas dos veces por semana.

1. María desea perder cinco kilos.
2. Pedro quiere entrenarse para un maratón.
3. Pablo quiere mejorar su capacidad aeróbica.
4. Margarita quiere correr más rápido.
5. Francisco quiere ponerse en forma pero no tiene mucho tiempo para hacer ejercicio.

18 En la residencia Trabajen en grupos de tres o cuatro personas. Imagínense que un(a) estudiante nuevo(a) acaba de llegar a su residencia estudiantil. Denle consejos para no tener problemas con sus compañeros. Sigan el modelo.

MODELO *No toques música después de las once de la noche.*

¡Explora y exprésate!

Panamá

▶ Información general

Nombre oficial: República de Panamá

Población: 3.706.596

Capital: Ciudad de Panamá (f. 1519)
(1.446.792 hab.)

Otras ciudades importantes: San Miguelito
(315.000 hab.), David (140.000 hab.)

Moneda: balboa

Idiomas: español (oficial), inglés

Consulta el mapa de Panamá en
el **Apéndice D**.

A tener en cuenta

- Vasco Núñez de Balboa y Cristóbal Colón exploraron el país en 1501 y 1502. Balboa fue el primer europeo en llegar a la costa del Pacífico en 1513. Buscaba *(was looking for)* el oro y las riquezas de una civilización indígena legendaria.

- Las colonias españolas sufrieron ataques de piratas ingleses y holandeses durante el siglo XVII. En 1671 el pirata inglés Henry Morgan destruyó la Ciudad de Panamá y confiscó todos sus bienes y tesoros *(treasures)*.

- Después de ganar la independencia de España en 1821, Panamá padeció *(underwent)* muchas turbulencias políticas. En 1904, Estados Unidos empezó la construcción del canal de Panamá. En 1999, EEUU cedió el canal al Estado panameño.

- Los kunas son probablemente la tribu más famosa de Panamá. Son conocidos por la fabricación *(creation)* de sus tradicionales molas de colores vivos, que actualmente se venden en todo el mundo.

Costa Rica

▶ **Información general**

Nombre oficial: República de Costa Rica

Población: 4.832.234

Capital: San José (f. 1521) (1.593.000 hab.)

Otras ciudades importantes: Alajuela (960.748 hab.), Cartago (262.503 hab.)

Moneda: colón

Idiomas: español (oficial), inglés

A tener en cuenta

- Cristobal Colón llegó a esta región en 1502, con la esperanza de encontrar metales preciosos y otras riquezas naturales. Observó los adornos de oro de los indígenas y dio el nombre de Costa Rica a la región.

- Costa Rica ganó la independencia de España en 1821 y, después de algunos conflictos políticos, llegó a ser una democracia en 1889.

- La gran mayoría de la población es criolla: mestizos de ascendencia española e indígena. Los grupos indígenas componen menos del uno por ciento de la población y se distinguen en tres etnias: chorotega, huetar y brunca.

- Costa Rica es famosa por no tener ejército *(army)*, por el café que se vende a nivel mundial *(worldwide)* y por su diversidad biológica.

Consulta el mapa de Costa Rica en el **Apéndice D**.

© Arnulfo Franco/AP Images

Regata de Cayucos (canoes) de Océano a Océano

¡En Panamá, puedes remar del océano Atlántico al océano Pacífico a través del canal de Panamá en cayuco! En 1954, un líder de los Boy Scouts que trabajaba para la Compañía del Canal de Panamá quiso mostrar a un grupo de niños exploradores las tradiciones y cultura de los indígenas panameños que vivían a las orillas (lived on the shores) del río Chagres. El principal medio de transporte de los indígenas era el cayuco, una canoa hecha de un tronco del árbol (tree) nacional. Pronto, las competencias de cayuco entre los niños exploradores se convierten en una regata oficial, la Regata de Cayucos de Océano a Océano, tradición que ya lleva 54 años sin interrupción. Hoy día la regata es organizada por el Club de Remos de Balboa (CREBA). Hay dos categorías: la categoría juvenil (14–21 años) y la categoría abierta (mayores de 22 años), y tres subcategorías: masculina, femenina y mixta. Cada equipo de cuatro deportistas tiene que remar 50 millas en tres días. Maniobrar (Maneuvering) un cayuco es un deporte extremo que requiere de los atletas una perseverancia y una exigente (demanding) preparación física. ¡Rema de océano a océano! Solo en Panamá.

El ecoturismo en Costa Rica

Costa Rica tiene la reputación de practicar una conservación inteligente que atrae (attracts) a turistas de todo el mundo. El gobierno ha convertido (has converted) los parques nacionales, los bosques y las reservas indígenas en zonas protegidas que cubren 30% del país. El ecoturista puede disfrutar de (enjoy) la naturaleza con un impacto mínimo.

© DreamPictures/Getty Images

En los bosques tropicales puedes observar 850 especies de aves (birds), monos (monkeys), armadillos, jaguares, tapires y diversas especies de mariposas (butterflies). También puedes acampar, hacer alpinismo, montar en bicicleta de montaña o montar a caballo en parques nacionales como el Poás, el Arenal y el Irazú. Si eres deportista, en las playas y ríos puedes practicar todos los deportes acuáticos: el surfing, la navegación en rápidos, la natación, la pesca, y el paseo en bote o en kayak.

Anímate. Transfórmate en ecoturista en Costa Rica, el paraíso del ecoturismo.

EN RESUMEN

La información general

1. ¿Quién fue el primer europeo en llegar al océano Pacífico? ¿En qué año?
2. ¿Quién destruye la Ciudad de Panamá?
3. ¿En qué año empieza la construcción del canal de Panamá? ¿Cuándo pasa a estar bajo el control del Estado panameño?
4. ¿Quién llegó a Costa Rica en 1502?
5. ¿De qué país gana Costa Rica la independencia? ¿Cuándo llega a ser democracia?
6. ¿Por qué es popular Costa Rica?

El tema de los deportes

1. ¿Qué es un cayuco?
2. ¿Qué tienen que hacer los deportistas en la Regata de Cayucos de Océano a Océano?
3. ¿Por qué tiene Costa Rica la reputación de practicar una conservación inteligente que atrae a turistas de todo el mundo?
4. ¿Por qué Costa Rica se puede considerar el paraíso del ecoturismo?

¿Quieres saber más?

Revisa y completa la tabla que empezaste al principio del capítulo. Escoge uno o dos de los temas sobre los que escribiste en la columna **Lo que quiero aprender**, o uno o dos de los que figuran a continuación. Prepárate para compartir la información con la clase.

Palabras clave: Panamá Balboa, los kunas, la construcción del canal de Panamá, la dictadura de Manuel Noriega, Rubén Blades; **Costa Rica** las plantaciones de café, Juan Mora Fernández, los ticos, por qué Costa Rica decidió abolir las fuerzas armadas, Óscar Arias

🌐 Para aprender más sobre Panamá y Costa Rica, mira los videos culturales en la mediateca (Media Library).

© Silvrshootr/iStock

A leer

Antes de leer

1 Mira el artículo y la foto sobre la navegación en rápidos en Costa Rica y ojea *(scan)* el artículo rápidamente para encontrar la siguiente información.

1. cuántos ríos costarricenses se mencionan
2. los niveles *(levels)* de dificultad que se usan para describir los rápidos de los ríos

2 Las siguientes palabras aparecen *(appear)* en el artículo. Aunque estas palabras no son cognados, tienen una relación semántica con sus equivalentes en inglés. A ver si puedes identificar el equivalente en inglés de cada palabra de la izquierda.

1. _____ media docena	**a.** *co-owner*
2. _____ principiantes	**b.** *peaceful*
3. _____ codueño	**c.** *half dozen*
4. _____ haber pasado	**d.** *beginners*
5. _____ poblado	**e.** *stretches*
6. _____ trechos	**f.** *to have passed (navigated)*
7. _____ apacible	**g.** *town, village*

3 Ahora, lee el artículo rápidamente para buscar la idea principal. Luego mira la **Actividad 4** en la página 274 para ver qué información necesitas para completarla. Vuelve al artículo y busca esa información. No es necesario entender todas las palabras para hacer las **Actividades 4** y **5**.

Costa Rica: Aventuras en los rápidos

Pocos países pueden contar con tan excelentes condiciones para la navegación en rápidos como Costa Rica, donde los retos de este conocido deporte se complementan con la belleza y diversidad de los bosques tropicales.

Quizás[1] las aguas más bravas del país sean aptas solo para expertos remeros —media docena de equipos olímpicos de kayaks utilizan a Costa Rica como base de entrenamiento— pero la mayoría de sus ríos rápidos ofrecen condiciones perfectas también para principiantes.

Los navegantes de balsas y kayaks poseen un sistema para evaluar el grado de dificultad de los rápidos y ríos individuales, en una escala que va de la Clase I a la Clase VI —donde el 0 es similar a una piscina y el VI, a las Cataratas del Niágara. Los rápidos de Clase II y III son, por lo general, suficientes para acelerar el ritmo cardíaco. Los de Clase IV pueden ser un poco más peligrosos, mientras que los de Clase V están ya cerca de lo imposible. Los ríos de Clase II y III son magníficos para principiantes. No obstante, resulta recomendable haber pasado, al menos, por un río antes de intentar lanzarse[2] en los de Clase II–IV. Los de Clase IV–V requieren una buena condición física y más experiencia con las balsas.

Las rutas de navegación

El río **Reventazón** posee numerosos tramos[3] navegables. El más popular es la sección Tucurrique (Clase III), que ofrece una excursión segura y emocionante, lo suficientemente fácil para un viaje de primera vez. La sección Peralta (Clase V) es la ruta más difícil de Costa Rica para este tipo de navegación, con rápidos indetenibles y bastante peligros, razón por la cual solo está abierta para expertos.

El río **Pacuare** (Clase III–IV) es una de las maravillas naturales más impresionantes de Costa Rica. Es un río emocionante de navegar, con numerosos y provocadores rápidos de Clase IV. El Pacuare se navega mejor en un viaje de dos o tres días, lo cual permite un contacto más cercano con el bosque[4] tropical —un área excelente para la observación de pájaros[5].

El **Sarapiquí** (Clase III) es un río hermoso que fluye por el norte de la Cordillera Montañosa Central. La sección de rápidos entre La Virgen y Chilamae proporciona una aventura de navegación en balsa de Clase III, que pasa a través de muchos bosques tropicales y cataratas. La parte más baja del Sarapiquí es un flotador suave que resulta perfecto para niños pequeños.

El **Naranjo** (Clase III–IV) es un río emocionante y provocador que exige[6] cierta experiencia de navegación en balsa. Puede navegarse solo en meses lluviosos. Queda[7] a un día desde Manuel Antonio y Quepos.

El **Corobicí** (Clase I–II) es un río completamente apacible. Es excelente para los amantes[8] de la naturaleza y puede ser navegado por personas de cualquier edad. En el bosque que viste sus orillas[9] se pueden ver iguanas, monos[10] y una rica variedad de pájaros.

---

[1] *Perhaps*   [2] **intentar…:** *to try to throw oneself*   [3] *sections*   [4] *forest*   [5] *birds*   [6] *demands*   [7] *It is located*   [8] *lovers*   [9] *shores*   [10] *monkeys*

Excerpt from "Costa Rica: Adventures in White Water Rafting" by David Dudenheofer, in *Destinos/Miami Aboard*, In-Flight magazine, Taca airlines, January/February 1998, pp. 52–60. © HCP/Aboard Publishing, Miami Herald Media Company, 2016. Used with permission.

Después de leer

4 Completa la siguiente tabla con información del artículo. Si te es necesario, vuelve al artículo para buscarla.

Río	Clase	Una cosa interesante
Reventazón	III–V	
	I–II	
		Una parte es perfecta para los niños pequeños.
Naranjo		
		Se navega mejor en un viaje de dos o tres días.

5 Trabajen en grupos de tres o cuatro estudiantes para hablar de los cinco ríos que se describen en el artículo. ¿Cuál les interesa más? Escojan *(Choose)* un lugar de los mencionados en el artículo para ir de vacaciones con el grupo. Antes de tomar una decisión, contesten las siguientes preguntas.

1. ¿Cuánta experiencia con la navegación en rápidos tienen los distintos miembros del grupo?
2. ¿Van a viajar durante la temporada de lluvias (verano) o durante el invierno?
3. ¿A qué distancia de San José están dispuestos *(willing)* a viajar?
4. ¿Cuánto tiempo quieren pasar en el río?
5. ¿Qué les interesa más, la belleza natural o la aventura de los rápidos?

MODELOS   —*A mí me gusta...*
          —*Yo prefiero... porque...*
          —*Vamos a viajar en...*

El río Corobicí

El río Reventazón

A escribir

Antes de escribir

ESTRATEGIA

Writing—Freewriting

Once you are ready to write, freewriting is a useful composition strategy. When you freewrite, you don't worry about spelling, punctuation, grammar, or other errors. Instead, you write rapidly, letting the ideas and words flow as quickly as you can. Once you finish, you go back and revise what you've written.

1 🔁 Trabaja con un(a) compañero(a) de clase. Van a escribir un artículo de tres párrafos en el periódico universitario en el que tienen que describir un pasatiempo interesante que se puede hacer en su pueblo o ciudad. Para empezar, hagan una lista de actividades posibles.

2 🔁 Cuando tengan la lista, escojan *(choose)* el pasatiempo que les guste más. Juntos, decidan qué tres aspectos específicos van a desarrollar *(to develop)* en los tres párrafos del artículo. Escriban una oración temática para cada uno. (Usen el artículo de la página 273 como modelo.)

Oración temática, párrafo 1:
Oracion tematica, párrafo 2:
Oración temática, párrafo 3:

Composición

3 Usa las oraciones temáticas de la **Actividad 2** para escribir los tres párrafos que forman el primer borrador *(draft)* del artículo. Escribe sin detenerte *(Freewrite)* y no te preocupes por los errores, la organización, la ortografía ni la gramática.

Después de escribir

4 🔁 Trabaja con tu compañero(a) otra vez. Intercambien sus borradores y usen las dos versiones para crear un solo artículo.

5 🔁 Ahora, miren la nueva versión y revísenla, usando la siguiente lista.

- ¿Tiene el artículo toda la información necesaria?
- ¿Es interesante e informativo también?
- ¿Usaron pronombres de objeto directo para eliminar la repetición?
- ¿Usaron bien el pretérito y otros tiempos gramaticales?
- ¿Hay errores de puntuación o de ortografía?

Vas a escribir sobre una actividad que te gusta y otra que no te gusta. Luego, vas a trabajar con algunos de tus compañeros para escribir una escena de una película sobre una experiencia personal.

Antes de clase

Paso 1: Piensa en una de tus actividades favoritas y en otra que no te gusta nada.

Paso 2: Escribe sobre las actividades elegidas y cuenta *(tell)* cuál fue la última vez que las hiciste y qué pasó. (Puedes consultar la **Actividad 10** de la página 251 si quieres).

MODELOS   *Me gusta mucho jugar básquetbol. Jugué la semana pasada y nuestro equipo ganó el partido.*
No me gusta montar a caballo. Lo hice en 2014 y el caballo empezó a correr muy rápido. No pasó nada, ¡pero no quiero hacerlo otra vez!

If you don't want to share personal details, feel free to invent activities and opinions that are not your own.

© cynoclub/ Shutterstock.com

Durante la clase 🔁

Paso 1: Trabaja con un(a) compañero(a) para comparar las historias que escribieron. ¿Tienen los mismos gustos o no?

Paso 2 Con tu compañero(a), escojan dos historias para compartir con toda la clase. La clase va a votar por las experiencias más interesantes, así que deben incluir tantos *(as many)* detalles como sea posible para añadir interés. (Pueden inventar detalles pues ¡no es necesario decir toda la verdad! Lo más importante es escribir una situación interesante y divertida).

Paso 3 Cada pareja de estudiantes presenta sus historias a la clase. Después de escucharlas todas, la clase vota por las cuatro más interesantes.

Paso 4 Formen cuatro grupos. Cada grupo va a escribir un guion sobre una de las cuatro historias más populares.

Fuera de clase 🔣

En grupos, escriban el guion de una escena de película sobre la historia que escogieron. La escena debe incluir por lo menos a dos personas: un(a) narrador(a) y un(a) protagonista, pero también puede tener más personajes, según la situación.

Escriban el diálogo, si lo hay, y lo que dice el (la) narrador(a), e incluyan instrucciones para los actores / las actrices. Si quieren, pueden filmar su escena o crear un guion gráfico *(storyboard)* para ilustrarla.

¡Compártelo! ◀

Pongan el guion de su escena en ShareIt! Si crearon un video o un guion gráfico, deben compartirlo también. Luego, busquen el trabajo de los otros tres grupos y coméntenlo.

Vocabulario

Los deportes   *Sports*

el básquetbol *basketball*
el béisbol *baseball*
el boxeo *boxing*
el ciclismo *cycling*
el esquí acuático *water skiing*
el esquí alpino *downhill skiing*
el fútbol *soccer*
el fútbol americano *football*
el golf *golf*
el hockey sobre hielo *ice hockey*
el hockey sobre hierba *field hockey*
la navegación en rápidos *white-water rafting*
la natación *swimming*
el snowboarding *snowboarding*
el tenis *tennis*
el volibol *volleyball*

Actividades deportivas   *Sport activities*

entrenarse *to train*
esquiar *to ski*
hacer ejercicio *to exercise*
jugar (ue) (al) (tenis, béisbol, etc.) *to play (tennis, baseball, etc.)*
levantar pesas *to lift weights*
montar a caballo *to ride horseback*
montar en bicicleta *to ride a bike*
nadar *to swim*
navegar en rápidos *to go white-water rafting*
patinar en línea *to inline skate (rollerblade)*
patinar sobre hielo *to ice skate*
pescar *to fish*
practicar / hacer alpinismo *to (mountain) climb, hike*
practicar / hacer surfing *to surf*
remar *to row*

Más palabras sobre los deportes   *More sports words*

la competencia *competition*
el equipo *team*
ganar *to win*
el lago *lake*
el partido *game, match*
el peligro *danger*
peligroso(a) *dangerous*
la pelota *ball*
la piscina *pool*
el río *river*
seguro(a) *safe*
la tabla de snowboard *snowboard*

Las estaciones *Seasons*

el invierno *winter*
la primavera *spring*
el verano *summer*
el otoño *fall, autumn*

Expresiones con *tener* Tener *expressions*

tener calor *to be hot*
tener cuidado *to be careful*
tener frío *to be cold*
tener ganas de *to feel like (doing)*
tener hambre *to be hungry*
tener miedo (a, de) *to be afraid (of)*
tener prisa *to be in a hurry*
tener razón *to be right*
tener sed *to be thirsty*
tener sueño *to be sleepy*
tener vergüenza *to be embarrassed, ashamed*

El tiempo *Weather*

¿Qué tiempo hace? *What's the weather like?*
Hace buen / mal tiempo. *It's nice / bad weather.*
Hace calor. *It's hot.*
Hace fresco. *It's cool.*
Hace frío. *It's cold.*
Hace sol. *It's sunny.*
Hace viento. *It's windy.*
Está lloviendo. (Llueve). *It's raining.*
Está nevando. (Nieva). *It's snowing.*
Está nublado. *It's cloudy.*

La temperatura *Temperature*

grados Celsius *degrees Celsius*
grados Fahrenheit *degrees Fahrenheit*
La temperatura está a 20 grados Celsius. *It's 20 degrees Celsius*
La temperatura está a 68 grados Fahrenheit. *It's 68 degrees Fahrenheit.*

Expresiones relativas al tiempo *Time-related expressions*

anoche *last night*
anteayer *the day before yesterday*
el año pasado *last year*
el mes pasado *last month*
la semana pasada *last week*

Repaso y preparación

Repaso del Capítulo 7

Preterite tense of regular verbs (p. 254)

Complete these activities to check your understanding of the new grammar points in **Chapter 7** before you move on to **Chapter 8**.

The answers to the activities in this section can be found in **Appendix B**.

1 Completa las oraciones con las formas correctas de los verbos en el pretérito para decir qué hizo cada persona durante sus vacaciones.

1. Tú _____ (montar) a caballo en las montañas.
2. Marilena _____ (leer) cinco novelas de ciencia ficción.
3. Yo _____ (compartir) una cabaña en la playa con unos amigos.
4. Nosotros _____ (navegar) en rápidos en Costa Rica.
5. Linda y Carmela _____ (correr) en un maratón.

Preterite tense of some common irregular verbs (p. 257)

2 Escribe oraciones completas con las palabras indicadas para decir qué hicieron estas personas ayer.

1. tú y yo / ir al partido de hockey sobre hielo
2. Marilena / estar en el hospital todo el día con una amiga enferma
3. yo / hacer un poco de ejercicio por la mañana
4. Guille y Paulina / decir que van a casarse
5. mis padres / conducir a la universidad para visitarme
6. tú / traducir tres poemas del español al inglés

Direct object pronouns (p. 260)

3 Mira las ilustraciones y usa las palabras indicadas para decir qué hizo cada persona.

MODELOS   Raúl / comprar (sí)
     ¿La computadora? Raúl la compró.
     Marina / leer (no)
     ¿Los libros? Marina no los leyó.

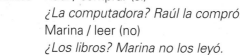

1. tú / lavar (sí)   **2.** Victoria / hacer (sí)   **3.** yo / encontrar (no)

4. nosotros / perder (sí)   **5.** ustedes / beber (no)   **6.** Esteban y Federico / levantar (no)

Tú command forms (p. 265)

4 Completa los letreros *(signs)* con mandatos de **tú**.

POR FAVOR, NO_____(PONER)
BEBIDAS CERCA DE LAS COMPUTA-
DORAS. _____(TENER) MUCHO
CUIDADO Y _____(LEER) TODAS
LAS INSTRUCCIONES ANTES DE
EMPEZAR.

1.

_____(PONER) TU NOMBRE EN
LA LISTA Y _____(SENTARSE)
POR FAVOR. NO _____(SALIR)
SIN HABLAR CON UNO DE LOS
ASISTENTES.

2.

Preparación para el Capítulo 8

Complete these activities to review some previously learned grammatical structures that will be helpful when you learn the new grammar in **Chapter 8**.

Be sure to reread **Chapter 7: Gramática útil 2** and **3** before moving on to the **Chapter 8** grammar sections.

The answers to the activities in this section can be found in **Appendix B**.

Stem-changing verbs in the present indicative (p. 149)

5 Completa las oraciones con las formas correctas de los verbos indicados.

1. Mis amigos _____ (querer) esquiar.
2. Yo _____ (divertirse) en la piscina.
3. Ellos _____ (vestirse) para entrenarse.
4. Ustedes no _____ (poder) pescar hoy.
5. Cuando llueve, yo _____ (dormir) mucho.
6. Tú _____ (pedir) tiempo para descansar.

Gustar with infinitives (p. 60) and with nouns (p. 140)

6 Haz oraciones completas para decir qué les gusta a las personas indicadas.

1. a mí / remar
2. a usted / nadar
3. a ti / esos esquíes
4. a ellos / el boxeo
5. a nosotros / pescar
6. a ella / la nieve
7. a ti / entrenarse
8. a mí / las vacaciones
9. a nosotros / la primavera

Conocer and saber (p. 180), poder and querer (p. 150)

7 Completa los comentarios de Lidia con las formas correctas de los verbos indicados.

Yo (1) _____ (saber) hacer muchos deportes diferentes y (2) _____ (conocer) a muchas personas que (3) _____ (saber) hacerlos también. Cuando nieva, nosotros (4) _____ (poder) esquiar. Cuando llueve, mis amigos (5) _____ (poder) venir a mi casa a hacer ejercicio. Y si hace sol, ¡nosotros (6) _____ (conocer) las mejores playas para el surfing! Yo (7) _____ (querer) aprender a hacer surfing y, cuando (8) _____ (poder), voy con ellos porque necesito practicar.

ESTILO PERSONAL

Para algunas personas, la ropa es una forma de
presentarse al mundo e identificarse con los demás.
Para otras, solamente tiene usos prácticos.

**¿Tienen mucha importancia para ti la ropa y el
estilo personal? ¿Crees que la ropa es una forma de
expresión o solamente sirve para protegerse de las
condiciones climáticas?**

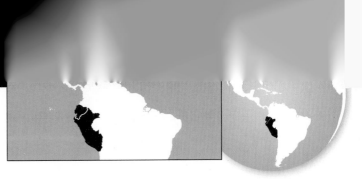

Un viaje por Ecuador y Perú

Ecuador y Perú comparten frontera y tienen costas en el océano Pacífico. La cordillera (*mountain range*) de los Andes pasa por los dos países.

País / Área	Tamaño y fronteras	Sitios de interés
Ecuador 276.840 km²	un poco más pequeño que Nevada; fronteras con Colombia y Perú	las islas Galápagos, la selva (*jungle*) amazónica, el volcán Cotopaxi, los baños termales
Perú 1.280.000 km²	un poco más pequeño que Alaska; fronteras con Bolivia, Brasil, Colombia, Chile y Ecuador	Machu Picchu, las ruinas de Chan-Chan y el Señor de Sipán en la costa pacífica, el lago Titicaca, la selva amazónica

¿Qué sabes? Di si las siguientes oraciones son ciertas (**C**) o falsas (**F**).

1. Ecuador y Perú son países montañosos.
2. Perú es más de cinco veces más grande que Ecuador.
3. No hay volcanes en estos dos países.
4. La selva amazónica cruza los dos países.

Lo que sé y lo que quiero aprender Completa la tabla del **Apéndice A**. Escribe algunos datos que **ya sabes** sobre estos países en la columna **Lo que sé**. Después, añade algunos temas que **quieres aprender** a la columna **Lo que quiero aprender**. Guarda la tabla para usarla otra vez en la sección **¡Explora y exprésate!** en la página 311.

COMMUNICATION

By the end of this chapter you will be able to

- talk about clothing and fashion
- shop for various articles of clothing
- discuss prices
- describe recent purchases and shopping trips
- talk about buying items and doing favors for friends
- make comparisons

CULTURES

By the end of this chapter you will have explored

- facts about Peru and Ecuador
- organic cotton from Peru
- a colorful fair that sells traditional clothing in Ecuador
- the ancestral tradition of weaving in the Andes
- attitudes towards jeans around the world

¡Imagínate!

▶ VOCABULARIO ÚTIL 1

Dependiente: ¿En qué puedo servirle, señor?

Javier: Pues, estoy buscando un regalo para mi madre pero no sé, no veo nada.

Dependiente: Pues, si le gusta la **ropa** fina, esta **blusa de seda** es muy bonita y además está rebajada.

Javier: No, no le gusta ese color.

Dependiente: ¿Quizás este **suéter**?

Javier: No. Tampoco necesita suéter.

Dependiente: Y las **joyas**, ¿a quién no le gustan las joyas?... ¿Quizás estos **aretes**? Son de **oro** y le dan ese toque de elegancia a cualquier **vestido**.

Las prendas de ropa *Articles of clothing*

el suéter

la blusa

la camisa

el saco

la corbata

el abrigo

el vestido

los pantalones cortos

los pantalones

los calcetines

las botas

los zapatos de tacón alto

los zapatos

The names for articles of clothing can vary greatly from region to region. For example, jeans can also be called **vaqueros, tejanos, bluyines, majones,** or **pantalones de mezclilla.**

Las telas *Fabrics*

Está hecho(a) de... *It's made (out) of . . .*
Están hechos(as) de... *They're made (out) of . . .*

el algodón *cotton*
el cuero *leather*
la lana *wool*
el lino *linen*
la mezclilla *denim*
la piel *leather, fur*
la seda *silk*

a cuadros *plaid*
a rayas / rayado(a) *striped*
bordado(a) *embroidered*
de lunares *polka-dotted*
de un solo color *solid, one single color*
estampado(a) *print*

To say that an item is made of a certain fabric, you need to use **de: botas de cuero, abrigo de piel, camiseta de algodón.**

Tela sintética: poliéster *(polyester)*

Los accesorios *Accessories*

Other regional variations: In Spain a handbag is **el bolso** and in Mexico it is **la bolsa**; in some places, **la cartera** can also be a handbag, not just a wallet. Other variations are: **los aretes / los pendientes, el anillo / la sortija, la gorra / el gorro,** and **las gafas / los lentes / los anteojos / los espejuelos.**

Las joyas *Jewelry*

la cadena... *chain . . .*
... (de) oro *. . . (made of) gold*
... (de) plata *. . . (made of) silver*

1 **Llevo...** Describe qué ropa llevas hoy. ¡No te olvides de incluir los colores y las telas!

MODELO *Llevo unos pantalones negros de mezclilla, una camiseta azul de algodón y unos zapatos negros de piel.*

2 **Me gustan...** Para cada prenda de ropa, indica el tipo de tela y el diseño que prefieres. Sigue el modelo.

MODELO el vestido
Me gustan los vestidos de seda.
O: *Me gustan los vestidos estampados.*

1. el suéter
2. los zapatos de tenis
3. la blusa
4. los pantalones
5. el traje
6. la falda
7. la camiseta
8. la chaqueta

Otras prendas de ropa: el biquini *(bikini)*, el bañador *(bathing suit)*

3 🔁 **¿Ropa formal o informal?** Trabaja con un(a) compañero(a) de clase. Digan qué les gusta llevar en las siguientes situaciones. Sean tan específicos como puedan.

1. para estudiar
2. para salir a bailar
3. para ir a la playa
4. para visitar a la familia
5. para ir a clases
6. para ir al gimnasio

4 🔶 **Las estrellas** Trabajen en grupos de tres o cuatro estudiantes. Primero, hagan una lista de tres personas que son famosas por su manera de vestirse. Luego, usen la imaginación para describir qué llevan en este momento. Incluyan tantos detalles como puedan.

Personas posibles: Lady Gaga, Bradley Cooper, Jennifer López, Taylor Swift, Katy Perry, Beyoncé, etc.

5 **Los accesorios** ¿Quién lleva las siguientes cosas? Para cada accesorio indicado, identifica quién(es) en la clase lo lleva(n). Si nadie lleva el accesorio indicado, di a quién le gusta llevarlo generalmente, o da el nombre de una persona famosa que lo lleva frecuentemente.

MODELOS una cadena de oro
Stacy lleva una cadena de oro hoy.
O: *Generalmente Stacy lleva una cadena de oro, pero hoy no la lleva.*

unas gafas de sol
Nadie lleva gafas de sol ahora mismo. A Javier Bardem le gusta llevar gafas de sol.

1. una cadena de oro
2. unos guantes
3. un sombrero
4. un reloj
5. un pañuelo de seda
6. un brazalete
7. un cinturón de cuero
8. aretes de plata

6 🔁 **¿Qué me pongo?** Descríbele a tu compañero(a) qué ropa y accesorios llevas en las siguientes situaciones. Luego, él/ella hace lo mismo.

MODELO   Das un paseo por la playa.
   Tú: *Llevo unos pantalones cortos, unas sandalias y una gorra.*
   Compañero(a): *Yo llevo un vestido, unas sandalias y unas gafas de sol.*

1. Es tu primera cita *(date)* con alguien que te gusta mucho.
2. Vas a una recepción para recibir un premio *(prize)*.
3. Vas al gimnasio con tu mejor amigo(a).
4. Vas a un concierto de música hip-hop con un grupo de amigos.
5. Vas a una entrevista para un trabajo de verano.
6. Vas a ir a esquiar en las montañas el fin de semana.

7 🔁 **¡Qué anticuado!** Trabajen en parejas. Juntos hagan una lista de ropa y accesorios que están de moda en este momento y otra de los que están pasados de moda. Luego, comparen su lista con la de otra pareja. ¿Incluyeron las mismas prendas?

21ST CENTURY SKILLS
Technology Literacy:
Many job interviews today are not in person but rather via an online platform like Skype. Talk with classmates about what you would wear for a Skype interview. How is an online interview different than an in-person interview?

¡FÍJATE!

Los tejidos andinos

© andyKRAKOVSKI/iStock

Hoy día puedes ir a los mercados de Perú y Ecuador y comprar prendas de ropa que han sido *(have been)* tejidas a mano usando las técnicas antiguas de los incas, reinterpretadas con nuevas expresiones y tecnologías. Los tejidos pueden verse como un texto histórico, ya que cada etnia adapta las técnicas y los diseños para reflejar su estilo, su estética y sus creencias religiosas y sociopolíticas.

Lógicamente, en lugares como los Andes vas a encontrar palabras para referirse a prendas de ropa que no corresponden a las palabras de tu libro de texto. La gran variedad lingüística de país a país en lo referido a las prendas de ropa se puede notar en la palabra peruana **chompa** de Perú. La chompa es un suéter de lana o algodón de manga larga, pero en Bolivia, Chile, Ecuador y Paraguay es **chomba**, en Argentina y Uruguay es **pulóver**, en Guatemala y Centroamérica es **chumpa** y en España es **jersey**.

¿Tienes alguna prenda de ropa que refleje la cultura de tus antepasados? ¿Qué prendas de ropa cambian de nombre en diferentes lugares de Estados Unidos? ¿Y en otros países de habla inglesa?

PRÁCTICA 🔁 Con un(a) compañero(a), investiga en Internet sobre uno o dos de los siguientes temas. Compartan su información con la clase.

1. la historia de una prenda de ropa que refleja la cultura de tus antepasados
2. la variedad lingüística de una prenda de ropa en EEUU (escojan una)
3. los símbolos en los diseños de los tejidos andinos

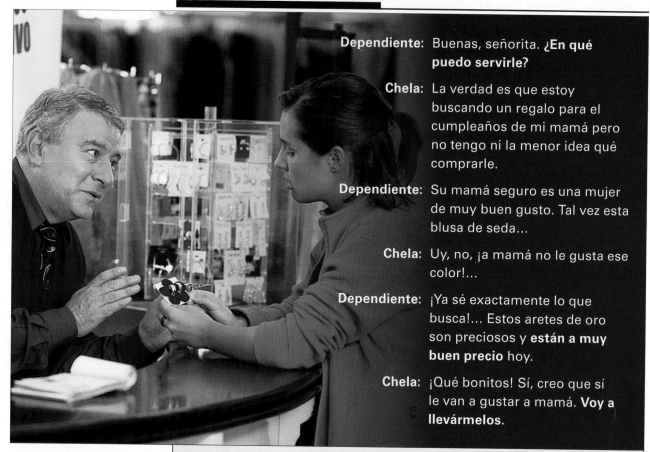

Dependiente: Buenas, señorita. **¿En qué puedo servirle?**

Chela: La verdad es que estoy buscando un regalo para el cumpleaños de mi mamá pero no tengo ni la menor idea qué comprarle.

Dependiente: Su mamá seguro es una mujer de muy buen gusto. Tal vez esta blusa de seda...

Chela: Uy, no, ¡a mamá no le gusta ese color!...

Dependiente: ¡Ya sé exactamente lo que busca!... Estos aretes de oro son preciosos y **están a muy buen precio** hoy.

Chela: ¡Qué bonitos! Sí, creo que sí le van a gustar a mamá. **Voy a llevármelos.**

Ir de compras *Shopping*

El (La) dependiente *The clerk*
¿En qué puedo servirle? *How can I help you?*
¿Cuál es su talla? *What is your size?*
Está rebajado(a). *It's reduced / on sale.*
Está en venta. *It's on sale.*
Es muy barato(a). *It's very inexpensive.*
Está a muy buen precio. *It's a very good price.*
¿Es un regalo? *Is it a gift?*
de buena (alta) calidad *of good (high) quality*
el descuento *discount*
la oferta especial *special offer*

El (La) cliente *The client*
¿Cuánto cuesta(n)? *How much does it (do they) cost?*
¿Lo (La / Los / Las) tiene en una talla...? *Do you have it /them in a size . . .?*
Voy a probármelo(la / los / las). *I'm going to try it / them on.*
Me queda bien / mal. *It fits nicely / badly.*
Me queda grande / apretado. *It's too big / too tight.*
Voy a llevármelo(la / los / las). *I'm going to take it / them.*
Es (demasiado) caro. *It's (too) expensive.*

La moda *Fashion*

(no) estar de moda *(not) to be fashionable*
pasado(a) de moda *out of style*

In many countries you will hear an alternate female form for **la dependiente: la dependienta**. Both are used interchangeably.

Notice that when you use the phrases **Voy a probármelo(la / los / las)** and **Voy a llevármelo (la / los / las)**, the pronoun that you use must match the object you are referring to: **Me gusta este vestido. Voy a probármelo. Me encantan estos zapatos. Voy a llevármelos.**

If you want to know if an item is returnable, you can say **¿Puedo devolverlo(la / los / las) si hay un problema?**

ACTIVIDADES

8 Por favor... ¿Qué dices en las siguientes situaciones? Escribe una pregunta o una respuesta para cada situación. En muchos casos, hay más de una respuesta posible.

MODELO   Ves una blusa bonita, pero no tiene precio.
¿Cuánto cuesta, por favor?

1. Te pruebas una chaqueta, pero es grande.
2. Decides comprar dos blusas.
3. Ves unos zapatos que te gustan, pero no estás seguro(a) de si están rebajados.
4. Te pruebas unos zapatos y decides comprarlos.
5. Quieres probarte un vestido en otra talla y se lo pides al / a la dependiente.
6. Ves unos pantalones que te gustan, pero quieres otro color.
7. El suéter de vicuña es muy fino, pero no sabes si tienes suficiente dinero para comprarlo.
8. Necesitas unos jeans de talla más grande.

9 Situaciones Trabaja con un(a) compañero(a) de clase. Representen las siguientes situaciones. Túrnense para hacer los papeles del (de la) dependiente y del (de la) cliente.

Situación 1
Buscas un regalo para tu novio(a). Quieres algo de muy alta calidad pero a muy buen precio.

Situación 2
Tienes que ir a una fiesta formal y no sabes qué llevar. Pídele ayuda al (a la) dependiente y compra lo que necesitas.

Situación 3
Eres un(a) estudiante nuevo(a) en la universidad. Vas a un almacén popular para comprar ropa. ¿Qué debes comprar? Pídele consejos al (a la) dependiente y compra por lo menos dos prendas de ropa.

Situación 4
Tu prima acaba de tener un bebé. Quieres comprarle un regalo, pero no sabes qué comprar. Escucha las sugerencias del (de la) dependiente y luego compra el regalo.

10 ¿Qué me voy a poner? Tu compañero(a) y tú van a una fiesta muy importante y quieren vestirse apropiadamente. Deciden ir a una tienda de ropa para comprarse algo nuevo. Mientras cada uno(a) se prueba diferentes prendas de ropa y accesorios, hablen acerca de sus elecciones. ¡Tengan una conversación auténtica!

¿**Tú** or **usted**? In some Latin American countries, formal address is used even at home, between parents and children, and husbands and wives. In other countries, it is reserved for the elderly and for differences in social class. To be safe, use the formal address until permission to use the informal is granted. Using the informal when the formal is expected can cause negative reactions.

Notice: In most cases, **bebé** is masculine. You may encounter some native speakers who say **la bebé** or **la beba** for a baby girl.

Dependiente: Tiene muy buen gusto, señorita. **¿Cómo desea pagar? En efectivo,** ¿verdad?

Chela: Sí, gracias.

Métodos de pago *Forms of payment*

¿Cómo desea pagar? *How do you wish to pay?*
Al contado. / En efectivo. *In cash.*
Con cheque. *By check.*
Con un préstamo. *With a loan.*
Con tarjeta de crédito. *With a credit card.*
Con tarjeta de débito. *With a debit card.*

Los números mayores de 100 *Numbers above 100*

Cien is used to express the quantity of exactly *one hundred*, as well as before **mil** and **millones**. **Ciento** is used in combination with other numbers to express quantities from 101–199. Note that with numbers using **-cientos**, the number agrees with the noun it modifies: **doscientas tiendas** but **doscientos mercados**.

100 cien
101 ciento uno
102 ciento dos, etc.
200 doscientos(as)
300 trescientos(as)
400 cuatrocientos(as)
500 quinientos(as)
600 seiscientos(as)
700 setecientos(as)
800 ochocientos(as)
900 novecientos(as)

1.000 mil
2.000 dos mil
3.000 tres mil
4.000 cuatro mil
5.000 cinco mil
10.000 diez mil
100.000 cien mil
1.000.000 un millón
2.000.000 dos millones, etc.

ACTIVIDADES

11 **Para pagar** Por lo general, ¿cómo vas a pagar en las siguientes situaciones? Di cuánto crees que te va a costar cada compra.

MODELO Compras un café grande.
Voy a pagar en efectivo. Me va a costar dos dólares y treinta centavos.

1. Compras un vestido / un traje nuevo.
2. Compras los libros para las clases.
3. Compras un pasaje *(ticket)* de avión.
4. Compras frutas en el mercado.
5. Compras una cadena de oro.
6. Compras unos recuerdos *(souvenirs)* durante tus vacaciones.
7. Cenas en un restaurante muy elegante.
8. Vas al cine a ver una película.
9. Pagas el alquiler *(rent)* de tu apartamento.
10. Compras una casa nueva.
11. Compras un automóvil nuevo.

12 **De compras** Trabaja con un(a) compañero(a) de clase. Juntos escojan seis objetos del dibujo y representen una escena como la del modelo. Túrnense para hacer el papel del (de la) dependiente y el (la) cliente. Sigan el modelo.

MODELO el café
Tú: *Un café grande, por favor.*
Compañero(a): *Muy bien. Son dos dólares y veinticinco centavos. ¿Cómo desea pagar?*
Tú: *En efectivo. Aquí lo tiene.*

A ver

ESTRATEGIA

Using background knowledge to anticipate content

If you have a rough idea of a video segment's content, you can predict what other information it may contain. Think about the topic and ask yourself what vocabulary you associate with it. By organizing your thoughts in advance, you prepare yourself to understand the content more easily.

Antes de ver En el episodio de este capítulo, Chela y Javier independientemente buscan un regalo para un familiar. Mira las páginas 284, 288 y 290.

1. ¿Para quién buscan un regalo Chela y Javier?
2. ¿Cuáles de los accesorios y prendas de ropa del vocabulario pueden ser un buen regalo para los familiares de Chela y de Javier? Y, según ellos, ¿cuáles no son un buen regalo?
3. ¿Los dos se conocen o no? ¿Crees que van a conocerse en este episodio?

▶ **Ver** Mira el video. Usa la información en **Antes de ver** para entenderlo mejor.

Después de ver 1 Contesta las siguientes preguntas sobre el video.

1. ¿Compró Javier una blusa para su mamá? ¿Y Chela?
2. ¿Compró Javier un suéter para su mamá? ¿Y Chela?
3. ¿Qué compraron Javier y Chela para sus mamás?
4. ¿Por qué no les gustó la blusa a Javier y a Chela? ¿Y el suéter?
5. ¿Sabemos cuánto costaron los aretes?
6. ¿Cómo pagaron Javier y Chela?
7. ¿Qué piensa el dependiente sobre la relación entre Javier y Chela?

Después de ver 2 Escribe un resumen corto de lo que ocurrió en el video de este capítulo. Escribe por lo menos seis oraciones que describan la conversación entre el dependiente y Javier, y luego entre el dependiente y Chela. Usa las formas del pretérito que aprendiste en el **Capítulo 7**.

Voces de la comunidad

▶ Voces del mundo hispano

En el video de este capítulo José, Bruna, Marcela y Alex hablan de la ropa y la moda. Lee las siguientes oraciones. Después, mira el video una o más veces para decir si las oraciones son ciertas (**C**) o falsas (**F**).

1. Cuando José está en Perú, compra su ropa en Marshalls.
2. A Alex no le gusta mucho la ropa artesanal *(handmade)*.
3. Las prendas favoritas de José son los suéteres.
4. A Bruna y a Marcela les gustan las faldas.
5. A Marcela le gusta combinar accesorios.
6. A Alex le importa ser original.

🔊 Voces de Estados Unidos

Nina García, editora de revistas

❝ El primer paso, y el más importante para desarrollar estilo, es proyectar ese tipo de confianza; el tipo de confianza que les dice a los otros que te respetas a ti misma, te amas *(love)* a ti misma y te vistes para ti misma y no para otros. Tú eres tu propia musa ❞.

Los fanáticos de *Project Runway* la conocen como una de los jurados *(judges)* más perspicaces del programa y como una mujer de un gusto impecable. Pero la fama e influencia de Nina García van mucho más allá de este popular programa de televisión. Nina es una autoridad internacional en la industria de la moda. Ha colaborado *(She has collaborated)* con casas de moda tales como Marc Jacobs y Perry Ellis, fue editora de la revista *Elle* y es autora de cuatro libros de moda de gran éxito de venta. Actualmente, Nina reside en Nueva York donde trabaja como directora creativa de la revista *Marie Claire*. Nació en Colombia, es graduada de Boston University, de La Escuela Superior de Moda de París y del Fashion Institute of Technology de la ciudad de Nueva York.

¿Y tú?	¿Te gusta la idea de vestirte con ropa de diseñadores famosos? ¿Te importan las marcas *(brands)* de tus prendas de ropa? ¿Por qué? Piensa en la cita de Nina García, ¿recomienda ella que se use solo ropa de diseñadores?

¡Prepárate!

GRAMÁTICA ÚTIL 1

Talking about what you did: The preterite tense of more irregular verbs

Cómo usarlo

1. In Spanish, as in English, many of the verbs you use most are irregular. In this chapter you will learn the preterite forms of **andar, haber, poder, poner, querer, saber, tener,** and **venir**. Notice that most of these verbs are also irregular in the present indicative.

2. The preterite forms of **conocer, saber, poder,** and **querer** can mean something slightly different from their meaning in the present indicative.

	Present indicative meaning	Different preterite meaning
conocer	to know someone, to be acquainted with	to meet
saber	to know a fact	to find out some information
poder	to be able to do something	to accomplish something
no poder	to not be able to	to try to do something and fail
querer	to want; to love	to try to do something
no querer	to not want, love	to refuse to do something

Elena **quiso** llamarme pero **no pudo** encontrar su celular.

Elena **tried** to call me but **was unable (failed)** to find her cell phone.

Conocí al padre de Beto y **supe** que Beto está en Colombia.

I met Beto's father and **found out** that Beto is in Colombia.

Pude completar el trabajo pero **no quise** ir a la oficina.

I succeeded in finishing the work, but **I refused** to go to the office.

3. When referring to a specific time period in the past, most of these verbs keep their original meaning in the preterite: **Mi exnovio me quiso mucho, pero mi novio actual me quiere más.**

4. Notice that while the rest of these verbs are irregular in the preterite, **conocer** is regular in this tense. Its only irregularity is its **yo** form in the present tense: **conozco**.

The preterite is often used to say simply that something happened, without getting into the kinds of details conveyed by aspect— i.e., whether the action was repetitive, long-lasting, etc.

Cómo formarlo

Here are the preterite forms of these irregular verbs. Some verbs are somewhat similar in their irregular stems, so they are grouped together to help you memorize them more easily.

andar:	**anduv-**	anduve, anduviste, anduvo, anduvimos, anduvisteis, anduvieron
tener:	**tuv-**	tuve, tuviste, tuvo, tuvimos, tuvisteis, tuvieron
poder:	**pud-**	pude, pudiste, pudo, pudimos, pudisteis, pudieron
poner:	**pus-**	puse, pusiste, puso, pusimos, pusisteis, pusieron
saber:	**sup-**	supe, supiste, supo, supimos, supisteis, supieron
hay:	**hub-**	hubo (invariable)
querer:	**quis-**	quise, quisiste, quiso, quisimos, quisisteis, quisieron
venir:	**vin-**	vine, viniste, vino, vinimos, vinisteis, vinieron

Notice that although these verbs change their stems, they share the same endings (**-e, -iste, -o, -imos, -isteis, -ieron**).

Hubo is the preterite equivalent of **hay**. Like **hay**, it is a third-person invariable form that is used whether the subject is singular or plural: **Hubo unas ofertas increíbles en las tiendas la semana pasada. Haber** is the infinitive from which **hay** and **hubo** come.

ACTIVIDADES

1 **En el centro comercial** Di qué pasó en el centro comercial hoy según el dibujo. Sigue el modelo.

MODELO   Mario (beber un refresco grande)
Mario bebió un refresco grande.

1. Adela (comer pizza)
2. Ernesto (andar mucho)
3. Aracely (poder encontrar muchas cosas)
4. Miguel (conocer a Marisa)
5. Leo (poner la mochila en la mesa)
6. Néstor (querer tomar una siesta pero no poder)
7. Beti (saber quién ganar el partido ayer)

2 🔁 **La vida universitaria** Con un(a) compañero(a) de clase, túrnense para hacerse las siguientes preguntas.

1. ¿Cómo supiste que te habían aceptado (*you had been accepted*) en la universidad? ¿Cuándo lo supiste?
2. ¿Viniste a la universidad como estudiante nuevo(a), estudiante de intercambio o te transferiste de otra universidad? ¿Te gustó la universidad cuando llegaste por primera vez?
3. ¿Pudiste traer toda tu ropa a la universidad? ¿Qué prendas no pudiste traer?
4. ¿Conociste a muchas personas la primera semana de clases? ¿Cuántas, más o menos?
5. ¿Tuviste que estudiar mucho el semestre / trimestre pasado? ¿Recibiste buenas notas?
6. ¿Aprendiste algo interesante el semestre / trimestre pasado? ¿Qué fue?
7. ¿Tuviste tiempo para hacer mucho ejercicio? ¿Caminaste mucho el semestre / trimestre pasado?
8. ¿Pudiste tomar todas tus clases preferidas?

3 🔀 **El semestre o trimestre pasado** Mira el siguiente formulario. Luego, pregúntales a tus compañeros de clase si hicieron las actividades indicadas el semestre o trimestre pasado. Si alguien responde que sí, escribe su nombre en el espacio correspondiente. Sigue el modelo.

MODELO   venir a la universidad con mucha ropa nueva
　　　　　　—¿Viniste a la universidad con mucha ropa nueva?
　　　　　　—No, no vine con mucha ropa nueva.
　　　　　　O: —Sí, vine con mucha ropa nueva. (Escribe su nombre en el formulario).

¿Quién...?	Nombre
tener que estudiar todos los fines de semana	
no conocer a su compañero(a) de cuarto antes de llegar a la universidad	
poner un refrigerador y un televisor en su cuarto	
venir a las clases sin hacer la tarea	
no poder dormir antes de los exámenes importantes	
venir a la universidad con mucha ropa nueva	
tener sueño en las clases	
no querer comer la comida de la cafetería	

GRAMÁTICA ÚTIL 2

Talking about what you did:
The preterite tense of -ir stem-changing verbs

Cómo formarlo

1. As you learned in **Chapter 7**, the only stem-changing verbs that also change in the preterite are verbs that end in **-ir**. Present-tense stem-changing verbs that end in **-ar** and **-er** do not change their stem in the preterite.

2. In the preterite, **-ir** stem-changing verbs only experience the stem change in the third-person singular **(usted / él / ella)** and third-person plural **(ustedes / ellos / ellas)** forms.

   ■ **-ir** verbs with an **e → ie** conjugation in present tense change **e → i** in the preterite

   > **preferir:** yo preferí, tú preferiste, Ud. / él / ella **prefirió**, nosotros(as) preferimos, vosotros(as) preferisteis, Uds. / ellos / ellas **prefirieron**
   >
   > Similar verbs you already know: **divertirse, sentirse**
   >
   > New verb of this kind: **sugerir (ie, i)** *to suggest*

   ■ **-ir** verbs with an **e → i** conjugation in present tense change **e → i** in the preterite

   > **pedir:** yo pedí, tú pediste, Ud. / él / ella **pidió**, nosotros(as) pedimos, vosotros(as) pedisteis, Uds. / ellos / ellas **pidieron**
   >
   > Similar verbs you already know: **despedirse, reírse, repetir, seguir, servir, vestir(se)**
   >
   > New verbs of this kind: **conseguir (i, i)** *to get, to have* **sonreír (i, i)** *to smile*

   ■ **-ir** verbs with an **o → ue** conjugation in present tense change **o → u** in the preterite

   > **dormir:** yo dormí, tú dormiste, Ud. / él / ella **durmió**, nosotros(as) dormimos, vosotros(as) dormisteis, Uds. / ellos / ellas **durmieron**
   >
   > New verb of this kind: **morirse (ue, u)** *to die*

Starting with this chapter, all **-ir** stem-changing verbs will be shown with both of their stem changes in parentheses. The first letter or letters show the present-tense stem change and the second letter shows the preterite stem change.

ACTIVIDADES

4 **Olivia y Belkys** Completa la conversación con la forma correcta del pretérito de los verbos indicados. Después, di si, en tu opinión, Belkys tiene razón en sentirse tan avergonzada *(embarrassed)*.

OLIVIA: ¿Qué tal tu día de compras? ¿(1) _____ (divertirse)?

BELKYS: No, no (2) _____ (divertirse) ni un poquito y además no compré nada.

OLIVIA: ¡No te lo creo! ¿Tú, sin comprar nada? ¡Imposible!

BELKYS: Pero es la verdad. Yo (3) _____ (ir) con Gerardo porque él (4) _____ (insistir) en acompañarme. Él (5) _____ (sugerir) ir al centro porque le gustan los trajes de una tienda que hay allí.

© PathDoc/ Shutterstock.com

OLIVIA: ¿Pero ustedes no (6) _____ (conseguir) comprar nada?

BELKYS: No. Gerardo y yo (7) _____ (ver) cosas bonitas, pero no (8) _____ (poder) encontrar nada a buen precio. Por eso, (9) _____ (preferir) no comprar nada.

OLIVIA: ¡Qué pena!

BELKYS: Y lo peor es que Gerardo (10) _____ (vestirse) con un traje viejo, muy pasado de moda, verde, con rayas amarillas. Yo casi me muero de vergüenza.

OLIVIA: ¡Pobrecita! ¡Imagínate el horror!

BELKYS: Bueno, tú te ríes, ¡pero te digo que yo no (11) _____ (reírse) en toda la tarde! Nosotros (12) _____ (seguir) buscando en todas las tiendas del centro. Por fin (13) _____ (despedirse) y yo (14) _____ (venir) directamente aquí para contarte toda la historia.

OLIVIA: Ay, chica, tranquila. Por lo menos, ¡tú me (15) _____ (hacer) reír un poco!

5 **Me sentí...** Di cómo se sintieron las siguientes personas en las situaciones indicadas.

MODELO tu tía / después de perder el trabajo
Se sintió desilusionada.

Emociones: aburrido(a), animado(a), cansado(a), contento(a), desilusionado(a), feliz, furioso(a), nervioso(a), ocupado(a), preocupado(a), triste

1. tú / antes de tus exámenes finales
2. tú y tu mejor amigo(a) / al final del semestre o trimestre
3. tu mejor amigo(a) / cuando estuvo enfermo(a)
4. tus padres / cuando saliste para la universidad
5. tu primo(a) / después de perder el partido de fútbol
6. tus amigos(as) / durante una película de tres horas y media
7. tu compañero(a) de cuarto / antes de la visita de sus padres
8. tú / después de conocer a una persona simpática

6 **En la U** Con un(a) compañero(a) de clase, túrnense para hacerse las siguientes preguntas sobre su llegada a la universidad.

1. ¿Cómo te sentiste cuando llegaste a la universidad la primera vez?
2. ¿Qué te sugirió tu familia cuando viniste a la universidad?
3. ¿Le pediste ayuda a tu familia para traer todas tus cosas a la universidad?
4. ¿Te divertiste el primer semestre / trimestre? ¿Qué hiciste?
5. ¿Preferiste vivir en una residencia estudiantil o en un apartamento?
6. ¿Conseguiste un trabajo el primer semestre / trimestre?
7. ¿Siguieron tú y tus amigos la misma carrera de estudios?

GRAMÁTICA ÚTIL 3

Saying who is affected or involved:
Indirect object pronouns

Cómo usarlo

Lo básico

- An *indirect object* is a noun or noun phrase that indicates for whom or to whom an action is done: *I bought a gift for* Beatriz. *We asked* the teachers *a question.*
- *Indirect object pronouns* are used to replace indirect object nouns: *I bought a gift for* her. *We asked* them *a question.* Often you can identify the indirect object of the sentence by asking *to* or *for whom?* about the verb: *We bought a gift* <u>for whom</u>*?* (Beatriz / her) *We asked a question* <u>to whom</u>*?* (the teachers / them).

¿En qué puedo **servirle**, señor?

1. In **Chapter 7** you learned how to use direct object pronouns to avoid repetition. In this chapter you will learn how you can also use indirect object pronouns to avoid repetition and to clarify to which person you are referring.

2. Look at the following passage and see if you can figure out to whom the boldface indirect object pronouns refer.

> Fui al almacén el miércoles. Tenía una lista larga de compras. **Le** compré unos jeans y una camisa a Miguel. También **le** compré una corbata. A Susana y a Carmen **les** compré unas camisetas. También tuve que comprar**les** calcetines. Además **me** compré una falda bonita y un reloj.

Cómo formarlo

1. Although English uses the same set of pronouns for direct object pronouns and indirect object pronouns, in Spanish there are two slightly different sets.

2. Notice that the only difference between the direct object pronouns and the indirect object pronouns is in the two third-person pronouns. Instead of **lo / la**, the indirect object pronoun is **le**. And instead of **los / las**, the indirect object pronoun is **les**. The indirect object pronouns **le** and **les** do not have to agree in gender with the nouns they replace, as do the direct object pronouns **lo, la, los**, and **las**.

Notice that these are the same pronouns you used with **gustar** and similar verbs in **Chapters 2** and **4**.

Indirect object pronouns			
me	*to / for me*	**nos**	*to / for us*
te	*to / for you*	**os**	*to / for you (fam. pl.)*
le	*to / for you (form. sing) / him / her*	**les**	*to / for you (form., pl.) / them*

3. As with direct object pronouns, indirect object pronouns always come before a conjugated verb used alone.

Te traje el periódico.   *I brought **you** the newspaper.*
Nos dieron un regalo bonito.   *They gave **us** a nice gift.*

4. When an indirect object pronoun is used with an infinitive or with the present progressive, it may come before the conjugated verb, or it may be attached to the infinitive or to the present participle.

Te voy a dar el libro.   OR: Voy a dar**te** el libro.
Te estoy comprando los zapatos.   OR: Estoy comprándo**te** los zapatos.

5. When an indirect object pronoun is used with a command form, it attaches to the end of the affirmative command but comes before the negative command form.

Cómprame / Cómpreme   BUT: **No me compres / No me compre**
el libro ahora, por favor.   el libro ahora, por favor.

6. As you learned in **Chapter 4**, if you want to emphasize or clarify to or for whom something is being done, you can use **a** + the person's name, or **a** + prepositional pronoun: **mí, ti, usted, él, ella, nosotros(as), vosotros(as), ustedes, ellos(as)**. Note that when a pronoun is used, there is sometimes no direct translation in English.

Les escribo una postal **a ustedes**.   *I'm writing **you** a postcard.*
Le doy el regalo **a Lucas**.   *I'm giving the gift **to Lucas**.*
Les traigo el periódico **a mis**   *I bring the newspaper **to my**
padres.   **parents**.*

7. Here are some verbs that are frequently used with indirect object pronouns. Some you already know; others are new: **ayudar** *(to help)*, **comprar, dar, decir, enviar, escribir, gustar** (and verbs like **gustar**), **mandar** *(to send, to order)*, **pedir, prestar** *(to loan or lend)*, **regalar** *(to give a gift)*, **servir**, and **traer**.

Notice that when the indirect object pronoun attaches to the present participle, you must add an accent to the next-to-last syllable of the present participle to maintain the correct pronunciation.

Again notice that when the indirect object pronoun attaches to the command form, you must add an accent to the next-to-last syllable of command forms of two or more syllables in order to maintain the correct pronunciation.

Prepositional pronouns can follow any preposition, not just **a**. Other prepositions you know include **con:** with (with **con, mí** and **ti** change to **conmigo** and **contigo**); **de:** from, of; **sin:** without.

ACTIVIDADES

7 **Regalos** Las siguientes personas les regalaron varias cosas a diferentes miembros de su familia. Escribe el pronombre de objeto indirecto en cada oración.

1. Yo _____ regalé una gorra de lana a mi mamá.
2. Ana _____ compró unas pulseras a sus hermanas.
3. Arturo _____ dio unos guantes de cuero a ti.
4. Mi tía _____ trajo unas camisetas de Perú a nosotros.
5. Abuela _____ mandó una tarjeta postal a mis primos.
6. Papá _____ compró unos pantalones cortos a mí y a mi hermano.
7. Andrés _____ trajo una cadena de plata a ti.
8. Rosa _____ regaló un reloj a su tía.

8 **¡Ay, Hernando!** Completa la siguiente conversación con el pronombre de objeto indirecto correcto. Después de completarla, léela otra vez para ver si entiendes por qué se usa cada objeto indirecto.

HERNANDO: Oye, tengo que ir al centro. ¿Quieres acompañarme?

SEBASTIÁN: Cómo no. Tengo que (1) comprar _____ un regalo a mi hermanito para el día de su santo.

HERNANDO: Y yo (2) _____ voy a comprar unos jeans y una camiseta nueva.

SEBASTIÁN: ¿Tú con interés en la moda? Hombre, ¿qué (3) _____ pasa?

HERNANDO: Es Lidia. Ahora que salimos juntos los fines de semana (4) _____ dice que toda mi ropa está pasada de moda.

SEBASTIÁN: ¡No (5) _____ digas! A las mujeres… ¡(6) _____ importa demasiado la ropa!

HERNANDO: Y lo peor es que no tengo mucho dinero. ¿Crees que (7) _____ den un descuento en la tienda donde trabaja Julio?

SEBASTIÁN: Oye, vale la pena *(it's worthwhile)* ir a ver. ¿(8) _____ dijiste a Julio que necesitas comprar ropa?

HERNANDO: Sí. Pero (9) _____ dijo que debemos ir al almacén del centro. Además dijo que los precios en su tienda son demasiado caros y la calidad no es muy buena.

SEBASTIÁN: Bueno, parece que él no nos puede ayudar. Entonces, ¿vamos directamente al almacén?

HERNANDO: De acuerdo. Oye, ¿no (10) _____ puedes prestar un poco de dinero?

SEBASTIÁN: ¡Hombre! Nunca cambias…

9 🔊 **De compras** Marisela les compra varias prendas de ropa y accesorios a diferentes miembros de su familia y a varias amistades. Escucha mientras ella describe sus compras. Luego, escribe oraciones que expliquen qué le compró a quién. Primero estudia el modelo.

MODELO **Escuchas:** A mi tía le encantan las blusas bordadas. Cuando estaba de vacaciones en Ecuador, le compré una blusa bordada muy bonita.
Escribes: *Le* compró una blusa bordada a *su tía.*

1. _____ compró una cartera a _____.
2. _____ compró camisetas a _____.
3. _____ compró una pulsera de oro a _____.
4. _____ compró unos guantes de piel (_____).
5. _____ compró unos pantalones cortos a _____.
6. _____ compró unos zapatos de tenis (_____).

© Ingram Publishing/Thinkstock

10 🔁 **De vez en cuando** Con un(a) compañero(a) de clase, di para quiénes haces las actividades indicadas. Usen cada verbo por lo menos una vez.

MODELO comprar un café
De vez en cuando le compro un café a mi compañero(a) de cuarto.
O: *Nunca le compro un café a nadie.*

Acción	Objeto directo	Objeto indirecto
escribir	mensajes de texto	mi madre / padre
dar	flores	mis padres
comprar	regalos	mi amigo(a)
contar	chismes *(gossip)*	mis amigos(as)
mandar	notas de agradecimiento	mi profesor(a)
pedir	favores	mis profesores
hacer	chistes *(jokes)*	mi novio(a)
traer	ayuda	mi compañero(a) de cuarto
¿...?	ropa	mis compañeros(as) de cuarto
	¿...?	

Frases útiles: de vez en cuando *(sometimes)*, frecuentemente, muchas veces, todas las semanas, todos los días, rara vez *(hardly ever)*, casi nunca, nunca

11 🔁 **¿Quién?** Con un(a) compañero(a), háganse preguntas sobre las acciones de sus compañeros de clase. Pueden usar las ideas de la lista o inventar otras. Asegúrense de usar verbos que requieren el uso del objeto indirecto.

MODELO regalar ropa
Tú: *¿Quién le regaló ropa a su novio(a)?*
Compañero(a): *Dahlia le regaló una chaqueta de cuero a su novio Jesús.*

1. comprar comida
2. decir siempre la verdad
3. pagar los estudios
4. enviar muchos mensajes de texto
5. ayudar con la tarea
6. pedir ayuda

12 🔁 **¿Y tú?** Con un(a) compañero(a), túrnense para hacer y contestar preguntas sobre las siguientes actividades.

MODELOS tú enviar a tus padres recientemente: ¿qué?
Tú: *¿Qué les enviaste recientemente a tus padres?*
Compañero(a): *Les envié un mensaje de texto la semana pasada.*

mandar algo a ti por correo recientemente: ¿quién?
Compañero(a): *¿Quién te mandó algo por correo recientemente?*
Tú: *Mi abuela me mandó una tarjeta de cumpleaños ayer.*

1. tú regalar a tu mejor amigo(a) para su cumpleaños: ¿qué?
2. ayudar a ti la última vez que te mudaste *(you moved)*: ¿quién?
3. tú prestar algo a un(a) amigo(a) o hermano(a) recientemente: ¿qué?
4. tú traer a tus amigos cuando tuvieron una cena en casa: ¿qué?
5. mandar a ti flores u otro regalo durante el año pasado: ¿quién?
6. decir a ti unos chismes muy interesantes recientemente: ¿quién?

GRAMÁTICA ÚTIL 4

Making comparisons:
Comparatives and superlatives

AR MODA

¡Canasta!

LOS BOLSOS DE MIMBRE, RAFIA Y
CUERDA SON EL ACCESORIO BÁSICO
DEL VERANO, TANTO PARA IR A LA
PISCINA COMO SI SALES DE NOCHE

FOTOS: **GEMA LÓPEZ** ESTILISMO: **JUAN ANTONIO FRÍAS**

Revista de Ana Rosa; Photo de Gema López

Can you find the comparative words in this text? Are they making an equal or unequal comparison?

Cómo usarlo

Lo básico

Comparatives compare two or more objects. *Superlatives* indicate that one object exceeds or stands above all others. In English we use *more* and *less* with adjectives, adverbs, nouns, and verbs to make comparisons, and we also add *-er* to the end of most one- or two-syllable adjectives: *more expensive, cheaper.* To form superlatives we use *most / least* with adjectives or add *-est* to the end of most one- or two-syllable adjectives: *the most expensive, the cheapest.*

1. Comparatives in Spanish use **más** *(more)* and **menos** *(less)* to make comparisons between people, actions, and things. **Más** and **menos** can be used with nouns, adjectives, verbs, and adverbs.

Nouns:	Hay **más libros** en esta tienda que en aquella.
	*There are **more books** in this store than in that one.*
Adjectives:	Este libro es **menos interesante** que ese.
	*This book is **less interesting** than that one.*
Verbs:	Yo **leo menos** que él.
	*I **read less** than he (does).*
Adverbs:	Él lee **más lentamente** que yo.
	*He reads **more slowly** than I (do).*

2. Superlative forms indicate that something exceeds all others: *extremely, the most, the least.*

Este libro es **interesantísimo**.　　This book is **really interesting**.

　Es **el más interesante** de todos.　It's the **most interesting** of all of them.

Cómo formarlo

1. Regular comparatives: Comparisons can be *equal* (as many as) or *unequal* (more than, less than). Comparative forms can be used with nouns, adjectives, adverbs, and verbs.

Notice that of all the words used in these comparative forms (**tanto, tan, más, menos, como,** and **que**), only **tanto** changes to reflect number and gender.

	Equal comparisons	Unequal comparisons
noun	**tanto** + noun + **como**	**más / menos** + noun + **que**
	(**Tanto** agrees with the noun.)	(**Más / menos** do not agree with the noun.)
	Tengo **tanto dinero como** tú.	Tengo **más dinero que** tú.
	Tengo **tantas tarjetas de crédito como** tú.	Tengo **menos tarjetas de crédito que** tú.
adjective	**tan** + adjective + **como**	**más / menos** + adjective + **que**
	Este reloj es **tan caro como** ese.	Este reloj es **más caro que** ese, pero es **menos caro que** aquel.
verb	verb + **tanto como**	verb + **más / menos** + **que**
	Compro tanto como tú.	Ella **compra menos que** yo, pero él **compra más que** yo.
adverb	**tan** + adverb + **como**	**más / menos** + adverb + **que**
	Pago mis cuentas **tan rápidamente como** tú.	Ella paga sus cuentas **más rápidamente que** yo, pero él paga **menos rápidamente que** yo.

2. Irregular comparatives: Some adjectives and adverbs have irregular comparative forms.

■ Adjectives

bueno → mejor:	Este libro es **bueno**, pero ese libro es **mejor**.
malo → peor:	Esta tienda es **mala**, pero esa tienda es **peor**.
joven → menor:	Los dos somos **jóvenes**, pero Remedios es **menor** que yo.
viejo → mayor:	Martín no es **viejo**, pero es **mayor** que Remedios.

Menor and **mayor** are usually used to refer to people, although they can be used in place of **más grande (mayor)** and **más pequeño (menor)** when referring to objects. If you wish to say that one object is older or newer than another, use **más viejo** or **más nuevo.**

■ Adverbs

bien → mejor:	Lorena canta muy **bien**, pero Alfonso canta **mejor**.
mal → peor:	Nosotros bailamos **mal**, pero ellos bailan **peor**.

3. Superlatives

- To say that a person or thing is extreme in some way, add **-ísimo** to the end of an adjective. (If the adjective ends in a vowel, remove the vowel first.)

> fácil → **facilísimo** *(very easy)*   contento → **contentísimo** *(extremely happy)*

- To say that a person or thing is the *most . . .* or *the least . . .* use the following formula. (Do not use this formula with the **-ísimo** ending—choose one or the other!)

> article + noun + **más** / **menos** + adjective + **de**

Roberto es **el estudiante más popular de** la universidad.
Ellas son **las dependientes más trabajadoras del** almacén.

These superlative forms must change to reflect the gender and number of the nouns they modify: **unos aretes carísimos, unas camisetas baratísimas**, etc.

Notice that the accent is always on the first **i** of **-ísimo**. If the adjective has an accent, it is dropped when you add **-ísimo**: **difícil → dificilísimo**.

Notice that the article and the adjective must agree with the noun: **el estudiante popular, las dependientes trabajadoras**.

ACTIVIDADES

13 🔊 **El almacén Toneti** Escucha el anuncio de Toneti, un almacén grande. Pon una X al lado de cada objeto que se menciona. **¡OJO!** Asegúrate de que la descripción de cada objeto es la correcta.

1. _____ las mochilas más baratas
2. _____ las mochilas más grandes
3. _____ la selección más grande de zapatos
4. _____ los zapatos de tenis más populares
5. _____ los pantalones menos caros del centro
6. _____ los pantalones más caros del centro
7. _____ las camisetas de la más alta calidad
8. _____ las camisetas más bonitas del centro

14 **La rebaja** Haz comparaciones entre los precios de varias prendas de ropa y accesorios. Sigue el modelo.

MODELO   caro: las botas ($50) / los zapatos de tenis ($40)
Las botas son más caras que los zapatos de tenis.
Los zapatos de tenis son menos caros que las botas.

1. caro: los suéteres ($25) / las camisetas ($15)
2. caro: las camisetas ($15) / los vestidos ($50)
3. caro: las blusas ($30) / las camisetas ($15)
4. caro: las botas ($50) / los vestidos ($50)
5. barato: los vestidos ($50) / los suéteres ($25)
6. barato: las blusas ($30) / las botas ($50)
7. barato: los vestidos ($50) / los zapatos de tenis ($40)
8. barato: las camisetas ($15) / las blusas ($30)

15 🔄 **Las personas famosas** Con un(a) compañero(a), haz comparaciones según el modelo. Haz comparaciones según el modelo.

MODELO   cantar: Taylor Swift o Rihanna
          Taylor Swift canta peor que Rihanna.
          O: *Taylor Swift canta mejor que Rihanna.*
          O: *Taylor Swift canta tan bien como Rihanna.*

1. cantar: Lady Gaga o Katy Perry
2. bailar: Usher o Jay-Z
3. cocinar: tu mejor amigo(a) o tu madre
4. jugar tenis: Maria Sharapova o Serena Williams
5. jugar golf: Lorena Ochoa o tus padres
6. patinar sobre hielo: tú o tu mejor amigo(a)
7. nadar: tú o tu hermano(a)
8. jugar béisbol: David Ortiz o Miguel Cabrera
9. hacer esquí acuático: tú o tus amigos(as)
10. tocar la guitarra: Jack White o Keith Richards

16 🔄 **En el centro comercial** Trabaja con un(a) compañero(a) de clase. Miren el dibujo y hagan todas las comparaciones que puedan. Usen las palabras y expresiones útiles por lo menos una vez cada una.

Palabras y expresiones útiles: tanto como, más, menos, tan… como, mejor, peor, el (la) más… de todos, el (la) menos… de todos

Comparaciones: alto(a) / delgado(a); hablar; hacer compras; comer

17  **Nuestros amigos** Trabaja con un(a) compañero(a) de clase. Primero piensen en seis personas que conozcan los dos. Luego hagan comparaciones según el modelo.

MODELOS   cómico
Sean es más cómico que Jason.

hablar rápido
Sean habla más rápido que Jason.

Palabras y frases útiles: cómico, joven, viejo, alto, extrovertido, introvertido, hablar rápido, comer despacio *(slowly)*, viajar frecuentemente, jugar tenis (u otro deporte) bien, correr rápido, entrenarse frecuentemente

SONRISAS

Expresión En grupos de tres o cuatro estudiantes, trabajen para completar la comparación **"Es más loco(a) que un..."** de una manera diferente. Después de crear una lista de posibilidades, escojan una y hagan una tira cómica semejante a la de arriba.

¡Explora y exprésate!

Perú

▶ Información general

Nombre oficial: República del Perú

Población: 31.200.000

Capital: Lima (f. 1535) (8.752.000 hab.)

Otras ciudades importantes: Callao (1.000.000 hab.), Arequipa (1.273.000 hab.), Trujillo (943.000 hab.)

Moneda: nuevo sol

Idiomas: español, quechua, aimara y otras lenguas indígenas

Consulta el mapa de Perú en el **Apéndice D**.

Although most reference books and written texts usually use just **Perú** to refer to the country, you will often hear native speakers say **el Perú.** This use of **el** sometimes occurs with **Ecuador** also.

A tener en cuenta

- La civilización incaica de Perú forma el más grande y poderoso (*powerful*) imperio de Sudamérica en la época prehispánica.

- Otra importante civilización fueron los nazcas, quienes hicieron dibujos en la tierra que solo se pueden ver desde el aire. El origen y el objetivo de los más de 2.000 km. de líneas son un misterio hoy día.

- En 1532, Francisco Pizarro captura a Atahualpa, el último emperador inca, que es ejecutado (*executed*) por los españoles un año más tarde.

- Francisco Pizarro funda la ciudad de Lima en 1535. Casi tres siglos más tarde, en 1824, Perú gana la independencia de España.

- La mayoría de la población peruana habla español o quechua, pero también existe una variedad de lenguas nativas, de las cuales el quechua y el aimara son las más habladas.

Ecuador

 **Información general**

Nombre oficial: República del Ecuador

Población: 16.013.000

Capital: Quito (f. 1556) (2.240.000 hab.)

Otras ciudades importantes: Guayaquil (2.560.505 hab.), Cuenca (505.585 hab.)

Moneda: dólar

Idiomas: español (oficial), quechua

Consulta el mapa de Ecuador en el **Apéndice D**.

A tener en cuenta

- Ecuador toma su nombre de la línea ecuatorial que divide el globo en dos hemisferios: norte y sur.

- Quito forma parte del imperio incaico hasta la conquista de los españoles en 1533. Al ganar la independencia de España, Quito forma la federación de la Gran Colombia con Colombia y Venezuela. En 1830, Quito deja la federación y cambia su nombre a la República del Ecuador.

- A 1.000 kilómetros de la costa ecuatoriana están las islas Galápagos, que poseen una flora y fauna únicas y unos paisajes de una belleza espectacular. Las condiciones naturales de las islas no han cambiado *(have not changed)* desde hace siglos, se formaron ecosistemas permanentes que permitieron a Charles Darwin desarrollar *(to develop)* su teoría de la evolución.

- Hoy día, los idiomas predominantes son el quechua, la lengua de los incas, y el español, la lengua que enseñan en las escuelas. Muchos ecuatorianos son completamente bilingües.

© Eye Ubiquitous/Glow Images

El algodón orgánico

Perú es un país con una gran industria algodonera, que representa un sector importante de su economía. Algunos consideran las finas fibras del algodón peruano las mejores del mundo. El cultivo del algodón forma una parte fundamental en la historia de la agricultura peruana. Los agricultores peruanos, localizados en la costa del Pacífico y en los bosques tropicales de la Amazonia, han heredado *(have inherited)* una variedad de técnicas indígenas ancestrales de producción completamente orgánica.

El movimiento "verde" ha promovido el uso de materiales orgánicos en el mundo de la moda. El cultivo orgánico del algodón en Perú ha atraído *(has attracted)* la atención de grandes compañías internacionales como Tommy Hilfiger y Nike. Este interés comercial ha abierto *(has opened)* una gran cantidad de posibilidades para aquellos agricultores peruanos que siguen cultivando algodón de una manera natural.

Otavalo, el mercado inolvidable

Ecuador es famoso por sus tejidos de lana de llama y alpaca, dos animales de la región andina. En Otavalo, un pueblo a 50 millas al norte de Quito, existe un mercado artesanal que se conoce como la "Plaza de los Ponchos".

La gente viene de toda la provincia vestida con sus trajes típicos indígenas: los hombres usan pantalones blancos y sombreros negros, y las mujeres usan blusas bordadas, faldas, chales, collares y pulseras. En cientos de puestos *(stalls)*, ponen a la venta sombreros Panamá, suéteres, blusas bordadas, sacos gruesos de lana tejidos a mano, gorros, guantes, vestidos, bufandas y las famosas fajas *(sashes)* que usan los indígenas como cinturones. También se venden productos artesanales en madera y cerámica, tejidos de todo tipo, ponchos, piedras semipreciosas, manteles y mucho más.

La feria *(fair)* dura hasta que cae el sol. Es un espectáculo vibrante, colorido y lleno de vida, ¡tal como las prendas de ropa otavaleñas!

© Kseniya Ragozina/iStock

EN RESUMEN

La información general

1. ¿Qué civilización de Perú es una de las más poderosas de Sudamérica en la época prehispánica?
2. ¿Qué civilización deja unas líneas misteriosas que solo se pueden ver desde el aire?
3. ¿Quién es el último emperador inca en Perú? ¿Quién es el español que conquista el imperio incaico en Perú y funda la ciudad de Lima?
4. ¿Con qué otros dos países forma Quito la Gran Colombia?
5. ¿De dónde toma su nombre Ecuador?
6. ¿Qué islas famosas permiten a Charles Darwin desarrollar su teoría de la evolución?

El tema de las compras

1. ¿Qué producto peruano les interesa a los comerciantes internacionales?
2. ¿Qué técnicas han heredado los agricultores peruanos?
3. ¿Por qué producto es famoso Ecuador?
4. ¿Qué tres prendas de ropa puedes comprar en la Plaza de los Ponchos? ¿Y qué tres accesorios?

¿Quieres saber más?

Revisa y completa la tabla que empezaste al principio del capítulo. Escoge uno o dos de los temas sobre los que escribiste en la columna **Lo que quiero aprender**, o uno o dos de los que figuran a continuación. Prepárate para compartir la información con la clase.

Palabras clave: Perú los incas, los aimaras, el Inti Raymi, Machu Picchu, Mario Vargas Llosa; **Ecuador** José de Sucre, la Gran Colombia, la línea ecuatorial, Rosalía Arteaga, Oswaldo Guayasamín

🌐 Para aprender más sobre Perú y Ecuador, mira los videos culturales en la mediateca (*Media Library*).

© AFP/Getty Images

A leer

Antes de leer

1 Las siguientes palabras están en el artículo de la página 313, que trata de la popularidad de los jeans en todo el mundo. ¿A qué palabras inglesas son similares?

1. overoles
2. cachemira
3. apliques

2 El artículo que vas a leer en este capítulo trata de la influencia de los jeans en la moda internacional. Antes de leer el artículo, escribe de cinco a siete palabras que tú asocies con los jeans y con la mezclilla.

3 Las siguientes frases del artículo contienen palabras que no conoces. A ver si puedes conectar las frases de las dos columnas para adivinar el sentido de las palabras **en negrilla**.

1. _____ algo moderno, permanente y **novedoso**...
2. _____ El jean es muy dúctil... lo puedes **doblar**...
3. _____ puedes **guardarlo** sin que ocupe mucho espacio
4. _____ Hace ver **varonil** a cualquier hombre.

a. *you can **store** it without it taking up much space*
b. *It makes any man look **manly**.*
c. *something modern, permanent, and **novel** . . .*
d. *A pair of jeans is very flexible . . . you can **fold** it . . .*

4 Lee el siguiente artículo de un periódico ecuatoriano. ¿Hay palabras que escribiste para la **Actividad 2** en el artículo?

El jean impone su encanto

Los atractivos del jean han sobrepasado[1] los límites del tiempo y de las fronteras. Los clásicos pantalones jeans y los overoles todavía son populares y, además, les dan la posibilidad a sus usuarios de combinarlos de mil maneras. Se pueden usar hasta en ocasiones más elegantes si se usan con una chaqueta o con una blusa de seda o un saco de cachemira. Los beneficios de esta tela son innumerables. Por ejemplo, es común ver carteras de jean, zapatos con tacones de mezclilla y gorras, chalecos, chompas[2], sombreros, mochilas, monederos y otros accesorios de moda que rompen con los diseños tradicionales y se modernizan al usar esta tela tan tradicional y moderna a la vez.

Pero, ¿qué es lo que puede ofrecer el jean a los hombres y a las mujeres de esta época? Escuchemos sus testimonios.

"Usar jean es sentirse más joven, a pesar de la edad real que tengas".

"El jean es muy dúctil, por lo que lo puedes doblar y guardarlo sin que ocupe mucho espacio".

"Es resistente a cualquier trato".

"Se lava y sigue como si nada…"

"Puedes llevar libros o bloques de cemento, sabe cuál es su función".

"El cuero es para gente mayor. El jean siempre será[3] joven".

"Hace ver varonil a cualquier hombre".

"Es de los materiales más durables y que además no pasa de moda. Un jean puedes llevarlo años y mientras más rasgado, más en onda[4]".

"Los brazaletes de jean son súper chéveres[5]".

"El jean es discreto cuando debe serlo, pero también sensual cuando le has dado ese papel[6]".

"Sobre el jean puedes poner cualquier tipo de apliques…"

"Es de lo más práctico para vestir. Solo necesitas un pantalón y falda y la mitad de tus problemas están resueltos[7]".

© PhotoNAN/Shutterstock.com

© Corbis/Glow Images

[1] **han**… *have surpassed* [2] suéteres [3] va a ser [4] **más rasgado**… *the more ripped, the more in style* [5] *cool* [6] **le**… *you have given it that role* [7] *solved*

Adapted from "El jean impone su encanto," from *El Comercio, Família Magazine*, Numero 643, February 8 1998, Ano XII, pg. 27. Used with approval from El Comercio.

Después de leer

5 Vuelve a la lista de palabras y asociaciones que hiciste para la **Actividad 2**. ¿Te ayudó pensar en este tema antes de leer el artículo? ¿Pudiste predecir algunas de las ideas del texto? ¿Por qué?

6 Trabaja con un grupo de tres o cuatro estudiantes. Juntos contesten las siguientes preguntas sobre la lectura.

1. ¿Con qué prendas de ropa sugiere el autor combinar los jeans?
2. ¿Qué otras prendas o accesorios son de mezclilla?
3. Hagan una lista de por lo menos cinco aspectos positivos de los jeans que se mencionan en los "testimonios".

7 Haz una encuesta sobre las prendas de ropa y accesorios de mezclilla.

1. Pasea por el salón de clase y hazles a tus compañeros las siguientes preguntas.
   - ¿Cuántos pares de jeans tienes? ¿De qué marcas?
   - ¿Tienes otras prendas o accesorios de mezclilla? ¿Cuáles?
2. Escribe las respuestas.
3. Después, compara tus resultados con toda la clase. Haz un resumen para decir cuáles son las marcas de jeans más populares y también los accesorios de mezclilla más usados. ¿Son populares los jeans y los accesorios de mezclilla entre tus companeros de clase?
4. Con un(a) compañero(a) de clase, escribe una cita *(quotation)* como las de la lectura para expresar sus propios sentimientos sobre los jeans.

8 En la opinión de la gente de otros países, los jeans son un símbolo de Estados Unidos (junto con la hamburguesa y los autos grandes). Hablen en grupos sobre las siguientes preguntas. Luego, cada persona debe escribir un resumen corto de la conversación.

1. ¿Conocen alguna prenda de ropa tradicional que ahora sea parte de la cultura popular? Por ejemplo, los jeans ya son parte de la cultura popular; por otro lado, el poncho, una prenda de vestir tradicional de origen andino, hoy día es usada en todo el mundo.
2. En la opinión de ustedes, ¿existe una "ropa tradicional" de Estados Unidos? (Piensen en las regiones geográficas y en los grupos étnicos del país). Si existe, ¿cómo es?
3. Cuando la gente de otros países piensa en "la ropa típica" de Estados Unidos, ¿a qué tipo de ropa se refiere? En la opinión de ustedes, ¿es correcta o falsa esta imagen del estilo estadounidense?

A escribir

Antes de escribir

ESTRATEGIA

Revising—Editing your freewriting

In **Chapter 7** you learned how to use freewriting as a way of generating a first draft. Once you have written freely, it's important to edit your work to tighten it up, make it more interesting, and make sure it's all relevant. When you edit your freewriting ask yourself: Is this information necessary? Would it be better placed somewhere else? Is there information missing? Can I tighten this up by omitting words and/or sentences?

1 Vas a escribir una descripción de lo que tienes en tu armario, qué artículos te gustan más y por qué. Antes de empezar, escribe tres categorías (o más) de artículos que contiene. Después, añade tres artículos para cada categoría. Luego, pon un adjetivo al lado de cada uno de los nueve artículos.

Composición

2 Escribe una descripción de los artículos de tu armario, usando las categorías, artículos y adjetivos que anotaste en la **Actividad 1**. Habla de las categorías y los artículos en cada categoría. ¿Cuál te gusta más y por qué? Escribe sin detenerte y sin pensar demasiado en la gramática, el contenido o la ortografía.

Después de escribir

3 Vuelve a tu descripción. Mírala otra vez y contesta las preguntas de la **Estrategia**. ¿Cómo quieres revisar la información y organización de tu descripción? Analízala con cuidado y escribe la nueva (y probablemente más corta) versión.

4 Mira la nueva versión de tu descripción. Revísala, usando la siguiente lista.
- ¿Está completa la descripción?
- ¿Usaste las formas comparativas y superlativas correctamente?
- ¿Usaste bien los verbos y los tiempos verbales?
- ¿Hay errores de puntuación o de ortografía?

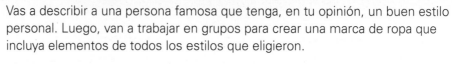

¡Vívelo!

Vas a describir a una persona famosa que tenga, en tu opinión, un buen estilo personal. Luego, van a trabajar en grupos para crear una marca de ropa que incluya elementos de todos los estilos que eligieron.

Antes de clase

Paso 1: Piensa en una persona famosa cuyo *(whose)* estilo personal te gusta mucho.

Paso 2: Escribe una descripción breve del tipo de ropa que lleva y busca algunas fotos para mostrar cómo se viste.

MODELO   *A mí me gusta mucho cómo se viste Macklemore. Muchas veces él se viste con ropa usada y tiene un abrigo de piel que compró en una tienda de segunda mano (thrift shop). Normalmente, se viste de una manera más conservadora, pero…*

© Tim Mosenfelder/Getty Images

Durante la clase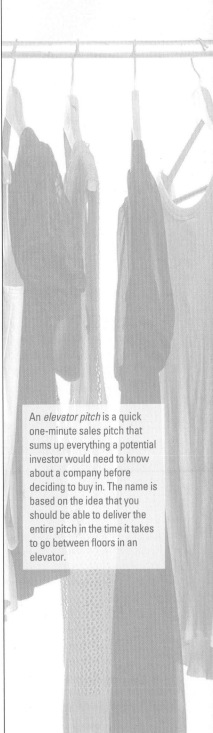

Paso 1 Trabajen en grupos de 3 o 4 compañeros. Cada estudiante debe leer la descripción de la ropa de la persona elegida y mostrar sus fotos.

Paso 2 Comparen sus descripciones y busquen elementos que tengan en común. ¿Hay muchas semejanzas *(similarities)* o diferencias entre la forma *(way)* de vestir de estas personas?

Paso 3 Van a crear una nueva marca de ropa que combine elementos del estilo personal de los(as) famosos(as) que describieron. Trabajen juntos para inventar un nombre para esa marca. Luego escriban una descripción de la ropa que produce esa marca y del tipo de consumidor(a) que la va a comprar. (El tipo de consumidor representa el segmento del mercado deseado). También deben incluir una descripción de, por lo menos, cinco artículos de la nueva línea de moda de la marca.

Paso 4 Compartan la información sobre su marca y las descripciones con toda la clase.

Fuera de clase

Paso 1 Trabajen juntos para escribir un discurso de ascensor *(elevator pitch)* de unos dos o tres minutos. Sean creativos(as) para inventar la historia de su compañía. El discurso debe describir cómo y por qué se creó, y también explicar por qué su estilo de ropa va a tener éxito *(be successful)* con los consumidores del segmento del mercado que identificaron. Si quieren, pueden incluir dibujos de algunos de los artículos de ropa.

Paso 2 Dividan su discurso en partes. Cada persona del grupo va a presentar su propia sección.

Paso 3 Graben *(Record)* su discurso y creen un audio o un video que puedan compartir.

¡Compártelo!

Pongan su discurso (y los dibujos, si los tienen) en el foro en línea de *Nexos*. Luego, busquen el trabajo de otros tres grupos y coméntenlo.

An *elevator pitch* is a quick one-minute sales pitch that sums up everything a potential investor would need to know about a company before deciding to buy in. The name is based on the idea that you should be able to deliver the entire pitch in the time it takes to go between floors in an elevator.

Vocabulario

Las prendas de ropa *Articles of clothing*

el abrigo *coat*
la blusa *blouse*
los calcetines *socks*
la camisa *shirt*
la camiseta *t-shirt*
el chaleco *vest*
la chaqueta *jacket (outdoor non-suit coat)*

la falda *skirt*
el impermeable *raincoat*
los jeans *jeans*
los pantalones *pants*
los pantalones cortos *shorts*
el saco *jacket, sports coat*
la sudadera *sweatsuit, track suit*

el suéter *sweater*
el traje *suit*
el traje de baño *bathing suit*
el vestido *dress*

Los zapatos *Shoes*

las botas *boots*
las sandalias *sandals*
los zapatos *shoes*

los zapatos de tacón alto *high-heeled shoes*
los zapatos de tenis *tennis shoes*

Las telas *Fabrics*

Está hecho(a) de... *It's made (out) of . . .*
Están hechos(as) de... *They're made (out) of . . .*
el algodón *cotton*
el cuero *leather*
la lana *wool*
el lino *linen*
la mezclilla *denim*
la piel *leather, fur*
la seda *silk*

a cuadros *plaid*
a rayas / rayado(a) *striped*
bordado(a) *embroidered*
de lunares *polka-dotted*
de un solo color *solid, one single color*
estampado(a) *print*

Los accesorios *Accessories*

la bolsa *purse*
la bufanda *scarf*
la cartera *wallet*
el cinturón *belt*
las gafas de sol *sunglasses*

la gorra *cap*
los guantes *gloves*
el sombrero *hat*

Las joyas *Jewelry*

el anillo *ring*
los aretes / los pendientes *earrings*
el brazalete / la pulsera *bracelet*
la cadena *chain*

el collar *necklace*
el reloj *watch*
... (de) oro ... *(made of) gold*
... (de) plata . . . *(made of) silver*

La moda *Fashion*

(no) estar de moda *(not) to be fashionable*

pasado(a) de moda *out of style*

Ir de compras *Going shopping*

El (La) dependiente *The clerk*
¿Cuál es su talla? *What is your size?*
¿En qué puedo servirle? *How can I help you?*
Es muy barato. *It's very inexpensive.*
Está a muy buen precio. *It's a very good price.*
Está en venta. *It's on sale.*

Está rebajado(a). *It's reduced / on sale.*
¿Es un regalo? *Is it a gift?*
de buena (alta) calidad *of good (high) quality*
el descuento *discount*
la oferta especial *special offer*

El (La) cliente *The customer*

¿Cuánto cuesta(n)? *How much does it (do they) cost?*

Es (demasiado) caro. *It's (too) expensive.*

¿Lo (La / Los / Las) tiene en una talla...? *Do you have it / them in a size . . .?*

Me queda bien / mal. *It fits nicely / badly.*

Me queda grande / apretado(a). *It's too big / too tight.*

Voy a llevármelo(la / los / las). *I'm going to take it / them.*

Voy a probármelo(la / los / las). *I'm going to try it / them on.*

Métodos de pago *Forms of payment*

¿Cómo desea pagar? *How do you wish to pay?*

Al contado. / En efectivo. *In cash.*

Con cheque. *By check.*

Con un préstamo. *With a loan.*

Con tarjeta de crédito. *With a credit card.*

Con tarjeta de débito. *With a debit card.*

Los números mayores de 100 *Numbers above 100*

cien *one hundred*

ciento uno *one hundred and one*

ciento dos, etc. *one hundred and two, etc.*

doscientos(as) *two hundred*

trescientos(as) *three hundred*

cuatrocientos(as) *four hundred*

quinientos(as) *five hundred*

seiscientos(as) *six hundred*

setecientos(as) *seven hundred*

ochocientos(as) *eight hundred*

novecientos(as) *nine hundred*

mil *one thousand*

dos mil *two thousand*

tres mil *three thousand*

cuatro mil *four thousand*

cinco mil *five thousand*

diez mil *ten thousand*

cien mil *one hundred thousand*

un millón *one million*

dos millones, etc. *two million, etc.*

Comparaciones *Comparisons*

más [noun / adjective / adverb] **que** *more* [noun / adjective / adverb] *than*

menos [noun / adjective / adverb] **que** *less* [noun / adjective / adverb] *than*

[verb] **más / menos que** [verb] *more / less than*

tan [adjective / adverb] **como** *as* [adjective / adverb] *as*

tanto(a) [noun] **como** *as much* [noun] *as*

tantos(as) [noun] **como** *as many* [noun] *as*

[verb] **tanto como** [verb] *as much as*

mayor *older; more*

mejor *better*

menor *younger; less*

peor *worse*

Pronombres de objeto indirecto *Indirect object pronouns*

me *to / for me*

te *to / for you (fam. sing.)*

le *to / for you (form. sing.), him, her, it*

nos *to / for us*

os *to / for you (fam. pl.)*

les *to / for you (form., pl.), them*

Pronombres preposicionales *Prepositional pronouns*

mí *me*

ti *you (fam. sing.)*

usted *you (form. sing.)*

él *him*

ella *her*

nosotros(as) *us*

vosotros(as) *you (fam. pl.)*

ustedes *you (form. pl.)*

ellos *them (male or mixed group)*

ellas *them (female)*

conmigo *with me*

contigo *with you*

Verbos *Verbs*

andar *to walk*

ayudar *to help*

conseguir (i, i) *to get, to obtain*

mandar *to send, to order*

morirse (ue, u) *to die*

prestar *to loan, to lend*

regalar *to give a gift*

sonreír (i, i) *to smile*

sugerir (ie, i) *to suggest*

Repaso y preparación

Complete these activities to check your understanding of the new grammar points in **Chapter 8** before you move on to **Chapter 9**.

The answers to the activities in this section can be found in **Appendix B**.

Repaso del Capítulo 8

Preterite tense of more irregular verbs (p. 294) and preterite tense of **-ir** stem-changing verbs (p. 297)

1 Completa las oraciones para saber qué pasó cuando David se reunió con su viejo amigo Ricardo ayer.

(1) _____ (saber / yo) ayer que mi viejo amigo Ricardo está aquí de visita por una semana. Lo llamé y nosotros (2) _____ (hacer) planes para hoy a las nueve de la mañana. Él (3) _____ (sugerir) reunirnos en un restaurante, pero yo (4) _____ (preferir) ir a un café. Después de que el camarero nos (5) _____ (servir) el café, Ricardo me (6) _____ (decir) que él (7) _____ (querer) llamarme pero no (8) _____ (poder) porque no tenía mi número. Entonces me (9) _____ (pedir) mi nuevo número y lo (10) _____ (poner) en su lista de contactos.

Salimos del café y (11) _____ (andar) por el centro por unas horas, hablando todo el rato. (12) _____ (reírse) y (13) _____ (divertirse) mucho y el tiempo pasó muy rápidamente. Al mediodía (14) _____ (despedirse) y nos (15) _____ (decir) adiós hasta la próxima vez.

Indirect object pronouns (p. 299)

2 Completa las oraciones con los pronombres de objeto indirecto correctos para saber qué recibieron de regalo las diferentes personas.

1. Mis padres _____ regalaron unas botas de cuero a mí y a mi hermana.
2. A ti tu novio _____ regaló una bufanda de seda y unos aretes de oro.
3. A mis primos sus padres _____ regalaron unas gafas de sol buenísimas.
4. Mi amiga _____ regaló una bolsa de piel por mi cumpleaños.
5. A Manuel sus hermanas _____ regalaron un abrigo nuevo.

Comparatives and superlatives (p. 303)

3 Completa las oraciones con formas comparativas (1–4) y superlativas (5–6), según el contexto.

1. Yo tengo _____ zapatos _____ tú. (=)
2. Ella compra _____ joyas _____ nosotras. (>)
3. Esta camisa es _____ barata _____ esa. (<)
4. Estas cadenas son _____ caras como estas pulseras. (=)
5. Este collar es _____ _____ bonito de todos. (>)
6. Ella es la dependiente _____ popular de la tienda. (>)

Preparación para el Capítulo 9

Complete these activities to review some previously learned grammatical structures that will be helpful when you learn the new grammar in **Chapter 9**.

Be sure to reread **Chapter 8: Gramática útil 1, 2,** and **3** before moving on to the new **Chapter 9** grammar sections.

The answers to the activities in this section can be found in **Appendix B**.

Preterite tense of regular verbs (p. 254) and some common irregular verbs (p. 257)

4 Completa las oraciones con la forma correcta del verbo indicado en el pretérito.

1. Tú _____ (comprar) la falda.
2. Yo _____ (ver) una blusa bonita.
3. El traje _____ (estar) en venta.
4. Ella me _____ (traer) otra talla.
5. Nosotros _____ (ir) a otra tienda de ropa.
6. Tus abuelos te _____ (dar) los aretes.
7. Tú _____ (hacer) esta gorra de lana.
8. Él _____ (escribir) el nombre de la tienda.

Direct object pronouns (p. 260)

5 Di si las personas indicadas compraron (o no) la prenda de ropa o accesorio. Sigue el modelo.

MODELO   Marta
Marta no las compró.

1.

Delfina

2.

Diego y Eduardo

3.

tú

4.

yo

5.

nosotros

6.

usted

Reflexive verbs (p. 184)

6 Di qué se pusieron las personas indicadas ayer.

1. yo / un abrigo
2. ellos / unas sandalias
3. tú / un chaleco
4. nosotros / unos jeans
5. ella / una bufanda
6. ustedes / un impermeable

© Hugh Threlfall / Alamy

COMUNIDADES LOCALES

La comida da sabor *(flavor)* a las reuniones de familia y amigos, y juega un papel fundamental en todas las culturas del mundo.

A ti, ¿te importa mucho, bastante o poco lo que comes todos los días? ¿Comes para vivir o vives para comer?

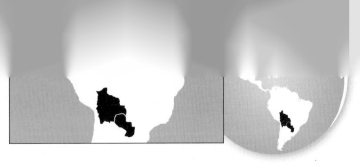

Un viaje por Bolivia y Paraguay

Bolivia y Paraguay comparten una frontera. Son los únicos países de Sudamérica que no tienen ni costa pacífica ni costa atlántica. Bolivia es mucho más montañosa que Paraguay, que tiene un clima más tropical y húmedo *(wet)*.

País / Área	Tamaño y fronteras	Sitios de interés
Bolivia 1.084.390 km²	casi tres veces el área de Montana; fronteras con Argentina, Brasil, Chile, Paraguay y Perú	el lago Titicaca, Tiahuanaco, el salar *(salt flat)* de Uyuni, las ciudades de La Paz y Sucre, los Parques Nacionales Amboró y Noel Kempff
Paraguay 397.300 km²	un poco más pequeño que California; fronteras con Argentina, Bolivia y Brasil	los ríos Paraguay y Paraná, la presa *(dam)* Itaipú, la región del Chaco, las misiones jesuitas, la ciudad de Asunción

¿Qué sabes? Di si las siguientes oraciones son ciertas **(C)** o falsas **(F)**.

1. Bolivia es más grande que California.
2. Paraguay tiene edificios que fueron construidos por los misioneros jesuitas.
3. Paraguay tiene un lago y unos ríos muy grandes.
4. Bolivia y Paraguay son buenos sitios para hacer excursiones al mar.

Lo que sé y lo que quiero aprender Completa la tabla del **Apéndice A**. Escribe algunos datos que **ya sabes** sobre estos países en la columna **Lo que sé**. Después, añade algunos temas que **quieres aprender** a la columna **Lo que quiero aprender**. Guarda la tabla para usarla otra vez en la sección **¡Explora y exprésate!** en la página 351.

COMMUNICATION

By the end of this chapter you will be able to

- talk about food and cooking
- shop for food
- order in a restaurant
- talk about what you used to eat and cook
- say what you do for others

CULTURES

By the end of this chapter you will have explored

- facts about Bolivia and Paraguay
- **la quinua**, a special food from Bolivia
- **el tereré**, a social tea tradition from Paraguay
- the metric system
- the **microcuento** "Después de la ruptura," Edmundo Paz Soldán

¡Imagínate!

Chela: Quedamos en vernos a las ocho en punto en el **restaurante**. No llegó hasta las ocho y media. Cuando llegó, no ofreció explicaciones y no se disculpó. El **camarero** nos trajo los **menús** pero en ese momento sonó el celular de Sergio. Habló por teléfono —no sé con quién— por diez minutos enteros mientras yo esperaba. Por fin colgó y **ordenamos**. Yo pedí el **pollo asado** y él pidió el **lomo de res**.

En el restaurante   *At the restaurant*

Cómo ordenar y pagar *How to order and pay*

Camarero(a), ¿me puede traer el menú?	*Waiter (Waitress), could you please bring me the menu?*
Soy vegetariano(a) estricto(a).	*I'm a vegan.*
¿Me puede recomendar algo ligero / algo fuerte / algo vegetariano / algo vegano / la especialidad de la casa?	*Can you recommend something light / something filling / something vegetarian / something vegan / the house specialty?*
Para plato principal, voy a pedir...	*For the main course, I would like to order . . .*
Para tomar, quiero...	*To drink, I want . . .*
De postre, voy a pedir...	*For dessert, I would like to order . . .*
¿Me puede traer la cuenta, por favor?	*Can you bring me the check, please?*
¿Cuánto debo dejar de propina?	*How much should I leave as a tip?*

You need to be flexible and adaptable while learning vocabulary in Spanish. **Ordenar** is typically used in Mexico while ordering food in a restaurant. In Spain, you use **pedir** to place an order. Both are correct!

Food terms vary tremendously from country to country and region to region. For example, cake can be **pastel** or **torta**; pork can be **puerco** or **cerdo**; banana can be **plátano, banana**, or **guineo**. When you travel, be prepared to come across a variety of foods that you don't recognize and different names for foods that you do.

Green beans are referred to as **habichuelas** only in the Caribbean. In Spain, they are referred to as **judías verdes**, and in other countries you might see them referred to as **vainas verdes** or **chauchas**.

EL MENÚ

Desayuno *Breakfast*

cereal	*cereal*
huevos revueltos	*scrambled eggs*
huevos estrellados	*eggs, sunnyside up*
pan tostado	*toast*

Almuerzo *Lunch*

Ensaladas *Salads*

ensalada mixta	*mixed salad*
ensalada de lechuga y tomate	*lettuce and tomato salad*
ensalada de papas	*potato salad*

Sopas *Soups*

caldo de pollo	*chicken soup*
sopa de fideos	*noodle soup*
gazpacho	*cold, tomato-based soup (Spain)*

Sándwiches (o bocadillos) *Sandwiches*

sándwich de jamón y queso con aguacate	*ham and cheese sandwich with avocado*
hamburguesa	*hamburger*
hamburguesa con queso	*cheeseburger*
perro caliente	*hot dog*
... con papas fritas	*. . . with French fries*

Bebidas y refrescos *Beverages*

café	*coffee*
té o té helado	*hot or iced tea*
agua mineral	*mineral water*
jugo de fruta	*fruit juice*
leche	*milk*
limonada	*lemonade*
vino blanco / tinto	*white / red wine*
cerveza	*beer*

A la carta *A la carte*

Vegetales *Vegetables*

frijoles refritos	*refried beans*
zanahorias	*carrots*
bróculi	*broccoli*
espárragos	*asparagus*
guisantes	*peas*
habichuelas	*green beans*

Postres *Desserts*

flan	*custard*
galletas	*cookies*
pastel	*cake*
helado de vainilla / chocolate	*vanilla / chocolate ice cream*

Frutas *Fruit*

naranja	*orange*
manzana	*apple*
plátano	*banana*
fresas	*strawberries*
uvas	*grapes*
melón	*melon*

Platos principales *Main dishes*

Carnes *Meats*

lomo de res	*prime rib*
bistec	*steak*
chuleta de puerco	*pork chop*
guisado	*beef stew*
pollo asado	*roasted chicken*
pollo frito	*fried chicken*
arroz con pollo	*chicken with rice*

Mariscos *Shellfish*

almejas	*clams*
camarones	*shrimp*
langosta	*lobster*

Pescados *Fish*

atún	*tuna*
salmón	*salmon*
bacalao	*cod*
trucha	*trout*

Usage and meaning of **bocadillo** and **sándwich** vary throughout the Spanish-speaking world. In general, a **bocadillo** is made with a crusty bread similar to the French baguette. A **sándwich** is typically made of pre-sliced loaf-style bread.

Navigating the world of drinks is a cultural experience. Typically in a nice restaurant, wait staff may ask you if you want **agua sin gas, agua con gas** or **agua del grifo** *(tap water)* before you order food.

ACTIVIDADES

1 **¡Tengo hambre!** Tienes mucha hambre. ¿Qué comes y bebes en las siguientes situaciones?

1. Te despertaste tarde y no tienes mucho tiempo para desayunar antes de ir a la oficina.
2. Acabas de correr una carrera de cinco millas para una organización benéfica *(charity)*.
3. Estás en una cita con una persona que es vegetariana y quieres dar una buena impresión.
4. Es tu cumpleaños y lo estás celebrando en un restaurante elegante con varios amigos.
5. Tu jefe quiere salir a comer contigo para hablar sobre algunos problemas de la oficina.
6. Sales a cenar con tus padres para celebrar su aniversario.
7. Estás solo(a) en tu casa o apartamento.

2 **El menú** Con un(a) compañero(a), prepara un menú para las siguientes personas. Incluyan tres comidas y también algunas meriendas *(snacks)* si creen que esa persona las necesita. No olviden ningún detalle, como lo que debe tomar esa persona con cada comida o merienda.

1. una persona que está a dieta
2. una persona muy activa que necesita muchas calorías
3. una pareja que sale a cenar para celebrar su aniversario
4. un estudiante universitario que no tiene mucho dinero
5. una persona que acaba de despertarse y va a correr un maratón hoy

3 **En el restaurante** En grupos de tres, representen una de las siguientes situaciones. Pueden preparar un guion antes de representar la situación a la clase.

Situación 1: Es el cumpleaños de tu novio(a) y están celebrándolo en un restaurante elegante. El (La) camarero(a) es un actor (actriz) a quien no le gusta su trabajo y en realidad no le interesa servirle comida a la gente.

Situación 2: Tu jefe te invita a cenar. Estás un poco nervioso(a) porque no sabes de lo que quiere hablar. El (La) camarero(a) es un(a) viejo(a) amigo(a) tuyo(a) y te hace muchas recomendaciones, pero tú no tienes hambre y no quieres lo que te sugiere.

21ST CENTURY SKILLS

Social & Cross-Cultural Skills:
In the U.S., people are generally casual about eating everywhere and anywhere (for example: on the street, in the car, during class). Be aware that there are different cultural norms about when and where it is appropriate to eat worldwide. Watch others around you and ask questions when you are traveling or being hosted by the foreign born.

21ST CENTURY SKILLS

Leadership & Responsibility:
How do you show leadership in this situation? Do you order what you feel like, or do you modify your order to consider the expectations of others? Will your behavior depend on the cultural expectations of your supervisor **(jefe)**? There is no one correct answer. However, leadership includes being a good follower.

¡FÍJATE!

El sistema métrico

Todos los países de habla española usan el sistema métrico para expresar medidas *(measurements)* como volumen, peso y longitud *(length)*. En el **Vocabulario útil 2**, vas a aprender las palabras **kilo**, **medio kilo** y **litro**. Aquí tienes las palabras para otras unidades métricas. (Nota que las medidas métricas se basan en unidades de millar).

Volumen Para indicar el volumen de algo, como una botella de agua o de otro líquido.

	cuartos	pintas	tazas	onzas *(ounces)* líquidas
1 litro (1.000 mililitros)	1,06	2,11	4,23	33,81
medio litro (500 mililitros)	0,53	1,06	2,11	16,91
cuarto litro (250 mililitros)	0,27	0,53	1,06	8,45

Peso Para indicar cuánto pesa algo; por ejemplo, doce naranjas o un pedazo de carne.

	libras *(pounds)*	onzas
1 kilo (kilogramo) (1.000 gramos)	2,20	35,27
medio kilo (500 gramos)	1,10	17,64
cuarto kilo (250 gramos)	0,55	8,82

Longitud de cosas pequeñas Para indicar las dimensiones lineales, como un mantel para una mesa.

	yardas	pies *(feet)*	pulgadas *(inches)*
1 metro (100 centímetros, 1.000 milímetros)	1,09	3,28	39,37

Distancia y longitud de cosas grandes Para indicar las distancias y las dimensiones lineales de cosas más grandes.

	millas *(miles)*	yardas	pies
1 kilómetro (1.000 metros)	0,62	1.083,61	39,37

PRÁCTICA 🔁 Con un(a) compañero(a), haz conversiones entre las cantidades indicadas. Usen una calculadora o una aplicación si necesitan ayuda y redondeen *(round up)* al número entero más cercano *(to the nearest whole number)*.

1. 2 litros = _____ onzas líquidas
2. 5 litros = _____ pintas
3. 3 kilos = _____ libras
4. 125 gramos = _____ onzas
5. 12 metros = _____ yardas
6. 200 centímetros = _____ pulgadas
7. 5 kilómetros = _____ millas
8. 2 metros = _____ pies

Chela: Empezamos a comer. Inmediatamente, Sergio llamó al camarero. ¡Pobre camarero! Sergio fue muy descortés con él. Le dijo que la **sopa** estaba **congelada**, que el **bróculi** no estaba **fresco** y ¡que la **carne** estaba **cruda**! Mandó toda la comida a la cocina. ¡Qué vergüenza! No sabía qué hacer. Mientras esperábamos sus platos, **se enfriaron** los míos.

Las recetas *Recipes*

Los ingredientes *Ingredients*
el aceite de oliva *olive oil*
el ajo *garlic*
el azúcar *sugar*
la cebolla *onion*
la harina *flour*
la mantequilla *butter*

la mayonesa *mayonnaise*
la mostaza *mustard*
la sal y la pimienta *salt and pepper*
el vinagre *vinegar*

Las medidas *Measurements*
un kilo *kilo (approximately 2.2 lbs.)*
medio kilo *half a kilo*
la libra *pound*

el litro *liter*
el galón *gallon*
la cucharada *tablespoonful*
la cucharadita *teaspoonful*
la docena *dozen*
el paquete *package*
el pedazo *piece, slice*
el trozo *chunk, piece*

La preparación *Cooking preparation*
a fuego suave / lento *at low heat*
al gusto *to taste*
al hilo *stringed*
al horno *roasted (in the oven)*
a la parrilla *grilled*
al vapor *steamed*

congelado(a) *frozen*
crudo(a) *raw*
dorado(a) *golden; browned*
fresco(a) *fresh*
frito(a) *fried*
hervido(a) *boiled*
molido(a) *crushed, ground*
picante *spicy*

agregar / añadir *to add*
cocer (ue) *to cook (on the stove)*
enfriarse *to get cold*
freír (i, i) *to fry*
hervir (ie, i) *to boil*
hornear *to bake in the oven*
mezclar *to mix*
pelar *to peel*
picar *to chop, mince*
unir *to mix together, incorporate*

ACTIVIDADES

4 ⚙ **Picadillo boliviano** Lee la receta del picadillo boliviano. Con un(a) compañero(a), contesta las preguntas para ver si entendieron las instrucciones.

Picadillo is a mincemeat, often spicy, that is typical of Latin America.

PICADILLO

Ingredientes
15 papas peladas y cortadas al hilo
1/2 kg. de cadera de res
5 vainas de ají colorado molido y frito
2 cebollas
1 tomate
1 cucharadita de pimienta
1/4 cucharadita de comino
aceite
sal

Preparación

Pique la carne muy menuda, el tomate en cuadritos y la cebolla finamente picada. En una sartén con poco aceite, fría la cebolla hasta que esté transparente. Añada la pimienta, el comino, la sal al gusto y la carne. Cuando la carne esté dorada, agregue el tomate, deje cocer 5 minutos e incorpore el ají colorado y 1/2 taza de agua. Deje secar el guiso a fuego suave. Aparte, fría las papas en abundante aceite caliente. En el momento de servir, una las papas y el guisado de carne. Mezcle bien.

1. ¿Qué debes hacer con las quince papas?
2. ¿Qué debes hacer con la carne antes de freírla?
3. ¿Cómo debes cortar el tomate?
4. ¿Qué debes hacer con la cebolla?
5. ¿Qué le vas a añadir a la cebolla después de freírla?
6. ¿Cuándo puedes agregar el tomate?
7. Después de agregar el tomate, ¿qué más le tienes que añadir al guiso?
8. Mientras el guiso se seca a fuego suave, ¿qué debes hacer con las papas?
9. ¿Qué debes hacer al final?

5 **Telecocina** Escoge una receta sencilla, como la del picadillo boliviano, y escríbela en una tarjeta. ¡Vas a explicarle a la clase cómo preparar tu plato favorito! Usa tu imaginación porque lo vas a tener que hacer sin estufa ni horno. La clase puede hacerte preguntas durante tu demostración. Imagina que tu presentación se está transmitiendo por televisión.

Chela: Después de la cena, otro desastre. El camarero nos servía el café cuando sonó el celular de Sergio otra vez. Decidió tomar la llamada en privado. Al levantarse, se pegó en la **mesa** y tiró el café por todo el **mantel**.

Dulce: ¡Uy, qué horror! ¡Parece de película!

Chela: Sí, ¡de película de horror! Y ¡no me lo vas a creer...! pero después de todo eso, ¡no le dejó propina al pobre camarero! ¡Yo tuve que regresar a dejársela!

La mesa *The table*

Cómo poner la mesa *Setting the table*

ACTIVIDADES

6 **¡Necesito un tenedor!** Un(a) amigo(a) da una cena para varios invitados y te pide que lo (la) ayudes. Al oír los comentarios de los invitados, te das cuenta de que necesitan ciertos utensilios. ¿Qué le hace falta a cada persona?

1. "No puedo tomar el caldo de pollo".
2. "Me gustaría tomar un té caliente".
3. "Quisiera un poco de agua mineral, por favor".
4. "Voy a abrir una botella de vino".
5. "No puedo cortar este bistec".
6. "Este arroz se ve delicioso".
7. "¿En qué debo servir el gazpacho?"
8. "Necesito algo para limpiarme las manos".

Tomar, not **comer**, is used to refer to eating soup.

7 **En el comedor** Dile a un(a) compañero(a) cómo poner la mesa, según el dibujo en la página 330. Sigue el modelo. (Vas a usar las preposiciones de lugar que aprendiste en el **Capítulo 6**).

MODELO   mantel / mesa
         Pon el mantel sobre la mesa.

1. cuchara / plato
2. plato / plato hondo
3. cuchillo / tenedor y plato
4. tenedor y cuchillo / servilleta
5. taza / plato
6. vaso / taza

8 🔁 **¡Ayúdame!** Debes poner la mesa antes de que lleguen tus cuatro invitados. Pídele ayuda a un(a) compañero(a). Dile qué vas a servir, y él/ella te dice qué vas a necesitar para poner la mesa. Sigue el modelo.

MODELOS   **Tú:** *Primero voy a servir una ensalada mixta.*
          Compañero(a): *Vas a necesitar cuatro platos hondos y cuatro tenedores.*

          Tú: *Para beber, voy a servir agua mineral y café.*
          Compañero(a): *Vas a necesitar cuatro vasos y cuatro tazas.*

9 🔗 **La cena** En grupos de cuatro, representen la siguiente situación: tú y tres amigos van a dar una fiesta para celebrar algo importante. Los cuatro se juntan para planear el menú. No están de acuerdo con varias de las decisiones:

■ dónde va a ser la fiesta
■ a quiénes van a invitar
■ qué platos van a cocinar

■ quién va a preparar qué platos
■ cómo los van a preparar
■ qué refrescos van a servir

A ver

ESTRATEGIA

Using visuals to aid comprehension

You can learn a lot from just looking at the visuals when you watch a video. The scenes and images you see help you understand the language that you hear. Be sure to pay attention to the visuals as well as to the spoken conversation.

Antes de ver 1 En el video de este capítulo Chela describe la cena que tuvo con Sergio. Contesta las preguntas sobre lo que ya sabes de Chela y Sergio.

1. ¿Cómo es Chela? Piensa en tres adjetivos que la describan.
2. ¿Cómo es Sergio? Piensa en tres adjetivos que lo describan.

Antes de ver 2 Antes de ver el video, mira las fotos. Escoge la oración que exprese la idea principal de cada una.

1. _____   2. _____   3. _____

a. Parece que Sergio llegó muy tarde a la cita.
b. A Chela no le gustó nada la conversación telefónica que tuvo Sergio.
c. Sergio fue muy descortés con el camarero.

▶ **Ver** Mira el video. Presta atención a las imágenes mientras lo miras.

Después de ver Pon en el orden correcto estos ejemplos de la descortesía de Sergio.

_____ "Habló por teléfono… por diez minutos enteros mientras yo esperaba".
_____ "… Sergio llamó al camarero. ¡Pobre camarero! Sergio fue muy descortés con él".
_____ "Habló de sí mismo por una eternidad y mientras hablaba no dejaba de arreglarse el pelo".
_____ "… después de todo eso, ¡no le dejó propina al pobre camarero!"

Voces de la comunidad

▶ Voces del mundo hispano

En el video de este capítulo Michelle, Mariana y Christy hablan de la comida y los restaurantes. Lee las siguientes oraciones. Después mira el video una o más veces para decir si las oraciones son ciertas **(C)** o falsas **(F)**.

1. A Michelle le gusta mucho el saisi, que es un plato típico brasileño.
2. Según Mariana, el silpancho tiene arroz, carne asada, un huevo y una ensalada de cebollas y tomates.
3. El plato favorito de Christy es la payagua mascada.
4. A Michelle le gustan los restaurantes italianos y tailandeses, pero Mariana prefiere comer en restaurantes árabes.
5. Christy prefiere las churrasquerías, que son ideales para los vegetarianos.
6. A Michelle le gusta comer en casa y también en restaurantes.

🔊 Voces de Estados Unidos

Aarón Sánchez, especialista en la comida panlatina

❝ Hay que pensar en la comida latinoamericana en términos de varias superpotencias culinarias: la influencia afro-caribeña; el maíz, el arroz y los frijoles de Centroamérica; de Suramérica tenemos frutos frescos de mar *(seafood)*; Perú, la cuna *(cradle)* de las papas, y en Chile y Argentina, la influencia europea ❞.

Hijo y nieto de dos prominentes chefs mexicanos, Aarón Sánchez es la personificación del proverbio "de tal palo, tal astilla" *("a chip off the old block")*. Este joven originario de El Paso, Texas, es chef y dueño *(owner)* del restaurante Mestizo en Kansas City.

Colabora con frecuencia en programas televisivos, es co-animador del programa *Chef vs. City* y juez invitado de *Chopped* del Food Network. También es autor de dos libros. En el primero, *La comida del barrio*, explora la comida y cultura de los barrios latinos como La Pequeña Habana, Spanish Harlem, The Mission y otros. En su segundo libro, *Alimentos Sencillos con Gran Sabor*, presenta recetas de platillos caseros *(home-cooked dishes)* tales como la ensalada de nopales y camarones, la sopa de frijoles negros y el fricasé de pollo.

¿Y tú? **En tu opinión, ¿es importante mantener las tradiciones culinarias del pasado? ¿Por qué?**

¡Prepárate!

GRAMÁTICA ÚTIL 1

Habló por teléfono, no sé con quién, por diez minutos enteros mientras yo **esperaba**.

Talking about what you used to do: The imperfect tense

Cómo usarlo

1. You have already learned to talk about completed actions and past events using the *preterite tense* in Spanish.

2. Spanish has another past-tense form known as the *imperfect tense*. The imperfect is used to talk about *ongoing actions* or *conditions* in the past.

3. Use the imperfect tense to talk about the following events or situations in the past.

- to talk about what you habitually did or used to do

  Todos los días, **desayunaba** a las ocho y luego **caminaba** a la escuela.

  Every day I used to eat breakfast at eight and then I walked to school.

- to describe an *action in progress* in the past

  Vivíamos en Asunción con mi prima Enedina y sus padres.

  We were living in Asunción with my cousin Enedina and her parents.

- to *tell the time* in the past

  Por lo general, **eran** las diez de la noche cuando **comíamos**.

  It was usually ten at night when we would eat dinner.

- to describe *emotional or physical conditions* in the past

  Todos **estábamos** muy contentos y nadie se enfermó ese año. **Nos sentíamos** muy afortunados.

  We were all very happy and no one got sick that year. We felt very fortunate.

- to describe *ongoing weather conditions* in the past

  Llovía mucho en Paraguay en esa época.

  It rained a lot in Paraguay during that time.

- to tell someone's *age* in the past

  Enedina **tenía** quince años ese año.

  Enedina was fifteen that year.

4. The imperfect tense is generally translated into English in different ways. For example, **comía** can be translated as *I ate* (routinely), *I was eating, I would eat,* or *I used to eat.*

Cómo formarlo

1. Here are the imperfect forms of regular verbs. Notice that **-er** and **-ir** verbs share the same endings, and that the **yo** and **usted / él / ella** forms are the same.

	cenar	comer	pedir
yo	cen**aba**	com**ía**	ped**ía**
tú	cen**abas**	com**ías**	ped**ías**
usted / él / ella	cen**aba**	com**ía**	ped**ía**
nosotros / nosotras	cen**ábamos**	com**íamos**	ped**íamos**
vosotros / vosotras	cen**abais**	com**íais**	ped**íais**
ustedes / ellos / ellas	cen**aban**	com**ían**	ped**ían**

Notice the use of accents on the **nosotros / nosotras** form of -**ar** verbs, and on *all* forms of the -**er** and -**ir** verbs.

2. No verbs have stem changes in the imperfect tense, and there are only three verbs that are irregular in the imperfect.

	ir	ser	ver
yo	iba	era	veía
tú	ibas	eras	veías
usted / él / ella	iba	era	veía
nosotros / nosotras	íbamos	éramos	veíamos
vosotros / vosotras	ibais	erais	veíais
ustedes / ellos / ellas	iban	eran	veían

Ver is irregular only in that the **e** is maintained before adding the regular -**er** / -**ir** imperfect endings.

3. The imperfect form of **hay** is **había**. Like **hay**, it is used with both singular and plural subjects: **Había un restaurante muy bueno allí. / Había algunos restaurantes muy buenos allí.**

ACTIVIDADES

1 **Sergio** Sergio describe cómo era su vida cuando tenía 16 años. Cambia los verbos en sus oraciones al imperfecto para saber cómo era.

MODELO   <u>Me acuesto</u> a las doce casi todas las noches.
          Me acostaba a las doce casi todas las noches.

1. <u>Me levanto</u> a las seis de la mañana todos los días.
2. <u>Tomo</u> el desayuno en casa.
3. <u>Salgo</u> a correr dos millas antes de ir al colegio.
4. <u>Voy</u> al colegio en autobús.
5. <u>Almuerzo</u> en la cafetería del colegio.
6. <u>Tengo</u> clases hasta las cuatro de la tarde.
7. <u>Estudio</u> en la casa de mi novia hasta las ocho y media de la noche.

2 ⟳ **Nuestros hábitos** Con un(a) compañero(a), túrnense para hacer oraciones completas con las palabras indicadas para expresar cómo eran sus hábitos con relación a la comida cuando eran niños(as). Sigan el modelo.

MODELO   comer (yo) muchos vegetales
Comía muchos vegetales. / No comía muchos vegetales.

1. beber (yo) mucha leche
2. preparar (mis hermanos y yo) el desayuno
3. ir (mi familia) frecuentemente a un restaurante
4. comprar (mis padres) frutas y vegetales orgánicos
5. cocinar (mi madre) muchos platos vegetarianos
6. poner (yo) la mesa para la cena
7. buscar (mis padres) recetas de platos nuevos
8. lavar (mis hermanos y yo) los platos después de comer

3 ⟳ **En la secundaria** Entrevista a un(a) compañero(a). Quieres saber más de su vida cuando estaba en la secundaria. Puedes usar las siguientes preguntas para tu entrevista, o puedes hacerle las preguntas que quieras. Túrnense para hacer la entrevista.

1. ¿A qué hora empezaban las clases?
2. ¿A qué hora te levantabas / desayunabas?
3. ¿Comías en la cafetería de la escuela o llevabas tu propia comida?
4. Si llevabas tu propio almuerzo, ¿quién lo preparaba?
5. ¿Qué comías de almuerzo?
6. ¿Trabajabas después de la escuela?
7. ¿Hacías siempre la tarea?
8. ¿Participabas en algún deporte?
9. ¿Ibas a fiestas los fines de semana? ¿Solo(a) o con tus amigos?
10. ¿Eras miembro de algún club u organización en tu escuela?
11. ¿Tenías novio(a)?
12. ¿Qué hacías con tus amigos?

4 ⟳ **Los veranos de mi niñez** ¿Cómo pasabas los veranos cuando eras niño(a)? Escribe una descripción de lo que recuerdas de los veranos de tu niñez o de un verano en particular que fue importante u horrible. Léele tu descripción a un(a) compañero(a) y escucha su descripción. Usa las siguientes preguntas como guía si quieres.

- ¿Dónde pasabas los veranos? ¿Con quién(es)?
- ¿Qué hacías?
- ¿Qué te gustaba hacer? ¿Por qué?
- ¿Qué no te gustaba hacer? ¿Por qué?
- ¿Cuáles eran tus actividades preferidas del verano?
- ¿Qué hacías para ganar dinero? ¿Trabajabas?

GRAMÁTICA ÚTIL 2

Talking about the past: Choosing between the preterite and the imperfect tenses

Cómo usarlo

1. As you have learned, the preterite tense is generally used in Spanish to express past actions and describe past events that are viewed as completed and over. The imperfect is used to describe past actions or conditions that are viewed as habitual or ongoing.

2. Sometimes the choice between the preterite and the imperfect is not clear-cut. It may depend on the speaker's judgment of the event. However, here are some general guidelines for using the two tenses.

No **sabía** qué hacer. Mientras **esperábamos** sus platos, **se enfriaron** los míos.

Preterite	Imperfect
1. Relates a *completed past action* or *a series of completed past actions.* **Comimos** en ese restaurante la semana pasada. Ayer, **fuimos** al restaurante, **pedimos** el menú, **comimos** y luego **salimos** para ir al teatro.	1. Describes *habitual or routine past actions.* **Comíamos** en ese restaurante todas las semanas. Siempre **íbamos** al restaurante, **pedíamos** el menú, **comíamos** y luego **salíamos** para ir al teatro.
2. Focuses on the *beginning* or *end* of a past event. La cena **comenzó** a las nueve, pero no **terminó** hasta la medianoche.	2. Focuses on the *duration* of the event in the past, rather than its beginning or end. **Cenábamos** desde las nueve hasta la medianoche.
3. Relates a *completed past condition* that is viewed as completely over and done with at this point in time (usually gives a time period associated with the condition). Manuel **estuvo** enfermo por dos semanas después de comer en ese restaurante, pero ahora está bien.	3. Describes *past conditions*, such as time, weather, emotional states, age, and location, that were ongoing at the time of description (no focus on beginning or end of condition). El restaurante **era** famoso por su comida latinoamericana y **estábamos** muy contentos con los platos que pedimos.
4. Relates an *action that interrupted* an ongoing action. Ya comíamos el postre cuando por fin Miguel **llegó** al restaurante.	4. Describes *ongoing background events* in the past that were interrupted by another action. Ya **comíamos** el postre cuando por fin Miguel llegó al restaurante.

3. Certain words and phrases related to time may suggest when to use the imperfect or the preterite. These are not hard-and-fast rules, but general indicators.

Preterite	Imperfect
de repente *(suddenly)*	**generalmente / por lo general**
por fin *(finally)*	**normalmente**
ayer	**todos los días / meses / años**
la semana pasada	**todas las semanas**
el mes / el año pasado	**frecuentemente**
una vez / dos veces, etc.	**típicamente**

4. In **Chapter 8** you learned that some verbs (**querer, poder, conocer**, and **saber**) sometimes have a different meaning in the preterite tense. This change in meaning does not occur in the imperfect tense.

Cómo formarlo

Review the preterite forms presented in **Chapters 7** and **8**, as well as the imperfect forms presented in **Gramática útil 1** (on page 334 of this chapter).

ACTIVIDADES

5 **¿Qué pasó?** Escoge la forma correcta del verbo para completar cada oración.

1. Mis amigos y yo (comimos / comíamos) en ese restaurante todos los días.
2. Mi amiga me (preparó / preparaba) ese plato ayer.
3. (Estamos / Estábamos) en el café cuando me llamaron.
4. Ese restaurante (fue / era) muy popular antes.
5. Mi hermano (trabajó / trabajaba) como chef por dos años.
6. Siempre (nos sentimos / nos sentíamos) muy contentos después de comer allí.

Comí en ese restaurante varias veces. Me **gustaba** mucho su comida tradicional latinoamericana.

6 Picadillo boliviano ¡Pobre Amelia! Ella describe lo que le pasó cuando estaba preparando un picadillo boliviano para su familia. Escribe las oraciones según el modelo. Ponle mucha atención al uso del pretérito y el imperfecto.

MODELO   picar la carne / sonar el teléfono
Picaba la carne cuando sonó el teléfono.

1. pelar las papas / empezar a llover
2. freír la cebolla / entrar mi hermano a la cocina empapado *(drenched)*
3. cortar el tomate en cuadritos / llegar papá del trabajo muerto de hambre
4. añadir la sal, la pimienta y el comino / mi hermanito poner la tele
5. agregar el tomate / mi hermanita decidir ayudarme
6. preparar la carne / (ellos) anunciar en la tele que venir un huracán
7. secar el guiso a fuego suave / llegar mamá de la oficina
8. freír las papas en aceite caliente / empezar la tormenta
9. mezclar las papas y el guisado / sentarse todos a la mesa
10. servir el picadillo / cortarse la electricidad

7 🔊 Los veranos de Chela Escucha mientras Chela describe cómo pasaba los veranos cuando era niña. Mira los verbos de la siguiente lista. Mientras escuchas, vas a escribir estos verbos en otra hoja de papel con una tabla de dos columnas como la de abajo. Pon las formas del pretérito en la primera columna y las formas del imperfecto en la segunda columna. **¡OJO!** Vas a escuchar más verbos de los que están en la lista. Solo presta atención a los verbos de la lista.

Acciones: visitar a los abuelos, vivir en un pueblito, llevar su computadora, sorprenderse, levantarse muy temprano, ir a dar una vuelta por el centro, estar triste, la computadora no funcionar, salir juntos, jamás usar la computadora

Completed action in the past	Action in progress or habitual action in the past
	visitaba

8 **¡Qué decepción!** Anoche, Ricardo y Elena fueron a un restaurante a cenar. Elena le describe la cita a su amiga Fernanda. Completa su descripción con las formas correctas del pretérito y del imperfecto de los verbos entre paréntesis.

Anoche Ricardo y yo (1) _____(ir) a un restaurante elegante. No (2) _____(tener) reservación y por eso no (3) _____(sentarse) hasta las diez de la noche. Los dos (4) _estábamos_(estar) muertos de hambre. Yo (5) _ordené_(ordenar) una ensalada mixta, pollo asado con habichuelas, flan y un café. Ricardo (6) _pidió_(pedir) una ensalada de papas, lomo de res y un helado de vainilla. Nosotros (7) _hablábamos_(hablar) de la película que (8) _acabó_(acabar) de ver cuando el camarero (9) _regresó_(regresar) a la mesa. Él nos (10) _explicábamos_(explicar) que no (11) _había_(haber) ni lomo ni pollo y nos (12) _preguntó_(preguntar) si (13) _queríamos_(querer) una hamburguesa. Ricardo (14) _enojaba_(enojarse) mucho y le preguntó si por favor no nos (15) _pasimos_(poder) recomendar algo más apetitoso. El camarero (16) _sonrió_(sonreír) y (17) _dijo_(decir) que todo lo que (18) _quedó_(quedar) en la cocina (19) _fue_(ser) ¡hamburguesas y papas fritas! Con el hambre que (20) _teníamos_(tener) los dos, (21) _decidimos_(decidir) ordenar las hamburguesas. Yo no (22) _quería_(querer) dejarle buena propina porque había sido *(had been)* un poco descortés, pero Ricardo (23) _insistía_(insistir) en que no (24) _rhe_(ser) su culpa y le (25) _dejó_(dejar) una propina exagerada.

9 **Mi restaurante favorito** Con un(a) compañero(a), túrnense para hacerse las siguientes preguntas sobre su última experiencia en su restaurante favorito. Pongan atención al uso del pretérito y del imperfecto.

1. ¿Con quién fuiste? ¿Qué hora era cuando llegaron al restaurante?
2. ¿Qué platos pidieron? ¿Cómo era la comida?
3. ¿De qué hablaron mientras comían?
4. ¿Comieron un postre? ¿Tomaron café?
5. ¿Cómo era el servicio? ¿Le dejaron una buena propina al (a la) camarero(a)?
6. ¿Cómo se sentían al salir del restaurante?

10 **¡Qué horror!** A veces salimos con alguien que no conocemos muy bien y la cita es un desastre. Esto le pasó a Chela cuando salió con Sergio en el video. ¿Has tenido alguna vez una cita desastrosa? Escribe una narración que describa esa cita o una cita imaginaria. Incluye muchos detalles y pon atención al uso del pretérito y del imperfecto.

- ¿Adónde fueron?
- ¿Qué hicieron?
- ¿Qué pasó durante la cita?
- ¿Qué hizo él/ella que te avergonzó *(embarrassed you)* o molestó?
- ¿Cómo te sentías?
- ¿Cómo respondiste?

GRAMÁTICA ÚTIL 3

Avoiding repetition: Double object pronouns

**¡Ven a la Cafetería Gómez
si quieres los mejores pasteles!**

Pruébalos allí o llévatelos a casa.

Av. Illampu 3, La Paz 011 591 2 5555555

Cómo usarlo

1. You studied direct object pronouns (**me, te, lo, la, nos, os, los, las**) in **Chapter 7**. In **Chapter 8** you learned to use indirect object pronouns (**me, te, le, nos, os, les**).

2. Remember that you use direct object pronouns to replace the direct object of a sentence. The direct object receives the action of the verb.

Preparé **la comida**. → **La** preparé.

3. Remember that you use indirect object pronouns to replace the indirect object of a sentence. The indirect object answers the questions *For whom?* or *To whom?*

Preparé la comida (para **ti**). → **Te** preparé la comida.

4. When you use direct and indirect object pronouns together, they are called *double object pronouns*.

Preparé **la comida** (para **ti**). → **Te la** preparé.

Organizaron **una fiesta de cumpleaños** (para **mí**). → **Me la** organizaron.

Cómo formarlo

1. Indirect and direct object pronouns stay the same when used together as double object pronouns, except in the third-person singular and third-person plural (**le** and **les**). In those two cases, the double object pronoun **se** replaces both **le** and **les** when used with the direct objects **lo, la, los,** and **las**.

Indirect object	Direct object
me	me
te	te
le → se	lo / la
nos	nos
os	os
les → se	los / las

What are the three object pronouns in this ad for a **cafetería** in La Paz? Which are direct object pronouns and which are indirect object pronouns?

2. Follow these rules for using double object pronouns.

- The *indirect object pronoun* always comes *before* the *direct object pronoun*. This is true whether the pronouns are used before a conjugated verb or attached to the end of infinitives, affirmative command forms, and present participles.

  Pedí una sopa. **Me la** sirvieron inmediatamente.

  Le dije al camarero: "Por favor, **tráigamela** con un poco de pan".

- Remember that with *negative command forms,* the double object pronouns must come *before the verb.*

  Quiero un postre, pero **no me lo traiga** inmediatamente.

- When double object pronouns are used with a conjugated verb followed by an infinitive, they may go *before the conjugated verb* or *attach to the infinitive.*

  Me lo van a servir ahora.   OR: Van a **servírmelo** ahora.

- When using the direct object pronouns **lo, la, los,** and **las** with the indirect object pronouns **le** or **les**, change **le / les** to **se**. (Notice that you use **se** to replace both **le** and **les**.)

  Susana **le** llevó **los ingredientes** a Elena.

  Susana **se los** llevó (a Elena).

  Ileana y Susana **les** prepararon **la cena** a sus padres.

  Ileana y Susana **se la** prepararon (a sus padres).

ACTIVIDADES

11 Escoge los pronombres de doble objeto que mejor completen cada oración.

1. Al señor Martínez le encanta esa sopa. Sírva(sela / selo), por favor.
2. ¡No tienes cuchara! (Te la / Se la) voy a traer ahora mismo.
3. Nuestra abuela hacía un pastel muy rico. Siempre (nos lo / se lo) preparaba cuando íbamos de visita.
4. ¡Este guisado es fabuloso! Quiero la receta. ¿(Me la / Me las) das?
5. Esta sopa está muy caliente. No (se la / te la) comas todavía.
6. A mí me gusta mucho el flan. ¡Qué bien! Mi mamá esta preparándo(melo / selo) ahora mismo.

© Ed Rooney / Alamy

12 **Dulce en el restaurante** Dulce fue a un restaurante a comer. Completa su descripción de la cena con los pronombres de doble objeto correctos.

MODELO   Pedí el menú. El camarero __me__ __lo__ trajo inmediatamente.

1. Para plato principal, pedí una chuleta de puerco. _____ _____ sirvieron un poco después.
2. También pedí unos frijoles refritos. _____ _____ prepararon precisamente como me gustan.
3. De postre, pedí unas galletas de chocolate. _____ _____ trajeron con helado.
4. Para tomar, pedí un té helado. _____ _____ sirvieron bien frío.
5. Por fin pedí la cuenta. El camarero _____ _____ trajo rápidamente.
6. Saqué mi tarjeta de crédito. Cuando el camarero volvió, _____ _____ di.

13 **Miguel** La mamá de Miguel le pregunta si ha hecho algunas cosas para los diferentes miembros de su familia. ¿Qué contesta Miguel? Sigue el modelo.

MODELO   ¿Le serviste la leche a tu prima?
         Sí, se la serví.

1. ¿Le preparaste el café a tu abuelo?
2. ¿Les compraste las galletas a tus tíos?
3. ¿Le serviste la sopa de fideos a tu hermano?
4. ¿Nos trajiste las servilletas?
5. ¿Te compraste unas galletas en la pastelería?
6. ¿Me imprimiste la receta para el picadillo?
7. ¿Les calentaste las tortillas a tus primos?
8. ¿Les dieron las gracias tus primos a tu hermana y a ti?

14 **Adán y Adelita** El padre de Adán y Adelita cree que sus hijos solo deben comer comida nutritiva. Nunca les compra comida rápida y no les permite comer postres llenos de azúcar. Primero, haz el papel del padre y contesta las preguntas de sus hijos. Luego, di si les compró o no les compró las comidas que querían.

MODELO   **Adán:** Papá, quiero un perro caliente.
         Papá: *Hijo, (no) te lo voy a comprar.* O: *Hijo, (no) voy a comprártelo.*
         Tú: *Adán quería un perro caliente. Su papá (no) se lo compró.*

1. **Adelita:** Papá, quiero un helado.
2. **Adán y Adelita:** Papá, queremos unas hamburguesas.
3. **Adán:** Quiero unos plátanos.
4. **Adelita:** Papá, quiero una ensalada mixta.
5. **Adán y Adelita:** Papá, queremos unas papas fritas.
6. **Adelita:** Papá, quiero unas fresas.
7. **Adán:** Papá, quiero una galleta.

15 🔊 **A la hora de comer** Es la hora de comer en casa de Emilia Gutiérrez. La señora Gutiérrez le da instrucciones a Emilia. Escucha lo que le dice y escoge la frase que mejor complete sus instrucciones.

1. _____   a. Ábremelo, por favor.
2. _____   b. Prepáraselo, por favor.
3. _____   c. Sírvesela, por favor.
4. _____   d. Sírveselo, por favor.
5. _____   e. ¿Nos las calientas, por favor?
6. _____   f. Llévaselas, por favor.
7. _____   g. Dáselo, por favor.
8. _____   h. Tráemelo, por favor.

16 🔁 **¿Me lo haces?** Con un(a) compañero(a), representa la siguiente situación. Uno(a) de ustedes está enfermo(a) y le pide unos favores al (a la) otro(a). Sigan el modelo y túrnense para representar los dos papeles.

MODELO   preparar una sopa de pollo
Tú: *¿Me preparas una sopa de pollo?*
Compañero: *Claro. Te la estoy preparando / Estoy preparándotela ahora mismo.*

1. traer un suéter
2. pasar el control remoto
3. escribir una nota para la farmacia
4. preparar mis platos favoritos
5. lavar los platos
6. mandar el e-mail del profesor

17 🔁 **¿Qué quieres para tu cumpleaños?** Con un(a) compañero(a), túrnense para representar la siguiente situación. Usen los pronombres de doble objeto por lo menos dos veces en su conversación. Pueden practicar antes de representar la situación frente a la clase. (Nota que los verbos **dar, traer, servir, preparar** y **comprar** frecuentemente requieren dos pronombres porque indican una acción hacia otra persona).

Es tu cumpleaños y tus amigos quieren saber qué regalos quieres. Te van a dar una fiesta y también quieren saber qué comida quieres. Eres muy exigente *(demanding)* y quieres muchas cosas diferentes. Pide todo lo que te apetezca *(you desire)*.

MODELO   **Compañero(a):** *¿Qué quieres para tu cumpleaños?*
Tú: *Me gustaría tener la nueva versión de Banda de Rock.*
Compañero(a): *Vamos a comprártela. ¿Y qué quieres comer?*
Tú: …

GRAMÁTICA ÚTIL 4

Indicating for whom actions are done and what is done routinely: The uses of **se**

Cómo usarlo

You have used the pronoun **se** in several different ways. Here's a quick review of the uses you already know (items 1 and 2 in the chart), and one new use (item 3).

Use **se. . .**	
1. to replace **le** or **les** when used with a direct object pronoun.	Marta **le** dio un regalo a Selena. Marta **se** lo dio.
2. with reflexive verbs, when using **usted / ustedes** and **él / ella / ellos / ellas** forms.	Ustedes **se** vistieron y salieron para la oficina. Ella **se** vistió después de duchar**se**.
3. to give general and impersonal information about "what is done."	**Se sirve** comida paraguaya en ese restaurante. ¡**Se come** muy bien allí!

Al levantarse, **se** pegó en la mesa y tiró el café por todo el mantel.

Cómo formarlo

Se can be used to express actions with no specific subject and to say what "one does" in general. **Se** is always used with a third-person form of the verb.

■ If a noun immediately follows the **se** + verb construction, the verb agrees with the noun.

Se sirve el desayuno todo el día.   ***Breakfast is served*** *all day.*
Se venden empanadas aquí.   ***Empanadas are sold*** *here.*

■ If no noun immediately follows **se** + verb, the third-person singular form of the verb is used.

Se come muy bien aquí.   ***One eats*** *well here.*
Se duerme mal después de una comida fuerte.   ***One sleeps*** *badly after a heavy meal.*

18 **Recomendaciones** Escoge la expresión que mejor complete cada oración.

1. (Se sirve / Se sirven) la cena desde las 8:00 hasta las 11:00.
2. (Se habla / Se hablan) español en ese restaurante.
3. (Se come / Se comen) muy bien en esa cafetería.
4. (Se vende / Se venden) frutas muy frescas en ese mercado.
5. (Se compra / Se compran) bastante barato en Tienda La Oferta.
6. (Se duerme / Se duermen) mal en esos hoteles.
7. (Se descansa / Se descansan) mucho en el Spa Oasis.
8. (Se busca / Se buscan) cocineros con cinco años de experiencia.

19 **Observaciones** Usa una construcción impersonal con **se** para describir las siguientes experiencias.

MODELO (Ver) muy bien desde aquí.
Se ve muy bien desde aquí.

1. (Trabajar) muy duro en la clase de física.
2. (Dormir) muy bien en ese hotel.
3. (Ver) bien la ciudad desde esa ventana.
4. (Aprender) mucho en esa clase.
5. (Cenar) muy bien en el restaurante Paraíso.
6. (Oír) muy bien con esos audífonos.

20 **Los anuncios clasificados** Vas a escribir unos anuncios clasificados para el periódico universitario. Algunas personas te describen lo que necesitan o buscan. Escribe la primera línea de cada anuncio según lo que te dicen.

MODELO —Me voy a graduar este año y tengo muchos libros usados que quiero vender.
Se venden libros usados.

1. —Soy director y quiero montar *(put together)* una obra de teatro. Busco tres actores y una actriz.
2. —Vamos a hacer un Festival Boliviano y necesitamos voluntarios para ayudar con todos los detalles.
3. —Voy a estudiar al extranjero este semestre y quiero alquilar mi apartamento.
4. —Para las Navidades queremos darles ropa y juguetes a los niños pobres. Aceptamos donaciones de ropa y juguetes usados.

Expresión En grupos de tres o cuatro estudiantes, contesten las siguientes preguntas sobre la tira cómica.

1. ¿Por qué se usa un verbo singular en los dos primeros letreros?
2. ¿Por qué se usa un verbo plural en los dos últimos letreros?
3. ¿Crees que el niño va a recibir dinero de la gente que vea su letrero? ¿Por qué?
4. Piensen en unos letreros cómicos para los siguientes lugares. Luego, compartan sus ideas con otro grupo. ¿Qué grupo tiene los letreros más creativos?

   a. un restaurante
   b. una tienda
   c. un hospital
   d. el consultorio *(office)* de un dentista
   e. el taller de un mecánico
   f. la pizarra en la clase de español

¡Explora y exprésate!

Bolivia

© Celso Diniz/Shutterstock.com

Consulta el mapa de Bolivia en el
Apéndice D.

© Image Asset Management/age fotostock

▶ Información general

Nombre oficial: Estado Plurinacional de Bolivia

Población: 10.027.254

Capitales: Sucre (poder judicial) (350.000 hab.)
y La Paz (sede del gobierno) (f. 1548)
(900.000 hab.)

Otras ciudades importantes: Santa Cruz de
la Sierra (1.114.248 hab.), Cochabamba
(1.113.474 hab.), El Alto (888.840 hab.)

Moneda: peso (boliviano)

Idiomas: español, quechua, aimara

A tener en cuenta

- Hay diferentes civilizaciones prehispánicas en Bolivia. Las más importantes son las culturas Chiripa y Wankarani en el altiplano, y la de Tiahuanaco cerca del lago Titicaca.
- La colonización española empieza en 1535 y termina en 1826, cuando el libertador Simón Bolívar presenta la primera Constitución del país. Bolivia recibe su nombre del héroe de la independencia de cinco países sudamericanos.
- Es el único país en Latinoamérica con dos capitales. La Paz es la capital administrativa del gobierno y Sucre es la capital constitucional.
- Con la promesa de justicia social para todos, Evo Morales es el primer miembro de la mayoría indígena elegido presidente en 2005. Fue reelegido en 2009 y en 2014.

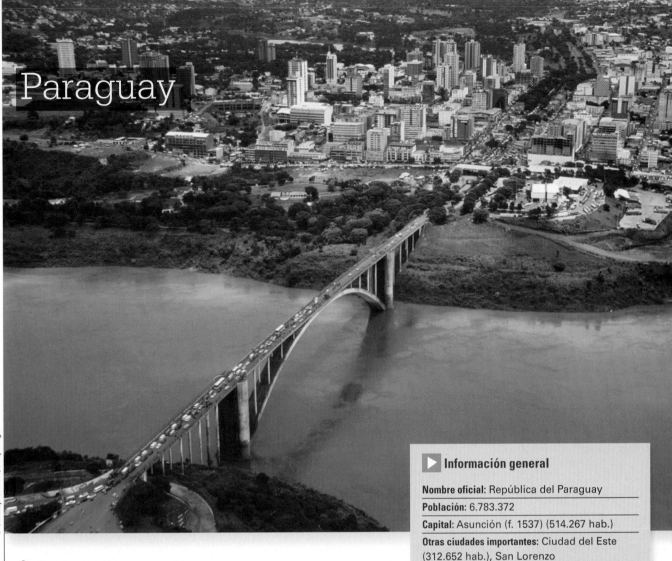

Paraguay

A tener en cuenta

- Los españoles empiezan a llegar a Paraguay en el siglo XVI. Asunción es fundada en 1537 por el explorador español Juan de Salazar de Espinosa.

- Las misiones jesuitas de Latinoamérica fueron construidas *(were constructed)* por la orden religiosa Compañía de Jesús entre 1609 y 1678. Estos misioneros jesuitas españoles y portugueses viajaron a las áreas más remotas de Sudamérica donde establecieron misiones, convirtieron a los indígenas al catolicismo y les enseñaron su idioma.

- Paraguay declara la independencia de España en 1813, convirtiéndose en el primer país latinoamericano en proclamar la república.

- Paraguay siempre ha sido *(has been)* un país bilingüe y bicultural. Se calcula que el 90% de sus habitantes hablan español y guaraní, el idioma de sus pobladores antes de la llegada de los españoles. En las escuelas, las oficinas de gobierno y los medios de comunicación de este país se usan los dos idiomas.

▶ Información general

Nombre oficial: República del Paraguay

Población: 6.783.372

Capital: Asunción (f. 1537) (514.267 hab.)

Otras ciudades importantes: Ciudad del Este (312.652 hab.), San Lorenzo (489.000 hab.)

Moneda: guaraní

Idiomas: español y guaraní (oficiales)

Consulta el mapa de Paraguay en el **Apéndice D**.

La quinua boliviana

Bolivia es el primer productor mundial de la quinua, una planta alimenticia que se ha cultivado *(has been grown)* en los Andes desde hace cinco mil años. Para los incas, la quinua era un alimento sagrado *(sacred)*, segundo en importancia solo a la papa. Tiene un gran valor nutricional por varias razones: su contenido de proteína es muy alto, contiene aminoácidos esenciales para el desarrollo humano que no ofrecen ni el arroz ni el trigo *(wheat)*, es pobre en grasas, no contiene gluten y es fácil de digerir *(digest)*. Por todas sus propiedades nutricionales, la NASA está analizando la posibilidad de mandar quinua al espacio en vuelos *(flights)* de larga duración. De los incas a los astronautas, la quinua sigue alimentando al ser humano de una manera sabrosa y saludable.

© ErnestoG/iStock

© Evan Lorne/Shutterstock.com

Quinua is also known as **quinoa** and is now found in many grocery stores in the U.S. and Europe since 2012. It has become globally known as a superfood. Google quinoa and read more. Notice that quinoa appears in many recipes online. Which **quinua** recipe would you like to make?

El tereré paraguayo

El tereré es mucho más que un té: es toda una tradición paraguaya. El tereré se prepara con yerba mate y agua fría. Si hace mucho calor, se añade hielo *(ice)*. Hay muchas maneras de preparar el tereré, hasta se pueden añadir hierbas naturales como la menta para darle distintos sabores. No es solo delicioso, refrescante, sano y natural, sino que también calma la sed, no contiene azúcar y es una buena alternativa al agua natural para mantenerse hidratado, especialmente en épocas de mucho calor. El tereré se prepara en la guampa, que es una especie de vaso hecho con madera *(wood)* o de cuerno de vaca *(cow's horn)*. El rito *(ritual)* de pasar la guampa entre la ronda de amigos es la parte más importante de la costumbre paraguaya, porque el tereré no solo es un té, es un evento social.

© Jorge AdornoReuters/Landov

EN RESUMEN

La información general

1. ¿Cuál es la función de cada una de las capitales de Bolivia?
2. ¿Qué heroe de la independencia sudamericana le da su nombre a Bolivia?
3. ¿Por qué Evo Morales se distingue de los demás presidentes bolivianos?
4. ¿Qué orden religiosa tuvo un gran impacto en el idioma de los indígenas paraguayos?
5. ¿Qué evento ocurrido en 1813 distingue a Paraguay de otros países latinoamericanos?
6. El gobierno paraguayo usa dos idiomas para comunicarse con la gente. ¿Cuáles son?

El tema de los alimentos

1. ¿De qué planta alimenticia es Bolivia el primer productor mundial?
2. ¿Por qué la quinua tiene un gran valor nutricional?
3. ¿Por qué el tereré es bueno en épocas de mucho calor?
4. ¿Qué parte del rito de tomar tereré es la más importante?

¿Quieres saber más?

Revisa y completa la tabla que empezaste al principio del capítulo. Escoge uno o dos de los temas sobre los que escribiste en la columna **Lo que quiero aprender**, o uno o dos de los que figuran a continuación. Prepárate para compartir la información con la clase.

Palabras clave: Bolivia los incas, los aimaras, Carnaval de Oruro, Festival de la Virgen de Urkupiña, Jaime Escalante, Evo Morales; **Paraguay** guaraníes, misiones jesuitas, la Guerra del Paraguay, Augusto Roa Bastos, Olga Bliner

🌐 Para aprender más sobre Boliva y Paraguay, mira los videos culturales en la mediateca (Media Library).

© Hugh Threlfall / Alamy

A leer

Antes de leer

ESTRATEGIA

Setting a time limit

You have learned strategies to help you focus on getting the main idea without becoming too bogged down in the details. Another good way to do this is to set a time limit before you begin reading. Reading under a deadline forces you to focus on getting key ideas and not on trying to understand every single word.

Several verbs in the story are conditional and future forms. You will learn more about these forms in later chapters. For now, just notice how they are used in the story. The conditional forms are **no reconocería** *(she would not recognize)*, **pediría** *(she would ask)* and **perdonaría** *(I would forgive)*. The future forms are **estaré** *(I will be)*, **deberé** *(I will be obliged to)* and **pasará** *(she will pass by)*.

1 Para familiarizarte con algunas palabras y frases de la lectura de este capítulo, conecta las palabras y expresiones de la izquierda con las traducciones de la derecha.

1. muy chica
2. con las palabras podemos mentir
3. el encontrarse de nuestras miradas
4. tan orgullosos los dos
5. tan dispuestos
6. pertenecer
7. evitar los encuentros
8. la posibilidad de quiebre
9. está comiendo salteñas

a. *the meeting of our looks, glances*
b. *so ready*
c. *very small*
d. *to belong (to)*
e. *we can lie with words*
f. *is eating (Bolivian) meat pies*
g. *both so proud*
h. *the possibility of a breakdown*
i. *to avoid encounters*

2 La lectura de este capítulo es un microcuento del autor boliviano contemporáneo Edmundo Paz Soldán. Un microcuento es un cuento *(story)* muy corto que tiene un enfoque muy específico. Este microcuento describe cómo dos exnovios han dividido la ciudad donde viven para no encontrarse después de su ruptura *(break-up)*. Piensa en lo siguiente antes de leer el microcuento. Luego, en grupo, vas a contestar estas preguntas.

1. En tu opinión, ¿es difícil ser amigo(a) de un(a) exnovio(a)? ¿Por qué? ¿Te parece buena idea? ¿Cuáles son las ventajas *(advantages)* y desventajas *(disadvantages)*?
2. ¿Te has encontrado alguna vez *(Have you ever run into)* con una persona a quien no quieres ver? ¿Qué haces cuando ocurre esto?
3. Ahora, toma 15 minutos para leer el cuento. Trata de centrarte *(focus)* en la idea principal y en algunos de los detalles clave, y no en las palabras o estructuras gramaticales desconocidas.

"Después de la ruptura"

Edmundo Paz Soldán

Esta es una ciudad muy chica pero después de la ruptura ella y yo nos la hemos ingeniado[1] para vivir sin encontrarnos, porque con las palabras podemos mentir pero no con el encontrarse de nuestras miradas, que siempre han disipado las dudas[2]; ahora, ninguno quería que se disiparan las dudas[3], tan orgullosos los dos, tan dispuestos en tornar absurdo el simple y puro juego de amor.

Al comienzo nos encontrábamos con frecuencia, producto de pertenecer a un mismo círculo y frecuentar los mismos lugares. También los amigos comunes, que ansiaban[4] la reconciliación acaso más que nosotros, nos tendieron trampas[5] una y otra vez. Pero era inútil: ella no reconocería la equivocación y pediría perdón, yo no la perdonaría. De todos modos era mejor evitar los encuentros: siempre había en ellos la posibilidad de quiebre de alguno de los dos orgullos, y ni ella quería ser la primera ni yo tampoco.

Poco a poco, durante estos seis años nos hemos ido repartiendo la ciudad y el tiempo[6] y ahora el encuentro es imposible. Sé que el martes a las once y media de la mañana ella está comiendo salteñas en *El Canguro*, mientras yo me encuentro con amigos en El Prado. Sé que los miércoles a las seis de la tarde yo estaré en la puerta de la heladería *Gelato* mirando pasar los autos, pero a las seis y doce deberé voltearme[7] porque ella pasará de regreso de su trabajo.

[1] **ella…:** *she and I have worked it out* [2] **siempre…:** *have always dispelled doubts* [3] **ninguno…:** *neither one of us wants the doubts dispelled* [4] *they longed for*
[5] **nos tendieron…:** *they set traps for us* [6] **nos hemos…:** *we have gone around dividing the city and time* [7] *turn around*

Un jueves el *Bungalow* es para ella, el siguiente jueves es mío. Ella va a bailar los viernes a *Reflejos*, yo voy los sábados. Los domingos por la tarde ella va a comprar empanadas a *Las Carmelitas*, yo debo contenerme con un poco de televisión y con esperar el regreso de mi hermano con las empanadas, porque ese vicio lo contraje[8] en el tiempo en que estábamos juntos y un domingo sin ellas no es domingo. Así, cada minuto de nuestras vidas está planificado con el fin de evitar el encuentro. Lo hacemos muy bien. Somos dignos de admiración.

Cada vez la amo más[9].

[8] *I acquired* [9] **la...:** *I love her more*

Después de leer

3 Pon las letras que corresponden a los eventos en la secuencia correcta. El número 1 indica lo que ocurrió primero y el número 5 indica lo que ocurrió en el último lugar.

a. Aunque ya no eran pareja *(a couple)*, el narrador y su exnovia se encontraban frecuentemente.

b. El narrador y su exnovia siguen un horario muy estricto todos los días de la semana.

c. El narrador y su exnovia rompieron su relación.

d. El narrador dice que ama a su exnovia más que nunca.

e. Los antiguos novios dividieron la ciudad y el tiempo para evitar los encuentros.

1. ____
2. ____
3. ____
4. ____
5. ____

4 Contesta las preguntas. Si es necesario, vuelve al cuento para buscar los detalles específicos.

1. ¿Es grande o pequeña la ciudad donde viven el narrador y su exnovia?
2. Según el narrador, ¿con qué no pueden mentir los exnovios?
3. ¿Cuáles son tres razones por las que los exnovios se veían frecuentemente después de su ruptura?
4. ¿Cuánto tiempo llevan él y ella repartiendo la ciudad y el tiempo?
5. ¿Quién come salteñas en *El Canguro* a las once y media los martes?
6. ¿Cuándo van él y ella a bailar a *Reflejos*?
7. En este momento, ¿cúales son los sentimientos del narrador hacia su exnovia?

5 👥 En un grupo de tres o cuatro estudiantes, vuelvan a las preguntas de la **Actividad 2** en **Antes de leer**. Comenten sus respuestas a estas preguntas, sus reacciones al microcuento y sus opiniones sobre la solución que encontraron los dos exnovios para no encontrarse en su vida diaria.

6 👥 El narrador del microcuento se refiere a varios tipos de comida y restaurantes especializados: las salteñas, una heladería y las empanadas. Según él, podemos inferir que algunas comidas forman una parte importante de su rutina semanal. Por ejemplo, dice de las empanadas "... un domingo sin ellas no es domingo".

En un grupo de tres o cuatro personas, hablen de los restaurantes que ustedes frecuentan durante una semana típica. En su opinión, ¿cuáles de las comidas que sirven son imprescindibles *(indispensable)*? ¿Asocian una comida con un día específico de la semana, como hace el narrador con las empanadas y los domingos? Hagan una lista de sus respuestas y luego compártanla con la clase entera.

© Ildi Papp/ Shutterstock.com

La salteña es la versión boliviana de una empanada. Típicamente las salteñas contienen carne de res, puerco o pollo combinada con papas, guisantes y zanahorias. Algunas salteñas también contienen un huevo duro, una aceituna o unas pasas *(raisins)*. Además de los ingredientes, se diferencian de las empanadas en que están horneadas y no están fritas. En Bolivia también se comen empanadas. Allí las empanadas más típicas son de queso y a veces vienen decoradas con un poco de azúcar en polvo *(powdered sugar)*.

A escribir

Antes de escribir

ESTRATEGIA

Writing—Writing a paragraph

You have learned that a paragraph's topic sentence (**oración temática**) tells the reader its main idea. That sentence is followed by examples and details that illustrate it, as you learned in **Chapter 6**. Think of a paragraph as a separate composition that contains a main idea followed by supporting facts and examples. When you move on to a new idea, you create a new paragraph.

---

1 🔁 1 Trabaja con un(a) compañero(a) de clase. Van a escribir un microcuento en el que describan una experiencia con la comida. Escojan uno de los siguientes temas y piensen en una historia que quieran contar:

1. la primera vez que cociné
2. la primera vez que fui a un restaurante elegante
3. mis experiencias culinarias en un país extranjero

2 🔁 Después de establecer su tema, miren la tabla y complétenla, usando las oraciones modelo como guía.

	Oración temática (que comunica la idea principal del párrafo)	Detalles y ejemplos que ilustran la oración temática
Párrafo 1: Comienzo / fondo *(background)* de la historia (Recuerden que se usa el imperfecto para describir).	*Yo tenía trece años y mi familia era muy grande.*	*Era el menor de seis hijos y a veces me sentía un poco tímido en presencia de mis hermanos mayores…*
Párrafo 2: La acción de la historia (Por lo general se usa el pretérito para relatar la acción de una historia. Se usa el imperfecto para describir las emociones de los participantes y los estados del pasado).	*Un día tuve que preparar la cena para toda mi familia.*	*Estaba nervioso(a) porque no sabía cocinar muy bien y creía que no podía hacerlo. Miraba los libros de recetas…*
Párrafo 3: El fin de la historia y el resultado	*Aunque la cena estaba muy rica, el postre quedó (turned out) crudo.*	*Mis hermanos se rieron, pero no se burlaron de mí (they didn't make fun of me).*

Composición

3 Ahora, escriban su microcuento. Usen palabras y expresiones de la siguiente lista.

Pretérito

de repente *(suddenly)*
por fin *(finally)*
ayer
la semana pasada
el mes / el año pasado
una vez / dos veces, etc.

Imperfecto

generalmente / por lo general
normalmente
todos los días / meses / años
todas las semanas
frecuentemente
típicamente

La primera vez que preparé la cena para mi familia, no quedó muy bien...

Después de escribir

4 Intercambien su borrador con el de otra pareja de estudiantes. Usen la siguiente lista para revisarlo.

- ¿Tiene su historia toda la información necesaria?
- ¿Es interesante?
- ¿Usaron bien las formas del pretérito? ¿Y las del imperfecto?
- ¿Usaron pronombres de objeto directo e indirecto para eliminar la repetición?
- ¿Hay errores de puntuación o de ortografía?

¡Vívelo!

Vas a hablar de tu comida favorita y cómo te gusta prepararla. Luego, en grupo, vas a participar en una competición de cocina.

Antes de clase

Paso 1 Piensa en todo lo que te gusta comer. Escribe una lista de las cinco comidas (o ingredientes, si cocinas) que comes o usas con más frecuencia.

Paso 2 Mira tu lista y escoge una comida o un ingrediente que se pueda usar para preparar otros platos. Escribe una descripción para explicar por qué te gusta esa comida y cómo te gusta prepararla.

MODELO   *A mí me gustan mucho los aguacates. Los como crudos con un poco de tomate, ajo, jugo de lima y sal. Para prepararlos según mi manera preferida, se pela el aguacate con un cuchillo pequeño y se pica. Después, se pica un diente de ajo y un tomate. Se saca el jugo de una lima y se mezcla todo en un plato hondo con un poco de sal. Es como el guacamole, pero más firme. Lo como solo o a veces lo pongo encima de pan tostado. ¡Es delicioso!*

© Katya Palladina / Stockimo / Alamy

Durante la clase ⚙

Paso 1 Trabaja en grupo con tres o cuatro de tus compañeros. Cada persona debe compartir su descripción de la comida o ingrediente que escogió.

Paso 2 Todos los grupos van a participar en una competición de cocina como la del programa de televisión *MasterChef*. En esa competición, diferentes equipos compiten para preparar un plato con una mezcla de ingredientes designados por los jueces. Juntos, miren las descripciones de comidas e ingredientes que trajeron a la clase y escojan cuatro para dar a otro grupo como lista de ingredientes obligatorios.

Paso 3 Miren la lista de ingredientes que les dio el otro grupo. Juntos(as), hablen del plato que pueden preparar con esos ingredientes. Solo pueden usar esos cuatro ingredientes y los de la siguiente lista.

aceite de oliva	cebolla	mantequilla	sal
ajo	harina	mostaza	vinagre
azúcar	huevos	pimienta	

¿Qué tipo de plato van a preparar? ¿Es una sopa, una ensalada, un sándwich, una pizza, una bebida o un plato principal? ¿Cómo lo van a preparar? ¿Crudo, frito, hervido, a la parrilla, al horno, al vapor? Incluyan tantos detalles como puedan.

Paso 4 Pónganse de acuerdo y luego trabajen juntos(as) para escribir una receta.

Paso 5 Compartan su receta con la clase entera, que va a votar por el plato más apetitoso. ¿Quién ganó la competición?

Fuera de clase

Paso 1 Júntate con tu grupo fuera de clase para preparar el plato que inventaron.

Paso 2 Saquen fotos de la preparación del plato y del resultado final.

© Ildi Papp/ Shutterstock.com

¡Compártelo!

Pongan las fotos de su plato en el foro en línea de *Nexos* y después miren las fotos de los otros grupos y coméntenlas. Si pueden, traigan su plato a la próxima clase para compartir con todos sus compañeros. ¡Buen provecho!

© Sailorr/ Shutterstock.com

Vocabulario

En el restaurante *At the restaurant*

el menú *menu*

El desayuno *Breakfast*

el cereal *cereal*

los huevos estrellados *eggs sunnyside up*

los huevos revueltos *scrambled eggs*

el pan tostado *toast*

El almuerzo *Lunch*

Las ensaladas *Salads*

la ensalada de fruta *fruit salad*

la ensalada de lechuga y tomate *lettuce and tomato salad*

la ensalada de papas *potato salad*

la ensalada mixta *mixed salad*

Las sopas *Soups*

el caldo de pollo *chicken soup*

el gazpacho *cold, tomato-based soup (Spain)*

la sopa de fideos *noodle soup*

Los sándwiches (los bocadillos) *Sandwiches*

con papas fritas *with French fries*

la hamburguesa *hamburger*

la hamburguesa con queso *cheeseburger*

el perro caliente *hot dog*

el sándwich de jamón y queso con aguacate *ham and cheese sandwich with avocado*

Los platos principales *Main dishes*

Las carnes *Meats*

el arroz con pollo *chicken with rice*

el bistec *steak*

la chuleta de puerco *pork chop*

el guisado *beef stew*

el lomo de res *prime rib*

el pollo asado *roasted chicken*

el pollo frito *fried chicken*

Los mariscos *Shellfish*

las almejas *clams*

los camarones *shrimp*

la langosta *lobster*

Los pescados *Fish*

el atún *tuna*

el bacalao *cod*

el salmón *salmon*

la trucha *trout*

A la carta *À la carte*

Los vegetales *Vegetables*

el bróculi *broccoli*

los espárragos *asparagus*

los frijoles (refritos) *(refried) beans*

los guisantes *peas*

las habichuelas *green beans*

las zanahorias *carrots*

Los postres *Desserts*

el flan *custard*

la galleta *cookie*

el helado de vainilla / chocolate *vanilla / chocolate ice cream*

el pastel *cake*

Las frutas *Fruit*

las fresas *strawberries*

la manzana *apple*

el melón *melon*

la naranja *orange*

el plátano *banana*

las uvas *grapes*

Las bebidas y los refrescos *Beverages*

el agua mineral *mineral water*

el café *coffee*

la cerveza *beer*

el jugo de fruta *fruit juice*

la leche *milk*

la limonada *lemonade*

el té / té helado *hot / iced tea*

el vino blanco / tinto *white / red wine*

Cómo ordenar y pagar *How to order and pay*

Camarero(a), ¿me puede traer el menú? *Waiter (Waitress), could you please bring me the menu?*

Soy vegetariano(a) estricto(a). *I'm a vegan.*

¿Me puede recomendar algo ligero / algo fuerte / algo vegetariano / algo vegano / la especialidad de la casa? *Can you recommend something light / something filling / something vegetarian / something vegan / the house specialty?*

Para plato principal, voy a pedir... *For the main course, I would like to order . . .*

Para tomar, quiero... *To drink, I want. . .*

De postre, voy a pedir... *For dessert, I would like to order . . .*

¿Me puede traer la cuenta, por favor? *Can you bring me the check, please?*

¿Cuánto debo dejar de propina? *How much should I leave as a tip?*

Las recetas *Recipes*

Los ingredientes *Ingredients*
el aceite de oliva *olive oil*
el ajo *garlic*
el azúcar *sugar*
la cebolla *onion*
el comino *cumin*
la harina *flour*
la mantequilla *butter*
la mayonesa *mayonnaise*
la mostaza *mustard*
la sal y la pimienta *salt and pepper*
el vinagre *vinegar*

Las medidas *Measurements*
la cucharada *tablespoonful*
la cucharadita *teaspoonful*
la docena *dozen*
el galón *gallon*
el kilo *kilo*
la libra *pound*
el litro *liter*
medio kilo *half a kilo*
el paquete *package*
el pedazo *piece, slice*
el trozo *chunk, piece*

La preparación *Cooking preparation*
a fuego suave / lento *at low heat*
al gusto *to taste*
al hilo *stringed*
al horno *roasted (in the oven)*
a la parrilla *grilled*
al vapor *steamed*
congelado(a) *frozen*
crudo(a) *raw*
dorado(a) *golden; browned*
fresco(a) *fresh*
frito(a) *fried*
hervido(a) *boiled*
molido(a) *crushed, ground*
picante *spicy*

agregar *to add*
añadir *to add*
calentar (ie) *to heat*
cocer (ue) *to cook*
enfriarse *to get cold*
freír (i, i) *to fry*
hervir (ie, i) *to boil*
mezclar *to mix*
pelar *to peel*
picar *to chop, mince*
unir *to mix together, incorporate*

La mesa *The table*

Cómo poner la mesa *Setting the table*
la copa *wine glass*
la cuchara *spoon*
el cuchillo *knife*
el mantel *tablecloth*
el plato *plate*

el plato hondo *bowl*
la servilleta *napkin*
la taza *cup*
el tenedor *fork*
el vaso *glass*

Otras palabras y expresiones *Other words and expressions*

Expresiones para usar con el imperfecto
  Expressions to use with the imperfect
frecuentemente *frequently*
generalmente / por lo general *generally*
normalmente *normally*
típicamente *typically*
todas las semanas *every week*
todos los días / meses / años *every day / month / year*

Expresiones para usar con el pretérito
  Expressions to use with the preterite
ayer *yesterday*
de repente *suddenly*
el mes / el año pasado *last month / year*
por fin *finally*
la semana pasada *last week*
una vez / dos veces, etc. *once, twice, etc.*

Repaso y preparación

Repaso del Capítulo 9

Complete these activities to check your understanding of the new grammar points in **Chapter 9** before you move on to **Chapter 10**.

The answers to the activities in this section can be found in **Appendix B**.

The imperfect tense (p. 334)

1 Di qué hacía cada persona.

1. la señora Muñoz / preparar unas galletas
2. yo / freír un huevo
3. nosotros / pelar zanahorias para una ensalada
4. Manolito / poner la mesa
5. Sarita y Carmela / picar cebollas para una sopa
6. tú / hervir agua para preparar el té

Choosing between the preterite and the imperfect (p. 337)

2 Escribe la forma correcta (pretérito o imperfecto) de cada verbo para completar la oración.

(1) _____ (Ser) las tres de la tarde y yo (2) _____ (querer) tomar un café en la cafetería. Cuando (3) _____ (llegar) allí, (4) _____ (ver) a mi amiga Lucía. Ella (5) _____ (estar) muy cansada y (6) _____ (tener) ganas de descansar un rato en la cafetería. Yo (7) _____ (sentarse) en su mesa y nosotros (8) _____ (empezar) a hablar. Mientras (9) _____ (hablar), ella me (10) _____ (decir) que teníamos examen mañana en la clase de cálculo. "¡No me digas!", (11) _____ (exclamar) yo. "No lo (12) _____ (saber). ¡Tengo que estudiar!" (13) _____ (Despedirme) de ella y (14) _____ (salir) corriendo. (15) _____ (Estar) muy nervioso por el examen y (16) _____ (querer) pasar todo el día estudiando.

Double object pronouns (p. 341)

3 Usa cada ilustración y las palabras indicadas para formar mandatos informales afirmativos y negativos, según la situación. Sigue los modelos.

MODELOS comprar (me)
Cómpramela.

dar (les)
No se la des.

1. abrir (nos)
2. cocer (le)
3. traer (me)
4. calentar (les)
5. pasar (nos)
6. preparar (le)

The uses of **se** (p. 345)

4 Completa las oraciones con la forma correcta de los verbos indicados.

1. Se _____(comer) bien en esa taquería.
2. Se _____(vender) tacos riquísimos.
3. Se _____(hablar) español e inglés.
4. Se _____(servir) la cena hasta las diez.
5. Se _____(cerrar) entre las tres y las cinco.
6. Se _____(dormir) bien en este hotel.

Preparación para el Capítulo 10

Review of present indicative **yo** forms (pp. 22, 28, 56, 102, 110, 144, and 180)

5 Completa las oraciones con las formas correctas de **yo** de los verbos indicados.

1. _____(comer) allí todos los días.
2. _____(salir) para el restaurante.
3. _____(ir) a tomar un café.
4. _____(ser) cocinero.
5. _____(tener) el pastel.
6. _____(estar) en la cafetería.
7. _____(preparar) un sándwich.
8. _____(hacer) una recomendación.
9. _____(conocer) a un chef famoso.
10. _____(saber) cómo hacer el flan.
11. _____(decir) que está buenísimo.
12. _____(escribir) la receta para ellos.
13. _____(poner) la mesa.
14. _____(traer) la sal y la pimienta.

Commands with **usted** and **ustedes** (p. 218)

6 Escribe el mandato correcto.

1. ¡No _____(comer) ustedes eso, por favor!
2. _____(venir) usted aquí.
3. No _____(ir) ustedes a ese café.
4. _____(pedir) usted la tortilla. ¡Es rica!
5. _____(hacer) ustedes sus compras allí.
6. No _____(comprar) usted esa carne.

Simple possessive adjectives (p. 106)

7 Escribe el adjetivo posesivo correcto para cada cosa indicada.

1. _____servilleta (yo)
2. _____galletas (tú)
3. _____pan (nosotros)
4. _____uvas (ellos)
5. _____vasos (usted)
6. _____mantel (ella)
7. _____platos (ustedes)
8. _____menú (él)
9. _____tazas (nosotros)
10. _____cuchillos (tú)

Complete these activities to review some previously learned grammatical structures that will be helpful when you learn the new grammar in **Chapter 10**.

Be sure to reread **Chapter 9: Gramática útil 1** before moving on to the new **Chapter 10** grammar sections.

The answers to the activities in this section can be found in **Appendix B**.

¿Dónde vives?

© Wolfgang Kaehler /Getty Images

LOS SITIOS

Los lugares y los ambientes de nuestra infancia juegan un papel muy importante en nuestras vidas.

¿Qué recuerdos tienes del sitio donde te criaste *(you were raised)*? ¿Cómo era?

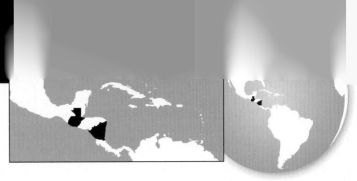

Un viaje por Guatemala y Nicaragua

Guatemala y Nicaragua son países centroamericanos. Nicaragua es el país más grande de Centroamérica. Los dos países tienen costa en el Atlántico y el Pacífico, pero la costa atlántica de Guatemala es muy pequeña. Guatemala es más montañosa que Nicaragua.

País / Área	Tamaño y fronteras	Sitios de interés
Guatemala 108.430 km²	un poco más pequeña que Tennessee; fronteras con Belice, El Salvador, Honduras y México	el lago Atitlán, la ciudad de Antigua, las ruinas mayas de Tikal, la Reserva de la Biosfera de la Sierra de las Minas con su bosque nuboso *(cloud forest)*
Nicaragua 120.254 km²	un poco más pequeña que Nueva York; fronteras con Costa Rica y Honduras	el Lago de Nicaragua y sus tiburones *(sharks)*, Bluefields y la Costa de los Mosquitos, la catedral de Santo Domingo en Managua, muchos volcanes (incluso el más alto, San Cristóbal)

¿Qué sabes? Di si las siguientes oraciones son ciertas **(C)** o falsas **(F)**.

1. Hay muchos volcanes en Nicaragua, pero Guatemala es más montañosa.
2. Guatemala es más pequeña que el estado de Nueva York.
3. Hay ruinas mayas en Nicaragua.
4. Los tiburones en Nicaragua están en el lago de Bluefields.

Lo que sé y lo que quiero aprender Completa la tabla del **Apéndice A**. Escribe algunos datos que **ya sabes** sobre estos países en la columna **Lo que sé**. Después, añade algunos temas que **quieres aprender** a la columna **Lo que quiero aprender**. Guarda la tabla para usarla otra vez en la sección **¡Explora y exprésate!** en la página 391.

COMMUNICATION

By the end of this chapter you will be able to

- talk about your childhood
- describe homes and their furnishings
- talk about household tasks
- indicate numerical order
- express possession
- talk about the duration of past and present events
- say what people want others to do

CULTURES

By the end of this chapter you will have explored

- facts about Guatemala and Nicaragua
- ancient and modern sites in Guatemala and Nicaragua
- a unique recycling program in Guatemala
- Alter Eco: *green* furniture and home decor
- some Hispanic proverbs
- The poems "Dos canciones de amor para el otoño," José Coronel Urtecho; "Amo, amas," Rubén Darío

365

¡Imagínate!

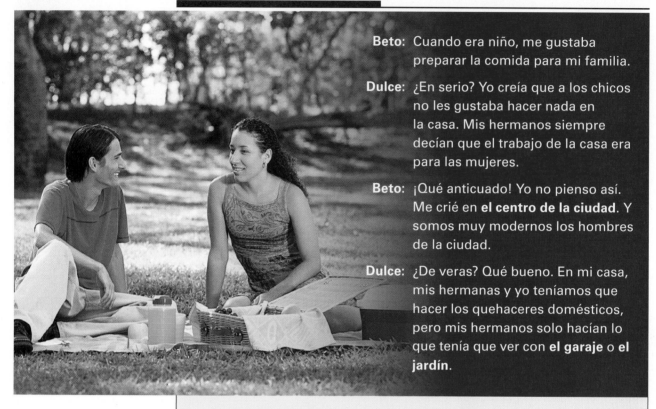

Beto: Cuando era niño, me gustaba preparar la comida para mi familia.

Dulce: ¿En serio? Yo creía que a los chicos no les gustaba hacer nada en la casa. Mis hermanos siempre decían que el trabajo de la casa era para las mujeres.

Beto: ¡Qué anticuado! Yo no pienso así. Me crié en **el centro de la ciudad**. Y somos muy modernos los hombres de la ciudad.

Dulce: ¿De veras? Qué bueno. En mi casa, mis hermanas y yo teníamos que hacer los quehaceres domésticos, pero mis hermanos solo hacían lo que tenía que ver con **el garaje** o **el jardín**.

Áreas de la ciudad *Parts of the city*

las afueras *the outskirts*
el apartamento *apartment*
el barrio *neighborhood*
... comercial *business district*
... residencial *residential neighborhood*

el centro de la ciudad *downtown*
los suburbios *suburbs*
los vecinos *neighbors*

La casa *The house*

el garaje *garage*
el jardín *garden, yard*
la lavandería *laundry room*

el pasillo *hallway*
el patio *patio*
el sótano *basement, cellar*

Números ordinales *Ordinal numbers*

primer(o) *first*
segundo *second*
tercer(o) *third*
cuarto *fourth*
quinto *fifth*

sexto *sixth*
séptimo *seventh*
octavo *eighth*
noveno *ninth*
décimo *tenth*

Ordinal numbers must agree in gender with the nouns they modify: **el segundo piso, la tercera oficina**. They are usually used in front of the noun. **Primero** and **tercero** shorten to **primer** and **tercer** when used before a masculine singular noun: **primer piso, tercer dormitorio** (but **primera casa, tercera ciudad**).

Ordinal numbers can be used without nouns when it is clear what they are referring to: **Mi casa es la cuarta de la calle**. **Primero** and **tercero** are not shortened when used without a noun: **Este piso es el tercero**, pero vamos al primero.

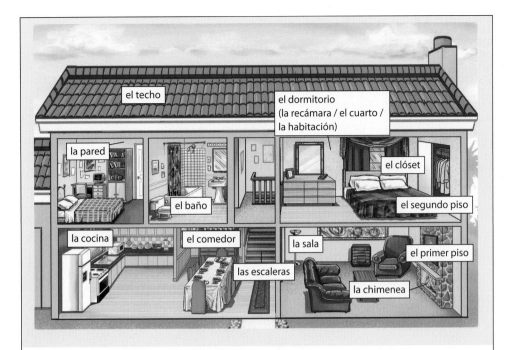

el techo

el dormitorio
(la recámara / el cuarto /
la habitación)

la pared

el clóset

el baño

el segundo piso

la cocina

el comedor

la sala

el primer piso

las escaleras

la chimenea

In most Spanish-speaking countries, people refer to the ground floor (what we consider the first floor) as **la planta baja**. What we call the second floor is then referred to as **el primer piso**, the third as **el segundo piso**, etc. In Spain, speakers may use the word **planta** instead of **piso** to refer to the floor of a building, because there **piso** also means *apartment*.

ACTIVIDADES

1 🔁 **¿En qué cuarto estás?** Di en qué cuarto o lugar de la casa está tu compañero(a) de clase basándote en lo que él/ella te dice que está haciendo.

MODELO **Compañero(a):** Estoy preparando la comida.
Tú: *Estás en la cocina.*

1. Estoy lavando la ropa.
2. Estoy mirando la tele.
3. Estoy cenando con mi familia.
4. Me estoy lavando los dientes.
5. Estoy subiendo al segundo piso.
6. Estoy cambiándole el aceite al carro.
7. Estoy regando *(watering)* las plantas.
8. Estoy en la computadora.

2 👥 **¿Dónde vives?** En grupos de cuatro, describan el barrio donde viven, qué tipo de casa o apartamento tienen y cómo van desde su casa a la universidad. Añadan todos los detalles personales que quieran. Tus compañeros pueden hacerte preguntas si no les das suficiente información.

MODELO *Yo vivo en un barrio residencial en las afueras de la ciudad. Hay apartamentos y también casas individuales. Vivo en un apartamento en el segundo piso. Vengo a la universidad en carro.*

Al final, informen a otro grupo o a la clase quién vive más lejos de la universidad y cuál es el modo de transporte más común.

If you or any members of your group live on campus, describe the neighborhood where you grew up. Use the present tense.

3 👥 **Mi casa** En grupos de tres, háganse preguntas y describan su casa o apartamento. Averigüen cómo es, cuántos cuartos tiene, si hay jardín y garaje, etc. Pueden describir la casa de su niñez o donde vive su familia ahora.

MODELO **Compañero(a):** *¿Cuántos dormitorios hay en tu casa?*
Tú: *Hay tres dormitorios, dos en el segundo piso y uno en el primero.*

Beto: No me parece justo. Yo **tendía las camas, pasaba la aspiradora, lavaba los platos** igual que mis hermanas.

Dulce: Pues eres único.

Beto: Sí, mi mamá decía que yo era su ayudante preferido.

Barría el piso, sacaba la basura, ponía la mesa, limpiaba los baños, planchaba, sacudía las alfombras...

Dulce: Oye, me estás tomando el pelo, ¿verdad? Yo no conozco a ningún niño tan trabajador.

Los quehaceres domésticos   *Household chores*

Dentro de la casa *Inside the house*

In some countries, native speakers say **tender la cama** instead of **hacer la cama**.

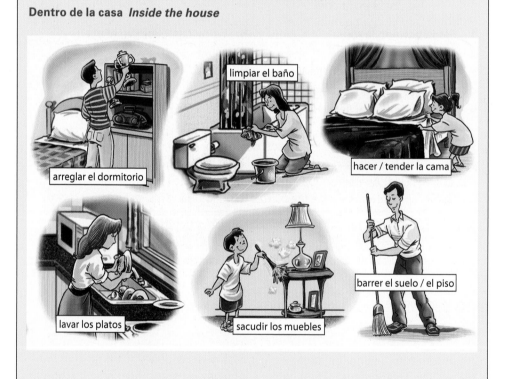

arreglar el dormitorio

limpiar el baño

hacer / tender la cama

lavar los platos

sacudir los muebles

barrer el suelo / el piso

Dentro de la casa *Inside the house*

lavar la ropa

planchar

guardar la ropa

trapear el piso

pasar la aspiradora

poner y quitar la mesa

poner sus juguetes en su lugar

preparar la comida

Fuera de la casa *Outside the house*

darle de comer al perro y al gato

regar (ie) las plantas

sacar la basura

sacar a pasear al perro

cortar el césped

hacer el reciclaje

Los muebles y decoraciones *Furniture and decorations*

el tocador / la cómoda

la alfombra

el cuadro

el sillón

la persiana

la cama

la mesita de noche

la silla

la lámpara

la mesa

el espejo

las cortinas

el sofá

ACTIVIDADES

4 **¿Dónde pongo esto?** Un(a) amigo(a) acaba de mudarse *(has just moved)* a un nuevo apartamento. Tú le vas a ayudar a poner todos sus muebles y decoraciones en su lugar. Pregúntale dónde van ciertas cosas. Él/Ella va a decirte dónde quiere cada cosa.

MODELO **Tú:** *¿Dónde pongo el sillón?*
Compañero(a): *Pon el sillón en la sala, por favor. / Ponlo en la sala, por favor.*

1.

2.

3.

4.

5.

6.

5 **Los quehaceres** Ves que hay problemas en casa. ¿Qué quehaceres le pides a tu hermano(a) que haga? Sigue el modelo.

MODELO   Hay muchos juguetes en el piso.
   ¿Puedes poner los juguetes en su lugar?

1. Es hora de comer.
2. Estamos listos para cenar.
3. Acabamos de llegar del gimnasio y hay mucha ropa sucia *(dirty)*.
4. La cama necesita sábanas limpias *(clean sheets)*.
5. Hay varias botellas plásticas vacías *(empty)* en la cocina.
6. Hay ropa, zapatos y libros por todo el dormitorio.
7. La blusa está arrugada *(wrinkled)*.
8. El césped está demasiado alto.

6 **¿A quién le toca?** En grupos de tres, representen la siguiente situación. Ustedes tres son compañeros(as) de cuarto ¡y su apartamento es un desastre! Decidan quién va a hacer cada quehacer. Pueden negociar si quieren.

MODELO   No hay platos limpios para la cena.
   Compañero(a) 1: *¿Quién va a lavar los platos?*
   Compañero(a) 2: *[Compañero(a) 3] los puede lavar.*
   Compañero(a) 3: *Estás loco(a). Prefiero sacar la basura.*
   Compañero(a) 1: *Bueno, yo los lavo.*

Problema	Nombre / Tarea
No hay platos limpios para la cena.	[Nombre] va a lavar los platos.
El perro tiene mucha hambre.	
Las plantas están secas.	
El suelo de la cocina está sucio *(dirty)*.	
Hay mucho polvo *(dust)* en los muebles.	
Mañana es día de reciclaje.	
Hay varias bolsas de basura.	
El perro tiene que salir.	
La alfombra está sucia.	
El baño es un desastre.	

Beto: Pues, exagero un poco, pero sí me gustaban algunos de los quehaceres.

Dulce: ¿Como cuáles?

Beto: Pues, a ver, me gustaba limpiar **el refrigerador...**

Los electrodomésticos *Appliances*

el abrelatas eléctrico *electric can opener*
la aspiradora *vacuum cleaner*
el congelador *freezer*
la estufa *stove*
la lavadora *washer*
el lavaplatos *dishwasher*
la licuadora *blender*

el microondas *microwave*
la plancha *iron*
el procesador de comida *food processor*
el refrigerador *refrigerator*
la secadora *dryer*
el televisor *television set*
la tostadora *toaster*

Many appliance names have regional variations. For example, you will hear both **refrigerador** and **refrigeradora** in different parts of the Spanish-speaking world.

ACTIVIDADES

7 **¿Qué necesitas?** Identifica el electrodoméstico que necesitas en cada situación.

1. Tienes que lavar ropa esta noche porque no tienes nada que ponerte mañana.
2. Tienes que abrir una lata *(can)* de atún.
3. Tu ropa está muy arrugada *(wrinkled)* porque la acabas de sacar de la maleta.
4. Quieres pan tostado con los huevos revueltos.
5. Tienes ganas de tomar un batido de frutas *(smoothie)*.
6. No tienes mucho tiempo para preparar la cena, así que decides calentar un paquete de comida preparada.
7. Quieres enfriar una botella de vino.
8. Quieres limpiar la alfombra.

8 **La casa nueva** En grupos de tres, representen la siguiente situación a la clase. Pueden preparar un guion si quieren: Tres amigos(as) van a ser compañeros(as) de casa. Tienen que comparar qué tienen y qué necesitan para la casa nueva. La casa tiene tres dormitorios, una sala grande, una cocina y dos baños.

- ¿Qué muebles y electrodomésticos tienen entre los tres?
- ¿Qué necesitan comprar?
- ¿En qué cuartos quieren poner los distintos muebles y electrodomésticos?

¡FÍJATE!

Los refranes en español

Los refranes o dichos *(proverbs)* reflejan las actitudes psicológicas, religiosas, espirituales, prácticas, tradicionales y humorísticas de la cultura originaria. Sin embargo, hay unos refranes universales que se conocen por todo el mundo y no pertenecen *(don't belong)* a una cultura en particular. Un dicho que se oye por todo Estados Unidos, y que probablemente conoces, es **Mi casa es tu casa**. Aquí hay otros refranes que usan como metáfora el hogar, los muebles y los quehaceres.

Si quieres que te vengan a ver, ten la casa sin barrer.
(Expect a surprise visit if the house is a mess.)

Con promesas no se cubre la mesa.
(You can't eat promises!)

El amigo viejo es el mejor espejo.
(An old friend is the best reflection.)

Las paredes oyen.
(The walls have ears.)

PRÁCTICA 👥 En grupos de tres o cuatro personas, hablen de los siguientes temas.

1. ¿Qué actitud refleja cada refrán o dicho?
2. Escriban un refrán de su cultura que use el hogar como metáfora o un refrán que usen frecuentemente con su familia o amigos. Escriban el refrán en su lengua original; tradúzcanlo al español si está en otro idioma.
3. Compartan los refranes más interesantes con la clase.

A ver

Antes de ver Piensa en lo que ya sabes de Beto y Dulce. ¿Cómo es la personalidad de Beto? ¿Cómo es la personalidad de Dulce?

▶ **Ver** Mientras ves el video, presta atención al tono de voz de Beto y Dulce.

Después de ver 1 Lee los siguientes comentarios del video y mira el video otra vez. Si crees que el tono contradice *(contradicts)* el comentario, escribe **C**; si crees que añade más información, marca **A**. Si crees que el tono no afecta el comentario, no escribas nada.

1. _____ Dulce: Hace mucho tiempo que no voy de picnic.
2. _____ Beto: Sí, mi mamá decía que yo era su ayudante preferido.
3. _____ Dulce: ¡Vas a ser un padre excelente!
4. _____ Beto: Mira, prueba estos, los compré en el supermercado.
5. _____ Dulce: ¡Planchabas! ¡Limpiabas los baños! ¡Cocinabas! ¡Súper-Chico!

Después de ver 2 Di si los siguientes comentarios sobre el video son ciertos **(C)** o falsos **(F)**.

1. _____ Beto dice que preparaba la comida para su familia.
2. _____ En la familia de Dulce, los hijos también preparaban la comida.
3. _____ Beto se crió *(was raised)* en el centro de la ciudad y se considera un hombre moderno.
4. _____ En realidad, Beto sí hacía las camas, pasaba la aspiradora y lavaba los platos.
5. _____ Dulce cree que Beto está exagerando.
6. _____ Beto está nervioso y confiesa que no preparó la comida.

Voces de la comunidad

▶ Voces del mundo hispano

En el video de este capítulo, Winnie y Carlos hablan de dónde viven ahora y qué quehaceres hacían de niños. Lee las siguientes oraciones. Después mira el video una o más veces para decir si las oraciones son ciertas **(C)** o falsas **(F)**.

1. Winnie tiene una casa en la Ciudad de Guatemala y vive con su hermana.
2. Carlos vive en un apartamento de dos cuartos.
3. En el cuarto de Winnie hay muchos recortes *(clippings)* de artistas y deportistas.
4. Carlos tiene cuadros de cultura de Nicaragua en las paredes de su habitación.
5. A Carlos le gustaba hacer todos los mandados (quehaceres) de la casa cuando era niño.
6. De niña Winnie compartía los quehaceres con su prima.

> Carlos uses the words **mandados** and **quehaceres** interchangeably. **Mandados** can also be used more specifically to mean *errands*.

🔊 Voces de Estados Unidos

© Bill Lebovich

César y Rafael Pelli, arquitectos

66 Lo que importa es la ciudad. Los edificios son secundarios. Los arquitectos no entienden esto. Creen que su edificio es el más importante en el mundo. Pero un edificio es parte de una ciudad 99 .

El World Financial Center en Nueva York, la Torre de Carnegie Hall y las Torres Gemelas Petronas de Kuala Lumpur (Malasia)… Estos edificios, que figuran entre los más altos del mundo, son algunas de las obras maestras del famoso arquitecto argentino César Pelli. Después de licenciarse *(earned a degree)* en arquitectura en su país natal, Pelli vino a Estados Unidos a seguir sus estudios y luego decidió quedarse. Considerado uno de los arquitectos vivos *(living)* más importantes, ha recibido más de 200 premios por la excelencia en diseño y se han publicado numerosos libros y artículos sobre su obra. Fue decano de la escuela de arquitectura de Yale, ha sido premiado con la medalla de oro del American Institute of Architects (Instituto Estadounidense de Arquitectos) y tiene una de las firmas de arquitectura más solicitadas del mundo (Pelli Clarke Pelli), donde colabora con su hijo, Rafael; él también es un arquitecto de renombre *(renowned)* y ha enseñado arquitectura en la Universidad de Harvard, Parsons The New School of Design en Nueva York y el Instituto de Arquitectura del Sur de California.

> The forms **ha recibido, se han publicado**, and **ha sido premiado** are all forms of the present perfect tense, which you will learn in **Chapter 13**. Their English equivalents are *has received, has published,* and *has been awarded.*

¿Y tú? ¿Te interesa la arquitectura? ¿Hay alguna casa o edificio histórico o único en tu comunidad?

¡Prepárate!

GRAMÁTICA ÚTIL 1

Cuando yo tenga hijos, **quiero que aprendan** a ser responsables desde muy pequeños.

Expressing hopes and wishes: The subjunctive mood

Cómo usarlo

> **Lo básico**
>
> As you know, a *verb tense* is a form of a verb that indicates *when* an action took place, is taking place, or will take place. The present indicative, the present progressive, the preterite, and the imperfect are all *verb tenses*. (The preterite and imperfect are different aspects of the past tense.)
>
> *Mood* refers to a verb form that expresses *attitudes* towards actions and events.

1. Verbs can be used to express *time* (with tenses) and *attitudes* (moods) in both Spanish and English. You have already learned to use the *indicative mood* (to make statements, ask questions, and express objective, factual, or real information) and the *imperative mood* (to give commands).

2. The *subjunctive mood* allows the speaker to express a variety of subjective nuances, such as hopes, wishes, desires, doubts, and opinions. The subjunctive is also used to express unknown or hypothetical situations. Although the subjunctive mood exists in English, it is usually used only in literature or in formal written communication.

3. Like the indicative mood, the subjunctive mood has tenses. The *present subjunctive*, like the present indicative, expresses what happens regularly, what is happening now, and what is about to happen. The difference is that the present subjunctive views these present-tense events through a subjective, emotional, or contrary-to-fact filter.

4. In this chapter, you will focus on forming the present subjunctive correctly and using it to express how people wish to influence the actions of others.

Compare the following sentences that contrast the uses of the present indicative and the present subjunctive.

Present indicative	Present subjunctive
Marilena **visita** a su familia.	Su abuela **quiere que** Marilena **visite** a su familia.
Gonzalo **necesita** el libro de su amigo.	Gonzalo **necesita que** su amigo le **dé** su libro.
Marta no **recomienda** el concierto.	Marta no **recomienda que vayamos** al concierto.

5. Notice that in the sentences on page 376, the subjunctive is used when there is a change of subject; in other words, when someone else wishes another person to take (or not take) some sort of action. This change of subject is signaled by the word **que**. Follow this formula.

Person 1 +	indicative verb +	que +	Person 2 +	subjunctive verb
Adela	quiere	que	Elmer	*venga a la fiesta.*
Adela	*wants*	*(that)*	*Elmer*	*to come (come) to the party.*

Remember that if there is no change of subject in the sentence, the infinitive is used: **Adela quiere invitar a Elmer a la fiesta.**

Note that the subjunctive often translates into English as an infinitive and the word **que** usually isn't translated.

6. Here are some verbs that you can use to express what people wish, need, request, desire, or want others to do (or not to do!). (These are known as verbs of volition.)

aconsejar	*to advise*	**permitir**	*to permit, allow*
desear	*to wish*	**prohibir**	*to forbid*
esperar	*to hope*	**querer (ie)**	*to wish; to want*
insistir en	*to insist*	**recomendar (ie)**	*to recommend*
mandar	*to order*	**requerir (ie, i)**	*to require*
necesitar	*to need*	**sugerir (ie, i)**	*to suggest*
pedir (i, i)	*to ask, request*		

Cómo formarlo

1. To form the subjunctive, take the present indicative **yo** form of the verb, delete the **-o**, and add the following subjunctive endings. Using the **yo** form of the verb makes sure that any irregularities such as stem changes are automatically carried over into the present subjunctive forms.

	hablar	comer	escribir
yo	habl**e**	com**a**	escrib**a**
tú	habl**es**	com**as**	escrib**as**
Ud. / él / ella	habl**e**	com**a**	escrib**a**
nosotros / nosotras	habl**emos**	com**amos**	escrib**amos**
vosotros / vosotras	habl**éis**	com**áis**	escrib**áis**
Uds. / ellos / ellas	habl**en**	com**an**	escrib**an**

Notice the similarity between the subjunctive forms and the **usted / ustedes** command forms, both of which are based on the idea of using "opposite vowel endings."

2. Stem-changing verbs ending in **-ar** and **-er** follow the same stem-changing pattern that they use in the present indicative (that is, all forms reflect a stem change except the **nosotros** and the **vosotros** forms). However, **-ir** stem-changing verbs show a stem change in the **nosotros** and the **vosotros** forms as well.

-ar verb: pensar	p**ie**nse, p**ie**nses, p**ie**nse, pensemos, penséis, p**ie**nsen
-er verb: poder	p**ue**da, p**ue**das, p**ue**da, podamos, podáis, p**ue**dan
-ir verb: pedir	p**i**da, p**i**das, p**i**da, <u>p**i**damos</u>, <u>p**i**dáis</u>, p**i**dan
-ir verb: sugerir	sug**ie**ra, sug**ie**ras, sug**ie**ra, <u>sug**i**ramos</u>, <u>sug**i**ráis</u>, sug**ie**ran

Note that the stem-changing verbs **dormir** and **morir** show an additional **o → u** change in the **nosotros** and **vosotros** forms.

dormir:	**du**erma, **du**ermas, **du**erma, d**u**rmamos, d**u**rmáis, **du**erman
morir:	**mu**era, **mu**eras, **mu**era, m**u**ramos, m**u**ráis, **mu**eran

3. Spelling-change verbs in the preterite (**-car** verbs: **c → qu, -gar** verbs: **g → gu,** and **-zar** verbs: **z → c**) have the same spelling change in all forms of the present subjunctive.

	buscar (c → qu)	llegar (g → gu)	comenzar (z → c)
yo	bus**que**	lle**gue**	comien**ce**
tú	bus**ques**	lle**gues**	comien**ces**
Ud. / él / ella	bus**que**	lle**gue**	comien**ce**
nosotros / nosotras	bus**quemos**	lle**guemos**	comen**cemos**
vosotros / vosotras	bus**quéis**	lle**guéis**	comen**céis**
Uds. / ellos / ellas	bus**quen**	lle**guen**	comien**cen**

4. The following verbs have irregular present subjunctive forms.

	dar	estar	ir	saber	ser
yo	**dé**	**esté**	**vaya**	**sepa**	**sea**
tú	**des**	**estés**	**vayas**	**sepas**	**seas**
Ud. / él / ella	**dé**	**esté**	**vaya**	**sepa**	**sea**
nosotros / nosotras	**demos**	**estemos**	**vayamos**	**sepamos**	**seamos**
vosotros / vosotras	**deis**	**estéis**	**vayáis**	**sepáis**	**seáis**
Uds. / ellos / ellas	**den**	**estén**	**vayan**	**sepan**	**sean**

Dar and **estar** are irregular only because in both cases you remove -**oy** from the **yo** form. **Dar** has accented endings in the first and third person singular forms **dé** to distinguish them from the preposition **de**.

ACTIVIDADES

1 **Compañero de cuarto** Buscas un(a) compañero(a) de cuarto, pero tienes requisitos muy específicos. Di lo que esperas de un(a) compañero(a) de cuarto.

1. No quiero que tú y tus amigos _____ (hacer) ruido después de las once.
2. No quiero que tú _____ (tener) un perro o gato.
3. Espero que tú _____ (preparar) la cena dos o tres veces por semana.
4. Recomiendo que tú y yo _____ (limpiar) el baño una vez por semana.
5. No quiero que tú _____ (invitar) a amigos a quedarse sin consultarme.
6. Sugiero que nosotros _____ (pagar) el alquiler a tiempo.
7. Espero que tú _____ (lavar) los platos la misma noche que los usas.
8. Quiero que nosotros(as) _____ (ser) buenos(as) amigos(as).

2 🔊 **Abuelita quiere que...** Miguelín, Andrea y Arturo son hermanos. Están de visita en casa de su abuelita. Ella quiere que ellos la ayuden con algunos de los quehaceres. Escucha los mandatos que les da a los niños. Completa las siguientes oraciones según el modelo.

MODELO **Escuchas:** Miguelín, por favor, dale de comer al gato.
Escribes: Abuelita quiere que Miguelín *le dé de comer al gato*.

1. Insiste en que Arturo y Andrea _____.
2. Necesita que alguien _____.
3. Espera que los niños _____.
4. Sugiere que los niños _____.
5. Le pide a Andrea que _____.
6. Quiere que todos _____.

3 🔁 **¡Quiero que limpies tu cuarto!** Tu compañero(a) de cuarto te está volviendo loco(a) porque no hace sus quehaceres y esto te molesta. Dile lo que quieres que haga y lo que no quieres que haga. Luego, tu compañero(a) te va a decir a ti lo que él/ella quiere o no quiere que tú hagas.

MODELO **Tú:** *Quiero que pongas los platos en el lavaplatos después de comer.*
Compañero(a): *Pues, insisto en que no dejes tu ropa en la secadora después de usarla.*

Posibles quehaceres: sacudir los muebles, hacer la cama, hacer el reciclaje, sacar la basura, cortar el césped, poner la mesa, pasar la aspiradora, barrer el piso

© Justin Horrocks/iStock

4 **Sugerencias** Acabas de conocer a Daniel, un nuevo estudiante de Nicaragua que sabe muy poco de la universidad. Basándote en tu experiencia, hazle seis sugerencias a Daniel sobre los estudios, la vida universitaria, la vida social, dónde vivir, etc. Trata de usar algunos de los siguientes verbos: **aconsejar, desear, esperar, insistir en, mandar, necesitar, pedir, permitir, prohibir, querer, recomendar, requerir, sugerir.**

MODELO *Sugiero que no vivas en un apartamento porque es más fácil conocer a otros estudiantes si vives en la residencia. Recomiendo que comas en... y que vayas a...*

21ST CENTURY SKILLS
Flexibility & Adaptability:
Living abroad helps develop flexibility and adaptability because you have to learn new patterns and be open to different ways of doing things. There are data from the private sector that suggest that those who live abroad are more employable and subsequently promoted more quickly because they are more adaptable. Adapting to change is ranked as one of the most important 21st Century Skills in the workplace.

¿Conoces a alguien como el esposo, que siempre necesita que otros hagan todo por él o ella? ¿Qué cosas pide?

Expresión En grupos de tres o cuatro estudiantes, imaginen la situación al revés: la mujer es la que necesita que su esposo haga varias cosas. Vuelvan a escribir *(Rewrite)* la tira cómica desde esta nueva perspectiva.

GRAMÁTICA ÚTIL 2

Emphasizing ownership: Stressed possessives

Cómo usarlo

1. You have already learned how to express possession in Spanish using possessive adjectives and phrases with **de**.

Es **tu** habitación.	*It's **your** bedroom.*
Es la habitación **de Nati**.	*It's **Nati's** bedroom.*

2. When you wish to emphasize, contrast, or clarify who owns something, you can also use stressed possessives.

Stressed possessives		Unstressed possessive	
Es la casa **mía**.	*It's **my** house.*	Es **mi** casa.	*It's **my** house.*
¡La casa es **mía**!	*The house is **mine**!*		
La casa es **mía**, no **suya**.	*The house is **mine**, not **yours / his / hers**.*		

3. Stressed possessives must agree in number and gender with the noun they modify: **el libro mío, la calculadora mía, los platos míos, las mochilas mías**.

4. Stressed possessives may be used as adjectives with a noun, in which case they follow the noun: **Es el coche <u>mío</u>**. If it's clear what is being referred to, the noun may be dropped: **—¿De quién es el coche? —Es <u>mío</u>**.

5. Stressed possessives can also be used as pronouns that replace the noun. Notice that the article is maintained: **Le gusta <u>el coche mío</u>. Le gusta <u>el mío</u>**.

Cómo formarlo

Here are the stressed possessive forms in Spanish.

	Singular	Plural	
yo	**mío, mía**	**míos, mías**	*my, mine*
tú	**tuyo, tuya**	**tuyos, tuyas**	*your, yours*
Ud. / él / ella	**suyo, suya**	**suyos, suyas**	*your, yours, his, her, hers, its*
nosotros / nosotras	**nuestro, nuestra**	**nuestros, nuestras**	*our, ours*
vosotros / vosotras	**vuestro, vuestra**	**vuestros, vuestras**	*your, yours*
Uds. / ellos / ellas	**suyo, suya**	**suyos, suyas**	*your, yours, their, theirs*

English uses inflection and vocal stress to emphasize something: *These are <u>my</u> books*. In Spanish, inflection and vocal stress are not used the way they are in English. Instead, stressed possessive forms play this role. For example, if you want to emphasize ownership in Spanish, you would say **Estos libros son <u>míos</u>**, but never **Estos son mis (with stress) libros**.

5 **Organizando la casa** Sigue el modelo para decir qué pertenece *(belongs)* a cada persona indicada.

MODELO él
Es suya.

1. usted

2. ellos

3. yo

4. nosotros

5. tú

6 🔊 **María, Elena y yo** Un amigo quiere saber de quién son ciertos muebles y decoraciones. Contesta sus preguntas según el modelo.

MODELO **Ves:** yo
Escuchas: ¿De quién es esta lámpara?
Escribes: *Es mía.*

1. María
2. Elena
3. tú
4. Elena
5. María
6. yo

7 **La fiesta** Después de la fiesta, el anfitrión *(host)* encuentra algunas cosas de los invitados. Contesta sus preguntas con **no**, según el modelo.

MODELO **Anfitrión:** ¿Es este el impermeable de Martín? (gris)
Tú: *No, no es suyo. El suyo es gris.*

1. ¿Es este tu abrigo? (negro)
2. ¿Es esta la bufanda de María? (azul)
3. ¿Son estos los guantes de Miguel? (de piel)
4. ¿Son estas las botas de ustedes? (de otra marca)
5. ¿Son estas las bolsas de Ana y Adela? (verdes)

8 🔗 **¿De quién es?** En grupos de cuatro, hagan lo siguiente.

1. Cada persona escribe una descripción corta de su posesión favorita en un trocito de papel *(slip of paper)*.
2. Trabajen con otro grupo para intercambiar los trocitos de papel. Túrnense para elegir un trocito del otro grupo y tratar de adivinar de quién es.

MODELO mi chaqueta de cuero negro, estilo motocicleta
Tú: *Sean, ¿es tuya?*
Compañero(a): *Sí, es mía.* O: *No, no es mía.*

Expressing ongoing events and duration of time: Hace / Hacía with time expressions

Cómo usarlo

1. Hace and **hacía** are used to talk about ongoing actions and their duration. They can also be used to say how long it has been since someone has done something or since something has occurred. Look carefully at the following formulas and model sentences.

- To express *an action that has been occurring over a period of time and is still going on*

> **hace** + period of time + **que** + present indicative

Hace tres años que vivimos en este barrio.	***We've been living*** in this neighborhood ***for three years***.

- To say *how long it has been since you have done something*

> **hace** + period of time + **que** + **no** + present indicative

Hace seis meses que no salimos de la ciudad.	***We haven't left*** the city ***in six months***.

- To express *how long ago an event took place*

> preterite + **hace** + period of time

Vine aquí **hace tres años**.	***I came*** here ***three years ago***.

- To say *how long an action had been going on in the past* before another more recent past event

> **hacía** + period of time + **que** + imperfect

Cuando nos mudamos a esta nueva casa, **hacía cinco años que vivíamos** en ese apartamento.	*When we moved to this new house, **we had been living** in that apartment **for five years**.*

2. Use the following formulas to ask *questions* with **hace** and **hacía**.

- To ask *how long an action or event has been going on* (**hace** + present indicative)

¿Cuánto tiempo hace que vives aquí?	*How long have you been living here?*

- To ask *how long it has been since an action or event last occurred* (**hace** + **no** + present)

¿Cuánto tiempo hace que no hablas con tus abuelos?	*How long has it been since you spoke to your grandparents?*

Hace mucho tiempo que no voy de picnic.

You can also say **Hace tres años que vine aquí.** Notice that **que** precedes the verb in this case.

Notice that in all these examples only the forms **hace** and **hacía** are used.

- To ask *how long ago an action took place* (**hace** + preterite)

¿Cuánto tiempo hace que hablaste con tus abuelos?	***How long ago did you speak** to your grandparents?*

- To ask *how long an action or event had been going on in the past* (**hacía** + imperfect)

¿Cuánto tiempo hacía que no podías ir a las clases cuando decidiste ir al médico?	***How long had you not been able** to go to classes when you decided to go to the doctor?*

ACTIVIDADES

9 **¡Odio los quehaceres!** Odias los quehaceres. Di cuánto tiempo hace que no haces ciertos quehaceres en tu casa.

MODELO ... no pasar la aspiradora (dos meses)
Hace dos meses que no paso la aspiradora.

1. .... no limpiar el baño (tres semanas)
2. ... no preparar la comida en casa (una semana)
3. ... no cortar el césped (seis semanas)
4. ... no trabajar en el jardín (un mes)
5. ... no lavar el auto (tres meses)
6. ... no arreglar el sótano (dos años)
7. ... no trapear el piso (un mes)

10 **Hacía cinco años que...** Manuel y su familia se mudaron de Guatemala a Estados Unidos hace muchos años. Manuel recuerda cuando él se graduó del colegio. ¿Qué dice?

MODELO nosotros / vivir en Estados Unidos (5)
Cuando me gradué del colegio, hacía cinco años que vivíamos en Estados Unidos.

1. yo / estudiar inglés (10)
2. mamá / tomar clases de computación (3)
3. mi novia y yo / conocerse (1)
4. nosotros / alquilar nuestra casa (2)

11 ↻ **¿Y tú?** Túrnense para preguntarle a un(a) compañero(a) cuánto tiempo hace que él/ella no hace los quehaceres de la **Actividad 9**.

MODELO **Tú:** *¿Cuánto tiempo hace que no pasas la aspiradora?*
Compañero(a): *Hace dos semanas que no paso la aspiradora.*

12 ↻ **¿Cuánto tiempo hace?** Túrnense para preguntarle a un(a) compañero(a) cuánto tiempo hace que participó en ciertas actividades. Pueden usar ideas de la lista o pueden inventar sus propias preguntas.

Ideas: no hablar con tus abuelos, no llamar a tus padres, no tomar vacaciones, no comprar ropa nueva, no ir al médico / dentista, ¿...?

MODELO **Tú:** *¿Cuánto tiempo hace que no vas al dentista?*
Compañero(a): *Fui al dentista hace un mes.*

GRAMÁTICA ÚTIL 4

Expressing yourself correctly: Choosing between **por** and **para**

Cómo usarlo

1. You have already learned some expressions that use the prepositions **por (por favor, por lo general)** and **para** (**Para plato principal, voy a pedir…**).

2. **Por** and **para** are often translated with the same words in English, but they are not used interchangeably in Spanish. Here are some guidelines to help you use them correctly.

por dentro la belleza y elegancia de las maderas nobles naturales de roble o sapelly barnizadas.

por fuera el acabado y la dureza del aluminio lacado al fuego.

Can you figure out why **por** is used in this ad and not **para**?

Use **por**…	
to describe the *method by which an action is carried out*.	Viajamos **por** avión.
	Hablamos **por** teléfono.
	Nos comunicamos **por** Internet.
to give a *cause or reason*.	Miguel está preocupado **por** su salud.
	Elena está nerviosa **por** el examen.
to give a *time of day*.	Vamos al café **por** la tarde.
	Por las noches, comemos en casa.
to describe *motion through or around* a place.	Pasamos **por** la playa todas las mañanas.
	Vas **por** el centro de la ciudad y luego doblas a la izquierda.
to express the idea of an *exchange*.	Pagué doce dólares **por** el espejo.
	¡Gracias **por** todo!
to say that something was done on *behalf of someone else*.	Lo hice **por** mi hermano porque estaba enfermo.
	Puedo hablar **por** ellos.
to express *units of measurement*.	Venden las naranjas **por** kilo.
	Venden la sal **por** gramos.
to express *duration of time*.	Estuvimos en el restaurante **por** dos horas.
	Fuimos a Bolivia **por** tres semanas.
in certain *fixed expressions*.	**por ejemplo** *(for example)*
	por eso *(so, that's why)*
	por favor *(please)*
	por fin *(finally)*
	por lo menos *(at least)*
	por supuesto *(of course)*

21ST CENTURY SKILLS

Skills map:

The concept of **por** and **para** may challenge your flexibility as a learner of Spanish. The linguistic constructs of **por** and **para** do not neatly correspond to separate English words. Remember that best language learners will adapt to different language structures and shades of meaning. You may ask yourself: *Why do they do it that way in Spanish?* There is likely no logical answer to that question other than that is the way the language developed historically.

Use **para...**	
to indicate *destination*.	Salimos **para** un parque en las afueras y nos perdimos.
to indicate a *recipient* of an object or action.	El cuadro es **para** Angélica. Limpié la casa **para** mis padres.
to indicate a *deadline or specific time in the future*.	Hicimos reservaciones en el restaurante **para** la próxima semana. Tengo que escribir un informe **para** la próxima semana.
to express *intent or purpose*.	Estas lámparas son **para** la sala. Vinieron temprano **para** limpiar la casa.
to indicate an *employer*.	Trabajo **para** la universidad.
to make a *comparison* or state an *opinion*	**Para** estudiante, tiene mucho dinero. **Para** mí, la sopa de ajo es la mejor de todas.

3. To aid your understanding of these two prepositions, here are some ways they are translated into English.

Por	Para
(in exchange) for	*for* (deadline)
during, in	*toward, in the direction of*
through, along	*for* (recipient or purpose)
on behalf of	*in order to* + verb
for (duration of an event)	*for . . .* (in comparison with others)
by (transportation)	*for* (employer)

ACTIVIDADES

13 **¡Vamos a Nicaragua!** Ernesto va a viajar a Nicaragua con su familia. Completa su descripción con **por** o **para** para saber más sobre su viaje.

1. Vamos a ir a Nicaragua _____ las vacaciones.
2. Vamos principalmente _____ visitar a mis tíos.
3. Hicimos las reservaciones _____ Internet.
4. Pagamos muy poco _____ los boletos.
5. Mi tío trabaja _____ una compañía de telecomunicaciones en Nicaragua.
6. Nos vamos a quedar en Managua _____ un mes.
7. Queremos viajar _____ todo el país.
8. _____ mí, va a ser una experiencia inolvidable.

14  **Preguntas personales** Túrnense para hacer y contestar las siguientes preguntas.

1. ¿Qué objetos necesitas para tu cuarto, apartamento o casa? ¿Por qué? ¿Para qué se usan?

2. ¿A qué hora normalmente regresas a tu cuarto, apartamento o casa? ¿Por la tarde? ¿Por la noche?

3. Piensa en cuatro de tus posesiones favoritas. ¿Recuerdas cuánto pagaste por cada una?

4. Para ti, ¿cuál es la cosa más importante que necesitas cuando buscas un apartamento o casa? ¿Por qué?

5. ¿Qué quehaceres domésticos necesitas hacer? ¿Para cuándo debes hacerlos?

6. Si tienes compañero(a) de cuarto, ¿qué haces para ayudarlo/la? ¿Qué hace él/ella para ayudarte a ti?

7. Durante un día normal, ¿por cuántas horas estás en tu cuarto, apartamento o casa?

15 **¿Por o para?** Vas a hacerle cinco preguntas a tu compañero(a). Usa elementos de las cuatro columnas para formar las preguntas. Luego, él/ella te va a hacer cinco preguntas a ti. Sé creativo(a) con tus preguntas y sincero(a) con tus respuestas.

MODELOS   *¿Te gusta hacer compras por Internet?*
Cuando haces reservaciones, ¿prefieres hacerlas por Internet o por teléfono?
Cuando termines la universidad, ¿quieres trabajar para una compañía internacional o nacional?

Columna A	Columna B	Columna C	Columna D
¿Te gusta...?	hacer compras	por	Internet o en persona
¿Vas a...?	hacer reservaciones	para	un restaurante, el cine, etc.
¿Quieres...?	esperar a un amigo		media hora, una hora, dos horas, etc.
¿...?	viajar		avión (autobús, tren, etc.)
	comprar un regalo		[nombre de persona]
	trabajar		una compañía (de..., multinacional, etc.)
	comunicarte		teléfono (correo electrónico, mensaje de texto, etc.)
	¿...?		¿...?

¡Explora y exprésate!

Guatemala

▶ Información general

Nombre oficial: República de Guatemala

Población: 16.051.208

Capital: Guatemala (f. 1775) (2.149.107 hab.)

Otras ciudades importantes: Mixco (688.000 hab.), Villa Nueva (710.218 hab.)

Moneda: quetzal

Idiomas: español (oficial), lenguas mayas y otras lenguas amerindias

Consulta el mapa de Guatemala en el **Apéndice D**.

A tener en cuenta

- La gran civilización maya florece en grandes ciudades como Tikal, Uaxactún y Dos Pilas. Cuando llega el conquistador español Pedro de Alvarado a Guatemala en 1524, la civilización maya ya está en declive *(decline)*.

- Guatemala gana la independencia de España en 1821. Guatemala sufre una larga guerra civil, que empieza en los años 60 y termina en 1996 con un acuerdo de paz facilitado por las Naciones Unidas.

- La gran mayoría de la población o es de ascendencia maya (más del 40%), o es mestiza (59%). Hoy día en el país se hablan más de veinte lenguas de la familia maya-quiché.

- El *Popol Vuh* es el libro sagrado de los maya-quiché. En él se describe la creación del universo.

Nicaragua

A tener en cuenta

- Antes de la llegada de Cristóbal Colón, varios grupos indígenas vivían en Nicaragua: los nicaraos, los chorotegas, los chontales y los misquitos (llamados también "mosquitos" en otras partes de Centroamérica). Hoy día, el 69% de la población de Nicaragua es mestiza.

- Cristóbal Colón llega a la región en 1502, aunque las primeras colonizaciones españolas no se fundan hasta 1524. En 1838, Nicaragua se declara república independiente.

- Nicaragua ha tenido *(has had)* varios dictadores, pero la dinastía de los Somoza entre 1926–1979 fue la que más tiempo estuvo en el poder. La Revolución sandinista ocurre en 1978 y le pone fin a la dictadura de la familia Somoza.

- En 1990, Violeta Barrios Chamorro fue la primera mujer presidenta elegida democráticamente en las Américas.

- En Acahualinca, a orillas *(on the shores)* del lago de Managua, hay unas famosas huellas *(footprints)* que tienen más de seis mil años. Una hipótesis de su origen sugiere que se formaron cuando unas personas pisaron *(they stepped on)* la lava caliente mientras escapaban de una erupción volcánica.

▶ Información general

Nombre oficial: República de Nicaragua

Población: 6.038.652

Capital: Managua (f. 1522) (2.184.412 hab.)

Otras ciudades importantes: León (200.000 hab.), Chinandega (423.000 hab.)

Moneda: córdoba

Idiomas: español (oficial), misquito, inglés y lenguas indígenas en la costa atlántica

Consulta el mapa de Nicaragua en el **Apéndice D**.

© Bruno Domingos/Reuters/Landov

Construcciones creativas

Cuando Mateo Paneitz, un voluntario del Cuerpo de Paz, llegó a San Juan Comalapa, en Guatemala, se encontró con una situación desagradable: todos echaban la basura al río, incluso él. Para resolver dos problemas a la vez, la contaminación y el desempleo, tuvo la idea de usar la basura como materia prima *(raw material)* para la construcción de edificios.

Su proyecto de reciclaje ha recibido *(has received)* atención internacional por su innovación y su doble objetivo de preservar el medio ambiente *(environment)* y crear puestos de trabajo para la gente de la comunidad. La idea central de la organización *Long Way Home*, creada por Paneitz en 2004, es construir edificios con desechos *(waste)* reciclados. En seis años, han construido una escuela, una casa y una cocina, y planes para construir más hogares y edificios con llantas *(tires)*, botellas, bolsas y tubos de plástico. Su primera obra, La Escuela Técnica Maya, existe como testimonio de lo que se puede hacer con una buena idea, mucha cooperación y bastante pasión.

Courtesy of LA PRESS Nicaragua.

Hogar, verde hogar *(home)*

Las ocho mujeres superpoderosas *(powerful)* que formaron el conglomerado Alter Eco decidieron que querían crear una sinergia entre sus pequeños negocios *(businesses)* para ofrecer una nueva alternativa verde y nacional. Las seis tiendas forman un minicentro comercial y tienen un compromiso *(obligation)* con la mujer, la naturaleza y los artesanos nicaragüenses. El lema de Alter Eco, "alianza hecha a mano *(handmade)*", lo dice todo. Carla Fjeld, una de las propietarias, explica: "... en los malls te venden cosas de todas partes del mundo y jamás conoces a las personas que las elaboran, mientras que aquí las cosas están hechas a mano, por artesanos que los clientes pueden conocer...". Puedes hacer de tu casa un hogar verde al comprar una lámpara o un bello mueble hecho de madera *(wood)* de fuentes sostenibles, o puedes decorar tu cocina con cerámicas sin plomo *(lead-free)* diseñadas por pintores nicaragüenses. Hacer tus compras en Alter Eco lleva la armonía con la naturaleza a tu propio hogar.

EN RESUMEN

La información general

1. ¿Qué gran civilización está en declive cuando llegan los españoles a Guatemala en 1524?
2. ¿En qué año logra Guatemala la independencia de España?
3. ¿Cómo termina la guerra civil de Guatemala?
4. ¿Cuándo se hace república independiente Nicaragua?
5. ¿Qué revolución le pone fin a la dictadura de la familia Somoza?
6. ¿Quién fue la primera mujer presidenta elegida democráticamente en las Américas?

El tema de la vivienda

1. ¿Cuál es la idea central del proyecto de reciclaje de *Long Way Home?*
2. ¿Qué dos problemas intenta resolver el programa de reciclaje de *Long Way Home?*
3. ¿Qué es Alter Eco?
4. ¿En qué y en quiénes piensan las propietarias al crear Alter Eco?

¿Quieres saber más?

Revisa y completa la tabla que empezaste al principio del capítulo. Escoge uno o dos de los temas sobre los que escribiste en la columna **Lo que quiero aprender**, o uno o dos de los que figuran a continuación. Prepárate para compartir la información con la clase.

Palabras clave: Guatemala los dialectos maya-quiché, *Popol Vuh,* Efraín Ríos Montt, la familia de Rigoberta Menchú Tum, Augusto Monterroso, Miguel Ángel Asturias, Carlos Mérida; **Nicaragua** Mosquitos, Anastasio Somoza, Sandino, Revolución sandinista, el modernismo**,** Rubén Darío, Ernesto Cardenal, Violeta Chamorro

⊕ Para aprender más sobre Guatemala y Nicaragua, mira los videos culturales en la mediateca *(Media Library).*

© Wolfgang Kaehler /Getty Images

A leer

Antes de leer

Rubén Darío

Valga in this context loosely means *let this [page] serve*. **Intentar** means *to try*.

1 Vas a leer un poema de Rubén Darío (1867–1916), considerado el poeta más importante de Nicaragua, y un poema en dos partes de un poeta nicaragüense vanguardista, José Coronel Urtecho (1906–1994). Estos poemas, entre otros, aparecen en un sitio web que se llama "Dariana". Lee el siguiente comentario del sitio web sobre Darío y contesta las preguntas a continuación.

"Se ha dicho que el mejor producto de exportación de Nicaragua es su poesía. Y toda nuestra mejor poesía y, por qué no, nuestra misma nicaraguanidad nacen *(are born)* y se fundamentan en Rubén Darío… Darío pronosticó que un día su poesía, indefectiblemente, iría a las muchedumbres *(would reach the masses)*. Valga esta humilde página y esta todo-abarcante *(all-encompassing)* tecnología para intentarlo".

1. Según este comentario, ¿cuál es el mejor producto de exportación de Nicaragua?
2. ¿Creía Darío que muchas o pocas personas leerían *(would read)* su poesía?

2 Lee las siguientes preguntas. Después, lee los poemas de la página 393 rápidamente para buscar las respuestas. (Luego vas a leer los poemas otra vez).

1. ¿Cuál(es) de los poemas se escribe(n) en rima? ¿Se escribe uno en verso libre?
2. Busca un ejemplo de dos palabras que riman.
3. Busca el uso de la repetición de palabras en los dos poemas. Escribe dos ejemplos de la repetición de una palabra o de palabras semejantes.
4. ¿Cuál es el tema principal de los dos poemas?

3 Ahora lee los poemas con más detalle. Escucha los sonidos *(sounds)* de las palabras y trata de entender la idea principal de cada poema.

"Dos canciones de amor para el otoño"

José Coronel Urtecho

I   Cuando ya nada pido
    y casi nada espero
    y apenas puedo nada[1]
    es cuando más te quiero.

II Basta[2] que estés, que seas
    Que te pueda llamar, que te llame María
    Para saber quién soy y conocer quién eres
    Para saberme tuyo y conocerte mía
    Mi mujer entre todas las mujeres.

"Amo, amas"

Rubén Darío

Amar[3], amar, amar siempre, con todo
el ser y con la tierra y con el cielo[4],
con lo claro del sol y lo oscuro del lodo[5]:
amar por toda ciencia y amar por todo anhelo[6].

Y cuando la montaña de la vida
nos sea dura y larga y alta y llena de abismos,
amar la inmensidad que es de amor encendida[7]
¡y arder[8] en la fusión de nuestros pechos[9] mismos!

[1] **apenas...**: *there's nothing to be done, I can do no more* [2] **Basta...**: Es bastante [3] *To love* [4] **con...**: *with the earth and with the sky*
[5] *mud* [6] *wish, desire* [7] *burning, on fire* [8] *to burn* [9] *hearts (literally, chests)*

"Dos Canciones de Amor Para El Otoño, I and II" by José Coronel Urtecho. Used with permission of the author's estate.

Después de leer

4   🔄   Trabaja con un(a) compañero(a) para contestar las preguntas de comprensión.

"Dos canciones de amor para el otoño, I, II"

1. ¿Cuál de las siguientes oraciones expresa mejor la idea central del primer poema?
   a. Cuando el autor no tiene esperanza es cuando está más enamorado.
   b. El autor no pide ni espera el amor, porque no lo quiere.
   c. El autor no puede querer a nadie porque no tiene esperanza.
2. ¿Es optimista o pesimista la actitud del poeta? ¿Por qué?
3. ¿Cuál de los poemas les gustó más? ¿Por qué?

"Amo, amas"

4. ¿Cuál de las siguientes oraciones expresa mejor la idea central del poema?
   a. El amor es duro *(hard)* y difícil.
   b. El amor es como una montaña alta que es difícil escalar.
   c. El amor verdadero es eterno, como la naturaleza.
5. ¿Es optimista o pesimista la actitud del poeta? ¿Por qué?
6. ¿Están de acuerdo con el mensaje del poema?

A escribir

Antes de escribir

ESTRATEGIA

Writing—Adding transitions between paragraphs

You have learned how to write paragraphs that contain a topic sentence and supporting detail. Often the shift from one paragraph to another may sound choppy without transition words and phrases that make a thematic link **(enlace)** between the content of the two paragraphs. In that case you may need to write an opening transition sentence for a new paragraph that is then followed by the topic sentence, or add a transitional phrase to the beginning of your topic sentence.

1 Vas a escribir una descripción de tres párrafos. Escoge tu sitio preferido en tu cuarto, residencia estudiantil, apartamento o casa, y descríbelo. Después, habla de lo que haces allí y explica por qué es tu sitio preferido. Organiza la información según la siguiente tabla.

Párrafo 1: ¿Cómo es el sitio?	Párrafo 2: ¿Qué haces allí?	Párrafo 3: ¿Por qué es tu sitio preferido?
Oración temática:	Oración temática:	Oración temática:
Detalles interesantes:	Detalles interesantes:	Detalles interesantes:

© Marcos Welsh /age fotostock

Composición

2 Escribe el borrador de tu composición, escribiendo sin detenerte *(freewriting)* y, por el momento, trata de no preocuparte por las transiciones entre párrafos.

Después de escribir

3 Ahora vas a crear las transiciones entre los párrafos. Mira tu composición y copia las oraciones indicadas en otra hoja de papel.

1. Última oración del párrafo 1:
2. Primera oración del párrafo 2:
3. Última oración del párrafo 2:
4. Primera oración del párrafo 3:

4 Mira las oraciones que escribiste para la **Actividad 3** y añade las transiciones entre los párrafos. Aquí tienes algunas palabras y expresiones que pueden servir como enlaces.

a pesar de que	*in spite of*
afortunadamente	*fortunately*
al contrario	*on the contrary*
como resultado	*as a result*
de esta manera / de este modo	*(in) this way*
de igual importancia	*of equal importance*
de la misma manera / del mismo modo	*in the same way*
desgraciadamente	*unfortunately*
por un lado	*on one hand*
por el otro lado	*on the other hand*
por esta razón	*for this reason*
sin decir más / demasiado	*without saying more / too much*
sin embargo	*nevertheless*

1. Enlace entre el párrafo 1 y el párrafo 2:
2. Enlace entre el párrafo 2 y el párrafo 3:

5 Revisa la composición y añade tus nuevos enlaces. Usa la siguiente lista para ayudarte a revisar la composición entera otra vez.

- ¿Ayudan los enlaces a clarificar la transición entre los párrafos?
- ¿Usaste algunas de las palabras o expresiones de la lista para los enlaces?
- ¿Hay algo que no es necesario? ¿Hay algo que falta *(is missing)*?
- ¿Usaste bien las formas posesivas?
- ¿Usaste **por** y **para** correctamente?
- ¿Hay errores de puntuación o de ortografía?

¡Vívelo!

En parejas, van a representar el papel de una persona que quiere redecorar su casa y del (de la) decorador(a) de interiores que lo (la) va a ayudar. Van a diseñar una casa con muchos cuartos y luego van a compartir su creación con toda la clase.

Antes de clase

Paso 1 En la clase previa, tu instructor(a) te asignó el papel del (de la) dueño(a) de la casa o del (de la) decorador(a) de interiores.

Paso 2 Sigue las instrucciones del papel que tienes que representar.

- **Dueño(a):** Escribe una descripción breve de tu estilo de vida y de tus gustos sobre la decoración interior.

MODELO *No paso mucho tiempo en mi casa. Quiero tener todo muy moderno y práctico. Me encanta la tecnología y quiero muebles nuevos. No me gustan las cosas usadas o antiguas…*

- **Decorador(a):** Escribe una descripción corta de tus preferencias en cuanto a la decoración interior. ¿Qué tipos de muebles te gustan? ¿Qué colores? ¿Cómo es tu estilo profesional?

MODELO *Yo pienso primero en los materiales y las texturas de los muebles y alfombras. Me gusta combinar la piel y el vidrio (glass) con telas industriales. Con relación a los colores, prefiero…*

Durante la clase 🔁

Paso 1 Trabaja con un(a) compañero(a) que tenga el papel opuesto *(opposite)* al tuyo. Juntos(as), escojan una zona de la casa para redecorar.

- la sala
- el comedor
- la cocina
- el baño principal

- el dormitorio principal
- el clóset principal
- el sótano
- el garaje

Paso 2 Compartan las ideas que prepararon en la sección **Antes de clase**. ¿Tienen puntos de vista semejantes o no? Si no, hablen sobre cómo van a conciliar *(reconcile)* sus diferentes visiones.

Paso 3 El (La) dueño(a) de la casa debe escuchar mientras el (la) decorador(a) presenta sus ideas sobre cómo va a remodelar la zona que escogieron. El (La) dueño(a) debe ofrecer muchas opiniones y hacer muchas preguntas, y tal vez modificar la visión del (de la) decorador(a).

MODELO   **Decorador(a):** *Quiero diseñar un sitio muy moderno al lado de la cocina para comer el desayuno y otras comidas informales. Como hay mucha luz allí, todos los muebles deben ser de plástico blanco.*

            Dueño(a): *Me gusta la idea de un sitio informal, ¡pero no me gusta el plástico para los muebles! ¿Por qué no podemos usar una mesa y unas sillas de madera* (wood) *o de hierro* (iron)?

© oksana.perkins/ Shutterstock.com

Paso 4 Pónganse de acuerdo sobre lo que quieren hacer en el espacio indicado y juntos(as) escriban una descripción de cómo van a redecorarlo. Hagan un dibujo del cuarto redecorado para acompañar su descripción.

Fuera de clase

Paso 1 Júntense con otras tres parejas de estudiantes. Si es posible, cada pareja debe haber descrito (*should have described*) una zona diferente de la casa.

Paso 2 Combinen sus descripciones para crear una casa que tenga las zonas que remodelaron. (Si dos parejas han descrito la misma zona, deben compartir sus ideas y decidir cuáles son las mejores). Luego, escriban un anuncio de venta (*sales announcement*) que describa la casa y que trate de conciliar los diferentes estilos de las zonas de una manera convincente. Incluyan dibujos de la decoración todas estas áreas y un plano (*floor plan*) de toda la casa.

¡Compártelo!

Pongan su anuncio de venta en el foro en línea de *Nexos*. ¿Qué grupo tiene la casa más interesante? Miren los otros anuncios y voten por su casa favorita.

Vocabulario

Áreas de la ciudad   *Parts of the city*

las afueras *the outskirts*
el apartamento *apartment*
el barrio *neighborhood*
… comercial *business district*

… residencial *residential neighborhood*
el centro de la ciudad *downtown*
los suburbios *suburbs*
los vecinos *neighbors*

La casa   *The house*

el baño *bathroom*
la chimenea *fireplace*
el clóset *closet*
la cocina *kitchen*
el comedor *dining room*
**el dormitorio / el cuarto / la habitación /
    la recámara** *bedroom*
las escaleras *stairs*
el garaje *garage*
el jardín *garden, yard*

la lavandería *laundry room*
la oficina *office*
la pared *wall*
el pasillo *hallway*
el patio *patio*
el primer piso / segundo, etc. *first floor /
    second, etc.*
la sala *living room*
el sótano *basement, cellar*
el techo *roof*

Los quehaceres domésticos   *Household chores*

Dentro de la casa   *Inside the house*
arreglar el dormitorio *to straighten up the
    bedroom*
barrer el suelo / el piso *to sweep the floor*
guardar la ropa *to put away the clothes*
hacer / tender la cama *to make the bed*
lavar los platos / la ropa *to wash the dishes / the
    clothes*
limpiar el baño *to clean the bathroom*
pasar la aspiradora *to vacuum*
planchar *to iron*
poner los juguetes en su lugar *to put the toys away*

poner y quitar la mesa *to set and to clear the table*
preparar la comida *to prepare the food*
sacudir los muebles *to dust the furniture*
trapear el piso *to mop the floor*

Fuera de la casa   *Outside the house*
cortar el césped *to mow the lawn*
darle de comer al perro / gato *to feed
    the dog / cat*
hacer el reciclaje *to do the recycling*
regar (ie) las plantas *to water the plants*
sacar a pasear al perro *to take the dog for a walk*
sacar la basura *to take out the garbage*

Los muebles y decoraciones   *Furniture and decorations*

la alfombra *rug, carpet*
la cama *bed*
las cortinas *curtains*
el cuadro *painting, print*
el espejo *mirror*
la lámpara *lamp*
la mesa *table*

la mesita de noche *night table*
la persiana *venetian blind*
la silla *chair*
el sillón *armchair*
el sofá *sofa*
el tocador / la cómoda *dresser*

Los electrodomésticos *Appliances*

el abrelatas eléctrico *electric can opener*
la aspiradora *vacuum cleaner*
el congelador *freezer*
la estufa *stove*
la lavadora *washer*
el lavaplatos *dishwasher*
la licuadora *blender*

el microondas *microwave*
la plancha *iron*
el procesador de comida *food processor*
el refrigerador *refrigerator*
la secadora *dryer*
el televisor *television set*
la tostadora *toaster*

Verbos *Verbs*

aconsejar *to advise*
desear *to wish*
esperar *to hope*
insistir en *to insist*
mandar *to order*
necesitar *to need*
pedir (i, i) *to ask, request*

permitir *to permit, allow*
prohibir *to forbid*
querer (ie) *to wish; to want*
recomendar (ie) *to recommend*
requerir (ie) *to require*
sugerir (ie, i) *to suggest*

Adjetivos posesivos *Possesive adjectives*

mío, mía, míos, mías *my, mine*
tuyo, tuya, tuyos, tuyas *your, yours*
suyo, suya, suyos, suyas *your, yours, his, her, hers, its, their, theirs*
nuestro, nuestra, nuestros, nuestras *our, ours*
vuestro, vuestra, vuestros, vuestras *your, yours*

Otras palabras y expresiones *Other words and expressions*

para *for, by* (a deadline); *toward, in the direction of; for* (a specific recipient, employer, or purpose); *in order to* (+ verb); *for . . .* (in comparison with others)
por (in exchange) *for; during; through, along; on behalf of; for* (duration of an event); *by* (a means of transportation)
por ejemplo *for example*
por eso *so, that's why*
por favor *please*
por fin *finally*
por lo menos *at least*
por supuesto *of course*

Repaso del Capítulo 10

The subjunctive mood (p. 376)

1 Completa las oraciones con la forma correcta del presente de subjuntivo.

Quiero que...

1. ... tú _____ (regar) las plantas.
2. ... todos nosotros _____ (lavar) los platos.
3. ... ellos _____ (poner) la mesa.
4. ... ustedes _____ (trapear) el piso.

Ellos no quieren que...

5. ... yo _____ (sacar) la basura ahora.
6. ... tú _____ (planchar) esa camisa.
7. ... nosotros _____ (ir) al barrio comercial.
8. ... él _____ (venir) de visita este mes.

Stressed possessives (p. 381)

2 Escribe oraciones con posesivos enfáticos según el modelo.

MODELO   yo (no) / tú (sí)
¿La licuadora? No es mía. Es tuya.

1.

tú (no) / ellos (sí)

2.

usted (no) / yo (sí)

3.

nosotros (no) / ustedes (sí)

4.

yo (no) / ella (sí)

5.

él (no) / nosotros (sí)

6.

ellos (no) / tú (sí)

Hace / Hacía with time expressions (p. 383)

3 Contesta las preguntas con oraciones que contengan **hace** o **hacía** para expresar la duración de un evento o situación. Presta atención al contexto para ver si se refiere al momento presente o al pasado.

1. ¿Cuánto tiempo hace que Sarita no va de vacaciones? (un año)
2. ¿Cuánto tiempo hace que ellos viven en esa casa? (seis meses)
3. ¿Cuánto tiempo hace que ellos limpiaron el baño? (dos semanas)
4. ¿Cuánto tiempo hacía que Luis no podía trabajar en la casa? (tres meses)
5. ¿Cuánto tiempo hace que los abuelos vinieron de visita? (dos años)

Choosing between **por** and **para** (p. 385)

4 Completa las oraciones con **por** o **para**, según el caso.

1. ¡Pagué solo cuarenta dólares _____ ese sillón!
2. _____ mí, es importante tener una casa limpia.
3. ¡_____ fin arreglaste tu dormitorio!
4. Limpiamos la casa _____ tres horas ayer.
5. Compré esta lámpara _____ Angelita.
6. _____ la mañana, normalmente lavo la ropa.
7. ¡Tenemos que organizar y limpiar la sala _____ mañana!
8. Mi madre trabaja _____ una tienda que vende muebles.

Preparación para el Capítulo 11

Negative **tú** commands (p. 265)

5 Completa las oraciones con los mandatos informales negativos correctos.

1. Por favor, no _____ (lavar) los platos ahora mismo.
2. ¡Ay, no _____ (planchar) esa blusa de seda!
3. No _____ (sacar) a pasear al perro cuando hace mucho frío.
4. No _____ (pasar) la aspiradora mientras los niños están durmiendo.
5. ¡No _____ (poner) la mesa con esas copas sucias!
6. No _____ (usar) ese microondas; está averiado *(broken)*.
7. No _____ (trapear) el piso cuando estoy preparando la comida.
8. No _____ (sacudir) los muebles con ese trapo sucio.
9. ¡No _____ (comer) dulces antes de la cena!
10. No _____ (insistir) en ver ese programa; ya es tarde.

Review of irregular-**yo** forms and **yo** forms of irregular verbs (pp. 22, 28, 110, 144, and 180)

6 Completa las oraciones con la forma **yo** del verbo indicado.

1. _____ (estar) en el jardín.
2. _____ (conducir) al centro.
3. A las seis, le _____ (dar) de comer al perro.
4. Le _____ (decir) "hola" a mi vecino.
5. _____ (oír) la secadora.
6. _____ (venir) para cortar el césped.
7. _____ (ver) al jardinero los lunes.
8. _____ (saber) reparar la tostadora.
9. _____ (poner) la mesa para la cena.
10. _____ (tener) un sofá y dos sillones.

Complete these activities to review some previously learned grammatical structures that will be helpful when you learn the new grammar in **Chapter 11**.

Be sure to reread **Chapter 10: Gramática útil 1** before moving on to the new **Chapter 11** grammar section.

The answers to the activities in this section can be found in **Appendix B**.

Note that the negative **tú** commands, as well as the **usted** and **ustedes** commands you reviewed in **Chapter 9**, are the same forms as the present subjunctive forms you learned in this chapter.

CULTURAS

La cultura es un conjunto de tradiciones y costumbres
características de un grupo social o de una época.
La palabra **cultura** también hace referencia a otros
conceptos como, por ejemplo, la pintura, el teatro,
la ópera, Internet, el cine y la música popular.

**¿Qué significa "cultura" para ti? ¿Qué tipo de actividad
cultural te gusta más?**

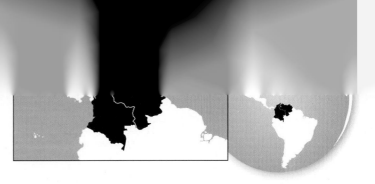

Un viaje por Colombia y Venezuela

Colombia y Venezuela comparten frontera y los dos países tienen costas caribeñas. Colombia también tiene costa pacífica. La cordillera de los Andes pasa por los dos países, pero Colombia es mucho más montañosa que Venezuela, que tiene regiones grandes de llanos *(plains)* y sabanas *(grasslands)*.

País / Área	Tamaño y fronteras	Sitios de interés
Colombia 1.038.700 km²	casi dos veces el área de Texas; fronteras con Brasil, Ecuador, Panamá, Perú y Venezuela	los Andes, la selva amazónica, las islas de San Andrés y Providencia, la arquitectura y cultura de Santa Marta y Cartagena de Indias
Venezuela 882.050 km²	más de dos veces el área de California; fronteras con Brasil, Guyana y Colombia	el salto *(falls)* Ángel que está situado en el Parque Nacional Canaima, la isla Margarita, la selva amazónica, los llanos y la Gran Sabana

¿Qué sabes? Di si las siguientes oraciones son ciertas **(C)** o falsas **(F)**.

1. Los dos países tienen regiones andinas.
2. Según los datos, Colombia es más pequeña que California.
3. Colombia es un país de llanos y playas.
4. Salto Ángel, el salto más alto del mundo, está en un parque de Venezuela.

Lo que sé y lo que quiero aprender Completa la tabla del **Apéndice A**. Escribe algunos datos que **ya sabes** sobre estos países en la columna **Lo que sé**. Después, añade algunos temas que **quieres aprender** a la columna **Lo que quiero aprender**. Guarda la tabla para usarla otra vez en la sección **¡Explora y exprésate!** en la página 425.

COMMUNICATION

By the end of this chapter you will be able to

- talk about popular and high culture
- express preferences and make suggestions about entertainment
- express emotion and wishes
- express doubt and uncertainty
- express unrealized desires and unknown situations

CULTURES

By the end of this chapter you will have explored

- facts about Colombia and Venezuela
- the long history of Venezuelan cinema
- MAMBO, a Colombian modern art museum
- Spanish terms for new movie and video technologies
- an excerpt from "Un alma abierta para ser llenada con mensajes en castellano", Gabriel García Márquez

¡Imagínate!

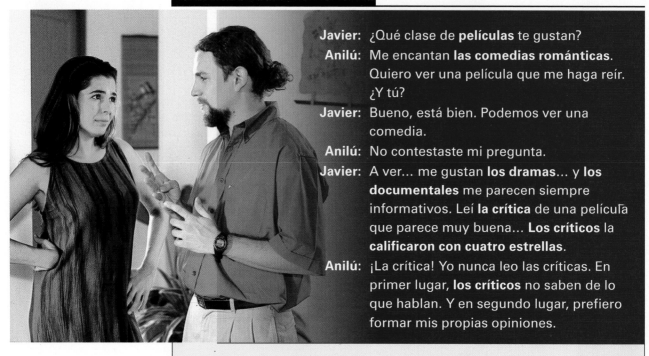

Javier: ¿Qué clase de **películas** te gustan?

Anilú: Me encantan **las comedias románticas.** Quiero ver una película que me haga reír. ¿Y tú?

Javier: Bueno, está bien. Podemos ver una comedia.

Anilú: No contestaste mi pregunta.

Javier: A ver... me gustan **los dramas**... y **los documentales** me parecen siempre informativos. Leí **la crítica** de una película que parece muy buena... **Los críticos** la **calificaron con cuatro estrellas.**

Anilú: ¡La crítica! Yo nunca leo las críticas. En primer lugar, **los críticos** no saben de lo que hablan. Y en segundo lugar, prefiero formar mis propias opiniones.

Géneros de películas *Movie genres*

Art-house or independent films, such as *Exit through the Gift Shop* and *Winter's Bone,* are referred to as **filmes / películas de autor.** Films from other countries, such as *Relatos salvajes,* are referred to as **películas extranjeras.** In some countries, the word **largometraje** is used instead of **película** to refer to any full-length feature film. A **cortometraje** is a short film.

la comedia (romántica)

los dibujos animados

el documental

el drama

Géneros de películas *Movie genres*

la película de misterio

la película de acción

la película de ciencia ficción

la película de horror / terror

Sobre la película *About the movie*

el título *title*
doblado(a) *dubbed*
una película titulada... *a movie called . . .*
con subtítulos en inglés *with subtitles in English*
Se trata de... *It's about . . .*
la estrella de cine *movie star*

La crítica *Critique, review*

calificar / clasificar con cuatro estrellas *to give a four-star rating*
el (la) crítico(a) *critic*
la reacción crítica *critical reaction*
la reseña / la crítica *review*

El índice de audiencia *Ratings*

apto(a) para toda la familia *G (for general audiences)*
apto(a) para mayores de 13 años *PG-13 (parental discretion advised)*
prohibido(a) para menores *R (minors restricted)*

En el cine *At the movies*

los chocolates *chocolates*
los dulces *candy*
la entrada / el boleto *ticket*
las palomitas (de maíz) *popcorn*

ACTIVIDADES

1 🔄 **Las películas populares** Trabaja con un(a) compañero(a) de clase. Digan de qué género son las películas y a qué público se recomiendan. ¿Pueden adivinar cuáles son sus títulos en inglés?

Película	Género de película	Público	Título en inglés
Megamente			
Harry Potter y las reliquias de la muerte			
El cisne negro			
La red social			
Origen			

MODELO   Día de los enamorados

      Día de los enamorados *es una comedia romántica. Es apta para mayores de 13 años. Su título en inglés es* Valentine's Day.

2 👥 **¿De qué género es la película?** En grupos de tres, cada persona escribe en unos pedacitos de papel el título de dos películas conocidas. Pongan los seis papelitos en el medio del grupo. La primera persona escoge un papelito y dice algo sobre la película. La segunda persona trata de adivinar el título de la película y la tercera persona dice de qué género es la película.

MODELO **Tú:** *Los actores principales son Ben Affleck y Jon Hamm. Se trata de un ladrón* (thief) *y el agente que lo busca.*

      Compañero(a) 1: *Es* The Town.

      Compañero(a) 2: *Es una película de acción.*

3 🔄 **¿Quieres ir al cine?** Quieres invitar a tu compañero(a) al cine, pero no sabes qué clase de películas le gustan. Conversen sobre sus preferencias y decidan qué película quieren ver. Pueden comentar sobre la reacción crítica, las reseñas que hayan leído y el índice de audiencia. ¡No tienen que estar de acuerdo sobre la película que quieren ver!

MODELO **Compañero(a):** *¿Quieres ir al cine?*

      Tú: *Sí, qué buena idea.*

      Compañero(a): *¿Qué clase de películas te gustan?*

      Tú: *Me encantan los dramas. Hay una película clásica que me gustaría ver:* Casablanca, *con Humphrey Bogart.*

      Compañero(a): *A mí no me gustan los dramas. Prefiero ver una película de acción…*

¡FÍJATE!

Las películas: Técnica y tecnología

Como sabes, hay una gran variedad de medios para ver películas y videos: en televisores, computadoras, tabletas y otros aparatos. Y, como aprendiste en el **Capítulo 4**, muchas de las palabras que se usan para hablar de la tecnología son muy semejantes al inglés, mientras otras mantienen su raíz del español. Esta lista de términos incluye algunos que ya sabes y otros que son nuevos.

alta definición: *high definition*
bajar / descargar: *download*
banda ancha: *high speed*
pago por visión: *pay-per-view*
streaming / flujo de video en tiempo real: *streaming video*
televisión de pago: *pay TV;* también se conoce como *enhanced cable* o *premium channels* en inglés
video a pedido / bajo demanda: *video on demand*

Cuando se prepara una película para el mercado hispanohablante, es necesario que el diálogo sea doblado o que se añadan subtítulos en español. Pero muchas veces se cambia el título también, y en ocasiones se usan diferentes títulos en español para las distintas regiones. No hay un sistema fijo *(fixed)*. A veces se mantienen los títulos originales en inglés (como *Toy Story, Up in the Air,* etc.). Otras, se traducen los títulos directamente al español *(La red social, La saga crepúsculo, Harry Potter y las reliquias de la muerte).* Y en otros casos, los títulos en español son completamente diferentes de los títulos en inglés (como *Dando la nota* en España y *Ritmo perfecto* en Hispanoamérica para *Pitch Perfect* o *¡Aterriza como puedas!* en España y *¿Y dónde está el piloto?* en Hispanoamérica para *Airplane!).*

PRÁCTICA 1 ⟳ Con un(a) compañero(a), trata de conectar los títulos en español de la izquierda con los nombres originales de las películas en inglés de la derecha.

1. _____ *En tierra hostil*
2. _____ *El diario de Noah / Diario de una pasión*
3. _____ *La decisión de Anne*
4. _____ *Rumores y mentiras / Se dice de mí…*
5. _____ *Noche loca*
6. _____ *Un sueño posible*

a. *Date Night*
b. *Easy A*
c. *The Hurt Locker*
d. *The Notebook*
e. *The Blind Side*
f. *My Sister's Keeper*

PRÁCTICA 2 ⟳ Trabaja con un(a) compañero(a) para contestar las siguientes preguntas sobre las películas que prefieren.

1. ¿Cómo prefieren ver las películas? ¿Van al cine o prefieren mirarlas en la televisión o en la computadora? ¿Cuáles son algunas de las ventajas *(advantages)* y desventajas de cada opción?
2. En su opinión, ¿por qué a veces cambian los nombres de las películas? ¿Qué ventajas tiene? ¿Qué desventajas?
3. ¿Prefieren ver las películas extranjeras dobladas o con subtítulos? ¿Por qué?

Anilú: Dame ese **control** un momento. Voy a **cambiar de canal**. ¡Odio a **esa entrevistadora**!

La televisión *Television broadcasting*

el cable *cable television*
cambiar el / de canal *to change the channel*
el control remoto *remote control*
en vivo *live*

el episodio *episode*
la estación *station*
grabar *to record*
por satélite *by satellite dish*
la teleguía *TV guide*

Los programas de televisión *Television programs*

la telecomedia *sitcom*
la teleserie *TV series*

las noticias

el programa de concursos

el programa de entrevistas

el programa de realidad

el teledrama

la telenovela

La gente en la televisión *People on TV*

el (la) entrevistador(a) *interviewer*
el (la) locutor(a) *announcer*
el (la) participante *participant*
el (la) presentador(a) *host (of the show)*
el público *audience*
el (la) televidente *TV viewer*

ACTIVIDADES

4 **La tele** Identifica los siguientes programas y personas. Si es un programa, di qué clase de programa es. Si es una persona, di qué hace esa persona en la televisión.

MODELO   The Walking Dead
         teledrama

1. Gayle King
2. *Project Runway*
3. Anderson Cooper
4. *Modern Family*
5. *Jane the Virgin*
6. *20/20*
7. *House of Cards*

5 🔁 **¡Dame ese control!** Con un(a) compañero(a), identifica los siguientes programas de televisión, di si te gustan o no, y por qué. Luego, describe un programa del mismo género que te guste más. Explica por qué tu programa es superior al de la lista.

1. Es un programa de entrevistas en vivo. Las cuatro entrevistadoras hablan sobre temas importantes con estrellas de cine, cantantes, políticos y expertos.
2. Es una telecomedia que ocurre en la escuela secundaria McKinley. Los estudiantes son cantantes en el coro de la escuela.
3. Es un programa de concursos. Cada semana, los participantes tienen que competir en un concurso de baile. Cada pareja incluye un bailarín o bailarina profesional y una celebridad.
4. Es un teledrama que se sitúa en Nueva York en las oficinas de una agencia de publicidad. La acción ocurre en los años sesenta.
5. Es un programa de noticias que se transmite por la noche en NBC. Los episodios pueden incluir entrevistas con personas famosas, investigaciones de crímenes, homicidios y robos, o eventos de interés nacional.

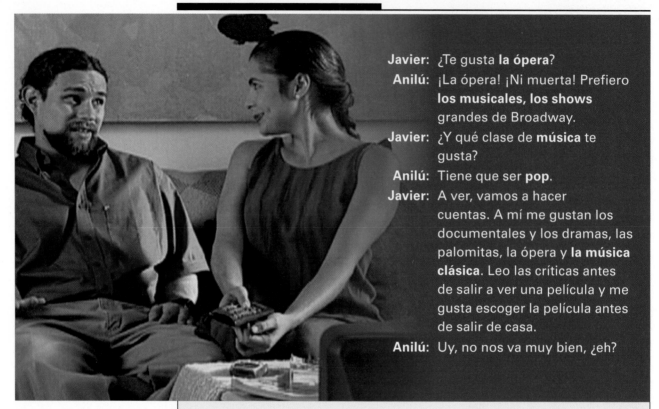

Javier: ¿Te gusta **la ópera**?

Anilú: ¡La ópera! ¡Ni muerta! Prefiero **los musicales, los shows** grandes de Broadway.

Javier: ¿Y qué clase de **música** te gusta?

Anilú: Tiene que ser **pop**.

Javier: A ver, vamos a hacer cuentas. A mí me gustan los documentales y los dramas, las palomitas, la ópera y **la música clásica**. Leo las críticas antes de salir a ver una película y me gusta escoger la película antes de salir de casa.

Anilú: Uy, no nos va muy bien, ¿eh?

Other types of music are **la música alternativa, el jazz, la música folk, las baladas, el reguetón.** Examples of Latino music are **la cumbia, el mambo, la salsa, el merengue, la rumba, el tango, el flamenco, las rancheras.**

La música *Music*

la música clásica *classical music*
la música contemporánea *contemporary music*
la música country *country music*
la música mundial / internacional *world music*
la música pop *pop music*
el R & B *rhythm and blues*
el rap *rap*
el rock *rock*

Arte y cultura *The arts*

el baile / la danza *dance*
la escultura *sculpture*
el espectáculo *show*
la exposición de arte *art exhibit*
el musical *musical*
la obra teatral *play*
la ópera *opera*
la pintura *painting*
el show *show*

ACTIVIDADES

6 **¿Qué clase de arte te interesa?** Completa las siguientes oraciones con las palabras correctas de la lista.

1. Me encanta _____ de Rodin.
2. _____ de Picasso son mundialmente reconocidas.
3. En el mundo del _____, Isadora Duncan fue reina *(queen)*.
4. _____ *Wicked* tuvo mucho éxito por el mundo.
5. *Cat on a Hot Tin Roof* de Tennessee Williams es una _____ fenomenal.
6. Quiero ir al Museo de Arte Moderno en Nueva York para ver _____ latinoamericano.
7. ¿Cuál es tu _____ favorita? La mía es *Carmen*.

a. baile
b. ópera
c. la escultura
d. la exposición de arte
e. las pinturas
f. el musical
g. obra teatral

7 **Tus preferencias musicales** Habla con tu compañero(a) sobre sus preferencias musicales. Primero, identifica dos cantantes o grupos musicales que pertenezcan a cada una de las categorías. Luego, comparen sus preferencias musicales. Finalmente, informen a otra pareja sobre sus preferencias y ellos(as) harán lo mismo.

Categorías
la música pop
la música country
la música mundial / internacional
el R & B
el rap
el rock
la ópera

MODELO **Tú:** *¿Conoces la música de Juanes?*
Compañero(a): *No, ¿qué clase de música es?*
Tú: *Es música rock pop con ritmos indígenas. ¿Qué clase de música te gusta a ti?*

8 **Una cita a ciegas** *(blind date)* Tienes una cita a ciegas. Antes de salir, llamas por teléfono a la persona para decidir adónde van y qué van a hacer. Como sabes muy poco de sus gustos, tienes que hacerle muchas preguntas sobre sus preferencias. Trabaja con un(a) compañero(a) y hablen de películas, televisión, música, arte y cultura en general. Al final de la conversación, decidan adónde van a ir en su cita. Explíquenle a otra pareja de la clase qué decidieron hacer y ellos(as) harán lo mismo.

As a variation, you can dramatize your phone conversation in front of the class.

MODELO **Tú:** *¿Qué te gustaría hacer el viernes por la noche?*
Compañero(a): *No sé. Creo que hay un concierto muy bueno en el Auditorio Nacional. ¿Qué clase de música te gusta?*

A ver

ESTRATEGIA

Listening for sequencing words

As you listen to this chapter's video segment, pay attention to sequencing words that help you understand the order in which things occur. Words such as **primero, segundo, luego, en primer lugar** (*in the first place*), **antes, después**, and **mientras** (*while, during*) can help you order the information in the video and aid your comprehension.

Antes de ver 🔁 ¿Qué les gusta o no les gusta a Anilú y a Javier? Mira las páginas 404, 408 y 410 para ver qué les gusta y qué no. Haz una lista de por lo menos tres cosas que les gustan a Javier y Anilú. Luego, apunta tres cosas que no le gustan a Anilú.

▶ **Ver** Mira el video del **Capítulo 11**. Presta atención al uso de las palabras de secuencia.

Después de ver 1 Mira el video otra vez y usa las palabras de la estrategia (**primero, en primer lugar, en segundo lugar, antes, después** o **mientras**) para completar las siguientes oraciones. Después de completarlas, indica quién dijo cada una.

1. —_____, los críticos no saben de lo que hablan.
2. —¿Quieres ver la tele? Aquí tienes el control remoto _____ me esperas.
3. —Leo las críticas _____ de ir a ver una película y me gusta escoger la película _____ de salir de casa.
4. —Y _____, prefiero formar mis propias opiniones.

Después de ver 2 🔁 ¿A quién se describe? Trabaja con un(a) compañero(a) de clase para decir si las siguientes oraciones se refieren a Javier **(J)** o a Anilú **(A)**. Pueden consultar las listas que escribieron para **Antes de ver** como ayuda.

1. _____ Quiere ver la guía de películas en el periódico.
2. _____ Le gustan las comedias románticas.
3. _____ Le gustan los documentales.
4. _____ Le gusta leer las críticas de las películas.
5. _____ Prefiere comer palomitas durante una película.
6. _____ Le gusta comer chocolates en el cine.
7. _____ Le encantan los musicales y la música pop.
8. _____ Le gusta ir a la ópera.

Voces de la comunidad

▶ Voces del mundo hispano

En el video de este capítulo, David, Ana, Juan Carlos e Inés hablan de la cultura y las artes. Lee las siguientes oraciones. Después mira el video una o más veces para decir si las oraciones son ciertas **(C)** o falsas **(F)**.

1. A Ana y Juan Carlos les gustan los programas de drama.
2. A Juan Carlos e Inés no les gustan las comedias.
3. Ana va al teatro muy frecuentemente.
4. Inés y Juan Carlos van al teatro para ver obras de baile.
5. David prefiere la música rock a la música latina.
6. A Ana y David no les importa lo que dicen los críticos.

◀ Voces de Estados Unidos

Rich Copley/ZUMA Press/Newscom

Gustavo Dudamel, director de orquesta

66 La música en sí es un camino infinito y, como todo, tiene momentos de creación y de redescubrimiento. Y la música clásica siempre se recrea, incluso con el mismo director y la misma orquesta tocando el mismo concierto 99 .

Así dice el joven director de orquesta de origen venezolano, Gustavo Dudamel. De estilo casual y amante de la música de Bob Marley y del merengue, Gustavo Dudamel rompe los estereotipos de la música clásica. Uno de los músicos más influyentes del mundo, Dudamel es director de la Orquesta Filarmónica de Los Ángeles, la Sinfónica de Gotemburgo y la Sinfónica Simón Bolivar, de Venezuela. En 2012, ganó un premio Grammy por la dirección de la Sinfonía n.° 4 de Brahms interpretada por la Filarmónica de Los Ángeles. El maestro venezolano se formó en el Sistema de Orquestas Juveniles e Infantiles de Venezuela, una famosa red de programas de educación musical. Denominado "el hombre que rejuvenece la música clásica" por la revista *National Geographic*, Dudamel es fundador y director de programas de educación musical para jóvenes pobres en Latinoamérica y Estados Unidos.

¿Y tú? ¿Qué importancia tienen las artes en tu vida? ¿Crees que es importante apoyar *(to support)* las artes? ¿Por qué?

¡Prepárate!

GRAMÁTICA ÚTIL 1

Expressing emotion and wishes: The subjunctive with impersonal expressions and verbs of emotion

Cómo usarlo

Lo básico

- An independent clause is a phrase containing a verb that can stand alone as a complete sentence: **Están muy contentos.**
- A dependent clause is a phrase containing a verb that cannot stand alone as a complete sentence: ... **que vayamos al teatro con ellos.**
- Dependent clauses start with conjunctions. Some Spanish conjunctions used this way are **de, que, quien, como, donde, cuando, para,** and **porque: Voy a leer esa novela <u>porque me interesa mucho</u>.**
- A complex sentence combines both independent and dependent clauses: **Ellos quieren <u>que vayamos al teatro con ellos</u>.**

In **Chapter 10**, you learned to use the present subjunctive with verbs of volition—verbs that express what people want, need, hope, or wish other people will do. In this chapter, you will learn three more uses of the present subjunctive.

You may want to review the present subjunctive forms you learned in **Chapter 10** to refresh your memory.

1. In addition to verbs of volition, Spanish speakers also use the present subjunctive when they express emotion, use generalized impersonal expressions, or use the Spanish word **ojalá**.

Nos alegramos de que puedas venir.	*We're happy that you can come.*
Es importante que llegues temprano al cine.	*It's important that you arrive early at the theater.*
Ojalá (que) la película **sea** buena.	*I hope the movie is good.*

2. Notice that the model sentences above all follow the pattern you learned in **Chapter 10**. These sentences are complex sentences where a verb or expression in the independent clause triggers the use of the subjunctive in the dependent clause.

Ojalá *(I wish, I hope)* is a word of Arabic origin meaning "May Allah grant." This and other Arabic words entered the Spanish language during almost eight centuries of Muslim presence in Spain.

The use of **que** is optional with **ojalá**, but is used in the rest of the sentences to signal the beginning of the dependent clause.

Es mejor que reconsideremos esta cita.

Notice that in this usage with the subjunctive there is often a change of subject from the independent clause to the dependent clause.

independent clause (verb of emotion, impersonal expression, or *ojalá*)	que	dependent clause (verb in subjunctive)
A ellos les **encanta**	que	**haya** muchos cines aquí.
Es importante	que	ustedes **vengan** con nosotros.
Ojalá	(que)	la película **sea** buena.

3. Remember, in situations where there is no use of **que** and no change of subject, there is also no use of the subjunctive.

Me alegro de poder ir al concierto.	vs.	Me alegro de **que tú puedas** ir al concierto.
Es importante llegar a tiempo.	vs.	Es importante **que lleguemos** a tiempo.

4. Here are some verbs and expressions that are frequently used with the subjunctive. Notice that some of these are the same as or similar to the verbs of volition you learned in **Chapter 10**. This is because the subjunctive is usually used to describe situations that involve emotion, which includes volition.

Verbs and expressions of emotion, positive and neutral		
alegrarse de	estar contento(a) de	ojalá
encantar*	fascinar*	sorprender* *(to surprise)*
esperar	gustar	
Verbs of emotion, negative		
molestar*	temer *(to fear)*	
sentir *(to feel sorry, regret)*	tener miedo de	
Impersonal expressions		
es bueno	es imprescindible *(essential)*	es mejor
es extraño *(strange)*	es interesante	es necesario
es fantástico	es una lástima	es ridículo
es horrible	es lógico	es terrible
es importante	es malo	

*Can be conjugated like **gustar***

Notice that the present subjunctive of **hay** is **haya**. Like **hay**, it is invariable; you use **haya** with both singular and plural nouns.

As you learned in **Chapter 4**, some verbs (such as **encantar, fascinar, sorprender**, and **molestar**) are conjugated like **gustar**. They are used with the indirect object pronouns **me, te, le, nos, os**, and **les**, rather than with the subject pronouns **yo, tú, usted, él, ella, nosotros(as), vosotros(as), ustedes, ellos** and **ellas: Me molesta que no quieran ir a la ópera. Me fascina que tú no veas nunca la televisión.**

ACTIVIDADES

1 **Opiniones** Crea oraciones completas según el modelo para expresar las opiniones de las personas indicadas sobre las películas y la televisión.

MODELOS a usted le sorprende que / salir tantas películas malas
A usted le sorprende que salgan tantas películas malas.

es bueno que / no costar mucho la televisión por satélite
Es bueno que no cueste mucho la televisión por satélite.

1. a nosotros nos molesta que / Hollywood hacer tantas películas de acción
2. a mí me sorprende que / ser tan populares las telenovelas
3. es lógico que / los actores famosos recibir tanto dinero
4. es importante que / las películas extranjeras ser dobladas
5. a ti te molesta que / los refrescos en el cine costar tanto
6. a ustedes les sorprende que / los críticos siempre tener las mismas opiniones

2 🔊 **Felipe** Felipe lleva dos años en Hollywood buscando trabajo como actor. Escucha la descripción de la vida de Felipe. Usa las frases indicadas para expresar tu opinión sobre la situación de Felipe.

MODELO **Lees:** Es fantástico que…
Escuchas: Felipe piensa que quiere ser estrella de cine.
Escribes: *Es fantástico que quiera ser estrella de cine.*

1. Es mejor que…
2. Es importante que…
3. Es imprescindible que…
4. Es una lástima que…
5. Es una pena que…
6. Es necesario que no…

3 🔁 **Yo creo que…** Te gusta mucho ir al cine y ver la televisión, pero tienes opiniones muy firmes sobre ciertos aspectos de la industria. Exprésale tus opiniones a un(a) compañero(a) sobre los siguientes temas. Usa las frases de emoción o las expresiones impersonales de la página 415 para formar tus oraciones.

MODELO el salario de los actores principales
Es ridículo que les paguen veinte millones de dólares a los actores principales de una película.

1. el uso de las imágenes creadas por computadora
2. los presupuestos *(budgets)* de más de ochenta millones de dólares
3. el precio de las entradas
4. el precio de las palomitas y los chocolates en el cine
5. los anuncios en la tele
6. la programación en la tele
7. las telenovelas
8. la violencia en las películas y los programas de televisión

GRAMÁTICA ÚTIL 2

Expressing doubt and uncertainty: The subjunctive with expressions of doubt and disbelief

"No es cierto que los chicos de hoy no puedan entender el teatro".

Los juglares se han mantenido vigentes durante tres décadas con los mismos ingredientes: el títere, la imaginación y la maleta.

Photo by Walter Moreno/Los Andes

Look at this headline from an article about children's theater and **juglares** *(jesters and puppeteers)*. Do you know why **puedan** is in the subjunctive?

Cómo usarlo

1. The subjunctive is also used to express doubt and uncertainty.

No creen que funcione el televisor.

They don't think the TV is working.

Dudamos que tú puedas ver el programa.

We doubt you'll be able to watch the program.

2. When speakers view situations as doubtful, or do not expect them to occur, they use the subjunctive. Notice that in this usage, you do not need to have a change in subject: **Dudamos que podamos ver el programa.**

3. Here are some verbs and expressions that express doubt and uncertainty.

- **Verbs:** dudar *(to doubt)*, no creer *(to not believe)*
- **Expressions:**
  Es dudoso / improbable. *(It's doubtful / improbable.)*
  No es probable / cierto / seguro / verdad. *(It's not probable / certain / sure / true.)*
  no estar seguro(a) de *(to not be sure of)*

4. When speakers use similar expressions to express belief or certainty—**creer, estar seguro(a), es cierto, es seguro, es obvio**—the present indicative (and not the present subjunctive) is used.

Creen que **funciona** el televisor.

They think the TV is working.

Es cierto que podemos ver el programa.

It's certain that we can watch the program.

Note that when you use some of these expressions in a question, you use the indicative, not the subjunctive, because you are not expressing doubt, but are assuming your listener agrees with you in your certainty: **¿No es cierto que esa película es buenísima? ¿No crees que ese programa es interestante?**

ACTIVIDADES

4 **Dudas** Tú y tus amigos tienen muchas opiniones negativas de los medios de comunicación y las artes. ¡Dudan de todo! Di de lo que dudan.

MODELO   tú / ese episodio ser nuevo
Dudas que ese episodio sea nuevo.

1. ellos / las noticias ser interesantes
2. tú / los programas de realidad existir en veinte años
3. yo / ese sitio web hacerme reír
4. nosotros / ese participante ganar el concurso
5. ella / esa novela gustarle al público
6. yo / el show de los premios Oscar terminar a tiempo
7. ustedes / la presentadora ser original en sus comentarios
8. él / ese blog durar más de un año

5 **La música** Hay muchos tipos de música hoy día, y las preferencias del público varían mucho. Crea seis oraciones sobre la industria musical, combinando frases de las tres columnas con verbos de la lista para expresar tus opiniones.

Verbos: creer, no creer, dudar, estar seguro(a) de, no estar seguro(a) de

MODELO   *No creo que la música clásica exista en cincuenta años.*

Columna 1	**Columna 2**	**Columna 3**
yo	la música pop	existir en… años
mis amigos(as)	la música clásica	ser tan popular en el futuro
mi mejor amigo(a)	la música country	controlar el mercado en… años
el (la) crítico(a) de música	la música latina	cambiar de ritmo y tema en el futuro
los blogueros	el rap	tener en el futuro el público que tiene hoy
los jóvenes	el rock	ir a conciertos para jóvenes
¿…?	¿…?	¿…?

6 🔄 **Mi futuro** Conversa sobre tu futuro con un(a) compañero(a). Usa el subjuntivo y expresiones de duda para contarle a tu compañero(a) cuatro o cinco predicciones sobre tu futuro. Luego, él/ella te contará *(will tell you)* cuatro o cinco predicciones sobre su futuro.

MODELO   *Es improbable que tenga una casa grande en Hollywood y sea un(a) director(a) de cine famoso(a).*

SONRISAS

Expresión 👥 En grupos de tres o cuatro estudiantes, expresen sus reacciones a los siguientes lemas *(slogans)*. Usen expresiones como **dudo que, estoy seguro(a) de que, no es cierto que, es probable que** y **no es probable que.**

1. El tiempo es oro.
2. El mundo es un pañuelo *(handkerchief)*.
3. La mala suerte *(luck)* y los tontos caminan del brazo *(arm-in-arm)*.
4. La práctica hace al maestro.
5. Donde una puerta se cierra, cien se abren.

GRAMÁTICA ÚTIL 3

Expressing unrealized desires and unknown situations: The subjunctive with nonexistent and indefinite situations

Cómo usarlo

1. You have used the subjunctive in dependent clauses that begin with **que** and that follow independent clauses containing:

■ verbs of volition	Mis amigos **prefieren** que **vayamos** al teatro.
■ impersonal expressions	**Es ridículo** que las entradas **sean** tan caras.
■ verbs / expressions of emotion	**¡Qué lástima** que no **puedas** acompañarnos!
■ **ojalá**	**Ojalá** que **vengas** la próxima vez.
■ expressions of doubt	**No estoy seguro** de que todos **podamos** ir.

2. You also use the subjunctive when you refer to people, places, or things that don't exist or may not exist. These references to nonexistent or unknown things also occur in dependent **que** clauses.

■ Doesn't exist:

No veo a nadie que **conozcamos**.   *I don't see anyone* here who *we* **know**.

■ Unknown—don't know if it exists:

Buscan un teatro que se **especialice** en comedias.   *They're looking for* a theater that *specializes* in comedies.

3. When you *know or believe* that something or someone exists, you use the present indicative in the dependent **que** clause.

Veo a alguien que **conocemos**.   *I see someone* that we **know**.
Conoces un teatro que **se especializa** en comedias.   *You know of* a theater that *specializes* in comedies.

4. The sentences above all follow the same pattern as the other complex sentences you learned: independent clause + **que** + dependent clause with subjunctive.

ACTIVIDADES

7 **Los deseos de la productora** La productora tiene una visión particular para su musical. ¿Qué dice ella que buscan, quieren o necesitan ella y sus compañeros(as) de trabajo?

MODELO   yo querer: una obra (tener posibilidades cómicas)
Quiero una obra que tenga posibilidades cómicas.

1. el director buscar: una actriz (poder hablar francés, inglés y español)
2. nosotros necesitar: un banco (prestarnos los fondos)
3. yo buscar: un director de orquesta (saber algo de musicales)
4. los actores querer: un teatro (no ser ni muy pequeño ni muy grande)
5. nosotros necesitar: un contador (poder controlar los costos)
6. yo buscar: un actor (no ser muy conocido todavía)

8 🔊 **El productor ejecutivo** Escucha al productor ejecutivo de un musical. Él describe lo que va a necesitar para poder montar su obra. Escucha su descripción y escribe lo que él dice que necesita de cada persona que busca.

MODELO   **Escuchas:** Primero, vamos a necesitar un director. El director tiene que tener mucha experiencia en el teatro.
Ves: director / tener
Escribes: *Necesita un director que tenga experiencia en el teatro.*

1. actores / poder
2. director de orquesta / saber
3. diseñador / ser
4. productor / ser

9 🔁 **Una comedia** Tú y un(a) compañero(a) van a ser escritores(as) o directores(as) de una comedia sobre las experiencias de estudiantes universitarios que estudian español. Escriban seis oraciones que describan su visión. Usen el subjuntivo para describir a las personas y cosas necesarias para ejecutar su plan. Piensen en las siguientes preguntas antes de empezar.

- ¿Qué características quieren que tenga su comedia?
- ¿Qué tipo de actor / actriz buscan para representar al (a la) profesor(a)?
- ¿Cómo quieren que sean los estudiantes?
- ¿Qué tipo de situaciones van a representar?

MODELO   *Queremos escribir una comedia que sea divertida.*

© epa european pressphoto agency b.v. / Alamy

¡Explora y exprésate!

Venezuela

▶ Información general

Nombre oficial: República Bolivariana de Venezuela

Población: 30.405.207

Capital: Caracas (f. 1567) (3.273.863 hab.)

Otras ciudades importantes: Maracaibo (2.001.591 hab.), Valencia (2.044.323 hab.), Maracay (1.878.918 hab.)

Moneda: bolívar

Idiomas: español (oficial), lenguas indígenas (araucano, caribe, guajiro)

Consulta el mapa de Venezuela en el **Apéndice D**.

A tener en cuenta

- Venezuela declara la independencia de España en 1811. Con Colombia, Ecuador y Panamá, forma parte de la Gran Colombia hasta 1830, cuando se convierte en un país independiente.

- Hay más de 26 grupos indígenas en Venezuela hoy día. Los wayúu (o guajiros) son el pueblo indígena más grande. Otro pueblo destacado son los yanomami, que viven en el Amazonas y son conocidos por su respeto hacia la naturaleza.
- Venezuela tiene las reservas de petróleo más grandes de Sudamérica.
- Venezuela se conoce por su industria televisiva y cinematográfica.

Colombia

A tener en cuenta

- Colombia declara la independencia de España en 1810 para ser parte de la Gran Colombia bajo el libertador Simón Bolívar. En 1830, Colombia es uno de los tres países independientes que se forman a partir de la antigua Gran Colombia. Los otros dos países son Venezuela y Ecuador.

- Colombia se conoce por su diversidad multicultural. Tiene una gran variedad de culturas del Caribe, del Pacífico, del Amazonas y de los Andes. También se puede ver la influencia de las culturas árabe, europea y africana.

- Junto con Costa Rica y Brasil, Colombia es uno de los principales productores de café de Latinoamérica.

- El 95% de la producción mundial de esmeraldas *(emeralds)* se extrae del subsuelo colombiano.

> ▶ **Información general**
>
> **Nombre oficial:** República de Colombia
>
> **Población:** 47.846.160
>
> **Capital:** Santa Fe de Bogotá (f. 1538) (7.862.277 hab.)
>
> **Otras ciudades importantes:** Medellín (2.464.322 hab.), Cali (2.700.000 hab.), Barranquilla (1.206.946 hab.)
>
> **Moneda:** peso (colombiano)
>
> **Idiomas:** español (oficial), chibcha, guajiro y 90 lenguas indígenas

Consulta el mapa de Colombia en el **Apéndice D**.

Jesus Castillo/El Nacional de Venezuela/Newscom

El cine venezolano

El cine venezolano tiene una larga historia. Empieza en 1897 con el realizador *(producer)* Manuel Trujillo Durán, cuando estrenó dos películas filmadas en Venezuela en el Teatro Baralt en Maracaibo. Hacia finales de los años 20, el cine nacional comienza a tener una presencia regular en las pantallas del país. Hoy día, la afición al cine de la comunidad venezolana continúa y los cineastas venezolanos siguen realizando *(continue making)* películas de gran interés nacional e internacional. La Villa del Cine, situada en Guarenas, estado Miranda, es una fundación que se dedica a estimular la producción de películas y otras obras audiovisuales. Igualmente fomenta *(promotes)* el futuro del cine venezolano con su programa de formación, donde se realizan talleres y cursos sobre diferentes áreas de la cinematografía. Con la Villa del Cine, Venezuela asegura su importancia fílmica en el cine mundial.

MAMBO

La misión del Museo de Arte Moderno de Bogotá (MAMBO) es "investigar, estimular, divulgar *(spread)*, promover, proteger y fomentar *(encourage)* el interés por todas las manifestaciones de las artes plásticas y visuales, modernas y contemporáneas en Colombia". Creado en 1955, el MAMBO ofrece exposiciones de lo mejor del arte contemporáneo que incluyen

Miguel Menendez V./EPA/Newscom

pinturas, esculturas, fotografías y videos. Pero su misión educativa no termina allí. La biblioteca del MAMBO contiene siete grandes colecciones bibliográficas, compilaciones periodísticas, catálogos y revistas que documentan la historia del arte nacional. El MAMBO ofrece talleres *(workshops)*, conversatorios *(discussion forums)*, conferencias, seminarios y guías para la estimulación del arte joven. ¡Hasta puedes bajar una app del MAMBO para el celular!

EN RESUMEN

La información general

1. ¿Qué países forman la Gran Colombia?
2. ¿Qué pueblo indígena de Venezuela se conoce por respetar la naturaleza?
3. ¿Qué tiene Venezuela que son las más grandes de toda Sudamérica?
4. ¿Cuándo se establece Colombia como república independiente?
5. ¿Colombia es uno de los principales productores de qué producto?
6. ¿Qué piedra valiosa se encuentra en el subsuelo colombiano?

El tema del entretenimiento y el arte

1. ¿Cuándo empieza la historia del cine venezolano?
2. ¿Qué fundación se dedica a fomentar el cine venezolano?
3. ¿Qué incluyen las exposiciones del MAMBO?
4. ¿Qué incluye el MAMBO en su misión educativa para el artista joven?

¿Quieres saber más?

Revisa y completa la tabla que empezaste al principio del capítulo. Escoge uno o dos de los temas sobre los que escribiste en la columna **Lo que quiero aprender**, o uno o dos de los que figuran a continuación. Prepárate para compartir la información con la clase.

Palabras clave: Venezuela los yanomami, el petróleo, Parque Nacional Canaima, Rómulo Gallegos, Carolina Herrera, Wilmer Valderrama; **Colombia** los araucanos, la leyenda de El Dorado, el Museo de Oro, Gabriel García Márquez, Ingrid Betancourt

🌐 Para aprender más sobre Colombia y Venezuela, mira los videos culturales en la mediateca *(Media Library)*.

© Rafa Salafranca/EPA/Newscom

A leer

Antes de leer

ESTRATEGIA

Clustering words and phrases

When you read, it helps to cluster words and phrases that seem to go together, especially when the reading contains complex sentences. You can identify clusters by looking at the meanings of the words, in addition to punctuation marks and parentheses that can signal the beginning and end of word clusters.

Look at this sentence from the reading on the next page. The different colors and fonts indicate one way you can group its words into more manageable clusters.

Este milagro es la demostración irrefutable de que hay una cantidad enorme de personas dispuestas a leer historias en lengua castellana, **y por lo tanto un millón de ejemplares de *Cien años de soledad* no son un millón de homenajes** al escritor que hoy recibe sonrojado el primer libro de este tiraje descomunal.

1 La lectura de este capítulo es un fragmento de un discurso *(speech)* que dio el autor Gabriel García Márquez en 2007. En él, cuenta cómo escribió su novela más famosa, *Cien años de soledad*. La novela, que según su autor tiene muchos elementos autobiográficos, fue escrita a máquina *(on a typewriter)* durante dieciocho meses y publicada en 1967. García Márquez y su familia sufrieron muchas dificultades financieras mientras él la escribía, pero después de la publicación, su situación económica cambió drásticamente debido al éxito *(success)* espectacular del libro.

2 Para familiarizarte con algunas palabras y frases de la lectura, conecta las frases de la izquierda con las de la derecha.

1. _____ un millón de ejemplares
2. _____ dos dedos índices
3. _____ un gesto hacia una novela
4. _____ un artesano insomne
5. _____ personas dispuestas
6. _____ un millón de homenajes
7. _____ este tiraje descomunal
8. _____ lengua castellana
9. _____ muchedumbre hambrienta
10. _____ afirmación jactanciosa
11. _____ un alma abierta
12. _____ alimentar esa sed
13. _____ nuestro oficio
14. _____ pelotón de fusilamiento
15. _____ cuartillas escritas a máquina

a. *to feed/quench that thirst*
b. *a million copies*
c. *our profession*
d. *the Spanish language*
e. *an open soul/spirit*
f. *two index fingers*
g. *a million homages/tributes*
h. *boastful statement*
i. *a gesture toward a novel*
j. *hungry multitude*
k. *a sleepless craftsman*
l. *this huge printing/print run*
m. *firing squad*
n. *typewritten sheets*
o. *people willing/ready*

3 Ahora, lee el fragmento del discurso. Trata de usar la técnica de agrupar las palabras para entender mejor el sentido general de cada oración.

This reading has many present perfect and past perfect forms. These tenses focus on ordering events in time: *have eaten* (present perfect), *had eaten* (past perfect). The present perfect forms are **ha pasado** *(has passed)* **ha sucedido** *(has happened)*, **ha cambiado** *(has changed)*, **he visto** *(I have seen)*, **han demostrado** *(have demonstrated)*. The past perfect forms are **había adquirido** *(had acquired)* and **no habíamos mandado** *(we hadn't sent)*. You will learn these forms in **Chapter 13**.

Un alma abierta para ser llenada con mensajes en castellano"

Gabriel García Márquez

Ni en el más delirante de mis sueños en los días en que escribía *Cien años de soledad* llegué a imaginar que podría ver una edición de un millón de ejemplares. Pensar que un millón de personas pudieran[1] decidir leer algo escrito en la soledad de un cuarto, con veintiocho letras del alfabeto y dos dedos como todo arsenal, parecía a todas luces una locura[2]. Hoy, las Academias de la Lengua lo hacen como un gesto hacia una novela que ha pasado ante los ojos de cincuenta veces un millón de lectores, y hacia un artesano insomne como yo, que no sale de su sorpresa por todo lo que ha sucedido.

Pero no se trata ni puede tratarse de un reconocimiento a un escritor. Este milagro[3] es la demostración irrefutable de que hay una cantidad enorme de personas dispuestas a leer historias en lengua castellana, y por lo tanto un millón de ejemplares de *Cien años de soledad* no son un millón de homenajes al escritor que hoy recibe sonrojado[4] el primer libro de este tiraje descomunal. Es la demostración de que hay millones de lectores de textos en lengua castellana esperando este alimento.

En mi rutina de escritor nada ha cambiado desde entonces. Nunca he visto nada distinto que mis dos dedos índices golpeando una a una y a buen ritmo[5] las veintiocho letras del alfabeto inmodificado que he tenido ante mis ojos durante estos setenta y pico[6] de años. Hoy me tocó levantar la cabeza para asistir a este homenaje que agradezco[7] y no puedo hacer otra cosa que detenerme a pensar qué es lo que ha sucedido. Lo que veo es que el lector inexistente de mi página en blanco es hoy una descomunal muchedumbre hambrienta de lectura de textos en lengua castellana.

---

[1] could [2] **parecía…:** *seemed without doubt a crazy idea* [3] *miracle* [4] *blushing* [5] **golpeando…:** *hitting each (letter) at a good rate of speed*
[6] **y…:** *and then some* [7] **me…:** *it was my turn to lift my head up and attend this tribute for which I am grateful*

Los lectores de *Cien años de soledad* son una comunidad que, si viviera en un mismo pedazo de tierra, sería[8] uno de los veinte países más poblados del mundo. No se trata de una afirmación jactanciosa. Al contrario. Quiero apenas mostrar que ahí está una cantidad de seres humanos que han demostrado con su hábito de lectura que tienen un alma abierta para ser llenada con mensajes en castellano. El desafío[9] es para todos los escritores, todos los poetas, narradores y educadores de nuestra lengua, para alimentar esa sed y multiplicar esta muchedumbre, verdadera razón de ser de nuestro oficio y por supuesto de nosotros mismos.

A mis treinta y ocho años y ya con cuatro libros publicados desde mi veinte años, me senté ante la máquina y escribí: "Muchos años después frente al pelotón de fusilamiento, el coronel Aureliano Buendía había de recordar[10] aquella tarde remota en que su padre lo llevó a conocer el hielo[11]". No tenía la menor idea del significado ni el origen de esa frase ni hacia dónde debía conducirme[12]. Lo que hoy sé es

que no dejé de escribir ni un solo día durante dieciocho meses, hasta que terminé el libro.

Parecerá mentira[13] pero uno de mis problemas más apremiantes[14] era el papel para la máquina de escribir. Tenía la mala educación[15] de creer que los errores de mecanografía, de lenguaje o de gramática, eran en realidad errores de creación, y cada vez que los detectaba rompía la hoja y la tiraba al canasto de la basura[16] para empezar de nuevo. Con el ritmo que había adquirido en un año de práctica, calculé que me costaría[17] unos seis meses de mañanas diarias terminar el libro. [...]

Lo que podría ser motivo de otro libro mejor, sería cómo sobrevivimos[18] Mercedes y yo con nuestros dos hijos durante ese tiempo en que no gané ningún centavo por ninguna parte. Ni siquiera sé cómo hizo Mercedes durante esos meses para que no faltara ni un día la comida en casa. [...]

Por fin, a principios de agosto de 1966 Mercedes y yo fuimos a la oficina de correos en Ciudad de México para enviar a Buenos Aires la versión terminada de *Cien años de*

soledad, un paquete de 590 cuartillas escritas en máquina a doble espacio y en papel ordinario, y dirigidas a Francisco Porrúa, director literario de la Editorial Sudamericana.

El empleado del correo puso el paquete en la balanza, hizo sus cálculos mentales y dijo:

—Son ochenta y dos pesos.

Mercedes contó los billetes y las monedas sueltas que le quedaban en la cartera y se enfrentó a la realidad.

—Solo tenemos cincuenta y tres.

Abrimos el paquete, lo dividimos en dos partes iguales y mandamos una a Buenos Aires sin preguntar siquiera cómo íbamos a conseguir el dinero para mandar el resto. Solo después caímos en la cuenta que no habíamos mandado la primera mitad sino la última[19]. Pero antes de que consiguiéramos el dinero para mandarla, ya Paco Porrúa, nuestro hombre en la Editorial Sudamericana, ansioso de leer la primera mitad del libro, nos anticipó dinero[20] para que pudiéramos enviarla.

Fue así como volvimos a nacer en nuestra nueva vida de hoy.

Gabriel García Márquez y su esposa Mercedes Barcha

© Rafael Perez/Reuters/Corbis

[8] **si...**: *if it (this community) lived in the same piece of earth, it would be* [9] *challenge* [10] **había...**: *was to remember* [11] **conocer...**: *discover ice* [12] **hacia...**: *where I should go next* [13] **Parecerá...**: *It may seem a lie* [14] *pressing, urgent* [15] **mala...**: *bad manners, habit* [16] **rompía...**: *I crumpled up the sheet of paper and threw it in the wastebasket* [17] **me...**: *it would cost me* [18] *we survived* [19] **caímos...**: *we realized we had not sent the first half, but instead the last (half)* [20] **nos...**: *he advanced us money*

Gabriel García Marquez, excerpts of the speech "Un alma abierta para ser llenada con mensajes en castellano", YO NO VENGO A DECIR UN DISCURSO.
© 2010, Gabriel García Marquez and Heirs of Gabriel García Marquez. Used with permission.

Después de leer

4 Di si las siguientes oraciones sobre la lectura son ciertas **(C)** o falsas **(F)**.

1. Gabriel García Márquez siempre pensó que su novela iba a tener éxito y vender muchos ejemplares.
2. El autor dice que el verdadero *(true)* milagro es que haya tantas personas que quieran leer libros escritos en español.
3. Él también afirma que hay tantos lectores de *Cien años de soledad* que pueden formar su propio país.
4. Según dice, él nunca cambió su rutina para escribir.
5. Cuando él escribió la primera oración de esa novela, ya sabía qué pasaría *(would happen)* con los personajes.
6. Mientras escribía la novela, no podía tolerar errores en el manuscrito.
7. Su esposa Mercedes gastó mucho de su dinero para alimentar a la familia.
8. La familia vivía en México mientras García Márquez escribía la novela.
9. La casa editorial *(publisher)* del libro estaba en Argentina.
10. García Márquez y Mercedes tuvieron que buscar el dinero para enviar la segunda mitad de la novela a Paco Porrúa, el director de la casa editorial.

5 Contesta las preguntas sobre la lectura. Si es necesario, vuelve al discurso para asegurarte de los detalles específicos.

1. Según García Márquez, ¿el éxito de *Cien años de soledad* es también un reconocimiento de quién o quiénes?
2. ¿Cuáles son por lo menos tres cosas que sabemos de su proceso de escritura, según comenta García Márquez en el discurso?
3. Según él, ¿qué libro sería *(would be)* mejor que *Cien años de soledad*?
4. ¿Por qué Paco Porrúa le envió dinero?

6 🔁 Trabaja con un(a) compañero(a) de clase. Van a describir algún logro *(achievement)* artístico del cual estén orgullosos(as) *(proud)*. Túrnense para contestar las siguientes preguntas y después comparar sus respuestas.

1. ¿Cuál es tu creación? ¿Cómo es?
2. ¿Cómo la creaste y cuándo?
3. ¿Cuánto tiempo necesitaste para hacerlo?
4. ¿Tuvo éxito? ¿Cuál fue la reacción de otras personas hacia ella?
5. ¿Tuviste que sacrificar algo para hacer tu creación?

A escribir

Antes de escribir

ESTRATEGIA

Prewriting—Creating an outline

In **Chapter 9** you learned how to write a paragraph using a topic sentence and supporting details. In this chapter, you will create an outline that shows the organization of a piece of writing that is composed of more than one paragraph. When you are writing compositions longer than a single paragraph, an outline is a useful way to organize your thoughts and ideas before you begin writing.

1   Trabaja con un(a) compañero(a) de clase.

1. Juntos(as), piensen en un programa de televisión, una película, una novela, una pieza musical o una exposición de arte que los dos conozcan bien. Van a escribir una reseña de cuatro párrafos breves.

2. Después de seleccionar una obra, hagan una lista de opiniones, temas, datos *(facts)* y ejemplos que puedan usar en su reseña. Escriban todo lo que puedan; van a tener la oportunidad de organizar sus ideas en la **Actividad 3**.

MODELO   **película:** *Love in the Time of Cholera*
           actores: *Benjamin Bratt, Javier Bardem, Giovanna Mezzogiorno*
           temas e ideas: *película romántica, histórica, basada en la novela*
               El amor en los tiempos del cólera *de Gabriel García Márquez*
           opiniones: *Es una película intensa y triste pero muy interesante.*

This English-language film of the Gabriel García Márquez novel *El amor en los tiempos del cólera* was directed by Mike Newell and was a critically acclaimed production.

2   Miren su lista de ideas y traten de hacer un bosquejo *(outline)* como el siguiente. Recuerden que cada párrafo debe tener una oración temática y dos ejemplos que se relacionen con esa oración.

    I. Párrafo 1: Introducción con reacción general a la obra
       A. Oración temática: *Me gustó mucho la película con su historia de amor porque...*
       B. Ejemplo 1: *Los actores son muy buenos y...*
       C. Ejemplo 2: *Trata de varias épocas históricas y también...*

    II. Párrafo 2: Elaboración del Ejemplo 1 del Párrafo 1
       A. Oración temática: *El director trabajó muy bien con los actores...*
       B. Ejemplo 1: *La interpretación* (performance) *de Javier Bardem es...*
       C. Ejemplo 2: *Giovanna Mezzogiorno tiene un papel* (role)...

III. Párrafo 3: Elaboración del Ejemplo 2 del Párrafo 1
  A. Ejemplo 1: *La película comienza en el momento presente y después vuelve al pasado cuando…*
  B. Ejemplo 2: *Cuenta una historia de amor que empezó hace muchos años…*

IV. Párrafo 4: Conclusión que resume la reacción general otra vez, pero desde otro punto de vista
  A. Oración temática: *En fin, es una película muy complicada…*
  B. Ejemplo 1: *Los actores realizan unos papeles complejos y…*
  C. Ejemplo 2: *La manera de narrar la historia de la película añade…*

Composición

3 Usa el bosquejo para escribir tu reseña. Aquí hay unas frases que te pueden ser útiles *(useful)* mientras escribes.

En primer / segundo lugar…	Es bueno / malo / extraño / obvio / una lástima / lógico…
Después…	
Luego…	Me molesta que…
En fin…	Temo que…
Dudo que…	Me alegro de que…
No es cierto…	Ojalá que…
Creo que…	Me sorprende que…

Después de escribir

4 Intercambia tu borrador con el de otro(a) estudiante. Usen la siguiente lista como guía para revisar el borrador de su compañero(a).

- ¿Incluye la reseña toda la información del bosquejo?
- ¿Usaron expresiones de emoción y transiciones como **primero, segundo, luego, antes,** etc.?
- ¿Hay concordancia *(agreement)* entre los artículos, los sustantivos *(nouns)* y los adjetivos?
- ¿Usaron bien el subjuntivo con los verbos y expresiones de negación, de duda y de emoción?
- ¿Hay errores de puntuación o de ortografía?

¡Vívelo!

Vas a participar en un debate sobre dos tipos de entretenimiento para decidir cuál es el más divertido. Luego vas a dar tu opinión sobre otro debate entre tus compañeros.

Antes de clase

Paso 1 Mira la siguiente lista de tipos de entretenimiento. ¿Cuál es tu favorito? Si pudieras *(you could)* escoger solamente uno para toda la vida, ¿cuál sería *(would it be)*?

- películas
- programas de televisión
- música (de cualquier tipo)
- libros
- mensajes de texto
- obras de teatro o espectáculo de baile

Paso 2 Escribe de tres a cinco oraciones que describan por qué escogiste esta forma de entretenimiento.

MODELO   *No creo que yo pueda vivir sin televisión. Escogí esta forma de entretenimiento porque me gusta mirar muchos tipos de programas, como deportes, comedias, telenovelas, noticias y más. Para mí, ¡es ridículo que algunas personas no tengan un televisor en casa!*

© Wavebreakmedia/iStock

Durante la clase 👥

Paso 1 La clase entera va a compartir sus opiniones para escoger los cuatro tipos de entretenimiento más populares entre todos los estudiantes.

Paso 2 Divídanse en cuatro grupos, según la forma de entretenimiento que escogieron en la sección **Antes de clase**. (Si no elegiste uno de los cuatro tipos finales, escoge uno de ellos.)

Paso 3 Su instructor(a) va a organizar dos debates entre los cuatro grupos. Les va a decir de qué tratarán *(will be)* los dos debates. Por ejemplo, algunos temas pueden ser "libros contra música", "películas contra televisión", etc.

Paso 4 En su grupo, divídanse en dos equipos según sus preferencias originales, si es posible. (Si no lo es, cada persona debe escoger el tipo de entretenimiento que más le gusta). Asegúrense de que los dos equipos tengan más o menos el mismo número de personas.

Paso 5 Trabajen con los miembros de su equipo para escribir argumentos a favor de su forma de entretenimiento y en contra de la forma del otro equipo.

Paso 6 Participen en un debate con el otro equipo: ¿Cuál es la mejor forma de entretenimiento y por qué? Expresen sus opiniones claramente y sean corteses cuando critiquen las ideas de los miembros del otro equipo.

Fuera de clase 👥

Paso 1 Con los miembros de su equipo, escriban un resumen de sus argumentos a favor de su forma de entretenimiento y en contra de la del otro equipo.

Paso 2 Repasen su resumen y corríjanlo antes de crear una versión final.

¡Compártelo! ◄

Paso 1 Pongan su resumen en el foro en línea de *Nexos*. Luego lean los argumentos de los dos equipos del otro debate y voten por el equipo que tenga el argumento más convincente. Expliquen por qué.

Paso 2 Después de las votaciones, miren los resultados para ver quiénes ganaron los dos debates.

Vocabulario

Géneros de películas *Movie genres*

la comedia (romántica) *(romantic) comedy*
los dibujos animados *cartoons; animated film*
el documental *documentary*
el drama *drama*
la película... *movie, film*
... de misterio *mystery movie*
... de acción *action movie*
... de ciencia ficción *science fiction movie*
... de horror / terror *horror movie*

Sobre la película *About the movie*
con subtítulos en inglés *with subtitles in English*
doblado(a) *dubbed*
la estrella de cine *movie star*
una película titulada... *a movie called . . .*
Se trata de... *It's about . . .*
el título *title*

Las películas: tecnología *Movies: Technology*

la alta definición *high definition*
bajar / descargar *to download*
la banda ancha *high speed*
el pago por visión *pay-per-view*

el streaming / flujo de video en tiempo real *streaming video*
la televisión de pago *pay TV (enhanced cable, premium channels)*
el video a pedido / bajo demanda *video on demand*

La crítica *Critique, review*

calificar / clasificar con cuatro estrellas *to give a four-star rating*
el (la) crítico(a) *critic*

la reacción crítica *critical reaction*
la reseña / la crítica *review*

El índice de audiencia *Ratings*

apto(a) para toda la familia *G (for general audiences)*
apto(a) para mayores de 13 años *PG-13 (parental discretion advised)*

prohibido(a) para menores *R (minors restricted)*

En el cine *At the movies*

los chocolates *chocolates*
los dulces *candy*

la entrada / el boleto *ticket*
las palomitas (de maíz) *popcorn*

La televisión *Television broadcasting*

el cable *cable television*
cambiar el / de canal *to change the channel*
el control remoto *remote control*
en vivo *live*
el episodio *episode*

la estación *station*
grabar *to videotape; to record*
por satélite *by satellite dish*
la teleguía *TV guide*

Los programas de televisión *Television programs*

las noticias *news*
el programa de concursos *game show*
el programa de entrevistas *talk show*
el programa de realidad *reality show*

la telecomedia *sitcom*
el teledrama *drama series*
la telenovela *soap opera*
la teleserie *TV series*

La gente en la televisión *People on TV*

el (la) entrevistador(a) *interviewer*
el (la) locutor(a) *announcer*
el (la) participante *participant*

el (la) presentador(a) *presenter, host (of the show)*
el público *audience*
el (la) televidente *TV viewer*

La música *Music*

la música clásica *classical music*
la música contemporánea *contemporary music*
la música country *country music*
la música mundial / internacional *world music*

la música pop *pop music*
el R & B *rhythm and blues*
el rap *rap*
el rock *rock*

Arte y cultura *The arts*

el baile / la danza *dance*
la escultura *sculpture*
el espectáculo *show*
la exposición de arte *art exhibit*
el musical *musical*

la obra teatral *play*
la ópera *opera*
la pintura *painting*
el show *show*

Verbos y expresiones de duda *Verbs and expressions of doubt*

dudar *to doubt*
es dudoso *it's doubtful / unlikely*
es improbable *it's improbable / unlikely*
no creer *to not believe*
no es cierto *it's not certain*

no es probable *it's not probable / likely*
no es seguro *it's not sure*
no es verdad *it's not true*
no estar seguro(a) de *to not be sure of*

Expresiones impersonales *Impersonal expressions*

es bueno *it's good*
es extraño *it's strange*
es fantástico *it's fantastic*
es horrible *it's horrible*
es importante *it's important*
es imprescindible *it's extremely important / essential*
es una lástima *it's a shame*

es lógico *it's logical*
es malo *it's bad*
es mejor *it's better*
es necesario *it's necessary*
es ridículo *it's ridiculous*
es terrible *it's terrible*

Verbos y expresiones de emoción positivas y negativas *Expressions and verbs of positive and negative emotion*

alegrarse de *to be happy about*
encantar *to enchant; to please*
esperar *to wait; to hope*
estar contento(a) de *to be pleased about*
fascinar *to fascinate*
gustar *to like, to please*

molestar *to bother*
ojalá (que) *I wish, I hope*
sentir (ie, i) *to feel sorry, regret*
sorprender *to surprise*
temer *to fear*
tener miedo de *to be afraid (of)*

Repaso del Capítulo 11

Complete these activities to check your understanding of the new grammar points in **Chapter 11** before you move on to **Chapter 12**.

The answers to the activities in this section can be found in **Appendix B**.

The subjunctive with impersonal expressions and verbs of emotion (p. 414)

1 Completa las oraciones con formas del subjuntivo o del infinitivo.

1. Es mejor _____ (ir) al cine durante el día.
2. Me alegro de que tú _____ (poder) acompañarme al teatro.
3. Me molesta _____ (llegar) tarde a los conciertos.
4. Me encanta que ellos _____ (querer) ir al espectáculo conmigo.
5. Ojalá que la ópera no _____ (comenzar) tarde.
6. Es fantástico que nos _____ (gustar) la misma música.

The subjunctive with expressions of doubt and disbelief (p. 417)

2 Lee las frases y decide si estás de acuerdo. Después, completa cada una con **Creo** o **No creo** y una forma del subjuntivo o del indicativo.

1. la música rock (ser) buena para bailar
2. muchos de mis amigos (ir) a las actuaciones de danza moderna
3. muchas personas (comprar) canciones de música mundial
4. los programas de televisión (representar) bien la cultura norteamericana
5. los programas de noticias (ser) imparciales
6. los actores y actrices populares (ganar) demasiado dinero
7. los boletos para los shows de Broadway (costar) demasiado
8. los traductores (traducir) bien el diálogo de las películas extranjeras

The subjunctive with nonexistent and indefinite situations (p. 420)

3 Haz oraciones completas con las palabras indicadas. Usa las ilustraciones para decidir si la cosa o la persona a la que se refieren existe o no existe.

MODELOS   yo buscar / teatro donde presentar shows de danza moderna.
    *Busco **el** teatro donde **presentan** shows de*
     danza moderna.
    *Busco **un** teatro donde **presenten** shows de*
     danza moderna.

1. yo buscar / a persona que tener los boletos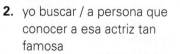
2. yo buscar / a persona que conocer a esa actriz tan famosa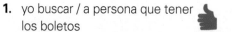
3. yo querer ver / telecomedia que tratar temas del día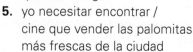
4. yo querer ver / telecomedia que ser bilingüe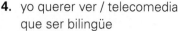
5. yo necesitar encontrar / cine que vender las palomitas más frescas de la ciudad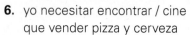
6. yo necesitar encontrar / cine que vender pizza y cerveza

Preparación para el Capítulo 12

Subjunctive with hopes and wishes (p. 376)

4 Completa las oraciones con la forma correcta de cada verbo: el de la cláusula independiente y el de la cláusula dependiente.

1. Adela _____ (querer) que nosotros _____ (ir) al cine con ella.
2. Tú _____ (esperar) que el concierto _____ (empezar) a tiempo.
3. Enrique y Natalia _____ (pedir) que tú _____ (grabar) el programa.
4. Ellos _____ (recomendar) que yo _____ (ver) esa película.
5. Yo _____ (insistir) en que ellos _____ (cambiar) el canal.
6. Nosotros _____ (desear) que ella _____ (comprar) los boletos para el show.
7. Usted _____ (requerir) que los actores _____ (llegar) temprano.
8. Tú _____ (sugerir) que yo _____ (escuchar) esta canción de rap.

The present indicative (pp. 22, 28, 56, 102, 144, 149, and 184)

5 Escribe oraciones completas usando las palabras indicadas y formas del presente de indicativo.

1. yo / tener muchas canciones de música country
2. mis amigos / asistir a clases de danza swing
3. ella / ver muchas obras teatrales profesionales
4. tú / preferir los musicales a los conciertos de música clásica
5. nosotras / vestirse muy elegantes para ir a la ópera
6. él / siempre dormirse durante los documentales
7. yo / cambiar el canal cuando hay muchos anuncios comerciales
8. tú / ser muy aficionado a los programas de realidad

Ir + a + infinitive (p. 110)

6 Usa las palabras indicadas y escribe oraciones para indicar lo que cada persona va a hacer en el futuro.

1. nosotros (pintar)
2. tú (dibujar)
3. Martín (cantar)
4. Carmela y Laura (tocar la guitarra)
5. yo (cambiar el canal)
6. usted (escuchar música)

© Nicolas Menijes Crego / Alamy

Complete these activities to review some previously learned grammatical structures that will be helpful when you learn the new grammar in **Chapter 12**. In addition, be sure to reread all three **Chapter 11: Gramática útil** sections before moving on to the **Chapter 12** grammar sections.

The answers to the activities in this section can be found in **Appendix B**.

EL BIENESTAR

El bienestar se refiere no solamente a la salud
(health) física, sino a la salud mental también.
Cada persona tiene su propia manera de
equilibrar su vida.

**¿Cómo mantienes tu salud física? ¿A través del
ejercicio, los deportes, la reflexión, la meditación,
la dieta, la nutrición u otras actividades?**

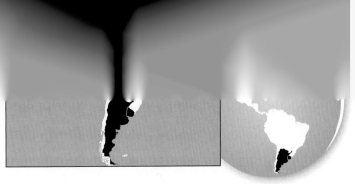

Un viaje por Argentina y Uruguay

Argentina y Uruguay comparten una frontera y se sitúan a los dos lados del Río de la Plata. Por ser tan grande, Argentina tiene una geografía más diversa que Uruguay: playas, montañas, selva, glaciares y pampas o llanuras. La industria ganadera *(cattle)* es muy importante en los dos países.

País / Área	Tamaño y fronteras	Sitios de interés
Argentina 2.736.690 km²	casi 30% del área total de Estados Unidos; fronteras con Bolivia, Brasil, Chile, Paraguay y Uruguay	las cataratas del Iguazú, Buenos Aires, Patagonia, Mar del Plata
Uruguay 173.620 km²	un poco más pequeño que el estado de Washington; fronteras con Argentina y Brasil	Punta del Este, Colonia del Sacramento, los baños termales en la región noroeste, las estancias *(ranches)*

¿Qué sabes? Di si las siguientes oraciones son ciertas **(C)** o falsas **(F)**.

1. Argentina tiene casi cinco veces el tamaño de Uruguay.
2. La geografía de Argentina es más variada que la de Uruguay.
3. Los dos países tienen una industria ganadera.
4. En Uruguay hay muchos baños termales cerca de las playas.

Lo que sé y lo que quiero aprender Completa la tabla del **Apéndice A**. Escribe algunos datos que **ya sabes** sobre estos países en la columna **Lo que sé**. Después, añade algunos temas que **quieres aprender** a la columna **Lo que quiero aprender**. Guarda la tabla para usarla otra vez en la sección **¡Explora y exprésate!** en la página 463.

COMMUNICATION

By the end of this chapter you will be able to

- talk about health and illness
- describe aches and parts of the body
- express probable outcomes
- express yourself precisely with the subjunctive and the indicative
- talk about future activities

CULTURES

By the end of this chapter you will have explored

- facts about Argentina and Uruguay
- the health benefits of the **tango**, Argentina's national dance
- the long life expectancy of Uruguayans
- specialized medical language
- an excerpt from *La invención de Morel*, Adolfo Bioy Casares

439

¡Imagínate!

▶ VOCABULARIO ÚTIL 1

Javier: Dime, ¿qué **síntomas** tienes?

Beto: Uy, tengo **una tos** terrible y **estornudo** muchísimo.

Javier: ¿Te tomaste la temperatura?

Beto: Sí. Parece que tengo **fiebre**. También **me duele la garganta**. ¡Y no se me quita este **dolor de cabeza**!

El cuerpo *The body*

In Spanish, **la oreja** refers to the the ear (the outside part that can be easily seen). **El oído** refers to the inner ear and also to hearing in general.

el ojo
la oreja (el oído)
la nariz
la boca
el cuello
la lengua

la cabeza
el hombro
el pecho
el dedo
la espalda
el brazo
la mano
el codo
el estómago
la pierna
la rodilla
el pie

el corazón *heart*
la garganta *throat*
el pulmón (los pulmones) *lung(s)*
la sangre *blood*
el tobillo... *ankle*
  ... quebrado / roto *broken*
  ... torcido *twisted*

Los síntomas *Symptoms*

el catarro / el resfriado

el dolor de cabeza

la tos

el dolor de garganta

la fractura

la fiebre

la herida

el dolor de estómago / las náuseas

la alergia *allergy*
la enfermedad *sickness, illness*
la gripe *flu*
la infección *infection*

cortarse *to cut oneself*
desmayarse *to faint*
dolerle (ue) (a uno) *to hurt*
estar congestionado(a) *to be congested*
estar mareado(a) *to feel dizzy*
estornudar *to sneeze*
lastimarse *to hurt, injure oneself*
palpitar *to palpitate*
resfriarse *to get chilled; to catch cold*
toser *to cough*
vomitar *to throw up*

Use **tener** to say you have an allergy: **Tengo alergia a la penicilina.** Use **tener** or **sentir** to say you feel nauseous: **Tengo náuseas después de comer. Siento náuseas cuando viajo por avión.**

Doler follows the same pattern as the verb **gustar: Me duele el estómago. / Le duelen las rodillas.**

ACTIVIDADES

1 **Beto** Beto no se siente nada bien. Completa sus comentarios con las conclusiones más lógicas de la segunda columna.

1. _____ Me corté el dedo.
2. _____ Estaba mareado.
3. _____ Tuve náuseas.
4. _____ Estoy estornudando mucho.
5. _____ Estoy congestionado.
6. _____ No quiero comer.
7. _____ Tengo mucho calor.
8. _____ Me caí y me lastimé el tobillo.

a. Tengo dolor de estómago.
b. Tengo el tobillo torcido.
c. Me lastimé el hombro.
d. Vomité.
e. Tengo fiebre.
f. Me desmayé.
g. Tengo una fractura en la mano.
h. Tengo alergia en la primavera.
i. Tengo catarro.
j. Me salió sangre.

2 **El cuerpo** ¿Qué parte o partes del cuerpo usas para hacer las siguientes actividades?

1. para caminar
2. para oír
3. para tocar la guitarra
4. para respirar
5. para oler
6. para leer
7. para la digestión
8. para escribir
9. para doblar el brazo
10. para llorar

3  **Una vez...** Con un(a) compañero(a), háganse las siguientes preguntas sobre su salud.

- ¿Qué enfermedad tuviste la última vez que estuviste enfermo(a)?
- ¿Te rompiste el brazo o la pierna cuando eras niño(a)? ¿Cómo ocurrió?
- ¿Tienes alergia a alguna comida o medicina? Explica tu respuesta.
- ¿Qué haces cuando tienes gripe?
- ¿Te desmayaste alguna vez? Describe qué pasó.
- ¿Tienes náuseas en ciertas situaciones? ¿En cuáles?
- ¿Estuviste mareado(a) alguna vez cuando eras niño(a)? Si lo estuviste, ¿cómo ocurrió?

¡FÍJATE!

El lenguaje médico

Adenopatías laterocervicales, inguinales y axilares, exantema máculo-papuloso muy pruriginoso, hepatoesplenomegalia, nefromegalia con insuficiencia hepática aguda durante su estancia en el hospital, meningitis aséptica.

© travelib history / Alamy

Como lo demuestra *(demonstrates)* el texto de arriba, la medicina tiene su propio lenguaje altamente especializado que puede resultar incomprensible para las personas que no tienen educación técnica. Sin embargo, muchos términos médicos son similares en inglés y español, debido a que el vocabulario médico y científico tiene sus raíces *(roots)* en el latín y el griego. Esto permite que un médico que no habla español comprenda el informe médico anterior. Para facilitar la comprensión de los términos científicos y médicos, basta con tener en consideración algunas correspondencias básicas entre las dos lenguas.

español		inglés	
f-	farmacia, física	**ph-**	*pharmacy, physics*
(p)si-	(p)sicología, (p)siquiatría	**psy-**	*psychology, psychiatry*
inm-	inmunología	**imm-**	*immunology*
c-	cólera, tecnología	**ch-**	*cholera, technology*
-ología	oncología, dermatología	**-ology**	*oncology, dermatology*
t-	terapia, patología	**th-**	*therapy, pathology*
-ólogo	patólogo, ginecólogo	**-ologist**	*pathologist, gynecologist*
-patía	homeopatía, neuropatía	**-pathy**	*homeopathy, neuropathy*

PRÁCTICA ⟳ Contesta las siguientes preguntas con un(a) compañero(a) de clase.

1. Lean el informe médico con mucha atención. ¿Comprenden de qué se trata? ¿Reconocen algunas palabras?
2. ¿Qué vocabulario especializado emplea el campo profesional en el cual está interesado(a) cada uno(a) de ustedes? Hagan una lista de cinco palabras para cada campo profesional.

Javier: Pobre hombre. ¿Quieres que te lleve al **médico**?

Beto: No, hombre, no es para tanto. Creo que es una gripe, es todo. Me tomé unas aspirinas y voy a **guardar cama** unos cuantos días a ver si se me pasa.

You can use **el (la) doctor(a)** or **el (la) médico(a)** to refer to a medical doctor in Spanish. Even **la médico** has been popularized recently.

En el consultorio del médico *In the doctor's office*

el chequeo médico *physical, checkup*
la cita *appointment*
la clínica *clinic*
la sala de emergencias *emergency room*
la sala de espera *waiting room*
la salud *health*

Instrucciones y preguntas *Instructions and questions*

Lo (La) voy a examinar. *I'm going to examine you.*
¿Qué le duele? *What hurts?*
¿Qué síntomas tiene? *What are your symptoms?*

Abra la boca. *Open your mouth.*
Respire hondo. *Breathe deeply.*
Saque la lengua. *Stick out your tongue.*
Trague. *Swallow.*

Le voy a... *I'm going to . . .*
  ... hacer un análisis de sangre / orina. *. . . give you a blood / urine test.*
  ... poner una inyección. *. . . give you an injection.*
  ... poner una vacuna. *. . . vaccinate you.*
  ... recetar una medicina. *. . . prescribe a medicine.*
  ... tomar la presión. *. . . take your blood pressure.*
  ... tomar la temperatura. *. . . take your temperature.*
  ... tomar / hacer una radiografía. *. . . take an X-ray.*

Consejos *Advice*

Le aconsejo que... *I advise you to . . .*
   ... coma alimentos nutritivos. *. . . eat healthy foods.*
   ... duerma más. *. . . sleep more.*
   ... guarde cama. *. . . stay in bed.*
   ... haga ejercicio regularmente. *. . . exercise regularly.*
   ... lleve una vida sana. *. . . lead a healthy life.*
¡Ojalá se mejore pronto! *I hope you'll get better soon!*

ACTIVIDADES

4 **Los síntomas** Los pacientes le describen sus síntomas a la doctora Ruiz. ¿Cómo responde la doctora? En parejas, túrnense para hacer los papeles de la doctora y del (de la) paciente. Pueden usar las respuestas sugeridas en la segunda columna o pueden inventar sus propias respuestas.

MODELO **El (La) paciente:** Tengo fiebre y dolor de cabeza.
        La doctora Ruiz: *Le voy a tomar la temperatura.*

1. _____ Me está palpitando mucho el corazón.

2. _____ Necesito perder peso.

3. _____ Voy a viajar a Argentina.

4. _____ Me rompí la pierna esquiando.

5. _____ Estoy muy cansado(a) y congestionado(a).

6. _____ Hay mucha diabetes en mi familia.

7. _____ No tengo tiempo para cocinar.

8. _____ Me duele mucho la garganta.

a. Le aconsejo que guarde cama.

b. Le voy a tomar la presión.

c. Le voy a poner una vacuna contra la hepatitis.

d. Le voy a hacer un análisis de sangre.

e. Le aconsejo que haga ejercicio regularmente.

f. Le voy a recetar una medicina.

g. Le voy a tomar una radiografía.

h. Le aconsejo que coma alimentos nutritivos.

5 **¡Estoy enfermo(a)!** Con un(a) compañero(a), representa la siguiente situación: uno(a) de ustedes está muy enfermo(a) y le describe su situación al (a la) doctor(a). El (La) doctor(a) lo/la examina y le da consejos. Túrnense para hacer los papeles de paciente y médico(a).

MODELO **Compañero(a):** *¿Cómo está de salud?*
        Tú: *No muy bien. El otro día me desmayé y estoy muy congestionado(a).*
        Compañero(a): *¿Qué otros síntomas tiene?*
        Tú: *Pues, no duermo muy bien por la noche...*

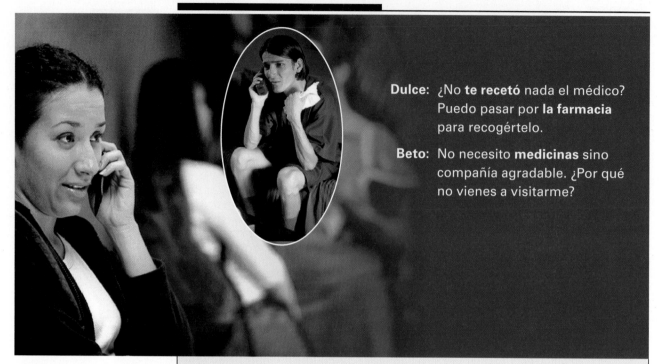

Dulce: ¿No **te recetó** nada el médico? Puedo pasar por **la farmacia** para recogértelo.

Beto: No necesito **medicinas** sino compañía agradable. ¿Por qué no vienes a visitarme?

Pharmacies in most Spanish-speaking countries focus more on selling medications and remedies and less on toiletries, cosmetics, and other products, as they do in the U.S. The **farmacia** often substitutes for a visit to a doctor for routine injuries or illnesses, because pharmacists in Spanish-speaking countries are trained to diagnose and treat minor problems.

En la farmacia *At the pharmacy*

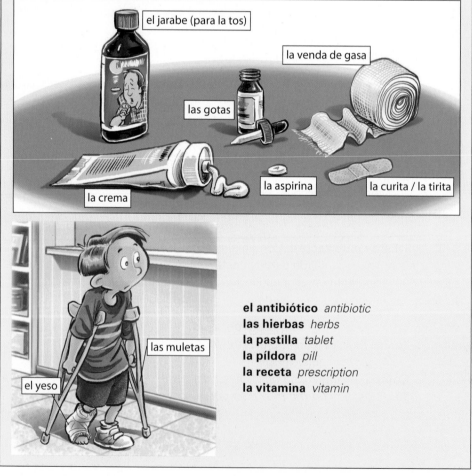

el jarabe (para la tos)

la venda de gasa

las gotas

la crema

la aspirina

la curita / la tirita

las muletas

el yeso

el antibiótico *antibiotic*
las hierbas *herbs*
la pastilla *tablet*
la píldora *pill*
la receta *prescription*
la vitamina *vitamin*

ACTIVIDADES

6 🔁 **¿Qué te recetó el (la) médico(a)?** Tu compañero(a) no se siente bien. Tú eres su médico(a). ¿Qué le recetas o aconsejas? Túrnense para describir los síntomas y dar consejos.

MODELO **Compañero(a):** Tengo una tos horrible.
      Tú: *Le voy a recetar un jarabe para la tos.*

1. Tengo dolor de cabeza
2. Me rompí el brazo.
3. No puedo dormir.
4. Me siento muy cansado(a).
5. Tengo una gripe muy fuerte.
6. Me pusieron un yeso porque me rompí la pierna.
7. Me corté el dedo.
8. Tengo los ojos muy rojos.
9. Me duelen los oídos.
10. Tengo dolor de espalda.
11. Me duele la garganta.
12. Tengo la piel muy seca *(dry).*

7 🔁 **En la farmacia** Una persona enferma está en la farmacia pero no tiene receta del (de la) médico(a). Con un(a) compañero(a), hagan el papel del (de la) cliente y el (la) farmacéutico(a) *(pharmacist).*

MODELO **Enfermo(a):** *Estoy estornudando mucho y también me duele mucho la cabeza.*
      Farmacéutico(a): *¿Tiene una receta del médico?*
      Enfermo(a): *No, no tengo, pero ¿no hay algo que me pueda recomendar?*
      Farmacéutico(a): *Le recomiendo unas aspirinas para el dolor de cabeza, pero para el catarro, solo hay que tomar muchos líquidos y unas vitaminas.*

© Jeff Greenberg 6 of 6 / Alamy

A ver

ESTRATEGIA

Listening for cognates and key words

When listening to authentic speech, it is important to listen for key words. In this chapter's video, many of the key words are cognates related to illness and remedies. While you may recognize these words immediately in their written form, listen carefully. They are pronounced quite differently in Spanish and in English.

Antes de ver 1 Este episodio se enfoca en Beto, que está enfermo. Javier habla con él en su apartamento y Dulce lo llama por teléfono. Mira las fotos y las conversaciones de las páginas 440, 444 y 446, y crea una lista de los síntomas que identifiques.

Antes de ver 2 🔄 Con un(a) compañero(a), túrnense para pronunciar estos cognados. Al pronunciarlos, fíjense en las diferencias que notan con el inglés. Luego, mientras ven el video, hagan un círculo alrededor de los cognados que oigan.

paciente	hospital	síntomas	emergencia
apendicitis	médico	medicinas	drogas
aspirinas	inyección	farmacia	temperatura

▶ **Ver** Mira el video y presta atención a las palabras clave y los cognados.

Después de ver 1 Haz un círculo alrededor de la(s) palabra(s) clave en cada oración. El número entre paréntesis te indica el número de palabras que debes marcar.

1. **Javier:** Dime, ¿qué síntomas tienes? (1)
2. **Beto:** Uy, tengo una tos horrible y estornudo muchísimo. (2)
3. **Javier:** ¿Te tomaste la temperatura? (1)
4. **Beto:** Sí. Parece que tengo fiebre. También me duele la garganta. (3)

Después de ver 2 🔄 Con un(a) compañero(a), contesta las siguientes preguntas sobre el video.

1. ¿Qué síntomas tiene Beto?
2. ¿Qué se ofrece a hacer Javier?
3. ¿Qué prefiere hacer Beto por unos días?
4. ¿Qué medicamento toma Beto?
5. ¿Qué le va a traer Javier a Beto después de las clases?
6. ¿Qué se ofrece a hacer Dulce?

Voces de la comunidad

▶ Voces del mundo hispano

En el video de este capítulo, Claudio, Ana y Alejandro hablan de las enfermedades y la salud. Lee las siguientes oraciones. Después mira el video una o más veces para decir si las oraciones son ciertas **(C)** o falsas **(F)**.

1. Cuando Claudio está enfermo toma sopa de pollo.
2. Claudio y Ana se enferman poco, pero Alejandro se enferma mucho.
3. Ninguno de los tres cree que los remedios caseros ayuden con las enfermedades.
4. Los tres van raramente al médico.
5. Claudio y Ana hacen muchísimo ejercicio.
6. Alejandro come mucha comida rápida pero va frecuentemente al gimnasio.

◀》 Voces de Estados Unidos

GDA via AP Images

Élmer Huerta, médico

❝ ¿Por qué se sabe tanto sobre la farándula *(entertainment)* y los deportes y tan poco sobre la salud? ¿Será *(Would it be)* posible vender el concepto de 'salud' usando los medios de comunicación de la misma manera que vendemos jabón, alcohol, nicotina y muebles? ❞

Con dos programas diarios de radio y un programa de televisión semanal en español, el doctor Élmer Huerta es uno de los promotores de la salud más importantes de Estados Unidos. Nacido en Perú y oncólogo de profesión, Huerta ha dedicado su vida a la medicina preventiva. Es fundador y director del Cancer Preventorium en el Washington Cancer Institute, uno de los pocos centros del país dedicados a la prevención del cáncer. También es autor del bestseller *La Salud ¡Hecho Fácil! Consejos vitales para llegar a viejo, ¡lo más joven posible!* y es consultor médico de la cadena CNN en Español. Además, el doctor Huerta tiene la distinción de haber sido el primer presidente latino de la Sociedad Americana Contra El Cáncer y sirvió en ese puesto por un año.

¿Y tú? **¿Crees que es nuestra responsabilidad informarnos sobre la salud y la prevención de las enfermedades graves? ¿Hasta qué punto?**

¡Prepárate!

GRAMÁTICA ÚTIL 1

Expressing possible outcomes: The subjunctive and indicative with conjunctions

¿Dolor de cabeza a causa del estrés?

Tómate unos momentos para practicar la meditación...

...antes de que te sientas así.

www.meditacionparatodos.com

© Lichtmeister/Shutterstock.com

Look at the public service ad promoting meditation to relieve stress. Identify the verb that is used in the subjunctive. Can you explain why the subjunctive is used here?

Cómo usarlo

Lo básico

A conjunction is a word or phrase that links two clauses in a sentence. In the sentence **Voy a llamar a la farmacia para que tenga lista tu receta**, the conjunction is **para que**.

Remember that the situations referred to in number 1 are places where the subjunctive is used in a dependent clause that begins with **que.**

1. As you have learned, your decision to use the subjunctive often depends on what you are expressing. The subjunctive is used after verbs or expressions of *uncertainty, doubt, disbelief, volition, negation,* and *emotion.*

2. Certain conjunctions also require the use of the subjunctive. With some conjunctions, the subjunctive is always used. With other conjunctions, either the subjunctive or the indicative may be used, depending upon the context.

3. Look at the following two groups of conjunctions. The first group always requires the use of the subjunctive. The second group may be used with the subjunctive or the indicative, depending on the context and timeframe.

- Conjunctions that require the subjunctive:

a menos que	unless	en caso de que	in case
antes (de) que	before	para que	so that
con tal (de) que	so that, provided that	sin que	without

■ Conjunctions that may be used with the subjunctive or indicative, depending on context and timeframe:

aunque	*although, even though*	**en cuanto**	*as soon as*
cuando	*when*	**hasta que**	*until*
después (de) que	*after*	**tan pronto (como)**	*as soon as*

In some regions of the Spanish-speaking world, **tan pronto** is used without **como**.

4. Examine the following sentences to see how and when the subjunctive is used.

No te vas a mejorar **a menos que tomes** tu medicina todos los días.
*You won't get better **unless you take** your medicine every day.*

Ella va a ir al hospital **en cuanto llegue** Nati de la oficina.
*She's going to the hospital **as soon as** Nati **arrives** from the office (whenever that may be).*

Fue al hospital **en cuanto llegó** Nati de la oficina.
*She went to the hospital **as soon as** Nati **arrived** from the office (she has already arrived).*

Debes quedarte en cama **hasta que** nos **llame** el médico.
*You should stay in bed **until** the doctor **calls** us (whenever that may be).*

Cuando estás enfermo, te quedas en cama **hasta que** te **llama** el médico.
*When you are sick, you stay in bed **until** the doctor **calls** you (habitual action).*

Choosing and using correctly

■ **Conjunctions that require the subjunctive:** The subjunctive is used with the group of conjunctions on page 450 because the action expressed in the dependent clause has not yet taken place and is an unrealized event with respect to the action described in the main clause.

Ella va al hospital **antes de que venga** el niñero.
*She's going to the hospital **before** the babysitter **arrives**. (She's leaving, the babysitter's not here and she doesn't know when he will come.)*

When you use **antes de que**, the subjunctive is only required if there is a change of subject:

Tú vendrás antes de <u>que Amalia cene</u>.

Tú vendrás antes de <u>cenar</u>.

■ **Conjunctions that may be used with the subjunctive or indicative:** With the conjunctions listed at the top of the page, the choice of subjunctive or indicative depends upon whether or not the action described is habitual (indicative), whether it has already occurred (indicative), or whether it has yet to occur (subjunctive).

Ella siempre va al hospital **tan pronto como viene** el niñero.
*She always goes to the hospital **as soon as** the babysitter **arrives**. (habitual action)*

Ella fue al hospital **tan pronto como vino** el niñero.
*She went to the hospital **as soon as** the babysitter **arrived**. (past action)*

Ella va al hospital **tan pronto como venga** el niñero.
*She's going to the hospital **as soon as** the babysitter **arrives**. (future action—she doesn't know when it will occur)*

- **Aunque:** This conjunction is different from the previous ones. When used with the subjunctive, it may mean that the speaker does not know what the current situation is. When used with the indicative, it indicates that the situation is, in fact, true.

Aunque esté enfermo, Arturo siempre asiste a sus clases.

Even though he may be *sick* (we don't know right now if he is), *Arturo always attends his classes.*

Aunque está enfermo, Arturo asiste a sus clases.

Even though he is *sick* (right now), *Arturo attends his classes.*

ACTIVIDADES

1 **La mamá de Beto** Completa las recomendaciones de la mamá de Beto con una de las conjunciones indicadas.

MODELO Puedes ir a esquiar (en caso de que / <u>con tal de que</u>) no te resfríes.

1. Tienes que ir a la clínica (aunque / para que) te receten unos antibióticos.
2. No vas a perder peso (a menos que / en caso de que) hagas ejercicio.
3. Tienes que hablar con el médico (en caso de que / sin que) necesites una vacuna para tu viaje a las cataratas del Iguazú.
4. Si no guardas cama, no te vas a mejorar (aunque / para que) te tomes todas las medicinas.

2 **El doctor Serna** Vas a hacerte un chequeo médico con el doctor Serna. ¿Qué te dice? Sigue el modelo para completar sus recomendaciones.

MODELO Te van a llamar / en cuanto / estar lista la receta
Te van a llamar en cuanto esté lista la receta.

1. Ve a casa a descansar / después de que / él poner inyección a ti
2. Come algo / antes de que / ser las 6
3. Pregunta por mí / cuando / llamar por los resultados de tu análisis
4. No te vas a sentir mejor / a menos que / guardar cama unos cuantos días

3 ⟳ **¿Y ustedes?** Trabaja con un(a) compañero(a) para hacer recomendaciones sobre la salud. Túrnense para hacer las recomendaciones y usen las frases indicadas con ideas de la lista.

Ideas: estar enfermo(a), hablar con el (la) médico(a), hacer mucho ejercicio, mantenerse sano(a), no querer, sentirse estresado(a)

1. No debes comer mucha comida a menos que…
2. Debes hacer ejercicio para que…
3. Debes dormir ocho horas al día aunque…
4. No empieces una dieta nueva antes de que…
5. Debes tratar de relajarte tan pronto como…
6. No debes hacer ejercicio cuando…

4 🔁 **Los planes** Trabaja con un(a) compañero(a) para completar las oraciones de una manera lógica.

MODELO Mi familia va a tomar unas vacaciones en Punta del Este con tal de que…
… *estemos todos juntos.*

1. Voy a sacar buenas notas este semestre / trimestre a menos que mis profesores…
2. Mis amigos y yo necesitamos hacer ejercicio para que…
3. Pienso cambiar la fecha del viaje con tal de que…
4. Voy a tratar de ahorrar mucho dinero en caso de que…
5. No vamos a tomar ese curso hasta que…
6. Tengo que hacer una investigación en Internet antes de que…
7. Mis amigos y yo vamos a buscar trabajo tan pronto como…
8. ¿…?

SONRISAS

Expresión 🔀 En grupos de tres o cuatro estudiantes, escriban lemas *(slogans)* para estos productos. Usen las conjunciones de las páginas 450 y 451. Den razones, como el padre de la tira cómica. Sigan el modelo.

MODELO una almohada *(pillow)* para viajeros
Para que siempre duermas bien sin importar donde estés.

1. agua mineral
2. un asiento *(seat)* de seguridad para los bebés
3. una bebida fortificada para deportistas
4. unos zapatos deportivos
5. un casco *(helmet)* para los ciclistas
6. un abrigo de invierno

Dudo que **estés** de ánimo
para tener compañía.

Remember that all these uses of
the subjunctive occur either in a
dependent clause that begins
with **que** or a conjunction (such
as **cuando** or **para que**), or after
ojalá.

Expressing yourself precisely: Choosing between the subjunctive and indicative moods

Cómo usarlo

Here is a summary of the basic situations and contexts in which the subjunctive mood, the indicative mood, and the infinitive are used.

Use the subjunctive:

- after expressions of emotion

  Me alegro de **que te sientas** mejor.

- after expressions of doubt and uncertainty

  Dudan **que** el médico **sepa** la respuesta.

- after impersonal expressions, **ojalá**, and verbs expressing opinions, wishes, desires, and influence (verbs of volition)

  Es importante **que sigas** las instrucciones del enfermero.

  Ojalá **tengamos** tiempo para comer una cena nutritiva hoy.

  Mis amigos quieren **que** yo **vaya** con ellos al gimnasio.

- in a **que** clause to refer to unknown or nonexistent situations

  Buscas un médico **que tenga** experiencia en la medicina geriátrica.

- after certain conjunctions to refer to events that have not yet taken place or that may not take place

  No debes comer nada antes de que te **hagan** el análisis.

  Voy a la farmacia en cuanto **salga** del trabajo.

- after **aunque** to express situations that may or may not be true, or are considered irrelevant

  Aunque el médico no **esté**, voy a su consultorio.

Use the indicative:

- after expressions of certainty

  Están seguros de que el médico **sabe** la respuesta.

- in a **que** clause with known or definite situations

  Sé que tu médico **tiene** experiencia en la medicina geriátrica.

- after certain conjunctions to express past or habitual actions

  Elena salió para el hospital después de que yo **llegué**.

- after **aunque** when a situation is a reality

  Aunque ya **es** tarde, vamos a llamar al médico.

Use the infinitive:

- after expressions of emotion when there is no change of subject

  <u>Estoy contenta</u> de **sentirme** mejor.

- after verbs of volition or influence when there is no change of subject

  Tus amigos <u>quieren</u> **ir** al gimnasio.

- after impersonal expressions to make generalized statements

  <u>Es importante</u> **seguir** las instrucciones de la enfermera.

ACTIVIDADES

5 🔊 **En el consultorio** Estás en la sala de espera del consultorio y escuchas a varias personas hablar sobre diferentes personas. Según lo que dicen, ¿conocen o no conocen a las personas que mencionan? Escucha los comentarios y luego marca la respuesta apropiada.

MODELO   **Escuchas:** ¿Me puedes recomendar un médico que me ayude con mis alergias?

         Marcas: a. _____ Lo / La conoce.

                b. _✓_ No lo / la conoce.

1. a. _____ Lo / La conoce.   **4.** a. _____ Lo / La conoce.
     b. _____ No lo / la conoce.   b. _____ No lo / la conoce.

2. a. _____ Lo / La conoce.   **5.** a. _____ Lo / La conoce.
     b. _____ No lo / la conoce.   b. _____ No lo / la conoce.

3. a. _____ Lo / La conoce.   **6.** a. _____ Lo / La conoce.
     b. _____ No lo / la conoce.   b. _____ No lo / la conoce.

6 **Los buenos amigos** Unos buenos amigos van a visitar a su colega que acaba de salir del hospital. Completa sus comentarios con los verbos entre paréntesis. Piensa bien si se requiere el subjuntivo o el indicativo en cada caso.

MODELO   Nos alegramos de que (tú / estar) en casa.
          Nos alegramos de que estés en casa.

1. Vinimos directo a tu casa después de que me (tú / llamar).
2. Dudamos que (tú / echar de menos) la comida del hospital.
3. Es importante que (tú / tomar) todos los antibióticos hasta que (acabarse).
4. Es una lástima que no (tú / poder) salir por dos semanas.
5. Sabemos que no (tú / querer) guardar cama por tanto tiempo.
6. Estamos seguros de que (tú / ir) a recuperarte pronto.
7. Te trajimos unas revistas para que no (tú / aburrirse).
8. Vamos a la playa en cuanto (tú / sentirse) mejor.
9. Llámanos cuando (tú / querer).

7 🔄 **¿Lo crees?** Con un(a) compañero(a), lee los siguientes comentarios sobre la salud. Expresen sus reacciones a cada uno, usando expresiones de la lista. Sigan el modelo.

MODELO El agua en botella es más sana.
        Tú: *No creo que el agua en botella sea más sana.*
        Compañero(a): *Yo creo que el agua en botella sí es más sana.*

Expresiones: *Creo que..., Dudo que..., Es probable que..., No creo que..., Es improbable que...*

1. Las dietas extremas son efectivas.
2. Caminar es el mejor ejercicio.
3. Es posible perder mucho peso sin hacer ejercicio.
4. Es posible hacer mucho ejercicio sin perder peso.
5. Una dieta mala contribuye a la depresión.
6. Comer demasiado azúcar provoca hiperactividad, especialmente en los niños.
7. La cafeína sube el colesterol.
8. Un 20% de la población estadounidense es obesa.

8 👥 **¿Cierto o falso?** En grupos de tres o cuatro estudiantes, túrnense para hacer un comentario relacionado con la salud de otra persona del grupo. El comentario puede ser cierto o falso. Al oír el comentario, la persona indicada debe decir si es verdad o no. Sigan el modelo.

MODELO **Tú:** *Sé que Shannon levanta pesas todos los días.*
        Compañero(a): *Sí, es verdad que levanto pesas todos los días.*
        O: *No, no es verdad que levante pesas todos los días.*

9 🔄 **Mi salud** En la clase de salud, tu profesor(a) te pide que describas tu salud y tus actitudes hacia la salud. Con un(a) compañero(a), crea siete oraciones que incluyan las siguientes frases.

MODELOS es importante
        Es importante que te hagas un chequeo médico una vez al año.

        antes de
        Siempre leo todas las instrucciones antes de tomarme las píldoras.

1. cuando
2. dudo que
3. antes de que
4. es importante que
5. estoy seguro(a) de que
6. para que
7. querer

GRAMÁTICA ÚTIL 3

Talking about future activities: The future tense

Cómo usarlo

1. You have already learned to use the present tense of **pensar** and **ir** + **a** + infinitive to talk about the future.

Pienso ser enfermera.	*I plan to become a nurse.*
Voy a ir al médico el viernes.	*I'm going to go to the doctor on Friday.*

2. Additionally, Spanish has a separate tense, the future tense, which you can use to talk about events that have not yet occurred. This tense is equivalent to the *will* + infinitive future tense used in English.

Hablaré con el médico.	*I will talk to the doctor.*

3. Most Spanish speakers use the present indicative or **ir a** + infinitive to talk about future events that are about to happen. They tend to use the future tense in more formal contexts or to discuss events that are further away in time.

Voy al gimnasio esta tarde.	*I'm going to the gym this afternoon.*
Voy a correr en el parque mañana.	*I'm going to run in the park tomorrow.*
El próximo mes **iré** a la playa.	*Next month I will go to the beach.*

4. Spanish speakers also use the future tense to speculate about current situations.

—¿**Dónde estará** el médico? Hace una hora que lo esperamos.	*Where could the doctor be? We've been waiting for him for an hour.*
—**Tendrá** una emergencia.	*He must have an emergency.*

© Cathy Yeulet/iStock

Cómo formarlo

1. Future-tense endings are the same for **-ar, -er,** and **-ir** verbs. The future endings attach to the end of the *infinitive*, rather than to a verb stem.

yo	-é	hablaré	nosotros(as)	-emos	hablaremos
tú	-ás	hablarás	vosotros(as)	-éis	hablaréis
Ud. / él / ella	-á	hablará	Uds. / ellos / ellas	-án	hablarán

Notice that all forms except the first-person plural (**nosotros**) have a written accent on the final syllable.

2. These verbs are irregular in the future tense. They attach the regular future endings to the irregular stems shown, rather than to the infinitive. They are grouped by their similarities, but some have further irregularities.

irregular: <u>c</u> changes to <u>r</u>		
decir	dir-	diré, dirás, dirá, diremos, diréis, dirán
hacer	har-	haré, harás, hará, haremos, haréis, harán
irregular: <u>e</u> is dropped from infinitive		
poder	podr-	podré, podrás, podrá, podremos, podréis, podrán
querer	querr-	querré, querrás, querrá, querremos, querréis, querrán
saber	sabr-	sabré, sabrás, sabrá, sabremos, sabréis, sabrán
irregular: <u>d</u> replaces the final vowel		
poner	pondr-	pondré, pondrás, pondrá, pondremos, pondréis, pondrán
salir	saldr-	saldré, saldrás, saldrá, saldremos, saldréis, saldrán
tener	tendr-	tendré, tendrás, tendrá, tendremos, tendréis, tendrán
venir	vendr-	vendré, vendrás, vendrá, vendremos, vendréis, vendrán

3. The future tense of **hay** is **habrá**.

Habrá una reunión mañana.   ***There will be*** *a meeting tomorrow.*

Tendrás que tomar mis exámenes también.

ACTIVIDADES

10 **¿Qué pasará?** Carmela y su hermano están en la sala de espera de la sala de emergencias. Él se lastimó el brazo y le hace varias preguntas a Carmela. ¿Qué quiere saber?

MODELO   ¿Crees que la enfermera me _tomará_ (tomar) la presión?

1. ¿Crees que nosotros _____ (ver) al médico pronto?
2. ¿Crees que tú _____ (poder) quedarte conmigo?
3. ¿Crees que el médico me _____ (hacer) una radiografía?
4. ¿Crees que yo _____ (tener) que usar un yeso?
5. ¿Crees que mamá y papá _____ (enojarse) conmigo?
6. ¿Crees que el brazo me _____ (doler) mucho mañana?
7. ¿Crees que yo _____ (ir) a la escuela mañana?
8. ¿Crees que mis amigos me _____ (ayudar) en la escuela?
9. ¿Crees que yo _____ (mejorarse) pronto?
10. ¿Crees que nosotros _____ (salir) de aquí antes de las cuatro?

11 🔊 **El Año Nuevo** Vas a escuchar dos veces unas preguntas sobre tus resoluciones para el Año Nuevo. Di si harás o no harás lo que se pregunta. Sigue el modelo.

MODELO **Escuchas:** ¿Vas a hacer una cita para un chequeo médico?
Ves: _____, _____ una cita para un chequeo médico.
Escribes: _Sí, haré_ una cita para un chequeo médico.
O: _No, no haré_ una cita para un chequeo médico.

1. _____, _____ peso este año.
2. _____, _____ ejercicio cinco veces por semana.
3. _____, _____ más atención en lo que como.
4. _____, _____ más tiempo para descansar.
5. _____, _____ menos en días de entresemana.
6. _____, _____ las recomendaciones del médico.
7. _____, _____ ocho horas al día.
8. _____, _____ una vida sana desde hoy en adelante.

12 🔄 **¿Qué les pasará?** Ahora que conoces a los personajes del video, vas a tratar de predecir qué les va a pasar en el futuro. Ya sabes que Beto es profesor pero ¿qué profesiones tendrán los demás personajes? Con un(a) compañero(a), crea por lo menos dos oraciones para cada personaje (o pareja) en la lista.

MODELO Sergio
Sergio será atleta profesional. Viajará por todo el mundo para competir en torneos internacionales.

Futuros posibles: ser [¿qué profesión?], vivir [¿en qué ciudad?], trabajar [¿dónde?], viajar [¿adónde?], salir [¿con quién?], casarse [¿con quién?], tener [¿cuántos?] hijos, hacer [¿…?], saber [¿…?], ¿…?

1. Anilú
2. Chela
3. Javier
4. Dulce
5. Dulce y Beto
6. Chela y Javier

13 🔄 **El futuro** Todos tenemos idea de lo que vamos a hacer en el futuro: dónde vamos a vivir, qué profesión vamos a tener, qué tipo de casa vamos a tener, cómo va a ser nuestra familia y cosas así. Hazle seis preguntas a tu compañero(a) sobre su futuro. Escribe un párrafo que describa el futuro de tu compañero(a) según sus respuestas. Luego, si tienen predicciones en común, explíquenlas.

MODELOS Las predicciones de mi compañero:
Será programador y trabajará en una compañía de videojuegos. Estará casado, tendrá tres hijos y vivirá en una casa grande en las afueras de Nueva York. Sus hijos asistirán a una escuela privada. Tendrá un BMW y un auto eléctrico.

Las predicciones que tenemos en común:
Los dos estaremos casados y tendremos hijos.

¡Explora y exprésate!

Argentina

▶ **Información general**

Nombre oficial: República Argentina

Población: 43.131.966

Capital: Buenos Aires (f. 1580) (3.000.000 hab.)

Otras ciudades importantes: Córdoba (1.350.000 hab.), Rosario (1.250.000 hab.), Mar del Plata (650.000 hab.)

Moneda: peso (argentino)

Idiomas: español (oficial), guaraní

Consulta el mapa de Argentina en el **Apéndice D**.

A tener en cuenta

■ Los primeros habitantes de la actual Argentina vivieron en el extremo sur de la Patagonia hace unos 13.000 años y las primeras civilizaciones agrícolas se establecieron en la zona andina del norte a partir del siglo XVIII a. C. Los españoles llegaron en 1516 y crearon el Virreinato del Río de la Plata en 1776. En 1816, las Provincias Unidas del Río de la Plata declaran la independencia de España. Después de muchos conflictos, el territorio de las Provincias se fragmenta y se forman Argentina y Uruguay, y también una gran parte de Bolivia y una provincia de Brasil.

■ Argentina es un país de inmigrantes. La mayoría de ellos emigraron de España e Italia entre 1860 y 1930.

■ El general Juan Perón creó un movimiento político que se conoce como Peronismo o Justicialismo. Su fama internacional se debe en parte a su segunda esposa, Eva "Evita" Duarte de Perón quien, como primera dama, promovió *(promoted)* los derechos de los trabajadores y de las mujeres.

■ Argentina es el segundo país más grande de Sudamérica y el país más grande de habla hispana.

■ Argentina es uno de los principales exportadores de carne vacuna (= de vaca) del mundo. La parrillada *(barbecue)*, una comida fuerte que incluye varios tipos de carne asada, es una tradición argentina conocida en todo el mundo.

Uruguay

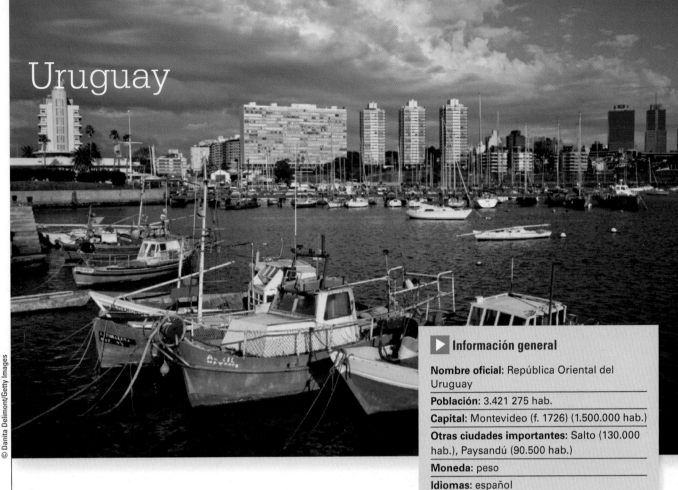

© Danita Delimont/Getty Images

▶ **Información general**

Nombre oficial: República Oriental del Uruguay

Población: 3.421 275 hab.

Capital: Montevideo (f. 1726) (1.500.000 hab.)

Otras ciudades importantes: Salto (130.000 hab.), Paysandú (90.500 hab.)

Moneda: peso

Idiomas: español

A tener en cuenta

- El territorio conocido hoy día como Uruguay fue reclamado por Argentina después de la separación de las Provincias Unidas del Río de la Plata. En 1821, fue anexado por Brasil. Uruguay declaró su independencia de Brasil en 1825 con la ayuda de los argentinos. En el Tratado de Montevideo, firmado en 1828, Brasil y Argentina reconocen a Uruguay como país independiente.

- Colonia del Sacramento es la ciudad más antigua del país y su arquitectura es el resultado de la combinación de dos culturas: la de los portugueses, que fundaron la ciudad en 1680, y la de los españoles, que la controlaron durante el siglo XVIII.

- El 90% de los uruguayos son de ascendencia europea, principalmente italiana y española.

- La celebración del carnaval en Montevideo, que dura *(lasts)* casi dos meses, se considera el festival nacional de Uruguay. Los desfiles *(parades)* incluyen elementos indígenas y afrohispanos. Las murgas, una combinación de teatro y música que parodia los temas políticos del momento, son una parte importante del carnaval.

- En Uruguay se jugó la primera Copa Mundial de Fútbol en 1930. Uruguay venció *(defeated)* a Argentina en la final para coronarse como los primeros campeones mundiales de fútbol.

Consulta el mapa de Uruguay en el **Apéndice D**.

© kastianz/Shutterstock.com

© veroxdale / Shutterstock.com

El tango y la salud

El tango, baile nacional de Argentina, no es solo una diversión, un arte y un tesoro cultural, también se puede considerar ¡una terapia! Según varios estudios, bailar el tango es bueno para la coordinación, el equilibrio y los sistemas circulatorio y respiratorio. Además, baja la presión y mejora el tono muscular y la postura de la columna vertebral. Pero los beneficios no terminan con el cuerpo; la mente igual disfruta de *(enjoys)* los efectos saludables. Reduce el estrés, disminuye los síntomas de la ansiedad y la depresión, eleva la autoestima y mejora la memoria. ¡Hasta puede quitarte *(get rid of)* los dolores de cabeza!

Será por estos beneficios que la popularidad del tango se ha extendido a lugares inesperados como China, Islandia, Nepal, Kenia, Tailandia y Nueva Zelanda. ¿Qué esperas? Para animar el espíritu y tonificar el cuerpo, no hay nada mejor que la "tangoterapia", un tratamiento ciento por ciento argentino que puedes practicar en milongas *(venues where tango is practiced)* por todo el mundo.

El secreto de una vida larga

La esperanza de vida *(life expectancy)* en Uruguay es de 77 años: la segunda más alta después de Chile y solo dos años menos que la esperanza de vida para el estadounidense. ¿Cuál es el secreto de los uruguayos? Quizás uno de ellos es la yerba mate, una hierba que se sirve como un té caliente y que

© Olga Gabay/Shutterstock.com

los uruguayos toman en abundancia. El mate frecuentemente se usa para tratar problemas médicos como la hipertensión *(high blood pressure)* o se mezcla con otras hierbas medicinales. Pero la prologación de vida no se puede atribuir solamente a un té. Uruguay tiene el nivel de pobreza *(poverty level)* más bajo de toda Latinoamérica. Allí se disfruta de un clima templado *(mild)*, playas solitarias, parques naturales y millas de pampas donde los gauchos siguen llevando sus manadas a pastar *(driving their herds to graze)*. La gente se conoce por ser cordial, generosa y cortés, y el ambiente por lo general es relajante. ¿Por qué los uruguayos tienen una esperanza de vida tan larga? Quién sabe, pero seguramente el secreto está en su estilo de vida.

EN RESUMEN

La información general

1. ¿De dónde emigraron los antepasados de gran parte de los habitantes de la Argentina?
2. En cuanto al tamaño, ¿qué lugar ocupa Argentina en Sudamérica?
3. ¿Quién es Eva Perón y por qué es conocida?
4. ¿Qué dos países trataron de anexar a Uruguay?
5. ¿Qué dos culturas están representadas en la arquitectura de Colonia del Sacramento?
6. ¿Quiénes fueron los primeros campeones mundiales de fútbol y en qué año lo lograron?

El tema de la salud

1. ¿Cuáles son tres beneficios del tango para el cuerpo?
2. ¿Cuáles son tres beneficios del tango para la mente?
3. ¿Cuál es la esperanza de vida para un uruguayo? ¿Y para un estadounidense?
4. ¿Qué uso médico tiene la yerba mate?

¿Quieres saber más?

Revisa y completa la tabla que empezaste al principio del capítulo. Escoge uno o dos de los temas sobre los que escribiste en la columna **Lo que quiero aprender**, o uno o dos de los que figuran a continuación. Prepárate para compartir la información con la clase.

Palabras clave: Argentina los gauchos, la guerra sucia, la guerra de las Malvinas, Jorge Luis Borges, Adolfo Pérez Esquivel, Juan Martín del Potro; **Uruguay** el carnaval de Montevideo, los tablados, Horacio Quiroga, Mario Benedetti, Alfredo Zitarrosa, Julio Sosa

⊕ Para aprender más sobre Argentina y Uruguay, mira los videos culturales en la mediateca *(Media Library)*.

© RosalreneBetancourt 8 / Alamy

A leer

Antes de leer

1 Vas a leer un fragmento de una novela corta de ciencia ficción, *La invención de Morel*. Escrita por el autor argentino Adolfo Bioy Casares (1914–1999), la novela cuenta la historia de un hombre que busca refugio en Villings Island, una isla remota, inhóspita y misteriosa.

El hombre, que describe los eventos de la novela en su diario, es un perseguido, un fugitivo de la justicia. No sabemos qué ha hecho, pero él mantiene su inocencia mientras se esconde de *(he hides from)* las autoridades venezolanas que lo persiguen. Tampoco sabemos exactamente dónde está la isla, quién la ha descubierto y desarrollado *(developed)*, ni por qué.

2 Para familiarizarte con algunas palabras y frases la lectura, conecta las palabras de la izquierda con la traducción de la derecha.

1. _____ una capilla, una pileta de natación
2. _____ el foco de una enfermedad
3. _____ los tripulantes de un vapor
4. _____ había fondeado en la isla
5. _____ hundido a cañonazos
6. _____ logré que me ayudara
7. _____ por centésima vez
8. _____ me aligeró el sueño
9. _____ me privan
10. _____ me arrinconan contra el mar
11. _____ han de tener escondido
12. _____ al calabozo

a. *the crew members of a steamboat*
b. *I managed to make him help me*
c. *a chapel, a swimming pool*
d. *to a jail cell*
e. *they must have hidden*
f. *ground zero of an illness*
g. *they deprive me*
h. *had anchored on the island*
i. *for the hundredth time*
j. *has lightened my sleep*
k. *sunk by cannon fire*
l. *they corner me against the ocean*

3 Mira el organizador gráfico, un diagrama que muestra la secuencia de algunos de los eventos del fragmento. Cópialo y, mientras lees, complétalo con la información que falta.

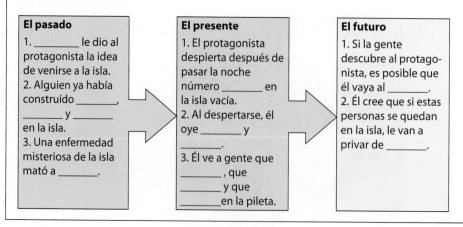

El pasado
1. _____ le dio al protagonista la idea de venirse a la isla.
2. Alguien ya había construido _____, _____ y _____ en la isla.
3. Una enfermedad misteriosa de la isla mató a _____.

El presente
1. El protagonista despierta después de pasar la noche número _____ en la isla vacía.
2. Al despertarse, él oye _____ y _____.
3. Él ve a gente que _____, que _____ y que _____ en la pileta.

El futuro
1. Si la gente descubre al protagonista, es posible que él vaya al _____.
2. Él cree que si estas personas se quedan en la isla, le van a privar de _____.

La invención de Morel

Adolfo Bioy Casares

© Alejandro Xul Solar (1887–1963). Paisaje Bunti (2), 1916. Watercolor on paper, 15 x 21 cm. Derechos reservados Fundación Pan Klub – Museo Xul Solar.

Un italiano, que vendía alfombras en Calcuta, me dio la idea de venirme; dijo (en su lengua):

—Para un perseguido, para usted, sólo hay un lugar en el mundo, pero en ese lugar no se vive. Es una isla. Gente blanca estuvo construyendo, en 1924 más o menos, un museo, una capilla, una pileta de natación. Las obras están concluidas y abandonadas.

Lo interrumpí; quería su ayuda para el viaje. El mercader[1] siguió:

—Ni los piratas chinos, ni el barco pintado de blanco del Instituto Rockefeller la tocan. Es el foco de una enfermedad, aún misteriosa, que mata de afuera para adentro. Caen las uñas, el pelo, se mueren la piel y las córneas de los ojos, y el cuerpo vive ocho, quince días. Los tripulantes de un vapor que había fondeado en la isla estaban despellejados, calvos, sin uñas[2] —todos muertos—, cuando los encontró el crucero[3] japonés Namura. El vapor fue hundido a cañonazos.

Pero tan horrible era mi vida que resolví partir… El italiano quiso disuadirme; logré que me ayudara.

Anoche, por centésima vez, me dormí en esta isla vacía… Viendo los edificios pensaba lo que habría costado traer esas piedras[4], lo fácil que hubiera sido levantar un horno de ladrillos[5]. Me dormí tarde y la música y los gritos[6] me despertaron a la madrugada. La vida de fugitivo me aligeró el sueño: estoy seguro de que no ha llegado ningún barco,

ningún aeroplano, ningún dirigible. Sin embargo, de un momento a otro, en esta pesada[7] noche de verano, los pajonales de la colina[8] se han cubierto de gente que baila, que pasea y que se baña en la pileta, como veraneantes instalados[9] desde hace tiempo en Los Teques o en Marienbad*.

* * *

Desde los pantanos[10] de las aguas mezcladas veo la parte alta de la colina, los veraneantes que habitan el museo. Por su aparición inexplicable podría suponer[11] que son efectos del calor de anoche, en mi cerebro; pero aquí no hay alucinaciones ni imágenes: hay hombres verdaderos, por lo menos tan verdaderos como yo.

Están vestidos con trajes iguales a los que se llevaban hace pocos años: gracia que revela (me parece) una consumada frivolidad[12]; sin

embargo, debo reconocer que ahora es muy general admirarse con la magia del pasado inmediato.

Quién sabe por qué destino de condenado a muerte los miro, inevitablemente, a todas horas. Bailan entre los pajonales de la colina, ricos en víboras[13]. Son inconscientes enemigos que, para oír *Valencia* y *Té para dos*** —un fonógrafo poderosísimo los ha impuesto al ruido del viento y del mar[14]— me privan de todo lo que me ha costado tanto trabajo y es indispensable para no morir, me arrinconan contra el mar en pantanos deletéreos[15].

En este juego de mirarlos hay peligro; como toda agrupación de hombres cultos han de tener escondido un camino de impresiones digitales y de cónsules que me remitirá[16], si me descubren, por unas cuantas ceremonias o trámites[17], al calabozo.

---

*Los Teques y Marienbad son dos balnearios *(spa towns)* populares. Los Teques está ubicado en Venezuela y Marienbad en la República Checa.

**Valencia y *Té para dos* son dos canciones que fueron populares durante los años 20 del siglo pasado.

[1] merchant [2] **despellejados…:** skinned, bald, without finger and toenails [3] cruise ship [4] **lo…:** what (effort) it must have cost to bring these stones [5] **lo…:** how easy it would have been to build a brick oven [6] shouts [7] tiresome [8] **los pajonales…:** the scrublands of the hill [9] **veraneantes…:** summer visitors installed, settled in [10] swamps [11] **podría…:** I would suppose [12] **gracia…:** a playfulness that reveals (it seems to me) consummate frivolousness [13] serpientes [14] **un…** a powerful phonograph has imposed them (the songs) upon the noise of the wind and the sea [15] **me…** they corner me against the sea in deleterious (harmful, dangerous) swamps [16] **un…** a path of fingerprints and of consuls (diplomatic representatives) that will send me [17] formalidades

Adolfo Bioy Casares, from *La invención de Morel*. Emecé, 1972.

Después de leer

4 Contesta las siguientes preguntas sobre la lectura.

1. ¿Por qué el italiano le recomienda la isla al protagonista?
2. Según el italiano, ¿cuándo se construyeron los edificios de la isla y quién los construyó? ¿Todavía se usan?
3. ¿Cuáles son los síntomas de las personas que contraen la enfermedad misteriosa que describe el italiano?
4. ¿Qué les pasó a los tripulantes del vapor que se hundió en la isla? ¿Qué pasó con el vapor?
5. ¿Cómo duerme el protagonista? ¿Por qué? ¿De qué está seguro?
6. ¿Con qué grupo de gente compara a las personas que él ve al despertarse?
7. ¿Cómo se viste esa gente?
8. ¿Qué canciones son las que ellos oyen y en qué aparato las reproducen?
9. ¿Por qué describe el protagonista a estas personas como "inconscientes enemigos"?
10. ¿Qué teme que vaya a pasar si sigue mirando a los visitantes?

5 Trabajen en grupos para contestar las siguientes preguntas sobre la lectura.

1. ¿Simpatizan con el protagonista? ¿Por qué?
2. Según el fragmento que leyeron, ¿creen que su vida es difícil? ¿Por qué? Usen palabras de la lectura para reforzar su punto de vista.
3. ¿Qué elementos naturales tiene la isla?
4. ¿Creen que la ansiedad *(anxiety)* que siente el protagonista por la posibilidad de ir al calabozo es exagerada o está basada en la realidad? ¿Por qué?

6 Hay muchos detalles misteriosos en el fragmento que acabas de leer. Lee la siguiente lista con algunos de estos elementos y escoge uno para luego hablar con un grupo de compañeros. Antes de trabajar en grupo, escribe algunas de tus ideas sobre ese tema.

1. ¿En qué parte del mundo está la isla y cuál es la enfermedad misteriosa?
2. ¿Quién construyó la capilla, el museo y la pileta, y por qué los abandonó?
3. ¿Qué hizo el protagonista para tener que convertirse en un fugitivo de la justicia?
4. ¿Por qué el protagonista no ha muerto todavía de la enfermedad misteriosa?
5. ¿Por qué se viste la gente con ropa del pasado y por qué ha venido a la isla?

7 Júntense en grupos según el tema que escogieron en la **Actividad 6**. Comenten ese tema y propongan ideas para resolver el misterio. ¡Sean creativos! Luego, preparen una presentación para compartir sus conclusiones con la clase.

8 Con un(a) compañero(a) de clase, lee el siguiente fragmento sobre lo que ocurre más adelante en la novela. Luego, contesten juntos(as) las preguntas.

El protagonista empieza a observar a una mujer que se sienta sola en las rocas de la playa para ver la puesta del sol. Él sigue mirándola día tras día y empieza a enamorarse de ella. Finalmente, él sale de su lugar escondido para sentarse cerca de ella, aunque ella no se da cuenta de su presencia. Algunas veces, él la ve con un hombre vestido con ropa de tenis. Cuando hablan, el hombre llama a la mujer "Faustine" y ella lo llama a él "Morel". El narrador empieza a tener celos del hombre y a sentirse resentido con Faustine por pasar tanto tiempo con él.

Alejandro Xul Solar (1887–1963). Pareja [*Couple*], 1923. Watercolor on paper, mounted on cardboard. 27,7 x 33,9 cm. Derechos reservados Fundación Pan Klub – Museo Xul Solar.

1. ¿Qué creen que va a pasar con el protagonista y Faustine? ¿Y con el protagonista y Morel?
2. El título de esta novela corta es *La invención de Morel*. Según la información que ya tienen, especulen sobre cuál es su invención y para qué la usa Morel.
3. ¿Creen que la novela va a tener un final feliz o triste? ¿Por qué?

The art on this page (and also on page 465) is by the Argentine artist Alejandro Xul Solar. His original name was Oscar Agustín Alejandro Schulz Solari and he was a painter and sculptor. Many of his works are fantastical and allegorical, and they often focus on dual identities and alternative realities. Xul Solar also invented two imaginary languages, Neo Criollo and Pan Lingua, which can be seen in some of his paintings.

9 Al publicar *La invención de Morel*, Adolfo Bioy Casares dijo que una de las inspiraciones para su novela fue Louise Brooks, estrella de películas mudas *(silent)*, a quien usó como modelo para el personaje de Faustine. Además, esta novela de Bioy Casares sirvió como inspiración para la película *Last Year in Marienbad*, del director Alain Resnais, y recibió elogios de otros autores prestigiosos como Jorge Luis Borges, Octavio Paz, Gabriel García Márquez y Julio Cortázar. (Borges dijo que la obra era "perfecta"). La novela también ha servido de inspiración para obras populares modernas tales como la serie de television *Lost,* donde vemos a Sawyer, uno de los personajes principales, leyendo *La invención de Morel*.

Escoge uno de estos aspectos de la obra (Louise Brooks, la película *Last Year in Marienbad,* la serie de televisión *Lost* o la reacción literaria y crítica al libro) y haz una investigación sobre ese tema. Luego, escribe uno o dos párrafos para contar lo que aprendiste y cómo se relaciona con la novela.

Louise Brooks

© Pictorial Press Ltd / Alamy

A escribir

Antes de escribir

ESTRATEGIA

Writing—Using softening language and courtesy expressions

When you are writing to someone you don't know well, it is a good idea to soften your tone and use courtesy expressions.

- The subjunctive is often used with words like **quizás, tal vez**, and **puede ser que** to make tentative suggestions. In this case, the use of the subjunctive implies that this is not a fact, but an idea that may or may not be true: **Quizás su amigo tenga un problema médico…, Puede ser que él no sepa…**
- The use of **usted** forms, rather than **tú** forms, raises the level of courtesy.
- Presenting ideas in the form of a question, rather than as a direct statement, also softens the language level: **¿No le parece posible que…?, ¿Piensa usted que…?**
- In general, direct commands are less courteous than requests made via questions (**¿Le molesta decirme…?**) or with **quisiera / me gustaría (Quisiera pedirle unos consejos…).**

1 Lee la siguiente pregunta de un sitio web donde se le pueden pedir consejos a una médica y su respuesta al mensaje original.

El Consultorio de la Doctora Súarez

Pregunta: Estimada Dra. Suárez:

Mi hijo tiene problemas con las alergias y temo que vayan a convertirse en el asma. ¿No le parece posible que sus alergias pueden ser el resultado de tener un perro en casa? Quizás sea buena idea que no deje que el perro duerma en la misma habitación como mi hijo, pero él le tiene mucho cariño. Me gustaría saber sus opiniones. Gracias.

Rosario B., Mendoza, Argentina

Respuesta de la Dra. Suárez: Estimada Rosario:

Es verdad que a veces las alergias pueden convertirse en el asma, pero no es verdad que esto ocurra en todos los casos. Todo depende de si su hijo tiene alergia a los perros. Si no la tiene, no creo que sea necesario separarlos ni hacer otros cambios. De hecho, hay varios estudios científicos que indican que los niños que viven en casa con un perro tienen una incidencia disminuida de asma. Piensan que un perro introduce alérgenos en la casa y los niños van acostumbrándose a ellos poco a poco, de la misma manera que hacen los médicos con las inyecciones para las alergias.

Dra. Suárez

Composición

2 Vas a escribir un mensaje con una pregunta para la doctora Suárez. Piensa en una condición médica o psicológica, u otra consulta que te gustaría hacer sobre la dieta, el ejercicio, el estrés, etc. Escribe tu mensaje, usando el modelo de la **Actividad 1** y algunas de las estructuras y expresiones de la Estrategia.

3 Intercambia mensajes con un(a) compañero(a) y lee su pregunta. Ustedes deben representar el papel *(role)* de la doctora Suárez y escribir un mensaje que conteste la pregunta de la otra persona. (Si no saben cómo contestarla, deben inventar una respuesta o pedir perdón por no saber la respuesta exacta).

© StockLite/Shutterstock.com

Después de escribir

4 Ahora, mira la pregunta y la respuesta que escribiste. Usa la siguiente lista para revisarlas.

- ¿Incluíste palabras y expresiones de cortesía?
- ¿Usaste las formas del subjuntivo para expresar duda, emoción y deseos, y para sugerir ideas de una manera cortés?
- ¿Usaste las formas correctas de todos los verbos?
- ¿Hay errores de puntuación o de ortografía?

5 Dale tu respuesta a tu compañero(a) y lee la respuesta que él/ella te escribió. Luego, comenten los problemas y soluciones que ofrecieron. ¿Están de acuerdo *(Do you agree)*?

En grupos de cinco o seis compañeros, van a participar en un juego sobre los remedios caseros *(home remedies)*. Luego van a votar por los remedios de los compañeros de otros grupos.

Antes de clase

Paso 1 En grupos, van a jugar a "Dos verdades y una mentira *(lie)*". La meta *(goal)* de este juego es decir dos cosas que sean ciertas pero que parezcan improbables, junto con una mentira. Los otros participantes votarán por la afirmación que creen que es mentira. Si votan por una verdad, tú recibes un punto. Luego tú votarás por los comentarios de los otros miembros de tu grupo. La persona con el mayor número de puntos gana el juego.

Paso 2 Piensa en tres remedios caseros. Dos deben ser verdaderos (puedes buscarlos en Internet si no conoces ninguno) y el tercero será una invención tuya. Escribe una descripción de cada remedio.

MODELO   *¿Sabían que el azúcar puede curar el hipo* (hiccups)? *Solamente necesitas tomar una cucharadita de azúcar sin agua.* [verdad]
La gente que no puede respirar bien debe tomar una mezcla de miel (honey) *y vainilla para dar fuerza a sus pulmones.* [mentira]
Si sufres mareos (motion sickness), *debes comer unas aceitunas o tomar jugo de limón y te sentirás mejor.* [verdad]

el hipo

la miel

el mareo

las aceitunas

Paso 3 Es probable que tengas que buscar palabras desconocidas para escribir tus remedios. Para ayudar a tus compañeros a comprender lo que dices, prepara dibujos para acompañar cada remedio que describas.

Durante la clase ⬡

Paso 1 Divídanse en grupos de cuatro o cinco estudiantes. Túrnense para presentarles a sus compañeros los remedios caseros que prepararon. ¡No olviden mostrar sus dibujos también! Cada vez que una persona reciba un voto de "mentira" por uno de sus remedios verdaderos, él/ella recibirá un punto.

Paso 2 Sumen los puntos que recibieron. ¿Quién ganó el juego?

Fuera de clase

Repasa las descripciones y dibujos de remedios caseros que hiciste, y prepara una versión final. Si no fuiste el ganador de tu grupo, quizás quieras cambiar algunos remedios para tener una mejor oportunidad de ganar en el siguiente paso.

¡Compártelo! ⬳

Paso 1 Pon tu resumen y dibujos en el foro en línea de *Nexos*.

Paso 2 Mira los resúmenes de los compañeros de otros grupos y vota por la mentira más divertida.

Paso 3 Después de la votación, vean quién ganó el juego de la clase entera. ¡Felicitaciones a él o ella!

Vocabulario

El cuerpo   *The body*

la **boca** *mouth*
el **brazo** *arm*
la **cabeza** *head*
el **codo** *elbow*
el **corazón** *heart*
el **cuello** *neck*
el **dedo** *finger, toe*
la **espalda** *back*
el **estómago** *stomach*
la **garganta** *throat*
el **hombro** *shoulder*
la **lengua** *tongue*
la **mano** *hand*

la **nariz** *nose*
el **oído** *inner ear*
el **ojo** *eye*
la **oreja** *ear*
el **pecho** *chest*
el **pie** *foot*
la **pierna** *leg*
el **pulmón (los pulmones)** *lung(s)*
la **rodilla** *knee*
la **sangre** *blood*
el **tobillo...** *ankle*
  ... **quebrado / roto** *broken*
  ... **torcido** *twisted*

Los síntomas   *Symptoms*

la **alergia** *allergy*
el **catarro / el resfriado** *cold*
el **dolor...** *pain, ache*
  ... **de cabeza** *headache*
  ... **de estómago** *stomachache*
  ... **de garganta** *sore throat*
la **enfermedad** *sickness, illness*
la **fiebre** *fever*
la **fractura** *fracture*
la **gripe** *flu*
la **herida** *injury, wound*
la **infección** *infection*
las **náuseas** *nausea*
la **tos** *cough*

cortarse *to cut oneself*
desmayarse *to faint*
dolerle (ue) (a uno) *to hurt*
estar congestionado(a) *to be congested*
estar mareado(a) *to feel dizzy*
estornudar *to sneeze*
lastimarse *to hurt, injure oneself*
palpitar *to palpitate*
resfriarse *to get chilled; to catch cold*
toser *to cough*
vomitar *to throw up*

En el consultorio del médico   *In the doctor's office*

el **chequeo médico** *physical, checkup*
la **cita** *appointment*
la **clínica** *clinic*

la **sala de emergencias** *emergency room*
la **sala de espera** *waiting room*
la **salud** *health*

Instrucciones y preguntas   *Instructions and questions*

Lo (La) voy a examinar. *I'm going to examine you.*
¿Qué le duele? *What hurts?*
¿Qué síntomas tiene? *What are your symptoms?*
Abra la boca. *Open your mouth.*
Respire hondo. *Breathe deeply.*
Saque la lengua. *Stick out your tongue.*
Trague. *Swallow.*

Le voy a... *I'm going to . . .*

   ... hacer un análisis de sangre / orina. *. . . give you a blood / urine test.*

   ... poner una inyección. *. . . give you an injection.*

   ... poner una vacuna. *. . . vaccinate you.*

   ... recetar una medicina. *. . . prescribe a medicine.*

   ... tomar la presión. *. . . take your blood pressure.*

   ... tomar la temperatura. *. . . take your temperature.*

   ... tomar / hacer una radiografía. *. . . take an X-ray.*

Consejos   *Advice*

Le aconsejo que... *I advise you to . . .*

   ... coma alimentos nutritivos. *. . . eat healthy foods.*

   ... duerma más. *. . . sleep more.*

   ... guarde cama. *. . . stay in bed.*

   ... haga ejercicio regularmente. *. . . exercise regularly.*

   ... lleve una vida sana. *. . . lead a healthy life.*

¡Ojalá se mejore pronto! *I hope you'll get better soon!*

En la farmacia   *At the pharmacy*

el antibiótico *antibiotic*	**las muletas** *crutches*
la aspirina *aspirin*	**la pastilla** *tablet*
la crema *cream*	**la píldora** *pill*
la curita / la tirita *(small) bandage*	**la receta** *prescription*
las gotas *drops*	**la venda de gasa** *gauze bandage*
las hierbas *herbs*	**la vitamina** *vitamin*
el jarabe (para la tos) *(cough) syrup*	**el yeso** *cast*

Conjunciones adverbiales   *Adverbial conjunctions*

Con el subjuntivo *With subjunctive*

a menos que *unless*

antes (de) que *before*

con tal (de) que *so that, provided that*

en caso de que *in case*

para que *so that*

sin que *without*

Con el subjuntivo o el indicativo *With subjunctive or indicative*

aunque *although, even though*

cuando *when*

después (de) que *after*

en cuanto *as soon as*

hasta que *until*

tan pronto como *as soon as*

Repaso y preparación

Repaso del Capítulo 12

The subjunctive and indicative with conjunctions (p. 450)

1 Completa cada oración con la información indicada y reescríbela.

1. Te voy a dar algunos consejos con tal de que tú… (escucharme bien)
2. Siempre le pido consejos a la enfermera aunque ella… (no ser médica)
3. Voy a ir a la clínica cuando la recepcionista… (llamarme)
4. Siempre hablo con el médico después de que él… (examinarme)
5. Voy al gimnasio tan pronto como yo… (terminar la tarea)
6. Siempre como comida nutritiva a menos que yo… (salir con mis amigos)
7. Voy a acostarme en cuanto… (llegar a la habitación)

Choosing between the subjunctive and indicative moods (p. 454)

2 Completa la narración con el indicativo, el subjuntivo o el infinitivo.

Leí un artículo reciente que dice que para mantener la salud es muy importante (1) _____ (dormir) lo suficiente todas las noches. Según el artículo, un 35% de los adultos (2) _____ (tener) por lo menos un síntoma de insomnio todas las noches. Es increíble que tantas personas (3) _____ (sufrir) de falta de sueño *(sleep)* y ¡me alegro de que yo no (4) _____ (ser) una de ellas!

El artículo ofrece varios consejos para (5) _____ (evitar—*to avoid*) el insomnio. Por ejemplo, sugiere que los insomnes (6) _____ (acostarse) a la misma hora todas las noches. También dice que es importante que ellos no (7) _____ (tomar) una siesta durante el día, ni tampoco (8) _____ (comer) cerca de la hora de acostarse.

Creo que (9) _____ (ser) interesante que tantas personas (10) _____ (tener) este problema. Yo conozco a tres personas que (11) _____ (decir) que el insomnio es un problema grande para ellos, aunque (12) _____ (seguir) todos los consejos de los expertos.

Y tú, ¿conoces a alguien que (13) _____ (querer) dormir más? ¿Qué le recomiendas (14) _____ (hacer)?

The future tense (p. 457)

3 Escribe oraciones para decir qué hará cada persona el año que viene.

1. tú / dormir más
2. David y Rebeca / hacer más ejercicio
3. el señor Robles / llevar una vida más sana
4. yo / ir al médico para un examen anual
5. nosotros / comer alimentos nutritivos
6. usted / estudiar para ser médico

Complete these activities to check your understanding of the new grammar points in **Chapter 12** before you move on to **Chapter 13**.

The answers to the activities in this section can be found in **Appendix B**.

When you have a percentage, use the third-person singular: **Solo un 11% de los estudiantes <u>duerme</u> lo suficiente.**

Preparación para el Capítulo 13

Complete these activities to review some previously learned grammatical structures that will be helpful when you learn the new grammar in **Chapter 13**.

The answers to the activities in this section can be found in **Appendix B**.

Adjectives with **ser** and **estar** (pp. 65 and 144)

4 Escribe oraciones completas según el modelo, usando los adjetivos de la lista y los verbos **ser** o **estar**, según corresponda.

Adjetivos: aburrido, cansado, divertido, enojado, extrovertido, introvertido, ocupado, preocupado

MODELO Marta está viendo una película que no le interesa para nada.
Marta está aburrida.

1. Leo llega a casa después de trabajar doce horas en el hospital. Tiene ganas de dormir.
2. Sandra siempre dice cosas interesantes y cómicas.
3. A Martín no le gusta hablar con personas que no conoce.
4. Laura tiene muchísimas cosas que hacer hoy. ¡No tiene tiempo para nada!
5. Diego tiene un examen y no tuvo tiempo para estudiar. Dice que va a sacar una mala nota.
6. A Susana le encanta conocer gente nueva. También le gusta mucho hablar.

Hay, había, and haya (pp. 25, 334, and 414)

5 Completa las siguientes oraciones con **hay**, **había** o **haya**.

1. _____ tres personas en la sala de emergencias cuando llegué allí.
2. Espero que _____ más de un médico en la clínica hoy.
3. Es importante que _____ enfermeros que sepan hablar español.
4. No _____ una excusa buena para no comer alimentos nutritivos.
5. Sabía que no _____ una clínica médica en ese pueblito.
6. _____ muchas hierbas que ayudan con los problemas médicos.

Present progressive tense (p. 188)

6 Di qué están haciendo las personas de los dibujos. Usa los siguientes verbos y otras palabras según sea necesario.

Verbos: comer, consultar, dormir, estornudar, hacer, toser

1.

tú

2.

yo

3.

Mónica y Carlos

4.

nosotros

5.

la señora Trujillo

6.

yo

13 ¿Cuál es tu trabajo ideal?

© RosaIreneBetancourt 3 / Alamy

LA VIDA PROFESIONAL

Muchas personas se definen por su profesión
o su trabajo. Para otras, el trabajo no es una
parte de su identidad personal.

**¿Y tú? ¿Vives para trabajar o trabajas para vivir?
¿O prefieres una mezcla de las dos filosofías?**

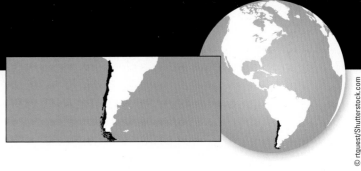

Un viaje por Chile

Chile es un país estrecho *(narrow)* y muy alargado. Es tan largo que se divide en quince regiones y muchas de las regiones tienen una geografía y un clima propios. Los Andes pasan por gran parte del país. Tiene una larga costa pacífica y muchas islas en el sur, en la región de Patagonia.

País / Área	Tamaño y fronteras	Sitios de interés
Chile 748.800 km²	casi dos veces el área de Montana; fronteras con Perú, Bolivia y Argentina	los Andes, el desierto de Atacama, el Parque Nacional Torres del Paine en Patagonia, Valparaíso, la Isla de Pascua, la isla de Chiloé

¿Qué sabes? Di si las siguientes oraciones son **ciertas (C)** o **falsas (F)**.

1. Chile es un país montañoso y no tiene mucha costa.
2. Chile es más pequeño que Montana.
3. Hay mucha diversidad en la geografía y en el clima de Chile.
4. Los Andes pasan por la parte sur de Chile, pero no por la parte norte.

Lo que sé y lo que quiero aprender Completa la tabla del **Apéndice A**. Escribe algunos datos que **ya sabes** sobre este país en la columna **Lo que sé**. Después, añade algunos temas que **quieres aprender** a la columna **Lo que quiero aprender**. Guarda la tabla para usarla otra vez en la sección **¡Explora y exprésate!** en la página 497.

COMMUNICATION

By the end of this chapter you will be able to

- talk about current events
- interview for a job and talk about your skills and experience
- talk about things you have done and had done in the past
- express doubt, emotion, uncertainty, and opinions about recent events and actions

CULTURES

By the end of this chapter you will have explored

- facts about Chile
- the most dramatic rescue of miners ever witnessed by the entire world
- web translators
- the poems "Canción de pescadoras" and "La cuna", Gabriela Mistral

477

¡Imagínate!

Sergio: Podríamos hablar de las noticias **del día**, si quieres.

Anilú: No, gracias. ¿De qué vamos a hablar? ¿Del **crimen**, de la **política** o de la **economía**? Me pongo hasta más nerviosa.

Sergio: Tienes razón. No había pensado en eso.

Las noticias del día *Current events*

la campaña *campaign*
el (la) ciudadano(a) *citizen*
la contaminación (del aire) *(air) pollution*
el crimen *crime*
el desastre natural *natural disaster*
la (des)igualdad *(in)equality*
la discriminación *discrimination*
la economía *economy*
el ejército *the army*
las elecciones *elections*
las fuerzas armadas *armed forces*
la globalización *globalization*
el gobierno *government*
la guerra *war*
la huelga *strike*
el huracán *hurricane*
la inundación *flood*

el (la) líder *leader*
la manifestación *demonstration*
la paz mundial *world peace*
la política *politics*
el proceso electoral *election process*
el terremoto *earthquake*
el terrorismo *terrorism*
la violencia *violence*

iniciar *to initiate*
luchar contra *to fight against*
participar en *to participate in*
sobrevivir *to survive, overcome*
sufrir (las consecuencias) *to suffer (the consequences)*
tomar medidas *to take steps or measures*
votar *to vote*

Use **discriminar a** to say *discriminate against* and **discriminado por** to say *discriminated against:* **Eduardo no discrimina a nadie, pero se siente discriminado por sus colegas.**

la contaminación (del aire)

la inundación

el ejército

las elecciones

¡Trabajo para todos!

la huelga

¡No a la guerra!
¡Viva la paz!

la manifestación

ACTIVIDADES

1 **¿En qué te hace pensar?** Escribe una o dos oraciones sobre cada tema. Trata de incluir un ejemplo reciente de ese fenómeno.

MODELO un desastre natural
Un desastre natural que no olvidaremos es el terremoto que devastó Japón en 2011.

1. la contaminación (del aire, del agua, radiactiva)
2. las elecciones (locales, nacionales)
3. un desastre (natural, causado por el hombre)
4. la economía (local, nacional, global)
5. una huelga (de hambre, de estudiantes, de activistas verdes)
6. el crimen (violento, empresarial, electrónico)
7. una manifestación (pacífica, violenta)
8. la guerra (fría, mundial, civil)

Other natural disasters are **el tornado, la erupción volcánica**, and **el incendio forestal** *(forest fire)*.

2 **Las noticias de hoy** En parejas, pongan en orden del 1 al 6 los siguientes temas, desde el problema más serio (1) hasta al problema menos serio (6), según su opinión. Luego, den ejemplos de las noticias del día sobre cada tema para justificar su clasificación.

MODELO *Si la economía está en malas condiciones, muchas personas pueden perder sus trabajos.*

_____ el terrorismo

_____ el crimen

_____ la discriminación (contra…)

_____ la economía

_____ la violencia (doméstica / en la televisión)

_____ la guerra (contra las drogas, en…)

Sergio: Pues, desde mi punto de vista, no tienes nada de qué preocuparte. Tienes muy **buena presencia, te llevas bien con la gente** y me imagino que eres muy **responsable.**

Anilú: Oye, ¿quién eres? ¿Te pagó alguien para animarme?

Sergio: No, no, no seas tan desconfiada. Solo quiero ayudarte.

Anilú: No, de veras. ¿No me digas que estás **solicitando el mismo puesto**?

Sergio: No, no, y aunque fueras mi competencia, te ayudaría. ¿Trajiste tu **currículum vitae**?

Anilú: Sí, lo tengo en **el maletín.**

Sergio: Perfecto. Ahora, en una **entrevista**, la cosa más importante es cómo **tus habilidades satisfacen** plenamente **los requisitos del puesto.**

Para solicitar empleo *Applying for a job*

La entrevista *The interview*

la tarjeta

darse la mano

la solicitud

el maletín

el formulario

el currículum vitae

El (La) candidato(a) *The candidate*

detallista *detail-oriented*
disponible *available*
emprendedor(a) *enterprising*
llevarse bien con la gente
  to get along with people
puntual *punctual*
responsable *responsible*

tener... *to have . . .*
  ... algunos conocimientos de...
    . . . some knowledge of . . .
  ... buena presencia
    . . . a good presence
  ... (mucha) experiencia en...
    . . . (a lot of) experience in . . .
  ... las habilidades necesarias
    . . . the necessary skills

El puesto *The job, position*

el ascenso *promotion*
el aumento de sueldo
  salary increase, raise
los beneficios *benefits*
el contrato *contract*
la (des)ventaja
  (dis)advantage
el (la) empleado(a)
  employee
el requisito *requirement*

el seguro médico
  medical insurance

averiguar *to look into, investigate*
contratar *to hire*
despedir (i, i) *to fire*
dirigir *to direct*
emplear *to employ*
ganar *to earn*
hacer informes *to write reports*

jubilarse *to retire*
requerir (ie, i) *to require*
satisfacer *to satisfy*
supervisar *to supervise*
trabajar a tiempo completo *to work full-time*
trabajar a tiempo parcial
  to work part-time

ACTIVIDADES

3 **El candidato ideal** Escribe una o dos oraciones que describan al (a la) candidato(a) ideal para los siguientes puestos. Debes incluir vocabulario del **Vocabulario útil 2**, pero también puedes usar vocabulario que ya sabes.

MODELO   secretario(a)
El secretario ideal es puntual, responsable y se lleva bien con la gente. También es inteligente y sabe resolver problemas fácilmente.

1. dependiente de un almacén
2. gerente de una oficina
3. detective
4. periodista
5. actor (actriz)
6. espía
7. médico(a) forense
8. ¿…?

4 **La entrevista** Con un(a) compañero(a), representa una entrevista para uno de los puestos de los siguientes anuncios en línea. El (La) entrevistador(a) debe tener una lista de preguntas que quiere hacerle al (a la) candidato(a). El (La) candidato(a) debe tener una lista de sus habilidades y razones por las cuales sería *(would be)* el (la) empleado(a) perfecto(a) para ese puesto.

MODELO   **Candidato(a):** *Hola. Yo soy… y estoy aquí para solicitar el puesto de…*
  Entrevistador(a): *Mucho gusto, señor / señora / señorita…*

Auto Venta

SE BUSCA VENDEDOR(A) DE CARROS

Solicitamos persona responsable, con buena presencia, que se lleve muy bien con la gente. Experiencia en ventas y algunos conocimientos de contabilidad. Trabajo a tiempo completo. Beneficios incluyen sueldo generoso más comisión, seguro médico y vacaciones pagadas. Para solicitar una entrevista, envíe e-mail con su currículum.

Teletrabajos

SE SOLICITA TELEMARKETER

Se solicita persona detallista, puntual, responsable, de buena presencia y amable por teléfono. Disponible los fines de semana. Trabajo a tiempo parcial. Experiencia no necesaria. Sueldo según experiencia. Ascenso garantizado para la persona emprendedora. Enviar su currículum via e-mail.

*Entra el gerente de **la compañía multinacional**.*

Gerente: Ana Luisa, ¿no le importa que hable un momento con mi hijo antes de que empecemos la entrevista?

Anilú: No, señor, claro que no.

Gerente: Con permiso.

Sergio: ¡Nos vemos, Anilú!

Anilú: El hijo del gerente. ¡Por Dios! ¿Qué habré hecho?

Los negocios *Business*

la bolsa (de valores) *stock market*
la compañía multinacional *multinational corporation*
los costos *costs*
el desarrollo *development*
el (la) empresario(a) *businessman / businesswoman*

la fábrica *factory*
las ganancias y las pérdidas *profits and losses*
la industria *industry*
el (la) jefe(a) *boss*
el presupuesto *budget*
las telecomunicaciones *telecommunications*

ACTIVIDADES

5 **Los negocios** Contesta las preguntas con oraciones completas.

MODELO ¿Te gustaría trabajar para una compañía multinacional?
Sí, me gustaría trabajar para una compañía multinacional. Me imagino que los sueldos y los beneficios son buenos, y es posible que tenga la oportunidad de viajar.

1. ¿Te gustaría trabajar para una compañía multinacional? ¿Por qué?
2. ¿Qué es más importante para ti: tener un buen sueldo, un buen seguro médico, un(a) buen(a) jefe(a) o muchas vacaciones? Explícate.
3. ¿Cuáles son los factores que se deben considerar para el ascenso de un(a) empleado(a)?
4. ¿Cómo debe ser una persona que supervisa a otras? ¿Por qué crees eso?
5. Describe detalladamente tu puesto ideal.

¡FÍJATE!

Servicios de traducción en Internet

Si piensas solicitar empleo en un país hispanohablante y necesitas escribir una carta o e-mail de presentación, ten cuidado con los servicios de traducción en Internet. Estos servicios que abundan en la red son una tentación para muchas personas que no hablan español muy bien o no quieren aprenderlo. A pesar de que estos servicios son útiles *(useful)* hasta cierto punto, la calidad de las traducciones que producen varía mucho y todavía no alcanza el nivel *(doesn't achieve the level)* de una persona que estudia y aprende el idioma. Muchas veces los servicios gratis ofrecen traducciones muy malas y los más caros ni siquiera toman en cuenta *(take into account)* los factores culturales y lingüísticos que afectan la calidad de una traducción.

Mira los e-mails a la derecha. El primero es el original, escrito en inglés. El segundo es una versión en español escrita por un servicio de traducción. El tercer e-mail es el mismo mensaje escrito por una persona que habla el español muy bien.

PRÁCTICA Contesten las siguientes preguntas en grupos.

1. ¿Qué diferencias se notan entre las dos versiones en español?
2. ¿Cuál de los dos mensajes en español les parece más formal o cortés? ¿Por qué? Comparen las dos versiones otra vez. ¿Pueden encontrar algunos errores en la traducción del servicio?
3. ¿Creen que es una buena idea usar servicios de traducción cibernéticos en las siguientes situaciones?
   - para solicitar empleo en un país de habla española
   - para escribir una carta a un amigo chileno que sabe un poco de inglés, pero que prefiere comunicarse en español
   - para traducir un documento de la red
4. Escriban un mensaje en inglés de dos o tres oraciones. Luego, busquen servicios gratis de traducción en Internet. Pueden usar los enlaces sugeridos en el sitio web de *Nexos*. Cada persona del grupo debe utilizar un servicio diferente. Luego, comparen sus traducciones. ¿Son muy similares o muy diferentes? ¿Pueden decidir cuál es la mejor?

Fecha: 15 de mayo, 2010
Para: Tráfico Gráfico, S.A. <recursos@tgsa.com>
De: Michael McDonald <mmcdonald@att.net>
Re: Web designer job

Dear Sir or Madam:

I am writing in order to apply for the position of web designer that you advertised in the local paper this Sunday. I am attaching my résumé. I look forward to hearing from you soon.

All the best,

Michael McDonald

Fecha: 15 de mayo, 2010
Para: Tráfico Gráfico, S.A. <recursos@tgsa.com>
De: Michael McDonald <mmcdonald@att.net>
Re: Diseñador de telaraña

Estimado Señor o la Señora:

Escribo para aplicar para la posición de diseñador de telaraña que usted anunció en el papel local este domingo. Conecto mi résumé. Espero con ansia oír de usted pronto.

Todo mejor,

Michael McDonald

Fecha: 15 de mayo, 2010
Para: Tráfico Gráfico, S.A. <recursos@tgsa.com>
De: Michael McDonald <mmcdonald@att.net>
Re: Diseñador de sitios web

Muy estimados señores:

Me dirijo a ustedes con el propósito de solicitar empleo como diseñador de sitios web, puesto que anunciaron en el periódico local del domingo previo. Adjunto encontrarán mi currículum vitae.

Sin más por el momento y a la espera de su respuesta, los saluda atentamente,

Michael McDonald

A ver

ESTRATEGIA

Watching for transitions and listening for words that signal a change in the conversation

In this chapter's video segment, Sergio repeatedly wants to change the topic or stalls for time. In conversation, both these activities can be done with actions or words. As you view the video segment, watch for the actions and words Sergio uses to stall and change topics.

Antes de ver 🔄 Las entrevistas de trabajo, sean en EEUU o en el mundo hispanohablante, son similares. Con un(a) compañero(a) de clase, haz una lista de por lo menos tres cosas que uno debe hacer para prepararse para una entrevista de trabajo. Busquen palabras y expresiones del vocabulario si necesitan ideas.

▶ **Ver** Mira el episodio del **Capítulo 13.** No olvides enfocarte en las acciones y palabras que usa Sergio para cambiar de tema y tener más tiempo para contestar.

Después de ver 1 🔄 Trabaja con un(a) compañero(a) de clase para contestar las siguientes preguntas sobre el video.

1. ¿En qué ocasiones cambia Sergio de tema cuando habla con Anilú?
2. Al final, sabemos por qué cambia de tema. ¿Cuál es la razón?
3. ¿Por qué está tan nerviosa Anilú?
4. ¿Cómo trata Sergio a Anilú, con mucha o poca simpatía? ¿Cómo saben cuál es su actitud?
5. ¿Por qué no quiere Anilú hablar de las noticias del día?
6. ¿Cómo es Anilú, según Sergio?
7. Vuelvan a la lista que hicieron para la actividad **Antes de ver**. Repasen lo que apuntaron sobre las cosas que un(a) candidato(a) debe hacer para prepararse para una entrevista de trabajo. ¿Cuántas cosas de su lista hizo Anilú? ¿Hizo cosas que no están en la lista?
8. En su opinión, ¿cómo va a ser la entrevista de trabajo de Anilú, buena o mala?

Después de ver 2 🔄 Con un(a) compañero(a), representa una de las siguientes escenas.

1. la conversación entre Sergio y su padre
2. la entrevista de Anilú con el padre de Sergio

Voces de la comunidad

▶ Voces del mundo hispano

En el video de este capítulo, Constanza y Cristián hablan de las profesiones y sus planes para el futuro. Lee las siguientes oraciones. Después mira el video una o más veces para decir si las oraciones son ciertas (**C**) o falsas (**F**).

1. Cuando Cristián hizo un internado en Kimberly Clark en Chile trabajó en administración de empresas.
2. En el futuro, Constanza quiere ser dueña de un restaurante.
3. A Cristián le gustaría ser profesor y trabajar como consultor a tiempo parcial.
4. El papá de Constanza es chef y el padre de Cristián es ingeniero.
5. Uno de los hermanos de Cristián trabaja en una compañía de celulares.
6. Según el hermano de Cristián, no es muy divertido trabajar en el aeropuerto porque ocurren muchas cosas tristes.

Note that in the video one of the speakers refers to part-time work as **trabajo por el lado**. Can you guess why it is called this?

◀) Voces de Estados Unidos

© El Mercurio/Chile/GDA/El Mercurio de Chile/Newscom

Sebastián Edwards: economista, escritor, novelista

❝ Soy muy autocrítico. Como consecuencia, reviso mis textos una y otra vez. [...] Además, soy muy receptivo a las sugerencias. No me siento atacado, ni criticado cuando alguien me da un consejo ❞.

Uno de los economistas más influyentes del mundo es también un aclamado novelista. El chileno Sebastián Edwards tiene la prestigiosa cátedra *(chair)* Henry Ford II Professor of International Business Economics en la Universidad de California en Los Ángeles (UCLA). Un prolífico escritor de asuntos económicos con unos 20 libros y cientos de artículos académicos y columnas periodísticas a su crédito, Edwards recientemente expandió su repertorio como escritor con la publicación de dos novelas. La primera, *El misterio de las Tanias* (Alfaguara, 2008) es una novela de espionaje sobre un grupo de mujeres reclutadas *(recruited)* por el servicio secreto cubano para infiltrar la alta sociedad latinoamericana. La segunda, *Un día perfecto* (Editorial Norma, 2011) presenta dos historias paralelas que ocurren durante un solo día. Las dos novelas han tenido gran éxito comercial y han permanecido en las listas de los libros más vendidos por muchas semanas.

¿Y tú? **¿Te gusta la idea de tener dos profesiones muy diferentes? ¿Conoces a otras personas que trabajen en dos carreras que no estén relacionadas?**

¡Prepárate!

GRAMÁTICA ÚTIL 1

Talking about what has occurred: The present perfect tense

HA LLEGADO CARTA

Luis Henríquez "MICO"/Diario "La Nación" (Chile).

> **This cartoon by Chilean cartoonist "MICO" (Luis Henríquez) makes a hopeful comment about the state of the world. How would you translate its caption (with its present perfect form) into English?**

Cómo usarlo

Lo básico

- A *past participle* is a verb form that expresses an action that has been completed. In the sentence *I have <u>walked</u> to the office every day this week, walked* is the past participle, used with the auxiliary verb *to have*.

- An *auxiliary verb* is a verb that is used with another verb. **Estar** is one example of a Spanish auxiliary verb you have already learned. You used it to form the present progressive with the present participle: **Estoy trabajando ahora.**

1. The present perfect tense is used to talk about actions that have already been completed at the time of speaking. It is used similarly to the preterite, but the present perfect usually gives a greater sense of immediacy to the completion of the action and usually focuses on its relation to the present. Compare the following two sentences.

He hablado con el jefe.   *I have spoken with the boss.*
Hablé con el jefe.   *I spoke with the boss.*

The first sentence implies a more recent conversation and, because it relates to the present, hints that there may be more information still to come. In the second sentence, the action is viewed as completed and done with.

2. Spanish speakers' use of the present perfect tense, as compared to the preterite, varies from country to country. For example, in Spain, the present perfect is used more frequently to talk about past actions than it is in many Latin American countries. In Latin America the present perfect is used much as it is in English.

Compare the two usages. Spain: —¿Qué has hecho esta mañana? —He tenido una entrevista para un puesto. Latin America: —¿Qué hiciste esta mañana? —Tuve una entrevista para un puesto.

Cómo formarlo

1. The present perfect tense is formed using a present-tense form of the auxiliary verb **haber** and the past participle of a second verb.

   ■ The past participle is formed by removing the **-ar, -er,** or **-ir** ending from the verb and adding the following endings. Notice that the same endings are used for both **-er** and **-ir** verbs.

-ar verb: **trabajar**	**-er** verb: **conocer**	**-ir** verb: **compartir**
-ado: trabajado	**-ido: conocido**	**-ido: compartido**

Haber means *to have,* as does the verb **tener,** but the difference is that **haber** is almost always used with another verb, as an auxiliary verb, while **tener** is used alone. The invariable forms **hay** *(there is, there are)* and **había** *(there was, there were)* also come from **haber.**

   ■ Conjugated forms of **haber** are used with the past participle.

Present perfect tense		
yo	he	
tú	has	
Ud. / él / ella	ha	**+ trabajado / conocido / compartido,** etc.
nosotros / nosotras	hemos	
vosotros / vosotras	habéis	
Uds. / ellos / ellas	han	

2. A number of verbs have irregular past participles.

abrir: **abierto**	poner: **puesto**
decir: **dicho**	romper: **roto**
escribir: **escrito**	satisfacer: **satisfecho**
hacer: **hecho**	ver: **visto**
morir: **muerto**	volver: **vuelto**

Verbs that end in **-rir** follow the same pattern as **abrir: descubrir → descubierto.** Verbs that end in **-ver** (except **ver**), use the **-uelto** ending: **resolver → resuelto.** Sometimes the same verb can have two different past participles, depending upon local usage; for example: **imprimir: imprimido / impreso, freír: frito** (more common), **freído.**

3. When an **a, e,** or **o** precedes the **i** in **-ido,** place an accent on the **i** to maintain the correct pronunciation: **leído, traído, oído.** No accent is used, however, when the **i** of **-ido** is preceded by **u: construido, destruido.**

4. When using a form of **haber** and the past participle to form the present perfect tense, the form of **haber** changes to agree with the subject. The present participle does not change.

Elena ha tenido tres entrevistas con esa compañía.	**Elena has** had three interviews with that company.
Yo solo **he** tenido una entrevista con ellos.	**I have** only had one interview with them.

5. The past participle may also be used as an adjective, frequently with the verb **estar**. When it is used this way, it changes its form to reflect number and gender, as do all adjectives.

Han escrito los informes hoy.	(past participle used in present perfect)
Los informes ya **están escritos**.	(past participle used as an adjective)
El jefe tiene todos los informes **escritos**.	(past participle used as an adjective)

6. When the past participle of reflexive verbs is formed, the reflexive pronoun goes *before* the auxiliary verb. The same is true with direct and indirect object pronouns.

Ya **me he preparado** para la reunión.	**I have** already **prepared myself** for the meeting.
¿El informe? Sí, **lo he escrito**.	The report? Yes, **I have written it**.

Note that, unlike in English, an adverb cannot separate the auxiliary verb from the past participle; the two components making up the Spanish present perfect tense are never split by another word: *I have _already_ applied for the job,* but **ya he solicitado el puesto.**

ACTIVIDADES

1 🔊 **Antes de la entrevista** Es el día antes de la entrevista de Anilú y su mamá quiere saber si Anilú se ha preparado bien. Escucha la conversación entre Anilú y su madre. Marca con una X las cosas que Anilú sí ha hecho para prepararse para la entrevista. Luego, escribe una oración para cada cosa que sí ha hecho y una oración para cada cosa que no ha hecho.

MODELO *Anilú ha preparado su currículum vitae.*

____ preparar su currículum vitae

____ revisar su currículum vitae varias veces

____ completar la solicitud que le mandaron

____ hacer una lista de sus habilidades

____ averiguar cuáles son los requisitos del puesto

____ practicar su presentación frente al espejo

____ escoger lo que se va a poner

____ confirmar la hora de la entrevista

2 ¿Qué hemos hecho? Todos queremos mejorar el mundo. ¿Qué han hecho tus compañeros(as), tu familia, tu gobierno y tú para combatir los problemas de hoy? Haz seis oraciones usando elementos de las tres columnas. Asegúrate de que el verbo esté en el presente perfecto.

MODELO   *El gobierno ha tomado medidas para combatir el terrorismo.*
          Mi amigo Geraldo ha participado en una manifestación contra la desigualdad.

él / mi amigo…	participar en	la discriminación
ella / mi amiga…	votar en	la paz mundial
nosotros	criticar	la economía global
ustedes	escribir	la desigualdad
el gobierno	luchar por / contra	el terrorismo
el (la) profesor(a) de…	estudiar	las elecciones presidenciales
mi [miembro de la familia]	¿…?	una manifestación contra…
		artículos sobre…
¿…?		¿…?

3  **¿Alguna vez…?** Trata de informarte más sobre tu compañero(a) y las cosas que ha hecho o no ha hecho en su vida. Hazle preguntas sobre su pasado usando el presente perfecto. Luego, él/ella te va a hacer preguntas sobre el tuyo. Puedes usar las ideas de los dibujos o puedes inventar tus propias preguntas.

MODELO   visitar la Isla de Pascua
          Tú: *¿Alguna vez has visitado la Isla de Pascua?*
          Compañero(a): *No, nunca he visitado la Isla de Pascua, pero algún día me gustaría hacerlo.*
          O: *Sí, visité la Isla de Pascua el año pasado.*

1. esquiar en los Andes   **2.** probar un vino chileno   **3.** estar en una playa de otro país   **4.** ver un glaciar   **5.** conocer a un pescador chileno

4 **Mis metas** Escribe cinco metas *(goals)* que son importantes para ti. Di si hasta este momento las has logrado *(have achieved)* o no. Luego, en grupos de cuatro o cinco, comparen sus metas y escriban conclusiones sobre las metas que tienen en común.

MODELO   **Meta:** *completar el curso de español*
          Yo: *No he completado el curso de español.*
          Grupo: *En el grupo, nadie ha completado el curso de español.*

Talking about events that took place prior to other events: The past perfect tense

Cómo usarlo

1. The past perfect tense, like the present perfect tense, uses forms of **haber** with the past participle. It describes past actions that occurred *before* other past actions.

Ya **había escrito** el informe cuando la jefa me lo pidió.

I had already **written** *the report when the boss asked me for it.*

2. The past perfect tense is frequently used in the same sentence with the preterite to describe a past action (past perfect) that occurred *before* another past action (preterite).

Ya me **habían llamado** cuando **llegué** a la oficina.

*They **had** already **called** me when I arrived at the office.*

Cómo formarlo

1. The past perfect tense also uses past participles (just like the present perfect). But it uses the *imperfect* (instead of the *present*) forms of **haber** with the past participle.

Past perfect tense		
yo	había	
tú	habías	
Ud. / él / ella	había	+ **trabajado / conocido / compartido**, etc.
nosotros / nosotras	habíamos	
vosotros / vosotras	habíais	
Uds. / ellos / ellas	habían	

2. Apart from changing the tense of **haber** to the imperfect, the formation of the past perfect is the same as the present perfect (page 487).

- **Haber** changes to agree with the subject but the past participle does not change its form: **Los gerentes habían escrito dos cartas adicionales.**

- All reflexive and object pronouns precede the form of **haber** and the past participle: **La jefa me pidió el informe, pero ya se lo había dado a su secretario para hacer fotocopias.**

Es que **había solicitado** otro puesto y acabo de recibir la mala noticia que no me lo dieron.

Ya *(Already)* is frequently used with the past perfect, due to its use in specifying the order of past events.

Remember that when you use the past participle as an adjective it changes to agree with the noun it modifies: **una presentación escrita, unos informes preparados**. When the past participle is used as part of a perfect tense, it does not change to agree with the noun: **Ya habíamos completado nuestros proyectos.**

ACTIVIDADES

5 **Mi historia profesional** Luis habla de su primer trabajo profesional. Lee su resumen e identifica las formas del presente perfecto y del pasado perfecto que usa.

Antes de conseguir el puesto que ahora tengo, ya había tenido varios trabajos a tiempo parcial. Siempre me ha gustado estar ocupado y por eso he trabajado durante casi todas las vacaciones de verano. Actualmente trabajo de asistente en una oficina de ingenieros. Ellos ya habían hablado con muchos candidatos antes de entrevistarme a mí. Y yo ya había hecho una investigación de la empresa en Internet. Por eso podía hablar de sus proyectos con mucha confianza. ¡Conseguí el puesto! Los ingenieros me han ofrecido muchas oportunidades para aprender nuevas tecnologías y la experiencia ha sido muy buena.

6 **Ya** Usa el pasado perfecto para decir que las siguientes personas ya habían hecho lo que se menciona en las oraciones. Sigue el modelo.

MODELO   La profesora Delgado ha vendido su negocio de telecomunicaciones.
La profesora Delgado ya había vendido su negocio de telecomunicaciones.

1. Yo he trabajado para una compañía multinacional.
2. El profesor Muñoz ha escrito varios libros sobre negocios.
3. Nosotros hemos visto varios presupuestos para el negocio.
4. Tú has ido a la entrevista por la mañana.
5. Ustedes han recibido un aumento de sueldo.
6. Él ha dirigido el desarrollo de la fábrica.
7. He finalizado mis estudios de comercio internacional.

7 🔊 **La clase de ciencias políticas** Antes de llegar a la universidad, Soledad no había participado en política. La clase de ciencias políticas le despertó la conciencia y por eso ella y varios amigos hicieron muchas cosas que nunca habían hecho antes. Escucha a Soledad mientras describe su primer año en la universidad. Escribe una oración que describa lo que ella y sus amigos nunca habían hecho antes. Primero, estudia el modelo.

MODELO   (ella) votar en…
Nunca había votado en elecciones nacionales.

1. (ellas) contribuir con dinero y tiempo a la campaña de…
2. (ella) interesarse en la política y…
3. (ella) participar en…
4. (ellos) trabajar…
5. (ella) escribir ensayos *(essays)* para…
6. (ellos) abrir los ojos sobre…

8 **¡Pobrecito!** ¡Pobre señor Malapata! Necesita encontrar trabajo, pero cada vez que hace algo para conseguirlo, nada le resulta bien. Estudia el modelo y combina las dos oraciones para describir su situación en una oración nueva. Pon atención al uso del pasado perfecto en la oración.

MODELO   Buscó el periódico para leer los anuncios clasificados. Su hijo lo puso en la basura.
Cuando buscó el periódico para leer los anuncios clasificados, su hijo ya lo había puesto en la basura.

1. Solicitó el puesto de gerente. Le ofrecieron el puesto a otro candidato.
2. Decidió solicitar el puesto de supervisor. Otros tres candidatos lo solicitaron.
3. El día de la entrevista, fue a buscar el carro. Su esposa se llevó el carro.
4. Bajó a la plataforma del metro. El tren salió.
5. Llegó a la entrevista. El jefe se fue.
6. Lo llamaron para ofrecerle el puesto. Aceptó otro puesto menos lucrativo.

9 **¿Qué habías hecho ya?** Con un(a) compañero(a), túrnense para mencionar por lo menos una cosa que ya habían hecho en cada situación. Sigan el modelo.

MODELO   cumplir ocho años
Tú: *¿Qué habías hecho antes de cumplir ocho años?*
Compañero(a): *Ya había aprendido a leer.*

1. cumplir ocho años
2. cumplir trece años
3. cumplir dieciséis años
4. cumplir dieciocho años
5. empezar a trabajar en…
6. viajar a…

10 **Antes de entrar a la universidad** Quieres informarte más sobre las cosas que tu compañero(a) había hecho o no antes de llegar a la universidad. Hazle seis preguntas sobre su pasado; luego él/ella te hará otras seis preguntas. Puedes usar las ideas de la lista o puedes inventar otras.

MODELO   **Tú:** *¿Tomaste (Has tomado) clases de español antes?*
Compañero(a): *No, antes de entrar a la universidad, nunca había tomado una clase de español.*
O: Sí, lo había estudiado un año en la escuela secundaria.

Ideas

trabajar fuera de casa
viajar al extranjero
vivir fuera de casa
entrevistarse para un
   puesto de trabajo
tener tu propio carro
compartir tu habitación
lavar tu ropa

cocinar una comida
estar en una fiesta hasta la 1:00
   de la mañana
organizar una fiesta en tu casa
leer muchos libros
escribir todos los días
¿…?

GRAMÁTICA ÚTIL 3

Expressing doubt, emotion, and will: The present perfect subjunctive

¿Es posible que **haya buscado** trabajo en alguna otra ocasión?

Cómo usarlo

1. In **Chapters 10–12**, you learned to use the subjunctive mood to express a variety of reactions and emotions.

2. The present perfect subjunctive is used in the same contexts as the present subjunctive. The difference is that you are using the present perfect subjunctive in a *past-tense context,* rather than a present-tense context. The present perfect subjunctive, like the present perfect indicative, describes actions that recently occurred or have a bearing on the present.

¡Me alegro de que hayas conseguido el puesto!	*I'm happy that you have gotten the position!*
Dudo que hayan terminado el proyecto.	*I doubt that they have finished the project.*
Es bueno que él haya estudiado los informes antes de la reunión.	*It's good that he has studied the reports before the meeting.*
Ojalá que hayamos hecho todo antes de las siete.	*I hope that we have done everything before 7:00.*
No hay nadie en esta oficina que haya estado en la reunión.	*There is no one in this office who has been in the meeting.*
Cuando hayas leído los reportes, debes hablar con la directora.	*When you have read the reports, you should talk to the director.*
Tráeme el contrato **tan pronto como lo haya firmado el jefe**, por favor.	*Bring me the contract **as soon as the boss has signed it**, please.*

Cómo formarlo

The present perfect subjunctive uses the same past participles you have already learned, and follows the same rules as the present perfect and past perfect tenses. The only difference is that it uses the present subjunctive forms of the verb **haber**, rather than its indicative forms.

Present perfect subjunctive		
yo	**haya**	
tú	**hayas**	
Ud. / él / ella	**haya**	+ **trabajado / conocido / imprimido**, etc.
nosotros / nosotras	**hayamos**	
vosotros / vosotras	**hayáis**	
Uds. / ellos / ellas	**hayan**	

11 **El siglo veintiuno** Usa el presente perfecto del subjuntivo para expresar tu reacción a los siguientes comentarios, empezando con la expresión de emoción apropiada según tu opinión personal.

MODELO   Es bueno / Es malo que el gobierno (haber hacer) tanto para estimular la economía.
   Es bueno que el gobierno haya hecho tanto para estimular la economía.
   O: *Es malo que el gobierno haya hecho tanto para estimular la economía.*

1. Es una pena / No es tan malo que (haber aumentar) la contaminación del aire en las ciudades grandes con mucha industria.
2. Siento / No creo que (haber ocurrir) más desastres naturales de lo normal durante esta década.
3. Me molesta / Dudo que los terroristas (haber matar) a miles de personas durante los últimos años.
4. Es una pena / No es verdad que los gobiernos (no haber hacer) lo suficiente para combatir los narcotraficantes en todas partes del mundo.
5. Es posible / No es probable que nosotros (haber conseguir) la paz mundial dentro de veinte años.
6. Es bueno / Es dudoso que (haber acabarse) la discriminación racial y contra mujeres en muchas áreas del mundo.
7. Es bueno / Es malo que los ingenieros (haber diseñado) robots muy eficientes para usar en compañías multinacionales.
8. Es fantástico / Es ridículo que la NASA (haber recibido) dinero para estudiar la posibilidad de fabricar oxígeno en el planeta Marte.

12 **Mi opinión** Imagina que los siguientes sucesos han ocurrido. Da tu opinión sobre cada noticia. Sigue el modelo.

MODELO   Tuvieron un huracán devastador en Centroamérica.
   Es una pena que hayan tenido un huracán devastador en Centroamérica.

Use expressions such as **Lamento que, Siento que, Me alegro de que, Estoy muy contento(a) de que, Es una lástima que,** etc., to express the emotions of the people involved.

1. Hubo una serie de tornados en el sur de Estados Unidos. Varias personas murieron. Pero muchas familias fueron salvadas por los bomberos y la policía.
2. Ya terminaron las elecciones presidenciales en Chile. Fueron unas elecciones muy tranquilas. La mayoría de la población votó.
3. La tasa de desempleo bajó en Chile. La tasa de inflación también bajó. La economía está muy fuerte.
4. La guerra fría terminó. Los líderes internacionales declararon la paz mundial. Los gobiernos están de acuerdo sobre el futuro de sus relaciones.

13 ⟳ **Esta clase** Con un(a) compañero(a), haz una lista de seis cosas que creen que nadie en su clase haya hecho hasta ahora.

MODELOS   *No hay nadie en esta clase que haya escalado los Andes.*
   No hay nadie en esta clase que haya visto las estatuas de Rapa Nui.

Expresión 👥 En grupos de tres o cuatro estudiantes, imagínense la siguiente situación: Horacio ha conseguido un nuevo puesto. Hay mucho trabajo que hacer y el jefe quiere saber qué ha hecho Horacio mientras él (el jefe) estaba de vacaciones. Escriban una conversación entre Horacio, el nuevo jefe y otras personas de la oficina (si quieren incluir a otras personas). Luego, representen la escena para toda la clase.

¡Explora y exprésate!

Chile

© Tifonimages/Shutterstock.com

▶ **Información general**

Nombre oficial: República de Chile

Población: 18.006.407

Capital: Santiago (f. 1541) (7.228.581 hab.)

Otras ciudades importantes: Valparaíso (290.848 hab.), Viña del Mar (311.399 hab.), Concepción (224.288 hab.)

Moneda: peso (chileno)

Idiomas: español (oficial), mapuche, alemán, inglés

Consulta el mapa de Chile en el **Apéndice D**.

A tener en cuenta

- Aunque Bernardo O'Higgins proclama la independencia de España en 1810, cuatro años más tarde, Chile vuelve a quedar bajo dominio español. En 1817 O'Higgins vence a los españoles de nuevo y en 1822, promulga *(enacts)* la primera constitución.

- El presidente Salvador Allende muere en 1973 cuando las fuerzas armadas de Augusto Pinochet toman el poder. Durante la dictadura de Pinochet, cuatro mil personas "desaparecen" y miles de intelectuales y artistas dejan el país. La democracia vuelve a Chile en 1990 con la elección democrática de Patricio Aylwin.

- Hoy en día, la economía chilena se destaca por ser muy competitiva y por ser la más dinámica de América Latina, teniendo acuerdos de libre comercio con más de 58 países. Además, las deudas públicas del país son de las más pequeñas y estables en todo el mundo. Una de las industrias mejor conocidas de Chile es la vinicultura, o la producción de vinos. La industria pesquera chilena también sobresale *(stands out)* como una de las más importantes.

Chile: trabajadores héroes

Chile tiene una larga tradición de minería desde el siglo XX, cuando se establece como el productor de cobre *(copper)* más importante del mundo. Los mineros de cobre chilenos son de los mejor remunerados *(well paid)* en Sudamérica por el peligro que se presenta al trabajar a esas profundidades bajo tierra en una región donde los terremotos son habituales.

© Alex Ibanez/Reuters /Landov

El 5 de agosto de 2010, 33 mineros chilenos van al trabajo como siempre en la mina San José en el desierto de Atacama. Pero un derrumbe *(cave-in)* los deja atrapados a 2.300 pies bajo tierra.

Captadas por el drama real que se desarrolla vía televisión e Internet, personas de todo el mundo observan atentamente mientras los trabajadores atrapados hacen todo lo posible para mantenerse sanos y los expertos usan todas sus habilidades y recursos para idear un modo eficiente de rescatarlos. Finalmente, todo el mundo celebra mientras observa la salida de cada minero, uno por uno, en el rescate *(rescue)* más dramático y más exitoso de la historia mundial de la minería.

Los trabajadores, tanto aquellos dentro de la mina como los de fuera, se transforman en héroes y logran que este lamentable suceso tenga un final feliz mientras se entrega un triunfo global a Chile.

EN RESUMEN

La información general

1. ¿Cuántas veces reclama Chile la independencia de España antes de conseguirla?
2. ¿Con quién se asocia la independencia chilena?
3. ¿Qué presidente muere cuando Augusto Pinochet toma el poder?
4. En 1990, ¿con la elección de qué presidente vuelve la democracia a Chile?
5. ¿Cuál es una de las industrias mejor conocidas de Chile y qué produce?
6. ¿Qué otra industria chilena es conocida internacionalmente?

El tema del trabajo

1. ¿De qué mineral es Chile el productor más importante del mundo?
2. ¿Por qué los mineros chilenos son de los mejores pagados de Sudamérica?
3. ¿Qué causa que los 33 mineros queden atrapados en la mina?
4. ¿Quiénes son los héroes de la historia?

¿Quieres saber más?

Revisa y completa la tabla que empezaste al principio del capítulo. Escoge uno o dos de los temas sobre los que escribiste en la columna **Lo que quiero aprender**, o uno o dos de los que figuran a continuación. Prepárate para compartir la información con la clase.

Palabras clave: los mapuches, Salvador Allende, Augusto Pinochet, Pablo Neruda, Gabriela Mistral, Isabel Allende, Michelle Bachelet, Violeta Parra, Valparaíso, Viña del Mar

⊕ Para aprender más sobre Chile, mira el video cultural en la mediateca *(Media Library)*.

A leer

Antes de leer

ESTRATEGIA

Analyzing word endings

Looking at the endings of words can help you identify verbs as well other words that share common suffixes. If you encounter an unknown word, look at the ending. Does it resemble the endings of a certain tense, such as the preterite, the imperfect, the perfect tenses, the present progressive or the future?

If the word is not a verb, check it for suffixes that will help you determine its meaning. For example, the poems you are about to read contain words with the following suffixes: **-dor(a/es/as) / -ero**, related to professions or people who make or do specific things; **-ita**, a diminutive that expresses affection; and **-ada** and **-ido**, past participles used as adjectives (**pintada, ennegrecido**).

Items 1–7 refer to the poem "**Canción de pescadoras**" while items 9–12 refer to the poem "**La cuna**".

1 Vas a leer dos poemas de la autora chilena Gabriela Mistral (nombre verdadero Lucila Godoy Alcayaga). Una de las más destacadas figuras literarias en español, recibió el Premio Nobel de Literatura en 1945. Fue educadora y feminista, y muchos de sus poemas reflejan su pasión por la naturaleza, los viajes y el amor entre madre e hijo. Los dos poemas que vas a leer son canciones de cuna *(cradle songs)*.

2 Para familiarizarte con algunas palabras y frases de los poemas, conecta las palabras de la izquierda con la traducción de la derecha.

1. con viento y olas puedes
2. garabateada de redes
3. que te alza y que te crece
4. marnodriza
5. la red me llena la falda
6. si rompo los nudos
7. sueño lleno de peces
8. corta los maderos
9. baja el pino de repecho
10. en la rama
11. con dulzura
12. a mi niño arrullo

a. *sea-nursemaid*
b. *if I break the knots*
c. *in the branch*
d. *you can control wind and waves*
e. *with sweetness*
f. *scribbled over / covered with nets*
g. *take down the pine tree on the steep slope*
h. *I sing my child to sleep*
i. *the net fills my lap*
j. *that lifts you up and raises you (child to adult)*
k. *sleep or dream filled with fish*
l. *cut the timber*

3 Ahora lee los dos poemas. Mientras lees, presta atención al orden de las palabras y también a sus terminaciones.

Full Moon, Pichilemu, Chile, 1958 (oil on board), Garcia, Horacio G. (1878-1942) / Private Collection / Photo © The Maas Gallery, London / Bridgeman Images

Niñita de pescadores
que con viento y olas puedes,
duerme pintada de conchas[1],
garabateada de redes.

Duerme encima de la duna
que te alza y que te crece,
oyendo la mar-nodriza
que a más loca mejor mece[2].

La red me llena la falda
no me deja tenerte[3],
porque si rompo los nudos
será que rompo tu suerte…

Duérmete mejor que lo hacen
las que en la cuna se mecen[4],
la boca llena de sal
y el sueño lleno de peces.

[1] shells [2] **que…:** that when she (the sea-nursemaid) is wilder, rocks better [3] **no…:** doesn't allow me to hold you [4] **las…:** they who are rocked in a cradle

Gabriela Mistral, "Canción de Pescadores," *Gabriela Mistral en verso y prosa. Antología.* Madrid: Real Academia Española y Asociación de Academias de la Lengua Española, 2010.

© Germano Poli/Thinkstock

Carpintero, carpintero,
haz la cuna de mi infante.
Corta, corta los maderos,
que yo espero palpitante[1].

Carpintero, carpintero,
baja el pino de repecho,
y lo cortas en la rama
que es tan suave cual[2] mi pecho.

Carpintero ennegrecido[3],
fuiste, fuiste criatura[4].
Al recuerdo de tu madre,
labras[5] cunas con dulzura.

Carpintero, carpintero,
mientras yo a mi niño arrullo,
que se duerma[6] esta noche
sonriendo el hijo tuyo…

[1] *with pounding heart* [2] **tan…:** *as soft as* [3] *sooty, blackened* [4] **fuiste…:** *you were once a child* [5] *you carve* [6] **que…:** *may (he) sleep*

Gabriela Mistral, "La cuna," *Gabriel Mistral para niños*. Ediciones de la Torre, Madrid 1994.

Después de leer

4 Di si las siguientes oraciones son ciertas o falsas.

"Canción de pescadoras"

1. Una pescadora está cantando una canción de cuna a su hija.
2. La niñita está durmiendo en la duna.
3. La madre pescadora compara la duna con una nodriza.
4. La pescadora teme que si rompe los nudos de las redes no podrá usarlas para pescar otra vez.
5. La madre espera que su hijita duerma bien mientras que se mece en su cuna.

"La cuna"

6. La madre está dirigiéndose a su infante.
7. La madre quiere que el carpintero le construya una cuna.
8. La madre quiere una cuna hecha de pino.
9. El carpintero trabaja con dulzura porque recuerda a su madre.
10. El carpintero no tiene hijos, por eso construye cunas para los demás.

5 Trabajen en parejas para describir sus reacciones personales a los dos poemas.

1. ¿Cuál de los poemas les gustó más? ¿Por qué?
2. Túrnense para leer los poemas en voz alta. Después, hagan lo siguiente:
   a. Busquen las parejas de palabras que riman (o casi riman) en "Canción de pescadoras".
   b. Busquen las parejas de palabras que riman en "La cuna".
   c. Busquen las palabras que se repiten en cada poema.
3. Los poetas usan las palabras que riman o se parecen mucho, las palabras repetidas y la métrica (el número de sílabas que hay en cada línea) para crear un sonido específico en sus poemas. Basándose en su investigación de los dos poemas, ¿cómo usa Mistral la rima y la repetición en cada uno?
4. ¿Cuál de los poemas prefieren en cuanto a su sonido y rima?

6 Trabajen en grupos de tres o cuatro estudiantes. Juntos(as), escojan un tema de las noticias del día y luego una profesión relacionada con ese tema. Van a tratar el tema y la profesión en un poema sencillo *(simple)*. Una vez que se hayan puesto de acuerdo *(you have agreed)* sobre la profesión y el tema, compartan sus ideas sobre varios aspectos de ellos. Busquen cuatro parejas de palabras que rimen para usar en su poema. Luego, escriban un poema que describa algún aspecto de ese tema y esa profesión.

If you have trouble coming up with rhyming words, there are many websites that provide rhymes for a wide variety of Spanish words.

MODELO **Tema:** *la guerra*

Profesión: *soldado*

Palabras que riman: *guerra / tierra, haz / paz, amor / temor, violencia / frecuencia*

Primeras dos líneas del poema: *Soldado que guarda nuestra tierra y nos protege de la guerra…*

A escribir

Antes de escribir

1 Vas a escribir una carta o un e-mail de presentación para el trabajo que se describe en el siguiente anuncio. Completa la tabla a la izquierda con tus datos personales en preparación para escribir tu carta o e-mail de presentación.

Datos personales

Estudios y títulos

Experiencia profesional

Otros conocimientos o habilidades

SE BUSCAN JÓVENES

Buena imagen, dinámicos y con afán de superación, incorporación inmediata

Categoría: Área comercial, verano
Subcategoría: Comercial/Vendedor, verano
Lugar de trabajo:
Número de vacantes: 20

Se requiere

- Estudios de colegio, título universitario no es necesario
- Formación continuada a cargo de la empresa
- Experiencia laboral no es necesaria

Se recomienda

- Conocimiento de español
- Conocimiento de programas de software

Otros datos

- Licencia de conducir: No
- Vehículo propio: No
- Disponibilidad para viajar: Sí
- Disponibilidad de cambio de residencia: Sí

Se ofrece

Remuneración de 4.000 pesos/hora, con comisión, trabajo completo, costos de traslado remunerados por la empresa

Interesados enviar C.V. por e-mail: solicitudes@trabajonet.net

afán: *desire to succeed* **formación:** *ongoing training by the company*

2 Vas a escribir una carta o un e-mail de presentación para un trabajo. Necesitas incluir toda la información necesaria, pero debes tratar de que tu carta no sea demasiado larga. Vas a escribir una carta o un e-mail de cuatro párrafos. Mira los datos que anotaste en la tabla de la **Actividad 1** y decide cuáles son los más importantes. Luego, pon esta información en el siguiente orden.

Párrafo 1: Preséntate y menciona el empleo que solicitas.
Párrafo 2: Describe brevemente tu preparación profesional y personal.
Párrafo 3: Habla de otros conocimientos o habilidades que tienes que pueden ser útiles para el puesto.
Párrafo 4: Despídete e incluye los datos personales necesarios para que se pongan en contacto contigo.

Composición

3 Ahora escribe el borrador de tu carta o e-mail. Usa el modelo como ejemplo. También puedes usar expresiones y palabras de la siguiente lista.

Introducción
Me dirijo a ustedes para / en relación con…

Estudios / Experiencia / Otros conocimientos
Permítanme destacar *(to point out)*…
Quisiera señalar *(to point out)*…
Me gustaría añadir…
Además de…
Estoy dispuesto(a) a hacer una entrevista con ustedes si consideran adecuado mi currículum.

> \<fecha>
>
> \<dirección de la compañía>
>
> Estimados señores:
>
> \<párrafo 1: introducción>
>
> \<párrafo 2: estudios y experiencia>
>
> \<párrafo 3: otros conocimientos>
>
> En espera de su respuesta, los saluda atentamente,
>
> \<firma, si es una carta>
> \<tu nombre, dirección, teléfono, e-mail>

Después de escribir

4 🔁 Intercambia tu borrador con otro(a) estudiante. Usen la siguiente lista como guía al corregir el borrador de la otra persona. Después de hacer todas las correcciones necesarias, cada persona debe escribir la versión final de su carta.

- ¿Incluye la carta toda la información necesaria sin ser demasiado larga?
- ¿Describe la carta claramente los estudios, la experiencia y los conocimientos de tu compañero(a)?
- ¿Se usaron las formas correctas de todos los verbos?
- ¿Se usó bien el subjuntivo con los verbos y expresiones negativas, de duda y de emoción?
- ¿Hay concordancia entre los artículos, los sustantivos y los adjetivos?
- ¿Hay errores de puntuación o de ortografía?

¡Vívelo!

Vas a hacer una traducción al español de un artículo escrito en inglés. Después vas a comparar la traducción que hiciste con la de otros estudiantes y luego con la de un servicio de traducción en línea.

Antes de clase

Paso 1 En este capítulo aprendiste sobre las profesiones y las entrevistas de trabajo. También leíste sobre los servicios de traducción (**¡Fíjate!**, página 483). Ahora vas a tratar de hacer tu propia traducción. Primero, lee el artículo sobre las profesiones del futuro de la página siguiente.

Paso 2 Mira la siguiente lista de términos en español para conectarlos con sus equivalentes en inglés que aparecen en el artículo.

mercado de trabajo
futurista
habilidades prácticas
la Oficina de Estadísticas
   Laborales

robótica tecnológica
diseñadores de aplicaciones de
   software
gerente general
gerente de operaciones

Paso 3 Tu instructor(a) va a asignarle a cada estudiante un párrafo del artículo para traducir. Antes de venir a la próxima clase, traduce tu párrafo. No te preocupes si es difícil. Vas a trabajar con otros estudiantes para revisarlo. No debes usar un servicio de traducción en línea porque vas a hacer eso después de trabajar con tus compañeros.

Durante la clase 🔗

Paso 1 Tu instructor(a) te va a poner en un grupo con otros estudiantes que han traducido el mismo párrafo. Debes traer tu traducción para compartirla con ellos.

Paso 2 Comparen las traducciones que hicieron. Luego, hagan una versión final para crear la mejor traducción posible de su párrafo.

Fuera de clase 🔗

Ahora, usen un servicio de traducción en línea para traducir el párrafo que ya han traducido. Comparen la traducción del servicio con su propia traducción. ¡No se olviden de revisar la traducción del servicio con mucha atención! Es posible que haya errores.

¡Compártelo! 🔗

Pongan su traducción original y la traducción del servicio en el foro en línea de *Nexos*. Lean las traducciones que hicieron los otros grupos. Luego, comparen esas traducciones con las de los servicios y hagan comentarios.

There are many online resources for looking up unknown words and terms, such as the website for the Real Academia Española and Word Reference. Also, if sentences are too complex, you may divide them into shorter sentences, as long as the original meaning is maintained.

© Olaf Speier / Alamy

© Kristoffer Tripplaar / Alamy

Predictions for the Future of Work

An analysis of the future is an important step to prepare yourself to enter the job market. Jobs that are in demand today may disappear quickly in the future. For example, futurist Thomas Frey says that by the year 2030, 2 billion jobs will disappear. He says this loss of jobs will be because of changes in major industries such as energy, transportation and manufacturing.

What are the jobs of the future? Karen Siwak, director of Resume Confidential, sees opportunities in professions that require hard skills, such as electricians, plumbers, and engineers who work with technology robotics. Many futurists predict that robots will enter the job market in larger numbers and most workers will work with them as coworkers and competitors.

The U.S. Bureau of Labor Statistics makes projections for the next 10 years. Their statistics predict that from now until 2022, the five professions with the greatest number of openings will be for registered nurses, general and operations managers, software applications developers, specialized physicians and surgeons, and accountants and auditors. Other popular professions include analysts of management and computer systems, elementary school teachers, and lawyers.

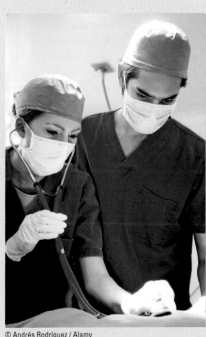

© Dmitry Kalinovsky/Shutterstock.com

© Andrés Rodríguez / Alamy

Vocabulario

Las noticias del día *Current events*

la campaña *campaign*
el (la) ciudadano(a) *citizen*
la contaminación (del aire) *(air) pollution*
el crimen *crime*
el desastre natural *natural disaster*
la (des)igualdad *(in)equality*
la discriminación *discrimination*
la economía *economy*
el ejército *the army*
las elecciones *elections*
las fuerzas armadas *armed forces*
la globalización *globalization*
el gobierno *government*
la guerra *war*
la huelga *strike*
el huracán *hurricane*

la inundación *flood*
el (la) líder *leader*
la manifestación *demonstration*
la paz mundial *world peace*
la política *politics*
el proceso electoral *election process*
el terremoto *earthquake*
el terrorismo *terrorism*
la violencia *violence*

iniciar *to initiate*
luchar contra *to fight against*
participar en *to participate in*
sobrevivir *to survive, overcome*
sufrir (las consecuencias) *to suffer (the consequences)*
tomar medidas *to take steps or measures*

Para solicitar empleo *Applying for a job*

La entrevista *The interview*
el currículum vitae *curriculum vitae, résumé*
darse la mano *to shake hands*
el formulario *form*
el maletín *briefcase*
la solicitud *application*
la tarjeta *business card*

El (La) candidato(a) *The candidate*
detallista *detail-oriented*
disponible *available*
emprendedor(a) *enterprising*
llevarse bien con la gente *to get along with people*
puntual *punctual*
responsable *responsible*
tener... *to have . . .*
  ... algunos conocimientos de... *. . . some knowledge of . . .*
  ... buena presencia *. . . a good presence*
  ... (mucha) experiencia en... *. . . (a lot of) experience in . . .*
  ... las habilidades necesarias *. . . the necessary skills*

El puesto *The job, position*

el ascenso *promotion*
el aumento de sueldo *salary increase, raise*
los beneficios *benefits*
el contrato *contract*
la (des)ventaja *(dis)advantage*
el (la) empleado(a) *employee*
el requisito *requirement*
el seguro médico *medical insurance*

averiguar *to look into, investigate*
contratar *to hire*
despedir (i, i) *to fire*

dirigir *to direct*
emplear *to employ*
ganar *to earn*
hacer informes *to write reports*
jubilarse *to retire*
requerir (ie, i) *to require*
satisfacer (*like* **hacer**) *to satisfy*
supervisar *to supervise*
trabajar a tiempo completo *to work full-time*
trabajar a tiempo parcial *to work part-time*

Los negocios *Business*

la bolsa (de valores) *stock market*
la compañía multinacional *multinational corporation*
los costos *costs*
el desarrollo *development*
el (la) empresario(a) *businessman / businesswoman*
la fábrica *factory*
las ganancias y las pérdidas *profits and losses*
la industria *industry*
el (la) jefe(a) *boss*
el presupuesto *budget*
las telecomunicaciones *telecommunications*

Participios pasados irregulares *Irregular past participles*

abierto *open*
dicho *said*
escrito *written*
hecho *done*
muerto *dead*
puesto *placed*
roto *broken*
satisfecho *satisfied*
visto *seen*
vuelto *returned*

Repaso y preparación

Repaso del Capítulo 13

Complete these activities to check your understanding of the new grammar points in **Chapter 13** before you move on to **Chapter 14**.

The answers to the activities in this section can be found in **Appendix B**.

The present perfect tense (p. 486)

1　Haz oraciones completas con las palabras indicadas para hablar de las experiencias profesionales que **han tenido** las siguientes personas.

1. la señora Ramírez / recibir un aumento de sueldo
2. yo / hacer un informe sobre los beneficios de la compañía
3. los nuevos empleados / analizar el plan de seguro médico
4. tú / dirigir un proyecto muy importante
5. nosotros / contratar a tres empleados nuevos
6. el señor Valle / jubilarse a los 70 años
7. yo / supervisar a cinco empleados

The past perfect tense (p. 490)

2　Daniel acaba de conseguir un nuevo empleo. Completa las siguientes oraciones con formas del pasado perfecto para decir lo que ya habían hecho Daniel y sus conocidos antes de conseguir el empleo. Después, pon las oraciones en el orden correcto.

_____ Sus padres le _____ (ayudar) con su currículum vitae.

_____ Nosotros lo _____ (llevar) en auto a la entrevista.

_____ Los amigos de Daniel _____ (ver) el anuncio del trabajo en Internet.

_____ El secretario de la directora le _____ (llamar) para arreglar una entrevista.

_____ Daniel _____ (mandar) su currículum y carta de presentación por correo electrónico.

_____ Tú le _____ (prestar) un traje para la entrevista.

The present perfect subjunctive (p. 493)

3　Completa las siguientes oraciones con formas del presente perfecto del subjuntivo.

1. Es una lástima que la violencia _____ (aumentar) recientemente.
2. Dudo que los huracanes _____ (hacer) mucho daño en esa área.
3. Es importante que nosotros ya _____ (informarse) sobre los candidatos antes de votar en las elecciones.
4. Queremos líderes que _____ (luchar) contra la contaminación del aire y del agua.
5. Los ciudadanos no creen que el estado de la economía _____ (cambiar).
6. Es mejor que tú _____ (mirar) el debate antes de votar por un candidato.
7. No creo que el director _____ (ver) los efectos de la discriminación.
8. Es bueno que tú _____ (iniciar) un proyecto para promover la paz mundial.

Preparación para el Capítulo 14

The future tense (p. 457)

4 Haz oraciones completas para decir qué pasará con las personas indicadas en el futuro.

1. tú / recibir un ascenso
2. ustedes / jubilarse
3. el jefe / salir de la compañía
4. los ciudadanos / votar en las elecciones
5. yo / preparar el currículum vitae
6. nosotros / trabajar en una fábrica
7. tú / hacer un viaje a Chile
8. tú y yo / tener un empleo interesante

The preterite tense of regular verbs, irregular verbs, and stem-changing verbs (pp. 257, 294, and 297)

5 Completa los artículos del sitio web con formas del pretérito.

Complete these activities to review some previously learned grammatical structures that will be helpful when you learn the new grammar in **Chapter 14**.

The answers to the activities in this section can be found in **Appendix B**.

○ ○ ○   ◀ ▶ C ✕ ⌂   http://www.eldi.cl   ☆ ▾   🔍

EL DIARIO DE CHILE
www.eldi.cl

| Noticias | Economía | Opinión / Blogs | Deportes | Empleos | Clasificados |

Buscar [ ]

Inundaciones desplazan a 10.000 personas

Marcelo Rojas/Reuters/Landov

Lluvias fuertes 1. _____ (pasar) por la región sud-central del país y 2. _____ (resultar) en la destrucción de casi 8.000 casas durante la semana pasada. El gobierno 3. _____ (decir) que las personas evacuadas 4. _____ (sobrevivir) a las inundaciones porque 5. _____ (dejar) sus casas y 6. _____ (ir) directamente a los refugios temporales de varios localidades. Algunos científicos 7. _____ (sugerir) que El Niño 8. _____ (jugar) un papel importante en la cantidad de lluvia que 9. _____ (recibir) la región. Más.

Reunión económica en la capital

Líderes de tres ciudades chilenas 10. _____ (reunirse) ayer para participar en una discusión económica en la ciudad capital.

Los ciudadanos que 11. _____ (asistir) a la reunión 12. _____ (pedir) más control sobre las fluctuaciones de la bolsa de valores y 13. _____ (poner) énfasis en la importancia de mantener una alta tasa de empleo (*employment rate*). Los líderes 14. _____ (hacer) varias concesiones y 15. _____ (tomar) medidas para responder a los pedidos de sus electores. Más.

Manifestación contra la construcción

Ayer casi 100 residentes de la isla de Chiloé 16. _____ (protestar) contra la construcción de un complejo de casas veraniegas en la región. Una residente anónima que 17. _____ (participar) en la protesta 18. _____ (comentar), "Mis vecinos y yo 19. _____ (saber) sobre el proyecto la semana pasada. El año pasado yo 20._____ (ver) los problemas que 21. _____ (causar) un proyecto similar en otra región y 22. _____ (tener) que unirme a la protesta". Más.

COMUNIDAD GLOBAL

Un refrán español dice que "el mundo es un pañuelo *(handkerchief)"* *("It's a small world.")*. Es verdad: hoy es posible viajar en poco tiempo a los lugares más remotos del mundo y comunicarse instantáneamente con personas que están al otro lado del planeta.

¿Adónde quieres viajar? ¿Conoces o te comunicas con personas que viven allí?

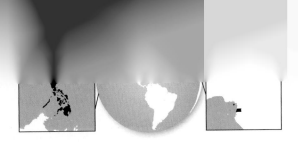

Un viaje por Andorra, Belice, Filipinas, Guinea Ecuatorial y Marruecos

Estos cinco países tienen grandes comunidades de hispanohablantes. El español es uno de los idiomas oficiales de Guinea Ecuatorial. Aunque no es oficial en los otros países, tiene un papel importante en sus culturas.

Andorra 468 km^2	2,5 veces el área de Washington, D.C.; fronteras con España y Francia	Andorra la Vella, las montañas de los Pirineos, el Parque Natural Comunal Valls del Comapedrosa
Belice 22.806 km^2	un poco más pequeño que Massachusetts; fronteras con México y Guatemala	los arrecifes (reefs) de coral, los cayos (keys) y sus playas, las ruinas mayas
Filipinas 298.170 km^2	un poco más grande que Arizona	las iglesias barrocas, el Parque Nacional Marino Arrecife de Tubbataha, las terrazas de arroz de Banaue
Guinea Ecuatorial 28.051 km^2	un poco más pequeño que Maryland; fronteras con Camerún y Gabón	la arquitectura colonial, el volcán Pico Malabo, las playas de arena blanca
Marruecos 446.300 km^2	un poco más grande que California; fronteras con Ceuta, Melilla, Argelia y Mauritania	el desierto del Sahara Occidental, las montañas Alto Atlas, los souks (mercados)

¿Qué sabes? Di si las siguientes oraciones son **ciertas (C)** o **falsas (F)**.

1. Hay desiertos en Marruecos y en Guinea Ecuatorial.
2. Hay arrecifes en Filipinas y en Belice.
3. Hay montañas en Andorra y en Guinea Ecuatorial.

Lo que sé y lo que quiero aprender Completa la tabla del **Apéndice A**. Escribe algunos datos que **ya sabes** sobre estos países en la columna **Lo que sé**. Después, añade algunos temas que **quieres aprender** a la columna **Lo que quiero aprender**. Guarda la tabla para usarla otra vez en la sección **¡Explora y exprésate!** en la página 535.

COMMUNICATION

By the end of this chapter you will be able to

- talk about travel and make travel plans
- talk about nature and geography
- hypothesize and speculate
- express doubt, emotion, and reactions about past events

CULTURES

By the end of this chapter you will have explored

- facts about Andorra, Belize, the Philippines, Equatorial Guinea, and Morocco
- countries with large Spanish-speaking communities
- indigenous languages from all over the Spanish-speaking world
- an excerpt from the story "El reencuentro," Juan Balboa Boneke

¡Imagínate!

▶ VOCABULARIO ÚTIL 1

Javier: ¡Qué suerte!, ¿verdad? Bueno, si resulta que es una oferta legítima. Ojalá que sí. Sí, un fin de semana en las playas de Flamingo, ¡gratis! Necesito unas vacaciones, ¿sabes? Un viaje a la costa me vendría bien. Sí, sí, sí, dice que incluye **el boleto de ida y vuelta,** ¡por **avión!**

La guía turística is a tourist guidebook; however, **el / la guía** can also be used to mean a male or female *tour guide*.

Para viajar *Travel*

la agencia de viajes *travel agency*
la guía turística *tourist guidebook*
el itinerario *itinerary*

cambiar dinero *to exchange money*
hacer una reservación *to make a reservation*
hacer un tour *to take a tour*
viajar al extranjero *to travel abroad*

En el aeropuerto *At the airport*

En el aeropuerto y dentro del avión
At the airport and in the plane

la puerta (de embarque)

el asiento de ventanilla

el pasajero de clase turista

la pasajera de primera clase

la tarjeta de embarque

el asiento de pasillo

el (la) asistente de vuelo *flight attendant*

el boleto / el billete *ticket*

... de ida *one-way*

... de ida y vuelta *round-trip*

con destino a... *(headed) to / for . . .*

la lista de espera *waiting list*

la llegada *arrival*

el pasaje *ticket, fare*

el retraso / la demora *delay*

la salida *departure*

el vuelo *flight*

abordar *to board*

aterrizar *to land*

desembarcar *to disembark, get off (the plane)*

despegar *to take off*

¿Listo(a) para abordar? Si viajas por avión ¡no te olvides de estas reglas!

1. Poner todos los líquidos con una capacidad individual máxima de 100 ml en una bolsa transparente de plástico con autocierre *(self-sealing)*.

2. Presentar todos los líquidos dentro de la bolsa plástica en una bandeja *(tray)* separada del equipaje de mano.

3. Colocar *(place)* la chaqueta, el abrigo y los zapatos en la bandeja. Sacar tu computadora portátil y cualquier otro aparato electrónico de sus fundas *(cases)* y colocarlos en una bandeja.

4. Pasar las bandejas por la máquina de rayos X.

5. Poner llaves, monedas, cinturones con hebillas *(buckles)*, joyería y otros metales en una bandeja pequeña.

6. Pasar por los arcos detectores.

© James Steidl/Shutterstock.com

ACTIVIDADES

1 **En el aeropuerto** ¿Qué tienes que hacer en el aeropuerto en las siguientes situaciones? Escoge la mejor opción de la segunda columna. **¡OJO!** Una de las opciones es adecuada para dos de las situaciones.

1. _____ Quieres facturar el equipaje.

2. _____ Es hora de abordar el vuelo a Andorra.

3. _____ Acabas de llegar a tu destino y quieres recoger la maleta.

4. _____ Quieres cambiar tu asiento de ventanilla por un asiento de pasillo.

5. _____ El vuelo está lleno pero quieres esperar para ver si al final queda un asiento vacío.

6. _____ Tomas un vuelo internacional y tienes que enseñar el pasaporte.

7. _____ Tienes el boleto y estás en la puerta, pero no te dejan abordar.

a. Tienes que ir al mostrador de la línea aérea.

b. Tienes que mostrar el boleto para conseguir una tarjeta de embarque.

c. Tienes que poner tu nombre en la lista de espera.

d. Tienes que ir a la puerta de embarque.

e. Tienes que pasar por la aduana.

f. Tienes que ir a la sala de equipajes.

2 **Los planes** Di si necesitas usar los servicios o hacer las siguientes cosas para planear tu viaje al extranjero. Si no, di qué harás en cambio.

MODELO   la agencia de viajes
No voy a usar una agencia de viajes para hacer mis planes.
Voy a buscar en línea pasajes y hoteles baratos.

1. la guía turística

2. cambiar dinero

3. hacer una reservación

4. hacer un tour

3 🔄 **Vamos de viaje.** Vas a viajar a Belmopán, Belice, con un(a) amigo(a). Llamas a la agencia Buen Viaje para hacer las reservaciones de avión. Tu compañero(a) hace el papel del (de la) agente y te hace preguntas sobre tus planes. Contesta sus preguntas.

MODELO   **Agente:** *¿Adónde piensan viajar?*
Pasajero(a): *Rogelio y yo queremos ir a Belmopán, Belice.*

Agente: Tienes que averiguar adónde quiere viajar, cuándo quiere viajar, cuántos pasajes necesita, si quiere boletos de ida y vuelta, qué clase de boletos desea… Al final, pide el número de teléfono del (de la) pasajero(a) para llamarlo(la) después con toda la información necesaria.

Pasajero(a): Vas a viajar a Belmopán, Belice, con un(a) amigo(a). Anota las fechas de tu viaje antes de llamar y prepárate para contestar las preguntas del (de la) agente.

¡FÍJATE!

Las lenguas del mundo hispanohablante

Lenguas indígenas

De todas las naciones de Latinoamérica, México es la que tiene más riqueza lingüística, con más de 280 lenguas indígenas. Otras naciones que tienen un gran número de lenguas nativas son Perú (90), Colombia (76), Guatemala (52) y Venezuela (39). Como sabes, Perú, Bolivia y Paraguay son países oficialmente plurilingües: español / quechua / aimara (Perú), español / quechua / aimara (Bolivia) y español / guaraní (Paraguay). También en algunos pueblos costeros de Nicaragua se hablan varios idiomas indígenas, junto con inglés, que tienen estatus *(status)* oficial.

© Juergen Ritterbach / Alamy

Además, de los cinco países con poblaciones hispanohablantes que estudiamos en este capítulo, tres tienen lenguas indígenas importantes. En Filipinas, el tagalo, que es uno de los idiomas oficiales, tiene más de 4.000 palabras prestadas *(borrowed)* del español. En estas islas también se habla chabacano, que es una forma de español criollo que también tiene palabras en común con el español y el tagalo. En Belice, además de inglés y español, se habla criollo, garífuna y varios dialectos mayas. En Guinea Ecuatorial el fang y el bubi son las lenguas indígenas más importantes.

Otras comunidades hispanohablantes

Hay también países como Japón, Israel y Brasil, donde en varias comunidades se habla español como idioma minoritario. Los nikkeis de Japón son personas de ascendencia japonesa que se han criado *(were raised)* en un país hispanohablante pero ahora residen en Japón, donde hablan español y japonés. Hay muchos hispanohablantes nativos de ascendencia judaica que ahora viven en Israel y hablan español, hebreo y, a veces, inglés. En Brasil hay un gran número de hispanohablantes que viven cerca de las fronteras *(borders)* con Venezuela, Colombia, Perú, Bolivia, Paraguay, Uruguay y Argentina. Recientemente el gobierno brasileño aprobó una ley *(approved a law)* por la cual la enseñanza del español es obligatoria, al igual que la enseñanza de inglés.

PRÁCTICA 🔁 Con un(a) compañero(a) de clase, contesta las siguientes preguntas.

1. En su opinión, ¿es importante preservar las lenguas indígenas de Latinoamérica? ¿Por qué sí o no?
2. ¿Pueden nombrar algunas de las lenguas indígenas que se hablan en EEUU y Canadá?
3. ¿Hay otros idiomas que se hablan en EEUU y Canadá, además de las lenguas indígenas y el inglés? ¿Cuáles son algunos de ellos?

Javier: Sí, **el hotel** también, **habitación doble, aire acondicionado, desayuno incluido, piscina…** ¡un verdadero paraíso! Bueno, me tengo que ir. Tengo que estar en la Agencia de Viajes Futura a las dos para recoger el paquete.

It is much more common to hear **la huésped** rather than **la huéspeda** in everyday speech.

When you arrive at a hotel, you may want to inquire: **¿Hay wifi? ¿Es gratuito el wifi o tiene un costo adicional?** *(Do you have wifi? Is it free or is there an additional cost?)*

21ST CENTURY SKILLS

Media Literacy:
Do you prefer old fashioned post cards, e-postcards or posting travel photos on Instagram? When looking at travel photos, consider how they may reveal a variety of cultural practices and perspectives. How else do you report back your global experiences? Tumblr?

El hotel *The hotel*

el ascensor *elevator*
la conexión a Internet *Internet connection*
el conserje *concierge*
el desayuno incluido *breakfast included*
la estampilla, el sello *postage stamp*
la habitación sencilla / doble *single / double room*
　… con / sin baño / ducha *. . . with / without bath / shower*
　… de fumar / de no fumar *smoking / non-smoking*

el (la) huésped(a) *hotel guest*
el lavado en seco *dry cleaning*
el botones *bellhop*
la recepción *reception desk*
registrarse *to register*
el servicio a la habitación *room service*
el servicio despertador *wake-up call*
la tarjeta postal *postcard*

La habitación sencilla *Single room*

el aire acondicionado
con baño y ducha
el botones
el secador de pelo
NO FUMAR
la llave
la televisión por cable

ACTIVIDADES

4 **El huésped** El señor García viaja a Belmopán, Belice, por unos negocios de su compañía. Conecta sus opiniones y necesidades con el objeto, servicio o persona que va a necesitar.

1. _____ Hace mucho calor fuera. No puedo soportar *(to stand, tolerate)* el calor.
2. _____ Tengo que poder comunicarme con la oficina por correo electrónico todos los días.
3. _____ No soporto los cuartos que huelen a humo *(smell like smoke)* de cigarrillo.
4. _____ Tengo que secarme el pelo antes de ir a la reunión.
5. _____ Tengo que despertarme temprano y no traje mi despertador.
6. _____ Como voy a tener varias reuniones con clientes de mi compañía, voy a tener que usar el mismo traje varias veces.
7. _____ Tengo muchas maletas y no puedo con ellas solo.
8. _____ Tengo que invitar a mis clientes a cenar y quiero llevarlos a los mejores restaurantes. No conozco los restaurantes de Belmopán.
9. _____ Escribí varias tarjetas postales para mi familia y quisiera enviárselas.

a. el secador de pelo
b. el botones
c. el aire acondicionado
d. la televisión por cable
e. la llave
f. la conexión a Internet
g. el lavado en seco
h. la recepción
i. una habitación de no fumar
j. unas estampillas
k. el servicio despertador
l. el conserje

5 🔁 **¡No hay aire acondicionado!** Con un(a) compañero(a), representa la siguiente situación: uno(a) de ustedes es recepcionista en el Hotel Colonial y el (la) otro(a) es huésped. El (La) huésped tiene muchas preguntas y quiere muchos servicios. El hotel es un poco antiguo y no tiene todas las comodidades modernas. Túrnense para hacer el papel de recepcionista y huésped. Si eres el (la) huésped, decide si te quieres quedar en este hotel o si prefieres buscar otro.

Servicios que <u>no</u> ofrece:

aire acondicionado
servicio despertador
conexión a Internet
desayuno incluido
habitación de no fumar

Servicios que ofrece:

secador de pelo
televisión por cable
ascensor
baño en la habitación
estacionamiento gratis

MODELO **Compañero(a):** *Quiero una habitación, por favor.*
Tú: *Muy bien, señor(a). ¿Sencilla o doble?*
Compañero(a): *Sencilla, por favor, pero tiene que tener aire acondicionado...*

Javier: Ya sabía que no podía ser. Yo nunca me gano nada.

Chela: Yo tampoco. Y ¡tenía unas ganas de ir a **la playa**!

Javier: ¡Yo ya casi podía oler **el mar**!

Chela: Ay, sí, ¿verdad? El sol contra tu cara, **la arena** debajo de los pies… He tenido tanto trabajo… me parecía un sueño poder tomar un descanso.

Javier: Y salir de la ciudad. Estoy tan cansado de tanto estudiar. Si tuviera el dinero, me iría inmediatamente.

La geografía *Geography*

La isla *Island*

el cielo

las ruinas

la selva tropical

norte
oeste · este
sur

el mar / el océano

el cañón

el volcán

el río

el desierto

el bosque

el lago

la arena

la playa

ACTIVIDADES

6 **La naturaleza** ¿Qué es y dónde se encuentra? Di qué es cada lugar nombrado y en qué país de este capítulo se encuentra. Si no lo sabes, busca en Internet o en algún atlas geográfico.

MODELO Punta Gorda
Punta Gorda es una playa en Belice.

1. el Sahara Occidental
2. Bioko
3. Xunantunich
4. Pico Basilé
5. los lagos Tristaina
6. Santa Cruz

7 🔁 **Me encanta la naturaleza.** Con un(a) compañero(a), túrnense para hablar de su viaje ideal. ¿Adónde les gustaría viajar? ¿Por qué? ¿Qué pueden hacer allí?

MODELO **Tú:** *Me encantaría viajar a Belice, en el mar Caribe. Para mí, el viaje ideal siempre incluye una playa.*
Compañero(a): *¿Sabes lo que me interesa? La selva tropical. Hay muchas especies de plantas y pájaros que me encantaría ver.*

8 🔁 **¡Odio la naturaleza!** Con un(a) compañero(a), túrnense para hablar del viaje que no les gustaría hacer jamás. ¿Por qué?

MODELO **Tú:** *No tengo ningún interés en ir al desierto. Odio el calor y la arena.*
Compañero(a): *Dicen que los volcanes son impresionantes, pero no quiero acercarme mucho.*

9 🔁 **El viaje al extranjero** Vas a viajar con un(a) compañero(a) a un país extranjero. Túrnense para hablar de todos sus planes y asegurarse de que tienen todo lo que necesitan. En su conversación, incluyan detalles sobre sus vuelos, su itinerario, sus hoteles y su destino. Usen las categorías a continuación. ¡Inventen el viaje de su vida!

El destino (playa / montañas / ciudad, etc.)
La temporada (invierno / primavera / verano / otoño)
El transporte
Los documentos
Los gastos
Para la maleta

A ver

ESTRATEGIA

Integrating your viewing strategies

You have learned a variety of video-viewing strategies. Take a moment to review them and mark the ones you've found most helpful.

_____ viewing a segment several times
_____ using questions as an advance organizer
_____ watching body language to aid in comprehension
_____ watching without sound
_____ listening for the main idea
_____ watching facial expressions
_____ listening for details
_____ using background knowledge to anticipate content
_____ using visuals to aid comprehension
_____ listening to tone of voice
_____ listening for sequencing words
_____ listening for cognates and keywords
_____ watching for transitions

Antes de ver 🔁 En el video de este capítulo, Javier y Chela por fin se conocen. Con un(a) compañero(a) de clase, haz algunas predicciones. ¿Qué va a pasar cuando se conozcan? ¿Van a llevarse bien *(get along well)* o mal? ¿Qué más?

▶ **Ver** Mira el episodio del **Capítulo 14**. No te olvides de usar algunas de las estrategias de arriba.

Después de ver 🔁 Con un(a) compañero(a), contesta las preguntas sobre el video.

1. ¿Qué tiene Chela y qué cree que ha ganado?
2. ¿Adónde tiene que ir ella para recoger *(to pick up)* el boleto y el itinerario?
3. ¿Qué cree Javier que ha ganado?
4. Cuando Chela y Javier van al sitio indicado, ¿qué encuentran?
5. ¿Qué pasa al final del episodio?
6. Expliquen la reacción de Sergio, Beto, Anilú y Dulce.

Voces de la comunidad

▶ Voces del mundo hispano

En el video de este capítulo, Verónica, Sergio, Paola, Juan Carlos, Nicole, Ana, Cristián, Juan Pedro y Alex hablan de los viajes y los beneficios de viajar y saber otras lenguas. Lee las siguientes oraciones. Después mira el video una o más veces para decir si las oraciones son **ciertas (C)** o **falsas (F)**.

1. Verónica y Paola han visitado Argentina y Perú.

2. En el futuro, a Nicole y Ana les gustaría ir a Portugal.

3. Cristián quiere ir a Colombia porque tiene un ritmo tropical y una comida riquísima.

4. Para Juan Carlos y Nicole, un beneficio importante de viajar es la oportunidad de conocer gente.

5. Según Ana, cuando se viaja se aprende tolerancia.

6. Alex dice que cuando se habla otra lengua se aprende a usar otra parte del cerebro *(brain)*.

◄» Voces literarias

Donato Ndongo-Bidyogo, autor ecuatoguineano

"Yo describo la realidad y quiero que esta realidad sea analizada y estudiada por la sociedad para encontrar una semilla *(seed)* que pueda cambiar nuestras vidas, nuestra mentalidad".

Profesor, escritor y periodista, Donato Ndongo-Bidyogo es una de las voces de habla española más eminentes del continente africano. Originario de Guinea Ecuatorial, Donato se vio forzado a abandonar su tierra natal en 1994 por su oposición al gobierno y se estableció en España. De 2004 a 2008, residió en Estados Unidos, donde fue profesor en la Universidad de Missouri-Columbia. Su novela *El metro* relata el sufrimiento de un inmigrante africano que busca el sueño europeo y ofrece una crítica severa de los dictadores africanos que oprimen a *(oppress)* sus pueblos y de los líderes europeos que permiten esta opresión. En 2015 recibió el I Premio Amadou Ndoyé de literatura africana en español.

¿Y tú? ¿Qué derechos y obligaciones crees que deben tener los gobiernos con respecto a la libertad de expresión personal? ¿Hay situaciones donde el gobierno debe prohibir la publicación de opiniones que critican las acciones de los políticos?

¡Prepárate!

GRAMÁTICA ÚTIL 1

Expressing doubt, emotion, volition, and nonexistence in the past: The imperfect subjunctive

Cómo usarlo

1. When you use verbs that express doubt, emotion, volition, and nonexistence within a past-tense or hypothetical context, the imperfect subjunctive—instead of the present subjunctive—is used in the dependent clause.

Los niños **querían** que sus padres **compraran** un auto nuevo para el viaje.	The children **wanted** their parents **to buy** a new car for the trip.
Era necesario que **estudiaras** los mapas antes del viaje.	It **was** necessary that **you study** the maps before the trip.
No **había** nadie que **supiera** tanto de la región como tú.	There **was** no one who **knew** as much about the region as you.

2. The imperfect subjunctive is used in the following situations.

main clause verb is in the *imperfect, preterite,* or *past perfect* →	dependent clause verb is in the *imperfect subjunctive*
Los turistas nos **pedían** que… *The tourists **asked** (us) that . . .*	… los **lleváramos** a las montañas. *. . . **we take** them to the mountains.*
Los turistas **se alegraron** de que… *The tourists **were happy** that . . .*	… los **pudiéramos** llevar. *. . . **we could** take them.*
Yo **había dudado** que… *I **had doubted** that . . .*	… **tuviéramos** tiempo para el viaje. *. . . **we had** time for the trip.*

3. The imperfect subjunctive forms of **poder** and **querer** are often used in present-tense situations to express requests more courteously.

Quisiera hacerle una pregunta. ¿**Pudiera** ayudarme con el itinerario?	**I would like** to ask you a question. **Could you (please)** help me with the itinerary?

4. Note that when the main clause uses **decir** in the preterite or the imperfect, the verb used in the dependent clause varies, depending upon what is meant.

Marta **dijo** que el viaje **fue** fenomenal.	Marta **said** that the trip **was** phenomenal.
Marta **dijo** que **nos quedáramos** en su casa.	Marta **told** us **to stay** in her house.

In the first example, you are merely reporting what Marta said. This is known as indirect discourse and is often used in newspaper accounts to quote someone's speech. In the second example, Marta is expressing a wish or desire, which means that the subjunctive is required because it says what she wants us to do. Look carefully at past-tense sentences with **decir** to see which meaning is being expressed.

Cómo formarlo

1. To form the imperfect subjunctive, take the **ustedes / ellos / ellas** form of the preterite tense. Remove the **-on** ending and add the new endings shown in the following chart. Notice that this formula is the same for **-ar**, **-er**, and **-ir** verbs.

regular **-ar** verb: **viajar** **viajaron → viajar-**		regular **-er** verb: **ver** **vieron → vier-**		regular **-ir** verb: **salir** **salieron → salier-**	
viajar**a**	viajár**amos**	vier**a**	viér**amos**	salier**a**	saliér**amos**
viajar**as**	viajar**ais**	vier**as**	vier**ais**	salier**as**	salier**ais**
viajar**a**	viajar**an**	vier**a**	vier**an**	salier**a**	salier**an**

irregular verb: **ir** **fueron → fuer-**		stem-change verb: **pedir** **pidieron → pidier-**	
fuer**a**	fuér**amos**	pidier**a**	pidiér**amos**
fuer**as**	fuer**ais**	pidier**as**	pidier**ais**
fuer**a**	fuer**an**	pidier**a**	pidier**an**

2. Because you are forming the imperfect subjunctive from an already conjugated preterite form, this form already reflects any irregularities of the verb in the preterite, as well as any spelling or stem changes.

Notice that you must put an accent on the **nosotros** form in order to maintain the correct pronunciation.

You may want to review irregular preterite and preterite stem-changing verbs in **Chapters 7** and **8** in order to refresh your memory on these conjugations.

ACTIVIDADES

1 **Diario de viaje** Lee la siguiente entrada del diario de viaje de Federico y haz una lista de las formas del imperfecto de subjuntivo que veas.

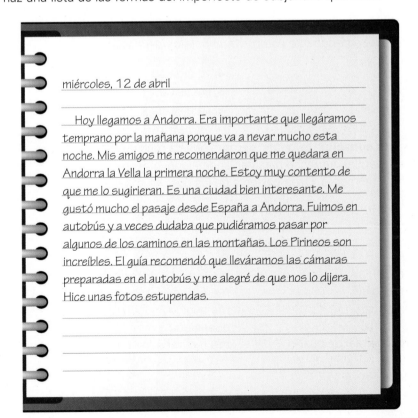

miércoles, 12 de abril

Hoy llegamos a Andorra. Era importante que llegáramos temprano por la mañana porque va a nevar mucho esta noche. Mis amigos me recomendaron que me quedara en Andorra la Vella la primera noche. Estoy muy contento de que me lo sugirieran. Es una ciudad bien interesante. Me gustó mucho el pasaje desde España a Andorra. Fuimos en autobús y a veces dudaba que pudiéramos pasar por algunos de los caminos en las montañas. Los Pirineos son increíbles. El guía recomendó que lleváramos las cámaras preparadas en el autobús y me alegré de que nos lo dijera. Hice unas fotos estupendas.

2 **Los primos** Tus primos vinieron a visitarte y tenían ciertas expectativas del viaje. ¿Qué esperaban?

Esperaban que...
1. ... sus maletas _____ (llegar) con ellos.
2. ... el avión no _____ (hacer) escala.
3. ... el retraso no _____ (ser) tan largo.
4. ... tú los _____ (ayudar) con el equipaje.
5. ... nosotros los _____ (llevar) al hotel.
6. ... el hotel _____ (tener) wifi gratis.

3 **Óscar** ¡A tu amigo Óscar le gusta quejarse de todo! Después de hacer un viaje con él, le explicas a otro amigo de qué dudaba Óscar. Sigue el modelo.

MODELO **Óscar:** ¡El agente no nos va a poner en la lista de espera!
Tú: *Dudaba que el agente nos pusiera en la lista de espera.*

1. ¡El vuelo no va a salir a tiempo!
2. ¡No nos van a servir el almuerzo en el vuelo!
3. ¡No vamos a desembarcar a tiempo!
4. ¡No vamos a encontrar las maletas!
5. ¡El hotel no va a tener televisión por cable!
6. ¡El secador de pelo en el baño no va a funcionar!

4 🔊 **Las recomendaciones** Quieres viajar a Belice. Hablas con una agente de viajes de la Agencia Paraíso. Escucha sus recomendaciones y escribe una oración que explique qué te recomendó. Sigue el modelo.

MODELO comprar
Me recomendó que comprara un boleto de ida y vuelta.

1. llegar
2. no llevar
3. facturar

4. quedarse
5. reservar
6. registrarse

5 🔁 **Los consejos** La gente siempre nos da muchos consejos. Con un(a) compañero(a), túrnense para hablar de algunos de los consejos que han recibido recientemente. Usen palabras de las dos columnas.

MODELO *Mis amigos querían que fuera a Filipinas con ellos.*
Decidí ir con ellos y nos divertimos mucho.

A

mis padres
mi(s) hermano/a(s)
mi(s) amigo/a(s)
el (la) profesor(a)
mi(s) compañero(a) de cuarto

B

me pidió / pidieron que...
me aconsejó / aconsejaron que...
me sugirió / sugirieron que...
quería que...
me recomendó / recomendaron que...

GRAMÁTICA ÚTIL 2

Saying what might happen or could occur: The conditional

Cuando compras un boleto de avión, ¿pagarías más para sentarte en una sección donde están prohibidos los niños?

Sí	22%
No	47%
Depende del precio del boleto	22%
Es una mala idea.	9%

© craftvision/iStock

< **Can you find the conditional form in this survey? What is its English equivalent?**

Cómo usarlo

Lo básico

So far you have learned a number of *tenses* (the present, the present progressive, the present perfect, the past perfect, the preterite, the imperfect, and the future) and three *moods* (the indicative, imperative, and subjunctive). As you recall, *tenses* are associated with *time*, while *moods* reflect *how the speaker views the event* he or she is describing.

1. Both English and Spanish speakers use a mood called the *conditional* to talk about *events that might or could happen* in the future. The conditional is used because the speaker is saying *what could or might occur, under certain conditions*.

Ojalá que me toque la lotería. **Usaría** el dinero para viajar por todo el mundo. Primero **iría** a Sudamérica y luego **viajaría** por África.

I hope I win the lottery. ***I would use*** *the money to travel all over the world. First **I would go** to South America and later **I would travel** through Africa.*

The imperfect subjunctive is the most polite way to make non-command requests: **¿Pudiera Ud. ayudarme?** Next is the conditional (**¿Podría Ud. ayudarme?**), followed by the present tense, which is the least formal: **¿Puede Ud. ayudarme?**

2. The conditional is used to soften requests or make suggestions in a more courteous way. Verbs frequently used in this way are **poder** and **querer,** similar to the use in the imperfect subjunctive that you learned on page 522.

¿**Podría** decirme cuándo sale el autobús para la playa?

Could you (please) tell me when the bus for the beach leaves?

¿**Querría** usted cambiar de asiento?

Would you like to change seats?

3. The conditional may also be used to speculate about events that have already occurred, similar to the way that the future tense is used to speculate about current events. It is often used this way with expressions such as **tal vez** and **quizás** *(perhaps)*.

No sé por qué llegó tan tarde el tren. **Tal vez habría** nieve.

I don't know why the train arrived so late. Perhaps there was snow.

Cómo formarlo

1. The formation of the conditional is very similar to the formation of the future tense, which you learned in **Chapter 12**. As with the future, you add a set of endings to the full *infinitive,* not the *stem,* of regular **-ar, -er,** and **-ir** verbs. Here are the conditional endings.

Notice that the conditional endings are identical to the imperfect tense endings for **-er** and **-ir** verbs.

yo	-ía	viajaría	nosotros(as)	-íamos	viajaríamos
tú	-ías	viajarías	vosotros(as)	-íais	viajaríais
Ud. / él / ella	-ía	viajaría	Uds. / ellos / ellas	-ían	viajarían

2. The following verbs are irregular in the conditional. They attach the regular conditional endings to the irregular stems shown, not the infinitive.

Notice that these are the same verbs that have irregular stems in the future tense.

irregular, no pattern except the addition of r:		
decir	dir-	diría, dirías, diría, diríamos, diríais, dirían
hacer	har-	haría, harías, haría, haríamos, haríais, harían
e is dropped from infinitive:		
poder	podr-	podría, podrías, podría, podríamos, podríais, podrían
querer	querr-	querría, querrías, querría, querríamos, querríais, querrían
saber	sabr-	sabría, sabrías, sabría, sabríamos, sabríais, sabrían
d replaces the final vowel:		
poner	pondr-	pondría, pondrías, pondría, pondríamos, pondríais, pondrían
salir	saldr-	saldría, saldrías, saldría, saldríamos, saldríais, saldrían
tener	tendr-	tendría, tendrías, tendría, tendríamos, tendríais, tendrían
venir	vendr-	vendría, vendrías, vendría, vendríamos, vendríais, vendrían

3. The conditional form of **hay** is **habría**.

Habría un problema.

There must have been a problem.

ACTIVIDADES

6 🔊 **Las situaciones** Escucha las siguientes situaciones y decide cuál de las explicaciones de la segunda columna es la más lógica para cada una.

1. _____
2. _____
3. _____
4. _____
5. _____
6. _____

a. Perdería el número de teléfono de la casa.
b. Su vuelo se demoraría.
c. Tendría una emergencia en el hospital.
d. Estaría enfermo.
e. Cambiarían de hotel.
f. Se les olvidaría.

7 **Tánger** Imagínate que vives en Tánger, Marruecos. ¿Qué harías?

MODELO vivir en el barrio de La Medina
Viviría en el barrio de La Medina.

1. ir a ver un espectáculo en el Gran Teatro de Cervantes
2. comprar una alfombra pequeña
3. buscar La Cueva de Hércules en las afueras de la ciudad
4. comer *mechoui* y *bisteeya* en uno de los restaurantes famosos
5. salir de compras en el mercado Gran Socco
6. visitar la playa de Achakar con mis amigos
7. pasar las tardes en la Plaza de Francia

8 🔣 **En esa situación...** En grupos de tres o cuatro, lean las siguientes situaciones. Luego cada estudiante del grupo tiene que hacer por lo menos una sugerencia para la persona que está en esa situación.

1. Acabas de llegar a Manila. En el hotel, al buscar tu tarjeta de crédito, te das cuenta de que te han robado. Solo tienes un poco de dinero en efectivo. ¿Qué harías?
2. Un amigo tuyo va a graduarse. Le han ofrecido un trabajo muy bueno en Detroit, pero su novia va a estar en Nueva York. Además, quieren casarse pronto. No sabe si aceptar el puesto o pedirle a su novia que renuncie a su trabajo y se vaya con él. ¿Qué debería hacer tu amigo?
3. Tienes unos amigos a quienes les interesa la cinematografía. Quieren hacer un documental sobre los mayas. Saben un poco de español, pero no mucho. Tienen que ir a Belice para hacer las entrevistas para el documental. ¿Qué necesitarían hacer?
4. ¿...? (Inventen otra situación en grupo.)

© Travelscape Images / Alamy

Si tuviera el dinero, **me iría** inmediatamente.

Note that the two clauses can go in either order: **Si compro un auto, iré a Florida. / Iré a Florida si compro un auto.**

Note that you do not use the present subjunctive with **si**. You either use the present indicative (**Si tengo tiempo…**) if you are fairly certain that the event will occur, or the imperfect subjunctive (**Si tuviera tiempo…**) if you consider it unlikely.

Expressing the likelihood that an event will occur: Si clauses with the subjunctive and the indicative

Cómo usarlo

1. The conditional is often used with **si** *(if)* and the imperfect subjunctive to talk about situations that are contrary to fact or very unlikely to occur (at least in the speaker's opinion). The **si** clause is the dependent clause that expresses the unlikely hypothesis, while the main clause expresses what would occur in the contrary-to-fact situation.

Si me dieran el trabajo, **viajaría** por todo el mundo.

If they give me (were to give me) the job, I would travel throughout the world.

Si tuviéramos el dinero y el tiempo, **haríamos** un viaje de seis meses después de graduarnos de la universidad.

If we had (were to have) the money and the time, we would make a six-month trip after graduating from the university.

2. In situations where you think an outcome is *likely* to occur, use the present indicative in the **si** clause and the future or **ir** + **a** + infinitive in the main clause.

Si tengo tiempo, **haré / voy a hacer** las reservaciones hoy.

If I have time (and I think I will), I will make / am going to make the reservation today.

Si estás mejor mañana, **vendrás / vas a venir** en el tren con nosotros.

If you are better tomorrow (and you probably will be), you will come / are going to come on the train with us.

3. To summarize:

Si clause to express unlikely outcome	Si clause to express likely outcome
Si + *imperfect subjunctive* is used with the *conditional*.	**Si** + *present indicative* is used with the *future* or **ir** + **a** + *infinitive*.
Si tuviera el dinero, **haría** un viaje. *If (in the unlikely situation that) I were to have the money, I would take a trip.*	**Si tengo** el dinero, **haré / voy a hacer** un viaje. *If I have the money—and I think I will—I will take / am going to take a trip.*

ACTIVIDADES

9 **¿Probable o improbable?** Examina los tiempos de los verbos en las cláusulas con **si** y decide si cada oración es probable o improbable.

1. Si no tuviera exámenes esta semana, saldría con ustedes el jueves.
2. Si mis padres me prestan el auto, haré un viaje largo después de graduarme.
3. Si tengo trabajo a tiempo parcial, voy a ganar mucho dinero este verano.
4. Si pudiera quedarme en un hotel de lujo *(luxury)*, haría una reservación ahora mismo.

10 **Estoy seguro(a).** Completa las oraciones con **el presente del indicativo** en la primera parte de la oración y **el futuro** o **ir + a + infinitivo** en la segunda parte para señalar que estás seguro(a) de que vas a hacer las cosas indicadas. Luego, escribe por lo menos una oración similar, usando tu propia imaginación.

MODELO   Si yo _____ (viajar) al extranjero, _____ (ir) a Andorra.
　　　　　Si yo *viajo* al extranjero, *iré / voy a ir* a Andorra.

1. Si _____ (tener) el tiempo, _____ (pasar) unos días en Marruecos.
2. Si _____ (viajar) al mar Caribe, _____ (hacer) una excursión a la selva tropical de Belice.
3. Si _____ (estar) en Andorra, _____ (ir) a esquiar en los Pirineos.
4. Si _____ (tener) el dinero, _____ (visitar) las terrazas de arroz de Banaue.
5. Si _____ (ir) a Guinea Ecuatorial, _____ (viajar) a la isla de Bioko.
6. Si _____ (vivir) en el extranjero, _____ (escoger) un país donde se habla español.

11 **¡No sé!** Ahora completa las mismas oraciones de la **Actividad 10** con **el imperfecto del indicativo** en la primera parte de la oración y **el condicional** en la segunda parte para señalar que dudas de que puedas hacer las cosas indicadas. Luego, escribe por lo menos una oración similar, usando tu propia imaginación.

MODELO   Si yo _____ (viajar) al extranjero, _____ (ir) a Andorra.
　　　　　Si yo *viajara* al extranjero, *iría* a Andorra.

1. Si _____ (tener) el tiempo, _____ (pasar) unos días en Marruecos.
2. Si _____ (viajar) al mar Caribe, _____ (hacer) una excursión a la selva tropical de Belice.
3. Si _____ (estar) en Andorra, _____ (ir) a esquiar en los Pirineos.
4. Si _____ (tener) el dinero, _____ (visitar) las terrazas de arroz de Banaue.
5. Si _____ (ir) a Guinea Ecuatorial, _____ (viajar) a la isla de Bioko.
6. Si _____ (vivir) en el extranjero, _____ (escoger) un país donde se habla español.

12 ⟳ **Planes para la semana próxima** Trabaja con un(a) compañero(a). Primero, llena un calendario como el siguiente con por lo menos cinco actividades que estás seguro(a) de que harás si tienes tiempo. Después, usen sus calendarios y túrnense para hacer y contestar preguntas sobre sus planes, según el modelo.

MODELO **Tú:** *Si tienes tiempo, ¿qué harás el lunes?*
Compañero(a): *Si tengo tiempo, iré al gimnasio el lunes. / No tengo planes para el lunes. ¿Y tú?*

lunes	martes	miércoles	jueves	viernes	sábado	domingo

13 ⟳ **¿Qué harías?** Con un(a) compañero(a), túrnense para hacerse preguntas sobre lo que harían en diferentes situaciones. Pueden usar las ideas de la lista o pueden inventar otras.

MODELO **Compañero(a):** *Si ganaras la lotería, ¿qué harías?*
Tú: *Me compraría una casa de veinte habitaciones.*

Si...
ganar la lotería
poder ir a cualquier lugar
vivir en Marruecos
ser millonario(a)
trabajar para una línea aérea
viajar al extranjero
tener el tiempo
conocer al (a la) presidente(a) de Filipinas
tener cinco hijos
poder conocer a cualquier persona
¿...?

¿Qué harías?
comprar una casa de veinte habitaciones
viajar por todo el mundo hispano
participar en una organización de beneficencia *(a charity)*
escribir un libro sobre...
dar clases de...
¿...?

14 ⟳ **Mis planes para el futuro** Con un(a) compañero(a), habla sobre tus planes para el futuro. Habla sobre las cosas que sabes con certeza que vas a hacer, y también de aquellas que te gustaría hacer o que son simplemente sueños. Cada uno(a) debe mencionar por lo menos cuatro cosas que piensa hacer.

MODELO **Tú:** *Si ahorro suficiente dinero, voy a visitar a una amiga en París.*
Compañero(a): *Si pudiera, yo pasaría tres meses en Belice visitando las áreas ecoturísticas.*

SONRISAS

Expresión En grupos de tres o cuatro estudiantes, hagan lo siguiente.

1. Pongan las ideas de la estudiante en orden de importancia: 1 es para la idea más importante y 4 es para la idea menos importante.
2. Añadan dos ideas más a la lista.
3. Luego, hagan una lista de cinco cosas egoístas o superficiales que harían.
4. Al final, pongan las ideas de la segunda lista en orden de importancia.
5. Comparen sus listas con las de otro grupo. ¿Están de acuerdo? ¿Qué diferencias hay?

21ST CENTURY SKILLS

Creativity & Innovation:

Creativity and innovation are sought-after workplace skills. In the **Sonrisas** activity, consider **¿Qué te gustaría hacer y por qué?** As global citizens, you will innovate and create responding to diverse perspectives in imaginative and original ways. Creating and innovating can help solve world problems.

¡Explora y exprésate!

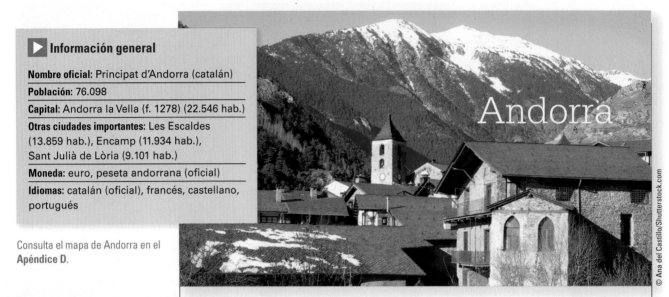

▶ Información general

Nombre oficial: Principat d'Andorra (catalán)

Población: 76.098

Capital: Andorra la Vella (f. 1278) (22.546 hab.)

Otras ciudades importantes: Les Escaldes
(13.859 hab.), Encamp (11.934 hab.),
Sant Julià de Lòria (9.101 hab.)

Moneda: euro, peseta andorrana (oficial)

Idiomas: catalán (oficial), francés, castellano,
portugués

Consulta el mapa de Andorra en el
Apéndice D.

▶ Información general

Nombre oficial: Belice

Población: 360.838

Capital: Belmopán (f. 1970) (18.326 hab.)

Otras ciudades importantes: Ciudad de Belice
(60.184 hab.)

Moneda: dólar beliceño

Idiomas: inglés (oficial), español, criollo,
garífuna, maya, alemán

Consulta el mapa de Belice en el **Apéndice D**.

▶ Información general

Nombre oficial: República de Filipinas

Población: 101.802.706

Capital: Manila (f. 1571) (1.660.714 hab.)

Otras ciudades importantes: Ciudad Quezón
(2.679.450 hab.), Caloocan (1.378.856 hab.),
Davao (1.363.337 hab.)

Moneda: peso filipino (PHP)

Idiomas: tagalo e inglés (oficiales), español

Consulta el mapa de Filipinas
en el **Apéndice D**.

Guinea Ecuatorial

Consulta el mapa de Guinea Ecuatorial en el **Apéndice D**.

▶ Información general

Nombre oficial: República de Guinea Ecuatorial

Población: 757.014

Capital: Malabo (f. 1827) (187.302 hab.)

Otras ciudades importantes: Bata (250.770 hab.), Ebebiyín (36.565 hab.)

Moneda: franco CFA

Idiomas: español, francés y portugués (oficiales), lenguas bantúes (fang, bubi)

▶ Información general

Nombre oficial: Reino de Marruecos

Población: 32.853.000

Capital: Rabat (f. siglo III a. C.) (1.770.000 hab.)

Otras ciudades importantes: Casablanca (3.481.061 hab.), Marrakech (1.545.541 hab.), Tánger (974.000 hab.)

Moneda: dírham marroquí (MAD)

Idiomas: árabe y francés (oficiales), lenguas bereberes, español

Consulta el mapa de Marruecos en el **Apéndice D**.

Marruecos

A tener en cuenta

Andorra

- El idioma oficial es el catalán, que también se habla en la comunidad autónoma de Cataluña.
- Los turistas vienen aquí para esquiar y caminar en la cordillera montañosa de los Pirineos. La raza de perros gran pirineo se originó en este país. Estos perros trabajan en las montañas para cuidar de los rebaños de ovejas *(flocks of sheep)*.

Belice

- Aproximadamente la mitad de los beliceños hablan español como lengua materna.
- Una gran mayoría de arqueólogos y antropólogos ahora creen que el centro de la civilización maya estaba situado en este país. Muchas de las ruinas mayas de este lugar todavía no se han explorado.

Filipinas

- El español fue la primera lengua oficial de Filipinas.
- Las terrazas de arroz de Banaue tienen más de 2.000 años y son conocidas como "la octava maravilla del mundo".

© Jonald Morales/Shutterstock.com

Guinea Ecuatorial

- El país está formado por un territorio continental y cinco islas. La isla de Bioko, donde está ubicada la capital, es la más grande.
- Debido a las reservas de petróleo, el país tiene un ingreso per cápita muy elevado.

Marruecos

- Agadir y Essaouira son dos sitios muy populares entre los windsurfistas del mundo entero.
- Ceuta y Melilla, ubicadas en el norte de Marruecos, son ciudades autónomas de España, es decir, son municipios con competencias superiores.

EN RESUMEN

La información general

1. ¿En qué país hay dos ciudades españolas? ¿Cómo se llaman?
2. ¿En qué país es el español la lengua materna de la mitad de la población? ¿Cuál es su idioma oficial?
3. ¿De qué país fue el español la primera lengua oficial? ¿Cuáles son sus lenguas oficiales hoy día?
4. ¿Dónde se originó una raza de perros conocidos por ser buenos guardianes (*guard dogs*)? ¿Cómo se llama esa raza y de dónde viene su nombre?
5. ¿Qué nación tiene su capital en una isla? ¿Cómo se llama la isla?
6. ¿Qué país tiene grandes reservas de petróleo?
7. ¿En qué país el idioma oficial es igual al de una de las comunidades autónomas de España? ¿Cuál es la comunidad autónoma española y cuál es el idioma?
8. ¿Dónde hay ruinas de una gran civilización antigua? ¿Qué civilización?

¿Quieres saber más?

Revisa y completa la tabla que empezaste al principio del capítulo. Escoge uno o dos de los temas sobre los que escribiste en la columna **Lo que quiero aprender**, o uno o dos de los que figuran a continuación. Prepárate para compartir la información con la clase.

Palabras clave: el buceo y otros deportes acuáticos en Belice, Filipinas o Marruecos; el esquí en Andorra y Marruecos; las culturas indígenas de Guinea Ecuatorial, Filipinas y Belice; las industrias principales de Guinea Ecuatorial y Filipinas

🌐 Para aprender más sobre Andorra, Belice, Filipinas, Guinea Ecuatorial y Marruecos, mira los videos culturales en la mediateca (*Media Library*).

© Aurora Photos / Alamy

A leer

Antes de leer

1 El español guineano deriva del español de España. Por eso, el fragmento del cuento que vas a leer contiene varias formas de **vosotros**. Antes de leerlo, empareja las formas de **vosotros** con sus formas equivalentes en inglés para comprenderlas mejor.

1. _____ sois
2. _____ vuestro
3. _____ ¿Habéis visto…?
4. _____ creedme
5. _____ sabéis
6. _____ daos cuenta
7. _____ os

a. *believe me* (command)
b. *you* (object pronoun)
c. *realize* (command)
d. *Have you seen . . . ?*
e. *you are*
f. *your*
g. *you know*

2 El fragmento del cuento que vas a leer trata las cuestiones de identidad nacional que existen entre los ciudadanos *(citizens)* de Guinea Ecuatorial. El país consiguió su independencia de España en 1968, después de 190 años de dominio español. Conseguida la independencia, el nuevo gobierno puso mucho énfasis en la idea de ser ciudadano guineano, en vez de identificarse con las diversas tribus que existen en ese pequeño país. Las dos tribus más importantes son los fang y los bôhôbes (también conocidos como los bubis). Mientras lees la lectura, piensa en cómo los temas de la identidad nacional y la identidad personal se presentan en el cuento.

3 Ahora lee el fragmento del cuento "El reencuentro" del autor Juan Balboa Boneke. En esta parte del cuento, Juan, el protagonista, regresa después de pasar varios años en España y habla con unos jóvenes que le han pedido la oportunidad de hacerle preguntas sobre sus experiencias en España y también sobre el futuro de Guinea Ecuatorial. El fragmento empieza en medio de *(in the middle of)* su conversación.

Traditionally, many Equatorial Guineans go to Spain to complete their education. During the time this story was written, a number of Equatorial Guineans were also living in exile in Spain, due to the political turmoil that rocked the country during its transition from Spanish control to independence.

LECTURA

"El reencuentro"

Juan Balboa Boneke

—Entonces, decir que somos bôhôbes, ¿no es separatismo? —preguntó Pablo, interviniendo por primera vez.

—No, mi amigo, no lo es… […] Tras una breve pausa continué.

—Sois bôhôbes y sois guineanos. El amor a vuestro origen y, por tanto, a vuestro pueblo, no impide el amor hacia vuestro país. Guinea, amigos míos, es una[1], pero es diversa.

—¿Qué significa esto de que es diversa? Yo no lo entiendo —dijo Santi levantando la mano.

—Esto significa que nuestro país no está constituido por una sola tribu. Son varias tribus en un mismo país. Vamos a ver, ¿habéis visto algún jardín? Pues nuestro país es el jardín.

—¿Cómo un jardín? ¿Por qué?

—Porque en el jardín hay una gran variedad de flores[2] y de plantas, ¿verdad?

—Así es.

[1] one (united) [2] flowers

—Las distintas plantas y flores dan belleza, colorido y alegría al lugar. El jardín es uno, pero las plantas y flores son diversas. Cada planta constituye su propia vida dentro del conjunto[3]. Todas en su conjunto, bien tratadas, respetando la realidad de cada una, forman una bella franja[4] de paz y de sosiego[5]. Creedme, así debería ser nuestro país: cada etnia es una flor. El gran problema es que nosotros lo sepamos comprender y reconocer. Y, como tal, con la debida delicadeza, tratarlo.

—Todo esto nunca lo había escuchado —intervino de nuevo Pablo—. ¿Estas cosas las ha aprendido en España?

—En España se estudian muchas cosas. Pero no solo en este país se puede aprender cosas. Aquí mismo se puede estudiar y profundizar en los conocimientos.

[…]

[Antes]… nos faltó el diálogo. El diálogo entre todos nosotros. Entre las distintas tribus de nuestro país. Sabéis que fuimos colonizados por España, que la colonización duró casi doscientos años; pues en ese tiempo no hubo un intercambio cultural entre nuestros respectivos pueblos. Apenas nos conocemos. Somos unos extraños[6] tribu a tribu.

[…]

—Amigos míos, debéis saber que el diálogo exige voluntad[7] por parte de todos. Exige esfuerzo solidario. Tolerancia y generosidad. No siempre es fácil, pero su dificultad no nos tiene que llevar al convencimiento de que esto es imposible. Quizás la incapacidad se registra también por parte nuestra. Daos cuenta que en nuestros respectivos pueblos existen personas intratables, intransigentes, intolerantes y totalmente ciegas[8] a la luz de la verdad; el que existan esos pocos no nos tiene que llevar al error de juzgar[9] a todo un pueblo que sabe de sensibilidad y ternura[10]. Me comprendéis, ¿verdad?

—Sí, le comprendo —intervino Roberto.

—¿Vuelves otra vez a España?

—Sí, dentro de tres semanas.

—¿Por qué no te quedas? ¿Por qué os marcháis[11] todos?

—Tienes razón, Agustín, poco a poco iremos reincorporándonos al país. Desde luego yo sí lo haré muy pronto.

[…]

—Os lo aseguro, amigos míos, volveré pronto. Quizás mi vuelta demore[12] un poco porque tengo que resolver algunas cositas en España; pero seguro que pronto me tendréis aquí. ¿Queréis que nos hagamos una promesa?

—¿Cuál? —preguntó Agustín.

—A mi vuelta nos tenemos que reunir de nuevo debajo de este mismo árbol para celebrarlo. ¿Vale[13]?

Todos al unísono contestaron:

—Sí, vale.

---

[3] grupo [4] border [5] peace, serenity [6] strangers [7] **exige…:** demands willpower [8] blind [9] to judge [10] tenderness [11] **os…:** do you all leave [12] will be delayed [13] Okay?

© Martin Harvey / Alamy

Después de leer

4 Contesta las siguientes preguntas sobre la lectura.

1. ¿Cuáles son las dos ideas que Pablo trata de conciliar *(reconcile)* al principio de la lectura?
2. ¿Con qué compara Juan, el narrador, el país y sus tribus?
3. Según Juan, ¿qué es cada etnia?
4. Según Juan, ¿qué les faltó en el pasado?
5. En la opinión de Juan, ¿cuáles son cuatro cosas que exige el diálogo?
6. ¿Qué promesa hacen Juan y los jóvenes al final del fragmento?
7. ¿Cuál es el punto de vista del autor? ¿Cómo lo expresa en este cuento?

5 En grupos de tres o cuatro estudiantes, contesten las siguientes preguntas sobre la identidad étnica y la identidad nacional.

1. En su opinión, ¿pueden ser compatibles el orgullo *(pride)* regional y el patriotismo nacional? Piensen en algunos ejemplos para apoyar *(to support)* su punto de vista.
2. ¿Con qué se identifican más: con su identidad étnica, su pueblo o ciudad, su estado o provincia, o su país? ¿Hay otras identidades que les son importantes también? ¿Cuáles son?
3. ¿Cómo se define el patriotismo? ¿Cuáles son los elementos más importantes del orgullo nacional?

6 Con un(a) compañero(a) de clase, habla de una de estas ideas del cuento sobre la diversidad y aplícala a la situación en EEUU. ¿Estás de acuerdo o no con las ideas que expresan? Luego, cada persona debe escoger uno de los comentarios y escribir un párrafo corto en el que resuma sus opiniones sobre esa idea.

La diversidad étnica y/o religiosa puede existir dentro de un país unificado.

Es imposible que los distintos grupos y etnias realmente se entiendan.

A escribir

Antes de escribir

ESTRATEGIA

Revising—Editing your work

Revision is an important part of the writing process. Every time you complete a first draft, you should go back through it and examine it carefully. Normally, at least two rounds of revision are most helpful: one to check content, organization, and sentence structure and to rewrite as necessary, and a second read-through to look for spelling, grammatical, and punctuation errors in the final wording.

When you revise, it helps to know your strengths and weaknesses as a writer. Have you previously had problems writing topic sentences? Do you often forget to add transitions between your paragraphs? Are you good with detail? Good with narration? Too wordy? The better you understand your work as a writer, the more effective your final product will be.

1 Ya has aprendido mucho sobre el proceso de escribir. Repasa las siguientes estrategias de escritura que ya aprendiste. ¿Cuáles te han sido las más útiles? Escoge algunas para usar cuando escribas la composición de este capítulo.

- Prewriting—Identifying your target audience
- Prewriting—Looking up English words in a bilingual dictionary
- Prewriting—Brainstorming ideas
- Prewriting—Narrowing your topic
- Writing—Creating a topic sentence
- Writing—Adding supporting detail
- Writing—Freewriting
- Revising—Editing your freewriting
- Writing—Writing a paragraph
- Writing—Adding transitions between paragraphs
- Prewriting—Creating an outline
- Writing—Using softening language and courtesy expressions
- Writing—Writing from charts and diagrams

2 Vas a escribir una composición sobre una experiencia que has tenido en el pasado que se relacione con el tema de viajar. ¿Adónde fuiste? ¿Qué hiciste? ¿Qué te recomendaron tus amigos, tus familiares y otros que hicieras? ¿Hiciste esas cosas? ¿Por qué? ¿Resultó bien el viaje? Haz una lista de tus ideas en un diagrama como el siguiente.

Lo que me recomendaron...	Lo que hice...

Composición

3 Usa la información de la **Actividad 2** para escribir una composición de tres párrafos en la que describas las cosas que te recomendaron otras personas, lo que hiciste y si te gustó el viaje. Presta atención al uso de los tiempos pasados: el pretérito, el imperfecto, el imperfecto del subjuntivo, el presente perfecto y el pasado perfecto.

Después de escribir

4 Lee tu composición por primera vez y trata de identificar problemas de organización, contenido *(content)* y en la estructura de las oraciones. Después, reescríbela para eliminar estos problemas.

5 Ahora, vuelve a la composición que reescribiste y busca problemas de ortografía, gramática y puntuación.

1. ¿Usaste bien las formas del imperfecto de subjuntivo?
2. ¿Usaste bien las formas del pasado: el pretérito, el imperfecto y los tiempos perfectos?
3. ¿Hay concordancia entre los artículos, los sustantivos y los adjetivos?
4. ¿Hay errores de puntuación o de ortografía?

¡Vívelo!

Vas a pensar en tres situaciones hipotéticas e improbables para presentar a un grupo de compañeros(as). Luego todos los miembros del grupo van a compartir sus situaciones y trabajar juntos para crear un video o un cuento de ficción basado en una de las situaciones.

Antes de clase

Paso 1 En este capítulo, tú y tus compañeros de clase ya han creado varias situaciones hipotéticas. Por ejemplo, repasa las **Actividades 8** (página 527) y **13** (página 530).

Paso 2 Ahora te toca pensar en tres situaciones hipotéticas fuera de lo común para compartir con tus compañeros(as) durante la próxima clase. Inspírate en el siguiente modelo y luego síguelo para escribir tus situaciones.

MODELO *Tu auto se ha quedado sin gasolina. Estás fuera de la ciudad y son las 11:00 de la noche. Caminas en busca de una gasolinera cuando llegas a una casa que parece abandonada. Tocas a la puerta y nadie contesta. Tocas otra vez y por fin alguien llega a la puerta. Cuando la abre, ves que es un payaso… ¿Qué harías?*

Durante la clase ⚇

Paso 1 Formen grupos de tres o cuatro estudiantes. Cada estudiante debe compartir con el grupo las situaciones que escribió antes de clase.

Paso 2 Decidan cuáles son las tres situaciones más divertidas o interesantes del grupo.

Paso 3 Júntense con otro grupo y túrnense para compartir sus tres mejores situaciones. Los estudiantes del otro grupo tienen que decir qué dirían en las tres situaciones que ustedes les dan. Luego, ustedes tendrán que evaluar las situaciones del otro grupo y decir qué harían en cada una.

MODELO [basado en la situación de la página previa]
Le preguntaría al payaso si él tiene un auto pequeño típico de
los payasos y, si lo tiene, si me podría llevar a la gasolinera
más cercana.

Paso 4 Una vez que hayan comentado las seis situaciones, voten por las dos más interesantes o divertidas para compartir con la clase.

Paso 5 Todos los grupos comparten sus dos situaciones favoritas con la clase entera. Luego, cada grupo escoge la situación que más le gusta para crear un video o un cuento de ficción basado en ella.

Fuera de clase ⚇

Paso 1 Con los otros miembros de su grupo, decidan si van a crear un video o un cuento basado en la situación que escogieron.

Paso 2 Trabajen juntos para crear su obra final. ¡Sean creativos y diviértanse!

¡Compártelo! ⤴

Pongan su video o cuento en el foro en línea de *Nexos*. Luego miren los videos o cuentos de los otros grupos y hagan un comentario sobre cada uno.

Vocabulario

Para viajar *Travel*

la agencia de viajes *travel agency*
la guía turística *tourist guidebook*
el itinerario *itinerary*
cambiar dinero *to exchange money*
hacer una reservación *to make a reservation*
hacer un tour *to take a tour*
viajar al extranjero *to travel abroad*

En el aeropuerto y dentro del avión *At the airport and in the plane*
abordar *to board*
aterrizar *to land*
desembarcar *to disembark, get off (the plane)*
despegar *to take off*
facturar el equipaje *to check one's baggage*
hacer escala en... *to make a stopover in . . .*
la aduana *customs*
el asiento *seat*
  ... de pasillo *aisle*
  ... de ventanilla *window*
con destino a... *(headed) to / for . . .*
la línea aérea *airline*
la lista de espera *waiting list*
la llegada *arrival*
la maleta *suitcase*
el mostrador *counter; check-in desk*
el pasaje *ticket, fare*
el (la) pasajero(a) *passenger*
  ... de clase turista *coach*
  ... de primera clase *first class*
el pasaporte *passport*

la puerta (de embarque) *(departure) gate*
el retraso / la demora *delay*
la sala de equipajes *baggage claim*
la salida *departure*
la tarjeta de embarque *boarding pass*
el vuelo *flight*

El hotel *The hotel*
el aire acondicionado *air conditioning*
el ascensor *elevator*
el botones *bellhop*
la conexión a Internet *Internet connection*
el conserje *concierge*
el desayuno incluido *breakfast included*
la estampilla, el sello *postage stamp*
la habitación sencilla / doble *single / double room*
  ... con / sin baño / ducha *. . . with / without bath / shower*
  ... de fumar / de no fumar *smoking / non-smoking*
el (la) huésped(a) *hotel guest*
el lavado en seco *dry cleaning*
la llave *key*
la recepción *reception desk*
registrarse *to register*
el secador de pelo *hairdryer*
el servicio a la habitación *room service*
el servicio despertador *wake-up call*
la tarjeta postal *postcard*
la televisión por cable *cable TV*

La geografía *Geography*

este *east*
oeste *west*
norte *north*
sur *south*
la arena *sand*
el bosque *forest*
el cañón *canyon*
el cielo *sky*
el desierto *desert*

la isla *island*
el lago *lake*
el mar *sea*
el océano *ocean*
la playa *beach*
el río *river*
las ruinas *ruins*
la selva tropical *tropical jungle*
el volcán *volcano*

¡Felicitaciones! Ya has completado este curso de español. Prepárate para tu futuro en otros cursos y siempre busca oportunidades para practicar el español. Esfuérzate para hablar español en tu comunidad o en línea. Escucha la música popular y mira televisión y películas en español cada vez que puedas. Y si se te presenta la oportunidad, ¡viaja al mundo de habla española!

Repaso del Capítulo 14

The imperfect subjunctive (p. 522)

1 Completa las oraciones con formas correctas del imperfecto de subjuntivo.

1. Mis amigos me sugirieron que no _____ (llevar) más de una maleta.
2. El guía insistió en que todos nosotros _____ (llegar) al aeropuerto temprano.
3. El botones te recomendó que _____ (dejar) tu llave en la recepción al salir del hotel.
4. Mis amigos querían que yo les _____ (enviar) muchas tarjetas postales.
5. ¡Era increíble que nosotros _____ (tener) tantas maletas!
6. Yo dudaba que tú _____ (poder) encontrar un hotel barato con conexión a Internet.

2 Haz oraciones completas con formas del imperfecto (primera parte de la oración) y del imperfecto de subjuntivo (segunda parte de la oración).

MODELO yo dudar que: el avión salir a tiempo
Yo dudaba que el avión saliera a tiempo.

1. tú querer que: el botones llevar tus maletas a la habitación inmediatamente
2. ella no creer que: el desayuno estar incluido en el precio de la habitación
3. nosotros dudar que: el asistente de vuelo poder cambiar el asiento
4. ustedes no querer que: la agente de viajes tener que cambiar su reservación
5. yo dudar que: los otros huéspedes levantarse muy temprano
6. tú y yo querer que: el conserje recomendarnos un buen restaurante

The conditional (p. 525)

3 Imagina que las personas indicadas van a Andorra de vacaciones. Completa las oraciones con formas del condicional para decir qué harían allí.

1. Manuel _____ (esquiar) todos los días.
2. Tú y yo _____ (ir) de compras.
3. Ustedes _____ (hacer) una excursión al campo.
4. Los niños _____ (jugar) con los perros gran pirineos.
5. Yo _____ (salir) a escuchar flamenco y música local.
6. Tú _____ (asistir) a las celebraciones de la *Festa del Poble*.
7. La señora Irrutia _____ (visitar) los pueblitos cercanos.
8. Nosotros _____ (comer) *trinxat*, un plato regional.

Complete these activities to check your understanding of the new grammar points in **Chapter 14**.

The answers to the activities in this section can be found in **Appendix B**.

4 Escribe oraciones para decir qué harían las siguientes personas en las situaciones indicadas. Sigue el modelo y añade tus propios detalles.

MODELO   Los señores Torres tienen un mes de vacaciones. (viajar a…)
Los señores Torres viajarían a Belice.

1. Tú ganaste la lotería. (ir a…)
2. Tu amigo(a) tiene dinero para comprar un auto nuevo. (comprar…)
3. Nosotros podemos trabajar en cualquier sitio que querramos. (trabajar en…)
4. Puedes comer un solo plato para siempre sin aumentar de peso. (comer…)
5. Tus amigos pueden ver a cualquier músico o grupo en concierto. (ver…)

Si clauses with the subjunctive and the indicative (p. 528)

5 Completa las oraciones con las formas correctas de los verbos.

Probable

1. Si yo _____ (tener) tiempo, _____ (caminar) en el bosque mañana.
2. Si mi hermano _____ (visitar) las ruinas, _____ (sacar) muchas fotos.
3. Tú _____ (ver) el cañón si _____ (seguir) esta ruta.
4. Nosotros _____ (pescar) si _____ (ir) al río mañana.
5. Mis amigos _____ (jugar) volibol si _____ (ir) a la playa.

Improbable

1. Si tú _____ (hablar) con el conserje, le _____ (pedir) unas recomendaciones.
2. Si nosotros nos _____ (levantarse) temprano, _____ (hacer) ejercicio antes del desayuno.
3. Si ustedes _____ (cambiar) el itinerario, _____ (poder) ir a Marruecos desde España.
4. Yo _____ (comprar) un ventilador *(fan)*, si el aire acondicionado no _____ (funcionar).
5. Mi amiga solo _____ (usar) el servicio de lavado en seco si no _____ (poder) encontrar una lavandería.

6 Haz oraciones completas con cláusulas con **si**. Sigue el modelo y añade tus propios detalles.

MODELOS   (probable) yo ganar la lotería: comprar…
Si yo gano la lotería, compraré una computadora nueva.

(improbable) tú tener el tiempo: ir a…
Si tú tuvieras el tiempo, irías a Filipinas y Japón.

1. (probable) ellos tener el dinero: viajar a…
2. (probable) usted conseguir el trabajo: vivir en…
3. (improbable) yo trabajar este verano: ganar…
4. (improbable) nosotros comer en un restaurante muy caro: pedir…
5. (probable) tú salir con tus amigos hoy: vestirse con…
6. (improbable) mis amigos ganan la lotería: comprar…

Reference Materials

Appendix A: KWL Chart

Lo que sé	Lo que quiero aprender	Lo que aprendí

Capítulo 1 (pp. 42–43)

Act. 1: 1. la 2. X 3. la 4. X 5. X 6. X 7. unos 8. una

Act. 2: 1. Tú 2. Nosotros 3. Yo 4. es 5. son 6. somos

Act. 3: 1. Hay dos chicas. 2. Hay un hombre. 3. Hay una mujer. 4. No hay niño. 5. No hay computadora. 6. No hay mochila. 7. Hay una serpiente. 8. No hay elefante.

Act. 4: 1. tienes 2. tiene 3. tengo 4. tenemos 5. tienen 6. tienes

Act. 5: 1. tengo que 2. tienen que 3. tenemos que 4. tiene que 5. tienes que 6. tienen que

Act. 6: *Answers will vary depending on current year.* 1. Tú tienes… años. 2. Ellos tienen… años. 3. Usted tiene… años. 4. Ella tiene… años. 5. Yo tengo… años. 6. Nosotros tenemos… años. 7. Ustedes tienen… años. 8. Tú y yo tenemos… años.

Capítulo 2 (pp. 84–85)

Act. 1: 1. Esteban y Carolina caminan. 2. Usted pinta. 3. Loreta levanta pesas. 4. Yo saco fotos. 5. Nosotros tomamos el sol. 6. Tú cocinas. 7. Ustedes hablan por teléfono. 8. Tú y yo patinamos.

Act. 2: 1. A mí me gusta estudiar. 2. A ti te gusta mirar televisión. 3. A usted le gusta visitar a amigos. 4. A nosotras nos gusta pintar. 5. A ustedes les gusta practicar deportes.

Act. 3: 1. Gretchen y Rolf son alemanes. Son sinceros. 2. Brigitte es francesa. Es divertida. 3. Nosotras somos españolas. Somos simpáticas. 4. Yo soy estadounidense. Soy generosa. 5. Usted es japonesa. Es interesante. 6. Tú eres italiano. Eres activo.

Act. 4: 1. las 2. El 3. la 4. unos 5. la 6. una 7. un 8. la 9. la 10. las

Act. 5: 1. f, es 2. d, es 3. a, es 4. g, son 5. b, somos 6. e, eres 7. c, soy

Capítulo 3 (pp. 124–125)

Act. 1: 1. qué 2. Por qué 3. Cuál 4. Cuándo 5. Cuántas 6. Quién

Act. 2: 1. escribe 2. debemos 3. como 4. viven 5. lee

Act. 3: 1. mis 2. tus 3. nuestra 4. sus 5. sus 6. tu

Act. 4: 1. voy, van 2. va, vamos 3. vas

Act. 5: 1. A mí me gusta leer. 2. A nosotros nos gusta comer. 3. A ustedes les gusta bailar. 4. A ti te gusta cocinar. 5. A él le gusta patinar. 6. A mí me gusta cantar.

Act. 6: 1. estudia 2. cocina 3. toca 4. canta 5. levantan 6. practican 7. miramos 8. alquilamos 9. trabajo 10. visito 11. paso

Act. 7: 1. Rogelio y Mauricio son muy egoístas. 2. Tú eres muy impaciente. 3. Nosotros somos muy perezosos. 4. Yo soy muy activo(a). 5. Sandra es muy generosa. 6. Néstor y Nicolás son muy tímidos.

Capítulo 4 (pp. 166–167)

Act. 1: 1. les gustan 2. me encanta 3. le molesta 4. nos interesan 5. te importa 6. le gusta

Act. 2: 1. estás 2. estamos 3. soy 4. son 5. Estoy 6. Está 7. es 8. es 9. está 10. son 11. es 12. están

Act. 3: 1. Tú duermes mucho. 2. Yo cierro la computadora portátil. 3. Ella entiende las instrucciones. 4. Nosotras jugamos el juego interactivo. 5. Usted repite la contraseña. 6. Ellos quieren un monitor nuevo. 7. Yo puedo instalar el programa. 8. Nosotros preferimos ir a un café con wifi.

Act. 4: 1. lentamente 2. rápidamente 3. Generalmente 4. fácilmente

Act. 5: debe, envías, recibes, grabas, instalas, llevas, trabajas, hablan, funciona, bajo, subo, pesa, saco, accedo, leo, usamos, comentan, ofrecemos, vendemos, debes

Capítulo 5 (pp. 204–205)

Act. 1: *Answers will vary for* **Sí/No** *column.* 1. Sé 2. Conozco 3. Conduzco 4. Hago 5. Salgo 6. Veo

Act. 2: 1. Tú conoces Buenos Aires. 2. Ellos saben jugar golf. 3. Yo sé todas las respuestas. 4. Usted conoce a mis primos. 5. Nosotras conocemos al chef. 6. Ella sabe cocinar bien.

Act. 3: 1. se maquilla 2. me acuesto 3. se reúnen 4. te levantas 5. nos enfermamos 6. se pelean

Act. 4: 1. Ella está hablando con un paciente. 2. Yo estoy escribiendo un artículo. 3. Ellos están preparando la comida. 4. Nosotros estamos pintando. 5. Usted está sirviendo la comida. 6. Él está trabajando en la computadora.

Act. 5: 1. grande 2. extrovertidas 3. simpáticas 4. tonto 5. contentos 6. nerviosos 7. viejos 8. divertidos 9. triste

Act. 6: 1. Mi tío lava su auto todas las semanas. 2. Mis abuelos no duermen mucho. 3. Mis primas prefieren estudiar en la residencia estudiantil. 4. Mi hermano y yo corremos en el parque los sábados. 5. Tú manejas todos los días. 6. Mi madre viste a mi hermanita por las mañanas. 7. Yo miro una película. 8. Mi madre y yo vivimos en un apartamento grande.

Act. 7: 1. La mujer de negocios está en la oficina. 2. Tú y yo estamos en el salón de clase. 3. El doctor Méndez está en el hospital. 4. Los programadores están en el centro de computación. 5. La policía está en el parque. 6. Yo estoy en la biblioteca. 7. Los cocineros están en el restaurante. 8. Tú estás en el gimnasio.

Capítulo 6 (pp. 240–241)

Act. 1: 1. El perro está lejos del auto. 2. El perro está delante del auto. 3. El perro está detrás del auto. 4. El perro está debajo del auto. 5. El perro está dentro del auto. 6. El perro está entre los autos.

Act. 2: 1. Vengan, pierdan 2. Ponga, Hable 3. Haga, Llame

Act. 3: 1. Siempre 2. También 3. algunos 4. nada 5. algo 6. nadie

Act. 4: 1. estos, esos 2. aquella, esta 3. esos, aquellos 4. esta, esa 5. aquellas, estas 6. este, aquel

Act. 5: 1. salgo 2. traigo 3. Pongo 4. conduzco 5. veo 6. conozco 7. Oigo 8. hago 9. digo 10. sé

Act. 6: 1. te preparas 2. me acuesto 3. nos preocupamos 4. se están divirtiendo / están divirtiéndose 5. se quejen 6. Siéntese, relájese

Capítulo 7 (pp. 280–281)

Act. 1: 1. montaste 2. leyó 3. compartí 4. navegamos 5. corrieron

Act. 2: 1. Tú y yo fuimos… 2. Marilena estuvo… 3. Yo hice… 4. Guille y Paulina dijeron… 5. Mis padres condujeron… 6. Tú tradujiste…

Act. 3: 1. ¿Los perros? Tú los lavaste. 2. ¿El surfing? Victoria lo hizo. 3. ¿La pelota (de golf)? Yo no la encontré. 4. ¿Las mochilas? Nosotros las perdimos. 5. ¿Los refrescos? Ustedes no los bebieron. 6. ¿Las pesas? Esteban y Federico no las levantaron.

Act. 4: 1. pongas 2. Ten 3. lee 4. Pon 5. siéntate 6. salgas

Act. 5: 1. quieren 2. me divierto 3. se visten 4. pueden 5. duermo 6. pides

Act. 6: 1. A mí me gusta remar. 2. A usted le gusta nadar. 3. A ti te gustan esos esquíes. 4. A ellos les gusta el boxeo. 5. A nosotros nos gusta pescar. 6. A ella le gusta la nieve. 7. A ti te gusta entrenarte. 8. A mí me gustan las vacaciones. 9. A nosotros nos gusta la primavera.

Act. 7: 1. sé 2. conozco 3. saben 4. podemos 5. pueden 6. conocemos 7. quiero 8. puedo

Capítulo 8 (pp. 320–321)

Act. 1: 1. Supe 2. hicimos 3. sugirió 4. preferí 5. sirvió 6. dijo 7. quiso 8. pudo 9. pidió 10. puso 11. anduvimos 12. Nos reímos 13. nos divertimos 14. nos despedimos 15. dijimos

Act. 2: 1. nos 2. te 3. les 4. me 5. le

Act. 3: 1. tantos, como 2. más, que 3. menos, que 4. tan 5. el, más 6. más

Act. 4: 1. compraste 2. vi 3. estuvo 4. trajo 5. fuimos 6. dieron 7. hiciste 8. escribió

Act. 5: 1. Delfina lo compró. 2. Diego y Eduardo no la compraron. 3. Tú no los compraste. 4. Yo los compré. 5. Nosotros las compramos. 6. Usted no lo compró.

Act. 6: 1. Yo me puse un abrigo. 2. Ellos se pusieron unas sandalias. 3. Tú te pusiste un chaleco. 4. Nosotros nos pusimos unos jeans. 5. Ella se puso una bufanda. 7. Ustedes se pusieron un impermeable.

Capítulo 9 (pp. 362–363)

Act. 1: 1. La señora Muñoz preparaba unas galletas. 2. Yo freía un huevo. 3. Nosotros pelábamos zanahorias para una ensalada. 4. Manolito ponía la mesa. 5. Sarita y Carmela picaban cebollas para una sopa. 6. Tú hervías agua para preparar el té.

Act. 2: 1. Eran 2. quería 3. llegué 4. vi 5. estaba 6. tenía 7. me senté 8. empezamos 9. hablábamos 10. dijo 11. exclamé 12. sabía 13. Me despedí 14. salí 15. Estaba 16. quería

Act. 3: 1. Ábrenosla. 2. Cuéceselos. 3. No me lo traigas. 4. No se lo calientes. 5. Pásanosla. 6. No se la prepares.

Act. 4: 1. come 2. venden 3. hablan 4. sirve 5. cierra 6. duerme

Act. 5: 1. Como 2. Salgo 3. Voy 4. Soy 5. Tengo 6. Estoy 7. Preparo 8. Hago 9. Conozco 10. Sé 11. Digo 12. Escribo 13. Pongo 14. Traigo

Act. 6: 1. coman 2. Venga 3. vayan 4. Pida 5. Hagan 6. compre

Act. 7: 1. mi 2. tus 3. nuestro 4. sus 5. sus 6. su 7. sus 8. su 9. nuestras 10. tus

Capítulo 10 (pp. 400–401)

Act. 1: 1. riegues 2. lavemos 3. pongan 4. trapeen 5. saque 6. planches 7. vayamos 8. venga

Act. 2: 1. ¿La aspiradora? No es tuya. Es suya. 2. ¿Las licuadoras? No son suyas. Son mías. 3. ¿Las planchas? No son nuestras. Son suyas. 4. ¿La tostadora? No es mía. Es suya. 5. ¿Los microondas? No son suyos. Son nuestros. 6. ¿El lavaplatos? No es suyo. Es tuyo.

Act. 3: 1. Hace un año que Sarita no va de vacaciones. / Sarita no va de vacaciones hace un año. 2. Hace seis meses que ellos viven en esa casa. / Ellos viven en esa casa hace seis meses. 3. Hace dos semanas que ellos limpiaron el baño. / Ellos limpiaron el baño hace dos semanas. 4. Hacía tres meses que Luis no podía trabajar en la casa. / Luis no podía trabajar en la casa hacía tres meses. 5. Hace dos años que los abuelos vinieron de visita. / Los abuelos vinieron de visita hace dos años.

Act. 4: 1. por 2. Para 3. Por 4. por 5. para 6. Por 7. para 8. para

Act. 5: 1. laves 2. planches 3. saques 4. pases 5. pongas 6. uses 7. trapees 8. sacudas 9. comas 10. insistas

Act. 6: 1. Estoy 2. Conduzco 3. doy 4. digo 5. Oigo 6. Vengo 7. Veo 8. Sé 9. Pongo 10. Tengo

Capítulo 11 (pp. 436–437)

Act. 1: 1. ir 2. puedas 3. llegar 4. quieran 5. comience 6. guste

Act. 2: *(Verb options, depending on use of* **Creo / No creo***):* 1. es / sea 2. van / vayan 3. compran / compren 4. representan / representen

5. son / sean 6. ganan / ganen 7. cuestan / cuesten 8. traducen / traduzcan

Act. 3: 1. Busco a la persona que tiene los boletos. 2. Busco a una persona que conozca a esa actriz tan famosa. 3. Quiero ver la telecomedia que trata temas del día. 4. Quiero ver una telecomedia que sea bilingüe. 5. Necesito encontrar el cine que vende las palomitas más frescas de la ciudad. 6. Necesito encontrar un cine que venda pizza y cerveza.

Act. 4: 1. quiere, vayamos 2. esperas, empiece 3. piden, grabes 4. recomiendan, vea 5. insisto, cambien 6. deseamos, compre 7. requiere, lleguen 8. sugieres, escuche

Act. 5: 1. Yo tengo muchas canciones de música country. 2. Mis amigos asisten a clases de danza swing. 3. Ella ve muchas obras teatrales profesionales. 4. Tú prefieres los musicales a los conciertos de música clásica. 5. Nosotras nos vestimos muy elegantes para ir a la ópera. 6. Él siempre se duerme durante los documentales. 7. Yo cambio el canal cuando hay muchos anuncios comerciales. 8. Tú eres muy aficionado a los programas de realidad.

Act. 6: 1. (Nosotros) Vamos a pintar. 2. (Tú) Vas a dibujar. 3. (Martín) Va a cantar. 4. (Carmela y Laura) Van a tocar la guitarra. 5. (Yo) Voy a cambiar el canal. 6. (Usted) Va a escuchar música.

Capítulo 12 (pp. 474–475)

Act. 1: 1. … me escuches bien. 2. … no es médica. 3. … me llame. 4. … me examina. 5. … termine la tarea. 6. … salga con mis amigos. 7. … llegue a la habitación.

Act. 2: 1. dormir 2. tiene 3. sufran 4. sea 5. evitar 6. se acuesten 7. tomen 8. coman 9. es 10. tengan 11. dicen 12. siguen 13. quiera 14. hacer

Act. 3: 1. Tú dormirás más. 2. David y Rebeca harán más ejercicio. 3. El señor Robles llevará una vida más sana. 4. Yo iré al médico para un examen anual. 5. Nosotros comeremos alimentos nutritivos. 6. Usted estudiará para ser médico.

Act. 4: 1. Leo está cansado. 2. Sandra es divertida. 3. Martín es introvertido. 4. Laura está ocupada. 5. Diego está preocupado. 6. Susana es extrovertida.

Act. 5: 1. Había 2. haya 3. haya 4. hay 5. había 6. Hay

Act. 6: *Wording of answers may vary slightly, but verb forms should remain the same.* 1. Tú estás estornudando. 2. Yo estoy durmiendo. 3. Mónica y Carlos están comiendo (unas ensaladas / alimentos nutritivos). 4. Nosotros estamos haciendo ejercicio(s). 5. La señora Trujillo está consultando al médico. 6. Yo estoy tosiendo.

Capítulo 13 (pp. 508–509)

Act. 1: 1. La señora Ramírez ha recibido un aumento de sueldo. 2. Yo he hecho un informe sobre los beneficios de la compañía. 3. Los nuevos empleados han analizado el plan de seguro médico. 4. Tú has dirigido un proyecto muy importante. 5. Nosotros hemos contratado a tres empleados nuevos. 6. El señor Valle se ha jubilado a los 70 años. 7. Yo he supervisado a cinco empleados.

Act. 2: habían ayudado, habíamos llevado, habían visto, había llamado, había mandado, habías prestado; orden correcto: 2, 6, 1, 4, 3, 5

Act. 3: 1. haya aumentado 2. hayan hecho 3. nos hayamos informado 4. hayan luchado 5. haya cambiado 6. hayas mirado 7. haya visto 8. hayas iniciado

Act. 4: 1. Tú recibirás un ascenso. 2. Ustedes se jubilarán. 3. El jefe saldrá de la compañía. 4. Los ciudadanos votarán en las elecciones. 5. Yo prepararé el currículum vitae. 6. Nosotros trabajaremos en una fábrica. 7. Tú harás un viaje a Chile. 8. Tú y yo tendremos un empleo interesante.

Act. 5: 1. pasaron 2. resultaron 3. dijo 4. sobrevivieron 5. dejaron 6. fueron 7. sugirieron 8. jugó 9. recibió 10. se reunieron 11. asistieron 12. pidieron 13. pusieron 14. hicieron 15. tomaron 16. protestaron 17. participó 18. comentó 19. supimos 20. vi 21. causó 22. tuve

Capítulo 14 (pp. 545–546)

Act. 1: 1. llevara 2. llegaran 3. dejaras 4. enviara 5. tuviéramos 6. pudieras

Act. 2: 1. Tú querías que el botones llevara tus maletas a la habitación inmediatamente. 2. Ella no creía que el desayuno estuviera incluido en el precio de la habitación. 3. Nosotros dudábamos que el asistente de vuelo pudiera cambiar el asiento. 4. Ustedes no querían que la agente de viajes tuviera que cambiar su reservación. 5. Yo dudaba que los otros huéspedes se levantaran muy temprano. 6. Tú y yo queríamos que el conserje nos recomendara un buen restaurante.

Act. 3: 1. esquiaría 2. iríamos 3. harían 4. jugarían 5. saldría 6. asistirías 7. visitaría 8. comeríamos

Act. 4: 1. Yo iría a… / Tú irías a… 2. Mi / Tu amigo(a) compraría… 3. Nosotros trabajaríamos en… 4. Yo comería / Tú comerías… 5. Mis / Tus amigos verían…

Act. 5: Probable: 1. tengo, caminaré 2. visita, sacará 3. verás, sigues 4. pescaremos, vamos 5. jugarán, van; Improbable: 1. hablaras, pedirías 2. levantáramos, haríamos 3. cambiaran, podrían 4. compraría, funcionara 5. usaría, pudiera

Act. 6: 1. Si ellos tienen el dinero, viajarán a… 2. Si usted consigue el trabajo, vivirá en… 3. Si yo trabajara este verano, ganaría… 4. Si nosotros comiéramos en un restaurante muy caro, pediríamos… 5. Si tú sales con tus amigos hoy te vestirás con… 6. Si mis amigos ganaran la lotería, comprarían…

Appendix C: Spanish Verbs

Regular Verbs
Simple Tenses

Infinitive	Past participle / Present participle	Indicative					Subjunctive	
		Present	Imperfect	Preterite	Future	Conditional	Present	Imperfect*
cantar *to sing*	cantado cantando	canto cantas canta cantamos cantáis cantan	cantaba cantabas cantaba cantábamos cantabais cantaban	canté cantaste cantó cantamos cantasteis cantaron	cantaré cantarás cantará cantaremos cantaréis cantarán	cantaría cantarías cantaría cantaríamos cantaríais cantarían	cante cantes cante cantemos cantéis canten	cantara cantaras cantara cantáramos cantarais cantaran
correr *to run*	corrido corriendo	corro corres corre corremos corréis corren	corría corrías corría corríamos corríais corrían	corrí corriste corrió corrimos corristeis corrieron	correré correrás correrá correremos correréis correrán	correría correrías correría correríamos correríais correrían	corra corras corra corramos corráis corran	corriera corrieras corriera corriéramos corrierais corrieran
subir *to go up, to climb up*	subido subiendo	subo subes sube subimos subís suben	subía subías subía subíamos subíais subían	subí subiste subió subimos subisteis subieron	subiré subirás subirá subiremos subiréis subirán	subiría subirías subiría subiríamos subiríais subirían	suba subas suba subamos subáis suban	subiera subieras subiera subiéramos subierais subieran

*In addition to this form, another one is less frequently used for all regular and irregular verbs: cantase, cantases, cantase, cantásemos, cantaseis, cantasen; corriese, corrieses, corriese, corriésemos, corrieseis, corriesen; subiese, subieses, subiese, subiésemos, subieseis, subiesen.

Commands

Person	Affirmative	Negative	Affirmative	Negative	Affirmative	Negative
tú	canta	no cantes	corre	no corras	sube	no subas
usted	cante	no cante	corra	no corra	suba	no suba
nosotros/as	cantemos	no cantemos	corramos	no corramos	subamos	no subamos
vosotros/as	cantad	no cantéis	corred	no corráis	subid	no subáis
ustedes	canten	no canten	corran	no corran	suban	no suban

Stem-Changing Verbs: -ar and -er Groups

Type of change in the verb stem	Subject	Indicative Present	Subjunctive Present	Commands Affirmative	Commands Negative	Other -ar and -er stem-changing verbs
-ar verbs e > ie pensar *to think*	yo	pienso	piense	—	—	atravesar *to go through, to cross;* cerrar *to close;* despertarse *to wake up;* empezar *to start;* negar *to deny;* sentarse *to sit down*
	tú	piensas	pienses	piensa	no pienses	
	Ud./él/ella	piensa	piense	piense	no piense	
	nosotros/as	pensamos	pensemos	pensemos	no pensemos	
	vosotros/as	pensáis	penséis	pensad	no penséis	
	Uds./ellos/ellas	piensan	piensen	piensen	no piensen	Nevar *to snow* is only conjugated in the third-person singular.
-ar verbs o > ue contar *to count, to tell*	yo	cuento	cuente	—	—	acordarse *to remember;* acostarse *to go to bed;* almorzar *to have lunch;* colgar *to hang;* costar *to cost;* demostrar *to demonstrate, to show;* encontrar *to find;* mostrar *to show;* probar *to prove, to taste;* recordar *to remember*
	tú	cuentas	cuentes	cuenta	no cuentes	
	Ud./él/ella	cuenta	cuente	cuente	no cuente	
	nosotros/as	contamos	contemos	contemos	no contemos	
	vosotros/as	contáis	contéis	contad	no contéis	
	Uds./ellos/ellas	cuentan	cuenten	cuenten	no cuenten	
-er verbs e > ie entender *to understand*	yo	entiendo	entienda	—	—	encender *to light, to turn on;* extender *to stretch;* perder *to lose*
	tú	entiendes	entiendas	entiende	no entiendas	
	Ud./él/ella	entiende	entienda	entienda	no entienda	
	nosotros/as	entendemos	entendamos	entendamos	no entendamos	
	vosotros/as	entendéis	entendáis	entended	no entendáis	
	Uds./ellos/ellas	entienden	entiendan	entiendan	no entiendan	
-er verbs o > ue volver *to return*	yo	vuelvo	vuelva	—	—	mover *to move;* torcer *to twist*
	tú	vuelves	vuelvas	vuelve	no vuelvas	
	Ud./él/ella	vuelve	vuelva	vuelva	no vuelva	
	nosotros/as	volvemos	volvamos	volvamos	no volvamos	
	vosotros/as	volvéis	volváis	volved	no volváis	
	Uds./ellos/ellas	vuelven	vuelvan	vuelvan	no vuelvan	Llover *to rain* is only conjugated in the third-person singular.

Stem-Changing Verbs: *-ir* Verbs

Type of change in the verb stem	Subject	Indicative		Subjunctive		Commands	
		Present	Preterite	Present	Imperfect	Affirmative	Negative
-ir verbs e > ie or i Infinitive: sentir *to feel* Present participle: sintiendo	yo	siento	sentí	sienta	sintiera	—	—
	tú	sientes	sentiste	sientas	sintieras	siente	no sientas
	Ud./él/ella	siente	sintió	sienta	sintiera	sienta	no sienta
	nosotros/as	sentimos	sentimos	sintamos	sintiéramos	sintamos	no sintamos
	vosotros/as	sentís	sentisteis	sintáis	sintierais	sentid	no sintáis
	Uds./ellos/ellas	sienten	sintieron	sientan	sintieran	sientan	no sientan
-ir verbs o > ue or u Infinitive: dormir *to sleep* Present participle: durmiendo	yo	duermo	dormí	duerma	durmiera	—	—
	tú	duermes	dormiste	duermas	durmieras	duerme	no duermas
	Ud./él/ella	duerme	durmió	duerma	durmiera	duerma	no duerma
	nosotros/as	dormimos	dormimos	durmamos	durmiéramos	durmamos	no durmamos
	vosotros/as	dormís	dormisteis	durmáis	durmierais	dormid	no durmáis
	Uds./ellos/ellas	duermen	durmieron	duerman	durmieran	duerman	no duerman

Other similar verbs: advertir *to warn;* arrepentirse *to repent;* consentir *to consent, to pamper;* convertir(se) *to turn into;* divertir(se) *to amuse (oneself);* herir *to hurt, to wound;* mentir *to lie;* morir *to die;* preferir *to prefer;* referir *to refer;* sugerir *to suggest*

Type of change in the verb stem	Subject	Indicative		Subjunctive		Commands	
		Present	Preterite	Present	Imperfect	Affirmative	Negative
-ir verbs e > i Infinitive: pedir *to ask for, to request* Present participle: pidiendo	yo	pido	pedí	pida	pidiera	—	—
	tú	pides	pediste	pidas	pidieras	pide	no pidas
	Ud./él/ella	pide	pidió	pida	pidiera	pida	no pida
	nosotros/as	pedimos	pedimos	pidamos	pidiéramos	pidamos	no pidamos
	vosotros/as	pedís	pedisteis	pidáis	pidierais	pedid	no pidáis
	Uds./ellos/ellas	piden	pidieron	pidan	pidieran	pidan	no pidan

Other similar verbs: competir *to compete;* despedir(se) *to say good-bye;* elegir *to choose;* impedir *to prevent;* perseguir *to chase;* repetir *to repeat;* seguir *to follow;* servir *to serve;* vestir(se) *to dress, to get dressed*

Verbs with Spelling Changes

Verb type	Ending	Change	Verbs with similar spelling changes
1 buscar *to look for*	-car	• Preterite: yo busqué • Present subjunctive: busque, busques, busque, busquemos, busquéis, busquen	comunicar, explicar *to explain*, indicar *to indicate*, sacar, pescar
2 conocer *to know*	*vowel* + -cer or -cir	• Present indicative: conozco, conoces, conoce, and so on • Present subjunctive: conozca, conozcas, conozca, conozcamos, conozcáis, conozcan	nacer *to be born*, obedecer, ofrecer, parecer, pertenecer *to belong*, reconocer, conducir, traducir
3 vencer *to win*	*consonant* + -cer or -cir	• Present indicative: venzo, vences, vence, and so on • Present subjunctive: venza, venzas, venza, venzamos, venzáis, venzan	convencer, torcer *to twist*
4 leer *to read*	-eer	• Preterite: leyó, leyeron • Imperfect subjunctive: leyera, leyeras, leyera, leyéramos, leyerais, leyeran • Present participle: leyendo	creer, poseer *to own*
5 llegar *to arrive*	-gar	• Preterite: yo llegué • Present subjunctive: llegue, llegues, llegue, lleguemos, lleguéis, lleguen	colgar *to hang*, navegar, negar *to negate, to deny*, pagar, rogar *to beg*, jugar
6 escoger *to choose*	-ger or -gir	• Present indicative: escojo, escoges, escoge, and so on • Present subjunctive: escoja, escojas, escoja, escojamos, escojáis, escojan	proteger, *to protect*, recoger *to collect, gather*, corregir *to correct*, dirigir *to direct*, elegir *to elect, choose*, exigir *to demand*
7 seguir *to follow*	-guir	• Present indicative: sigo, sigues, sigue, and so on • Present subjunctive: siga, sigas, siga, sigamos, sigáis, sigan	conseguir, distinguir, perseguir
8 huir *to flee*	-uir	• Present indicative: huyo, huyes, huye, huimos, huís, huyen • Preterite: huí, huiste, huyó, huimos, huisteis, huyeron • Present subjunctive: huya, huyas, huya, huyamos, huyáis, huyan • Imperfect subjunctive: huyera, huyeras, huyera, huyéramos, huyerais, huyeran • Present participle: huyendo • Commands: huye (tú), huya (usted), huyamos (nosotros/as), huid (vosotros/as), huyan (ustedes); (negative) no huyas (tú), no huya (usted), no huyamos (nosotros/as), no huyáis (vosotros/as), no huyan (ustedes)	concluir, contribuir, construir, destruir, disminuir, distribuir, excluir, influir, instruir, restituir, substituir
9 abrazar *to embrace*	-zar	• Preterite: yo abracé • Present subjunctive: abrace, abraces, abrace, abracemos, abracéis, abracen	alcanzar *to achieve*, almorzar, comenzar, empezar, gozar *to enjoy*, rezar *to pray*

Compound Tenses

	Indicative						Subjunctive	
	Present perfect	Past perfect		Preterite perfect	Future perfect	Conditional perfect	Present perfect	Past perfect
	he	había		hube	habré	habría	haya	hubiera
	has	habías		hubiste	habrás	habrías	hayas	hubieras
	ha cantado	había cantado		hubo	habrá cantado	habría cantado	haya cantado	hubiera cantado
	hemos corrido	habíamos corrido		hubimos corrido	habremos corrido	habríamos corrido	hayamos corrido	hubiéramos corrido
	habéis subido	habíais subido		hubisteis subido	habréis subido	habríais subido	hayáis subido	hubierais subido
	han	habían		hubieron	habrán	habrían	hayan	hubieran

All verbs, both regular and irregular, follow the same formation pattern with **haber** in all compound tenses. The only thing that changes is the form of the past participle of each verb. (See the chart below for common verbs with irregular past participles.) Remember that in Spanish, no word can come between **haber** and the past participle.

Common Irregular Past Participles

Infinitive	Past participle		Infinitive	Past participle	
abrir	**abierto**	*opened*	morir	**muerto**	*died*
caer	caído	*fallen*	oír	oído	*heard*
creer	creído	*believed*	poner	**puesto**	*put, placed*
cubrir	**cubierto**	*covered*	resolver	**resuelto**	*resolved*
decir	**dicho**	*said, told*	romper	**roto**	*broken, torn*
descubrir	**descubierto**	*discovered*	(son)reír	(son)reído	*(smiled) laughed*
escribir	**escrito**	*written*	traer	traído	*brought*
hacer	**hecho**	*made, done*	ver	**visto**	*seen*
leer	leído	*read*	volver	**vuelto**	*returned*

Reflexive Verbs

Regular and Irregular Reflexive Verbs: Position of the Reflexive Pronouns in the Simple Tenses

Infinitive	Present participle	Reflexive pronouns	Indicative					Subjunctive	
			Present	Imperfect	Preterite	Future	Conditional	Present	Imperfect
lavarse	lavándome	me	lavo	lavaba	lavé	lavaré	lavaría	lave	lavara
to wash oneself	lavándote	te	lavas	lavabas	lavaste	lavarás	lavarías	laves	lavaras
	lavándose	se	lava	lavaba	lavó	lavará	lavaría	lave	lavara
	lavándonos	nos	lavamos	lavábamos	lavamos	lavaremos	lavaríamos	lavemos	laváramos
	lavándoos	os	laváis	lavabais	lavasteis	lavaréis	lavaríais	lavéis	lavarais
	lavándose	se	lavan	lavaban	lavaron	lavarán	lavarían	laven	lavaran

Regular and irregular reflexive verbs: Position of the reflexive pronouns with commands

Person	Affirmative	Negative	Affirmative	Negative	Affirmative	Negative
tú	lávate	no te laves	ponte	no te pongas	vístete	no te vistas
usted	lávese	no se lave	póngase	no se ponga	vístase	no se vista
nosotros/as	lavémonos	no nos lavemos	pongámonos	no nos pongamos	vistámonos	no nos vistamos
vosotros/as	lavaos	no os lavéis	poneos	no os pongáis	vestíos	no os vistáis
ustedes	lávense	no se laven	pónganse	no se pongan	vístanse	no se vistan

Regular and irregular reflexive verbs: Position of the reflexive pronouns in compound tenses*

	Indicative								Subjunctive			
Reflexive Pronoun	Present Perfect		Past Perfect		Preterite Perfect		Future Perfect	Conditional Perfect		Present Perfect		Past Perfect	
me	he		había		hube		habré	habría		haya		hubiera	
te	has	lavado	habías	lavado	hubiste	lavado	habrás	habrías	lavado	hayas	lavado	hubieras	lavado
se	ha	puesto	había	puesto	hubo	puesto	habrá	habría	puesto	haya	puesto	hubiera	puesto
nos	hemos	vestido	habíamos	vestido	hubimos	vestido	habremos	habríamos	vestido	hayamos	vestido	hubiéramos	vestido
os	habéis		habíais		hubisteis		habréis	habríais		hayáis		hubierais	
se	han		habían		hubieron		habrán	habrían		hayan		hubieran	

*The sequence of these three elements—the reflexive pronoun, the auxiliary verb **haber**, and the present perfect form—is invariable and no other words can come in between.

Regular and irregular reflexive verbs: Position of the reflexive pronouns with conjugated verb + infinitive**

	Indicative										Subjunctive		
Reflexive Pronoun	Present		Imperfect		Preterite		Future		Conditional		Present		Imperfect
me	voy a		iba a		fui a		iré a		iría a		vaya a		fuera a
te	vas a	lavar	ibas a	lavar	fuiste a	lavar	irás a	lavar	irías a	lavar	vayas a	lavar	fueras a
se	va a	poner	iba a	poner	fue a	poner	irá a	poner	iría a	poner	vaya a	poner	fuera a
nos	vamos a	vestir	íbamos a	vestir	fuimos a	vestir	iremos a	vestir	iríamos a	vestir	vayamos a	vestir	fuéramos a
os	vais a		ibais a		fuisteis a		iréis a		iríais a		vayáis a		fuerais a
se	van a		iban a		fueron a		irán a		irían a		vayan a		fueran a

The reflexive pronoun can also be placed after the infinitive: voy a lavarme**, voy a poner**me**, voy a vestir**me**, and so on. Use the same structure for the present and the past progressive: **me** estoy lavando / estoy lavándo**me**; **me** estaba lavando / estaba lavándo**me**.

Irregular Verbs

andar, caber, caer

Infinitive	Past participle / Present participle	Indicative					Subjunctive	
		Present	Imperfect	Preterite	Future	Conditional	Present	Imperfect
andar *to walk; to go*	andado andando	ando andas anda andamos andáis andan	andaba andabas andaba andábamos andabais andaban	anduve anduviste anduvo anduvimos anduvisteis anduvieron	andaré andarás andará andaremos andaréis andarán	andaría andarías andaría andaríamos andaríais andarían	ande andes ande andemos andéis anden	anduviera anduvieras anduviera anduviéramos anduvierais anduvieran
caber *to fit; to have enough space*	cabido cabiendo	quepo cabes cabe cabemos cabéis caben	cabía cabías cabía cabíamos cabíais cabían	cupe cupiste cupo cupimos cupisteis cupieron	cabré cabrás cabrá cabremos cabréis cabrán	cabría cabrías cabría cabríamos cabríais cabrían	quepa quepas quepa quepamos quepáis quepan	cupiera cupieras cupiera cupiéramos cupierais cupieran
caer *to fall*	caído cayendo	caigo caes cae caemos caéis caen	caía caías caía caíamos caíais caían	caí caíste cayó caímos caísteis cayeron	caeré caerás caerá caeremos caeréis caerán	caería caerías caería caeríamos caeríais caerían	caiga caigas caiga caigamos caigáis caigan	cayera cayeras cayera cayéramos cayerais cayeran

Commands

Person	andar		caber		caer	
	Affirmative	Negative	Affirmative	Negative	Affirmative	Negative
tú	anda	no andes	cabe	no quepas	cae	no caigas
usted	ande	no ande	quepa	no quepa	caiga	no caiga
nosotros/as	andemos	no andemos	quepamos	no quepamos	caigamos	no caigamos
vosotros/as	andad	no andéis	cabed	no quepáis	caed	no caigáis
ustedes	anden	no anden	quepan	no quepan	caigan	no caigan

dar, decir, estar

Infinitive	Past participle / Present participle	Indicative					Subjunctive	
		Present	Imperfect	Preterite	Future	Conditional	Present	Imperfect
dar *to give*	dado dando	doy das da damos dais dan	daba dabas daba dábamos dabais daban	di diste dio dimos disteis dieron	daré darás dará daremos daréis darán	daría darías daría daríamos daríais darían	dé des dé demos deis den	diera dieras diera diéramos dierais dieran
decir *to say, to tell*	dicho diciendo	digo dices dice decimos decís dicen	decía decías decía decíamos decíais decían	dije dijiste dijo dijimos dijisteis dijeron	diré dirás dirá diremos diréis dirán	diría dirías diría diríamos diríais dirían	diga digas diga digamos digáis digan	dijera dijeras dijera dijéramos dijerais dijeran
estar *to be*	estado estando	estoy estás está estamos estáis están	estaba estabas estaba estábamos estabais estaban	estuve estuviste estuvo estuvimos estuvisteis estuvieron	estaré estarás estará estaremos estaréis estarán	estaría estarías estaría estaríamos estaríais estarían	esté estés esté estemos estéis estén	estuviera estuvieras estuviera estuviéramos estuvierais estuvieran

Commands

Person	dar		decir		estar	
	Affirmative	Negative	Affirmative	Negative	Affirmative	Negative
tú	da	no des	di	no digas	está	no estés
usted	dé	no dé	diga	no diga	esté	no esté
nosotros/as	demos	no demos	digamos	no digamos	estemos	no estemos
vosotros/as	dad	no deis	decid	no digáis	estad	no estéis
ustedes	den	no den	digan	no digan	estén	no estén

haber*, hacer, ir

Infinitive	Past participle / Present participle	Indicative					Subjunctive	
		Present	Imperfect	Preterite	Future	Conditional	Present	Imperfect
haber* *to have*	habido habiendo	he has ha hemos habéis han	había habías había habíamos habíais habían	hube hubiste hubo hubimos hubisteis hubieron	habré habrás habrá habremos habréis habrán	habría habrías habría habríamos habríais habrían	haya hayas haya hayamos hayáis hayan	hubiera hubieras hubiera hubiéramos hubierais hubieran
hacer *to do*	hecho haciendo	hago haces hace hacemos hacéis hacen	hacía hacías hacía hacíamos hacíais hacían	hice hiciste hizo hicimos hicisteis hicieron	haré harás hará haremos haréis harán	haría harías haría haríamos haríais harían	haga hagas haga hagamos hagáis hagan	hiciera hicieras hiciera hiciéramos hicierais hicieran
ir *to go*	ido yendo	voy vas va vamos vais van	iba ibas iba íbamos ibais iban	fui fuiste fue fuimos fuisteis fueron	iré irás irá iremos iréis irán	iría irías iría iríamos iríais irían	vaya vayas vaya vayamos vayáis vayan	fuera fueras fuera fuéramos fuerais fueran

*Haber also has an impersonal form, hay. This form is used to express "There is, There are." The imperative of haber is not used.

Commands

Person	hacer Affirmative	hacer Negative	ir Affirmative	ir Negative
tú	haz	no hagas	ve	no vayas
usted	haga	no haga	vaya	no vaya
nosotros/as	hagamos	no hagamos	vamos	no vayamos
vosotros/as	haced	no hagáis	id	no vayáis
ustedes	hagan	no hagan	vayan	no vayan

jugar, oír, oler

Infinitive	Past participle / Present participle	Indicative					Subjunctive	
		Present	Imperfect	Preterite	Future	Conditional	Present	Imperfect
jugar *to play*	jugado jugando	juego juegas juega jugamos jugáis juegan	jugaba jugabas jugaba jugábamos jugabais jugaban	jugué jugaste jugó jugamos jugasteis jugaron	jugaré jugarás jugará jugaremos jugaréis jugarán	jugaría jugarías jugaría jugaríamos jugaríais jugarían	juegue juegues juegue juguemos juguéis jueguen	jugara jugaras jugara jugáramos jugarais jugaran
oír *to hear, to listen*	oído oyendo	oigo oyes oye oímos oís oyen	oía oías oía oíamos oíais oían	oí oíste oyó oímos oísteis oyeron	oiré oirás oirá oiremos oiréis oirán	oiría oirías oiría oiríamos oiríais oirían	oiga oigas oiga oigamos oigáis oigan	oyera oyeras oyera oyéramos oyerais oyeran
oler *to smell*	olido oliendo	huelo hueles huele olemos oléis huelen	olía olías olía olíamos olíais olían	olí oliste olió olimos olisteis olieron	oleré olerás olerá oleremos oleréis olerán	olería olerías olería oleríamos oleríais olerían	huela huelas huela olamos oláis huelan	oliera olieras oliera oliéramos olierais olieran

Commands

Person	jugar		oír		oler	
	Affirmative	Negative	Affirmative	Negative	Affirmative	Negative
tú	juega	no juegues	oye	no oigas	huele	no huelas
usted	juegue	no juegue	oiga	no oiga	huela	no huela
nosotros/as	juguemos	no juguemos	oigamos	no oigamos	olamos	no olamos
vosotros/as	jugad	no juguéis	oíd	no oigáis	oled	no oláis
ustedes	jueguen	no jueguen	oigan	no oigan	huelan	no huelan

poder, poner, querer

Infinitive	Past participle / Present participle	Indicative					Subjunctive	
		Present	Imperfect	Preterite	Future	Conditional	Present	Imperfect
poder *to be able to, can*	podido pudiendo	puedo puedes puede podemos podéis pueden	podía podías podía podíamos podíais podían	pude pudiste pudo pudimos pudisteis pudieron	podré podrás podrá podremos podréis podrán	podría podrías podría podríamos podríais podrían	pueda puedas pueda podamos podáis puedan	pudiera pudieras pudiera pudiéramos pudierais pudieran
poner* *to put*	puesto poniendo	pongo pones pone ponemos ponéis ponen	ponía ponías ponía poníamos poníais ponían	puse pusiste puso pusimos pusisteis pusieron	pondré pondrás pondrá pondremos pondréis pondrán	pondría pondrías pondría pondríamos pondríais pondrían	ponga pongas ponga pongamos pongáis pongan	pusiera pusieras pusiera pusiéramos pusierais pusieran
querer *to want, to wish, to love*	querido queriendo	quiero quieres quiere queremos queréis quieren	quería querías quería queríamos queríais querían	quise quisiste quiso quisimos quisisteis quisieron	querré querrás querrá querremos querréis querrán	querría querrías querría querríamos querríais querrían	quiera quieras quiera queramos queráis quieran	quisiera quisieras quisiera quisiéramos quisierais quisieran

*Similar verbs to poner: imponer, suponer.

Commands**

Person	poner		querer	
	Affirmative	Negative	Affirmative	Negative
tú	pon	no pongas	quiere	no quieras
usted	ponga	no ponga	quiera	no quiera
nosotros/as	pongamos	no pongamos	queramos	no queramos
vosotros/as	poned	no pongáis	quered	no queráis
ustedes	pongan	no pongan	quieran	no quieran

Note: The imperative of **poder is used very infrequently and is not included here.

saber, salir, ser

Infinitive	Past participle / Present participle	Indicative					Subjunctive	
		Present	Imperfect	Preterite	Future	Conditional	Present	Imperfect
saber *to know*	sabido / sabiendo	sé	sabía	supe	sabré	sabría	sepa	supiera
		sabes	sabías	supiste	sabrás	sabrías	sepas	supieras
		sabe	sabía	supo	sabrá	sabría	sepa	supiera
		sabemos	sabíamos	supimos	sabremos	sabríamos	sepamos	supiéramos
		sabéis	sabíais	supisteis	sabréis	sabríais	sepáis	supierais
		saben	sabían	supieron	sabrán	sabrían	sepan	supieran
salir *to go out, to leave*	salido / saliendo	salgo	salía	salí	saldré	saldría	salga	saliera
		sales	salías	saliste	saldrás	saldrías	salgas	salieras
		sale	salía	salió	saldrá	saldría	salga	saliera
		salimos	salíamos	salimos	saldremos	saldríamos	salgamos	saliéramos
		salís	salíais	salisteis	saldréis	saldríais	salgáis	salierais
		salen	salían	salieron	saldrán	saldrían	salgan	salieran
ser *to be*	sido / siendo	soy	era	fui	seré	sería	sea	fuera
		eres	eras	fuiste	serás	serías	seas	fueras
		es	era	fue	será	sería	sea	fuera
		somos	éramos	fuimos	seremos	seríamos	seamos	fuéramos
		sois	erais	fuisteis	seréis	seríais	seáis	fuerais
		son	eran	fueron	serán	serían	sean	fueran

Commands

Person	saber Affirmative	saber Negative	salir Affirmative	salir Negative	ser Affirmative	ser Negative
tú	sabe	no sepas	sal	no salgas	sé	no seas
usted	sepa	no sepa	salga	no salga	sea	no sea
nosotros/as	sepamos	no sepamos	salgamos	no salgamos	seamos	no seamos
vosotros/as	sabed	no sepáis	salid	no salgáis	sed	no seáis
ustedes	sepan	no sepan	salgan	no salgan	sean	no sean

sonreír, tener*, traer

Infinitive	Past participle / Present participle	Indicative					Subjunctive	
		Present	Imperfect	Preterite	Future	Conditional	Present	Imperfect
sonreír *to smile*	sonreído / sonriendo	sonrío	sonreía	sonreí	sonreiré	sonreiría	sonría	sonriera
		sonríes	sonreías	sonreíste	sonreirás	sonreirías	sonrías	sonrieras
		sonríe	sonreía	sonrió	sonreirá	sonreiría	sonría	sonriera
		sonreímos	sonreíamos	sonreímos	sonreiremos	sonreiríamos	sonriamos	sonriéramos
		sonreís	sonreíais	sonreísteis	sonreiréis	sonreiríais	sonriáis	sonrierais
		sonríen	sonreían	sonrieron	sonreirán	sonreirían	sonrían	sonrieran
tener* *to have*	tenido / teniendo	tengo	tenía	tuve	tendré	tendría	tenga	tuviera
		tienes	tenías	tuviste	tendrás	tendrías	tengas	tuvieras
		tiene	tenía	tuvo	tendrá	tendría	tenga	tuviera
		tenemos	teníamos	tuvimos	tendremos	tendríamos	tengamos	tuviéramos
		tenéis	teníais	tuvisteis	tendréis	tendríais	tengáis	tuvierais
		tienen	tenían	tuvieron	tendrán	tendrían	tengan	tuvieran
traer *to bring*	traído / trayendo	traigo	traía	traje	traeré	traería	traiga	trajera
		traes	traías	trajiste	traerás	traerías	traigas	trajeras
		trae	traía	trajo	traerá	traería	traiga	trajera
		traemos	traíamos	trajimos	traeremos	traeríamos	traigamos	trajéramos
		traéis	traíais	trajisteis	traeréis	traeríais	traigáis	trajerais
		traen	traían	trajeron	traerán	traerían	traigan	trajeran

*Many verbs ending in -tener are conjugated like tener: contener, detener, entretener(se), mantener, obtener, retener.

Commands

Person	sonreír Affirmative	sonreír Negative	tener Affirmative	tener Negative	traer Affirmative	traer Negative
tú	sonríe	no sonrías	ten	no tengas	trae	no traigas
usted	sonría	no sonría	tenga	no tenga	traiga	no traiga
nosotros/as	sonriamos	no sonriamos	tengamos	no tengamos	traigamos	no traigamos
vosotros/as	sonreíd	no sonriáis	tened	no tengáis	traed	no traigáis
ustedes	sonrían	no sonrían	tengan	no tengan	traigan	no traigan

valer, venir*, ver

Infinitive	Past participle / Present participle	Indicative					Subjunctive	
		Present	Imperfect	Preterite	Future	Conditional	Present	Imperfect
valer to be worth	valido / valiendo	valgo	valía	valí	valdré	valdría	valga	valiera
		vales	valías	valiste	valdrás	valdrías	valgas	valieras
		vale	valía	valió	valdrá	valdría	valga	valiera
		valemos	valíamos	valimos	valdremos	valdríamos	valgamos	valiéramos
		valéis	valíais	valisteis	valdréis	valdríais	valgáis	valierais
		valen	valían	valieron	valdrán	valdrían	valgan	valieran
venir* to come	venido / viniendo	vengo	venía	vine	vendré	vendría	venga	viniera
		vienes	venías	viniste	vendrás	vendrías	vengas	vinieras
		viene	venía	vino	vendrá	vendría	venga	viniera
		venimos	veníamos	vinimos	vendremos	vendríamos	vengamos	viniéramos
		venís	veníais	vinisteis	vendréis	vendríais	vengáis	vinierais
		vienen	venían	vinieron	vendrán	vendrían	vengan	vinieran
ver to see	visto / viendo	veo	veía	vi	veré	vería	vea	viera
		ves	veías	viste	verás	verías	veas	vieras
		ve	veía	vio	verá	vería	vea	viera
		vemos	veíamos	vimos	veremos	veríamos	veamos	viéramos
		veis	veíais	visteis	veréis	veríais	veáis	vierais
		ven	veían	vieron	verán	verían	vean	vieran

*Similar verb to venir: prevenir

Commands

Person	valer		venir		ver	
	Affirmative	Negative	Affirmative	Negative	Affirmative	Negative
tú	vale	no valgas	ven	no vengas	ve	no veas
usted	valga	no valga	venga	no venga	vea	no vea
nosotros/as	valgamos	no valgamos	vengamos	no vengamos	veamos	no veamos
vosotros/as	valed	no valgáis	venid	no vengáis	ved	no veáis
ustedes	valgan	no valgan	vengan	no vengan	vean	no vean

AMÉRICA
DEL SUR

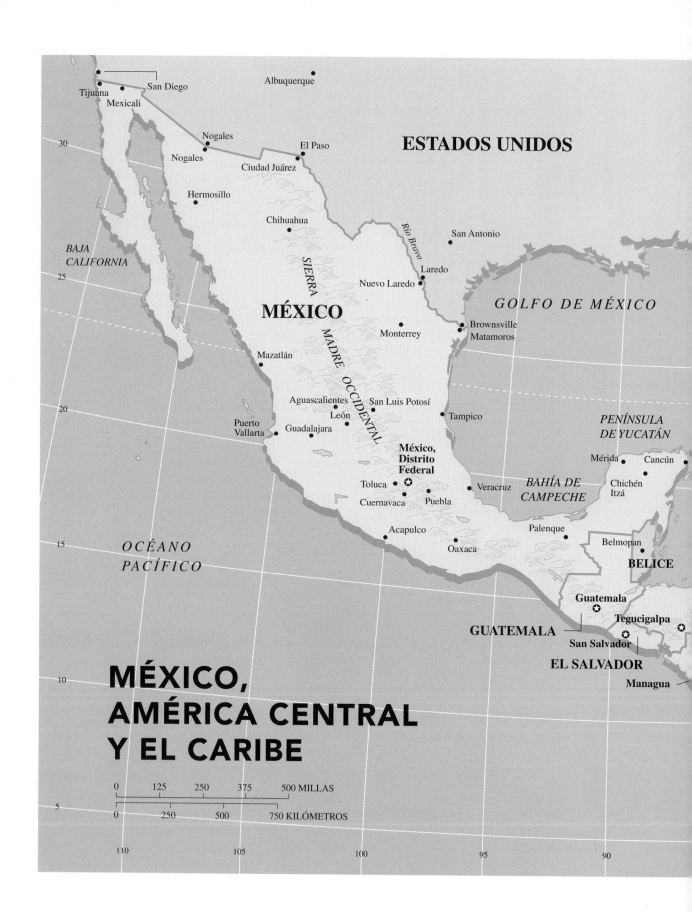

ESTADOS UNIDOS

Albuquerque

Tijuana
San Diego
Mexicali

Nogales
El Paso
Nogales
Ciudad Juárez

Hermosillo

Chihuahua

San Antonio

BAJA
CALIFORNIA

Río Bravo

Laredo
Nuevo Laredo

GOLFO DE MÉXICO

SIERRA

MÉXICO

MADRE

Monterrey

Brownsville
Matamoros

Mazatlán

OCCIDENTAL

PENÍNSULA
DE YUCATÁN

Aguascalientes
San Luis Potosí
León

Tampico

Mérida
Cancún

Puerto
Vallarta
Guadalajara

México,
Distrito
Federal

BAHÍA DE
CAMPECHE

Chichén
Itzá

Toluca
Cuernavaca
Puebla

Veracruz

Acapulco
Oaxaca

Palenque

Belmopan

OCÉANO
PACÍFICO

BELICE

Guatemala

Tegucigalpa

GUATEMALA

San Salvador

EL SALVADOR

Managua

MÉXICO,
AMÉRICA CENTRAL
Y EL CARIBE

0   125   250   375   500 MILLAS

0   250   500   750 KILÓMETROS

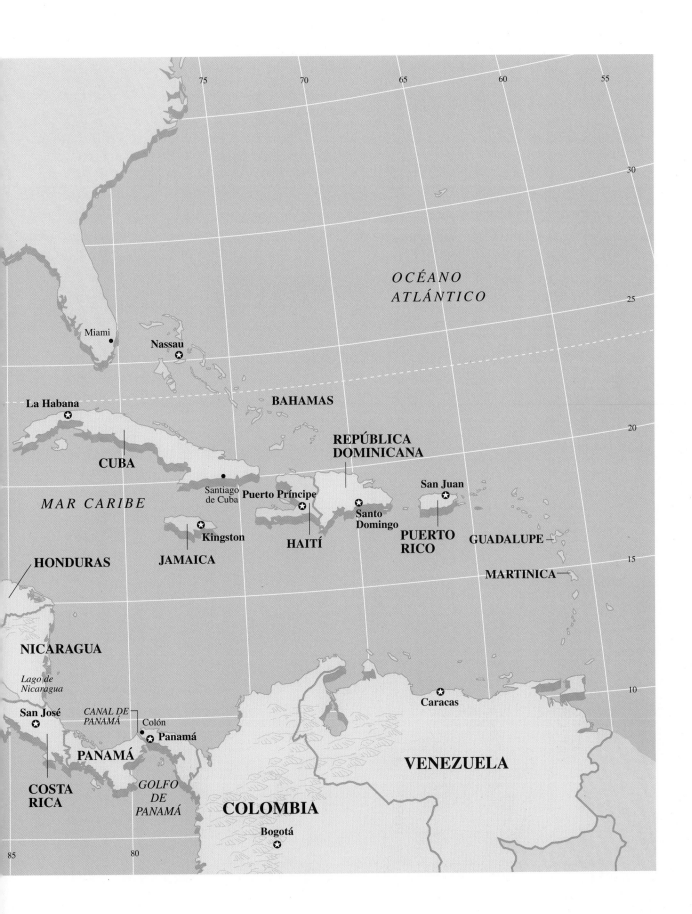

OCÉANO
ATLÁNTICO

Miami

Nassau

BAHAMAS

La Habana

CUBA

REPÚBLICA
DOMINICANA

San Juan

MAR CARIBE

Santiago
de Cuba

Puerto Príncipe

Santo
Domingo

PUERTO
RICO

GUADALUPE

HONDURAS

Kingston

HAITÍ

JAMAICA

MARTINICA

NICARAGUA

Lago de
Nicaragua

Caracas

San José

CANAL DE
PANAMÁ

Colón

Panamá

PANAMÁ

COSTA
RICA

GOLFO
DE
PANAMÁ

VENEZUELA

COLOMBIA

Bogotá

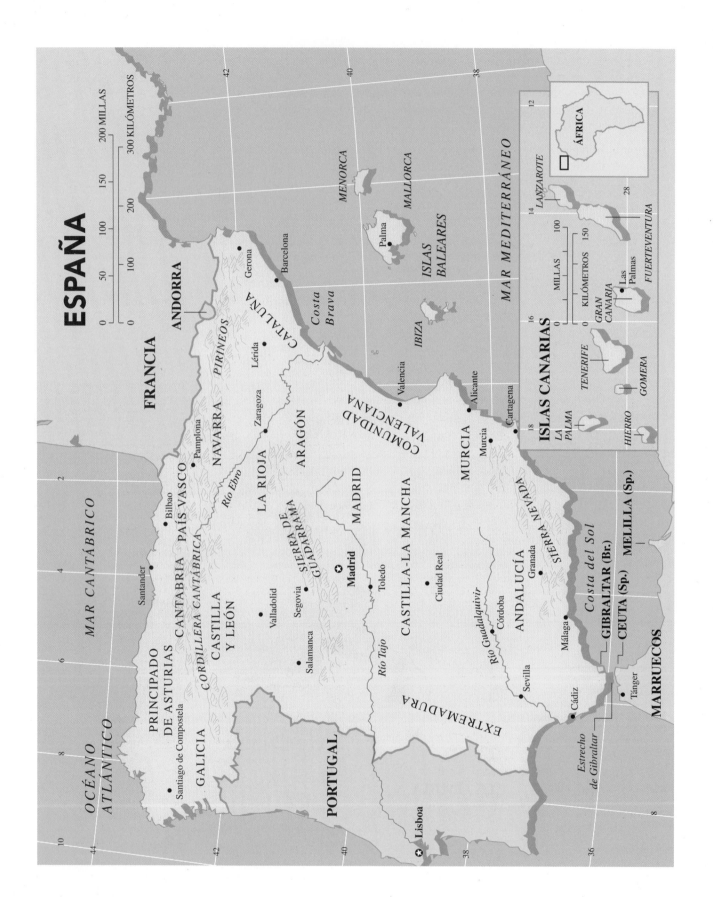

ESPAÑA

The vocabulary includes the active vocabulary presented in the chapters and many receptive words. Exceptions are verb conjugations, regular past participles, adverbs ending in **-mente**, superlatives, diminutives, and proper names of individuals and most countries. Active words are followed by a number that indicates the chapter in which the word appears as an active item. **P** refers to the opening pages that precede Chapter 1.

The gender of nouns is indicated except for masculine nouns ending in **-o** and feminine nouns ending in **-a**. Stem changes and spelling changes are shown for verbs, e.g., **dormir (ue, u); buscar (qu)**.

The following abbreviations are used. Note that the *adj.*, *adv.*, and *pron.* designations are used only to distinguish similar or identical words that are different parts of speech.

adj.	adjective	*fam.*	familiar	*irreg.*	irregular verb	*p.p.*	past participle
adv.	adverb	*form.*	formal	*m.*	masculine	*pron.*	pronoun
f.	feminine	*inf.*	infinitive	*pl.*	plural	*s.*	singular

A

a to; **~ cambio de** in exchange for; **~ menos que** unless, 12; **~ nivel mundial** worldwide; **~ pesar de** in spite of; **~ pie** on foot, walking, 6; **~ través de** across, throughout
abierto (*p.p. of* **abrir**) open, 13
abogado(a) lawyer, 5
abordar to board, 14
abrelatas eléctrico (*m. s.*) electric can opener, 10
abrigo coat, 8
abril April, 1
abrir to open, 3; **Abran el libro.** Open your books. P
abuelo(a) grandfather (grandmother), 5
abundancia abundance
aburrido(a) boring, 2; bored, 4
aburrimiento boredom
acabar de (+ *inf.*) to have just (*done something*), 2
académico(a) academic
acceder to access, 4
accesorio accessory, 8
acción (*f.*) action, 5
aceite (*m.*) **de oliva** olive oil, 9
acero steel
aconsejar to advise, 10
acostarse (ue) to go to bed, 5
acrecentar (ie) to strengthen; to increase
actitud attitude
actividad (*f.*) activity, P; **~ deportiva** sports activity, 7
activo(a) active, 2
actor (*m.*) actor, 5
actriz (*f.*) actress, 5
actualidad (*f.*): **en la ~** at the present time
acudir to go; to attend
adelantar to get ahead; to promote
adelante ahead
además besides

adinerado(a) rich, wealthy
adiós goodbye, 1
adivinar to guess; **Adivina.** Guess. P
administración (*f.*) **de empresas** business administration, 3
¿adónde? (*to*) where?
adquisición (*f.*) acquisition
aduana customs, 14
aeropuerto airport, 6
afán (*m.*) desire
afeitarse to shave oneself, 5
afueras (*f. pl.*) outskirts, 10
agencia de viajes travel agency, 14
agosto August, 1
agregar (gu) to add, 9
agrícola agricultural
agua (*f.*) (*but:* **el agua**) water; **~ dulce** fresh water; **~ mineral** mineral water, 9
aguacate avocado, 9
aire (*m.*) **acondicionado** air conditioning, 14
aislamiento isolation
ajedrez (*m.*) chess
ajo garlic, 9
al (a + el) to the, 3
albergar (gu) to shelter
albóndiga meatball
alcalde (alcaldesa) mayor
alcanzar (c) to achieve
alegrarse de to be happy about, 11
alemán (*m.*) German language, 3
alemán (alemana) German, 2
alergia allergy, 12
alfabeto alphabet
alfombra rug, carpet, 10
algo something, 6
algodón (*m.*) cotton, 8
alguien someone, 6
algún, alguno(a)(s) some, any, 6
alistar to recruit; to enroll
allá over there, 6
allí there, 6

alma (*f.*) (*but:* **el alma**) soul
almacén (*m.*) store, 6
almeja clam, 9
almohada pillow
almuerzo lunch, 9
¿Aló? Hello (*on the phone*), 1
alpinismo: practicar / hacer ~ to hike, to (mountain) climb, 7
alquilar videos / películas to rent videos / movies, 2
alquiler (*m.*) rent
alrededor de around
altamente highly
altitud (*f.*) altitude, height
altivo(a) arrogant
alto(a) tall, 2; **alta definición** high definition, 11
altoparlante (*m.*) speaker, 4
altura height
amanecer (zc) to dawn
amante (*m., f.*) lover
amar to love
amarillo(a) yellow, 4
ambiente (*m.*) atmosphere; **medio ~** (*m.*) environment
ambigüedad (*f.*) ambiguity
ambos(as) both
amenaza threat
amigo(a) friend, P
amor (*m.*) love
análisis (*m.*) **de sangre / orina** blood / urine test, 12
anaranjado(a) orange (*in color*), 4
andar (*irreg.*) to walk, 8
anexo attachment
anfitrión (*m.*) host
anfitriona (*f.*) host
anhelo wish, desire
anillo ring, 8
ánimo mind, spirit
anoche last night, 7
anónimo(a) anonymous
Antártida Antarctica
anteayer the day before yesterday, 7
antecesor(a) ancestor
anteojos (*m. pl.*) eyeglasses

antepasado(a) ancestor
anteponer to give preference
antes before, 5; **~ (de) que** before, 12
antibiótico antibiotic, 12
anticuado(a) antiquated, old-fashioned
antipático(a) unpleasant, 2
antro bar or club; the "in" place
anuncio personal personal ad
añadir to add, 9
año year, 3; **~ pasado** last year, 7; **tener** (*irreg.*)**... año(s)** to be ... years old, 1
apacible mild, gentle
apagar (gu) to turn off, 2
aparatos electrónicos electronics, 4
aparecer (zc) to appear
apariencia física physical appearance
apartado(a) separate
apartamento apartment, 6
apenas scarcely
apetecer (zc) to long for
aplicación (*f.*) application, 4
apodo nickname
apoyar to support
apreciar to appreciate
aprender to learn, 3
aprendizaje (*m.*) learning
apropiado(a) appropriate
aprovechar to take advantage of
apto(a) apt, fit; **~ para toda la familia** rated G (for general audiences), 11
apuntes (*m.*) notes, P
aquel / aquella(s) (*adj.*) those (over there), 6
aquel / aquella(s) (*pron.*) those (over there), 6
aquí here, 6
árbol (*m.*) tree; **~ genealógico** family tree
archivar to file, 4
archivo file, 4; **~ PDF** PDF file, 4
arder to burn

arena sand, 14
arete (*m.*) earring, 8
argentino(a) Argentinian, 2
arquitecto(a) architect, 5
arquitectura architecture, 3
arreglar el dormitorio to straighten up the bedroom, 10
arroz (*m.*) **con pollo** chicken with rice, 9
arrugado(a) wrinkled
arte (*m.*) art, 3; **~ y cultura** the arts, 11
artesanía handicrafts
artículo article, 1
artista (*m., f.*) artist, 5
asado(a) grilled
ascenso (job) promotion, 13
ascensor (*m.*) elevator, 14
asco disgusting
asegurarse to make sure
asiento seat, 14; **~ de pasillo** aisle seat, 14; **~ de ventanilla** window seat, 14
asistente (*m., f.*) assistant, 5; **~ de vuelo** flight attendant, 14; **~** (*m.*) **electrónico** electronic notebook, 4
asistir a to attend, 3
aspiradora vacuum cleaner, 10
aspirina aspirin, 12
ataque (*m.*) attack
atardecer (*m.*) late afternoon
atún (*m.*) tuna, 9
audiencia audience
audífonos (*m. pl.*) earphones, 4
audio audio, P
auditorio auditorium, 6
aumentar to increase
aumento de sueldo salary increase, 13
aun even
aún yet (*in negative contexts*); still
aunque although, even though, 12
australiano(a) Australian, 2
autobús: en ~ by bus, 6
automóvil: en ~ by car, 6
avenida avenue, 1
avergonzado(a) embarrassed
avergonzar (ue) (c) to embarrass
averiguar (gü) to find out; to look into, to investigate, 13
avión (*m.*) airplane, 14; **en / por ~** by airplane, 6
aviso warning
ayer yesterday, 3
ayuda help
ayudar to help, 8
azúcar (*m., f.*) sugar, 9; **caña de ~** sugar cane
azul blue, 4

B

bacalao codfish, 9
bailar to dance, 2
baile (*m.*) dance, 3
bajar to get down from, to get off of (*a bus, etc.*), 6; to download, 4
bajo(a) short (*in height*), 2; **bajo demanda** on demand, 11
balay large basket
baldosa paving stone

balneario seaside, beach resort, spa
banco (commercial) bank, 6
banda: ~ ancha high-speed, 11
bañador(a) bather
bañar to bathe, to wash; to give someone a bath, 5; **bañarse** to take a bath, 5
baño bathroom, 10
barato: Es muy ~. It's very inexpensive. 8
barco boat
barrer el suelo / el piso to sweep the floor, 10
barrio neighborhood, 1; **~ residencial** residential neighborhood, suburbs, 10; **~ comercial** business district, 10
básquetbol (*m.*) basketball, 7
basta it is enough
bastante somewhat, rather, 4
Bastante bien. Quite well. 1
basura garbage, 10; **sacar la ~** to take out the garbage, 10
basurero wastebasket
batir to beat; to break a record
beber to drink, 3
bebida beverage, 9
béisbol (*m.*) baseball, 7
belleza beauty
bello(a) beautiful
beneficio benefit, 13
berro watercress
besar to kiss
bicicleta: en ~ on bicycle, 6; **montar en ~** to ride a bike, 7
bien well, 4; **~, gracias.** Fine, thank you. 1; **(no) muy ~** (not) very well, 1
bienestar (*m.*) well-being
bienvenido(a) welcome
bilingüe bilingual
billete (*m.*) ticket, 14; **~ de ida** one-way ticket, 14; **~ de ida y vuelta** round-trip ticket, 14
biología biology, 3
bistec (*m.*) steak, 6
blanco(a) white, 4
blog blog, 4
blusa blouse, 8
boca mouth, 12
bocadillo sandwich, 9
boda wedding
bodegón (*m.*) tavern
boleto ticket, 11; **~ de ida** one-way ticket, 14; **~ de ida y vuelta** round-trip ticket, 14
bolígrafo ballpoint pen, P
boliviano(a) Bolivian, 2
bolsa purse, 8; **~ de valores** stock market, 13
bombero(a) firefighter, 5
bondadoso(a) kind; good
bonito(a) pretty
bordado(a) embroidered, 8
borrador (*m.*) rough draft
bosque (*m.*) forest, 14; **~ tropical / pluvial** rain forest
bosquejo outline
bota boot, 8
botar to throw out
bote (*m.*) boat

botones (*m. s.*) bellhop, 14
boxeo boxing, 7
brazalete (*m.*) bracelet, 8
brazo arm, 12
breve brief
brócoli (*m.*) broccoli, 9
broma joke
bueno(a) good, 2; **Buenas noches.** Good night. / Good evening. 1; **Buenas tardes.** Good afternoon. 1; **Buenos días.** Good morning. 1; **es bueno** it's good, 11
bufanda scarf, 8
burlarse (de) to make fun (of)
buscador (*m.*) search engine, 4
buscar (qu) to look for, 2
buzón (*m.*) **electrónico** electronic mailbox, 4

C

caballo: montar a ~ to ride horseback, 7
cabeza head, 12; **dolor** (*m.*) **de ~** headache, 12
cable (*m.*) cable, 4; cable television, 11
cabo end
cacao chocolate
cachemira cashmere
cadena chain, 8
caer (*irreg.*) to fall
café (*m.*) coffee, 9; (*adj.*) brown, 4
cafetería cafeteria, 3
caimán (*m.*) alligator (*cayman*)
cajero automático automated bank teller, ATM, 6
cajón (*m.*) large box; drawer
calcetín (*m.*) sock, 8
calculadora calculator, P
cálculo calculus, 3
caldo de pollo chicken soup, 9
calentar (ie) to heat, 9
calidad (*f.*) quality; **de buena (alta) ~** of good (high) quality, 8
calificación (*f.*) evaluation
calificar: ~ con cuatro estrellas to give a four-star rating, 11
calle (*f.*) street, 1
calor: Hace ~. It's hot. 7; **tener** (*irreg.*) **~** to be hot, 7
caluroso(a) warm
cama bed, 10; **guardar ~** to stay in bed, 12; **hacer / tender la ~** to make the bed, 10
cámara: ~ digital digital camera, 4; **~ web** webcam, 4
camarero(a) waiter (waitress), 5
camarón (*m.*) shrimp, 9
cambiar: ~ dinero to exchange money, 14; **~ el canal** to change the channel, 11
cambio change; exchange rate; **a ~ de** in exchange for
caminar to walk, 2
camisa shirt, 8
camiseta t-shirt, 8
campaña campaign, 13
campestre rural

campo: ~ de estudio field of study, 3; **~ de fútbol** soccer field, 6
caña de azúcar sugar cane
canadiense (*m., f.*) Canadian, 2
canasta basket
cancha soccer field, 6; **~ de tenis** tennis court, 6
candidato(a) candidate, 13
canela cinnamon
cañón (*m.*) canyon, 14
cansado(a) tired, 4
cantante (*m., f.*) singer
cantar to sing, 2
capítulo chapter, P
característica trait; **~ de la personalidad** personality trait, 2; **~ física** physical trait, 2
cargar to upload, 4
Caribe (*m., f.*) Caribbean (sea)
cariño love, fondness, affection
cariñosamente lovingly
carne (*f.*) meat, 9
carnicería butcher shop, 6
caro(a): Es (demasiado) ~. It's (too) expensive. 8
carpintero(a) carpenter, 5
carrera career, 5
carreta wooden cart
carro: en ~ by car, 6
carta: a la ~ à la carte, 9
cartera wallet, 8
cartón (*m.*) cardboard
casa house, 6
casarse to get married, 5
casco helmet
casero(a) homemade
caso: en ~ de que in case, 12; **hacer ~** to pay attention; to obey
castaño brown, 2
catarata waterfall
catarro cold (*e.g., head cold*), 12
catorce fourteen, P
cebolla onion, 9
celebración (*f.*) celebration
celos: tener (*irreg.*) **~** to be jealous
celosamente jealously
celoso(a) jealous
cena dinner
cenar to eat dinner, 2
censo census
censurar to censure
centavo cent
centro center; **~ comercial** mall, 6; **~ de computación** computer center, 3; **~ de comunicaciones** media center, 3; **~ de la ciudad** downtown, 10; **~ estudiantil** student center, 6
Centroamérica Central America
cepillarse el pelo to brush one's hair, 5
cepillo brush, 5; **~ de dientes** toothbrush, 5
cerca de close to, 6
cereal (*m.*) cereal, 9
cero zero, P
cerrar (ie) to close, 4; **Cierren el libro.** Close your books. P
cerveza beer, 9
chaleco vest, 8

champú (*m.*) shampoo, 5

chaparrón (*m.*) cloudburst, downpour

chaqueta jacket (*outdoor, non-suit coat*), 8

chatear to chat online, 4

Chau. Bye. / Goodbye. 1

cheque (*m.*) check; **pagar con ~ / con ~ de viajero** to pay by check / with a traveler's check, 8

chequeo médico physical, checkup, 12

chévere terrific, great, cool (*Cuba, Puerto Rico*)

chico(a) boy (girl), P

chileno(a) Chilean, 2

chimenea fireplace, 10

chino Chinese language, 3

chino(a) Chinese, 2

chisme (*m.*) gossip

chismoso(a) gossiping

chocolate (*m.*) chocolate, 11

chompa sweater

chuleta de puerco pork chop, 6

ciberespacio cyberspace, 4

ciclismo cycling, 7

ciego(a) blind; **cita a ciegas** blind date

cielo sky, 14

cien one hundred, P; **~ mil** one hundred thousand, 8

ciencias (*f. pl.*) science, 3; **~ políticas** political science, 3

científico(a) scientific

ciento uno one hundred and one, 8

cierto(a) certain; **no es cierto** it's not certain, 11

cinco five, P; **~ mil** five thousand, 8

cincuenta fifty, P

cine (*m.*) cinema, 6; movies, 11

cinturón (*m.*) belt, 8

cita appointment, 12; quotation; **~ a ciegas** blind date

ciudad (*f.*) city, 6

ciudadano(a) citizen, 13

claridad (*f.*) clarity

clase (*f.*) class, P; **~ baja** lower class; **~ de película** movie genre, 11

clasificar (qu): **~ con cuatro estrellas** to give a four-star rating, 11

clic: hacer ~ / doble ~ to click / double click, 4

cliente (*m., f.*) customer, 8

clínica clinic, 12

clóset (*m.*) closet, 10

cobre (*m.*) copper

cocer (-z) (ue) to cook, 9

coche: en ~ by car, 6

cocina kitchen, 10

cocinar to cook, 2

cocinero(a) cook, chef, 5

código code

codo elbow, 12

colectivo bus

cólera anger

collar (*m.*) necklace, 8

colombiano(a) Colombian, 2

colonia neighborhood, 1

color (*m.*) color, 4; **de un solo ~** solid (colored), one single color 8

coma comma

comedia (romántica) (romantic) comedy, 11

comedor (*m.*) dining room, 10

comenzar (ie) (c) to begin, 4

comer to eat, 3; **~ alimentos nutritivos** to eat healthy foods, 12; **darle de ~ al perro / gato** to feed the dog / cat, 10

cómico(a) funny, 2

comida food, 6

comino cumin, 9

¿cómo? how? 3; **¿~ desea pagar?** How do you wish to pay? 8; **¿~ es?** What's he / she / it like? 2; **¿~ está (usted)?** (*s. form.*) How are you? 1; **¿~ están (ustedes)?** (*pl.*) How are you? 1; **¿~ estás (tú)?** (*s. fam.*) How are you? 1; **¿~ te / le / les va?** How's it going with you? 1; **~ no.** Of course. 6; **¿~ se dice…?** How do you say . . . ? P; **¿~ se llama?** (*s. form.*) What's your name? 1; **¿~ te llamas?** (*s. fam.*) What's your name? 1

cómoda dresser, 10

compañero(a) de cuarto roommate, P

compañía multinacional multinational corporation, 13

comparación (*f.*) comparison, 8

compartir to share, 3

competencia competition, 7

competir (i, i) to compete

complicidad (*f.*) complicity

comportamiento behavior

comprar to buy, 2

compras: hacer las ~ to go shopping, 6

comprender to understand, 3

comprensión (*f.*) understanding

comprometerse to get engaged, 5

computación (*f.*) computer science, 3

computadora computer, P; **~ portátil** laptop computer, P

común common

comunicación (*f.*) **pública** public communications, 3

con with; **~ destino a** with destination to, 14; **~ tal (de) que** so that, provided that, 12

concha shell

concordancia agreement

concurso contest

conducir (zc) to drive; to conduct, 9

conectar to connect, 4

conexión (*f.*) connection, 4; **~ a Internet** Internet connection, 14; **hacer una ~** to go online, 4

confección (*f.*) confection

conferencia lecture

conferencista (*m., f.*) speaker

congelado(a) frozen, 9

congelador freezer, 10

congestionado(a): estar ~ to be congested, 12

conjunto group; **en ~** as a group

conmigo with me, 8

conocer (zc) to meet; to know a person; to be familiar with, 5

conocimientos: tener (*irreg.*) **algunos ~ de** to have some knowledge of, 13

conseguir (i, i) to get, to obtain, 8

consejo advice, 12

conserje (*m., f.*) concierge, 14

consultorio del médico doctor's office, 12

contabilidad (*f.*) accounting, 3

contado: al ~ in cash, 8

contador(a) accountant, 5

contaminación (*f.*) **(del aire)** (air) pollution, 13

contar (ue) to tell, to relate, 4; to count; **~ con** to be certain of

contenido content

contento(a) happy, 4; **estar ~ de** to be pleased about, 11

contestar to answer; **Contesten.** Answer. P

contigo with you (*fam.*), 8

contracción (*f.*) contraction, 5

contrario: al ~ on the contrary

contraseña password, 4

contratar to hire, 13

contrato contract, 13; **~ prenupcial** prenuptial agreement

control (*m.*) **remoto** remote control, 11

conversación (*f.*) conversation

convertir (ie, i) to change

copa wine glass, goblet, 9

coraje (*m.*) courage

corazón (*m.*) heart, 12

cordillera mountain range

coreano(a) Korean, 2

corregir (i, i) (j) to correct

correo electrónico e-mail, 4

correr to run, 3

cortar to cut, 12; **~ el césped** to mow the lawn, 10; **~ la conexión** to go offline, 4; **cortarse** to cut oneself, 12

cortesía courtesy, 4

cortina curtain, 10

corto(a) short (*in length*)

costarricense (*m., f.*) Costa Rican, 2

costo cost, 13

cotidiano(a) daily

crear to create

creativo(a) creative

crecimiento growth

creer (en) to believe (in); to think, 3; **no creer** to not believe, 11

crema cream, 12

crimen (*m.*) crime, 13

crítica criticism; critique, review, 11

crítico(a) critic, 11

cronología chronology

crucero cruise ship

crudo(a) raw, 9

cruzar (c) to cross, 6

cuaderno notebook, P

cuadra (city) block, 6

cuadro painting; print, 10

cuadros: a ~ plaid, 8

¿cuál? what? which one? 3; **¿~ es tu / su dirección (electrónica)?** (*s. fam. / form.*) What's your (e-mail) address? 1; **¿~ es tu / su número de teléfono?** (*s. fam. / form.*) What is your phone number? 1

¿cuáles? what? which ones? 3

cualquier whatever

cuando when, 12

¿cuándo? when? 3; **¿~ es tu cumpleaños?** When is your birthday? 1

cuanto: en ~ as soon as, 12; **en ~ a** in relation to

¿cuánto(a)? how much? 3; **¿Cuánto cuesta(n)?** How much does it (do they) cost? 8

¿cuántos(as)? how many? 3

cuarenta forty, P

cuarto room, P; bedroom, 10

cuarto(a) fourth, 10

cuate(a) friend, buddy

cuatro four, P

cuatrocientos(as) four hundred, 8

cubano(a) Cuban, 2

cuchara spoon, 9

cucharada tablespoonful, 9

cucharadita teaspoonful, 9

cuchillo knife, 9

cuello neck, 12

cuenta check, bill, 9

cuento de hadas fairy tale

cuero leather, 8

cuerpo body, 12

cuestionario questionnaire

cuidado: tener (*irreg.*) **~** to be careful, 7; **¡~!** Careful!

cuidadoso(a) cautious, 2

culinario(a) culinary

cultura culture

cuna cradle

cuñado(a) brother-in-law (sister-in-law), 5

curita (small) bandage, 12

currículum vitae (*m.*) curriculum vitae, résumé, 13

curso básico basic course, 3

cuy (*m.*) guinea pig

cuyo(a) whose

D

danza dance, 11

dar (*irreg.*) to give, 5; **~ información personal** to give personal information, 1; **~ la hora** to give the time, 3; **~ un papel** to give (play) a role; **~le de comer al perro / gato** to feed the dog / cat, 10; **~le mucha dicha** to give one a lot of happiness

darse la mano to shake hands, 13

dato fact; piece of information

De nada. You're welcome. 1

debajo de below, underneath, 6

deber (*+ inf.*) should, ought to (*do something*), 2

décimo(a) tenth, 10

decir (*irreg.*) to say; to tell, 5; **~ cómo llegar** to give directions, 6; **~ la hora** to tell the time, 3; **Se dice...** It's said . . . , P

decoración (*f.*) decoration, 10

dedo finger, toe, 12

definido(a) definite, 1

dejar to leave; to stop, 2; **~ de** (+ *inf.*) to stop (*doing something*), 2

del (**de + el**) from the, of the, 3

delante de in front of, 6

delgado(a) thin, 6

demasiado(a) too much, 4

demora delay, 14

demorar to delay, 14

demostrar (ue) to demonstrate, show

demostrativo(a) demonstrative, 6

dentista (*m., f.*) dentist, 5

dentro de inside of, 6; **~ la casa** inside the house, 10

dependiente (*m., f.*) salesclerk, 5

deporte (*m.*) sport, 7

derecha: a la ~ to the right, 6

derecho: (todo) ~ (straight) ahead, 6

desarraigado(a) rootless

desarraigo uprooting

desarrollar to develop

desarrollo development, 13

desastre (*m.*) disaster; **~ natural** natural disaster, 13

desayuno breakfast, 9; **~ incluido** breakfast included, 14

descalificar (qu) to disqualify

descalzo(a) barefoot

descansar to rest, 2

descargar to download, 4

descortés rude

describir to describe, 2

descubrir to discover, 3

descuento discount, 8

descuido neglect

desear to want; to wish, 10

desembarcar (qu) to disembark, 14

desempeñarse to manage; to work (as)

desengaño disillusionment

desierto desert, 14

desigualdad (*f.*) inequality, 13

desilusión (*f.*) disappointment

desmayarse to faint, 12

desodorante (*m.*) deodorant, 5

despachar to dispatch; to wait on; to work (*from a home office*)

despacio (*adv.*) slowly; (*adj.*) slow

despedido(a) fired (*from a job*)

despedir (i, i) to fire, 13; **despedirse (i, i)** to say good-bye, 1

despertar (ie) to wake someone up, 5; **despertarse (ie)** to wake up, 5

después after, 5; **~ (de) que** after, 12

destacar (qu) to emphasize

destino: con ~ a with destination to, 14

desvariar to rave, talk nonsense

desventaja disadvantage

detalle (*m.*) detail

detallista detail-oriented, 13

detrás de behind, 6

día (*m.*) day, 3; **~ de la semana** day of the week, 3; **~ de las Madres** Mother's Day, 3; **~ todos los días** every day, 3

dialecto dialect

dibujo drawing, P; **~ animado** cartoon; (*pl.*) animated film, 11

diccionario dictionary, P

dicha happiness

dicho saying; (*p.p. of* **decir**) said, 13

diciembre December, 1

diecinueve nineteen, P

dieciocho eighteen, P

dieciséis sixteen, P

diecisiete seventeen, P

diez ten, P; **~ mil** ten thousand, 8

diferencia difference

difícil difficult, 4

dinero money

dirección (*f.*) address

director(a) de social media social media director, 5

dirigir (j) to direct, 13

disco duro hard drive, 4

discreción: se recomienda ~ rated PG-13 (parental discretion advised), 11

discriminación (*f.*) discrimination, 13

Disculpe. Excuse me. 4

diseñador(a) gráfico(a) graphic designer, 5

diseño design; **~ gráfico** graphic design, 3

disfrutar (la vida) to enjoy (life)

disipar dispel

disponibilidad (*f.*) availability

disponible available, 13

dispuesto(a) willing

diván (*m.*) sofa

diversidad (*f.*) diversity

diversión (*f.*) amusement

divertido(a) fun, entertaining, 2

divertirse (ie, i) to have fun, 5

dividir to divide

divorciarse to get divorced, 5

doblado(a) dubbed, 11

doblar to turn, 6; to fold

doce twelve, P

docena dozen, 9

doctor(a) doctor

documental (*m.*) documentary, 11

dólar (*m.*) dollar

doler (ue) to hurt, 12

dolor (*m.*) pain, ache, 12; **~ de cabeza** headache, 12; **~ de estómago** stomachache, 12; **~ de garganta** sore throat, 12

domesticado(a) tame, tamed

domingo Sunday, 2

dominicano(a) Dominican, 2

don (doña) title of respect used with male (female) first name, 1

¿dónde? where? 3; **¿~ tienes la clase de...?** Where does your . . . class meet? 3; **¿~ vives /**

vive? (*s. fam. / form.*) Where do you live? 1

dondequiera: por ~ everywhere

dorado(a) golden, browned, 9

dormir (ue, u) to sleep, 4; **dormirse (ue, u)** to fall asleep, 5

dormitorio bedroom, 10; **~ estudiantil** dormitory, 6

dos two, P; **~ mil** two thousand, 8

doscientos(as) two hundred, 8

drama (*m.*) drama, 11

ducharse to take a shower, 5

dudar to doubt, 11

dudoso(a) doubtful, unlikely, 11

duelo pain

dueño(a) owner, 5

dulce (*m.*) candy, 11; (*adj.*) sweet

duro(a) hard

E

economía economy, 13; economics, 3

ecuador (*m.*) equator

ecuatoriano(a) Ecuadoran, 2

edad (*f.*) age

edificio building, 6

educación (*f.*) education, 3

efectivo: en ~ in cash, 8

egoísta selfish, egotistic, 2

ejemplo example, 10; **por ~** for example, 10

ejercicio: hacer ~ to exercise, 7

ejército army, 13

el (*m.*) the, 1

él he, 1; him, 8

elección (*f.*) election, 13

electricidad (*f.*) electricity

electrodoméstico appliance, 10

elefante (*m.*) elephant

elegido(a) chosen

ella she, 1; her, 8

ellos(as) they, 1; them, 8

e-mail (*m.*) e-mail, P

embajador(a) ambassador

emergencia emergency, 12

emoción (*f.*) emotion, 4

empapado(a) drenched

emparejar to match

empezar (ie) (c) to begin, 4

empleado(a) employee, 13

emplear to employ, 13

emprendedor(a) enterprising, 13

empresario(a) businessman / businesswoman, 13

empresas (*pl.*) business

en in, on, at; **~ autobús / tren** by bus / train, 6; **~ bicicleta** on bicycle, 6; **~ carro / coche** by car, 6; **~ caso de que** in case, 12; **~ cuanto** as soon as, 12; **~ cuanto a** in relation to; **~ línea** online, 4; **~ metro** on the subway, 6; **~ realidad** actually; **~ vivo** live, 11

enamorarse to fall in love, 5

Encantado(a). Delighted to meet you. 1

encantar to like a lot, 4; to enchant, to please, 11

encargado(a) de in charge of

encendido(a) burning, on fire

encima de on top of, on, 6

encontrar (ue) to find, 4

encuentro encounter; meeting

encuesta survey

enero January, 1

enfatizar (c) to emphasize

enfermarse to get sick, 5

enfermedad (*f.*) sickness, illness, 12

enfermero(a) nurse, 5

enfermo(a) sick, 4

enfrente de in front of, opposite, 6

enfriarse to get cold, 9

engañar to fool

engaño hoax

enlace (*m.*) link, 4

ennegrecido(a) blackened

enojado(a) angry, 4

ensalada salad, 9; **~ de fruta** fruit salad, 9; **~ de lechuga y tomate** lettuce and tomato salad, 9; **~ de papas** potato salad, 9; **~ mixta** mixed salad, 9

ensayo essay

enseñar to teach

entender (ie) to understand, 4

entonces then

entorno surroundings

entrada ticket (*to a movie, concert, etc.*), 11

entre between, 6

entregar (gu) to turn in; **Entreguen la tarea.** Turn in your homework. P

entrenador(a) trainer

entrenarse to train, 7

entresemana during the week, on weekdays, 3

entretener (*like* **tener**) to entertain

entretenimiento entertainment

entrevista interview, 13

entrevistador(a) interviewer, 11

enviar to send, 4

episodio episode, 11

equilibrio: poner en ~ to balance

equipaje (*m.*) baggage, luggage, 14; **facturar el ~** to check one's baggage, 14

equipo team, 7

erupción (*f.*) **volcánica** volcanic eruption

escala: hacer ~ en to make a stopover in, 14

escaleras (*f. pl.*) stairs, 10

esclavo(a) slave

escoger (j) to choose

esconder to hide

escribir to write, 3; **Escriban en el cuaderno.** Write in your notebooks. P

escrito (*p.p. of* **escribir**) written, 13

escritorio desk, P

escuchar to listen; **~ música** to listen to music, 2; **Escuchen el audio / el CD.** Listen to the audio / CD. P

escuela school, 3

escultura sculpture, 11

ese (esa) (*s. adj.*) that, 6

ese (esa) (*s. pron.*) that one, 6

eso that, 6; **por ~** so, that's why, 10

esos (esas) (*pl. adj.*) those, 6
esos (esas) (*pl. pron.*) those (ones), 6
espalda back, 12
España Spain
español(a) Spanish, 2
español (*m.*) Spanish language, 3
espárragos (*m. pl.*) asparagus, 9
especialidad de la casa house special, 9
especie (*f.*) species
espectáculo show, 11
espejo mirror, 10
esperanza wish, hope
esperar to hope, 10; to wait, 11
esposo(a) husband (wife), 5
esquí (*m.*) ski, skiing; **~ acuático** water skiing, 7; **~ alpino** downhill skiing, 7
esquiar to ski, 7
esquina corner, 6
estación (*f.*) season, 7; station, 11; **de trenes / autobuses** train / bus station, 6
estacionamiento parking lot, 6
estadio stadium, 6
estadística statistics, 3
estado state, 5; **~ civil** marital status
Estados Unidos United States
estadounidense (*m., f.*) U. S. citizen, 2
estampado(a) print, 8
estampilla postage stamp, 14
estancia ranch
estar (*irreg.*) to be, 1; **~ congestionado(a)** to be congested, 12; **~ contento(a) de** to be pleased about, 11; **~ mareado(a)** to feel dizzy, 12
estatura height (*of a person*)
este (*m.*) east, 14
este (esta) (*s. adj.*) this, 6
este (esta) (*s. pron.*) this one, 6
estimado(a) esteemed
estival (*adj.*) summer
estilo style
estómago stomach, 12; **dolor** (*m.*) **de ~** stomachache, 12
estornudar to sneeze, 12
estos(as) (*pl. adj.*) these, 6
estos(as) (*pl. pron.*) these (ones), 6
estrategia strategy
estrella de cine movie star, 11
estudiante (*m., f.*) student, P
estudiar to study; **~ en la biblioteca (en casa)** to study at the library (at home), 2; **Estudien las páginas... a...** Study pages . . . to . . . P
estudio studio, 3
estufa stove, 10
etapa era
Europa Europe
evitar to avoid
examinar to examine, 12
exhibir to exhibit
exigir (j) to demand
éxito success
exótico(a) exotic, strange
exposición (*f.*) **de arte** art exhibit, 11
expresar preferencias to express preferences, 2

expresión (*f.*) expression, 1
extraño(a) strange, 11
extrovertido(a) extroverted, 2

F

fábrica factory, 13
fácil easy, 4
facturar el equipaje to check one's baggage, 14
faena task, job
falda skirt, 8
falso(a) false
familia family; **~ nuclear** nuclear family, 5; **~ política** in-laws, 5
fantasía fantasy
fantástico(a) fantastic, 11
farmacia pharmacy, 6
fascinar to fascinate, 4
fatal terrible, awful, 11
favor: por ~ please, 1
febrero February, 1
fecha date, 3; **¿A qué ~ estamos?** What is today's date? 3
felicidad (*f.*) happiness
femenino(a) feminine
feo(a) ugly, 2
ferrocarril (*m.*) railroad
fiebre (*f.*) fever, 12
filantrópico(a) philanthropic
filosofía philosophy, 3
física physics, 3
físico(a) physical, 5
flan (*m.*) custard, 9
flor (*f.*) flower
florecer (zc) to flower, to flourish
flotador(a) floating
flujo: ~ de video en tiempo real streaming video, 11
fondo background
formulario form, 13
fortaleza fortress
foro forum, 4
foto (*f.*) photo, P; **sacar fotos** to take photos, 2
fractura fracture, 12
francés (*m.*) French language, 3
francés (francesa) French, 2
franja border
frecuentemente frequently, 4
freír (i, i) to fry, 9
frente a in front of, facing, opposite, 6
fresa strawberry, 9
fresco(a) fresh, 9; **Hace fresco.** It's cool. 7
frijoles (*m.*) **(refritos)** (refried) beans, 9
frío(a) cold; **Hace frío.** It's cold. 7; **tener** (*irreg.*) **frío** to be cold, 7
frito(a) fried, 9
frivolidad frivolousness
frontera border
fruta fruit, 6
fuego fire; **a ~ suave / lento** at low heat, 9
fuente (*f.*) source

fuera de outside of, 6; **~ de la casa** outside the house, 10
fuerte strong; filling (*e.g., a meal*), 9
fuerzas armadas armed forces, 13
funcionar to function, 4
funciones (*f.*) **de la computadora** computer functions, 4
fundador(a) founder
fungir to work
furioso(a) furious, 4
fútbol (*m.*) soccer, 7; **~ americano** football, 7

G

gafas (*f. pl.*) **de sol** sunglasses, 8
galleta cookie, 9
galón (*m.*) gallon, 9
ganadería cattle, livestock
ganado cattle
ganancia profit, 13
ganar to win, 7; to earn (*money*), 13
ganas: tener (*irreg.*) **~ de** to have the urge to; to feel like (*doing*), 7
garaje (*m.*) garage, 10
garganta throat, 12; **dolor** (*m.*) **de ~** sore throat, 12
gato(a) cat, 2
gazpacho cold tomato soup (*Spain*), 9
general: por lo ~ generally, 9
género genre
generoso(a) generous, 2
gente (*f.*) people
geografía geography, 3
gerente (*m., f.*) manager, 5
gimnasio gymnasium, 3
globalización (*f.*) globalization, 13
gobernador(a) (*m.*) governor
gobierno government, 13
golf (*m.*) golf, 7
gordo(a) fat, 2
gorra cap, 8
gotas (*f. pl.*) drops, 12
gozar (c) to enjoy
GPS GPS, 4
grabador (*m.*) **de discos compactos / DVD** CD / DVD burner, 4
grabar to record, 4; to videotape, 11
gracias: Muchas ~. Thank you very much. 1
grado degree; **~ Celsius** Celsius degree, 7; **~ Fahrenheit** Fahrenheit degree, 7
gráfica graph
grande big, great, 2
grano: al ~ to the point
gripe (*f.*) flu, 12
gris gray, 4
gritar to shout, to scream
grito scream, shout
grupo group; **~ de conversación** chat room, 4; **~ de noticias** news group, 4
guagua bus (*Cuba, Puerto Rico*)
guante (*m.*) glove, 8

guapo(a) handsome, attractive, 2
guardar to store; **~ cama** to stay in bed, 12; **~ la ropa** put away the clothes, 10; to save, 4
guatemalteco(a) Guatemalan, 2
guerra war, 13
guía turística tourist guide, brochure, 14
guion (*m.*) script
guionista (*m., f.*) script writer
guisado beef stew, 9
guisante (*m.*) pea, 9
guitarra guitar, 2
gustar to like; to please, 11; **A mí / ti me / te gusta...** I /You like . . . , 2; **A... le gusta...** You / He / She like(s) . . . , 2; **A... les gusta...** They /You (*pl.*) like . . . , 2; **Me gustaría** (+ *inf.*)... I'd like (+ *inf.*) . . . , 6
gusto taste; **al ~** to individual taste, 9; **El ~ es mío.** The pleasure is mine. 1; **Mucho ~.** My pleasure. 1; **Mucho ~ en conocerte.** A pleasure to meet you. (*s. fam.*) 1

H

haba (*f.*) (but: **el haba**) bean
habichuela green bean, 9
habilidades necesarias necessary skills, 13
habitación (*f.*) bedroom, 10; **~ con baño / ducha** room with a bath / shower, 14; **~ de fumar / de no fumar** smoking / non-smoking room, 14; **~ doble** double room, 14; **~ sencilla** single room, 14; **~ sin baño / ducha** room without a bath / shower, 14
habitante (*m., f.*) inhabitant
hablar por teléfono to talk on the telephone, 2
hacer (*irreg.*) to make; to do, 5; **Hace buen / mal tiempo.** It's nice / bad weather. 7; **Hace calor / fresco / frío.** It's hot / cool / cold. 7; **Hace sol / viento.** It's sunny / windy. 7; **~ alpinismo** to hike, 7; **~ caso** to pay attention, to obey; **~ clic / doble clic** to click / double click, 4; **~ ejercicio** to exercise, 7; **~ el reciclaje** to do the recycling, 10; **~ escala en** to make a stopover in, 14; **~ informes** to write reports, 13; **~ la cama** to make the bed, 10; **~ las compras** to go shopping, 6; **~ preguntas** to ask questions, 3; **~ surfing** to surf, 7; **~ un análisis de sangre / orina** to give a blood / urine test, 12; **~ un tour** to take a tour, 14; **~ una conexión** to go online, 4; **~ una radiografía** to take an X-ray, 12; **~ una reservación** to make a reservation, 14; **Hagan la tarea para mañana.** Do the homework for tomorrow. P

hambre (f.) (but: **el hambre**) hunger; **tener** (irreg.) ~ to be hungry, 7
hamburguesa hamburger, 9; ~ **con queso** cheeseburger, 9
hardware (m.) hardware, 4
harina flour, 9
hasta until, 12; ~ **luego.** See you later. 1; ~ **mañana.** See you tomorrow. 1; ~ **pronto.** See you soon. 1; ~ **que** until, 12
hay there is, there are, 1
hecho fact
hecho(a) (p.p. of **hacer**) done, 13; **Está ~ de...** It's made out of . . . , 8
helado de vainilla / chocolate vanilla / chocolate ice cream, 9
herencia heritage
herida injury, wound, 12
hermanastro(a) stepbrother (stepsister), 5
hermano(a) (menor, mayor) (younger, older) brother (sister), 5
hermoso(a) handsome, beautiful
hervido(a) boiled, 9
hervir (ie, i) to boil, 9
hierba herb, 12
hierro iron
hijo(a) son (daughter), 5
hilo: al ~ stringed, 9
himno hymn
hispano(a) Hispanic
hispanohablante Spanish-speaking
historia history, 3
historietas comic books
hockey (m.) **sobre hielo / hierba** ice / field hockey, 7
hogar (m.) home; **sin ~** homeless
hoja de papel sheet of paper, P
hola hello, 1
hombre (m.) man, P; ~ **de negocios** businessman, 5
hombro shoulder, 12
hondureño(a) Honduran, 2
honesto(a) honest
hora hour; time; **dar** (irreg.) **la ~** to give the time, 3; **decir la ~** to tell the time, 3
horario schedule
horno oven; ~ **de ladrillos** brick~; **al ~** roasted (in the oven), 9
horrible horrible, 11
hospital (m.) hospital, 6
hotel (m.) hotel, 14
hoy today, 3; ~ **es martes treinta.** Today is Tuesday the 30th. 3; **¿Qué día es ~?** What day is today? 3
huelga strike, 13
huella footprint
huésped(a) hotel guest, 14
huevo egg, 6; ~ **estrellado** egg sunnyside up, 9; ~ **revuelto** scrambled egg, 9
humanidades (f. pl.) humanities, 3
húmedo(a) humid
humilde humble
huracán (m.) hurricane, 13

I

ícono del programa program icon, 4
identidad (f.) identity
idioma (m.) language, 3
iglesia church, 6
igualdad (f.) equality, 13
Igualmente. Likewise. 1
impaciente impatient, 2
impermeable (m.) raincoat, 8
importante important, 11
importar to be important to someone; to mind, 4
imprescindible extremely important, essential, 11
impresionante impressive
impresora printer, 4
imprimir to print, 3
improbable improbable, unlikely, 11
impulsivo(a) impulsive, 2
inalámbrico(a) wireless, 4
incendio forestal forest fire
increíble incredible
indefinido(a) indefinite, 1
índice (m.) index; ~ **de audiencia** movie ratings, 11
indio(a) Indian, 2
indígena indigenous
industria industry, 13; ~ **ganadera** cattle-raising industry
infección (f.) infection, 12
influencia influence
influir (y) to influence
informática computer science, 3
informe (m.) report; **hacer informes** to write reports, 13
ingeniar to work out
ingeniería engineering, 3
ingeniero(a) engineer, 5
inglés (m.) English language, 3
inglés (inglesa) English, 2
ingrediente (m.) ingredient, 9
ingreso revenue
iniciar to initiate, 13
inmigración (f.) immigration
insistir to insist, 10
instalar to install, 4
instrucción (f.) instruction, 12
instructor(a) instructor, P
inteligente intelligent, 2
intentar to attempt
intercambiar to exchange
interesante interesting, 2
interesar to interest, to be interesting, 4
Internet (m. or f.) Internet
intérprete (m., f.) interpreter
íntimo(a) intimate
introvertido(a) introverted, 2
inundación (f.) flood, 13
invertir to invest
invierno winter, 7
inyección (f.) injection, 12
ir (irreg.) to go, 3; ~ **a** (+ inf.) to be going to (do something), 3; ~ **de compras** to go shopping, 8; **irse** to leave; to go away, 5
irresponsable irresponsible, 2
isla island, 14
italiano(a) Italian, 2

italiano (m.) Italian language
itinerario itinerary, 14
izquierda: a la ~ to the left, 6

J

jabón (m.) soap, 5
jamás never, 6
jamón (m.) ham, 6
japonés (m.) Japanese language, 3
japonés (japonesa) Japanese, 2
jarabe (m.) **(para la tos)** (cough) syrup, 12
jardín (m.) garden, 10
jeans (m. pl.) jeans, 8
jefe(a) boss, 13
jornada laboral workday
joven young, 2
joyas (f. pl.) jewelry, 8
joyería jewelry store, 6
jubilarse to retire, 13
juego interactivo interactive game, 4
jueves (m.) Thursday, 3
jugar (ue) (gu) to play, 4; ~ **tenis (béisbol, etc.)** to play tennis (baseball, etc.), 7
jugo de fruta fruit juice, 9
juguete (m.) toy, 10
juguetón (juguetona) playful
julio July, 1
junio June, 1
juntar to group
juntarse to join
juventud (f.) youth
juzgar to judge

K

kilo kilo, 9; **medio ~** half a kilo, 9

L

la (f.) the, 1
labio lip
lado side; **al ~ de** next to, on the side of, 6
ladrar to bark
ladrillo brick
lago lake, 7
lámpara lamp, 10
lana wool, 8
langosta lobster, 9
lanzarse (c) to throw oneself
lápiz (m.) pencil, P
lástima: es una ~ it's a shame, 11
lastimarse to hurt / injure oneself, 12
lavado en seco dry cleaning, 14
lavadora washer, 10
lavandería laundry room, 10
lavaplatos (m. s.) dishwasher, 10
lavar to wash, 5; ~ **los platos (la ropa)** to wash the dishes (the clothes), 10
lavarse to wash oneself, 5; ~ **el pelo** to wash one's hair, 5; ~ **los dientes** to brush one's teeth, 5
le to / for you (form. s.), to / for him, to / for her, 8
lección (f.) lesson, P

leche (f.) milk, 6
lector (m.) **de CD-ROM / DVD** DVD / CD-ROM drive; ~ **digital** e-reader, 4
leer (y) to read, 3; **Lean el Capítulo 1.** Read Chapter 1. P
lejos de far from, 6
lema (m.) slogan
lengua language, 3; tongue, 12; **sacar la ~** to stick out one's tongue, 12
lentes (m. pl.) eyeglasses
lento(a) slow, 4
les to / for you (form. pl.), to / for them, 8
letrero sign
levantar to raise; to lift, 5; ~ **pesas** to lift weights, 2
levantarse to get up, 5
ley (f.) law
libra pound, 9
libre free
librería bookstore, 3
libro book, P; ~ **electrónico** e-book, 4
licencia de manejar driver's license
licuado de fruta fruit shake, smoothie
licuadora blender, 10
líder (m., f.) leader, 13
ligado a tied to
ligero(a) light, lightweight, 9
limonada lemonade, 9
limpiar el baño to clean the bathroom, 10
lindo(a) pretty, 2
línea: ~ aérea airline, 14; **en ~** online, 4
lingüístico(a) linguistic
lino linen, 8
lista de espera waiting list, 14
literatura literature, 3
litro liter, 9
llamar to call, 2; **llamarse** to name, 1; **Me llamo...** My name is . . . , 1
llano(a) flat
llanura plain
llave (f.) key (to a lock), 14
llegada arrival, 14
llegar (gu) to arrive, 2
llenar to fill
llevar to take; to carry; ~ **una vida sana** to lead a healthy life, 12; **llevarse bien con la gente** to get along well with people, 13
llover to rain; **Está lloviendo. (Llueve).** It's raining. 7
lobo wolf
locutor(a) announcer, 11
lodo mud
lógico(a) logical, 11
lograr to achieve
lomo de res prime rib, 9
los (las) (pl.) the, 1
luchar (contra) to fight (against), 13
luego later, 5
lugar (m.) place; ~ **de nacimiento** birthplace
lujoso(a) luxurious
lunares: de ~ polka-dotted, 8

lunes (*m.*) Monday, 3
luz (*f.*) light; **~ solar** sunlight

M

madera wood
madrastra stepmother, 5
madre (*f.*) mother, 5
maestro(a) teacher, 5
maíz (*m.*) corn
mal badly, 4
maleta suitcase, 14
maletín (*m.*) briefcase, 13
malo(a) bad, 2
mamá mom, 5
mañana morning, 3; tomorrow, 3; **de la ~** in the morning (*with precise time*), 3; **por la ~** during the morning, 3
mandar to send; to order, 8
mandato command
manejar to drive, 5
manifestación (*f.*) demonstration, 13
manivela crank, handle
mano (*f.*) hand, 12; **darse la ~** to shake hands, 13
mantel (*m.*) tablecloth, 9
mantener (*irreg.*) to keep, maintain
mantequilla butter, 9
manzana apple, 9
maquillaje (*m.*) makeup, 5
maquillarse to put on makeup, 5
máquina de afeitar electric razor, 5
mar (*m., f.*) sea, 14
maravilla wonder
marcar (*qu*) to mark; to point out
marcharse to leave
mareado(a): estar ~ to feel dizzy, 12
marisco shellfish, 9
marrón brown, 4
martes (*m.*) Tuesday, 3
marzo March, 1
más more; **~ que** more than, 8
masculino(a) masculine
matemáticas (*f. pl.*) mathematics, 3
mayo May, 1
mayonesa mayonnaise, 9
mayor older, greater, 8
mayoría majority
mayúsculo(a) capital (letter)
me to / for me, 8
mecánico(a) mechanic, 5
mecer to rock (*e.g., a baby, a cradle*)
medio(a) hermano(a) half-brother (half-sister), 5
medianoche (*f.*) midnight, 3
medicina medicine, 3
médico(a) doctor, 5
medida measurement, 9
medio ambiente (*m.*) environment
mediodía (*m.*) noon, 3
medios de transporte means of transportation, 6
medir (i, i) to measure
meditación (*f.*) meditation
mejilla cheek
mejor better, 8; **es ~** it's better, 11

melón (*m.*) melon, 9
memoria flash flash drive, 4
menor younger; less, 8
menos: ~ que less than, 8; **a ~ que** unless, 12; **por lo ~** at least, 10
mensajero(a) messenger
mentiroso(a) dishonest, lying, 2
menú (*m.*) menu, 9
mercadeo marketing, 3
mercado market, 6; **~ al aire libre** open-air market, farmer's market, 6
mercader merchant
merecer (*zc*) to deserve
merienda snack
mes (*m.*) month, 3; **~ pasado** last month, 7
mesa table, P; **poner la ~** to set the table, 9; **quitar la ~** to clear the table, 10
mesita de noche night table, 10
meta goal
metro: en ~ on the subway, 6
mexicano(a) Mexican, 2
mezcla mix
mezclar to mix, 9
mezclilla denim, 8
mi (*adj.*) my, 3
mí (*pron.*) me, 8
micro bus (*Chile*)
micrófono microphone, 4
microondas (*m. s.*) microwave, 10
miedo: tener (*irreg.*) **~ (a, de)** to be afraid (of), 7
mientras while, during
miércoles (*m.*) Wednesday, 3
mil (*m.*) one thousand, 8
miles (*pl.*) thousands
millón (*m.*): **un ~** one million, 8; **dos millones** two million, 8
mío(a) (*adj.*) my, 10; (*pron.*) mine, 10
mirar televisión to watch television, 2
misionero(a) missionary
mismo(a) same; **lo mismo** the same (thing)
misterio mystery, 11
mitad (*f.*) half
mixto(a) mixed
mochila backpack, P; knapsack
moda fashion, 8; **(no) estar de ~** (not) to be fashionable, 8; **pasado(a) de ~** out of style, 8
modales (*m. pl.*) manners
modas: de ~ (*adj.*) fashion
módem (*m.*) **externo / interno** external / internal modem, 4
molestar to bother, 4
molido(a) crushed, ground, 9
monitor (*m.*) monitor, 4
mono monkey
montañoso(a) mountainous
montar to ride; **~ a caballo** to ride horseback, 7; **~ en bicicleta** to ride a bike, 7
monte (*m.*) mountain
morado(a) purple, 4
morirse (ue, u) to die, 8
mortalidad (*f.*) mortality
mostaza mustard, 9

mostrador (*m.*) counter; check-in desk, 14
mostrar (ue) to show
MP3 portátil portable MP3 player, 4
muchacho(a) boy (girl), P
muchedumbre (*f.*) crowd
mucho a lot, 4; **~ que hacer** a lot to do; **No ~.** Not much. 1
mudarse to move (*change residence*)
muebles (*m. pl.*) furniture, 10
muerto(a) (*p.p. of* **morir**) dead, 13
mujer (*f.*) woman, P; **~ de negocios** businesswoman, 5
muleta crutch, 12
mundial: música ~ world music, 11; **a nivel ~** worldwide
mundo world
muñeca doll
museo museum, 6
música music, 3; **~ clásica** classical music, 11; **~ contemporánea** contemporary music, 11; **~ country** country music, 11; **~ moderna** modern music, 11; **~ mundial / internacional** world music, 11; **~ pop** pop songs, 11
musical musical, 11
muy very, 2

N

nacer (zc) to be born
nacionalidad (*f.*) nationality, 2
nada nothing, 1; **De ~.** You're welcome. 1
nadar to swim, 7
nadie no one, nobody, 6
naranja orange (*fruit*), 9
nariz (*f.*) nose, 12
narrador(a) narrator
natación (*f.*) swimming, 7
naturaleza nature; **~ muerta** still life
náuseas (*f. pl.*) nausea, 12
navegación (*f.*) navigation; **~ en rápidos** whitewater rafting, 7
navegar (gu): ~ en rápidos to go whitewater rafting, 7; **~ por Internet** to browse the Internet, 2
necesario(a) necessary, 11
necesitar to need, 2
negocio business, 3; (*pl.*) business
negro(a) black, 4
nervioso(a) nervous, 4
nevar to snow, 7; **Está nevando. (Nieva).** It's snowing. 7
ni… ni neither . . . nor, 6
nicaragüense (*m., f.*) Nicaraguan, 2
nieto(a) grandson (granddaughter), 5
ningún, ninguno(a) none, no, not any, 6
niñero(a) babysitter
niño(a) boy (girl), P
nivel (*m.*) level

noche (*f.*) night, 3; **de la ~** in the evening (*with precise time*), 3; **por la ~** during the evening, 3
nombre (*m.*) name; **Mi ~ es…** My name is . . . , 1; **~ completo** full name
normal normal, 4
norte (*m.*) north, 14
Norteamérica North America
norteamericano(a) North American
nos to / for us, 8; **¿~ vemos donde siempre?** See you at the usual place? 1
nosotros(as) we, 1; us, 8
nota grade, P
noticias (*f. pl.*) news, 11; **~ del día** current events, 13
novato(a) newbie, novice
novecientos(as) nine hundred, 8
novedoso(a) novel, new
novelista (*m., f.*) novelist
noveno(a) ninth, 10
noventa ninety, P
noviembre November, 1
novio(a) boyfriend (girlfriend)
nublado: Está ~. It's cloudy. 7
nuera daughter-in-law, 5
nuestro(a) (*adj.*) our, 3; (*pron.*) ours, 10
nueve nine, P
número number, 8; **~ ordinal** ordinal number, 10
nunca never, 5

O

o… o either . . . or, 6
obra teatral play, 11
obvio(a) obvious, 11
océano ocean, 14
ochenta eighty, P
ocho eight, P
ochocientos(as) eight hundred, 8
octavo(a) eighth, 10
octubre October, 1
ocupado(a) busy, 4
ocupar to live in
odio hatred
oeste (*m.*) west, 14
oferta especial special offer, 8
oficina office, 6; **~ de correos** post office, 6
oído inner ear, 12
oír (*irreg.*) to hear, 5
ojalá (que) I wish, I hope, 11; **¡~ se mejore pronto!** (*form.*) I hope you'll get better soon! 12
ojear to scan
ojo eye, 12
ola wave
ómnibus (*m.*) bus
once eleven, P
onda: en ~ in style
ópera opera, 11
oprimir to push
opuesto(a) opposite
oración (*f.*) sentence
ordenar to order, 9
oreja outer ear, 12
organización (*f.*) **benéfica** charity
orgulloso(a) proud
originar to originate

orilla shore
oro gold, 8
ortografía spelling
os to / for you (*fam. pl.*), 8
otoño fall, autumn, 7

P

paciente (*m., f.*) patient, 2
padrastro stepfather, 5
padre (*m.*) father, 5; **padres** (*m. pl.*) parents, 5
pagar (gu) to pay, 9
página page, P; **~ web** web page, 4
pago: método de ~ form of payment, 8; **~ por visión** pay-per-view, 11
país (*m.*) country
paisaje (*m.*) scenery
pájaro (*m.*) bird
palomitas (*f. pl.*) **(de maíz)** popcorn, 11
palpitante palpitating, pounding
palpitar to palpitate, 12
pan (*m.*) bread, 6; **~ tostado** toast, 9
panameño(a) Panamanian, 2
pandilla gang
pantalla screen, 4
pantalones (*m. pl.*) pants, 8; **~ cortos** shorts, 8
pantano swamp
pañuelo handkerchief
papá (*m.*) dad, 5
papas fritas (*f. pl.*) French fries, 9
papel role; paper; **hoja de ~** sheet of paper, P
papelería stationery store, 6
papitas fritas (*f. pl.*) potato chips, 6
paquete (*m.*) package, 9
para for, toward, in the direction of, in order to (+ *inf.*), 10; **~ que** so that, 12
paracaídas (*m.*) parachute
parada stop
paraguayo(a) Paraguayan, 2
parar to stop
parecer (zc) to seem
pared (*f.*) wall, P
pariente (*m., f.*) family member, relative, 5
parque (*m.*) park, 6
párrafo paragraph
parrilla: a la ~ grilled, 9
participante (*m., f.*) participant, 11
participar en to participate in, 13
partido game, match, 7
pasaje (*m.*) ticket, 14
pasajero(a) passenger, 14; **~ de clase turista** coach passenger, 14; **~ de primera clase** first class passenger, 14
pasaporte (*m.*) passport, 14
pasar to pass (by), 2; **~ la aspiradora** to vacuum, 10
pasear: sacar a ~ al perro to take the dog for a walk, 10
pasillo hallway, 10
pasta de dientes toothpaste, 5
pastel (*m.*) cake, 9
pastilla tablet, 12

patinar to skate, 2; **~ en línea** to inline skate (rollerblade), 7; **~ sobre hielo** to ice skate, 7
patio patio, 10
patrocinador(a) sponsor
pavo turkey, 6
paz (*f.*) peace; **~ mundial** world peace, 13
pecho chest, 12; (*fig.*) heart
pedazo piece, slice, 9
pedir (i, i) to ask for (*something*), 1; to request, 10; **~ la hora** to ask for the time, 3
peinarse to brush / comb one's hair, 5
peine (*m.*) comb, 5
pelar to peel, 9
pelearse to have a fight, 5
película movie, film, 11; **~ de acción** action movie, 11; **~ de ciencia ficción** science fiction movie, 11; **~ de horror / terror** horror movie, 11; **~ titulada…** movie called . . . , 11
peligro danger, 7
peligroso(a) dangerous, 7
pelirrojo(a) redheaded, 2
pelo hair; **~ castaño / rubio** brown / blond hair, 2
pelota ball, 7
peluquero(a) barber / hairdresser, 5
pendiente (*m.*) earring, 8
pendrive (*m.*) flash drive, 4
pensar (ie) to think, 4; **~ de** to have an opinion about, 4; **~ en (de)** to think about, to consider, 4
penúltimo(a) next-to-last
peor worse, 8
pequeño(a) small, 2
perder (ie) to lose, 4; **perderse (ie)** to lose oneself, to get lost
pérdida loss, 13
Perdón. Excuse me. 4
perejil (*m.*) parsley
perezoso(a) lazy, 3
periódico newspaper
periodismo journalism, 3
periodista (*m., f.*) journalist, 5
permiso: Con ~. Pardon me. 4
permitir to permit, allow, 10
pero but, 2
perro(a) dog, 2; **perro caliente** hot dog, 9
persiana Venetian blind, 10
personalidad (*f.*) personality
peruano(a) Peruvian, 2
pesar: a ~ de in spite of
pesas: levantar ~ to lift weights, 2
pescado fish (*caught*), 9
pescar (qu) to fish, 7
pez (*m.*) fish (*alive*)
piano piano, 2
picante spicy, 9
picar (qu) to chop, to mince, 9
pie (*m.*) foot, 12; **a ~** on foot, walking, 6
piel (*f.*) leather, fur 8
pierna leg, 12;
píldora pill, 12
pimienta pepper, 9
pingüino penguin

pintar to paint, 2
pintoresco(a) picturesque
pintura painting, 3
pirata (*m.*) pirate
pisar to step on
piscina swimming pool, 6
piso floor; **primer (segundo, etc.) ~** first (second, etc.) floor, 10
pista de atletismo athletics track, 6
pizarra interactiva interactive whiteboard, P
pizzería pizzeria, 6
placer: Un ~. My pleasure. 1
plancha iron, 10
planchar to iron, 10
plata silver, 8
plátano banana, 9
plato plate, 9; **~ hondo** bowl, 9; **~ principal** main dish, 9
playa beach, 14
plaza plaza, 6
plomero(a) plumber, 5
poblar (ue) to populate
pobre poor
poco little, small amount, 4; **muy ~** very little
poder (*m.*) power; (*irreg.*) to be able to, 4
poderoso(a) powerful
poesía poetry
poeta (poetisa) poet
policía (*m., f.*) policeman (policewoman), 5
política politics, 13
político(a) political
pollo chicken, 6; **~ asado** roasted chicken, 9; **~ frito** fried chicken, 9
polvo dust
poner (*irreg.*) to put, 5; **~ en equilibro** to balance; **~ la mesa** to set the table, 9; **~ mis juguetes en su lugar** to put my toys where they belong, 10; **~ una inyección** to give an injection, 12; **~ una vacuna** to vaccinate, 12; **ponerse (la ropa)** to put on (clothing), 5
por for, during, in, through, along, on behalf of, by, 10; **~ avión** by plane, 6; **~ ejemplo** for example, 10; **~ eso** so, that's why, 10; **~ favor** please, 1; **~ fin** finally, 9; **~ lo menos** at least, 10; **~ satélite** by satellite dish, 11; **~ supuesto** of course, 10
¿por qué? why? 3
porcentaje (*m.*) percentage
porque because, 3
portarse to behave
portátil: MP3 ~ portable MP3 player, 4; **computadora ~** laptop computer, P
portugués (portuguesa) Portuguese, 2
postre (*m.*) dessert, 9
pozo well; hole
practicar (qu) to practice; **~ alpinismo** to hike, to (mountain) climb, 7; **~ deportes** to play sports, 2; **~ surfing** to surf, 7

precio: Está a muy buen ~. It's a very good price. 8
preferencia preference
preferir (ie, i) to prefer, 4
pregunta question, 12; **hacer preguntas** to ask questions, 3
premio prize
prenda de ropa article of clothing, 8
preocupado(a) worried, 4
preocuparse to worry, 5
preparación (*f.*) preparation, 9
preparar to prepare, 2; **~ la comida** to prepare the food, 10; **prepararse** to get ready, 5
preposición (*f.*) preposition, 6
presa dam
presentador(a) presenter, host (*of a show*), 11
presentar a alguien to introduce someone, 1
préstamo loan, 8
prestar to loan, to lend 8
presupuesto budget, 13
primavera spring, 7
primer(o)(a) first, 10; **primer piso** first floor, 10
primo(a) cousin, 5
principiante(a) beginner
prisa haste, hurry; **tener** (*irreg.*) **~** to be in a hurry, 7
probable probable, likely, 11
probarse (ue): Voy a probármelo(la / los / las). I'm going to try it (them) on. 8
procesador de comida food processor, 10
proceso electoral election process, 13
producto electrónico electronic product, 4
profesión (*f.*) profession, 5
profesor(a) professor, P
programa (*m.*) program; **~ antivirus** anti-virus program, 4; **~ de concursos** game show, 11; **~ de entrevistas** talk show, 11; **~ de procesamiento de textos** word-processing program, 4; **~ de realidad** reality show, 11; **~ de televisión** television program, 11
programador(a) programmer, 5
prohibido para menores rated R (minors restricted), 11
prohibir to forbid, 10
promover (ue) to promote
pronombre (*m.*) pronoun, 1
propina tip, 9
propósito purpose
proveedor (*m.*) **de acceso** Internet provider, 4
provocador(a) provocative
próximo(a) next
proyector projector, P
psicología psychology, 3
publicidad (*f.*) public relations, 3
publicitario(a) (*adj.*) pertaining to advertising
público audience, 11
pueblo town, 6
puerta door, P; **~ (de embarque)** (departure) gate, 14

puerto de USB USB port, 4

puertorriqueño(a) Puerto Rican, 2

puesto job, position, 13

puesto (*p.p. of* **poner**) placed, 13

pulgada inch

pulmón (*m.*) lung, 12

pulsera bracelet, 8

punto de vista viewpoint

punto period

puntual punctual, 13

Q

¿qué? what? which? 3; **¿~ hay de nuevo?** What's new? 1; **¿~ hora es?** What time is it? 3; **¿~ le duele?** What hurts (you)? 12; **¿~ significa…?** What does . . . mean? P; **¿~ síntomas tiene?** What are your symptoms? 12; **¿~ tal?** How are things going? 1; **¿~ te gusta hacer?** What do you like to do? 2

quebrado(a) broken, 12

quedar to fit; **Me queda bien / mal.** It fits nicely / badly. 8; **Me queda grande / apretado.** It's too big / too tight. 8; **quedar(se)** to remain; to be

quehacer (*m.*) **doméstico** household chore, 10

quejarse to complain, 5

quemar to burn

querer (*irreg.*) to want, to love, 4; to wish, 10

queso cheese, 6

¿quién(es)? who? 3; **¿De ~ es?** Whose is this? 3; **¿De ~ son?** Whose are these? 3

química chemistry, 3

quince fifteen, P

quinientos(as) five hundred, 8

quinto(a) fifth, 10

quisiera (+ *inf.*) I'd like (+ *inf.*), 6

quitar to take off, remove 5; **~ la mesa** to clear the table, 10; **quitarse (la ropa)** to take off (one's clothing) 5

quizás perhaps

R

R & B rhythm and blues (music), 11

radiografía: tomar una ~ to take an X-ray, 12

raíz (*f.*) root

rango rank

rap (*m.*) rap (music), 11

rápido(a) fast, 4

rasgado torn up

rasgar (gu) to tear up

rasuradora razor, 5

ratón (*m.*) mouse, 4

rayado(a) striped, 8

rayas: a ~ striped, 8

razón (*f.*) reason; **tener** (*irreg.*) **~** to be right, 7

reacción (*f.*) **crítica** critical reaction, 11

realidad: en ~ actually

realizado completed, carried out

realizarse (c) to take place

rebajado(a): estar ~ to be reduced (in price) / on sale, 8

recámara bedroom, 10

recepción (*f.*) reception desk, 14

receta recipe, 9; prescription, 12

recetar una medicina to prescribe a medicine, 12

recibir to receive, 3

reciclaje (*m.*) recycling, 10

recomendar (ie) to recommend, 10

reconocer (zc) to recognize

recordar (ue) to remember

recorte (*m.*) cutting

recuerdo souvenir

recurrir to fall back on, to resort to

red (*f.*) web, Internet; **~ mundial** World Wide Web, 4; **~ social** social networking site, 4

redactar to edit

reflejar to reflect

reflexión (*f.*) reflection

refresco soft drink, 6; beverage, 9; **tomar un ~** to have a soft drink, 2

refrigerador (*m.*) refrigerator, 10

regalar to give (as a gift), 8

regalo present, gift, 8

regar (ie) (gu) las plantas to water the plants, 10

registrarse to register, 14

regla rule

regresar to return, 2

regular so-so, 1

reina queen

reírse (*irreg.*) to laugh, 5

relajarse to relax, 5

reloj (*m.*) watch, 8

remar to row, 7

remero(a) rower

renombre (*m.*) renown

renovar (ue) to renovate

repente: de ~ suddenly, 9

repetir (i, i) to repeat, 4; **Repitan.** Repeat. P

reproductor (*m.*) **de discos compactos / DVD** CD / DVD player, 4

requerir (ie, i) to require, 10

requisito requisite, 13

reseña review, 11

reservación (*f.*) reservation, 14

resfriado cold (*e.g., head cold*), 12

resfriarse to get chilled; to catch cold, 12

residencia estudiantil dorm, 3

respirar to breathe; **Respire hondo.** Breathe deeply. 12

responder to respond, 1

responsable responsible, 2

restaurante (*m.*) restaurant, 6

resuelto (*p.p. of* **resolver**) determined; solved

resumen: en ~ in short, to sum up

reto challenge

retraso delay, 14

reunión (*f.*) meeting

reunirse to meet, to get together, 5

revista magazine; **~ de moda** fashion magazine

rey (*m.*) king

ridículo(a) ridiculous, 11

riesgo risk

rima rhyme

río river, 7

riqueza wealth

rock (*m.*) rock (music), 11

rodeado(a) surrounded

rodilla knee, 12

rojo(a) red, 4

ropa clothing, 5

rosa rose, 4

rosado(a) pink, 4

roto (*p.p. of* **romper**) broken, 13

rubio(a) blond(e), 2

rueda wheel

ruina ruin, 14

ruta route

S

sábado Saturday, 2

saber (*irreg.*) to know (*a fact, information*), 5; **~** (+ *inf.*) to know how (*to do something*), 5

sabor (*m.*) flavor

sacar (qu) to take out; **~ a pasear al perro** to take the dog for a walk, 10; **~ fotos** to take photos, 2; **~ la basura** to take out the garbage, 10; **~ la lengua** to stick out one's tongue, 12

sacerdote (*m.*) priest

saco jacket, sports coat, 8

sacrificado(a) self-sacrificing

sacudir los muebles to dust the furniture, 10

sal (*f.*) salt, 9

sala living room, 10; **~ de emergencias** emergency room, 12; **~ de equipajes** baggage claim, 14; **~ de espera** waiting room, 12

salchicha sausage, 6

salida departure, 14

salir (*irreg.*) to leave, go out, 5

salmón (*m.*) salmon, 9

salón (*m.*) **de clase** classroom, P

salud (*f.*) health, 3

saludable healthy

saludar to greet, 1

saludo greeting

salvadoreño(a) Salvadoran, 2

salvaje wild, untamed

salvavidas (*m. s.*) life jacket

sandalia sandal, 8

sándwich (*m.*) sandwich, 9; **~ de jamón y queso con aguacate** ham and cheese sandwich with avocado, 9

sangre (*f.*) blood, 12

satisfacer (*like* **hacer**) to satisfy, 13

satisfecho (*p.p. of* **satisfacer**) satisfied, 13

secador (*m.*) **de pelo** hairdryer, 14

secadora dryer, 10

secar (qu) to dry (*something*), 5; **secarse (qu) el pelo** to dry one's hair, 5

secretario(a) secretary, 5

secreto secret

sed (*f.*) thirst; **tener** (*irreg.*) **~** to be thirsty, 7

seda silk, 8

seguido(a) continued; **~ por** followed by

seguir (i, i) to continue, 6; **~ derecho** to go straight ahead

según according to

segundo(a) second, 10

seguro(a) sure, 4; safe, 7; **no es seguro** it's not sure, 11; **no estar ~ de** to not be sure, 11; **seguro médico** medical insurance, 13

seis six, P

seiscientos(as) six hundred, 8

sello postage stamp, 14

selva: ~ tropical tropical jungle, 14

semana week, 3; **~ pasada** last week, 7; **fin** (*m.*) **de ~** weekend, 2; **todas las semanas** every week, 5

semejanza similarity

sencillo(a) simple; single (*room*)

sentarse (ie) to sit down, 5

sentir (ie, i) to feel, 4; to feel sorry, to regret, 11; **Lo siento.** I'm sorry. 4

señalar to point out

señor (*abbrev.* **Sr.**) Mr., Sir, 1

señora (*abbrev.* **Sra.**) Mrs., Ms., Madam, 1

señorita (*abbrev.* **Srta.**) Miss, Ms., 1

separarse to get separated, 5

septiembre September, 1

séptimo(a) seventh, 10

ser (*irreg.*) to be, 1

serio(a) serious, 2

servicio service; **~ despertador** wake-up call, 14; **~ a la habitación** room service, 14

servilleta napkin, 9

servir (i, i) to serve, 4; **¿En qué puedo servirle?** How can I help you? 8

sesenta sixty, P

setecientos(as) seven hundred, 8

setenta seventy, P

sexto(a) sixth, 10

show (*m.*) show, 11

sí yes, 1

siempre always, 5

siete seven, P

siglo century

significar (qu): Significa… It means . . . , P

significado meaning

siguiente following, next

silla chair, P

sillón (*m.*) armchair, 10

símbolo symbol

simpático(a) nice, pleasant 2

sin without; **~ control** uncontrolled; **~ embargo** nevertheless; **~ que** without, 12

sincero(a) sincere, 2

sino but instead

síntoma (*m.*) symptom, 12

sistemático(a) systematic

sitio place; **~ web** website, 4

smartphone smartphone, 4

snowboarding snowboarding, 7

soberanía sovereignty

sobre on, above, 6

sobrepasar to surpass

sobresaliente outstanding

sobrevivir to survive, overcome, 13

sobrino(a) nephew (niece), 5

sofá (m.) sofa, 10

software (m.) software, 4

sol (m.) sun; **Hace ~.** It's sunny. 7

solicitar empleo to apply for a job, 13

solicitud (f.) application, 13

soltero(a) single (unmarried)

sombrero hat, 8

sonar (ue) to ring; to go off (*phone, alarm clock, etc.*), 4

sonido sound

sonreír (*irreg.*) to smile, 8

sonrisa smile

soñar (ue) con to dream about, 4

sopa soup, 9; **~ de fideos** noodle soup, 9

sorprender to surprise, 11

sorpresa surprise

sorteo raffle; evasion

sortija ring

sosiego peace, serenity

sótano basement, cellar, 10

streaming (m.) streaming video, 11

su (*adj.*) your (*s. form., pl.*), his, her, their, 3

suave soft

subir to go up; to get on, 6; to upload, 4

subtítulos: con ~ en inglés with subtitles in English, 11

suburbio suburb, 10

sucio(a) dirty

sudadera sweatsuit, track suit, 8

Sudamérica South America

suegro(a) father-in-law (mother-in-law), 5

sueño dream; **tener** (*irreg.*) **~** to be sleepy, 7

suéter (m.) sweater, 8

sufrir (las consecuencias) to suffer (the consequences), 13

sugerencia suggestion

sugerir (ie, i) to suggest, 8

superación (f.) overcoming

supermercado supermarket, 6

supervisar to supervise, 13

supuesto: por ~ of course, 10

sur (m.) south, 14

surfing: hacer / practicar (qu) ~ to surf, 7

sustantivo noun

sustituir (y) to substitute

suyo(a) (*adj.*) your (*form. s., pl.*), his, her, its, their, 10; (*pron.*) yours (*form. s., pl.*), his, hers, its, theirs, 10

T

tabla de snowboard snowboard, 7

tableta tablet computer, 4

tal vez perhaps

talla size, 8

taller (m.) workshop

también also, 2

tampoco neither, not either, 2

tan... como as . . . as, 8

tanto(a)(s)... como as much (many) . . . as, 8

tarde (f.) afternoon, 3; **de la ~** in the afternoon (*with precise time*), 3; **por la ~** during the afternoon, 3; (*adv.*) late, 3

tarea homework, P

tarjeta business card, 13; **~ de crédito** credit card, 8; **~ de débito** (bank) debit card, 8; **~ de embarque** boarding pass, 14; **~ postal** postcard, 14

taza cup, 9

te to / for you (*fam. s.*), 8

té hot tea, 9; **~ helado** iced tea, 9

teatro theater, 6

techo roof, 10

tecla key (*on a keyboard*), 4

teclado keyboard, 4

tecnología technology, 4

tejer to weave

tejido weaving

tela fabric, 8

telecomedia sitcom, 11

telecomunicaciones (f. pl.) telecommunications, 13

teledrama (m.) drama series, 11

teléfono inteligente smartphone, 4

teleguía TV guide, 11

telenovela soap opera, 11

teleserie (f.) TV series, 11

televidente (m., f.) TV viewer, 11

televisión (f.) television broadcasting, 11; **~ de pago** pay TV, enhanced cable, premium channels, 11; **~ por cable** cable TV, 14

televisor (m.) television set; **~ de alta definición** High-Definition TV, 4

temer to fear, 11

temperatura temperature, 7; **La ~ está a 20 grados Celsius (Fahrenheit).** It's 20 degrees Celsius (Fahrenheit). 7

temporada: ~ de lluvias rainy season; **~ seca** dry season

temprano early, 3

tender to tend (to)

tenedor (m.) fork, 9

tener (*irreg.*) to have, 1; **~ ... años** to be ... years old, 1; **~ algunos conocimientos de...** to have some knowledge of . . ., 13; **~ buena presencia** to have a good presence, 13; **~ calor** to be hot, 7; **~ cuidado** to be careful, 7; **~ frío** to be cold, 7; **~ ganas de** to have the urge to; to feel like (doing), 7; **~ las habilidades necesarias** to have the necessary skills, 13; **~ hambre** to be hungry, 7; **~ miedo (a, de)** to be afraid (of), 7; **~ mucha experiencia en** to have a lot of experience

in, 13; **~ prisa** to be in a hurry, 7; **~ que** (+ *inf.*) to have to (+ *verb*), 1; **~ razón** to be right, 7; **~ sed** to be thirsty, 7; **~ sueño** to be sleepy, 7; **~ vergüenza** to be embarrassed, ashamed, 7

tenis (m.) tennis, 7

teoría theory

tercer(o, a) third, 10

término term

ternura tenderness

terremoto earthquake, 13

terrible terrible, awful, 1

terrorismo terrorism, 13

tesoro treasure

texto text

tez (f.) skin, complexion

ti you (*prep. pron.; fam. s.*), 8

tiburón (m.) shark

tiempo weather, 7; **a ~ completo** full-time (*work*), 13; **a ~ parcial** part-time (*work*), 13; **¿Qué ~ hace?** What's the weather like? 7

tienda store, 6; **~ de equipo deportivo** sporting goods store, 6; **~ de juegos electrónicos** electronic games store, 6; **~ de ropa** clothing store, 6

tierra earth, ground

tímido(a) shy, timid 2

tinto: vino ~ red wine, 9

tío(a) uncle (aunt), 5

típico(a) typical, 9

tira cómica comic strip

tirita (small) bandage, 12

tiroteo shooting

titular to title

título title, 1

tiza chalk, P

toalla towel, 5; **~ de mano** hand towel, 5

tobillo ankle, 12; **~ torcido** twisted ankle, 12 ; **~ quebrado / roto** broken ankle, 12

tocador (m.) dresser, 10

tocar (qu) un instrumento musical to play a musical instrument, 2

todavía still

todo everything

todo(a) all, every; **todas las semanas** every week, 5; **todos los días (años)** every day (year), 9

tomar to take; **~ medidas** to take measures, 13; **~ la presión** to take blood pressure, 12; **~ una radiografía** to take an X-ray, 12; **~ un refresco** to have a soft drink, 2; **~ el sol** to sunbathe, 2; **~ la temperatura** to take the temperature, 12

tonto(a) silly, stupid, 2

tormenta thunderstorm

torpe awkward

tos (f.) cough, 12; **jarabe** (m.) **para la ~** cough syrup, 12

toser to cough, 12

tostadora toaster, 10

trabajador(a) (*adj.*) hard-working, 2; (*noun*) worker, 5

trabajar to work, 2; **~ a tiempo completo** to work full-time, 13; **~ a tiempo parcial** to work part-time, 13

traducir (zc) to translate, 5

traer (*irreg.*) to bring, 5

Trague. Swallow. 12

traje (m.) suit, 8; **~ de baño** bathing suit, 8

trama plot

tramos sections

trampa trap

transmitir to broadcast, 3

trapear el piso to mop the floor, 10

tratar de to try

tratarse de to be a matter of; to be; **Se trata de...** It's about . . ., 11

través: a ~ de across, throughout

trece thirteen, P

trecho distance, period

treinta thirty, P

tren: en ~ by train, 6

tres three, P

trescientos(as) three hundred, 8

trigo wheat

tripulación (f.) crew

triste sad, 4

triunfar to triumph

trompeta trumpet, 2

trozo chunk, 9

trucha trout, 9

truco trick

tu your (*fam.*), 3

tú you (*fam.*), 1

tuyo(a) (*adj.*) your (*fam.*), 10; (*pron.*) yours (*fam.*), 10

U

ubicado(a) located

Ud. (*abbrev. of* **usted**) you (*form. s.*), 8

Uds. (*abbrev. of* **ustedes**) you (*fam. or form. pl.*), 8

último: lo ~ the latest (thing)

un(a) a, 1

único(a) only, unique

unido(a) united

unir to mix together, incorporate, 9

universidad (f.) university, 6

uno one, P

unos(as) some, 1

uruguayo(a) Uruguayan, 2

usar to use, 2

usted you (*s. form.*), 1

ustedes you (*fam. or form. pl.*), 1

usuario(a) user, 4

útil useful

uva grape, 9

V

vacío(a) empty

vacuna vaccination, 12

valer (*irreg.*) **la pena** to be worthwhile

valioso(a) valuable

valle (*m.*) valley
valor (*m.*) value
vanidoso(a) vain
vapor: al ~ steamed, 9
vaquero cowboy
variedad (*f.*) variety
varios(as) various, several
varonil manly
vaso glass, 9
veces (*f. pl.*) times; **a ~** sometimes, 5; **(dos) ~ al día / por semana** (two) times a day / per week, 5
vecino(a) neighbor, 6
vegano: algo ~ something vegan, 9
vegetal (*m.*) vegetable, 6
vegetariano(a) vegetarian; **~ estricto** vegan, 9
vehículo vehicle
veinte twenty, P
veintiuno twenty-one, P
velocidad speed
venda de gasa gauze bandage, 12
vender to sell, 3
venezolano(a) Venezuelan, 2
venir (*irreg.*) to come, 5

venta: estar en ~ to be on sale, 8
ventaja advantage, 13
ventana window, P
ver (*irreg.*) to see, 5; **Nos vemos.** See you later. 1
veraneante summer visitor
verano summer, 7
veras: de ~ truly, really
verbo verb, 3
verdad true; **(no) es ~** it's (not) true, 11; **~** (*f.*) truth
verde green, 4
vergüenza shame; **tener** (*irreg.*) **~** to be embarrassed, ashamed, 7
verso libre blank verse
vestido dress, 8
vestir (i, i) to dress (*someone*), 5; **vestirse (i, i)** to get dressed, 5
veterinario(a) veterinarian, 5
vez (*f.*) time; **de ~ en cuando** sometimes; **en ~ de** instead of; **rara ~** hardly ever; **tal ~** perhaps; **una ~** once, 9
viajar to travel, 2; **~ al extranjero** to travel abroad, 14

víbora viper
vida life
video a pedido, ~ bajo demanda video on demand, 11
videocámara videocamera, 4
viejo(a) old, 2
viento wind; **Hace ~.** It's windy. 7
viernes (*m.*) Friday, 2
vinagre (*m.*) vinegar, 9
vino: ~ blanco white wine, 9; **~ tinto** red wine, 9
violencia violence, 13
violín (*m.*) violin, 2
viraje (*m.*) turn
visitante (*m., f.*) visitor
visitar a amigos to visit friends, 2
visto (*p.p. of* **ver**) seen, 13
vitamina vitamin, 12
vivienda housing
vivir to live, 3
vivo: en ~ live, 11
volcán (*m.*) volcano, 14
volibol (*m.*) volleyball, 7
voluntad will, willpower
volver (ue) to return, 4
vomitar to throw up, 12
vosotros(as) you (*fam. pl.*), 1

votar to vote, 13
voz (*f.*) voice
vuelo flight, 14
vuelto (*p.p. of* **volver**) returned, 13
vuestro(a) (*adj.*) your (*fam. pl.*), 3; (*pron.*) yours (*fam. pl.*), 3

W

wifi (*m.*) wifi, wireless connection, 4

Y

yerno son-in-law, 5
yeso cast, 12
yo I, 1
yogur (*m.*) yogurt, 6

Z

zanahoria carrot, 9
zapato shoe, 8; **~ de tacón alto** high-heeled shoe, 8; **~ de tenis** tennis shoe, 8

English–Spanish Glossary

A

a un(a), 1
à la carte a la carta, 9
above sobre, 6
abundance abundancia
academic académico(a)
access acceder, 4
accessory accesorio, 8
according to según
accountant contador(a), 5
accounting contabilidad (f.), 3
ache dolor (m.), 12
achieve alcanzar (c), lograr
acquisition adquisición (f.)
across a través de
action acción (f.), 5
active activo(a), 2
activity actividad (f.), P
actor actor (m.), 5
actress actriz (f.), 5
actually en realidad
ad: personal ~ anuncio personal
add agregar, añadir, 9
address dirección (f.)
advantage ventaja, 13
advertising (adj.) publicitario(a)
advice consejo, 12
advise aconsejar, 10
affection cariño
after después, 5; después (de) que, 12
afternoon tarde (f.), 3; **during the ~** por la tarde, 3; **Good ~.** Buenas tardes. 1; **in the ~** (with precise time) de la tarde, 3; **late ~** atardecer (m.)
age edad (f.)
agreement concordancia
agricultural agrícola (m., f.)
ahead adelante
air conditioning aire (m.) acondicionado, 14
airline línea aérea, 14
airplane avión (m.), 14
airport aeropuerto, 6
all todo(a)
allergy alergia, 12
alligator aligátor (m.), caimán (m.)
along por, 10
alphabet alfabeto
also también, 2
although aunque, 12
altitude altitud (f.)
always siempre, 5
ambassador embajador(a)
ambiguity ambigüedad (f.)
amusement diversión (f.)
ancestor antecesor(a), antepasado(a)
anger cólera
angry enojado(a), 4
animated film dibujos animados, 11
ankle tobillo, 12; **twisted ~** tobillo torcido, 12; **broken ~** tobillo quebrado / roto

announcer locutor(a), 11
anonymous anónimo(a)
answer contestar; **Answer.** Contesten. P
Antarctica Antártida
antibiotic antibiótico, 12
antiquated anticuado(a)
any algún, alguno(a), 6
apartment apartamento, 6
appear aparecer (zc)
apple manzana, 9
appliance electrodoméstico, 10
application aplicación (f.), 4; solicitud (f.), 13
apply for a job solicitar empleo, 13
appointment cita, 12
appreciate apreciar
appropriate apropiado(a)
April abril, 1
apt apto(a)
architect arquitecto(a), 5
architecture arquitectura, 3
Argentinian argentino(a), 2
arm brazo, 12
armchair sillón (m.), 10
armed forces fuerzas armadas, 13
army ejército, 13
around alrededor de
arrival llegada, 14
arrive llegar, 2
arrogant altivo(a)
art arte (m.), 3; **~ exhibit** exposición (f.) de arte, 11; **arts** arte y cultura, 11
article artículo, 1
artist artista (m., f.), 5
as como; **~ . . . ~** tan... como, 8; **~ many . . . ~** tantos(as)… como, 8; **~ much . . . ~** tanto(a) (s)… como, 8; **~ soon ~** en cuanto, tan pronto como, 12
ask: ~ questions hacer (irreg.) preguntas, 3; **~ for something** pedir (i, i), 1; **~ for the time** pedir (i, i) la hora, 3
asparagus espárragos (m. pl.), 9
aspirin aspirina, 12
at en; **~ least** por lo menos, 10; **~ low heat** a fuego suave / lento, 9
athletics track pista de atletismo, 6
atmosphere ambiente (m.)
attachment anexo
attack ataque (m.)
attempt intentar
attend acudir; asistir a, 3
attitude actitud
attractive guapo(a), 2
audience audiencia; público, 11
audio audio, P
audiotape cinta, P
auditorium auditorio, 6
August agosto, 1
aunt tía, 5
Australian australiano(a), 2

automated bank teller (ATM) cajero automático, 6
autumn otoño, 7
availability disponibilidad (f.)
available disponible, 13
avenue avenida, 1
avoid evitar
awful fatal, terrible, 1
awkward torpe

B

babysitter niñero(a)
back espalda, 12
background fondo
backpack mochila, P
bad malo(a), 2; **it's ~** es malo, 11
badly mal, 4
baggage equipaje (m.), 14; **~ claim** sala de equipajes, 14
balance poner (irreg.) en equilibrio
ball pelota, 7
ballpoint pen bolígrafo, P
banana plátano, 9
bandage curita, tirita, 12
bank (commercial) banco, 6
barber peluquero(a), 5
bark ladrar
barefooted descalzo(a)
baseball béisbol (m.), 7
basement sótano, 10
basket canasta
basketball básquetbol (m.), 7
bather bañador(a)
bathing suit traje (m.) de baño, 8
bathroom baño, 10
be estar (irreg.), ser (irreg.), 1; **~ . . . years old** tener (irreg.)… años, 1; **~ a matter of** tratarse de; **~ able to** poder (irreg.), 4; **~ afraid (of)** tener (irreg.) miedo (a, de), 7; **~ ashamed** tener (irreg.) vergüenza, 7; **~ born** nacer (zc); **~ careful** tener (irreg.) cuidado, 7; **~ certain of** contar (ue) con; **~ cold** tener (irreg.) frío, 7; **~ congested** estar (irreg.) congestionado(a), 12; **~ embarrassed** tener (irreg.) vergüenza, 7; **~ familiar with** conocer (zc), 5; **~ going to** ir a, 3; **~ happy about** alegrarse de, 11; **~ hot** tener (irreg.) calor, 7; **~ hungry** tener (irreg.) hambre, 7; **~ important** importar, 4; **~ in a hurry** tener (irreg.) prisa, 7; **~ interesting** interesar, 4; **~ jealous** tener (irreg.) celos; **~ pleased about** estar (irreg.) contento(a) de, 11; **~ right** tener (irreg.) razón, 7; **~ sleepy** tener (irreg.) sueño, 7; **~ sure** estar (irreg.) seguro(a) de, 11; **~ thirsty** tener (irreg.) sed,

7; **~ worthwhile** valer (irreg.) la pena
beach playa, 14; **~ resort** balneario
bean haba (f. but el haba); **(green) ~** habichuela, 9; **refried beans** frijoles refritos, 9
beat batir
beautiful bello(a), hermoso(a)
beauty belleza
because porque, 3
bed cama, 10
bedroom cuarto, dormitorio, habitación (f.), recámara, 10
beef stew guisado, 9
beer cerveza, 9
before antes, 5; antes (de) que, 12
begin comenzar (ie) (c), empezar (ie) (c), 4
beginner principiante
behave portarse
behavior comportamiento
behind detrás de, 6
believe (in) creer (en), 3; **not ~** no creer, 11
bellhop botones (m. s.), 14
below debajo de, 6
belt cinturón (m.), 8
benefit beneficio, 13
besides además
better mejor, 8; **it's ~** es mejor, 11
between entre, 6
beverage bebida, refresco, 9
bicycle: on ~ en bicicleta, 6
big grande, 2
bilingual bilingüe
bill cuenta, 9
biology biología, 3
bird pájaro
birthplace lugar (m.) de nacimiento
black negro(a), 4
blackened ennegrecido(a)
blank verse verso libre
blender licuadora, 10
blind ciego(a); **~ date** cita a ciegas
block cuadra, 6
blog blog, 4
blond(e) rubio(a), 2
blood sangre (f.), 12
blouse blusa, 8
blue azul, 4
board abordar, 14
boarding pass tarjeta de embarque, 14
boat barco, bote (m.)
body cuerpo, 12
boil hervir (ie, i), 9
boiled hervido(a), 9
Bolivian boliviano(a), 2
book libro, P
bookstore librería, 3
boot bota, 8
border frontera, franja

bored aburrido(a), 4
boredom aburrimiento
boring aburrido(a), 2
boss jefe(a), 13
both ambos(as)
bother molestar, 4
bowl plato hondo, 9
box: large ~ cajón (*m.*)
boxing boxeo, 7
boy chico, P; muchacho, P; niño, P
boyfriend novio
bracelet brazalete (*m.*), pulsera, 8
bread pan (*m.*), 6
break (a record) batir
breakfast desayuno, 9; **~ included** desayuno incluido, 14
breathe respirar; **~ deeply.** Respire hondo. 12
brick ladrillo
brief breve
briefcase maletín (*m.*), 13
bring traer (*irreg.*), 5
broadcast transmitir, 3
broccoli brócoli (*m.*), 9
broken quebrado(a), 12; roto(a) (*p.p. of* romper), 13; **~ ankle** tobillo quebrado / roto, 12
brother (younger, older) hermano (menor, mayor), 5
brother-in-law cuñado, 5
brown castaño, 2; café, marrón, 4
browse the Internet navegar por Internet, 2
brush cepillo, 5; **~ one's hair** cepillarse el pelo, peinarse, 5; **~ one's teeth** lavarse los dientes, 5
buddy cuate(a)
budget presupuesto, 13
building edificio, 6
burn arder, quemar
burning encendido(a)
bus ómnibus (*m.*), colectivo, guagua (*Cuba, Puerto Rico*), micro (*Chile*)
business negocio, 3; empresas; **~ administration** administración (*f.*) de empresas, 3; **~ card** tarjeta, 13; **~ district** barrio comercial, 10
businessman hombre (*m.*) de negocios, 5; empresario, 13
businesswoman mujer (*f.*) de negocios, 5; empresaria, 13
busy ocupado(a), 4
but pero, 2; **~ instead** sino
butcher shop carnicería, 6
butter mantequilla, 9
buy comprar, 2
by por, 10; **~ bus** en autobús, 6; **~ car** en carro / coche / automóvil, 6; **~ check** con cheque, 8; **~ plane** en / por avión, 6; **~ satellite dish** por satélite, 11; **~ train** en tren, 6
Bye. Chau. 1

C

cable cable (*m.*), 4; **~ TV** cable (*m.*), 11; televisión (*f.*) por cable, 14; **enhanced ~** televisión de pago, 11

cafeteria cafetería, 3
cake pastel (*m.*), 9
calculator calculadora, P
calculus cálculo, 3
call llamar, 2
campaign campaña, 13
can opener (electric) abrelatas (*m.*) (eléctrico), 10
Canadian canadiense (*m., f.*), 2
candidate candidato(a), 13
candy dulce (*m.*), 11
canyon cañón (*m.*), 14
cap gorra, 8
capital (letter) mayúsculo(a)
card tarjeta; **credit ~** tarjeta de crédito, 8; **debit ~** tarjeta de débito, 8
cardboard cartón (*m.*)
career carrera, 5
Careful! ¡Cuidado!
Caribbean (Sea) Caribe (*m., f.*)
carpenter carpintero(a), 5
carpet alfombra, 10
carrot zanahoria, 9
carry llevar
cartoons dibujos animados, 11
cash: in ~ en efectivo, al contado, 8
cashmere cachemira
cast yeso, 12
cat gato(a), 2
cattle ganado, ganadería
cattle-raising industry industria ganadera
cautious cuidadoso(a), 2
CD: CD / DVD burner grabador (*m.*) de discos compactos / DVD, **~ player** reproductor (*m.*) de discos compactos / DVD, 4
celebration celebración (*f.*)
cellar sótano, 10
Celsius degree grado Celsius, 7
censure censurar
census censo
cent centavo
center centro
Central America Centroamérica
century siglo
cereal cereal (*m.*), 9
certain cierto(a); **it's not ~** no es cierto, 11
chain cadena, 8
chair silla, P
chalk tiza, P
challenge reto
change cambio; convertir (ie, i); **~ the channel** cambiar el canal, 11
chapter capítulo, P
charity organización (*f.*) benéfica
chat chatear (*online*), 4; **~ room** grupo de conversación, 4
check cheque (*m.*); (*restaurant check*) cuenta, 9; **~ one's baggage** facturar el equipaje, 14
check-in desk mostrador (*m.*), 14
checkup chequeo médico, 12
cheek mejilla
cheese queso, 6
cheeseburger hamburguesa con queso, 9
chef cocinero(a), 5

chemistry química, 3
chess ajedrez (*m.*)
chest pecho, 12
chicken pollo, 6; **~ soup** caldo de pollo, 9; **~ with rice** arroz (*m.*) con pollo, 9; **fried ~** pollo frito, 9; **roasted ~** pollo asado, 9
Chilean chileno(a), 2
Chinese chino(a), 2; **~ language** chino, 3
chocolate cacao; chocolate (*m.*), 11
choose escoger (j)
chosen elegido(a)
chronology cronología
chunk trozo, 9
church iglesia, 6
cinema cine (*m.*), 6
cinnamon canela
citizen ciudadano(a), 13
city ciudad (*f.*), 6
clam almeja, 9
clarity claridad (*f.*)
class clase (*f.*), P; **lower ~** clase baja
classroom salón (*m.*) de clase, P
clean the bathroom limpiar el baño, 10
clear the table quitar la mesa, 10
click hacer (*irreg.*) clic, 4; **double ~** hacer (*irreg.*) doble clic, 4
clinic clínica, 12
close cerrar (ie), 4; **~ your books.** Cierren el libro. P
close to cerca de, 6
closet clóset (*m.*), 10
clothing ropa, 5; **article of ~** prenda de ropa, 8; **~ store** tienda de ropa, 6
cloudburst chaparrón (*m.*)
cloudy: It's ~. Está nublado. 7
coat abrigo, 8
code código
codfish bacalao, 9
coffee café (*m.*), 9
cold (*e.g., head cold*) catarro, resfriado, 12; (*adj.*) frío(a); **It's ~.** Hace frío. 7
Colombian colombiano(a), 2
color color (*m.*), 4; **solid ~** de un solo color, 8
comb peine (*m.*), 5; **~ one's hair** peinarse, 5
come venir (*irreg.*), 5
comedy comedia, 11; **romantic ~** comedia romántica, 11
comic strip tira cómica; (*pl.*) historietas
comma coma
command mandato
compact disc CD, disco compacto (*m.*)
comparison comparación (*f.*), 8
compete competir (i, i)
competition competencia, 7
complain quejarse, 5
completed realizado
complexion tez (*f.*)
complicity complicidad (*f.*)
computer computadora, P; **~ center** centro de computación, 3; **~ functions**

funciones (*f. pl.*) de la computadora, 4; **~ science** computación (*f.*), informática, 3
concierge conserje (*m., f.*), 14
conduct conducir (zc), 5
confection confección (*f.*)
connect conectar, 4
connection conexión (*f.*), 4
consider pensar (ie) en (de), 4
content contenido
contest concurso
continue seguir (i, i), 6
continued seguido(a)
contract contrato, 13
contraction contracción (*f.*), 3
contrary: on the ~ al contrario
conversation conversación (*f.*)
cook cocinar, 2; cocer (-z) (ue), 9; cocinero(a), 5
cookie galleta, 9
cool chévere; **It's cool.** Hace fresco. 7
copper cobre (*m.*)
corn maíz (*m.*)
corner esquina, 6
corporation: multinational ~ compañía multinacional, 13
correct corregir (i, i) (j)
cost costo, 13
Costa Rican costarricense (*m., f.*), 2
cotton algodón (*m.*), 8
cough toser, 12; tos (*f.*), 12; **~ syrup** jarabe (*m.*) para la tos, 12
counter mostrador (*m.*), 14
country país (*m.*)
courage coraje (*m.*)
course: basic ~ curso básico, 3
courtesy cortesía, 4
cousin primo(a), 5
cowboy vaquero
cradle cuna
crank manivela
cream crema, 12
create crear
creative creativo(a)
crew tripulación (*f.*)
crime crimen (*m.*), 13
critic crítico(a), 11
critical reaction reacción (*f.*) crítica, 11
criticism crítica, 11
crowd muchedumbre (*f.*)
cruise ship crucero
crushed molido(a), 9
crutch muleta, 12
Cuban cubano(a), 2
culinary culinario(a)
culture cultura
cumin comino, 9
cup taza, 9
current events noticias (*f. pl.*) del día, 13
curriculum vitae currículum vitae (*m.*), 13
curtain cortina, 10
custard flan (*m.*), 9
customer cliente (*m., f.*), 8
customs aduana, 14
cut (oneself) cortar(se), 12
cutting recorte (*m.*)
cyberspace ciberespacio, 4
cycling ciclismo, 7

D

dad papá (*m.*), 5
daily cotidiano(a)
dam presa
dance bailar, 2; baile (*m.*), 3; danza, 11
danger peligro, 7
dangerous peligroso(a), 7
date fecha, 3; **blind ~** cita a ciegas
daughter hija, 5
daughter-in-law nuera, 5
dawn amanecer (zc)
day día (*m.*), 3; **~ before yesterday** anteayer, 7; **~ of the week** día de la semana, 3; **every ~** todos los días, 3
dead muerto(a), 13
December diciembre, 1
decoration decoración (*f.*), 10
definite definido(a), 1
degree grado
delay demora, retraso, 14
Delighted to meet you. Encantado(a). 1
demand exigir (j)
demonstrate demostrar (ue)
demonstration manifestación (*f.*), 13
demonstrative demostrativo(a), 6
denim mezclilla, 8
dentist dentista (*m., f.*), 5
deodorant desodorante (*m.*), 5
departure salida, 14
describe describir, 2
desert desierto, 14
deserve merecer (zc)
design diseño; **graphic ~** diseño gráfico, 3
designer: graphic ~ diseñador(a) gráfico(a), 5
desire afán (*m.*); anhelo
desk escritorio, P
dessert postre (*m.*), 9
destination: with ~ to con destino a, 14
detail detalle (*m.*)
detail-oriented detallista, 13
determined resuelto (*p.p. of* resolver)
develop desarrollar
development desarrollo, 13
dialect dialecto
dictionary diccionario, P
die morirse (ue, u), 8
difference diferencia
difficult difícil, 4
digital camera cámara digital, 4
dining room comedor (*m.*), 10
dinner cena
direct dirigir (j), 13
dirty sucio(a)
disadvantage desventaja, 13
disappointment desilusión (*f.*)
disaster desastre (*m.*); **natural ~** desastre natural, 13
discount descuento, 8
discover descubrir, 3
discrimination discriminación (*f.*), 13
disembark desembarcar (qu), 14
disgusting asco

dish: main ~ plato principal, 9
dishonest mentiroso(a), 2
dishwasher lavaplatos (*m. s.*), 10
disillusionment desengaño
dispatch despachar
dispel disipar
disqualify descalificar (qu)
distance trecho
diversity diversidad (*f.*)
divide dividir
do hacer (*irreg.*), 5; **a lot to ~** mucho que hacer; **~ the homework for tomorrow.** Hagan la tarea para mañana. P; **~ the recycling** hacer el reciclaje, 10
doctor doctor(a); médico(a), 5
doctor's office consultorio del médico, 12
documentary documental (*m.*), 11
dog perro(a), 2
doll muñeca
dollar dólar (*m.*)
Dominican dominicano(a), 2
done hecho (*p.p. of* hacer), 13
door puerta, P
dorm residencia estudiantil, 3; dormitorio estudiantil, 6
doubt dudar, 11
doubtful dudoso(a), 11
download descargar, bajar, 4
downpour chaparrón (*m.*)
downtown centro de la ciudad, 10
dozen docena, 9
drama drama (*m.*), 11; **~ series** teledrama (*m.*), 11
drawing dibujo, P
dream sueño; **~ (about)** soñar (ue) con, 4
drenched empapado(a)
dress vestido, 8; **~ (someone)** vestir (i, i), 5; **get dressed** vestirse (i, i), 5
dresser cómoda, tocador (*m.*), 10
drink beber, 3
drive manejar, conducir (zc), 5
driver's license licencia de manejar
drops gotas, 12
dry (something) secar (qu), 5; **~ cleaning** lavado en seco, 14; **~ one's hair** secarse (qu) el pelo, 5
dryer secadora, 10
dubbed doblado(a), 11
during mientras, por, 10
dust polvo; **~ the furniture** sacudir los muebles, 10
DVD / CD-ROM drive lector (*m.*) de CD-ROM / DVD, 4

E

ear (inner) oído, 12; **(outer)** oreja, 12
early temprano, 3
earn (money) ganar, 13
earphones audífonos (*m. pl.*), 4
earring arete (*m.*), pendiente (*m.*), 8
earth tierra
earthquake terremoto, 13

east este (*m.*), 14
easy fácil, 4
eat comer, 3; **~ dinner** cenar, 2; **~ healthy foods** comer alimentos nutritivos, 12
e-book libro electrónico, 4
economics economía, 3
economy economía, 13
Ecuadoran ecuatoriano(a), 2
edit redactar
education educación (*f.*), 3
egg huevo, 6; **~ sunnyside up** huevo estrellado, 9; **scrambled ~** huevo revuelto, 9
egotistic egoísta, 2
eight ocho, P; **~ hundred** ochocientos(as), 8
eighteen dieciocho, P
eighth octavo(a), 10
eighty ochenta, P
either . . . or o… o, 6
elbow codo, 12
election elección (*f.*), 13; **~ process** proceso electoral, 13
electricity electricidad (*f.*)
electronic electrónico(a); **~ games store** tienda de juegos electrónicos, 6; **~ mailbox** buzón (*m.*) electrónico, 4; **~ notebook** asistente (*m.*) electrónico, 4; **electronics** aparatos electrónicos, 4
elephant elefante (*m.*)
elevator ascensor (*m.*), 14
eleven once, P
e-mail correo electrónico, e-mail (*m.*)
embarrass avergonzar (ue) (c)
embarrassed avergonzado(a)
embroidered bordado(a), 8
emergency emergencia, 12; **~ room** sala de emergencias, 12
emotion emoción (*f.*), 4
emphasize destacar (qu), enfatizar (c)
employ emplear, 13
employee empleado(a), 13
empty vacío(a)
enchant encantar, 11
encounter encuentro
end cabo; fin (*m.*)
engineer ingeniero(a), 5
engineering ingeniería, 3
English inglés (inglesa), 2; **~ language** inglés (*m.*), 3
enjoy gozar (c); **~ (life)** disfrutar (la vida)
enough: it is ~ basta
enroll alistar
enterprising emprendedor(a), 13
entertain entretener (*like* tener)
entertaining divertido(a), 2
entertainment entretenimiento
environment medio ambiente (*m.*)
episode episodio, 11
equality igualdad (*f.*), 13
equator ecuador (*m.*)
era etapa
e-reader lector digital, 4

essay ensayo
essential importante, 11
esteemed estimado(a)
Europe Europa
evaluation calificación (*f.*)
evasion sorteo
even aun; **~ though** aunque, 12
evening noche (*f.*); **during the ~** por la noche, 3; **Good ~.** Buenas noches. 1; **in the ~** (*with precise time*) de la noche, 3
everything todo
everywhere por dondequiera
examine examinar, 12
example ejemplo, 10
exchange intercambiar; **~ money** cambiar dinero, 14; **in ~ for** a cambio de; **~ rate** cambio
Excuse me. Disculpe. Perdón. 4
exercise hacer (*irreg.*) ejercicio, 7
exhibit exhibir; **art ~** exposición (*f.*) de arte, 11
exotic exótico(a)
expensive: It's (too) ~. Es (demasiado) caro(a). 8
express preferences expresar preferencias, 2
expression expresión (*f.*), 1
extroverted extrovertido(a), 2
eye ojo, 12
eyeglasses lentes (*m. pl.*), anteojos (*m. pl.*)

F

fabric tela, 8
fact dato, hecho
factory fábrica, 13
Fahrenheit degree grado Fahrenheit, 7
faint desmayarse, 12
fairy tale cuento de hadas
fall caer (*irreg.*); (*autumn*) otoño, 7; **~ asleep** dormirse (ue, u), 5; **~ back on** recurrir; **~ in love** enamorarse, 5
false falso(a)
family familia; **~ member** pariente (*m., f.*), 5; **nuclear ~** familia nuclear, 5; **~ tree** árbol (*m.*) genealógico
fantastic fantástico(a), 11
fantasy fantasía
far from lejos de, 6
fascinate fascinar, 4
fashion (*adj.*) de modas
fashion moda, 8; **~ magazine** revista de moda
fashionable: (not) to be ~ (no) estar de moda, 8
fast rápido(a), 4
fat gordo(a), 2
father padre (*m.*), papá (*m.*), 5
father-in-law suegro, 5
fear temer, 11
February febrero, 1
feed the dog darle de comer al perro, 10
feel sentir (ie, i), 4; **~ dizzy** estar (*irreg.*) mareado(a), 12; **~ like (doing)** tener (*irreg.*) ganas de, 7; **~ sorry** sentir (ie, i), 11

feminine femenino(a)

fever fiebre (f.), 12

field of study campo de estudio, 3

fifteen quince, P

fifth quinto(a), 10

fifty cincuenta, P

fight (against) luchar (contra), 13

file archivar, 4; archivo, 4

fill llenar

film película, 11

final final

finally por fin, 9

financial financiero(a)

find encontrar (ue), 4

find out averiguar (gü)

Fine, thank you. Bien, gracias. 1

finger dedo, 12

fire (*from a job*) despedir (i, i), 13; fuego; **~fighter** bombero(a), 5

fired despedido(a)

fireplace chimenea, 10

first primer(o)(a), 10; **~ floor** primer piso, 10

fish pescar (qu), 7; pez (*m.*) (*alive*); pescado (*caught*), 9

fit apto(a); **It fits nicely / badly.** Me queda bien / mal. 8

five cinco, P; **~ hundred** quinientos(as), 8; **~ thousand** cinco mil, 8

flash drive memoria (*f.*) flash, pendrive (*m.*), 4

flat llano(a)

flavor sabor (*m.*)

flight vuelo, 14; **~ attendant** asistente (*m., f.*) de vuelo, 14

floating flotador(a)

flood inundación (*f.*), 13

floor piso; **first ~** primer piso, 10

flour harina, 9

flourish florecer (zc)

flower florecer (zc); flor (*f.*)

flu gripe (*f.*), 12

fold doblar, 6

followed by seguido por

following siguiente

fondness cariño

food comida, 6

food processor procesador (*m.*) de comida, 10

fool engañar

foot pie (*m.*), 12; **on ~** a pie, 6

football fútbol americano, 7

footprint huella

for para, por, 10; **~ example** por ejemplo, 10

forbid prohibir, 10

forest bosque (*m.*), 14; **~ fire** incendio forestal

fork tenedor (*m.*), 9

form formulario, 13

fortress fortaleza

forty cuarenta, P

forum foro, 4

founder fundador(a)

four cuatro, P; **~ hundred** cuatrocientos(as), 8

fourteen catorce, P

fourth cuarto(a), 10

fracture fractura, 12

free libre

freezer congelador (*m.*), 10

French francés (francesa), 2; **~ fries** papas fritas, 9; **~ language** francés (*m.*), 3

frequently frecuentemente, 4

fresh fresco(a), 9

Friday viernes (*m.*), 2

fried frito(a), 9

friend amigo(a), P; cuate(a)

frivolousness frivolidad

from the del (de + el), 3

front: in ~ of delante de, frente a, enfrente de, 6

frozen congelado(a), 9

fruit fruta, 6; **~ juice** jugo de fruta, 9; **~ salad** ensalada de fruta, 9; **~ shake** licuado de fruta

fry freír (i, i), 9

fur piel, 8

fun divertido(a), 2

function funcionar, 4

funny cómico(a), 2

furious furioso(a), 4

furniture muebles (*m. pl.*), 10

G

G (for general audiences) apto(a) para toda la familia, 11

gallon galón (*m.*), 9

game partido, 7; **~ show** programa (*m.*) de concursos, 11; **interactive ~** juego interactivo, 4

gang pandilla

garage garaje (*m.*), 10

garbage basura, 10

garden jardín (*m.*), 10

garlic ajo, 9

gate: (departure) ~ puerta (de embarque), 14

gauze bandage venda de gasa, 12

generally por lo general, 9

generous generoso(a), 2

genre género

gentle apacible

geography geografía, 3

German alemán (alemana), 2; **~ language** alemán (*m.*), 3

get conseguir (i, i), 8; **~ ahead** adelantar; **~ along well with people** llevarse bien con la gente, 13; **~ chilled** resfriarse, 12; **~ cold** enfriarse, 9; **~ divorced** divorciarse, 5; **~ down from** bajar, 6; **~ dressed** vestirse (i, i), 5; **~ engaged** comprometerse, 5; **~ married** casarse, 5; **~ off of** (*a bus, etc.*) bajar, 6; **~ on** subir, 6; **~ ready** prepararse, 5; **~ separated** separarse, 5; **~ sick** enfermarse, 5; **~ together** reunirse, 5; **~ up** levantarse, 5

gift regalo

girl chica, P; muchacha, P; niña, P

girlfriend novia

give dar (*irreg.*), 5; **~ a blood / urine test** hacer (*irreg.*) un análisis de sangre / orina, 12;

~ a four-star rating clasificar (qu) con cuatro estrellas, 11; **~ an injection** poner (*irreg.*) una inyección, 12; **~ as a gift** regalar, 8; **~ directions** decir (*irreg.*) cómo llegar, 6; **~ personal information** dar (*irreg.*) información personal, 1; **~ preference** anteponer; **~ someone a bath** bañar, 5; **~ the time** dar (*irreg.*) la hora, 3

glass vaso, 9

globalization globalización (*f.*), 13

glove guante (*m.*), 8

go acudir; ir (*irreg.*), 3; **~ away** irse (*irreg.*), 5; **~ off** (*alarm clock, etc.*) sonar (ue), 4; **~ offline** cortar la conexión, 4; **~ online** hacer (*irreg.*) una conexión, 4; **~ out** salir (*irreg.*), 5; **~ shopping** hacer (*irreg.*) las compras, 6; ir de compras, 8; **~ straight** seguir (i, i) (g) derecho; **~ to bed** acostarse (ue), 5; **~ up** subir, 6

goal meta

gold oro, 8

golden dorado(a), 9

golf golf (*m.*), 7

good bueno(a), 2; bondadoso(a); **it's ~** es bueno, 11

goodbye adiós, 1

gossip chisme (*m.*)

gossiping chismoso(a)

government gobierno, 13

governor gobernador(a)

GPS GPS, 4

grade nota, P

granddaughter nieta, 5

grandfather abuelo, 5

grandmother abuela, 5

grandson nieto, 5

grape uva, 9

graph gráfica

gray gris, 4

great chévere (*Cuba, Puerto Rico*); grande, 2

greater mayor, 8

green verde, 4

greet saludar, 1

greeting saludo

grilled asado(a); a la parrilla, 9

ground molido(a), 9; tierra

group juntar; conjunto

growth crecimiento

Guatemalan guatemalteco(a), 2

guess adivinar; **~.** Adivina. P

guinea pig cuy (*m.*)

guitar guitarra, 2

gymnasium gimnasio, 3

H

hair: blond ~ pelo rubio, 2; **brown ~** pelo castaño, 2

hairdresser peluquero(a), 5

hairdryer secador (*m.*) de pelo, 14

half mitad (*f.*)

half-brother medio hermano, 5

half-sister media hermana, 5

hallway pasillo, 10

ham jamón (*m.*), 6

hamburger hamburguesa, 9

hand mano (*f.*), 12

hand towel toalla de mano, 5

handicrafts artesanía

handkerchief pañuelo

handle manivela

handsome hermoso(a), guapo(a), 4

happiness dicha, felicidad (*f.*)

happy contento(a), 4

hard duro(a); **~ drive** disco duro, 4

hardly ever rara vez

hardware hardware (*m.*), 4

hard-working trabajador(a), 2

haste prisa

hat sombrero, 8

hatred odio

have tener (*irreg.*), 1; **~ a fight** pelearse, 5; **~ a good presence** tener (*irreg.*) buena presencia, 13; **~ a lot of experience in** tener (*irreg.*) mucha experiencia en, 13; **~ a soft drink** tomar un refresco, 2; **~ fun** divertirse (ie, i), 5; **~ some knowledge of** tener (*irreg.*) algunos conocimientos de, 13; **~ the necessary skills** tener (*irreg.*) las habilidades necesarias, 13; **~ the urge to** tener (*irreg.*) ganas de, 7; **~ to** (+ *inf.*) tener (*irreg.*) que (+ *inf.*), 1

he él, 1

head cabeza, 12

headache dolor (*m.*) de cabeza, 12

health salud (*f.*), 3

healthy saludable

hear oír (*irreg.*), 5

heart corazón (*m.*), 12

heat calentar (ie), 9

heavy fuerte, 9

height altitud (*f.*), altura; (*of a person*) estatura

hello hola, ¿Aló? (*on the phone*), 1

helmet casco

help ayudar; ayuda

her (*pron.*) ella, 8; (*adj.*) su, 3; suyo(a), 10; **to / for ~** le, 8

herb hierba, 12

here aquí, 6

heritage herencia

hers (*pron.*) suyo(a), 10

hide esconder

High-Definition alta definición; **~ TV** televisor de alta definición, 4

high-speed banda ancha, 11

highly altamente

hike hacer (*irreg.*) alpinismo, practicar (qu) alpinismo, 7

him (*pron.*) él, 8; **to / for ~** le, 8

hire contratar, 13

his (*adj.*) su, 3; (*adj., pron.*) suyo(a), 10

Hispanic hispano(a)

history historia, 3

hoax engaño

hockey: field ~ hockey (*m.*) sobre hierba, 7; **ice ~** hockey (*m.*) sobre hielo, 7

hole pozo

home hogar (*m.*)

homeless sin hogar
homemade casero(a)
homework tarea, P
Honduran hondureño(a), 2
honest honesto(a)
hope esperanza; esperar, 10; **I ~ (that)** ojalá (que), 11 **I hope you'll get better soon!** ¡Ojalá se mejore pronto! 12
horrible horrible, 11
hospital hospital (*m.*), 6
host anfitrión, anfitriona; (*of a show*) presentador(a), 11
hot: be ~ tener (*irreg.*) calor, 7; **~ dog** perro caliente, 9; **It's ~.** Hace calor. 7
hotel hotel (*m.*), 14; **~ guest** huésped(a), 14
hour hora
house casa, 6; **the ~ special** la especialidad de la casa, 9
household chore quehacer (*m.*) doméstico, 10
housing vivienda
how? ¿cómo? 3; **~ are things going?** ¿Qué tal? 1; **~ are you?** (*form. s.*) ¿Cómo está (usted)? / (*form. pl.*) ¿Cómo están (ustedes)? / (*s. fam.*) ¿Cómo estás (tú)? 1; **~ can I help you?** ¿En qué puedo servirle? 8; **~ do you say . . . ?** ¿Cómo se dice...? P; **~ do you wish to pay?** ¿Cómo desea pagar?, 8; **~ many?** ¿cuántos(as)? 3; **~ much?** ¿cuánto(a)? 3; **~ much does it cost?** ¿Cuánto cuesta? 8; **How's it going with you?** ¿Cómo te / le(s) va? 1
humanities humanidades (*f. pl.*), 3
humble humilde
humid húmedo(a)
hunger hambre (*f. but* el hambre)
hurricane huracán (*m.*), 13
hurry prisa; **be in a ~** tener (*irreg.*) prisa, 7
hurt doler (ue), 12; **~ oneself** lastimarse, 12
husband esposo, 5
hymn himno

I

I yo, 1
ice: (vanilla / chocolate) ~ cream helado (de vainilla / de chocolate), 9; **~ hockey** hockey (*m.*) sobre hielo, 7; **~ skate** patinar sobre hielo, 7
identity identidad (*f.*)
illness enfermedad (*f.*), 12
immigration inmigración (*f.*)
impatient impaciente, 2
important importante, 11; **extremely ~** imprescindible, 11
impressive impresionante
improbable improbable, 11
impulsive impulsivo(a), 2
in en; por, 10; **~ case** en caso de que, 12; **~ charge**

of encargado de; **~ order to** (+ *inf.*) para, 10; **~ relation to** en cuanto a; **~ short** en resumen; **~ spite of** a pesar de; **~ the direction of** para, 10; **the "in" place** "antro"
inch pulgada
increase acrecentar (ie), aumentar
incredible increíble
indefinite indefinido(a), 1
index índice (*m.*)
Indian indio(a), 2
indigenous indígena
industry industria, 13
inequality desigualdad (*f.*), 13
infection infección (*f.*), 12
influence influir (y); influencia
ingredient ingrediente (*m.*), 9
inhabitant habitante (*m., f.*)
initiate iniciar, 13
injection inyección (*f.*), 12
injure oneself lastimarse, 12
injury herida, 12
in-laws familia política, 5
inline skate (rollerblade) patinar en línea, 7
inside dentro de, 6; **~ the house** dentro de la casa, 10
insist insistir, 10
install instalar, 4
instead of en vez de
instruction instrucción (*f.*), 12
instructor instructor(a), P
intelligent inteligente, 2
intention fin (*m.*)
interactive whiteboard pizarra interactiva, P
interest interesar, 4
interesting interesante, 2
Internet Internet (*m. or f.*), red (*f.*); **~ connection** conexión (*f.*) a Internet, 14; **~ provider** proveedor (*m.*) de acceso, 4
interpreter intérprete (*m., f.*)
interview entrevista, 13
interviewer entrevistador(a), 11
intimate íntimo(a)
introduce someone presentar a alguien, 1
introverted introvertido(a), 2
invest invertir
investigate averiguar (gü), 13
iron planchar, 10; (*metal*) hierro; (*appliance*) plancha, 10
irresponsible irresponsable, 2
island isla, 14
isolation aislamiento
Italian italiano(a), 2; **~ language** italiano, 3
itinerary itinerario, 14
its (*adj.*) su, 3; (*pron.*) suyo(a), 10

J

jacket *(suit jacket, blazer)* saco; (*outdoor, non-suit coat*) chaqueta 8
January enero, 1
Japanese japonés (japonesa), 2; **~ language** japonés (*m.*), 3
jealous celoso(a); **be ~** tener (*irreg.*) celos
jealously celosamente

jeans jeans (*m. pl.*), 8
jewelry joyas (*f. pl.*), 8
jewelry store joyería, 6
job puesto, 13
join juntarse
joke broma
journalism periodismo, 3
journalist periodista (*m., f.*), 5
judge juzgar
July julio, 1
June junio, 1
jungle: Amazonian ~ selva amazónica, 14; **tropical ~** selva tropical, 14

K

keep: (oneself) separate mantenerse apartado
key (*on a keyboard*) tecla, 4; (*to a lock*) llave (*f.*), 14
keyboard teclado, 4
kilo kilo, 9; **half a ~** medio kilo, 9
kind bondadoso(a)
king rey (*m.*)
kiss besar
kitchen cocina, 10
knapsack mochila, P
knee rodilla, 12
knife cuchillo, 9
know: ~ a person conocer (zc), 5; **~ a fact, ~ how to** saber (*irreg.*), 5
Korean coreano(a), 2

L

lake lago, 7
lamp lámpara, 10
language idioma (*m.*), lengua, 3
laptop computer computadora portátil, P
late tarde, 3
later luego, 5
latest: the ~ lo último
laugh reírse (*irreg.*), 5
laundry room lavandería, 10
law ley (*f.*)
lawn césped (*m.*), 10; **mow the ~** cortar el césped, 10
lawyer abogado(a), 5
lazy perezoso(a), 2
lead a healthy life llevar una vida sana, 12
leader líder (*m., f.*), 13
learn: aprender, 3
learning aprendizaje (*m.*)
leather piel (*f.*), cuero, 8
leave dejar, 2; salir (*irreg.*), irse (*irreg.*), 5; marcharse
lectures conferencias **left: to the ~** a la izquierda, 6
leg pierna, 12
lemonade limonada, 9
less menor, 8; **~ than** menos que, 8
lesson lección (*f.*), P
level nivel (*m.*)
life vida
life jacket salvavidas (*m. s.*)

lift levantar, 5; **~ weights** levantar pesas, 2
light luz (*f.*); (*adj.*) ligero(a), 9
like gustar, 11; **~ a lot** encantar, 4; **(They / You** [*pl.*]**) ~ . . .** A... les gusta... 2; **You / He / She like(s) . . .** A... le gusta... 2; **I / You ~ . . .** A mí / ti me / te gusta... 2; **I'd ~** (+ *inf.*) quisiera (+ *inf.*), 6; Me gustaría (+ *inf.*)... 6
likely probable, 11
Likewise. Igualmente. 1
linen lino, 8
linguistic lingüístico(a)
link enlace (*m.*), 4
lip labio
listen escuchar; **~ to music** escuchar música, 2; **~ to the audio.** Escuchen el audio. P
liter litro, 9
literature literatura, 3
little poco, 4
live vivir, 3, ocupar; (*adj., e.g., a live show*) en vivo, 11
livestock ganadería
living room sala, 10
loan préstamo, 8; (*v.*) prestar, 8
lobster langosta, 9
located ubicado(a); **is ~** queda
logical lógico(a), 11
long for apetecer (zc)
look: ~ for buscar (qu), 2; **~ into** averiguar (gü), 13
lose perder (ie), 4; **~ oneself** perderse (ie)
loss pérdida, 13
love querer (*irreg.*), 4; amar; amor (*m.*), cariño
lover amante (*m., f.*)
lovingly cariñosamente
lunch almuerzo, 9
lung pulmón (*m.*), 12
luxurious lujoso(a)
lying mentiroso(a), 2

M

made: It's ~ out of . . . Está hecho(a) de... 8; **They're ~ out of. . .** Están hechos(as) de... 8
magazine revista
mailbox buzón (*m.*)
majority mayoría
make hacer (*irreg.*), 5; **~ a reservation** hacer una reservación, 14; **~ a stopover in** hacer escala en, 14; **~ fun of** burlarse de; **~ sure** asegurarse; **~ the bed** hacer / tender la cama, 10
makeup maquillaje (*m.*), 5
mall centro comercial, 6
man hombre (*m.*), P
manager gerente (*m., f.*), 5
manly varonil
manners modales (*m. pl.*)
March marzo, 1
marital status estado civil
mark marcar (qu)

market mercado, 6; **open-air ~ , farmer's ~** mercado al aire libre, 6
marketing mercadeo, 3
masculine masculino(a)
match emparejar; (*sports*) partido, 7
mathematics matemáticas (*f. pl.*), 3
matter (to someone) importar, 4
May mayo, 1
mayonnaise mayonesa, 9
mayor alcalde (alcaldesa)
me mí, 8; **to / for ~** me, 8; **with ~** conmigo, 8
mean: It means . . . Significa… P
meaning significado
means of transportation medios de transporte, 6
measure medir (i, i)
measurement medida, 9
meat carne (*f.*), 9
meatball albóndiga
mechanic mecánico(a), 5
media center centro de comunicaciones, 3
medical insurance seguro médico, 13
medicine medicina, 3
meditation meditación (*f.*)
meet conocer (zc); reunirse, 5
meeting encuentro, reunión (*f.*)
melon melón (*m.*), 9
menu menú (*m.*), 9
merchant mercader
messenger mensajero(a)
Mexican mexicano(a), 2
microphone micrófono, 4
microwave microondas (*m. s.*), 10
midnight medianoche (*f.*), 3
mild apacible
milk leche (*f.*), 6
mind ánimo
mine (*pron.*) mío, 10
mirror espejo, 10
Miss señorita (*abbrev.* Srta.), 1
missionary misionero(a)
mix mezclar, 9; mezcla
mixed mixto(a)
modem: external / internal ~ módem (*m.*) externo / interno, 4
mom mamá (*f.*), 5
Monday lunes (*m.*), 3
money dinero
monitor monitor (*m.*), 4
monkey mono
month mes (*m.*), 3; **last ~** mes pasado, 7
mop the floor trapear el piso, 10
more más; **~ than** más que, 8
morning mañana, 3; **during the ~** por la mañana, 3; **Good ~.** Buenos días. 1; **in the ~** (*with precise time*) de la mañana, 3
mortality mortalidad (*f.*)
mother madre (*f.*), mamá, 5; **Mother's Day** día (*m.*) de las Madres, 3
mother-in-law suegra, 5

mountain monte (*m.*); **~ range** cordillera
mountainous montañoso(a)
mouse ratón (*m.*), 4
mouth boca, 12
move (*change residence*) mudarse
movie película, 11; **action ~** película de acción, 11; **horror ~** película de horror / terror, 11; **~ called . . .** película titulada…, 11; **~ genre** clase (*f.*) de película, 11; **~ star** estrella de cine, 11; **science fiction ~** película de ciencia ficción, 11
movies cine (*m.*), 11
mow the lawn cortar el césped, 10
Mr. señor (*abbrev.* Sr.), 1
Mrs. señora (*abbrev.* Sra.), 1
Ms. señorita (*abbrev.* Srta.), 1
much mucho, 4
mud lodo
museum museo, 6
music música, 3; **classical ~** música clásica, 11; **contemporary ~** música contemporánea, 11; **country ~** música country, 11; **modern ~** música moderna, 11; **world ~** música mundial / internacional, 11
musical musical, 11
mustard mostaza, 9
my (*adj.*) mi, 3; (*pron.*) mío(a), 10; **~ pleasure.** Mucho gusto. / Un placer. 1
mystery misterio, 11

N

name llamar, 2; nombre (*m.*); **full ~** nombre (*m.*) completo; **My ~ is . . .** Me llamo…, Mi nombre es…, 1
napkin servilleta, 9
narrator narrador(a)
nationality nacionalidad (*f.*), 2
nature naturaleza
nausea náuseas (*f. pl.*), 12
navigation navegación (*f.*)
necessary necesario(a), 11
neck cuello, 12
necklace collar (*m.*), 8
need necesitar, 2
neglect descuido
neighbor vecino(a), 6
neighborhood barrio, colonia, 1
neither tampoco, 2; **~ . . . nor** ni… ni, 6
nephew sobrino, 5
nervous nervioso(a), 4
never nunca, 5; jamás, 6
nevertheless sin embargo
new novedoso(a)
news noticias (*f. pl.*), 11; **~ group** grupo de noticias, 4
newspaper periódico
next próximo(a); **~ to** al lado de, 6; **~ to last** penúltimo(a)
Nicaraguan nicaragüense (*m., f.*), 2

nice simpático(a), 2
nickname apodo
niece sobrina, 5
night noche (*f.*), 3; **Good ~.** Buenas noches. 1; **last ~** anoche, 7
nine nueve, P
nine hundred novecientos(as), 8
nineteen diecinueve, P
ninety noventa, P
ninth noveno(a), 10
no one nadie, 6
nobody nadie, 6
none ningún, ninguno(a), 6
noodle soup sopa de fideos, 9
noon mediodía (*m.*), 3
normal normal, 4
north norte (*m.*), 14; **North America** Norteamérica
nose nariz (*f.*), 12
not: ~ any ningún, ninguno(a), 6; **~ either** tampoco, 2; **~ much** no mucho, 1
notebook cuaderno, P
notes apuntes (*m. pl.*), P
nothing nada, P
noun sustantivo
novel novedoso(a)
novelist novelista (*m., f.*)
November noviembre, 1
novice novato(a)
number número, 8
nurse enfermero(a), 5

O

obey hacer (*irreg.*) caso
obtain conseguir (i, i), 8
obvious obvio(a), 11
ocean océano, 14
October octubre, 1
of: ~ course cómo no, 6; por supuesto, 10; **~ the** del (de + el), 3
offer: special ~ oferta especial, 8
office oficina, 6
old viejo(a), 2
old-fashioned anticuado(a)
olive oil aceite (*m.*) de oliva, 9
on en, sobre, encima de, 6; **~ behalf of** por, 10
once una vez, 9
one uno, P; **~ hundred** cien, P; **~ hundred and ~** ciento uno, 8; **~ hundred thousand** cien mil, 8; **~ million** millón (*m.*), un millón, 8; **~ thousand** mil (*m.*), 8
one-way ticket boleto de ida, billete (*m.*) de ida, 14
onion cebolla, 9
online en línea, 4
only único(a)
open abrir, 3; abierto (*p.p. of* abrir), 13; **~ your books.** Abran el libro. P
opera ópera, 11
opposite enfrente de, frente a, 6; opuesto(a)
orange (*color*) anaranjado(a), 4; (*fruit*) naranja, 9
order ordenar, 9; mandar, 10

ordinal number número ordinal, 10
originate originar
ought deber (+ *inf.*), 3
our (*adj.*) nuestro(a)(s), 3
ours (*pron.*) nuestro(a)(s), 10
outline bosquejo
outside of fuera de, 6; **~ the house** fuera de la casa, 10
outskirts afueras (*f. pl.*), 10
outstanding sobresaliente
oven horno; **brick ~** horno de ladrillos
overcome sobrevivir, 13
overcoming superación (*f.*)
owner dueño(a), 5

P

package paquete (*m.*), 9
page página, P
pain dolor (*m.*), 12; duelo
paint pintar, 2
painting pintura, 3; cuadro, 10
palpitate palpitar, 12
palpitating palpitante
Panamanian panameño(a), 2
pants pantalones (*m. pl.*), 8
paper papel (*m.*), P
parachute paracaídas (*m. s.*)
paragraph párrafo
Paraguayan paraguayo(a), 2
Pardon me. Con permiso. 4
parents padres (*m. pl.*), 5
park parque (*m.*), 6
parking lot estacionamiento, 6
parsley perejil, 9
participant participante (*m., f.*), 11
participate in participar en, 13
pass (by) pasar, 2
passenger pasajero(a), 14; **coach ~** pasajero de clase turista, 14; **first class ~** pasajero de primera clase, 14
passport pasaporte (*m.*), 14
password contraseña, 4
patient paciente (*m., f.*), 2
patio patio, 10
paving stone baldosa
pay pagar (gu), 9; **~ attention** hacer (*irreg.*) caso; **~ -per-view** pago por visión, 11; **~ TV** televisión de pago, 11
payment: form of ~ método de pago, 8
PDF file archivo PDF, 4
pea guisante (*m.*), 9
peace paz (*f.*); sosiego; **world ~** paz mundial, 13
peel pelar, 9
pencil lápiz (*m.*), P
penguin pingüino
people gente (*f.*)
pepper pimienta, 9
percentage porcentaje (*m.*)
perhaps quizás, tal vez
period (*punctuation*) punto; trecho
permit permitir, 10
personality personalidad (*f.*); **~ trait** característica de la personalidad, 2
Peruvian peruano(a), 2

PG-13 (*parental discretion advised*) se recomienda discreción, 11
pharmacy farmacia, 6
philanthropic filantrópico(a)
philosophy filosofía, 3
photo foto (*f.*), P
physical chequeo médico, 12; físico(a), 5; **~ appearance** apariencia física; **~ trait** característica física, 2
physics física, 3
piano piano, 2
picturesque pintoresco(a)
piece pedazo, 9
pill píldora, 12
pillow almohada
pink rosado(a), 4
pirate pirata (*m.*)
pizzeria pizzería, 6
place lugar (*m.*), sitio
placed puesto(a), 13
plaid a cuadros, 8
plain llanura
plate plato, 9
play jugar (ue) (gu), 4; obra teatral, 11; **~ a musical instrument** tocar (qu) un instrumento musical, 2; **~ sports** practicar (qu) deportes, 2; **~ tennis (baseball, etc.)** jugar tenis (béisbol, etc.), 7
playful juguetón (juguetona)
plaza plaza, 6
please encantar, gustar, 11; por favor, 1
pleasure: A ~ to meet you. Mucho gusto en conocerte. (*s. fam.*) 1
plot trama
plumber plomero(a), 5
poet poeta (poetisa)
poetry poesía
point: ~ out marcar (qu), señalar; **to the ~** al grano
policeman (policewoman) policía (*m., f.*), 5
political político(a); **~ science** ciencias políticas (*f. pl.*), 3
politics política, 13
polka-dotted de lunares, 8
pollution: air ~ contaminación (*f.*) del aire, 13
poor pobre
pop songs música pop, 11
popcorn palomitas (*f. pl.*) (de maíz), 11
populate poblar (ue)
pork chop chuleta de puerco, 6
portable CD / MP3 player CD portátil / MP3, 4
Portuguese portugués (portuguesa), 2
position puesto, 13
post office oficina de correos, 6
postage stamp estampilla, sello, 14
postcard tarjeta postal, 14
potato: ~ chips papitas fritas, 6; **~ salad** ensalada de papas
pound libra, 9
pounding palpitante
power poder (*m.*)
powerful poderoso(a)
practice practicar (qu)

prefer preferir (ie, i), 4
preference preferencia
premium channels televisión de pago, 11
prenuptial agreement contrato prenupcial
preparation preparación (*f.*), 9
prepare preparar, 2; **~ the food** preparar la comida, 10
preposition preposición (*f.*), 6
prescribe a medicine recetar una medicina, 12
prescription receta, 12
present (*gift*) regalo; **at the ~ time** en la actualidad
presenter presentador(a), 11
pretty bonito(a), lindo(a), 2
price: It's a very good ~. Está a muy buen precio. 8
priest sacerdote (*m.*)
prime rib lomo de res, 9
print imprimir, 3; (*patterned fabric*) estampado(a), 8; (*art*) cuadro, 10
printer impresora, 4
prize premio
probable probable, 11
profession profesión (*f.*), 5
professor profesor(a), P
profit ganancia, 13
program programa (*m.*); **anti-virus ~** programa antivirus, 4; **~ icon** ícono del programa, 4
programmer programador(a), 5
projector proyector, P
promote adelantar, promover (ue)
promotion ascenso, 13
pronoun pronombre (*m.*), 1
proud orgulloso(a)
provided that con tal (de) que, 12
provocative provocador(a)
psychology psicología, 3
public: ~ communications comunicación (*f.*) pública, 3; **~ relations** publicidad (*f.*), 3
Puerto Rican puertorriqueño(a), 2
punctual puntual, 13
purple morado(a), 4
purpose propósito
purse bolsa, 8
push oprimir
put poner (*irreg.*), 5; **~ away the clothes** guardar la ropa, 10; **~ my toys where they belong** poner mis juguetes en su lugar, 10; **~ on (clothing)** ponerse (la ropa), 5; **~ on makeup** maquillarse, 5

Q

quality calidad (*f.*); **of good (high) ~** de buena (alta) calidad, 8
queen reina
question pregunta, 12
questionnaire cuestionario
quotation cita

R

R (minors restricted) prohibido(a) para menores, 11
raffle sorteo

railroad ferrocarril (*m.*)
rain llover (ue); **~ forest** bosque (*m.*) tropical, bosque (*m.*) pluvial; **It's raining.** Está lloviendo. (Llueve). 7
raincoat impermeable (*m.*), 8
raise levantar, 5
ranch estancia
rank rango
rap (*music*) rap (*m.*), 11
rather bastante, 4
ratings índice (*m.*) de audiencia, 11
rave desvariar
raw crudo(a), 9
razor rasuradora, 5; **electric ~** máquina de afeitar, 5
read leer (y), 3; **~ Chapter 1.** Lean el Capítulo 1. P
reality: ~ show programa de realidad, 11
really de veras
reason razón (*f.*)
receive recibir, 3
reception desk recepción (*f.*), 14
recipe receta, 9
recognize reconocer (zc)
recommend recomendar (ie), 10
record grabar, 4
recruit alistar
recycling reciclaje (*m.*), 10
red rojo(a), 4
redheaded pelirrojo(a), 2
reduced: It's ~. Está rebajado(a). 8
reflect reflejar
reflection reflexión (*f.*)
refrigerator refrigerador (*m.*), 10
register registrarse, 14
regret sentir (ie, i), 11
relate contar (ue), 4
relative pariente (*m., f.*), 5
relax relajarse, 5
remain quedar(se)
remember recordar (ue)
remote control control (*m.*) remoto, 11
renovate renovar (ue)
renown renombre (*m.*)
rent alquiler (*m.*); **~ videos** alquilar videos, 2; **~ movies** alquilar películas, 2
repeat repetir (i, i), 4; **~.** Repitan. P
report informe (*m.*)
request pedir (i, i), 10
require requerir (ie, i), 10
requisite requisito, 13
reservation reservación (*f.*), 14
residential neighborhood barrio residencial, 10
resort to recurrir
respond responder, 1
responsible responsable, 2
rest descansar, 2
restaurant restaurante (*m.*), 6
résumé currículum vitae (*m.*), 13
retire jubilarse, 13
return regresar, 2; volver (ue), 4
returned vuelto (*p.p. of* volver), 13
revenue ingreso
review crítica, reseña, 11
rhyme rima

rhythm and blues (*music*) R & B (*m.*), 11
rich adinerado(a)
ride montar; **~ a bike** montar en bicicleta, 7; **~ horseback** montar a caballo, 7
ridiculous ridículo(a), 11
right: to the ~ a la derecha, 6
ring sonar (ue), 4; anillo, 8; sortija
ripped rasgado
risk riesgo
river río, 7
roasted (in the oven) al horno, 9
rock (*music*) rock (*m.*), 11; **~ a cradle** mecer
role papel (*m.*)
roof techo, 10
room cuarto, P; **double ~** habitación (*f.*) doble, 14; **single ~** habitación (*f.*) sencilla, 14; **smoking / non-smoking ~** habitación (*f.*) de fumar / de no fumar, 14; **~ service** servicio a la habitación, 14; **~ with / without bath / shower** habitación (*f.*) con / sin baño / ducha, 14
roommate compañero(a) de cuarto, P
root raíz (*f.*)
rootless desarraigado(a)
rose rosa, 4
rough draft borrador (*m.*)
round-trip ticket boleto de ida y vuelta, billete (*m.*) de ida y vuelta, 14
route ruta
row remar, 7
rower remero(a)
rude descortés
rug alfombra, 10
ruin ruina, 14
rule regla
run correr, 3
rural campestre

S

sad triste, 4
safe seguro(a), 7
said dicho(a) (*p.p. of* decir), 13; **It's said . . .** Se dice…, P
salad ensalada, 9; **lettuce and tomato ~** ensalada de lechuga y tomate, 9; **mixed ~** ensalada mixta, 9
salary increase aumento de sueldo, 13
sale: It's on ~. Está en venta. 8
salesclerk dependiente (*m., f.*), 5
salmon salmón (*m.*), 9
salt sal (*f.*), 9
Salvadoran salvadoreño(a), 2
same mismo(a); **~ (thing)** lo mismo
sand arena, 14
sandal sandalia, 8
sandwich bocadillo, sándwich (*m.*), 9; **ham and cheese ~ with avocado** sándwich de jamón y queso con aguacate, 9
satisfied satisfecho(a), 13
satisfy satisfacer, 13

Saturday sábado, 2

sausage salchicha, 6

save guardar, 4

say decir (*irreg.*), 5; **~ good-bye** despedirse (i, i), 1

saying dicho

scan ojear

scarcely apenas

scarf bufanda, 8

scenery paisaje (*m.*)

schedule horario

school escuela, 3

science ciencia, 3

scientific científico(a)

scream gritar; grito

screen pantalla, 4

script guion (*m.*); **~ writer** guionista (*m., f.*)

sculpture escultura, 11

sea mar (*m., f.*), 14

search engine buscador (*m.*), 4

seaside resort balneario

season estación (*f.*), 7; **dry ~** temporada seca; **rainy ~** temporada de lluvias

seat asiento, 14; **aisle ~** asiento de pasillo, 14; **window ~** asiento de ventanilla, 14

second segundo(a), 10

secret secreto

secretary secretario(a), 5

sections tramos

see ver (*irreg.*), 5; **~ you at the usual place?** ¿Nos vemos donde siempre? 1; **~ you later.** Hasta luego. / Nos vemos. 1; **~ you soon.** Hasta pronto. 1; **~ you tomorrow.** Hasta mañana. 1

seem parecer (zc)

seen visto (*p.p. of* ver), 13

selfish egoísta, 2

self-sacrificing sacrificado(a)

sell vender, 3

send enviar, 4; mandar, 8

sentence oración (*f.*)

separate apartado(a)

September septiembre, 1

serenity sosiego

serious serio(a), 2

serve servir (i, i), 4

set the table poner (*irreg.*) la mesa, 9

seven siete, P; **~ hundred** setecientos(as), 8

seventeen diecisiete, P

seventh séptimo(a), 10

seventy setenta, P

several varios(as)

shake hands darse (*irreg.*) la mano, 13

shame vergüenza; **it's a ~** es una lástima, 11

shampoo champú (*m.*), 5

share compartir, 3

shark tiburón (*m.*)

shave oneself afeitarse, 5

she ella, 1

sheet of paper hoja de papel, P

shell concha

shellfish marisco, 9

shelter albergar (gu)

shirt camisa, 8

shoe zapato, 8; **high-heeled ~** zapato de tacón alto, 8; **tennis ~** zapato de tenis, 8

shooting tiroteo

shout grito

shore orilla

short (*in length*) corto(a); (*in height*) bajo(a), 2

shorts pantalones (*m. pl.*) cortos, 8

should deber (+ *inf.*), 3

shoulder hombro, 12

shout gritar

show demostrar (ue), mostrar (ue); espectáculo, show (*m.*), 11

shred picar (qu), 9

shrimp camarón (*m.*), 9

shy tímido(a), 2

sick enfermo(a), 4

sickness enfermedad (*f.*), 12

side lado; **on the ~ of** al lado de, 6

sign letrero

silk seda, 8

silly tonto(a), 2

silver plata, 8

similarity semejanza

simple sencillo(a)

sincere sincero(a), 2

sing cantar, 2

singer cantante (*m., f.*)

single soltero(a)

sister (younger, older) hermana (menor, mayor), 5

sister-in-law cuñada, 5

sit down sentarse (ie), 5

sitcom telecomedia, 11

six seis, P; **~ hundred** seiscientos(as), 8

sixteen dieciséis, P

sixth sexto(a), 10

sixty sesenta, P

size talla, 8

skate patinar, 2

ski esquiar, 7; esquí (*m.*)

skiing esquí (*m.*); **downhill ~** esquí alpino, 7; **water ~** esquí acuático, 7

skin tez (*f.*)

skirt falda, 8

sky cielo, 14

slave esclavo(a)

sleep dormir (ue, u), 4

slice pedazo, 9

slogan lema (*m.*)

slow lento(a), 4

slowly despacio

small pequeño(a), 2; **a ~ amount** un poco, 4

smartphone teléfono inteligente, smartphone, 4

smile sonreír (*irreg.*), 8; sonrisa

snack merienda

sneeze estornudar, 12

snow nevar (ie); **It's snowing.** Está nevando. (Nieva). 7

snowboard tabla de snowboard, 7

snowboarding snowboarding, 7

so por eso, 10; **~ that** para que, con tal (de) que, 12

soap jabón (*m.*), 5; **~ opera** telenovela, 11

soccer fútbol (*m.*), 7; **~ field** cancha, campo de fútbol, 6

social: ~ media director director(a) de social media, 5; **~ networking site** red social, 4

sock calcetín (*m.*), 8

sofa sofá (*m.*), 10; diván (*m.*)

soft suave; **~ drink** refresco, 6

software software (*m.*), 4

solved resuelto

some unos(as), 1; algún, alguno(a), 6

someone alguien, 6

something algo, 6; **~ vegan** algo vegano, 9

sometimes de vez en cuando; a veces, 5

somewhat bastante, 4

son hijo, 5

son-in-law yerno, 5

sore throat dolor de garganta, 12

sorry: I'm ~. Lo siento. 4

So-so. Regular. 1

soul alma (*f.*) (*but* el alma)

sound sonido

soup sopa, 9; **cold tomato ~** gazpacho (*Spain*), 9

source fuente (*f.*)

south sur (*m.*), 14; **South America** Sudamérica

souvenir recuerdo

sovereignty soberanía

spa balneario

Spain España

Spanish español(a), 2; **~ language** español (*m.*), 3

Spanish-speaking hispanohablante

speaker conferencista (*m., f.*); altoparlante (*m., f.*), 4

species especie (*f.*)

speed velocidad

spelling ortografía

spicy picante, 9

spirit ánimo

sponsor patrocinador(a)

spoon cuchara, 9

sport deporte (*m.*), 7; **~ activity** actividad (*f.*) deportiva, 7

sporting goods store tienda de equipo deportivo, 6

sports coat saco, 8

spring primavera, 7

stadium estadio, 6

stairs escaleras (*f. pl.*), 10

state estado, 5

station estación (*f.*), 11; **train / bus ~** estación de trenes / autobuses, 6

stationery store papelería, 6

statistics estadística, 3

stay in bed guardar cama, 12

steak bistec (*m.*), 6

steamed al vapor, 9

steel acero

step on pisar

stepbrother hermanastro, 5

stepfather padrastro, 5

stepmother madrastra, 5

stepsister hermanastra, 5

Stick out your tongue. Saque la lengua. 12

still todavía; **~ life** naturaleza muerta

stock market bolsa de valores, 13

stomach estómago, 12

stomachache dolor (*m.*) de estómago, 12

stop (*e.g., bus stop*) parada ; **~ (doing something)** dejar de (+ *inf.*), 2; parar (de), 3

store guardar; almacén (*m.*), tienda, 6; **music (clothing, video) ~** tienda de música (ropa, videos), 6

stove estufa, 10

straight ahead todo derecho, 6

straighten out the bedroom arreglar el dormitorio, 10

strange exótico(a); extraño(a), 11

strategy estrategia

strawberry fresa, 9

streaming video el streaming, flujo de video en tiempo real, 11

street calle (*f.*), 1

strengthen acrecentar (ie)

strike huelga, 13

stringed al hilo, 9

striped rayado(a), a rayas, 8

strong fuerte

student estudiante (*m., f.*), P; **~ center** centro estudiantil, 6

studio estudio, 11

study estudiar; **~ at the library (at home)** estudiar en la biblioteca (en casa), 2; **~ pages ...to ...** Estudien las páginas... a..., P

stupid tonto(a), 2

style estilo; **in ~** en onda; **out of ~** pasado(a) de moda, 8

substitute sustituir (y)

subtitle: with subtitles in English con subtítulos en inglés, 11

suburb barrio residencial, suburbio, 10

subway: on the ~ en metro, 6

success éxito

suddenly de repente, 9

suffer (the consequences) sufrir (las consecuencias), 13

sugar azúcar (*m., f.*), 9; **~ cane** caña de azúcar

suggest sugerir (ie, i), 8

suggestion sugerencia

suit traje (*m.*), 8; **bathing ~** traje (*m.*) de baño, 8

suitcase maleta, 14

summer verano, 7; **summer (*adj.*)** estival; **~ visitor** veraneante

sun sol (*m.*)

sunbathe tomar el sol, 2

Sunday domingo, 2

sunglasses gafas (*f. pl.*) de sol, 8

sunlight luz (*f.*) solar

sunny: It's ~. Hace sol. 7

supermarket supermercado, 6

supervise supervisar, 13

support apoyar

sure seguro(a), 4; **it's not ~** no es seguro, 11
surf hacer (irreg.) surfing, practicar (qu) surfing, 7
surpass sobrepasar
surprise sorprender, 11; sorpresa
surrounded rodeado(a)
surroundings entorno
survey encuesta
survive sobrevivir, 13
Swallow. Trague. 12
swamp pantano
sweater suéter (m.), 8; chompa
sweatsuit sudadera, 8
sweep the floor barrer el suelo / el piso, 10
sweet dulce (m.); (adj.) dulce
swim bañar, 5; nadar, 7
swimming natación (f.), 7; **~ pool** piscina, 6
symbol símbolo
symptom síntoma (m.), 12
systematic sistemático(a)

T

table mesa, P; **night ~** mesita de noche, 10; **set the ~** poner (irreg.) la mesa, 9
tablecloth mantel (m.), 9
tablespoonful cucharada, 9
tablet tableta, 4; pastilla, 12
take tomar, llevar; **~ a bath** bañarse, 5; **~ a shower** ducharse, 5; **~ a tour** hacer (irreg.) un tour, 14; **~ an X-ray** tomar / hacer una radiografía, 12; **~ advantage of** aprovechar; **~ blood pressure** tomar la presión, 12; **~ measures** tomar medidas, 13; **~ off clothing** quitarse la ropa, 5; **~ out the garbage** sacar (qu) la basura, 10; **~ photos** sacar (qu) fotos, 2; **~ place** realizarse (c); **~ the temperature** tomar la temperatura, 12; **~ the dog for a walk** sacar (qu) a pasear al perro, 10
talk hablar; **~ on the telephone** hablar por teléfono, 2; **~ show** programa (m.) de entrevistas, 11
tall alto(a), 2
tamed domesticado(a)
task faena
taste gusto; **individual ~** al gusto, 9
tavern bodegón (m.)
tea: hot ~ té (m.), 9; **iced ~** té (m.) helado, 9
teach enseñar
teacher maestro(a), 5
team equipo, 7
tear up rasgar (gu)
teaspoon cucharadita, 9
technology tecnología, 4
telecommunications telecomunicaciones (f. pl.), 13
television: ~ broadcasting televisión (f.), 11; **~ program** programa de televisión, 11; **~ set** televisor (m.), 10;

tell contar (ue), 4; decir (irreg.), 5; **~ the time** decir la hora, 3
temperature temperatura, 7
ten diez, P; **~ thousand** diez mil, 8
tend tender
tenderness ternura
tennis tenis (m.), 7; **~ court** cancha de tenis, 6; **~ shoes** zapatos (m. pl.) de tenis, 8
tenth décimo(a), 10
term término
terrible fatal, terrible, 1
terrific chévere (Cuba, Puerto Rico)
terrorism terrorismo, 13
test: blood / urine ~ análisis (m.) de sangre / orina, 12
text texto
Thank you very much. Muchas gracias. 1
that (adj.) ese(a), 6; (pron.) ese(a), 6; **~ over there** (adj.) aquel (aquella), 6; (pron.) aquel (aquella), 6
that's why por eso, 10
the el, la, los, las, 1
theater teatro, 6
their su, 3; suyo(a), 10
theirs (pron.) suyo(a), 10
them ellos(as), 8; **to / for ~** les, 8
then entonces
theory teoría
there allí, 6; **over ~** allá, 6; **~ is / ~ are** hay, 1
these (adj.) estos(as), 6; (pron.) estos(as), 6
they ellos(as), 1
thin delgado(a), 2
think (about) pensar (ie) (en, de), 4
third tercer(o, a), 10
thirst sed (f.)
thirsty: be ~ tener (irreg.) sed, 7
thirteen trece, P
thirty treinta, P
this (adj.) este(a), 6; (pron.) este(a), 6
those (adj.) esos, 6; (pron.) esos(as), 6; **~ (over there)** (adj.) aquellos(as), 6; (pron.) aquellos(as), 6
thousands miles
threat amenaza
three tres, P; **~ hundred** trescientos(as), 8
throat garganta, 12
through por, 10
throughout a través de
throw: ~ oneself lanzarse (c); **~ out** botar; **~ up** vomitar, 12
thunderstorm tormenta
Thursday jueves (m.), 3
ticket boleto, entrada, 11; billete (m.), pasaje (m.), 14; **one-way ~** boleto de ida, billete de ida, 14; **round-trip ~** boleto de ida y vuelta, billete de ida y vuelta, 14;
tied (to) ligado (a)
time hora; vez (f.)
times veces (f. pl.); **(two, three, etc.) ~ a day / per week** (dos,

tres, etc.) veces al día / por semana, 5
tip propina, 9
tired cansado(a), 4
title titular; título, 1
to a; **to the** al (a + el), 3
toast pan (m.) tostado, 9
toaster tostadora, 10
today hoy, 3; **~ is Tuesday the 30th.** Hoy es martes treinta. 3
toe dedo, 12
tomorrow mañana, 3
tongue lengua, 12
too much demasiado(a), 4
toothbrush cepillo de dientes, 5
toothpaste pasta de dientes, 5
top: on ~ of encima de, 6
tourist guidebook guía turística, 14
toward para, 10
towel toalla, 5
town pueblo, 6
toy juguete (m.), 10
track suit sudadera, 8
train (for sports) entrenarse, 7; tren, 6
trainer entrenador(a) (m.)
trait característica
translate traducir (zc), 5
trap trampa
travel (abroad) viajar, 2 (al extranjero), 14; **~ agency** agencia de viajes, 14
treasure tesoro
tree árbol (m.)
trick truco
triumph triunfar
trout trucha, 9
true verdad; **it's (not) ~** (no) es verdad, 11
truly de veras
trumpet trompeta, 2
try intentar, tratar de; **I'm going to ~ it on.** Voy a probármelo(la). 8
t-shirt camiseta, 8
Tuesday martes (m.), 3
tuna atún, 9
turkey pavo, 6
turn cruzar (c), doblar, 6; viraje (m.); **~ in** entregar; **~ in your homework.** Entreguen la tarea. P; **~ off** apagar (gu), 2
TV (see also **television**): **~ guide** teleguía, 11; **~ series** teleserie (f.), 11; **~ viewer** televidente (m., f.), 11
twelve doce, P
twenty veinte, P
twenty-one veintiuno, P
twice dos veces, 9
two dos, P; **~ hundred** doscientos(as), 8; **~ million** dos millones, 8; **~ thousand** dos mil, 8
typical típico(a), 9

U

U.S. citizen estadounidense (m., f.), 2
ugly feo(a), 2
uncle tío, 5

underneath debajo de, 6
understand comprender, 3; entender (ie), 4
understanding comprensión (f.)
unique único(a)
unite unir, 9
united unido(a); **~ States** Estados Unidos
university universidad (f.), 6
unless a menos que, 12
unlikely dudoso(a), improbable, 11
unpleasant antipático(a), 2
untamed salvaje
until hasta (que), 12
upload subir, cargar, 4
uprooting desarraigo
Uruguayan uruguayo(a), 2
us nosotros(as), 8; **to / for ~** nos, 8
use usar, 2
useful útil
user usuario(a), 4

V

vaccinate poner (irreg.) una vacuna, 12
vaccination vacuna, 12
vacuum (verb) pasar la aspiradora, 10; **~ cleaner** aspiradora, 10
vain vanidoso(a)
valley valle (m.)
valuable valioso(a)
value valor (m.)
variety variedad (f.)
various varios(as)
vegan vegetariano(a) estricto(a), 9
vegetable vegetal (m.), 6
vegetarian vegetariano(a)
vehicle vehículo
Venetian blind persiana, 10
Venezuelan venezolano(a), 2
verb verbo, 3
very muy, 2; **~ little** muy poco
vest chaleco, 8
veterinarian veterinario(a), 5
video on demand video a pedido, video bajo demanda, 11
videocamera videocámara, 4
videotape (verb) grabar, 11; (noun) video
viewpoint punto de vista
vinegar vinagre (m.), 9
violence violencia, 13
violin violín (m.), 2
viper víbora
visit friends visitar a amigos, 2
visitor visitante (m., f.)
vitamin vitamina, 12
voice voz (f.)
volcanic eruption erupción (f.) volcánica
volcano volcán (m.), 14
volleyball volibol (m.), 7
vote votar, 13

W

wait esperar, 11; **~ on** despachar
waiter camarero, 5

waiting: ~ list lista de espera, 14; **~ room** sala de espera, 12

waitress camarera, 5

wake up despertarse (ie), 5; **wake someone up** despertar (ie), 5

wake-up call servicio despertador, 14

walk caminar, 2; andar (*irreg.*), 8

walking a pie, 6

wall pared (*f.*), P

wallet cartera, 8

want desear, querer (*irreg.*), 10

war guerra, 13

warm caluroso(a)

warning aviso

wash lavar, 5; **~ one's hair** lavarse el pelo, 5; **~ oneself** lavarse, 5; **~ the dishes (the clothes)** lavar los platos (la ropa), 10

washer lavadora, 10

wastebasket basurero

watch reloj (*m.*), 8; **~ television** mirar televisión, 2

water agua (*f.*) (*but:* el agua); **fresh ~** agua dulce; **mineral ~** agua mineral, 9; **~ skiing** esquí acuático, 7; **~ the plants** regar (ie) las plantas, 10

watercress berro

waterfall catarata

wave ola

we nosotros(as), 1

wealth riqueza

wealthy adinerado(a)

weather tiempo, 7; **It's nice / bad ~.** Hace buen / mal tiempo. 7

weave tejer

weaving tejido

web red (*f.*); **~ page** página web, 4

webcam cámara web, 4

website sitio web, 4

wedding boda

Wednesday miércoles (*m.*), 3

week semana, 3; **during the ~** entresemana, 3; **every ~** todas las semanas, 5; **last ~** semana pasada, 7

weekend fin (*m.*) de semana, 2

welcome bienvenido(a); **You're ~.** De nada. 1

well bien, 4; **(Not) Very ~.** (No) Muy bien. 1; **Quite ~.** Bastante bien. 1; (*for drawing water*) pozo

well-being bienestar (*m.*)

west oeste (*m.*), 14

what? ¿cuál(es)?, ¿qué? 3; **~ are your symptoms?** ¿Qué síntomas tiene? 12; **~ day is today?** ¿Qué día es hoy? 3; **~ do you like to do?** ¿Qué te gusta hacer? 2; **~ does . . . mean?** ¿Qué significa…? P; **~ hurts?** ¿Qué le duele? 12; **~ is today's date?** ¿A qué fecha estamos? 3; **~ is your phone number?** ¿Cuál es tu / su número de teléfono? (*s. fam. / form.*), 1; **~ time is it?** ¿Qué hora es? 3; **~'s he / she / it like?** ¿Cómo es? 2; **~'s the weather like?** ¿Qué tiempo hace? 7; **~'s your (e-mail) address?** ¿Cuál es tu / su dirección (electrónica)? (*s. fam. / form.*), 1; **~'s your name?** ¿Cómo se llama (*s. form.*) / te llamas (*s. fam.*)? 1; **~'s new?** ¿Qué hay de nuevo? 1

whatever cualquier

which? ¿qué? 3; **~ one(s)?** ¿cuál(es)? 3

wheat trigo

wheel rueda

when cuando, 12

when? ¿cuándo? 3; **~ is your birthday?** ¿Cuándo es tu cumpleaños? 1

where? ¿dónde? 3; **~ (to)?** ¿adónde?; **~ do you live?**

¿Dónde vives / vive? (*s. fam. / form.*), 1; **~ does your . . . class meet?** ¿Dónde tienes la clase de…? 3

while mientras

white blanco(a), 4

whitewater rafting: go ~ navegar en rápidos, 7

who? ¿quién(es)? 3

whose cuyo(a)(s); **~ are these?** ¿De quiénes son? 3; **~ is this?** ¿De quién es? 3

why? ¿por qué? 3

wife esposa, 5

wifi wifi, 4

wild salvaje

willing dispuesto(a)

willpower voluntad

win ganar, 7

wind viento

window ventana, P; **~ seat** asiento de ventanilla, 14

windy: It's ~. Hace viento. 7

wine: red ~ vino tinto, 9; **white ~** vino blanco, 9

wineglass copa, 9

winter invierno, 7

wireless inalámbrico(a); **~ connection** wifi, 4

wish desear, querer (*irreg.*), 10; esperanza

with con

without sin (que), 12

wolf lobo

woman mujer (*f.*), P

wonder maravilla

wood madera

wooden cart carreta

wool lana, 8

word-processing program programa (*m.*) de procesamiento de textos, 4

work trabajar, 2; **~ as** desempeñarse; **~ full-time** trabajar a tiempo completo, 13; **~ part-time** trabajar a tiempo parcial, 13; **~ out** ingeniar

workday jornada laboral

worker trabajador(a), 5

workshop taller (*m.*)

world mundo; **~ Wide Web** red (*f.*) (mundial), 4; **~wide** a nivel mundial

worried preocupado(a), 4

worry preocuparse, 5

worse peor, 8

wound herida, 12

wrinkled arrugado(a)

write escribir, 3; **~ in your notebooks.** Escriban en el cuaderno. P; **~ reports** hacer (*irreg.*) informes, 13

written escrito (*p.p. of* escribir), 13

Y

year año, 3; **every ~** todos los años, 9; **last ~** año pasado, 7

yellow amarillo(a), 4

yes sí, 1

yesterday ayer, 3

yogurt yogur (*m.*), 6

you vosotros(as) (*fam. pl.*), tú (*fam. s.*), usted (Ud.) (*form. s.*), ustedes (Uds.) (*fam. or form. pl.*), 1; ti (*fam. s.*), Ud(s). (*form.*), 8; **to / for ~** os (*fam. pl.*), te (*fam. s.*), le (*form. s.*), les (*form, pl.*), 8; **with ~** contigo (*fam.*), 8

young joven, 2

younger menor, 8

your (*adj.*) tu (*fam.*), su (*s. form. pl.*), vuestro(a) (*fam.*), 3; suyo(a) (*form. s., pl.*), tuyo(a) (*fam. pl.*), 10

yours (*pron.*) vuestro(a) (*fam. pl.*), suyo(a) (*form. s., pl.*), tuyo(a) (*fam. s.*), 10

youth juventud (*f.*)

Z

zero cero, P

Index